Arbeitsrecht – Dilemmata und Unwägbarkeiten

Schriftenreihe
der Otto Brenner Stiftung   84

Spiros Simitis

Arbeitsrecht – Dilemmata und Unwägbarkeiten

Aufsätze

Bund-Verlag

Bibliografische Information Der Deutschen Bibliothek
Die Deutsche Bibliothek verzeichnet diese Publikation in der
Deutschen Nationalbibliografie; detaillierte bibliografische Daten
sind im Internet über http://dnb.ddb.de abrufbar.

© 2005 by Bund-Verlag GmbH, Frankfurt am Main
Herstellung: Thomas Pradel, Frankfurt am Main
Umschlag: Angelika Richter, Heidesheim
Satz: Libro, Kriftel
Druck: Gruner Druck, Erlangen
Printed in Germany 2005
ISBN 3-7663-3571-5

www.bund-verlag.de

Inhaltsverzeichnis

Vorbemerkung

Am 6. Februar 2003 fand in der Aula der Johann Wolfgang Goethe-Universität in Frankfurt am Main die 22. Hugo-Sinzheimer-Vorlesung statt. Sie war Prof. Dr. jur. Dr. h.c. mult. Spiros Simitis aus Anlass seiner Emeritierung gewidmet. Den Vortrag hielt Prof. Dr. jur. Antoine Lyon-Caen, Paris. Der vorliegende Band enthält neben diesem Vortrag eine Auswahl arbeitsrechtlicher Aufsätze von Spiros Simitis.

Dr. Michael Blank

Spiros Simitis
oder die Paradoxien des Juristen

von Prof. Dr. *Antoine Lyon-Caen*, Universität Paris X (Nanterre)

1. Ihre diesjährige Sinzheimer-Vorlesung ist einem Mann gewidmet: Spiros Simitis. Der Vortragende fühlt sich somit doppelt geehrt. Er fühlt sich zum einen geehrt, aufgerufen zu sein, sich in eine Tradition einzureihen, die vom Werk und der Person Hugo Sinzheimers geprägt ist. Zum anderen fühlt er sich geehrt, eingeladen zu sein, einen Mann, der eine Ausnahmeerscheinung ist, vor seinen Kollegen, den ihm nahestehenden Personen und anderen, die begierig sind, ihn besser kennenzulernen, zu würdigen.

Aber diese Ehre ist zugleich eine Bürde. Dies ist im übrigen auch alleine der Grund, warum ich mir herausnehme, den Gesetzen der Gastfreundschaft den Respekt zu versagen und vor Ihnen in meiner Muttersprache zu sprechen. Warum ist es eine Bürde? Sicher, über Spiros Simitis spreche ich in der ersten Person Singular. Doch in dem tiefen Respekt, den ich ihm gegenüber empfinde und heute besonders zum Ausdruck bringen möchte, weiß ich, daß ich auch in Ihrem Namen spreche. Ich möchte eine Art von Repräsentation ausüben, also eine Funktion, die Hugo Sinzheimer so sehr interessiert hat und die Spiros Simitis uns eingeladen hat, von neuem zu betrachten. Ich habe deshalb darauf zu achten, Ihr Vertrauen nicht zu mißbrauchen.

Ich glaube nicht überheblich zu sein, wenn ich für mich beanspruche, ein Freund von Spiros Simitis zu sein. Doch dieser Anspruch ist hier ohne Bedeutung. Denn so wie Dante hat Spiros Simitis immer darauf geachtet, sich über seine Person auszuschweigen – in seinen Schriften, seinen Vorträgen oder Seminaren sowie in den Tausenden von Austauschen, die sein Leben schmücken. Diese Diskretion verdient Rücksichtnahme. Der Titel, den ich für meinen Vortrag in Anspruch genommen habe, verpflichtet mich, sie zu respektieren.

2. Ich möchte nur von Spiros Simitis' Werk sprechen. Von welchem Werk?

Natürlich vom geschriebenen Werk, das den wissenschaftlichen Regeln folgt und in den verschiedenen Sprachen veröffentlicht ist, die er in wunderbarer Weise beherrscht.

Im Fall von Spiros Simitis sind die Schriften jedoch nur der für alle sichtbare Teil eines Lebens, in dem die Reflexion die Quelle vielfältiger Betätigungsformen ist, eines Lebens, das teilhat am Werk. Mit seinen Stellungnahmen hat er dazu beigetragen, die Wege, welche bestimmte öffentliche Entscheidungsträger auf lokaler, nationaler, europäischer und internationaler Ebene eingeschlagen haben, hätten einschlagen können oder hätten einschlagen sollen, zu erhellen. Einige von ihnen haben Spiros Simitis bedeutende Verantwortung übertragen; er füllt sie heute immer noch aus, und zwar Verantwortung von nicht geringer Bedeutung. Durch seine Vorträge, seine Seminare und seine Vorlesungen überall in der Welt ist er stets derjenige gewesen, der die Samenkörner ausstreut und das Denken seiner Zuhörer ertragreich gemacht hat. Sein Werk ist somit kein feststehendes Monument, es ist Bewegung. Wer darum weiß, zögert um so mehr. Einigen seiner Aktivitäten habe ich beigewohnt. Manchmal war ich daran beteiligt. Dieses Privileg erlaubt mir nicht alles. Es erlaubt mir jedoch, ein intellektuelles Porträt zu skizzieren.

Spürt Spiros Simitis die Umwälzungen unserer Zeit? Ist er Zeitgenosse der Probleme, die er studiert? Die Frage kann deplaziert erscheinen, so sehr offenbart sich in den von ihm wahrgenommenen Aufgaben und in seinen Schriften eine Gegenwärtigkeit in unserer Welt, gegenüber den Risiken, denen sie uns aussetzt und den Phantasmen, die in uns wohnen. Es ist nicht gewagt zu sagen, daß er der Modernste von uns ist. Allerdings – und davon legen seine Schriften Zeugnis ab – hat er bei jeder Gelegenheit gegen den Imperialismus einer grobschlächtigen Aktualität gekämpft. Beständig ist sein Kampf gegen das Vergessen, stetig seine Aufforderung, den Faden einer geschichtlichen Entwicklung zu entwirren und die Genese einer Fragestellung aufzufinden.

Ich habe ihn im Verdacht, uns daran erinnern zu wollen, wie sein Freund Yerushalmi, daß die Antonymie zum Vergessen nicht das Gedächtnis, sondern die Gerechtigkeit ist.

Bemüht er sich in seinen gesamten Werk, in seinen Aktivitäten unnachsichtig um die Klarheit seiner Annahmen und um die logische Stringenz seiner Argumentation? Nach der Lektüre irgendeines seiner Artikel kann niemand daran Zweifel haben. Trotzdem sind die Zuhörer eines seiner Seminare in Yale oder in Paris oder einer seiner Vorträge in Leyden oder

Rom jedes Mal Opfer seiner subtilen Kunst, eine Spannung zwischen Inhalt und Form seiner Äußerungen herzustellen. In der Sprache der Weisen würde man sagen, daß die Aussage mit einer Norm übereinstimmt und die Bedeutung das Gegenteil meint. Kurz: Die Ironie färbt sein Denken ein, ohne seine Genauigkeit zu zerstören.

Ist er ein Mann des Engagements oder der Distanz, der kontrollierten und zurückhaltenden Überzeugungen? Ich werde ein wenig später eine Antwort auf diese Frage versuchen. Doch bleiben wir bei seinem Rede- und Schreibstil. Seine Rhetorik ergreift den Zuhörer und den Leser schnell. Sie offenbart einen Meister der Ästhetik der Überraschung, des Nonkonformismus.

Eine Sensibilität gegenüber der Aktualität, die stets mit der historischen Erfahrung gekreuzt wird, eine Unnachgiebigkeit gemischt mit Ironie, Worte, die doppeldeutige Effekte hervorrufen und damit spielen: Diese Charakterzüge haben eine Einheit, die Einheit der **ästhetischen Paradoxie**.

3. Beim Erstellen dieser Skizze, dieses in großen Zügen gezeichneten Porträts, habe ich mich von einer Annahme leiten lassen: Könnte es sein, daß die Paradoxie im Innersten seines Denkens und seines Werkes wäre? Könnte es sein, daß sein wichtigster Beitrag zum Arbeitsrecht, hervorgebracht durch ein paradoxes Denken, darin bestünde, uns die verschiedenen Wege zu zeigen, um die Einheit dessen zu erfassen, was wir heute noch als getrennt und verschieden denken?

Weise Kollegen aus anderen Disziplinen würden uns vorschlagen, die Richtigkeit dieser Annahme zu erproben, indem wir den Gebrauch, den Spiros Simitis von der Figur des Oxymoron macht, untersuchen. Denn diese Figur ist dafür bekannt, ein Denken in Paradoxien zu übersetzen. Doch lassen wir diese interessante Untersuchung, um einen Zugang zum Werk von Spiros Simitis in einer doppelten Perspektive zu gewinnen: Welchen Blick auf das **Arbeitsrecht** verschafft er uns? Und welche Bewertung **seiner Entwicklung** lädt er uns ein, einzunehmen?

I.

4. Der Leser der Schriften von Spiros Simitis ist zunächst von der Vielfalt der Haltungen beeindruckt, die er einnimmt, wenn er vom Arbeitsrecht spricht. Allerdings nimmt er eine Haltung nicht ein; er prangert sie zwar nicht an, richtet gegen sie jedoch in seinen Veranstaltungen und Verträ-

gen besonders scharfe Geschosse: nämlich den Standpunkt des Rechtspositivismus. Es ist dies die Sichtweise, die die Kenntnis, welche vom Juristen und den am Recht Interessierten erwartet wird, auf die Rechtssätze, die nach den legitimen Verfahren ihres Zustandekommens den Wert von juristischen Normen besitzen, beschränkt.

Dieser Positivismus erscheint ihm wenig glücklich für die Juristen. Zwar läßt der Positivismus sie an die Einheit ihres Berufsstandes glauben und vielleicht sollte wegen dieser Funktion der Positivismus nicht überall und jederzeit öffentlich angeprangert werden. Er kommt deshalb jedoch nicht weniger einer Selbstverstümmelung gleich, denn er beschränkt den juristischen Horizont auf eine Paraphrase des gesetzten Rechts.

Zwar läßt der Positivismus die Juristen glauben, daß sie auch über ein empirisches Wissen verfügen, dessen Gegenstand das positive Recht ist. Doch schon Kant sprach jenes grausame Wort aus: »Eine bloß empirische Rechtslehre ist ein Kopf, der schön sein mag, es ist nur schade, daß er kein Gehirn hat (Metaphysik der Sitten, § B).« Spiros Simitis hat niemals aufgehört, denjenigen, die sich mit dem Recht beschäftigen, ein Gehirn zurückzugeben.

Besser als viele andere hat er nämlich verstanden, daß die Demokratie die am wenigsten mit dem Rechtspositivismus vereinbare Herrschaftsform ist. Die Demokratie muß so weit wie möglich das Spektrum der Urteile und der Bewertungen der Rechtsregeln und Gesetze öffnen. Wir kommen auf diese Frage zurück.

5. Seine Ablehnung eines eisigen Positivismus führt nicht zu einer Verachtung des juristischen Diskurses. Man kann je nach Epoche, und Themen, die er behandelt, und je nach dem, worauf er den Akzent setzen will, mindestens drei Blickwinkel unterscheiden.

Manchmal ist er dem Handwerkszeug des Juristen am nächsten, den Kategorien, die er verwendet, den Kämpfen um ihre Bedeutung. So beobachtet man in der schönen Serie von Aufsätzen, die er seit den siebziger Jahren dem Datenschutz gewidmet hat, die peinliche Genauigkeit, mit welcher er die Gesetzestexte analysiert, die Logik ihrer Zusammensetzung, die Diskussionen, die hier der Begriff der personenbezogenen Daten hervorruft, dort die Ausnahmen, die Wissenschaftler fordern. Die Aufmerksamkeit, die er so den Diskussionen über die juristische Grammatik und das juristische Vokabular zuteil werden läßt, bringt einen Anspruch zum Ausdruck, den – so meine ich – man erklären kann. In einem seiner älteren Aufsätze schrieb John Rawls zutreffend, daß »die Regel eine Zusammenfassung ist: Sie erlaubt nämlich dem Adressaten von komplexerem Wissen abzusehen, denn die Regel beschränkt sich in ihrer Formulierung auf das ›Know-how‹, ohne im geringsten das Wissen um das Warum vorauszusetzen«. Spiros Simitis will mit seinen Untersuchungen die Verbindung zwischen dem juristischen Know-how und dem Wissen um das Warum herstellen oder wieder herstellen.

Manchmal entfernt er sich von dieser Technik des Rechts, um zu untersuchen und zu zeigen, wie Zäsuren zwischen Institutionen, die Rivalität zwischen ihnen oder einfach das Beziehungsgeflecht zwischen Entscheidungsträgern und Akteuren eine juristische Diskussion organisieren und ihr sogar die Richtung geben. So macht er in einem jüngeren Aufsatz darauf aufmerksam, der die gegenwärtigen Dilemmata, welchen die Regulierung des Datenschutzes gegenüber steht, zum Thema hat, mit einem verblüffenden Scharfblick, wie die Aufteilung in Generaldirektionen innerhalb der Europäischen Kommission, die Kompetenzverteilung zwischen ihnen, die Informationen, über die jede von ihnen verfügt, entscheidend den Weg der Regulierung bestimmen. In einem noch neueren Beitrag für ein Werk über das Arbeitsrecht vor den nationalen und europäischen Richtern beschränkt er sich nicht darauf zu untersuchen, wie die Macht, das Europäische Recht auszulegen, aufgeteilt und kanalisiert worden ist. Er unterstreicht, wie sich dynamische Verbindungen zwischen Richtern herausbilden, welches Gewicht die Interpretation der nationalen Richter auf die Richter der Gemeinschaft und wie bestimmte Richter sich des Vorabentscheidungsverfahrens zu bedienen wissen, um ihr nationales Recht zu konterkarieren.

Nach der Terminologie eines Soziologen Pariser Ursprungs zeichnet Spiros Simitis die Konturen und die Bewegungen eines juristisches Feldes. Er geht so weit, eine Art von Soziologie der Jurislatoren zu betreiben (P. Amseleck gebraucht dieses Wort, um all diejenigen zu bezeichnen, die Rechtssätze formulieren). Er zeigt daran Interesse, ohne jedoch das Recht auf ein Objekt eines konfliktorischen Austausches innerhalb des juristischen Feldes zu reduzieren.

Schließlich zeigt sich sein Werk manchmal als entschlossen materialistisch. So unterstreicht er, wenn er den Aufstieg des Arbeitsrechts analysiert, mit der besonderen Autorität, die eine breite rechtsvergleichende Kenntnis verleiht, wieviel das Arbeitsrecht den industriellen Produktionsformen schuldet. Ohne Zweifel geht er über sein Denken hinaus, wenn er sagt, daß die arbeitsrechtlichen Normen infolge der Industrialisierung entstanden sind. Diese Aufmerksamkeit, die er den Beziehungen zwischen dem Recht und den Produktionsabläufen widmet, ermöglicht ihm, die Entwicklung des gegenwärtigen Arbeitsrechtes kritisch zu reflektieren, aber auch wünschenswerte Entwicklungen zu benennen, an die wir Zeitgenossen Anschluß finden sollten. Von einer kritischen Perspektive aus legt er die Abstände offen, die zwischen den Strukturen und den an eine Geschichte der Industriegesellschaft gebundenen Regeln und den gegenwärtigen Formen der Arbeitsorganisation bestehen. Von einer mehr rechtspolitischen Perspektive ausgehend fordert er uns unaufhörlich auf, die Bedeutung der Technik und des Diskurses über die Technik im Sinne von Technologie sowie die Notwendigkeit, ihren Gebrauch zu beherrschen, zu erfassen.

6. Hat die Distanz gegenüber einem Positivismus, der den Juristen so sehr gefällt, Simitis zu der kritischen Haltung geführt, das Recht als durch Wirtschaft und Technik determiniert zu betrachten? Meine gerade gemachten Äußerungen könnten diesen Eindruck erwecken. Wenn das der Fall ist, wäre es zu Unrecht.

Es gibt bei ihm eine doppelte Verneinung, in der man die Paradoxie erscheinen sieht. Wenn man der Einfachheit halber jenes Beziehungsgeflecht, in dem sich unsere Existenz entfaltet, Gesellschaft nennt, scheint Spiros Simitis es abzulehnen, das Recht in der Gesellschaft aufzulösen: Das Recht besteht nicht umsonst. Doch ebenso sehr lehnt er es ab, der Gesellschaft in der Rechtskonstruktion keine Beachtung zu schenken: Das Recht kann nicht auf ein reines Artefakt reduziert werden. Diese Ablehnung eines doppelten Reduktionismus konfrontiert ihn und, sofern wir ihm folgen, auch uns mit der nüchternen Frage nach der Verknüpfung des künstlichen Charakters des Rechtes, ohne welchen es keinen normativen Gehalt besäße, und seiner sozio-ökonomischen Bedeutung.

Selbst wenn er nach meiner Kenntnis seinen Standpunkt nicht in Form einer Theorie entwickelt hat, scheint er mir doch in verschiedenen seiner Schriften erkennbar zu sein. Sein Standpunkt enthält meiner Ansicht nach zumindest zwei Dimensionen.

Die erste Dimension umfaßt eine Art von Vorsichtsmaßnahme. Wenn Spiros Simitis so sehr dazu beiträgt, eine Archäologie der juristischen Strukturen und Rechtsnormen und eine Sozio-Genese der juristischen Kategorien zu rehabilitieren, möchte er uns vor den Gefahren eines reinen juristischen Konstruktivismus warnen. Man darf nicht alles den Definitionen und den Verfahren, die zu ihnen führen, opfern. Vergessen wir vor allen Dingen nicht den Gegenstand, die Gegenstände.

Im Grunde genommen greift er Wittgenstein auf, der in »Kultur und Wert« schrieb: »Die Personen, die beständig die Frage nach dem Warum stellen, sind wie jene Touristen, die sich gegenüber von einem Gebäude aufhalten, den Baedeker lesen und aufgrund der Lektüre der Passagen über die Geschichte des Gebäudes so beschäftigt sind..., daß sie von der Betrachtung des Gebäudes abgelenkt sind.«

Simitis' Standpunkt läßt sich nicht in dieser Vorsicht gegenüber dem juristischen Konstruktivismus zusammenfassen, obgleich sie nicht weniger wesentlich ist. Er versteht es außerdem, um die Formulierung von Kant aufzugreifen, dem Recht ein Gehirn zurückzugeben. Damit werden dem Recht die Mittel an die Hand gegeben, die Entwicklungen zu unterscheiden, auszuwählen und zu beurteilen. Anders gesagt: Die Verknüpfung von Recht und Gesellschaft kann nach Simitis' Auffassung nicht gedacht werden, ohne Stellung zu beziehen im Hinblick darauf, was das Recht verwirklichen soll, das Arbeitsrecht im Besonderen.

Ohne den Unterschied von Beschreibung und Beurteilung zu verkennen, gehört Spiros Simitis zu denjenigen, für die deskriptive und präskriptive Theorie in ihrer Einheit und nicht in ihrer Trennung betrachtet werden müssen.

Zu welcher Konstruktion führt er uns?

II.

7. Wenn es einen wesentlichen Bezugspunkt im Denken von Simitis gibt, ist es mit Sicherheit das **Individuum**. Das Individuum, die Individualität in der Bedeutung der nicht weiter möglichen Zurückführbarkeit, die Individuation, soweit sie Betrachtung des und für das Individuum ist, sind Worte und Begriffe, die seine Schriften ausschmücken, egal, ob sie das Datenschutzrecht oder große Fragen des Rechts wie die Verrechtlichung oder das Arbeitsrecht zum Gegenstand haben.

Ist das Individuum der richtige Begriff? Der Sprachgebrauch kann zu weitreichenderen Mißverständnissen führen. Simitis zufolge muß vom Individuum ausgegangen werden, das Individuum, solange es in mindestens einer Hinsicht unteilbar ist, solange es von jedem anderen zumindest in einer Hinsicht, die seine Einzigartigkeit sicherstellt, verschieden ist. Doch der von Simitis eingenommene Standpunkt ist ein Blick auf das Rechtssystem, das Individuum ist als Person definiert. Für ihn bezeichnet die Person das menschliche Individuum als **Einzigartiges, das zugleich universellen Charakter besitzt.**

Ihn interessiert somit nicht das Individuum als Kategorie des ökonomischen oder formal-juristischen Denkens. Dem Individuum der Standard-Ökonomie widmet er sogar in einigen Fußnoten schneidende Bemerkungen, um die Verarmung anzudeuten, die von einer schlecht gedachten Ökonomie des Rechts ausgehen.

Der Person im formaljuristischen Denken, diesem Zentrum der juristischen Zurechnung, widmet er keine anhaltende Aufmerksamkeit, denn ihn interessiert weder das rechnende Subjekt, obgleich man nicht die im Spiel stehenden Interessen außer Acht lassen darf, noch das Rechtssubjekt. Ihn interessiert dieses Wesen in seiner Subjektivität, aber auch in seiner Universalität: Denn jedes »ich« muß jene anerkennen, die wie es selbst »ich« sagen.

8. Diese Aufwertung der Person ist das Epizentrum seines Denkens und Handelns im Bereich des Datenschutzes. Seit fast dreißig Jahren streitet er unablässig für die Sensibilisierung der Verantwortlichen in Politik und Behörden, der Juristen und der Mitbürger im Allgemeinen, damit der »Markt der Informationen« nicht beherrschend wird. Er ist auf diese Weise in die Schaffung und Fortentwicklung der juristischen Grundsätze zum Schutze dessen, was das Bundesverfassungsgericht letztlich »informationelle Selbstbestimmung« genannt hat, eingebunden gewesen.

Diese Aufwertung der Person steht im Zentrum seiner Vision vom Arbeitsrecht. Er beobachtet deshalb mit Vergnügen die zunehmende Verbreitung der Forderung »nach Rechten, ohne die Individualität weder entstehen noch allerorts zum Wohl aller garantiert sein kann«. Er wünscht sich den Erfolg dieser Forderung, sofern sie auf Widerstand stößt und – sagen wir es ruhig – sie stößt überall auf Widerstand.

Diese Aufwertung der Person macht ihn zu einem Boten der Grundrechte, mit deren Europäisierung und internationaler Verbreitung sein Name, seine wissenschaftlichen Stellungnahmen sowie seine Schriften verbunden bleiben werden.

In allgemeinerer Hinsicht findet sich in dieser Aufwertung der Person das Maß, das er uns andient, um das Arbeitsrecht und seine Entwicklung zu bewerten. Die Art und Weise, wie er es zerlegt und seine Dynamik aufzeigt, verläuft nicht ohne Überraschungen für jene, die nicht mit der Ergiebigkeit der Paradoxie vertraut sind.

9. Sind Gesetz und staatliches Handeln im Allgemeinen zu größtmöglicher Zurückhaltung verurteilt, wenn die Grundrechte die Pfeiler unserer politischen Gesellschaft sind? Man kann leicht erraten, daß Simitis aus dem freundschaftlichen intellektuellen Austausch mit einem Nachbarn aus Frankfurt Vorbehalte gegenüber der möglichen Kolonisierung durch das Gesetz hat: Die Kolonisierung ist ein Thema, das seit zwanzig Jahren in seinen Schriften wiederkehrt. Doch unter dem Strich fordert er eine Rehabilitierung des Gesetzes und des staatlichen Handelns. Jeder soll unmittelbar »die Bedingungen der sozialen Reproduktion seines Lebens« beeinflussen und »sie grundsätzlich unter seiner Kontrolle behalten« können. Die Ambition ist da, doch nichts stellt sicher, daß diese Fähigkeit für jeden spontan zugänglich ist. Dem Gesetz und staatlichem Handeln kommt somit die Aufgabe zu, den Gebrauch der Grundrechte sicherzustellen.

Man darf dem öffentlichen Handeln jedoch keinen Blankoscheck erteilen. Das Maß seines Eingreifens bestimmt sich nach der dafür gelieferten Rechtfertigung. Um eine stark verkürzte Formulierung aufzugreifen, kann man sagen, daß sich Gesetz und Autonomie nicht ausschließen. Sie befruchten sich gegenseitig oder sollen sich jedenfalls gegenseitig befruchten.

Führt man sich vor Augen, wie Simitis den Reichtum der Grundrechte auffaßt, insbesondere derjenigen, welche die Subjektivität der Person in unserer heutigen Welt verlangt, versteht man, daß er dem Vorsorgestaat, dem Sozialstaat grundsätzlich nicht ablehnend gegenüber steht. Es ist eher dessen Anpassung, die er wünscht.

Hat Europa in dieser Vision einer fruchttragenden Spannung zwischen der Person und ihren Grundrechten einerseits und den politischen Institutionen und ihren Aufgaben andererseits einen Sinn? Es hat einen Sinn, der einer Notwendigkeit entspricht.

Europa ist und wird zweifelsohne nicht die Umsetzung der Kategorien und Interventionsformen, wie sie dem Arbeitsrecht der Mitgliedstaaten eigen sind, auf höherer Stufe sein. Doch die politische und juristische Konstruktion von Europa muß alles tun, damit das Projekt der Demokratisierung des sozialen und wirtschaftlichen Lebens, zu dem das Arbeitsrecht beigetragen hat, erhalten, fortgeführt und angereichert wird.

Europa darf weder einfache Wiedergabe noch Bruch sein. Durch die Anerkennung der Grundrechte und die Ausstrahlung ihrer Garantien erlangt Europa Konsistenz.

Es ist am Ende ein verdichtetes Europa, ein ehrgeiziges Europa, aber ein Europa, das die Diversität respektiert, die Simitis verlangt und begründet. Warum und in welcher Hinsicht respektiert Europa die Diversität? Die Grundrechte sind die Antipoden der Uniformität. Zunächst weil sie die Beteiligung eines jeden Einzelnen an der Bestimmung über seine eigene Existenz fördern. Der so festgelegte Horizont ist nicht uniform. Darüber hinaus weil es Einheit, nicht aber Uniformität gibt: Die Einheit resultiert aus den Grundrechten, doch die Formen und Verfahren, mit denen die Institutionen die Ausübung der Grundrechte garantieren sollen, sind nicht dazu verurteilt, zu jeder Zeit und an jedem Ort identisch zu sein.

10. Simitis schlägt uns eine Möglichkeit vor, die Aporien des Pluralismus zu überwinden.

Ebenso wie wir bekommt er zu hören, daß in unseren Gesellschaft die Pluralität der individuellen Lebensentwürfe zwar stark gegenwärtig sei, doch daß auf grausame Weise die Förderung der Einheit und des Zusammenhaltes fehle.

Mir scheint Simitis zu den noch Seltenen zu gehören, für die der Pluralismus in sich selbst die Auflösung der Spannung enthält, die er in sich birgt. Denn wenn der Pluralismus als Organisationsprinzip eingeführt ist, ist er zugleich Garant der Diversität, die er hervorbringt und Quelle der Einheit, die ihn aufrecht erhält.

Mit dieser Aufwertung der Person würden unsere Rechtssysteme Aufschluß über ihre Legitimation zur Ordnung des sozialen Lebens geben und würden es schaffen, ihre stets bedrohte Funktionsfähigkeit zu sichern. Es gibt keine stärkere und noblere Weise, den gesellschaftlichen Zusammenhalt zu denken.

11. Auf dieser Stufe angelangt frage ich mich, ob Simitis als radikaler Demokrat einzuordnen ist. Er mag keine Etikettierungen. Ich enthalte mich deshalb einer Antwort auf diese Frage.

Ich möchte jedoch mit einer letzten Paradoxie schließen. Simitis ist zweifelsohne aufgrund seines Werkes, seiner Schriften und seines Handelns ein Demokrat. Seinem Geist nach ist er eher Aristokrat. Was ist

16

noch hinzuzufügen? Daß er in diesem alten Europa, in dem wir leben, uns das Beispiel für die perfekte Verbindung von Freiheit und Besinnung auf den Anderen gibt.

Übersetzung aus dem Französischen:
Dr. jur. *Achim Seifert*, Frankfurt/Main

Einleitung
Spiros Simitis
Arbeitsrecht – Dilemmata und Unwägbarkeiten

Texte lassen sich sicherlich nach sehr unterschiedlichen Gesichtspunkten auswählen und zusammenstellen. Wo aber der Anlass, wie hier, eine Sinzheimer-Vorlesung ist, spricht alles dafür, den Publikationen den Vorzug zu geben, die ganz in der Tradition Hugo Sinzheimers, aber pointierter und dezidierter als manche andere Veröffentlichung nachzuweisen suchen, dass Arbeitrecht zwar aus seiner Geschichte heraus verstanden und gedeutet, in eben dieser seiner Verbindung zu einem bestimmten historischen und gesellschaftlichen Kontext allerdings auch die Notwendigkeit gesehen werden muss, das Arbeitsrecht immer wieder vor dem Hintergrund des sozialen und ökonomischen Wandels zu überdenken und neu zu begründen.

Die Auswahl hat vier Schwerpunkte:

1. *Mitbestimmung.* Ihr sind zwei Abhandlungen gewidmet, die im Juni 1974 an der London School of Economics gehaltene, Anfang 1975 in der Modern Law Review veröffentlichte Chorley Lecture »Workers Participation in the Enterprise – Transcending Company Law?« und die 1975 in »Arbeit und Recht« publizierte Gegenüberstellung »institutionalisierter« und »problemorientierte« Mitbestimmung. Beide sind zu einem Zeitpunkt erschienen, zu dem die Mitbestimmung in- und außerhalb der Bundesrepublik die arbeitsrechtliche Diskussion beherrschte. Mit einem Unterschied freilich: Während in der Bundesrepublik die Verabschiedung des Mitbestimmungsgesetzes immer näher rückte, war es in den anderen europäischen Staaten noch längst nicht so weit. Trotzdem: die anfänglich weit verbreitete Skepsis gegenüber allen Partizipationsbestrebungen war, so schien es, endgültig der Bereitschaft gewichen, sich doch auf die Mitbestimmung einzulassen, ein Eindruck der durch die Vorschläge zu einer »mitbestimmten« »Europäische Aktiengesellschaft« und erst recht durch den fast abrupten Wechsel der britischen Gewerkschaften von einer kla-

ren Gegnerschaft zu einer entschieden offeneren Einstellung bestätigt wurde.

Beide Aufsätze stellen zunächst klar: Die Mitbestimmung sprengt den Rahmen eines traditionell verstandenen Arbeitsrechts genauso wie sie die Grenzen einer ebenso herkömmlichen Sichtweise des Gesellschaftsrechts überschreitet. Sie ist der Schlüssel zu einer »Unternehmensverfassung«, die sich bewusst über die bisherigen arbeits- und gesellschaftsrechtlichen Konzepte hinwegsetzt, indem sie Arbeitsbedingungen und Unternehmenspolitik miteinander verknüpft und deshalb gezielt versucht, die Arbeitnehmer in den unternehmensinternen Entscheidungsablauf einzubeziehen. Die Kehrseite stand damals schon fest: Wer eine von den Beschäftigten mitbestimmte Unternehmensverfassung propagiert, muss sich nicht nur der Frage stellen, wie sich die Mitbestimmung mit den gleichsam klassischen Regelungsmechanismen der Arbeitsbeziehungen verträgt, sondern sich genauso mit der Rolle und dem Selbstverständnis der Arbeitnehmervertreter auseinander setzen.

Eben deshalb bleiben Reflexionen über ein institutionalisierte Mitbestimmung solange unvollständig wie sie nicht an den Möglichkeiten einer konsequent praktizierten problemorientierten Mitbestimmung gemessen wird, einer Mitentscheidung also, die sich über Tarifverträge und Betriebsvereinbarungen vollzieht. Nicht von ungefähr taucht in der Mitbestimmungsdiskussion der siebziger Jahre das Beispiel der FIAT-Tarifverträge immer wieder auf. Sie sind der Musterfall einer Tarifpolitik, die sich nicht mit einer Beschränkung auf, zumal möglichst restriktiv verstandene Arbeitsbedingungen abfindet, vielmehr die Kollektivvereinbarung genauso intensiv nutzt, um bestimmte, für die Beschäftigten besonders wichtige sozialpolitische Maßnahmen durchzusetzen. Zudem: Wo, wie in der Bundesrepublik, die Diskussion über die Mitbestimmung nicht nur zweigleisig verlaufen ist, sondern die Position der Betriebsräte vor allem durch den Ausbau ihrer Mitbestimmungsrechte systematisch gestärkt wurde, verlagern sich zugleich die Entscheidungsgewichte. Betriebliche Mitbestimmung bleibt weder für die Tarifpolitik noch und vor allem für die Handlungsbedingungen der Arbeitnehmervertreter folgenlos. Die selbstverständliche Präsenz von Betriebsratsmitgliedern im Aufsichtsrat ist dafür ebenso bezeichnend wie der scheinbar so nebensächliche Konflikt darüber, wen der Vorstand über Entscheidungen, die sich auch und gerade auf die Beschäftigten auswirken, zunächst informieren muss.

Der Gesetzgeber hat freilich in der Mitbestimmung weder den Grundstein einer neuen Unternehmensverfassung gesehen, noch die mit ihrer Institutionalisierung verbundenen Konflikte wirklich bedacht. Die Mitbestimmung wurde Teilen des Gesellschaftsrechts einfach aufgepropft, das Betriebsverfassungsrecht nicht auf seine Auswirkungen geprüft und ein alternativer, an der Tarifpolitik orientierter Mitbestimmungsansatz gar nicht erst mitüberlegt. Kein Wunder, wenn deshalb das Gesellschaftsrecht zunächst zögerlich, dann aber immer offener dazu benutzt wurde, die Mitbestimmung zu domestizieren. Alte, wohlbekannte Mittel, etwa die immer wieder hochgespielten, ausschließlich den Arbeitnehmervertretern scheinbar systemisch anhaftenden Interessenkonflikte oder eine gezielte Einschränkung der Kommunikationsmöglichkeiten von Arbeitnehmervertretern mit Hilfe eigens konstruierter Verschwiegenheitspflichten zählen ebenso dazu wie modernere Instrumente, etwa die corporate governance, die ohne die Relevanz der Arbeitnehmerinteressen in Frage zu stellen, jedenfalls eine Beteiligung der Beschäftigten am Aufsichtsrat als kontraproduktiv und daher contraindiziert erscheinen lassen. Mehr noch: Die Kritik an der Mitbestimmung wird in der Regel mit einer genauso auf eine Restriktion der Einflussmöglichkeiten der Beschäftigten ausgerichteten Forderung nach einer Revision der bisherigen tariflichen Regelungsformen verbunden. So gesehen steht nicht nur die institutionalisierte Mitbestimmung auf dem Spiel, sondern auch der Rückzug in eine problemorientierte, vor allem auf tariflichen Vereinbarungen beruhenden Mitbestimmung.

2. *Restrukturierung des Arbeitsrechts*. So deutlich die Mitbestimmung die Notwendigkeit illustriert, Stellung und Funktion des Arbeitsrechts zu überdenken, so wenig ist sie das einzige Beispiel dafür. Eine Reihe weiterer, mindestens ebenso wichtiger Ansatzpunkte für ein verändertes Verständnis des Arbeitsrechts werden in dem 1978 in Wiesbaden auf dem 52. Deutschen Juristentag gehaltenen Referat angesprochen. Der umständliche, ganz den Gepflogenheiten des Juristentages entsprechende Titel »Sind im Interesse einer gerechteren Verteilung der Arbeitsplätze Begründung und Beendigung der Arbeitsverhältnisse neu zu regeln?« lässt freilich schon ahnen, wie schwer es fällt, die tradierte Regelungsperspektive in Frage zu stellen und nach neuen Konzepten zu suchen. Und in der Tat: Eine turbulentere Juristentagsveranstaltung gab es kaum. Selten, wenn überhaupt, hat, wie in Wiesbaden, eine Abteilung mit Hunderten von Teilnehmern bis tief in die Nacht erbittert diskutiert. Und wohl in

keinem anderen Fall hat die Öffentlichkeit einen Juristentag so aufmerksam verfolgt, ja sich so kritisch nicht nur mit einzelnen Beiträgen, sondern genauso mit den Verfahrens- und besonders den Abstimmungsmodalitäten auseinander gesetzt.

Der Zeitpunkt hat sicherlich auch eine Rolle gespielt. Was lange kaum vorstellbar war, eine wirtschaftliche Depression verbunden mit einer steigenden Anzahl von Kündigungen und einer rapide zunehmenden Arbeitslosigkeit, nahm plötzlich immer realere Züge an. Noch galt es als selbstverständliches Ziel der Tarifpolitik, betriebsbedingte Auflösungen der Arbeitsverhältnisse ein und für allemal auszuschließen und deshalb den Verzicht auf ordentliche ebenso wie außerordentliche Kündigungen festzuschreiben. Und noch schien es völlig legitim, den Beschäftigten ein offenkundig dem Eigentumsrecht nachgebildetes Recht auf ihren Arbeitsplatz zuzusprechen und nach Möglichkeit gesetzlich zu verankern. Doch die Risse an einem ganz auf die Arbeitsplatzsicherheit bedachten Regelungssystem der Arbeitsbeziehungen waren mittlerweile kaum zu übersehen. Die fortwährenden Rationalisierungsbestrebungen, die juristische Ausziselierung der Auflösungsverträge und die forcierte Rückkehr erwerbstätiger Frauen zu ihren, wie es bezeichnenderweise hieß, »natürlichen Aufgaben« markierten den Wandel. Hinter der gewundenen Themenformulierung des Juristentages verbarg sich daher die eigentliche und entscheidende Frage, wie das Arbeitsrecht, gerade in einer Zeit wachsender Arbeitslosigkeit und schwindender Arbeitsplätze, den Zugang ebenso wie die Auflösung der Arbeitsverhältnisse an Bedingungen knüpfen könnte, die nicht nur die gleichsam klassischen Diskriminierungen verhindern, vielmehr auch und vor allem jeden Versuch unterbinden müssten, Arbeit denjenigen zu sichern, die sie bereits haben, Arbeitslosigkeit aber damit zum kaum noch korrigierbaren Schicksal werden zu lassen.

Beschäftigungspolitische Konsequenzen sind so gesehen notwendiger Parameter arbeitsrechtlicher Regelungen. In dem Masse jedoch, in dem ihre Bedeutung wahrgenommen und akzeptiert wird, rückt die Frage nach der Regelungskompetenz mehr und mehr in den Vordergrund, anders und präziser ausgedrückt, nach der Rolle, die der Tarifpolitik dabei zukommen kann. Verständlicherweise zählte in Wiesbaden genau diese Frage zu den strittigsten Punkten, wohl auch deshalb, weil Tarifverträge Ausgrenzungstendenzen nicht inhibiert, sondern hingenommen haben. Um so mehr gilt es, wie damals in Wiesbaden, immer wieder daran zu erinnern, dass Tarifvertragsparteien ohne Zweifel am besten den konkreten Regelungskontext einschätzen können, zu keinem Zeitpunkt aber jenseits der auch für den Gesetzgeber maßgeblichen Regelungsgrenzen operieren dürfen. Die Tarifautonomie begründet und garantiert das Vorrecht der Tarifvertragsparteien, die aus ihrer Sicht ihren Interessen am ehesten entgegenkommende Regelung zu wählen, ohne deshalb den Weg für eine Regelungsenklave zu bahnen, in der nicht einmal die Vorgaben zu respektieren sind, an die sich der Gesetzgeber halten muss. Gleichviel also, ob es um die Gleichstellung erwerbstätiger Frauen, die Beschäftigungsbedingungen älterer Arbeitnehmerinnen und Arbeitnehmer oder die bevorrechtigte Wiedereinstellung früherer Beschäftigten geht, die Regelungsschranken ändern sich nicht.

Die Einschränkung der Regelungsmöglichkeiten macht allerdings nur solange Sinn wie die Regelungsbefugnis unbestritten ist. Das Gegenteil ist freilich der Fall. Die schon im Vorfeld des Wiesbadener Juristentages angemeldeten und in seinem Verlauf nachdrücklich vorgebrachten Vorbehalte haben sich keineswegs verflüchtigt. Art. 9 Abs. III GG wird vielmehr immer weniger als Grundlage einer echten Regelungsprärogative der Tarifvertragsparteien gesehen. Wo jedoch ihre Kompetenz auf die Entscheidung über möglichst eng interpretierte Arbeitsbedingungen verengt und »staatliche Ordnungsprinzipien« ihren Handlungsspielraum zunehmend definieren, ist ihre Autonomie faktisch wie rechtlich nur noch eine Sekundärquelle der Regelung von Arbeitsbeziehungen. Einmal mehr bestätigt sich aber auch, dass die seinerzeit in Wiesbaden aufgeworfenen und debattierten Fragen nach wie vor den arbeitsrechtlichen Diskurs bestimmen.

3. *Konstitutionalisierung.* Der dritte Teil enthält zunächst drei Abhandlungen, die an drei verschiedenen Beispielen den vielleicht bemerkenswertesten Wandel des Arbeitsrechts verdeutlichen: die allmähliche Wiederentdeckung des einzelnen Beschäftigten. Der erste, 1977, kurz nach der Verabschiedung des Bundesdatenschutzgesetzes, in Arbeit und Recht veröffentliche Aufsatz »Datenschutz und Arbeitsrecht« weist auf die Notwendigkeit hin, es nicht bei den generellen Datenschutzregeln zu belassen, sondern sie nur als Brücke zu bereichsspezifischen Regeln zu verstehen, darunter auch zur Verarbeitung von Arbeitnehmerdaten. Nur die Nähe zum Verarbeitungskontext bewahrt den Gesetzgeber davor, sich mit allgemeinen, überaus unterschiedlich interpretierbaren und deshalb bes-

tenfalls partiell den Schutz der Betroffenen garantierenden Vorschriften zufriedenzugeben. Jeder Schritt in diese Richtung signalisiert freilich zugleich einen Perspektivenwandel. Ansatz- und Orientierungspunkt der rechtlichen Regelung kann lediglich der einzelne Beschäftigte sein. Nicht nur, weil es um seine Daten und deren Verarbeitung geht, vielmehr vor allem, weil sein verfassungsrechtlich garantiertes Recht, selbst über den Umgang mit seinen Daten zu bestimmen, und so auch seine Kommunikations- und Partizipationsfähigkeit zu schützen, den Reflexions- und Entscheidungsgang determiniert.

Kein Zweifel, kollektiven Vereinbarungen kommt, wie sich allein schon an Bestimmungen wie dem § 87 Abs. 1 Nr. 6 BetrVG zeigt, eine besondere Bedeutung zu, wenn ein verlässlicher Schutz wirklich gewährleistet werden soll. Sie ändern jedoch nichts daran, dass ein konsequent verfolgter Datenschutz die einzelnen Beschäftigten aus einer kollektiven Wahrnehmung herauslöst und den Respekt vor ihrer Person in den Vordergrund rückt. Aus eben diesem Grund endet die informationelle Selbstbestimmung nicht an den Datensammlungen der Betriebsräte. Die Arbeitnehmervertretungen sind genauso wie die Arbeitgeber verpflichtet, die informationelle Selbstbestimmung der Beschäftigten zu achten. Sie ist deshalb auch in ihrem Fall Maßstab und Grenze des Zugriffs auf Arbeitnehmerdaten. Der Bundestag, das Internationale Arbeitsamt und die EG-Kommission haben sich seither der Forderung nach Sonderregeln für die Verarbeitung von Arbeitnehmerdaten angeschlossen. Bis auf die 1997 verabschiedeten Verhaltensregeln des Internationalen Arbeitsamtes fehlt es aber immer noch an verbindlichen Regeln. Immerhin liegt inzwischen der Entwurf einer EG-Richtlinie vor. Auf der nationalen Ebene ist es dagegen bis heute bei folgenlosen Ankündigungen geblieben.

Ein zweites Beispiel für die Reindividualisierung des Arbeitsrechts findet sich in dem 1987 publizierten Beitrag zur Festschrift für den früheren Bundesverfassungsrichter Helmut Simon: »Die verordnete Sprachlosigkeit: Das Arbeitsverhältnis als Kommunikationsbarriere«. Nicht anders als bei der informationellen Selbstbestimmung geht es auch bei der Meinungsfreiheit um den Respekt vor den Grundrechten der Beschäftigten auch und gerade im Rahmen der Arbeitsbeziehungen. Treuepflicht und Direktionsrecht haben lange Kritik am konkreten Arbeitsverhältnis entweder von vornherein verhindert oder an das Risiko gekoppelt, den Arbeitsplatz zu verlieren. So wenig sich an der Verpflichtung zur gegenseitigen Rücksichtnahme deuteln lässt, so klar ist auch, dass sie sich nicht mit einer einseitigen ganz auf die Beschäftigten beschränkten Sprachlosigkeit verträgt. Der Respekt vor ihrer Person ist an die als genuine Folge der Anerkennung ihrer Grundrechte verstandene Bereitschaft geknüpft, ihre Kritikfähigkeit und ihre Berechtigung, Bedenken zu äußern, nicht nur deshalb in Frage zu stellen, weil ihre Arbeitsbedingungen und überhaupt Organisation und Politik ihres Arbeitgebers auf dem Spiel stehen.

Das dritte und letzte Beispiel wird in einem 1994 im Recht der Arbeit erschienenen Aufsatz über »Die Altergrenzen – ein spät entdecktes Problem« behandelt. Vorurteile und Instrumentalisierung haben bei älteren Beschäftigten genauso wie zuvor bei erwerbstätigen Frauen Ziel und Inhalt der arbeitsrechtlichen Normen bestimmt. So gilt in der Arbeitsmarktpolitik gerade in Krisenzeiten noch immer, wenn auch mit wachsender Vorsicht, der Grundsatz, ältere Beschäftigte möglichst bald in den ebenso »natürlichen« wie »wohlverdienten Ruhestand« zu verweisen und so den Arbeitsmarkt zu entlasten. Wo Zweifel aufkommen, hängen sie im Übrigen nicht mit der Bereitschaft zusammen, Alter anders als bisher zu sehen, sondern mit demographischen Überlegungen, noch genauer, mit den daraus resultierenden Belastungen der Rentenversicherung. Die Korrektur der bisherigen Politik ist, anders gesagt, nur Mittel zur Kostensenkung.

In einer Gesellschaft, in der verbesserte Lebensbedingungen nicht zuletzt ein höheres Lebensalter zur Folge haben und die sich überdies zunehmend in eine Dienstleistungsgesellschaft wandelt, lassen sich arbeitsrechtliche Vorgaben nicht aufrecherhalten, die von einem unausweichlich, zumal kalendarisch definierbaren Verfall der Betroffenen ausgehen. Altersgrenzen spiegeln genau dieses Vorurteil wider. Wenn deshalb eine unter verfassungs- als auch unter europarechtlichen Gesichtspunkten inakzeptable Diskriminierung nicht weiter aufrechterhalten werden soll, muss der Akzent von der Ausgrenzung älterer Beschäftigter auf Regeln gelegt werden, die gezielt auf ebenso verbindliche wie generell anwendbare Altersgrenzen verzichten, dafür jedoch Maßnahmen vorsehen, die etwa ein »lebenslanges Lernen« sichern und organisatorische Vorkehrungen treffen, die den Betroffenen erlauben, ihre Kenntnisse und Erfahrungen altersadäquat in ihren Beruf einzubringen. Der Weg dahin ist vor allem dank der Europäischen Kommission eingeschlagen. Die ersten Erfahrungen zeigen freilich, wie groß die Widerstände sind und wie festgefahren die Diskriminierung älterer Beschäftigten ist.

Alle drei Beispiele sind symptomatisch für eine Entwicklung, die in einer 1991 in den Niederlanden publizierten Abhandlung, »Wiederentdeckung des Individuums und arbeitsrechtliche Normen«, unter dem Stichwort der »Konstitutionalisierung« des Arbeitsrechts beschrieben wird. Verfassungsrechtliche Aspekte haben sicherlich schon sehr früh eine zentrale Rolle im Arbeitsrecht gespielt. Wie nachhaltig ihr Einfluss gewesen ist, lässt sich an der Geschichte des kollektiven Arbeitsrechts nachvollziehen. Erst die verfassungsrechtliche Verankerung der Tarifautonomie hat den kollektiven Abmachungen nicht nur einen besonderen Rang verliehen, sondern sie zugleich definitiv von den Relikten illegaler Anfänge und einer genauso mühevollen wie widersprüchlichen Integration in ein von zivilrechtlichen Vorstellungen dominiertes Vertragskonstrukt befreit. Die Konstitutionalisierung des kollektiven Arbeitsrechts hat, so seltsam es zunächst klingen mag, letztlich auch die Voraussetzungen dafür geschaffen, die einzelnen Arbeitnehmerinnen und Arbeitnehmer als selbständige Personen wahrzunehmen und damit ihren Grundrechten eine immer größere Beachtung zu schenken. Ohne die stete Einwirkung der Tarifverträge auf die Arbeitsbedingungen und die dadurch konstant verbesserten Selbstbestimmungschancen wäre die, wenn man so will, zweite, ganz an den einzelnen Beschäftigten orientierte Konstitutionalisierungsphase gar nicht eingetreten.

Ihre Folgen sind nicht weniger gravierend als die Konsequenzen der Anerkennung der Tarifautonomie und ihrer verfassungsrechtlichen Absicherung. Wie weit sie reichen, hat sich bei der immer noch nicht abgeschlossenen Korrektur der Diskriminierung erwerbstätiger Frauen gezeigt. Wer sie wirklich anstrebt, merkt schnell, dass scheinbar rein arbeitsrechtliche Fragen eben nicht mit den Mitteln des Arbeitsrechts zu lösen sind. Gleicher Zugang und gleicher Lohn zählen zwar unstreitig zu den Grundbedingungen einer Gleichberechtigung, garantieren aber noch lange keine Gleichstellung. Sie setzt nicht nur die abstrakte Chance einer Erwerbstätigkeit zu gleichen Bedingungen voraus, sondern vor allem die reale Möglichkeit, sie wahrzunehmen. Auf die Erwerbstätigkeit abgestimmte familiäre Verpflichtungen sind daher ebenso wie die entsprechenden sozial- und erziehungspolitischen Vorkehrungen nicht wünschenswerte Ergänzungen, vielmehr integrale Bestandteile der arbeitsrechtlichen Gleichstellung. Kurzum, die Interdependenz dieser auf den ersten Blick so unterschiedlichen Elemente durchbricht eine traditionell arbeitsrechtliche Sicht und zwingt dazu, sie durch Reflexionen zu ersetzen, die zunächst und vor allem verfassungsrechtliche Anforderungen aufgreifen und umsetzen müssen.

4. *Verrechtlichung.* So sehr sich die frühen arbeitsrechtlichen Regelungen, etwa zur Arbeitszeit, von späteren weitaus komplexeren, wie den Vorschriften zur Arbeitssicherheit oder den Diskriminierungsverboten, unterscheiden, eines ist ihnen gemeinsam: das Ziel, verbindliche Anforderungen festzulegen. Jede von ihnen ist deshalb Baustein einer zunehmenden »Verrechtlichung der Arbeitsbeziehungen«. Sie steht im Mittelpunkt einer Untersuchung, die im Vorfeld eines 1982 vom Europäischen Hochschulinstitut in Florenz organisierten Kolloquiums zur »Verrechtlichung von Wirtschaft, Arbeit und sozialer Solidarität« entstanden ist. Die lange Liste der immer häufigeren Interventionen, angefangen mit dem preußischen Regulativ über die Kinderarbeit über das Kündigungsschutzgesetz bis hin zur Bildschirmarbeitsverordnung illustriert wieder und wieder die Intention, die Arbeitsbeziehungen in gesetzlich vorbestimmte Bahnen zu lenken, eine Erwartung, die durch die Konstitutionalisierung des Arbeitsrechts noch einmal verstärkt wurde.

So selbstverständlich freilich die Verrechtlichung der Arbeitsbeziehungen jahrzehntelang erschien, so deutlich ist sie mittlerweile in den Mittelpunkt einer konsequent auf die »Deregulierung« des Arbeitsrechts ausgerichteten Kritik geraten. Eine nachhaltige Flexibilisierung der Arbeitszeit und des Kündigungsschutzes wird ebenso verlangt wie die Rückkehr zu einem prinzipiellen Vorrang der Vertragsfreiheit im Arbeitsverhältnis. »Privat« vereinbarte Bestimmungen sollen daher beispielsweise einen durch gesetzliche und kollektivrechtliche Vorgaben »zementierten Bestandsschutz« ablösen und zugleich den erstarrten Arbeitsmarkt wiederbeleben. Nur: Plakative, mehr oder weniger auf die Deregulierungsformel reduzierte Aussagen helfen nicht weiter. Schon deshalb, weil keine noch so erwägenswerte Kritik es rechtfertigt, den Rückzug des Gesetzgebers zur Leitlinie aller Reflexionen über die Regelung der Arbeitsbeziehungen hochzustilisieren. Gesetzliche Vorgaben sind nach wie vor unverzichtbar, eine Feststellung, die für traditionelle Regelungsbereiche, also die Auflösung des Arbeitsverhältnisses oder arbeitsmedizinische Vorkehrungen, genauso gilt wie für neu aufkommende Fragen, etwa die Verarbeitung genetischer Daten der Beschäftigten.

Die Notwendigkeit gesetzlicher Vorschriften zwingt jedoch keineswegs dazu, sie im bisherigen Umfang beizubehalten oder gar auszubauen. Erst recht reichen noch so eindringliche Hinweise auf die Bedeutung und die lange Tradition gesetzlicher Bestimmungen nicht aus, um ihre inzwischen offenkundigen Schwächen zu übergehen. Beides ist Ansatzpunkt der im

September 1996 in Leyden auf der Tagung der Europäischen Vereinigung für Arbeitsrecht und Soziale Sicherheit vorgetragenen Überlegungen (Hat das Arbeitsrecht noch eine Zukunft?). So unterschiedliche Phänomene wie der einschneidende Wandel des Arbeitsmarktes, der Abbau der einst dominanten, von der Industrialisierung geprägten Merkmale der Arbeitsbeziehungen und der Übergang zu einer mehr und mehr von der Informationstechnologie geformten Dienstleistungsgesellschaft sind Anlass genug, um Möglichkeiten und Instrumente der Regelung von Arbeitsbeziehungen von Grund auf zu überprüfen, ganz zu schweigen von der wachsenden Verdrängung nationaler durch supranationale Vorschriften.

Hinzu kommt die Globalisierung der Unternehmensaktivitäten. Sie ist, so scheint es, ohne Rücksicht darauf, ob es um das Verhältnis der einzelnen Unternehmen zueinander oder die Unternehmensorganisation und damit auch die Arbeitsbeziehungen geht, nur mit einem ebenso universal angelegten »soft law« vereinbar. Die starren Vorgaben nationaler Gesetzgeber hätten mit anderen Worten ausgedient und müssten deshalb einer den globalen Akteuren überlassenen Regelung weichen. Einmal mehr gilt es sich freilich vor voreiligen Schlüssen zu hüten. Dass es auch bei einer globalisierten Aktivität möglich ist, gesetzliche Vorkehrungen vorzusehen, die durchaus funktionieren, etwa bei der Verarbeitung personenbezogener Angaben einschließlich der Arbeitnehmerdaten, demonstrieren Vorschriften wie die Bestimmungen der EG-Datenschutzrichtlinie von 1995 (Art. 27) und des BDSG (§ 4c Abs. 2). Inwieweit solche Regelungen letztlich einmalig sind, oder sich doch wiederholen lassen, ist eine andere Frage. Sie signalisieren jedoch, dass die Entstaatlichung der rechtlichen Anforderungen, allen gegenteiligen Behauptungen zum Trotz, keineswegs alternativlos ist, unterstreichen allerdings genauso deutlich, dass Reflexionen über das arbeitsrechtliche Instrumentarium dringlicher denn je sind.

Mitbestimmung

Workers' Participation in the Enterprise – Transcending Company Law?[1]

I

My first reaction to the announcement that I would have the honour and the privilege to give this lecture was to try to establish some connection between my subject and the topics of the last two years. But I quickly dismissed the idea. Obviously, workers' participation is far too remote from Professor Kahn-Freund's remarks on comparative law[2] and from Professor Hart's analysis of demystification.[3] On second thoughts, however, I suspected, that participation might prove to be a striking example of the leading ideas of both lectures.

In fact, no other slogan is at the moment so popular. Phenomena like the *comité d'entreprise* in France or the *Mitbestimmung* in Germany are no longer regarded as an interesting but extremely particular feature of a small number of laws. Countries which up to now never considered the lack of statutory rules on participation as a serious disadvantage have radically revised their attitude. One has only to think of the recent changes and proposals in Norway, Sweden and Switzerland. Trade unions which, like the British, were for a long time rather critical if not openly hostile to workers' representation speak of a probably "desirable development."[4] And even legislation already accepting participation seems to be involved in a process of continuous reforms, as the example of the Dutch law of 1971 or of the recent German draft shows. No wonder therefore that the chances of a European company statute were thought to depend almost entirely on its attitude towards workers' representation.[5]

---

1 This is the third *Chorley Lecture*, delivered at the London School of Economics on June 26, 1974.
2 Kahn-Freund (1974) 37 M.L.R. 1.
3 Hart (1973) 36 M.L.R. 2.
4 *Industrial Democracy*, Interim report by the T.U.C. General Council, 1973, p. 36.
5 For the latest development see the minutes of the European Parliament 1974–1975 Doc. 67/74 of June 26, 1974.

Yet, in spite of the constant references to the necessity of participation by so many laws and proposals, the term is interpreted in very different and sometimes contradictory ways. While for instance the Belgian legislator states that the *conseil d'entreprise* can have no other purpose than to "associate« the personnel to the efforts of the "chef d'entreprise"[6] the German government speaks of "co-decision."[7] So what for the one appears to be just a better means of consultation marks for the other the transition to new economic and social structures. Thanks to what seems to be a genuine contribution of comparative law such differences are however increasingly dissimulated. Instead of examining the particular aspects as well as the background of the various foreign models, an impressive enumeration of already existing regulations is presented. Since the concept of each of these models remains unquestioned, participation may in fact be regarded as a feature common to a steadily increasing number of laws. Besides, once attention has been focused on the positive attitude of so many laws, doubts seem to be senseless. Comparative law contributes thus not only a great deal to the current mystification of participation; it also incites to an uncritical imitation. Any further attempt to examine the implications of participation has to be conscious of the fact that its magic can only be destroyed by abandoning a comparison which is reduced to a simple record of apparently identical expressions.

II

One of the main difficulties in comparing the various models and analysing their consequences is the constant change of the level at which participation affects economic activity. While some statutes restrict participation to the plant, others extend it to the enterprise or even include national economic policies.

It is however by no means sufficient to distinguish the level. A com-

---

6 *Exposé des motifs*, Doc.parl. Chambre 1947–1948, no. 50 p. 13. See also Piron-Denis, *Les conseils d'entreprise et les comités de sécurité et d'hygiène*, 1972, p. 35: ". . . le conseil d'entreprise est essentiellement un organe de collaboration et non de participation à la gestion de l'entreprise."
7 *Die Mitbestimmung der Arbeitnehmer*, published by the Federal German Ministry of Labour, 1974, p. 6.

mon point of departure does not necessarily lead to a uniform organisational structure. Both the German and the French law attach for instance a great importance to the plant; they have nevertheless followed a very different path. The *Betriebsrat* is a collective organ elected by the workers and having an exclusive jurisdiction in a series of cases clearly defined by the law.[8] The *délégués du personnel* are, on the contrary, individual representatives of the workers and it is up to them whether they prefer to seek the assistance of the *délégués* or to address themselves directly to the employer.[9] As to the enterprise level the same laws may again be used to underline the differences. This time French law gives the preference to a collective representation. But the *comité d'entreprise* is not only composed of workers. The chairmanship is reserved by law to the employer or his representative.[10] German law interprets participation as a necessary enlargement of the traditional enterprise organs. The supervisory board is thus transformed into the very site of participation.[11] That both models may be combined is shown by Dutch law.[12] Though the *ondernemingsrad* is in fact a variation of the *comité d'entreprise*, it has an important additional right to veto under certain circumstances the election of members of the supervisory board, and it can by that achieve indirectly the solution offered directly by German law. Finally as far as the national economy is concerned, institutions like the *Conseil central de l'économie* and the *Conseil national du travail* in Belgium or the *Sociaal-Economi-*

---

8 *Betriebsverfassungsgesetz* of 1972, §§ 74–118.

9 Art. 3, paras. 1 and 4 of the Law on the *Délégués du Personnel* of April 16 1946. See also Suet, *Comites d'entreprise, délégués du personnel et délégués syndicaux*, 1970, p. 159: "en aucun cas les délégués du personnel ne jouissent d'un momopole des réclamations et ne peuvent transmettre celles-ci sans l'assentiment formel de l'interessé."

10 Art. 15 of the Ordonnance on the *Comité d'entreprise* of February 22, 1945.

11 Art. 3 of the Ordonnance on the *Comité d'entreprise* modified by the Law of June 18, 1966, provides also that two members of the *comité d'entreprise* are entitled to participate at all meetings of a company's *conseil d'administration* or *conseil de surveillance*. Nevertheless there is still a critical difference between French and German law clearly expressed in a *Réponse ministérielle* published in the *Journal Officiel, Assemblée Nationale*, of February 1, 1969, 3156. According to this official opinion the representatives of the *comité d'entreprise* have exclusively a "*rôle de liaison*" in order to increase the information of the comité on company matters. They are therefore not full members of the *conseil d'administration* or the *conseil de surveillance*, their functions being purely consultative. For the same reason they are excluded from the special emoluments reserved to the members of both organs.

12 For the historical background and development of the *ondernemingsrad* see Molenaar, *Arbeidsrecht*, Vol. 2, 1957, pp. 1017 *et seq.*

sche Raad in the Netherlands illustrate the possibilities of participation. But once more the differences are obvious. For the Belgian legislator it was more or less self-evident that the *Conseil national du travail* should be also entrusted with the conclusion of collective agreements, an idea clearly not accepted by the regulation in the Netherlands.

Besides, the fact that the source of participation may obviously be very different complicates things even more. It is a widespread but erroneous belief that workers' representation presupposes an intervention of the legislator. Clearly, most of the well-known models were introduced by statute and especially in countries like Germany legislative action was always presumed indispensable. Trade unions regarded parliament therefore as the natural addressee of their claims and participation was consequently presented as a problem exclusively concerning the legislator.

It would nevertheless be far more convincing to employ first means traditionally used for the regulation of industrial conflicts. Whoever asks for statutory rules under-estimates the role of collective bargaining. To what extent is not only shown by the example of the Scandinavian countries but also by the Swiss and to a certain degree by the Italian experience. In each of these cases the existence of enterprise councils, production committees, co-operation councils or workers' commissions is the result of an agreement.[13] Nobody will deny that none of these models can be earnestly considered as being above any criticism. But the decisive question is, whether the intervention of the legislator has really led to better results. One has only to compare the French *comité d'entreprise* and the Swedish *foretagsnämder*. Participation amounts in both cases to consultation and Information in order to ensure the functioning of the

---

13 Agreements are however in the case of workers' representation not always concluded within the normal frame of collective bargaining. In Sweden for instance the point of departure was a special agreement between the Confederation of Trade Unions and the Employers' Confederation resting on the assumption that its content would be accepted by the unions belonging to both confederations. That this assumption was correct is proved by the practice of collective agreements since 1946. See F. Schmidt, *The Law of Labour Relations in Sweden*, 1962, pp. 31 *et seq.* A very different, in fact not comparable, type of agreement is to be found in a few cases in Western Germany. In order to facilitate participation the shareholders accepted the inclusion in the voting list for the supervisory board persons considered by workers and trade unions to represent their interests. See *Mitbestimmung im Unternehmen*, Bericht der Sachverständigenkommission, 1970, p. 19 and below notes 16, 34.

enterprise.[14] The French legislator has in fact guaranteed no more than what the workers achieved elsewhere on their own with the help of collective agreements.[15]

I do not assume, however, that there is a true alternative between statutory regulation and collective agreement. On the contrary, whether they are really exchangeable depends on the ultimate purpose as well as on the degree of participation. To be more precise: Experience shows that collective agreements appear to be an adequate means for introducing participation only as long as the legally acknowledged organisational structures of enterprises are not endangered. All kinds of consultative mechanisms can therefore easily be established either by collective agreements or by statute. But the limits of feasibility within an agreement are obviously reached whenever the core of the decision-making process is touched. No legislation has up to now given to parties to the collective agreement the power to change the functions and composition of the policymaking organs of the enterprise. Even countries like Norway and Switzerland, where participation was developed by arrangements between employers and workers, considered statutory regulation as absolutely necessary once it became clear that the traditional organisational structures had to be reconsidered.

Legislative interference not only illustrates the limits of voluntary solutions: it also transforms the statutory participation model into a dominating element of public policy. There is no way back into a system ignoring workers' representation. Parties have at best, as in France, the opportunity to modify some of the purely organisational aspects of par-

---

14 Adlercreutz, *Svensk arbetsrätt*, 1968, p. 91 "samarbetsorgan"; F. Schmidt, *op. cit.*, p. 32: "The Swedish joint enterprise council is a forum for deliberation and information and is not competent to make decisions"; Johnston, *Collective Bargaining in Sweden*, 1962, 220. Except of course when the employer delegates expressly the decision power to the council, for example see Adlercreutz, *op. cit.*, at p. 93. "Son but reste essentiellement consultatif, les décisions prises à la majorité ne s'imposent pas à l'employeur, sauf cas particuliers, mais conservent généralement le caractère de suggestion." Suet, *op. cit.*, p. 19; Camerlynck-Lyon-Caen, *Droit du travail*, 5th ed. 1972, p. 371 remark therefore: "L'entreprise demeure propriété du capital, l'employeur la gère comme il l'entend."

15 H. Dorfmann, *Labor relations in Norway*, 1966, p. 88 describes the originally very similar situation in Norway by pointing out that the employer has no other obligation than to consider in a reasonable way the opinion of the council. For Switzerland see Kistler, *Die Betriebsgemeinschaft*, 1953, pp. 110 *et seq.*; M. Rehbinder, *Grundriss des schweizerischen Arbeitsrechts*, 1972, p. 138.

ticipation.[16] But where, as in Germany, the opinion prevails[17] that no further modifications can be accepted without endangering the constitutionally acknowledged fundamental principles of economic activity, even the slightest change of the statutory scheme is categorically rejected.

Proposals like the ones included in the European Company Statute are for this reason utterly unrealistic. No doubt, the idea of a voluntary choice by the workers[18] is at first extremely attractive, especially for countries which have not yet taken a clear position in this matter; but the rejection of participation becomes fictitious whenever workers are concerned whose law has already accepted representation, at least as long as no other equivalent model is offered. Once the relation to public policy

---

16 See *Cour d'appel de Paris* of November 11, 1955, *Droit ouvrier*, 1956, p. 25; Cohen, *Le statut des délégués du personnel et des membres du comité d'entreprise*, 1964, pp. 64 *et seq.*; Camerlynck-Lyon-Caen, *op. cit.*, p. 370.

17 At least as far as participation at the level of enterprise organs is concerned, the possibility of a modification by the parties has been unanimously rejected. See for instance Mertens, in *Kölner Kommentar zum Aktiengesetz*, Vol. 1, 1973, § 96, note 2; Kraft in *Gemeinschaftskommentar zum Betriebsverfassungsgesetz*, § 1, note 36; Söllner, *Arbeitsrecht*, 4th ed. 1974, p. 129; Biedenkopf, *Grenzen der Tarifautonomie*, 1964, p. 19; Richardi *Kollektivgewalt und Individualwille bei der Gestaltung des Arbeitsverhältnisses*, 1968, p. 244; Däubler, *Das Grundrecht auf Mitbestimmung*, 1973 pp. 98, 325, 440 *et seq.* A clearly distinguished question is the already mentioned possibility, see *supra* note 12, to augment the number of workers' representatives by a vote of the shareholders favourable to persons proposed to them by the trade unions or the employees of the enterprise. This has been rejected by the *Oberlandesgericht* Hamburg, 1972 *Aktiengesellschaft* 185, see also Claussen, 1973 *Aktiengesellschaft* 385, but is meanwhile increasingly accepted on the grounds that members of the supervisory board once elected are no more representatives of specific interests, see Mertens, *op. cit.*, § 196, note 10 *et seq.* With regard to the co-determination at the plant level there is still a minority of authors admitting the possibility of modifications. See for instance, Fitting-Auffarth, *Betriebsverfassungsgesetz*, 10th ed. 1972, § 1, note 46; Wiese, in *Gemeinschaftskommentar zum Betriebsverfassungsgesetz*, § 87 note 87 *et seq.*; Däubler, *op. cit.*, pp. 83 *et seq.*, but also *Bundesarbeitsgericht, Arbeitsgerichtliche Praxis*, § 56 of the *Betriebsverfassungsgesetz* of 1952 Nr. 14. The draft for the reform of the *Betriebsverfassungsgesetz* originally included a provision granting the parties to a collective agreement explicitly the right to strengthen the position of a works' council. But it was more or less tacitly abandoned during the parliamentary debates. No wonder therefore that the prevailing opinion is clearly hostile to any modification even within the context of the plant. See Dietz-Richardi, *Betriebsverfassungsgesetz*, 5th ed. 1973, note 39 before § 74; Hueck-Nipperdey-Säcker, *Arbeitsrecht*, Vol. 2 part 2, p. 1333.

18 Art. 138 of the European company statute, see also Art. 137, para. 1 permitting amendments by the statutes of the individual companies as long as they correspond to the interests of the employees. For a rather optimistic evaluation of these proposals see Lyon-Caen, *Beitrag zu der Möglichkeit der Vertretung der Interessen der Arbeitnehmer in der Europäischen Aktiengesellschaft*, 1970, pp. 17 *et seq.*

has been clearly established the alternative can never consist in an obvious deterioration.

III

All participation models have, notwithstanding their differences, a common task: they are means of control. It was especially the inability of traditional negotiation instruments to prevent closures or to mitigate the effects of rationalisation which was thought to be a decisive argument in favour of new surveillance procedures. Thus far workers' representation is always an attempted access to a decision-making process still considered by most laws as the exclusive domain of the entrepreneur.

Because participation has to diminish the risk due to the dependence of workers on their jobs, its natural target seems to be the plant. Nowhere else does the impact of working conditions become so evident; and at no other point of the economic process do the interests of the employees appear to be so directly involved. It is therefore not at all surprising that participation was so often reduced to a claim for works councils. Experience shows that such forms of representation may historically be the first step towards a control of the decision-making process; they are nevertheless unable to provide satisfactory solutions. Complications begin already when the apparently self-evident field of activity of works councils has to be described. Belgian law for instance defines the plant by carefully distinguishing between technical and legal units.[19] Thus a company, the main example of the latter, may be composed of many technical units and for each of these units a *comité d'entreprise* should be elected. But for Belgian courts the contrary seems also to be possible; a plant consists then of several companies.[20] The economic links are stronger than the legal separation. Once it is clear that the companies are parts of a single economic scheme, the legal form loses its importance at least as far as workers' interests have to be considered. Participation can therefore only develop into an efficient means of control if the artificial legal front-

---

19 Art. 14, para. 2 of the Law of September 20, 1948, *portant organisation de l'économie* as modified by the Law of January 28, 1963, defines the plant as *unité technique d'exploitation*. See also Piron-Denis, *op. cit.*, pp. 22 *et seq.*
20 *Conseil de prud'hommes de Verviers*, June 15, 1956, *Jurisprudence de la Cour d'appel de Liège* 1956/7, 93.

iers are disregarded. At the same time, however, the Belgian experience illustrates that the meaning of notions like "plant" depends wholly an the aims of workers' representation. In other words, the limits of participation cannot be indicated by referring to the "plant." On the contrary it is the readiness to accept workers' control and its implications which determines the content of the plant-notion.

Another equally instructive example is the attempt to describe the duties of works councils. Once more the task seems to be quite simple. Working conditions within the plant are generally considered as the frame for the works council's activity. Participation concentrates thus first on matters like safety at work or a better description of the grounds of dismissal. Nevertheless even in these cases all decisions ultimately affect the economic policy of the enterprise. Discussions may very well take place on the plant level; their results can only be judged by considering the general development of the enterprise. Examples like the hours of work underline this connection quite clearly. German law grants the works council a co-determination right for any changes of the time scheme, which in fact means that the employer has to seek the council's consent.[21] The question, however, whether the originally agreed periods should be shortened under certain circumstances is by no means a plant problem. It depends wholly on the opportunities which the enterprise has on the market. The hours of employment reflect its expectations as well as the implications of the general economic situation. By restricting participation to the plant level the legislator thus grants a power which cannot be reasonably exercised. Nobody will deny that workers have a paramount interest in influencing the time scheme. Efficient agreements can, however, only be reached if the link between plant and enterprise is taken into consideration.

Participation therefore necessarily transcends the plant level and becomes a question of co-determining enterprise policy. Recent experiences like the reform of the German law on works councils may seem to contradict this assumption. But once such councils have been introduced, an amendment of their powers proves very often to be the result of the impossibility of finding satisfying solutions at the enterprise level. It is, in other words, easier to extend the jurisdiction of an already existing

---

21 § 87, para. 1, no. 3 *Betriebsverfassungsgesetz*, see also Simitis-Weiss, 1973 *Betrieb* 1240 *et seq.*

body than to enforce new structures. Such compromises lead however to severe conflicts. Decisions considered by the workers of a plant as utterly undesirable become at least understandable when the level is shifted. Neither the employer nor the employees can reasonably be interested in short-sighted issues based on an extremely superficial appreciation of the economic situation. Even the most detailed arrangements on the plant level are in the end useless, if the workers have no opportunity to know what are the chances of preserving their jobs.

Any attempt to restrict participation to the plant level is thus arbitrary. Sooner or later the legislator will be forced to include the enterprise. No wonder that both the Belgian and German law give works councils an information right restoring the unity of the enterprise.[22] And regulations like the co-determination in German companies grew out of the same desire to ensure better information. Clearly, workers' representatives are members of a genuine organ of the enterprise. But it should not be forgotten that the supervisory board has no management powers. The statutes can at best provide for the consent of the board to be necessary in certain cases.[23] The term co-determination is thus misleading. Participation amounts in fact to a better form of control. The advantages may be sensible when compared with the *comité d'entreprise* in France. Nevertheless the workers' representatives have no access to the management. This is confirmed by the reform proposals, considered by many as the most radical attempt to realise participation within the enterprise. What

---

22 §§ 90, 110 *Betriebsverfassungsgesetz*; Art. 2 of the Collective agreement of December 4, 1970, on the "information et consultation des conseils d'entreprise sur les perspectives générales de l'entreprise et les questions de l'emploi dans celle-ci" which has become obligatory by the *Arrêté Royal* of January 22, 1971, *Moniteur Belge* February 19, 1971, deserves special attention. Its wording indicates even more clearly the necessity to present the information in a context including not only the situation of the enterprise as a whole but also the general development of the market. "Les informations seront situées, le cas échéant, dans le contexte économique national et sectorial, complété par les aspects propres à la région ou au groupe auquel appartient l'entreprise. Par groupe il y a lieu notamment d'entendre les entreprise à sièges multiples, les entreprises à caractère international, le groupe économique."

23 § 111, para. 4 *Aktiengesetz*. The supervisory board may of course express at any time its opinion on enterprise policy and even submit very precise suggestions. But they are never to be considered as binding directives. Executive managers who limit themselves to the simple execution of the boards' wishes are therefore liable for all consequential damages. See Baumbach-Hueck, *Aktiengesetz*, 13th ed. 1968, § 111, note 9; Mertens, *op. cit.*, § 111, notes 47, 48.

will certainly change is the number but not the functions of workers' representatives. While up to now they were (with the exception of steel and coal industries) a minority within the supervisory board, capital-holders and employees will have in future an equal number of representatives. Their task however will still be restricted to the surveillance of executive managers.

But the German model shows, at the same time, that control-functions within a two-tier system are, at least for those who insist on revising the management structures, just the first step towards a true co-determination. The supervisory board may not intervene directly in enterprise policy. Influence can however also be exercised by reserving the decisive posts to the right persons and one of the main tasks of the supervisory board is to elect the executive managers. No wonder therefore that the nomination of the executive managers has been always considered as the crucial point of the reform. The draft requires a two-thirds majority and provides for a complicated machinery in case of disagreement postponing as long as possible the interference of the general meeting.[24] Participation may thus begin as a control instrument; it is in the end a means of transforming the decision-making process within the enterprise. None of the existing models has obviously yet reached this stage. Even where, as in Norway, the disadvantages of all two-tier systems have been at least partially corrected by granting the supervisory board a power of decision in matters of investment, rationalisation and re-organisation, a safe majority of the shareholders' representatives diminishes substantially the influence of workers. Nevertheless the increasing use of the term "co-determination" indicates clearly the intention. Besides, the history of works councils teaches us that once employees realise the importance of information and control they increasingly tend to replace consultation by real co-determination. Nothing illustrates better the contrast between the German works councils and all other forms of participation on the

---

24 § 28, para. 2. If the necessary majority is not reached the supervisory board has to elect a committee consisting of four members, two representing the shareholders and the other two the employees. The committee must submit its proposal within a month. This time the draft considers a simple majority as sufficient. If however the required number of votes is lacking again, it is the turn of the executive managers to make a proposal. In case this is also rejected, the chairman and the vice-chairman of the board have to work out a common or two separate solutions. The decision is then taken by the general meeting.

plant level than the inability of the employer to take certain decisions without the workers' consent.[25]

The impact on the decision-making process leads however to serious difficulties whenever workers' representation is also expected to serve as a means of controlling economic development on a national scale. More than once industrial democracy has been thought to depend essentially on co-determination in the enterprise being complemented by national economic councils.[26] In fact if participation has to ensure a better control of working conditions it cannot stop at the level of isolated enterprises but must also provide instruments permitting an efficient reaction to the dangers caused by the general development of the market. In this regard, traditional enterprise policy and participation models differ fundamentally. While the first departs from the enterprise as an independent unit and adapts its decisions to the specific needs of the owners, the latter treats the enterprise as part of a general policy based on considerations by no means restricted to the situation of a particular enterprise. Participation transcends thus in theory the narrow limits of a single enterprise. Each of the controlled enterprises appears as an element of a larger concept.

Experience shows, however, that workers' representatives on both the plant and the enterprise level co-operate intensively with the management.[27] Moreover the German commission on co-determination could trace no really important case where workers' representatives seriously opposed issues defended by the management notwithstanding differences of opinion on details.[28] Even far-reaching structural changes on a national scale necessitating a reconsideration of the enterprise policy, as in the case of energy production, led not to a confrontation between executive managers and workers' representatives. On the contrary, the latter shared totally a strictly particularistic point of view. They supported with the

---

25 The cases are enumerated in § 87 of the *Betriebsverfassungsgesetz*. The German doctrine speaks characteristically enough of "compulsory" co-determination, see Dietz-Richardi, *op. cit.*, § 87, note 5 *et seq.*; Simitis-Weiss, 1973 *Betrieb* 1240 *et seq.*

26 For Germany see the proposals submitted by the *Deutscher Gewerkschaftbund*, 1971 *Mitbestimmungsgespräch*, 70 *et seq.* and the *"10 Thesen zur Gesellschaftsreform"* of the IG Metall; Otto, *Gewerkschaftliche Konzeption überbetrieblicher Mitbestimmung*, 1971; Brenner, in *Aufgaben der Zukunft Qualität des Lebens*, Vol. 8 *Demokratisierung*, 1972 p. 20; Kuda, 1973 *Mitbestimmungsgespräch* 169.

27 See *Mitbestimmung im Unternehmen*, *op. cit.*, p. 143.

28 See *Mitbestimmung im Unternehmen*, *op. cit.*, pp. 72 *et seq.*

same conviction what had been already presented by the owners as the specific interest of the enterprise.[29] No wonder therefore that participation openly failed as a means to prevent or at least to control capital concentration.[30]

The dilemma of workers' representation becomes thus clear: It tries to ensure in the interest of workers an overall view of economic development but establishes at the same time structures strongly encouraging a fragmented economic policy.

IV

Irrespective of the differences due to the variety of models or to the change of levels, participation always challenges the traditional decision-making process within the enterprise. Once this goal has been worked out the question to be answered is: whether it really fits into a legal frame of enterprise activity mainly determined by the rules of company law. Experience seems to suggest a positive answer. Not only German law but also proposals like the European Company Statute apparently never had the slightest doubt that company law could easily be adjusted to participation. Clearly, the existing organisation schemes have to be reconsidered. At least as long as workers' representation fulfils only control functions, management and supervision must be distinguished; in other words, a two-tier system developed. Thus German law had to introduce a supervisory board for all companies subject to co-determination. And the European statute includes an explicit and detailed regulation providing for such a board in order to permit participation. Therefore even if the traditional framework remains essentially untouched, the delimitation of participation to control tasks makes a separation of powers within the company necessary. Company law accepts thus, on the one hand, workers' representation but underlines, on the other, its restricted functions by attaching participation to a specific company organ.

However, experience shows, at the same time, that the relation be-

---

29 See Voigt-Weddigen, *Zur Theorie und Praxis der Mitbestimmung*, Vol. 1, 1962, p. 365; *Mitbestimmung im Unternehmen, op. cit.*, pp. 73, 96.
30 See Voigt-Weddigen, *op. cit.*, pp. 380 *et seq.*; Potthoff-Blume-Duvernell, *Zwischenbilanz der Mitbestimmung*, 1962, pp. 224 *et seq.*; *Mitbestimmung im Unternehmen, op. cit.*, p. 96.

tween participation and company law is not a simple question of legislative technique. It has for instance been repeatedly stated that all members of a company's organ have strictly the same rights and duties.[31] Whether workers elected them plays therefore no role. Once they belong to the company's organ their position is exclusively determined by this membership and not by their different provenance.[32]

This conclusion is based on a remarkable assumption. All members of a company's organ are thought to be permanently concerned with the prosperity of the company. They have therefore to observe always the company's benefit irrespective of possibly conflicting particular interests.[33] The company's benefit proves to be the magic word guaranteeing the integration of workers' representatives.[34] Once it is clear that their activities have to obey the same general principle binding all other members of the company's organs, distinctions seem to be senseless.[35] Workers may thus be entitled to elect representatives; nevertheless they cannot expect them to follow instructions. It is up to the representatives to decide whether the expectations of those who elected them are compatible with the company's best interests or not.

The reference to the paramount importance of the company's benefit is of course nothing new within company law. It was first used to under-

---

31 § 4, para. 3 of the German law on co-determination in the coal and steel industry; *Bundesarbeitsgericht, Arbeitsgerichtliche Praxis* § 13 *Kündigungsschutzgesetz* Nr. 7; *Baumbach-Hueck, op. cit.*, § 96 Appendix, note 35; Mertens, *op. cit.*, § 96 Appendix, note 72.

32 See Mertens, *op. cit.*, § 96 Appendix, note 72.

33 See Hueck-Nipperdey-Säcker, *op. cit.*, pp. 1517 *et seq.*; Baumbach-Hueck *op cit.*, § 96 Appendix, note 35; Schilling, in *Festschrift für Gessler*, 1971, pp. 159 *et seq.*; a few authors, see for instance Mertens, *op. cit.*, § 96 Appendix, note 91 *et seq.*, do not share the widespread and prevailing harmonistic model but they nevertheless reach the same conclusions, see also *Mitbestimmung im Unternehmen, op. cit.*, pp. 177 *et seq.* For critical remarks see Kittner (1972) 136 *Zeitschrift für das gesamte Handels- und Wirtschaftsrecht* 226 *et seq.*

34 No wonder therefore that the integrational effect has been considered as one of the main tasks of participation. See for instance the conclusions of the German commission on co-determination *Mitbestimmung im Unternehmen, op. cit.*, p. 126 and pp. 171 *et seq.* but also Willgerodt (1970) 21 *Ordo* 218 *et seq.* and the critical remarks of Rittner, in *Mitbestimmung – Ordnungselement oder politischer Kompromiss*, 1971, pp. 190 *et seq.*

35 This explains also why most authors never had difficulties in affirming that the general meeting is free to elect to the supervisory board persons considered as committed to the workers' interests see *supra* note 12 and Schwerdtfeger, *Unternehmerische Mitbestimmung der Arbeitnehmer und das Grundgesetz*, 1972, p. 35; Th. Raiser, 1972 *Recht der Arbeit* 69. Even contractual obligations to vote for such persons are regarded as perfectly valid, Farthmann, 1969 *Aktiengesellschaft* 206; Mertens, *op. cit.*, § 96, note 15.

line the independence of directors. By emphasising the company's best interests courts pointed out that no director is bound by the sectional interest of any member. He has on the contrary to adopt a long-term view respecting the position of both the present and the future members. The company's best interests thus justify in the eyes of company law decisions which at first may seem absolutely incompatible with the wishes of at least some owners.[36]

But the acceptance of a genuine interest of the company not only augments sensibly the discretionary powers of management with respect to the owners.[37] It also permits a control of any other activity within the company. Works councils must for instance, at least in Germany, exercise their policy in accordance with the plant's best interests. They are therefore not entitled to organise or even to participate collectively in a strike.[38] All strike activities infringe the duty to co-operate peacefully with the employer. The integrational function of the concept becomes thus evident. Participation is tolerated but not as an instrument exclusively designed to safeguard the expectations of workers. The link between participation and the plant's benefit dissociates the representatives from the workers and transforms them into a special kind of manager.[39]

It is precisely this experience on the plant level that facilitated the step towards complete equality between workers' and owners' representatives

---

36 The statement that the foremost duty of directors in managing the company is to act always "bona fide in what they consider, not what a court may consider, is in the interests of the company and not for some collateral purpose," Lord Greene M. R., *Re Smith and Fawcett* [1942] Ch. 306, describes certainly a rule common to most company laws. But equally common is the ultimately decisive question, what the constantly cited "interests of the company" really mean. See Wedderburn, in *Evolution et perspectives du droit des sociétés*, Vol. 2, 1968, pp. 176 *et seq.*; Mestmäcker, *Verwaltung, Konzerngewalt und Recht der Aktionäre*, 1958, pp. 14 *et seq.*; Wiethölter, *Interessen und Organisation der Aktiengesellschaft* (1960) pp. 38 *et seq.*

37 See Bürgi, in *Evolution et perspectives du droit des sociétés*, Vol. 2, 1968, p. 31, ". . . dans l'intérêt de la société et de ses membres et même dans celui de l'économie nationale il est absolument nécessaire que l'administration soit forte et relativement indépendante de l'assemblée générale." No wonder that once the independence of directors has been acknowledged, the company begins to develop what has been described as "corporate conscience," Berle, *The 20th Century Capitalist Revolution*, 1956, pp. 61 *et seq.*, 113, 169, and "corporate self-consciousness," Friedmann, *Law in a Changing Society*, 1959, p. 295.

38 § 74 *Betriebsverfassungsgesetz*; *Bundesarbeitsgericht*, decisions Vol. 6, pp. 311 *et seq.*; Dietz-Richardi, *op. cit.*, § 74, note 8 *et seq.*; W. Blomeyer, 1972 *Zeitschrift für Arbeitsrecht* 85.

39 See Fürstenberg, *Grundfragen der Betriebssoziologie*, 1964, pp. 148 *et. seq.*

within the managerial organs. Strikes, however, prove once more to be a very good example of the results of the priority given to the company's best interests. A German company sued one of the workers' representatives having participated in a strike for all the damages caused by the conflict.[40] The court's reaction was ambiguous. It looked for a solution acknowledging the paramount importance of the company's interests without depriving at the same time the worker entirely of his right to strike. It therefore stated, that workers' representatives may withhold their services but never in an "active way," an opinion shared by most of the German authors.[41] In other words any picketing, leaflet distribution or open support of the strike violates the duty to observe the company's best interests and is, that far, incompatible with membership of the supervisory board. The court of appeal went even further and stated that workers' representatives participating in a strike are not entitled to exercise their functions.[42] Predominant company law principles prevail thus on elementary positions guaranteed by labour law.[43] Neither the courts not any of the learned authors defending the restrictions of strike activities have, however, explained why the company's best interests are so clearly opposed to the protest actions of workers. The possibility that the refusal to accept the workers' claims or even to negotiate with them might also harm the company should at least be considered. Nevertheless, nobody has ever suggested suing those members of the managerial organs who categorically rejected the employees' claims and thus provoked the strike. What is therefore described as the company's benefit seems to be more or less identical with the interests of the owners.

Hence any attempt to transform the company's best interests into the main guideline for the activities of workers' representatives must lead to

---

40 Landgericht München, 1956 *Betriebsberater* 240; Oberlandesgericht München, 1956 *Betriebsberater* 995. For more examples see Voigt-Weddigen, *op. cit.*, Vol. 1, p. 303.

41 Baumbach-Hueck, *op. cit.*, § 96 Appendix note 35; Dietz-Richardi, *op. cit.*, § 76 *Betriebsverfassungsgesetz*, 1952, note 179; Hueck-Nipperday-Säcker, *op. cit.*, p. 1521. According to Mertens, *op. cit.*, § 96 Appendix note 98, even the simple withholding of services might be considered under certain circumstances as an "active way," e. g. when at first only a few employees went on strike and the participation of the workers' representative led to an increasing degree of solidarity. For critical remarks see Spieker, 1962 *Mitbestimmungsgespräch*, pp. 52 *et seq.*

42 Oberlandesgericht München, 1956 *Betriebsberater* 995.

43 The priority of company law is clearly underlined by Dietz-Richardi, *op. cit.*, § 76 *Betriebsverfassungsgesetz*, 1952, note 177, and Mertens, *op. cit.*, § 96 Appendix, note 96.

serious conflicts.[44] Not the company's but the workers' interests were the point of departure of all discussions on participation. Employees consequently consider their representatives as persons committed to the task of constantly defending very definite positions. This is not only underlined by regulations obliging the representatives to transfer a substantial part of their emoluments to trade union funds[45] but also by the widespread apprehension that representatives, once elected, would disregard the connections with the employees.[46] The alleged importance of the company's best interests does not diminish this distrust. On the contrary it becomes even deeper. Not so much because of a few rather spectacular examples like the restriction of strike activities but mainly with regard to the direct impact on communication between workers and their representatives.

Communication depends to a large extent on the information given by the representatives to the employees. Workers expect a detailed picture of the company's situation.[47] A realistic approach to collective bargaining as well as to all other matters connected with the daily work within the enterprise is linked to a better knowledge of the company's financial resources. If the employees are to avoid, with the help of participation,

---

44 Occasionally a few authors mention the possibility of such conflicts, see Fitting-Auffarth, *op. cit.*, Appendix note 135; Rumpff, 1969 *Mitbestimmungsgespräch* 127; but also Kunze, in *Festschrift für Schilling*, 1973, pp. 345 *et seq.* The assumption however that the interests of the enterprise are not necessarily those of the owners, justifies in their opinion the expectation that the management will decide in most cases in accordance with the employees' interests.

45 According to a decision of the 6th Congress of the German trade unions, held in 1962 workers representatives must transfer up to 50 per cent. of their emoluments to the foundation *Mitbestimmung*, see 1962 *Recht der Arbeit* 469. The main object of this foundation is to support all activities favouring the further development of co-determination.

46 The general attitude of German workers towards participation may be described as a mixture of dissatisfaction and distrust. Interestingly enough, their discontent with the existing opportunities and the practice of participation is even greater than with their actual income. Criticism is heavier in big enterprises and comes most of the time from two groups: low-paid workers and highly skilled personnel. But while for some participation still appears as a possible way to ameliorate their situation, the others consider that none of the schemes offered up to now guarantees the employee really a position corresponding to the importance of his work for the enterprise. This has been confirmed by the results of a recently published research-project conducted for the Federal Ministry of Labour, *Qualität des Arbeitslebens*, ed. by the Bundesminister für Arbeit und Sozialordnung, 1974, pp. 202 *et seq.* See also Stendenbach, *Participation and manpower policy*, O.E.C.D. 1969, 8.

47 See *Mitbestimmung im Unternehmen, op. cit.*, p. 119; *Qualität des Arbeitslebens, op. cit.*, p. 205.

major risks of economic activity not controlled by the traditional means, their representatives must ensure full disclosure by management. Company law rules however do not encourage continuous information. The equality between all members of managerial organs leads in principle to an information policy excluding discrimination. But workers' representatives are at the same time subjected to disclosure barriers rendering their task extremely difficult.[48] They have in fact to ask themselves continuously whether information should not be retained in order to not violate the company's best interests.[49] The mere membership of a company's organ thus makes information not automatically accessible to the employees. Disclosure is still governed by the same rules and, as long as they prevail, company law corrects the expectations attached to participation.

None of these conflicts can of course be seen and understood when company law is presented as a body of – so to say – neutral rules permitting the fulfilment of very different tasks. Whether the dominant interests are those of the owners or not then plays no role. The company remains a useful mechanism irrespective of the considerations determining its choice, on condition however that the elements guaranteeing the functioning of this mechanism are preserved. Participation creates no particular problems, at least as long as the frame designed by company law rules remains unchanged.

But as early as 1882 the United States Supreme Court pointed out that the "character of civil institutions does not grow out of incorporation, but out of the manner in which they are formed, and the objects for which they are created."[50] Company law cannot be dissociated from this background. Each of its elements is a tool developed in direct connection to a market structure resting on a specific form of economic activity. Companies reflect the attempt to encourage and protect private capital investment by offering the investor the choice between various legal forms.[51] Company law rules therefore not only acknowledge the predominant

---

48 See also Rittner, *op. cit.*, p. 209; Mertens, *op. cit.*, § 96 Appendix, note 94.

49 Mertens, *op. cit.*, § 96 Appendix, notes 19, 94, 111. It has even been sustained that they are forbidden to address and inform employees on the situation of the enterprise in their capacity as workers' representatives at the supervisory board, see Dietz-Richardi, *op. cit.*, § 76 *Betriebsverfassungsgesetz*, 1952, note 164.

50 *Greenwood v. Freight Co.*, 105 U.S. 13 (1882).

51 These forms are in so far nothing else than a *vesta giuridica*, Ferrara, *Teoria della persona giuridica*, 2nd ed. 1923, pp. 368 *et seq.*, "workings' tools fashioned for convenience," Berger (1955) 55 Col.L.Rev. 814.

position of private capital but constantly support it by offering issues clearly committed to this predominance. Even when terms like the "company's benefit" are used, the interests of the owners are by no means disregarded. The discretionary power of the managers may increase, but they have still to respect the purposes and expectations of those who, by putting their capital at the disposal of the company, transformed it into an instrument of their economic activity. Hence there is no such thing as neutrality of company law principles. Any statement ignoring or even denying the impact of economic and social factors on company law dissimulates its purely instrumental character.[52]

None of the existing company laws can therefore be unconditionally changed. Modifications are certainly possible but always within the limits traced by acknowledgement of the priority of the owners' interests. Participation however does not fit into the framework of usual company law amendments. It institutionalises at the management level a new conflict of interests.[53] The destabilising effect of this conflict can of course be at least temporarily avoided by an increasingly excessive use of control instruments like the "company's benefit." Combined with a clear majority of capital representatives, such principles help to integrate participation and to confirm the impression that, though the composition of managerial organs has changed, the general policy of the company remains unaffected. Besides, the existence of a conflict is easily overlooked as long as workers' representation concentrates on enterprises being in a rather critical economic situation. It should not be forgotten that the only model approaching co-determination was introduced in the crisis-shaken German steel and coal industry. Even in its most prosperous times it never belonged to the really expanding industrial sectors. No wonder therefore that workers' representatives directed all their attention to measures protecting the employees against the danger of recession. They were, in the terms of German law, nearly exclusively concerned by social and not by economic matters.[54] Hence the prerogative of the owners' representatives to determine the company's policy was never challenged.[55]

---

52 See also Mestmäcker, in *Festschrift für Westermann*, 1974, pp. 422 *et seq.*
53 This is openly admitted by the German commission on co-determination in its report, *Mitbestimmung im Unternehmen, op. cit.*, pp. 140 *et seq.* The commission speaks of a dualism of interests.
54 See *Mitbestimmung im Unternehmen, op. cit.*, pp. 80 *et seq.*
55 *Mitbestimmung im Unternehmen, op. cit.*, pp. 72 *et seq.*; Kuda, *Arbeiterkontrolle in Großbritannien*, 1970, p. 179.

But once the commitment to the employees' interests is openly admitted and the opportunity to participate in the decision-making process granted, the destabilising effect cannot be concealed. To question the decision-making monopoly of the owners' representatives means to transcend the limits of traditional company law. Its instruments offer satisfactory solutions only as long as they are governed by the aim ultimately common to all owners, to secure a profitable investment. The intrusion of participation destroys the balance between the company's organs by subordinating the position of the general meeting, modifies profoundly the tasks of management and alters the goals of enterprise policy.

Besides, the widespread description of participation as a specific problem of company law reform overlooks the fact that co-determination is not a question of companies but of enterprises. There are certainly good reasons for focusing the attention on companies. For many years they were thought to be, more or less, the only socially relevant expression of economic activity. Whoever attempted therefore to control economic development concentrated his efforts on company law. Disclosure, for instance, was always considered as probably the only means guaranteeing really the minimum of information required for a reasonable appraisal of risks. Nevertheless the strongest means of publicity, a compulsory disclosure of the financial position by the publication of accounts combined with a professional audit, was restricted to companies and often only to some of them.[56] However once it became clear that disclosure may also serve the interests of persons other than members or creditors, publicity ceased to be a burden reserved to companies. Information duties shifted from companies to the enterprise. The legal form loses, as the example of the German publicity law shows, its importance. Compulsory disclosure depends utterly on the economic relevance of enterprise activity.[57] The choice of the company form may to a certain extent justify the presumption of relevance but never the exclusive application of publicity rules. In other words the discovery of the enterprise by law and by that the return to the economic basis of the various legal forms is to a large extent due to

---

56 See Simitis, in *Festschrift für Reinhardt*, 1972, pp. 329 *et seq.*

57 See § 1 of the Law on publicity. Criteria like the number of employees (5,000) or the balance sheet sum (125 mill. DM) are obviously independent of the legal form chosen for the enterprise activity. For the discussion of this law see Rittner, in *Verhandlungen des 45. Deutschen Juristentages*, 1964, Vol. 1, part 4, 1964, pp. 42 *et seq.*; Kunze, in *Festgabe für Nell-Breuning*, 1965, pp. 294 *et seq.* (1970) 134 *Zeitschrift für das gesamte Handels- und Wirtschaftsrecht*, pp. 193 *et seq.*

the acknowledgment of the fact that a successful control of private financial activity can only be achieved by disregarding the form and concentrating on the economic importance of the enterprise.

What has just been said of publicity applies also to participation. Workers do not seek co-determination in order to control companies. Their goal is enterprise activity, irrespective of the form chosen by the owners.[58] Participation thus transcends company law in the sense that it can never be reduced to the narrow legal frame determined by its rules. Legislators still considering company law as the natural limit of co-determination will sooner or later have to revise their attitude. The experience of German law should be instructive enough. It is the history of compromises slowly but unmistakably broadening the field of firms subject to participation. The wording of both the existing law and the new draft is already characteristic; the dominating term being in both cases the enterprise and not the company. Furthermore the draft gives preference to a criterion which has nothing whatsoever to do with the classical notions of company law. Co-determination has to be introduced by all enterprises employing as a rule more than 2,000 workers. Nevertheless the draft restricts, at the same time, participation to the various forms of incorporated enterprises.[59]

The obvious result of such rules is to incite a fantasy of evasion. In fact, strategies of avoiding co-determination are already a popular topic not only for manager magazines. They amount mainly to a re-evaluation of the various partnership forms and to the cautious restriction of the number of employees. The authors of the draft have of course foreseen some of these attempts. As far as the number of employees is concerned, all enterprises within a group are treated as an entity.[60] Besides, workers of limited partnerships must also be taken into consideration whenever the limited partners own the majority of the shares of an incorporated enterprise acting as a fully liable partner.[61] These rules may certainly help to prevent fraud. But the basic contradiction of the draft still subsists. If,

---

58 In fact, nearly all the investigations concerning the necessity to reform enterprise law supported the view that participation should not depend on the legal form of the enterprise. See for instance *Untersuchungen zur Reform des Unternehmensrechts, Bericht der Studienkommission des Deutschen Juristentages*, Vol. 1, 1955, p. 41.

59 See § 1 of the draft.

60 See § 5 of the draft.

61 See § 4 of the draft.

as the authors put it,[62] the number of workers is really the only decisive criterion for introducing participation, additional restrictions can by no means be justified. There is especially no reason whatsoever to link co-determination and incorporation.[63] On the contrary, the more the conditions on which participation depends ignore the concrete economic features of enterprises, the less co-determination has a real chance to control enterprise policy efficiently. Nevertheless the draft underlines, in spite of all its compromises full of complications, the tendency to enlarge gradually the application of participation. It is only a question of time before the last restrictive conditions disappear.

The shift from companies to enterprises in general leads however to a reconsideration of the goals of co-determination. Nobody denied earnestly up to now that its main object is to permit workers to control private financial activity. But enterprises are not an economic tool reserved to individuals wanting to invest their capital. The growing number of firms owned by the State is one of the dominating features of mixed economies. Therefore once participation concentrates on the enterprise the restriction to private economic activity proves to be at least questionable. If co-determination has to enable workers to control conditions crucial for their existence, ownership plays no role.[64] The owners may change, the State or even trade unions may be substituted for the private entrepreneur, but the dependence of employees on the enterprise policy remains. Hence their interest to know and influence the guidelines of this policy is still paramount. Though participation was thus originally developed as a means of controlling private activity it may very well become an instrument interfering with every economic activity as long as it is exer-

---

62 Explanatory remarks to § 1, *op. cit.*, p. 53.
63 The German commission on co-determination had also recommended a similar restriction, see *Mitbestimmung im Unternehmen, op. cit.*, pp. 205 *et seq.* Any proposal based on a purely formal criterion abandons however openly the attempt to find a solution based on the function of co-determination, see Mestmäcker, *op. cit.*, p. 413. For a criticism of this approach, see also Rittner, *op. cit.*, pp. 158, 187 *et seq.*
64 Trade unions have clearly extended their claim to participation in state-owned enterprises, see Brenner, *op. cit.*, p. 17, but also *Industrial democracy, op. cit.*, pp. 39 *et seq.* The reaction was mostly negative. For the overwhelming majority of authors private economic activity is the only legitimate object of participation claims. See Püttner, *Die Mitbestimmung in kommunalen Unternehmen unter dem Grundgesetz*, 1972; Schwerdtfeger, *op. cit.*, pp. 158 *et seq.*; Biedenkopf-Säcker, 1971, *Zeitschrift für Arbeitsrecht*, pp. 211 *et seq.* For the opposite view, see Hensche, 1971, *Arbeit und Recht* 41 *et seq.*; Th. Raiser, *op. cit.*, pp. 65 *et seq.*; Hoffmann, 1973 *Mitbestimmungsgespräch* 196 *et seq.*

cised on the enterprise level.[65] Co-determination challenges therefore not only private capital; governmental interests are no less at stake. Hence a realistic approach must start by stating whether all enterprises are to be included. The more participation is focused on the enterprise, the less the impact of ownership as well as of the goals pursued by the different owners can be ignored. Provisions like the rules of the German draft exempting from co-determination enterprises serving freedom of information and opinion or pursuing mainly political, religious, charitable, educational, artistic or scientific aims emphasise the dilemma.[66] Workers' representation contradicts any effort to monopolise decisions within the enterprise. It will therefore be denied any time the assumption prevails that policy goals demand a unilateral determination.

But even if exceptions are admitted, the enterprise remains the core of any legal frame guaranteeing co-determination. Hence before any thought is given to the various legal forms of economic activity the principles common to all enterprises have to be ascertained.[67] Probably the most important is the necessity to establish decision-making procedures openly acknowledging the conflict between those who have been traditionally described as owners or members and the employees.[68] It is not the task of legal rules to conceal this conflict carefully by constantly over-emphasising a community of interests which has never been exactly defined or by cultivating a purposely vague notion of the enterprise. Duties and responsibilities must therefore be modelled on the commit-

---

65 Italian law offers at least two examples. According to Art. 12 of the Law of February 10, 1953, creating the *Ente Nazionale Idrocarburi* the supervisory board must include an employee and a worker. Similarly Art. 1 of the law on the *Azienda Autonoma delle Ferrovie dello Stato* provides for a representation of the employees. But it should not be overlooked that the representatives are named by the Minister of Transport.

66 § 1 para. 4. See also Rüthers (1974) 22 *Archiv für Presserecht*, 542 *et seq.*

67 Co-determination illustrates this far the necessity to overcome traditional distinctions leading to a carefully preserved isolation of company and labour law. Instead the attempt should be made to integrate all rules concerning enterprise activity into a common frame. This is the leading idea of the claim for what has been called *Unternehmensverfassungsrecht*, a constitutional law of the enterprise. See Wiethölter (1966/67) 7 *Juristen-Jahrbuch* 172 *et seq.*; Rittner, in *Kaiser, Planung*, Vol. 5, pp. 61 *et seq.*, in *Festschrift für Schilling*, 1973, pp. 370 *et seq.*; Duden, in *Festschrift für Schilling*, 1973, pp. 280 *et seq.*; Kunze, in *Festschrift für Gessler*, pp. 47 *et seq.*

68 This amounts indeed to the open recognition of what has been called by the former chairman of the German commission on co-determination and now secretary general of the Christian-Democrat Party, Biedenkopf, an "antagonistic" model, 1973 *Merkur* 898. It reflects the conviction that "harmonistic" models at best dissimulate but never solve the problems linked to workers' representation.

ment to basically different interests. This implies an undisturbed communication between managers and the persons they represent. Moreover there can be no one-sided responsibility. Those who are given the opportunity to determine enterprise policy by electing representatives must also be entitled to hold them responsible for their activities. Consequently the German draft provides that workers' representatives can only be removed by a decision of the delegates who elected them. As for the rest of the members of the supervisory board the general meeting is still exclusively entitled to removal.[69]

Furthermore, an enterprise law departing from co-determination has to avoid any over-representation due to concurring organs. Especially in the case of workers' councils it has to be clear that no rights endangering an enterprise policy jointly determined by owners' and workers' representatives can be admitted. Co-determination means not the establishment of separated decision centres. It is on the contrary the attempt to institutionalise a decision procedure based on conflicting interests but nevertheless uniting owners and employees.

There is certainly more than one way to fulfil these demands. Nevertheless each of these ways illustrates that participation cannot be conceived as a simple amendment of existing company law. Co-determination leads in fact to a radical alternative. Whether companies, and which of them, are still adequate means of economic activity depends entirely on the rules governing all enterprises. None of the existing forms is therefore acceptable unless it really works on the basis of absolutely different decision-making procedures. Participation marks this far the end of traditional company law and the beginning of a new enterprise law, fully conscious of the variety of forms developed in the past but never bound by them.

V

Co-determination challenges, however, not only company law. Labour law is no less at stake. Once participation is introduced trade unions are no more confronted with enterprises pursuing a policy exclusively determined by the owners. The attitude of the management reflects on the

---

69 See § 31 of the draft.

contrary the consensus between capital and workers' representatives. Moreover trade unions can scarcely fight a policy adopted by persons who according to most models represent them too. Collective bargaining may thus prove extremely difficult.[70] It loses, anyway, the importance it had as long as management and workers could be clearly distinguished.

Furthermore, enterprises the policy of which is determined in common by owners' and workers' representatives may increasingly develop a tendency to operate in an area free from collective bargaining. They will at least be tempted to fix their own criteria for prices and wages. Co-determination thus opens the way to an autonomous enterprise wage policy. Employees will probably be inclined to welcome such consequences. Such practices however isolate the enterprises. Consequently they risk preventing trade unions, in the long run, from defending a branch, regional or even national wage policy. This may at first seem to be an assumption interesting only those countries where collective agreements are traditionally concluded at the branch level. But plant bargaining is equally affected. What really counts is not the difference of level but the radically changed enterprise structure. Once the enterprise ceases to be an entity dominated by the owners, bargaining plays no role whether the trade unions restrict their bargaining activity to a single plant or adopt branch-wide aims. In both cases agreement has to be reached with managements not indifferent to workers but controlled by them. Any form of workers' representation crossing the frontiers of enterprise organs establishes therefore a dualism challenging collective bargaining.

The implications for strikes are rather obvious. In fact if co-determination is understood not only as a right to participate in the decision-making process but also as a duty to accept and defend the results of this process, strike activities may prove more and more questionable, at least as long as they are motivated by claims directly connected with the enterprise. It is hardly conceivable to permit employees to determine the guidelines of enterprise policy without at the same time restricting the use of an instrument permanently endangering the application of these guidelines.

---

70 See Zöllner-Seiter, *Paritätische Mitbestimmung und Art. 9 Abs. 3 GG*, 1970, p. 35; Säcker, *Grundprobleme der kollektiven Koalitionsfreiheit*, 1969, p. 62; Biedenkopf, in *Festschrift für Kronstein*, 1967, pp. 79, 95 *et seq*.

Hence the question whether a regulation guaranteeing real co-determination does not necessarily transcend existing labour law must be earnestly raised. All its rules are ultimately based on the crucial importance of collective bargaining and the right to strike. Both can however only function as long as the conflict model justifying them is not falsified. Any effort aiming at the institutionalisation of participation is clearly an attempt to modify the conflict structures. By attacking the privileges of employers, workers' representation also alters the position of employees. The freedom of bargaining and the right to strike rest on the dissociation of workers and enterprise policy. Every measure tending to remove this dissociation leads therefore inevitably to a reconsideration of the mechanisms offered by labour law.

VI

To sum up: A growing number of laws considers workers' representation as one of the outstanding points of legal reform. Nevertheless terms like "participation," "co-determination" and "workers' representation" are used for concepts which lastly have nothing more in common than the wording. Furthermore in spite of the widespread claim for co-determination, no law has up to now clearly defined its aims and consequences. On the contrary, in order to facilitate compromise, preference is given to a sometimes hopeless ambiguity of expression ingeniously concealing the real implications. In fact workers' representation reflects the wish for co-determination in the true sense of the word. Hence no law introducing participation will ultimately avoid replacing its company law by an enterprise regulation dominated by radically changed decision-making procedures. Co-determination is however by no means only a problem of re-organising enterprises. It also affects collective bargaining and strikes. Whoever supports the claim for participation should therefore openly state whether he is willing to accept these consequences and to what extent.

Because of these far-reaching implications the possibility of achieving at least some of the aims of co-determination by other means should not be overlooked. Especially, the opportunities offered by collective bargaining seem to have been largely underestimated. Probably for a very simple reason: there is a growing tendency in more than one law to restrict the goals of bargaining.[71] Participation becomes then a remedy for expectations which cannot be realised with the help of collective agreements. The larger therefore the field of bargaining, the less necessary the development of complementary mechanisms.

Co-determination is thus no more than an auxiliary means. Collective agreements and not mechanisms of participation determine the position of the employees. Hence it is also up to these agreements to ensure in the interest of workers a control of private economic activity. Both the necessity and the details of co-determination models should consequently only be discussed in connection with goals which evidently cannot be achieved by collective agreements.

Hesitations to share this view are mainly due to the fact that it seems rather easy to trace problems unsolvable by the means of bargaining. Redundancy due to closure or mergers is by now a classical example of danger which apparently can only be mitigated and sometimes even avoided by a direct co-determination of enterprise policy.

Recent experience with collective bargaining shows, however, that agreements may very well evolve in a sense allowing for measures which prevent to a large extent such developments. Mainly the agreement concluded in March 1973 between FIAT and the Union of Metal Workers (F.L.M.) might prove to be a step of historical importance towards the necessary enlargement of the functions of collective bargaining. FIAT accepted the creation of twelve thousand new jobs in the *Mezzogiorno*, a great number of them in a new factory making buses. Besides, the agreement establishes for FIAT the obligation to transfer a sum equivalent to a fixed percentage of the wages to regional authorities responsible for the development of mass transport and of social institutions like *Kindergärten*. The union thus rejected a further industrial expansion in the overcrowded northern part of Italy and tried to change directly the economic situation of the South. The agreement aims therefore not only at the amelioration of the actual living conditions of FIAT employees. It also attempts, with the help of long-term measures, to avoid closures and redundancy.

The FIAT case shows that workers may influence enterprise policy by

---

71 The "limits of collective bargaining" is a widespread topic offering enough examples for this tendency. See *e. g.* Biedenkopf, in *Verhandlungen des 46. Deutschen Juristentages*, 1966 Vol. 1, 1966, pp. 143 *et seq.*, Grenzen, *op. cit.*, pp. 63 *et seq.*; Säcker, *Grundprobleme, op. cit.*, pp. 52 *et seq.*

collective bargaining in a way exceeding by far the possibilities offered by the membership of supervisory boards. Unquestionably, such solutions equally have disadvantages which cannot be overlooked. The impact on investment policy may prove dangerous as long as only the interests of the employees of a single enterprise are taken into consideration. Nevertheless the FIAT agreement helps to avoid the widespread impression that there is no alternative to participation.[72] Hence no convincing decision on workers' participation can be taken without extending the discussion to the merits and demerits of possible alternatives.

---

72 The example of the report of the German commission on co-determination shows that while a thorough examination of co-determination is obviously considered as absolutely necessary, alternatives apparently deserve no reflection. For critical remarks, see also Rittner, *op. cit.*, pp. 165 *et seq.*; Th. Raiser, *Marktwirtschaft und paritätische Mitbestimmung*, 1973 p. 13.

Von der institutionalisierten zur problembezogenen Mitbestimmung

I. Zur Notwendigkeit einer Alternative

1. Die Mitbestimmungsdiskussion hat, soviel dürfte wohl niemand bestreiten, einen überaus kritischen Punkt erreicht. Mit dem Wandel des legislativen Ansatzpunktes haben sich auch die Akzente der Debatte verändert. Jahrzehntelang schienen streng begrenzte Reformen die einzig mögliche Antwort der Gesetzgebung auf die programmatische Forderung nach einer Beteiligung der Arbeitnehmer an den Entscheidungen über die Unternehmenspolitik zu sein. Ganz gleich ob die Mitbestimmung in der Montanindustrie, bei den Kapitalgesellschaften oder im Rahmen der Betriebsverfassung im Vordergrund stand, immer ging es um ein von vornherein sektoral deutlich beschränktes Zugeständnis an die Partizipationserwartungen. Die radikale Wende brachte der Regierungsentwurf eines Mitbestimmungsgesetzes. Er formulierte offen, was sowohl in der Reform des Betriebsverfassungsrechts als auch in den für die Kapitalgesellschaften geltenden Vorschriften enthalten war: Die Mitbestimmung ist ein Problem der unternehmerischen Betätigung und nicht der dafür gewählten Form. Deshalb kann es weder mitbestimmungsprädestinierte noch mitbestimmungsindifferente Unternehmen geben. Gewiß, auch der Regierungsentwurf mißachtet letztlich die eigenen Prinzipien: Die Fiktion, das rechtliche Gewand definiere die ökonomische Bedeutung des Unternehmens, ist nicht ganz beseitigt. Noch immer meint man formale Unterscheidungsmerkmale zu Mitbestimmungskriterien machen zu müssen. Die Arbeitnehmervertretung ist an die juristische Verselbständigung des Unternehmens gebunden.[1] Als ob die Beteiligung an der Unternehmens-

---

1 Vgl. § 1 des Entwurfs eines Mitbestimmungsgesetzes (BT-Drucks. 7/2172). Bezeichnenderweise ist immer wieder vom »Gesetz über die gleichberechtigte und gleichgewichtige Mitbestimmung in den großen Unternehmen« die Rede; vgl. etwa die vom Bundesminister für Arbeit und Sozialordnung herausgegebene Broschüre, Die Mitbestimmung der Arbeitnehmer (1974), S. 22.

leitung dann keine beachtenswerte Frage mehr darstellte, wenn eine offene Handelsgesellschaft oder ein kaufmännisches Einzelunternehmen eben jene Beschäftigtenzahlen aufweist, die der Entwurf sonst für völlig ausreichend ansieht. Nimmt man freilich die Verfasser der Regierungsvorlage beim Wort, dann kann es sich bei einer solchen Einschränkung nur um das unvertretbare Relikt längst für überwunden erklärter Ansätze für die gesetzgeberische Regelung des Mitbestimmungsproblems handeln.

Eben dieser Übergang zu einer generellen, zudem durch das Paritätsprinzip gekennzeichneten Mitbestimmung mußte zwangsläufig die bisher schärfste Auseinandersetzung mit dem Versuch provozieren, den Arbeitnehmern Zugang zum unternehmerischen Entscheidungsprozeß zu gewähren. Darum ist weder der bisherige Verlauf der Debatte überraschend noch die Tatsache, daß es scheinbar nur noch eine einzige Ebene gibt, auf der Mitbestimmung diskutierenswert erscheint, nämlich die des Verfassungsrechts. Seinen Normen fällt die Aufgabe zu, den Streit um die Mitbestimmung ein und für allemal zu beenden. Verfassungswidrigkeit schützt nicht nur vor den gegenwärtigen Reformbestrebungen, sie unterbindet auch jeden zukünftigen, in dieselbe Richtung zielenden Versuch. Sicherlich, der Rückgriff auf die Verfassung ist keine Novität. Eigentum, Berufsfreiheit und Persönlichkeitsentfaltung stehen nicht erst seit dem Regierungsentwurf eines Mitbestimmungsgesetzes auf dem Spiel. Mehr oder weniger umfangreiche Äußerungen zu den verfassungsrechtlichen Implikationen haben jede Phase der Mitbestimmungsregelung begleitet, auch wenn dies zuweilen vergessen zu werden scheint.[2] Niemals zuvor ist aber die verfassungsrechtliche Diskussion so intensiv geführt worden.

Noch einmal: An der Notwendigkeit, die in der Verfassung formulierten Grundsätze zu respektieren, besteht nicht der geringste Zweifel. Weder die Regierung noch das Parlament können daran interessiert sein, sich mit einem Entwurf abzugeben, dem der Makel der Verfassungswidrigkeit anhaftet. Doch in eben dieser Selbstverständlichkeit liegt auch die Gefährlichkeit jeder Diskussion, die Mitbestimmung zum verfassungsrechtlichen Problem stilisiert. Sie kultiviert bewußt oder unbewußt ein Mißverständnis, das sich vor allem an der Einstellung der nichtjuristischen Öffentlichkeit zum gegenwärtigen Stand der Debatte offenbart. Aus der

---

2 Vgl. statt aller die Glosse »Wirtschaftliches Mitbestimmungsrecht und Enteignung«, AöR, Bd. 77 (1951/52), S. 366 ff. sowie E. R. *Huber*, Wirtschaftsverwaltungsrecht, Bd. II (1954), S. 571 ff.

Konfrontation mit dem Verfassungstext könne und müsse sich, so scheint man immer wieder anzunehmen,[3] eine ebenso eindeutige wie unwiderlegliche Aussage zur rechtlichen Zulässigkeit der Mitbestimmung ergeben. Konsequenterweise haben dann die konsultierten Experten keine andere Funktion, als zweifelsfreie Antworten zu erteilen.

Anhörungen sind allerdings keine Maschinerie zur Produktion von Attesten der Verfassungskonformität oder auch der Verfassungswidrigkeit. Denn Interpretationsdivergenzen und -schwierigkeiten stellen kein Übel dar, das ausschließlich Gesetze niederen Ranges befällt. Keine Verfassung kann für sich in Anspruch nehmen, gegen jene Kontroversen immun zu sein, die jede Diskussion legislativer Texte begleiten.[4] Deshalb geht es nicht an, den Streit um die Verfassungsmäßigkeit der Mitbestimmung als gleichsam natürliche Eigenschaft der beteiligten Juristen auszugeben,[5] statt sich zu vergegenwärtigen, daß die Auslegung eines Textes, der Verhaltensmaßstäbe in einer konkreten, sich permanent entwickelnden und verändernden Gesellschaft setzen soll, unausweichlich mit all den Widersprüchen und Konflikten belastet ist, die eben diese Gesellschaft kennzeichnen. Die Konsequenz kann deshalb nur eine extreme Zurückhaltung bei Deduktionen aus der Verfassung sein, gleichviel ob man sich für oder gegen die Mitbestimmung ausspricht.[6]

Nichts diskreditiert die Verfassung wahrscheinlich nachhaltiger, als der inflationäre Gebrauch ihrer letztlich zu beliebig interpretierbaren Generalklauseln degradierten Normen. Mit den konstanten und zumeist globalen Hinweisen auf Eigentum, Persönlichkeitsentfaltung und Sozialstaatlichkeit, um nur diese Beispiele zu nennen, ist weder für die Mitbestimmungs-

---

3 Ein Beispiel dafür sind die Erwartungen, die in mancher der von den Bundestagsabgeordneten an die Sachverständigen im Rahmen der Anhörung zur Verfassungsmäßigkeit des Regierungsentwurfs gestellten Fragen anklangen. Vgl. dazu das stenogr. Protokoll Nr. 62 über die Öffentliche Informationssitzung des Bundestagsausschusses für Arbeit und Sozialordnung am 19. 12. 74. Hinzuweisen wäre im übrigen auf die fast gleichlautenden Pressemeldungen der letzten Zeit, nach denen die FDP »alle verfassungsrechtlichen Zweifel ausgeräumt wissen will«; vgl. statt aller Stuttgarter Zeitung v. 11. 7. 75.

4 Dies gilt um so mehr, als gerade eine eingehende Auseinandersetzung mit den verfassungsrechtlichen Problemen zeigt, wie gefährlich es ist, sich mit vordergründigen Schlüssen zu begnügen; vgl. insbesondere *Badura*, ZfA 1974 S. 357 ff.

5 So formulierte der DGB-Vorsitzende *Vetter* in seiner Ansprache vor dem 10. Bundeskongreß des DGB in *Hamburg* ebenso prägnant wie lapidar: »Wenn jemand gegen Reformen ist, politisch nicht mehr weiter weiß, stellt er Juristen an« (zitiert nach Welt der Arbeit v. 30. 5. 75), was ihn freilich nicht daran hinderte, im Nachsatz anzukündigen, daß der DGB noch im Laufe des Sommers verfassungsrechtliche Gutachten vorlegen werde.

6 Vgl. dazu auch *Häberle*, JZ 1975 S. 297 ff.

anhänger noch für die Mitbestimmungsgegner etwas gewonnen. Auf dem Spiel steht dagegen die Glaubwürdigkeit eben jenes Textes, auf den man immer wieder meint, sich berufen zu müssen: der Verfassung.

Zudem will nicht recht einleuchten, wieso derart fundamentale Prinzipien durch die bisherigen Mitbestimmungsformen weniger tangiert worden sind. Der Unternehmer, der weder über Arbeitsbewertungsmethoden befinden noch Kurzarbeit einführen kann, ohne sich zuvor mit dem Betriebsrat geeinigt zu haben, ist in seiner Entscheidungsfreiheit weitaus mehr eingeschränkt als durch die paritätische Besetzung des Aufsichtsrats. Und wem dies nicht genügt, der mag sich einmal die Konsequenzen des dem Betriebsrat nach § 87 BetrVG zustehenden Initiativrechts vergegenwärtigen. Maßstäbe, wie sie an die im Regierungsentwurf vorgeschlagene Regelung angelegt werden, können auch dort zu keinem anderen Ergebnis führen, wo, wie beim Betriebsverfassungsrecht, die Konformität mit dem Grundgesetz kaum jemals angezweifelt worden ist. Anders formuliert: Sollten die vorgebrachten Einwände nicht ausschließlich der Diskreditierung einer unliebsamen Gesetzesvorlage dienen, dann müßten sie auch zu einer radikalen Überprüfung der Verfassungsmäßigkeit sämtlicher bislang sanktionierter und praktizierter Mitbestimmungsformen führen.[7]

Jede Argumentation, die Mitbestimmung nur noch aus der Perspektive potentieller Verfassungswidrigkeit behandelt, verfolgt freilich zugleich den Zweck, deutlich in Erinnerung zu rufen, wer denn letztlich über die Verwirklichungschancen von Mitbestimmungsinitiativen entscheidet. Eine für alle verbindliche Aussage kann niemand anders als das *Bundesverfassungsgericht* machen. Die behauptete Inkompatibilität mit dem Grundgesetz ist deshalb gezielte Spekulation auf die richterliche Intervention. Doch gerade diese offene oder versteckte Einbeziehung der gerichtlichen Kontrolle kann leicht einen für die Verfassungsgerichtsbarkeit überaus bedenklichen Konflikt auslösen. Die warnenden Worte der Richter *Rupp-von Brünneck* und *Simon* in der Entscheidung zur Reform der Abtreibungsgesetzgebung[8] sind keineswegs nur an die Strafrechtsspezialisten gerichtet. Sie lassen vielmehr Funktion und Grenzen des Gerichts deutlich erkennen.

Meinte man einst vor dem *Bundesverfassungsgericht* als Superrevi-

---

7 Wohl am deutlichsten kommt dies in den Bemerkungen von *Stern* im Rahmen der bereits erwähnten Anhörung zur Verfassungsmäßigkeit des Regierungsentwurfs zum Ausdruck; vgl. Protokoll Nr. 62 (Fußnote 3).

8 Vgl. NJW 1975 S. 573, 582.

sionsinstanz warnen zu müssen, so ist es an der Zeit, sich zu vergegenwärtigen, daß ein Ersatzparlament nicht minder gefährlich ist. Indem man die politisch umstrittene Frage in ein angeblich »rein« verfassungsrechtliches Problem ummünzt, entzieht man sie zugleich der parlamentarischen Kompetenz, und zwar weil es zur Strategie der Auseinandersetzung gehört, die Intervention des Gerichts von Anfang an einzukalkulieren. Wohlgemerkt, bedenklich ist daran keineswegs, die Verknüpfung verfassungsrechtlicher Argumentation und politischer Zielsetzung. Daß sich beides nicht trennen läßt, ist jüngst zu Recht wieder einmal nachdrücklich hervorgehoben worden.[9] Bedenklich erscheint vielmehr die Unterstellung, eine solche Trennung sei durchaus vollziehbar, so daß es nur darum gehe, das Gericht um des rechtlichen Gehaltes der umstrittenen Regelung willen anzurufen. Eben diese Unterstellung führt zu einer Instrumentalisierung des Gerichts. Sein Eingriff soll dazu verhelfen, die sonst wahrscheinlich nicht realisierbaren politischen Ziele zu verwirklichen. Für die parlamentarische Demokratie ist es aber eine Existenzfrage, wie Minoritäten, die mit der parlamentarischen Niederlage verbundene Frustration verarbeiten. Das demokratische System gerät dann in Gefahr, wenn die in der parlamentarischen Auseinandersetzung Unterlegenen, Korrekturen mit Hilfe anderer, nicht zu diesem Zweck vorgesehenen Institutionen zu erzwingen suchen. Dem *Bundesverfassungsgericht* fällt zwar die Aufgabe zu, das Parlament zu kontrollieren, keineswegs jedoch es zu substituieren. Sicher ist es nicht immer leicht, die Grenze zu ziehen. Doch das Gericht kann seiner Funktion nur solange gerecht werden, wie es ihm gelingt, alle Versuche zurückzuweisen, sich seiner zu bedienen, um das politische Geschäft zu besorgen, das sich mit anderen Mitteln nicht erreichen ließ.

2. Die Art und Weise, in der die Debatte über den Regierungsentwurf bisher geführt wurde, zeigt, daß, sollte die Diskussion auch weiterhin so verlaufen, die Überzeugungskraft der Verfassung genauso bedroht ist wie die Funktionstrennung zwischen Parlament und *Bundesverfassungsgericht*. Gerade deshalb gilt es, sich zu fragen, ob die beabsichtigte Reform es wirklich rechtfertigt, solche Risiken in Kauf zu nehmen. Ihrer ganzen Geschichte nach ist die Kontroverse über die Beteiligung der Arbeitnehmer am unternehmerischen Entscheidungsprozeß eine Auseinandersetzung mit konkreten, die Arbeitnehmer und ihre tägliche Existenz unmittelbar berührenden Problemen. Wer die historischen Exkurse scheut,

---

9 Vgl. *Mertens*, RdA 1975 S. 89 ff.

braucht sich nur einmal anzusehen, was denn eigentlich Gewerkschaften, die, wie die britischen, zutiefst mitbestimmungsskeptisch – wenn nicht sogar -feindlich – waren, veranlaßt hat, ihre Position zu überprüfen.[10] Im Vordergrund stehen immer wieder jene oft katastrophalen Folgen, die Eingriffe in den Bestand des Unternehmens für den einzelnen Arbeitnehmer nach sich ziehen können. Ganz gleich ob es sich um Konkurse, Fusionen, Betriebsstillegungen oder auch nur weitreichende Produktionsumstellungen handelt, die Attraktivität der Arbeitnehmervertretung in den Unternehmensorganen ist in der Hoffnung begründet, endlich präventiv agieren zu können, statt bestenfalls die Chance zu haben, nachträglich mildernd einzugreifen. In der Terminologie des Betriebsverfassungsrechts ausgedrückt, geht es letztlich um eine Unternehmenspolitik, die sich mit Sozialplänen nicht begnügt, sondern von vornherein alles unternimmt, um sie überflüssig zu machen.

Eben diese fallspezifischen Konflikte verblassen dort, wo die Mitbestimmung zum reinen Zahlenspiel wird. Denn die entscheidende Frage kann nicht sein, ob zwei, drei, vier oder fünf Arbeitnehmervertreter einem bestimmten Unternehmensorgan angehören, sondern nur, was diese Vertreter effektiv erreichen können, damit die Arbeitnehmerinteressen besser als bisher gewahrt werden. Parität ist insofern ein Schlagwort, das die Diskussion unzulässig verkürzt. Allzuleicht entsteht der Eindruck, als ginge es lediglich um die Öffnung der Unternehmensorgane. Strukturelle Veränderungen der Unternehmensorganisation sind in Wirklichkeit so lange gleichgültig, wie nicht Klarheit über die Mitbestimmungsinhalte und deren Realisierungschance im Rahmen einer veränderten Unternehmensverfassung besteht.

Zumeist beläßt man es freilich bei einem Hinweis auf die dominierende Rolle des »Unternehmensinteresses«. Längst, so heißt es immer wieder, habe das Unternehmen aufgehört, ein Instrument seiner Anteilseigner zu sein. Vielmehr verselbständige es sich mit seiner Entstehung, was denn auch dazu führe, daß den Arbeitnehmerinteressen kein geringeres Gewicht zukomme als den Belangen der Anteilseigner.[11] Man könne sogar behaupten, die Erwartungen der Geschäftsführung deckten sich

---

10 Vgl. Industrial democracy, Interim report by the TUC General Council (1973), insbesondere S. 12 ff., 27 ff.; vgl. aber auch den vom Working Party der Labour Party vorgelegten Bericht über Industrial Democracy (1967).
11 Vgl. *Rumpff*, Das Mitbestimmungsgespräch 1969 S. 127; *Kunze* in Festschrift für Schilling (1973), S. 345 ff.

weitaus öfter mit den Wünschen der Arbeitnehmer als mit denen der Anteilseigner.[12]

Vom Unternehmensinteresse ist allerdings nicht erst seit der Mitbestimmungsdiskussion die Rede. Das Unternehmen präsentiert sich in dem Augenblick als autonome, von den Aspirationen seiner Träger klar dissoziierte Einheit, in dem sich seine administrativen Strukturen verändern.[13] Das professionalisierte Management braucht das Unternehmensinteresse, um den eigenen Anspruch auf die alleinige Entscheidungsgewalt legitimieren zu können. Gleichgültig ob man sich mit *Rathenaus* These vom »Unternehmen an sich«[14] begnügt oder im Anschluß an die »Revolution der Manager«[15] dem Unternehmen ein eigenes »Gewissen« zuschreibt,[16] am eigentlichen Vorgang ändert sich nichts. In der behaupteten Autonomie spiegelt sich die Auseinandersetzung über die Herrschaft im Unternehmen wider. Das hypostasierte Unternehmensinteresse ist deshalb zunächst nichts anderes gewesen[17] als ein gezielt entwickeltes Disziplinierungsinstrument der partikulären Trägerbelange. Es mag sein, daß man sich von der Mitbestimmung erhofft, an dem durch das Unternehmensinteresse vermittelten Entscheidungsvorrecht der Administration gegenüber den Anteilseignern zu partizipieren. Nichts garantiert aber den Arbeitnehmern, ihnen würde das erspart bleiben, was die Unternehmens-

---

12 Vgl. etwa *Fitting/Auffarth/Kaiser*, BetrVG, 11. Aufl., Anhang VI, Anm. 135.

13 *Kittner*, ZHR, Bd. 136, S. 226 bezeichnet daher das Unternehmen als »interessenpluralistisches Gebilde«; *Ballerstedt*, ZHR, Bd. 135 S. 484 spricht vom »sozialen Verband der in ihm durch Kapitalbeiträge oder personelle Leistungen kooperierenden Rechtssubjekte«; vgl. auch *Kunze* (Fußnote 11).

14 Vgl. *Rathenau*, Von kommenden Dingen (1917), S. 142 ff.; *ders.*, Vom Aktienwesen (1918), S. 8 ff. Der Ausdruck »Unternehmen an sich« stammt allerdings nicht von *Rathenau* selbst, sondern von einem seiner schärfsten Gegner, nämlich *Haussmann*, JW 1927 Sp. 2953; *ders.*, Vom Aktienwesen und vom Aktienrecht (1928), S. 46 f.

15 *Burnham*, The managerial revolution (1941).

16 *Berle*, The 20th century capitalist revolution (1954), S. 61 ff.; *ders.*, Power without property (1959), S. 90 f.

17 Vgl. dazu vor allem *Mestmäcker*, Verwaltung, Konzerngewalt und Recht der Aktionäre (1958), S. 14 ff.; *Wiethölter*, Interessen und Organisation der Aktiengesellschaft (1960), S. 38 ff. sowie *Wedderburn* in Evolution et perspectives du droit des sociétés 2 (1968), S. 176 ff.; *Simitis*, Modern Law Review 33 (1975), S. 11. Insofern ist es durchaus zutreffend, wenn *Kittner* (Fußnote 13, S. 227) den weitgehend in diese Richtung zielenden Überlegungen von *Boettcher, Hax, Kunze, von Nell-Breuning, Ortlieb* und *Preller*, Unternehmensverfassung als gesellschaftspolitische Forderung (1968), S. 20 ff. vorwirft, sie führten zu einer Aufwertung der Unternehmensleitung. Deshalb meint *Friedmann*, Recht und sozialer Wandel (1969), S. 279, man sollte lieber statt vom »Gewissen« vom »Selbstbewußtsein« des Unternehmens sprechen.

träger erfahren mußten: die Zurückstellung, ja Mißachtung ihrer Erwartungen im Namen eines höheren und deshalb unbedingte Priorität beanspruchenden Unternehmenseigeninteresses.[18] Alles spricht vielmehr dagegen. Bezeichnend dafür ist schon der gegen die Regierungsvorlage erhobene Vorwurf, sie habe es nicht einmal für nötig befunden, fundamentale Maximen des Gesellschaftsrechts, wie etwa den Homogenitätsgrundsatz, ausdrücklich zu bekräftigen.[19]

Unbeantwortet bleibt allerdings die Frage, ob die vielberufene Homogenität nicht zwangsläufig mit einer bestimmten Unternehmensstruktur korreliert. Solange sich das Unternehmen als sichtbarer Ausdruck der Anstrengungen seiner Träger präsentiert, sich auf dem Markt zu etablieren, kann, bei aller Interessendivergenz zwischen den verschiedenen Anteilseignern, noch von einem spezifischen, durch die Investitions- und Risikosituation bedingten Minimalkonsens die Rede sein. Eben diese Übereinstimmung ist Antriebsmotor für Entstehung und Fortbestand des Unternehmens, zugleich aber auch Legitimationsbasis der Homogenität. Anders formuliert: Gegensätze bei der Auseinandersetzung über die Unternehmenspolitik hat es immer gegeben. Nur spielten sie sich innerhalb eines Personenkreises ab, dessen gemeinsamer Aktionshintergrund die finanzielle Beteiligung am Unternehmen war.

Diesen Rahmen sprengt die Partizipation der Arbeitnehmer. Ihre Vertreter werden nicht um eines abstrakten, nicht näher definierbaren Unternehmensinteresses willen in den Aufsichtsrat gewählt. Die Mitbestimmung ist vielmehr nur ein anderes und zusätzliches Instrument, um die besonderen Arbeitnehmerbelange zu wahren. Insofern hebt die Arbeitnehmerbeteiligung zu keinem Zeitpunkt die konfligierenden Interessen von Unternehmensträgern und Beschäftigten auf, sondern trägt lediglich den Konflikt in ein Unternehmensorgan hinein. Deshalb geht es nicht an, die Homogenität als Grundsatz zu präsentieren, dem sich die Mitbestimmung gleichsam unterordnen muß.[20] Prinzipien wie das der Homogenität sind Ausdruck einer anderen, fundamental mitbestimmungsfremden Un-

---

18 Vgl. dazu auch *Simitis* (Fußnote 17). Dies gilt auch deshalb, weil bislang keineswegs überzeugend dargelegt werden konnte, daß sich an den beispielsweise von *Hindley*, Journal of law and economics 185 (1970), S. 13 beschriebenen Verhaltensstrukturen des Managements etwas ändern würde. Im Gegenteil, manche der bislang gewonnenen Erfahrungen unterstreichen *Hinleys* Bemerkungen.

19 Vgl. *Mertens*, RdA 1975 S. 96.

20 Vgl. insbesondere *Gerhard Müller*, DB 1975 S. 259.

ternehmensstruktur.[21] Wenn man dennoch immer wieder meint, dies bestreiten zu können, dann deshalb, weil sich hinter der mittlerweile fast inflationär verwendeten Vokabel »Mitbestimmung« überaus unterschiedliche, ja oft gegensätzliche unternehmenspolitische Konzepte verbergen.[22] Der Konsens reduziert sich auf den gemeinsamen Gebrauch der Vokabel und allenfalls noch auf die nicht artikulierte Hoffnung, die Auseinandersetzung über inhaltliche Fragen wenigstens bis zur Verabschiedung des Gesetzes verschieben zu können, in der Annahme, daß sich bis dahin manches von selbst erledigen würde. Doch die Entlastung durch Problemverschleierung ist ein höchst fragwürdiger Vorteil. Soll nicht eine mit einer Unzahl von Widersprüchen belastete und damit letztlich nutzlose Regelung geschaffen werden, so lassen sich die Probleme spätestens dann nicht mehr verleugnen, wenn es darum geht, festzustellen, wie sich die Arbeitnehmervertretung auf den Entscheidungsprozeß im Unternehmen auswirkt.

Was sich bei der Berufung auf das Homogenitätsprinzip andeutet, wiederholt sich bei der Kommunikationsfrage: Die einmal konzedierte Mitbestimmung stößt bald auf Barrieren, die ihren konkreten Nutzen in Frage stellen. Eine Beteiligung an den Unternehmensorganen überzeugt nur so lange, wie die Verbindung zu den Arbeitnehmern nicht unterbrochen wird. Das bittere, ja sarkastische Wort von den Funktionären bekommt[23] einen durchaus realistischen Aspekt, wenn die Arbeitnehmervertreter ihre Entscheidungen ohne permanente Rückkoppelung mit den Beschäftigten, deren Interessen sie doch vertreten sollen, treffen. Mit der Entsendung von Vertretern in die Unternehmensorgane allein ist es daher nicht getan. Mindestens ebenso kommt es auf das Bewußtsein an, Rechenschaft über die eigene Tätigkeit ablegen und diese deshalb auf die exakte Kenntnis der Vorstellungen und Erwartungen der Arbeitnehmer gründen zu müssen. Der Abberufungsmechanismus spielt in diesem Zu-

---

21 Insofern sind die Zweifel von *Mertens* (Fußnote 9) durchaus berechtigt; vgl. auch *Davies*, Modern Law Review 38 (1975), S. 272 f.

22 Man braucht nur die 10 Thesen der IG Metall zur Gesellschaftsreform (1972) den Bemerkungen von *Gerhard Müller* zum Regierungsentwurf (Fußnote 20, S. 205, 253 ff.) gegenüberzustellen, um die Meinungsdivergenz deutlich zu erkennen. Vgl. im übrigen auch die Überlegungen von *Biedenkopf*, Merkur 1973 S. 897 ff.; *Schwegler*, GewerkMH 1975 S. 623 ff.

23 *Hans-Günther Sohl*, Funktionsfähige Wirtschaft oder Funktionärswirtschaft? (1974); *Lutter*, »Vor dem Sieg der Funktionäre, Mitbestimmung und Vermögensbildung nutzen nicht den Arbeitnehmern«, FAZ v. 20. 4. 74.

sammenhang sicherlich eine wichtige Rolle. Vorschriften, wie sie in § 21 des Regierungsentwurfs enthalten sind, spiegeln die Notwendigkeit wider, die Position der Arbeitnehmervertreter an ihrer besonderen Aufgabe zu messen. Doch die Kritik an diesen Bestimmungen offenbart zugleich das Dilemma: Die Mitbestimmung kollidiert, ob man es will oder nicht, mit der traditionellen, durch die gesellschaftsrechtlichen Normen abgesicherten Unternehmensstruktur. Erst recht wird dies in dem weitaus relevanteren Bereich der ständigen Kommunikation zwischen den Aufsichtsratsmitgliedern und den Arbeitnehmern sichtbar. Die bisherige Interpretation der gesellschaftsrechtlichen Vorschriften schließt jeden Zweifel aus: Für eine echte Kommunikation besteht keine Chance.[24] Wer sie trotzdem anstrebt, setzt sich den durch die postulierte Priorität des Unternehmensinteresses abgesicherten Sanktionen aus. Der Preis der Mitbestimmung ist die Isolierung der Arbeitnehmervertreter. Was lange Zeit als eine im Interesse der Mitbestimmung notwendige Feststellung erschien, die Beteuerung, alle Aufsichtsratsmitglieder hätten dieselben Rechte und Pflichten, erweist sich insofern letztlich als ein mitbestimmungsfeindlicher Satz. Der unbefragt hingenommene gesellschaftsrechtliche Status der Arbeitnehmervertreter schafft alle Voraussetzungen, um Kommunikationsanstrengungen mit dem Stempel der Illegalität zu versehen und sie damit von vornherein auszuschließen.

Gewiß, die Reaktion liegt auf der Hand: Wo Kommunikation formell untersagt wird, etabliert sie sich erst recht informell. Befremdlich ist freilich, daß die im Unternehmensbereich dazu ohnehin vorhandenen Tendenzen dann plötzlich zum Gegenstand scharfer Kritik werden, wenn es um die Mitbestimmung geht. Man erinnert sich: Die Beteiligung von Gewerkschaftsvertretern im Aufsichtsrat ist auch und vor allem mit dem Hinweis abgelehnt worden, ihre Beziehung zu den Arbeitnehmerorganisationen würde sich zum Transmissionsriemen unternehmensfremder gewerkschaftlicher Interessen entwickeln. Nur, so wenig sich in einem solchen Fall die Möglichkeit einer ständigen, informellen Kommunikation nach außen hin leugnen läßt, so unverständlich ist es, von einer gleichsam singulären, mitbestimmungstypischen Situation zu sprechen. Das Gesellschaftsrecht selbst liefert den Gegenbeweis, indem es der personellen Akkumulation von Aufsichtsratsmandaten Grenzen zieht (§ 100

---

24 Vgl. dazu insbesondere *Kittner* (Fußnote 13); *Zachert*, Das Mitbestimmungsgespräch 1975, Sonderdruck S. 17 ff.; vgl. aber auch *BAG* v. 4. 4. 74, AP Nr. 1 zu § 626 BGB Arbeitnehmervertreter im Aufsichtsrat = ArbuR 1974 S. 380 f.; *G. Hueck*, RdA 1975 S. 35 ff.

Abs. 2 AktG). Den weitaus bedeutsameren Fall der institutionellen Interessenverknüpfung übergeht es allerdings. Niemand kann ernsthaft einem Bankenvertreter verwehren, bei seiner Meinungsbildung die spezifische Sicht jener Institution mit zu berücksichtigen, der er angehört. Und niemand dürfte ihm deshalb vorwerfen, er vernachlässige zwangsläufig das Unternehmensinteresse. Dessen Interpretation ist variabel und hängt entscheidend von der Perspektive ab, aus der man die Unternehmenspolitik beurteilt. Sobald diese Politik in einen generellen, die Situation anderer Unternehmen ebenfalls einbeziehenden Kontext situiert wird, kommen unvermeidlich zusätzliche Gesichtspunkte zur Geltung. Nicht anders ist es beim Gewerkschaftsvertreter.[25] In beiden Fällen verändert also die informelle Kommunikation die Wahrnehmungsebene. In beiden Fällen wird aber zugleich die Fiktion widerlegt, daß sich der Entscheidungsprozeß ausschließlich unternehmensintern abspielt. Unternehmenspolitik und Unternehmensinteresse definieren sich unweigerlich aus dem Gesamtkontext, in dem alle Entscheidungsträger agieren, und zwar inner- und außerhalb des Unternehmens.

Eine wie auch immer gestaltete informelle Kommunikation ändert allerdings nichts an der prinzipiell kommunikationsfeindlichen Struktur der gesellschaftsrechtlichen Normen. Es ist kaum verwunderlich, wenn deshalb mancher Aufsichtsrat meint, durchaus berechtigt zu sein, die gesetzlichen Anhaltspunkte zu einem lückenlosen Schweigegebot auszubauen.[26] Die Mitbestimmung gerät aber dann zur Fiktion, wenn es zwi-

---

25 Deshalb überrascht es, wenn *Lutter*, BB 1975 S. 619 wohl im Anschluß an *Mestmäcker* (Protokoll Nr. 62 [Fußnote 3] S. 85) gegen den Regierungsentwurf mit dem Hinweis argumentiert, die gewerkschaftliche Tätigkeit sei »ihrem Wesen gemäß überbetrieblich«, der Interessenausgleich müsse daher keineswegs »auf der Grundlage der Interessen des paritätisch mitbestimmten Unternehmens erfolgen«. Denn »überbetrieblich« ist auch die Tätigkeit anderer Aufsichtsratsmitglieder, deren Präsenz die Kritiker des Regierungsentwurfs bislang jedenfalls nicht bemängelt haben. Was aber den von *Lutter* a.a.O. erhobenen Vorwurf des venire contra factum proprium angeht (schließlich hätten die Gewerkschaften schon immer das Vollmachtsstimmrecht der Banken kritisiert), so ist dies ein durchaus diskutierenswerter Punkt. Freilich wäre zu fragen, ob nicht dann konsequenterweise jede Beteiligung von Personen mit einer »überbetrieblichen« Verbindung ausgeschlossen werden müßte; eine Konsequenz, die *Lutter* allerdings nicht erörtert.

26 So hatte der Aufsichtsrat der Bayer-AG in seine Geschäftsordnung eine Bestimmung aufgenommen nach der die Aufsichtsratsmitglieder über sämtliche betriebliche Angelegenheiten und insbesondere über alle Sitzungen des Aufsichtsrates »grundsätzlich volles Stillschweigen« bewahren mußten. Ausnahmen konnten nur nach vorheriger Zustimmung des Vorsitzenden im Einvernehmen mit dem Vorstand zugelassen werden. Nicht zu Unrecht bemerkt die FAZ v. 18. 6. 75: »Die eigentliche Bedeutung dieser Entscheidung ist vor dem Hintergrund der Mitbestimmungsdebatte zu sehen.«

schen Aufsichtsratsmitgliedern und Beschäftigten über alles einen Meinungsaustausch geben darf, nur nicht über das Unternehmen selbst. Der *Bundesgerichtshof* mag solchen extremen Tendenzen Einhalt geboten haben.[27] Sie bleiben dennoch exemplarisch für eine im Gesetz angelegte Grundhaltung, die den traditionellen Vorstellungen des Gesellschaftsrechts durchaus entspricht, nicht jedoch einer Unternehmensverfassung, die Mitbestimmung zu ihren Prinzipien zählen möchte.

Spätestens hier zeigt sich ein fundamentales Dilemma, das so lange verdeckt bleiben muß, wie die Mitbestimmungsdiskussion in einer Weise geführt wird, die es vermeidet, Inhalte und Zielvorstellungen exakt zu definieren und, was noch viel wichtiger ist, wenigstens den Versuch zu unternehmen, Konsens darüber zu erzielen. Noch immer gilt unwidersprochen die von der Studienkommission des Deutschen Juristentages getroffene Feststellung, daß sich das Unternehmensrecht »organisch« aus dem Gesellschaftsrecht entwickelt.[28] Deshalb überrascht es auch nicht, wenn der Satz »Gesellschaftsrecht geht vor Arbeitsrecht« unterschieds- und kritiklos von den Kommentatoren des Aktien- und des Betriebsverfassungsrechts akzeptiert wird.[29] Konfliktlösungen sind damit eindeutig vorprogrammiert. Sie vollziehen sich auf dem Hintergrund eines Verständnisses der Unternehmenstätigkeit, das sich strikt nach den für das Gesellschaftsrecht maßgebenden Vorstellungen richtet. Für dieses Verständnis sind Anforderungen, die aus Partizipationsansprüchen der Arbeitnehmer resultieren, gleichviel ob es sich dabei um die Konsequenzen betriebsverfassungsrechtlicher oder sonstiger Normen handelt, systemfremd. Sie provozieren insofern letztlich nur Belastungen, welche die Funktionsfähigkeit der tradierten Regeln ständig gefährden.

Feststellungen wie die, daß das Gesellschaftsrecht die unbedingte Priorität vor dem Arbeitsrecht verdiene, sind deshalb manifeste Zeichen eines sich unentwegt verfeinernden Abwehrmechanismus. Die postulierte Rangordnung zielt eindeutig darauf ab, die durch nicht-gesellschaftsrechtliche Bestimmungen ausgelöste Anomalie zu beseitigen, und zwar immer zugunsten der Verhaltensnormen, die das Gesellschaftsrecht – wenn überhaupt, so doch am wenigsten – tangieren. Mag auch die Position der

---

27 Vgl. *BGH* v. 5. 6. 75, DB 1975 S. 1308.
28 Vgl. Untersuchungen zur Reform des Unternehmensrechts, Bericht der Studienkommission des DJT (1955), Bd. I, S. 19.
29 Vgl. etwa *Dietz/Richardi*, BetrVG, 5. Aufl., § 76 BetrVG 1952 Anm. 177; *Mertens* in Kölner Kommentar zum AktG (1973), Anhang § 96 Anm. 96.

Arbeitnehmer vor allem dank der arbeitsrechtlichen Vorschriften ein ganz anderes Gewicht bekommen haben, die Konsequenzen für die Unternehmensstruktur werden über die interpretatorisch unangefochtene Sonderstellung des Gesellschaftsrechts weitgehend eskamotiert. Daran erweist sich aber folgendes: Mitbestimmungsvorstellungen, ganz gleich wie man sie im einzelnen auch beurteilt, lassen sich nicht einfach dadurch verwirklichen, daß man die bestehenden Normenkomplexe um einige weitere Vorschriften erweitert. Solange die systematischen Grundlagen des geltenden Rechts nicht überdacht und revidiert werden, kann das Ergebnis nur ein permanentes Wechselspiel gesetzgeberischer Initiative und interpretatorischer Korrektur sein. Die Mitbestimmung als Flickwerk eines vom Gesellschaftsrecht her konzipierten und formulierten Unternehmensrechts muß sich zwangsläufig als Quelle konstanter Konflikte und nahezu unlösbarer Widersprüche erweisen. Nichts fällt leichter, als die Anzahl der Beispiele beliebig zu erweitern. Die bis heute offenen Implikationen bei einer Konzernierung[30] gehören ebenso dazu wie die durch letztlich nichtssagende Formeln scheinbar gelöste Frage der Beteiligung von Arbeitnehmervertretern an Arbeitskämpfen.[31]

Deshalb ist jede ernsthaft gemeinte Mitbestimmungsdiskussion zuallererst eine Auseinandersetzung über Grundlagen und Inhalte eines Unternehmensverfassungsrechts, das bewußt Gegenüberstellungen wie die von Gesellschafts- und Arbeitsrecht negiert. Insofern ist es keineswegs gleichgültig, in welcher Reihenfolge die Probleme vom Gesetzgeber behandelt werden. Die Mitbestimmung fordert die Prinzipien, nach denen sich die Unternehmensstruktur bisher gerichtet hat, offen heraus. Regelungen über die Beteiligung der Arbeitnehmer am unternehmerischen

---

30 Vgl. dazu insbesondere *Mertens*, ZHR, Bd. 133, S. 179 ff.; *Dietrich Hoffmann*, BB 1974 S. 1276 ff.; *Bayer*, DB 1975 S. 1167 ff.

31 Nach der in der Literatur wohl allgemein akzeptierten Formel ist es den Arbeitnehmervertretern untersagt, sich »aktiv« am Streik zu beteiligen; vgl. statt vieler *Hueck/Nipperdey*, Lehrbuch des Arbeitsrechts, 7. Aufl., Bd. II/2, S. 1521 f.; *Baumbach/Hueck*, AktG 13. Aufl., Anhang § 96 Anm. 35; *Dietz/Richardi* (Fußnote 29) § 76 BetrVG 1952 Anm. 179; *Mertens* (Fußnote 29) Anhang § 96 Anm. 98. Wie dehnbar die Formel freilich ist, zeigt sich vor allem an der Bemerkung von *Mertens* a.a.O., »auch eine schlichte Arbeitsniederlegung (könne) bereits eine verbotene aktive Streikbeteiligung sein, wenn sie in besonderem Maße streikfördernd wirkt ...«. Selbst diese nahezu beliebig interpretierbare Formel scheint aber nicht mehr widerspruchslos hingenommen zu werden. Für *Gerhard Müller* (Fußnote 20, S. 253) steht fest, daß jedenfalls nach Einführung der paritätischen Mitbestimmung das Aufsichtsratsmandat bei einer Streikbeteiligung ruhen muß. Zur Kritik vgl. *Simitis* (Fußnote 17) S. 12 f.; *Zachert* (Fußnote 24) S. 34.

Entscheidungsprozeß lassen sich daher erst nach einer ebenso umfassenden wie konsequenten Revision der Unternehmensverfassung[32] überzeugend formulieren. Ein Gesetzgeber, der dies mißachtet, muß sich nicht nur mit inhaltsleeren Formeln begnügen, sondern auch Lösungen in Kauf nehmen, die wegen ihrer Widersprüchlichkeit zu einem endlosen, ihn schließlich selbst ridikülisierenden Korrekturprozeß zwingen.[33]

Doch die Probleme sind damit keineswegs erschöpft. Wer Mitbestimmung fordert, erhebt zugleich den Anspruch, die Lage der Arbeitnehmer entscheidend verbessern zu wollen. Daran gemessen kann eine Beteiligung von Arbeitnehmervertretern an Unternehmensorganen nur so lange akzeptabel sein, wie sie nicht bereits existierende fundamentale Rechte der Arbeitnehmer aufs Spiel setzt. Noch immer fehlt es aber an einer klaren Feststellung darüber, welche Konsequenzen die Mitbestimmung für den Arbeitskampf hat. Sicherlich, die Äußerung, eine Partizipation der Arbeitnehmer an der Unternehmensleitung würde Arbeitskämpfe überflüssig machen, zählt zu den standardisierten Argumenten eines großen Teils der Mitbestimmungsbefürworter. Hinweise auf die Streikstatistik in der mitbestimmten Montanindustrie pflegen solche Überlegungen zu untermauern. Man mag solche Prognosen beurteilen wie man will, eines läßt sich nicht bestreiten: Rechtlich sind sie belanglos. Sie beziehen sich nur auf die Häufigkeit der Arbeitskämpfe, nicht aber auf ihre Zulässigkeit.

Daß es dabei allerdings nicht bleibt, zeigt sich schon an der Behauptung, die Mitbestimmung signalisiere auch das Ende der Aussperrungen. Wer so formuliert, muß sich fragen lassen, ob nicht Zweifel an der Berechtigung zum Streik ebenfalls angebracht sind. Und in der Tat nimmt die Tendenz zu, das Streikrecht in die Mitbestimmungsdiskussion einzubeziehen. Feststellungen, die darauf abzielen, Legitimität und Legalität des Streiks in mitbestimmten Unternehmen abzustreiten, sind keine Seltenheit.[34] Aus der Beteiligung an der Unternehmenspolitik folge, so heißt

---

32 Vgl. dazu auch *Simitis* (Fußnote 17) S. 18 f.
33 Nicht von ungefähr heißt es bei *Gerhard Müller* (Fußnote 20 S. 259), der Gesetzgeber müsse bei einer späteren allgemeinen Reform des Unternehmensverfassungsrechts bereit sein, die Mitbestimmungsregelung »noch einmal zu überdenken und sie in Einklang mit einer grundsätzlich gesehenen Neuordnung des gesamten Unternehmensverfassungsrechts zu bringen«. Die Reform der Reform steht damit freilich schon fest.
34 Wohl am deutlichsten *Buchner*, ZfA 1974 S. 132 ff; vgl. aber auch *Hanau*, BB 1969 S. 760 ff.; *Zöllner/Seiter*, Paritätische Mitbestimmung und Artikel 9 Abs. 3 Grundgesetz (1970), S. 24 ff.; *Beuthien*, BB 1975 S. 477.

es, die Verpflichtung, auf traditionelle und auch von der Rechtsordnung anerkannte Instrumente der Auseinandersetzung zwischen Arbeitgeber und Arbeitnehmer zu verzichten. Die Mitbestimmung verwandelt sich dann in eine Grenze des Arbeitskampfes. Verflechtung mit dem unternehmerischen Entscheidungsprozeß bedeutet, so gesehen, zugleich auch Einengung des eigenen Aktionsfeldes. Denn für jeden, der diese Meinung teilt, ist die mitbestimmte Entscheidung, weil mitgetragen, nicht mehr bestreikbar.[35] Opposition und Reaktion erschöpfen sich in der Konfrontation im Rahmen der Unternehmensorgane.

Schon die bloße Existenz solcher Überlegungen müßte jeden, der meint, über Mitbestimmung sei mittlerweile lange und gründlich genug diskutiert worden, vom Gegenteil überzeugen. Wohlgemerkt, keineswegs geht es zunächst einmal darum, die inhaltliche Richtigkeit der These von der streikbeschränkenden Wirkung der Arbeitnehmerbeteiligung nachzuprüfen. Wichtig ist vielmehr, sich zu vergegenwärtigen, daß keine Mitbestimmungsforderung umhin kann, zu den Implikationen für den Arbeitskampf Stellung zu nehmen. Eingriffe in die Unternehmensverfassung sind nicht arbeitskampfindifferent. Legitimität und Legalität des Streiks hängen unmittelbar mit einer bestimmten Konfliktkonstellation zusammen. Modifikationen dieser Konstellation wirken sich deshalb unweigerlich auf die Entstehung und Austragung der Konflikte aus. Die Konsequenz ist, daß das Verhältnis von Mitbestimmung und Arbeitskampf nicht wie bisher weitgehend ausgespart bleiben oder erst in letzter Minute erörtert werden kann. Mitbestimmungsforderungen und Mitbestimmungspläne müssen vielmehr von Anfang an unmißverständlich zu der Frage Stellung nehmen, wie sich die projektierten Regeln auf das Streikrecht der Arbeitnehmer auswirken. Und weiter: Gerade weil Überlegun-

---

35 Erst recht muß eine radikale Einschränkung des Streikrechts dann als selbstverständlich erscheinen, wenn man meint, mit der Mitbestimmung werde das Arbeitsverhältnis dem Gesellschaftsverhältnis angenähert; vgl. dazu *Buchner* (Fußnote 34) S. 178 f. Auch unter Quasi-Mitgesellschaftern kann es keinen Arbeitskampf geben. Insofern ist es nicht ganz einsichtig, wenn *Gerhard Müller* (Fußnote 20 S. 209 f.) zu dem Schluß gelangt, das Arbeitsrecht müsse dann obsolet werden, wenn die Arbeitnehmervertreter als Interessenvertreter handelten. Mitbestimmung ist zwar in der Tat tendenziell Mitunternehmerschaft (vgl. auch *Löwisch* in Mitbestimmung – Ordnungselement oder politischer Kompromiß [1971], S. 131 ff.). Zu echten »Mitunternehmern« werden die Arbeitnehmervertreter allerdings erst in dem Augenblick, in dem sie die Verknüpfung mit den Beschäftigten und deren Interessen auflösen. Dann, aber auch nur dann, erscheint es durchaus plausibel, die Anwendbarkeit des Arbeitsrechts in Frage zu stellen.

gen zur Arbeitnehmerbeteiligung an den Unternehmensorganen den möglichen Folgen für den Arbeitskampf Rechnung tragen müssen, sind Mitbestimmungsvorstellungen so lange gar nicht erst diskutierbar, wie sie nicht einen Grad an inhaltlicher Präzision erreicht haben, der eine Abwägung gegen denkbare Streikrestriktionen zuläßt.

3. Ganz gleich, welchen der hier angeführten Gesichtspunkte man auch nimmt: Der Eindruck bestätigt sich immer wieder, daß die vorgeschlagene Regelung mit längst nicht ausgeräumten Risiken behaftet ist. Kompromisse und Modifikationen, die nicht zu den eigentlichen Schwierigkeiten vordringen, helfen nicht weiter. Man mag beispielsweise den Wahlmodus für veränderungsbedürftig halten und auch ein neues Verfahren anstreben. Weder die Konflikte mit der gegenwärtigen Unternehmensverfassung werden damit beseitigt, noch ist dadurch die Frage nach den möglichen Implikationen für den Arbeitskampf beantwortet. Der Kompromiß, gleichviel wie er auch immer ausfällt, schafft deshalb nur eine vorläufige Befriedung. Die wirklich kritischen Punkte lassen sich aber auf Dauer nicht verdrängen. Spätestens dann, wenn es darum gehen wird, die vom Gesetzgeber sanktionierte Mitbestimmung zu praktizieren, dürfte sich jeder dieser Punkte als ein den Wert der Partizipation unablässig in Frage stellender Konfliktherd erweisen.

Je mehr man sich freilich dieser Nachteile bewußt wird, desto dringlicher erscheint es, sich zu überlegen, ob es nicht andere und bessere Mittel gibt, um die Mitbestimmungsziele zu erreichen.[36] Eine inhaltlich definierte, an spezifischen Problembereichen also ausgerichtete Mitbestimmung setzt nicht notwendigerweise eine institutionalisierte Beteiligung von Arbeitnehmervertretern an den Unternehmensorganen voraus. Zur Debatte steht vielmehr der unternehmerische Entscheidungsprozeß. Infolgedessen muß es in erster Linie darauf ankommen, sich zu vergegenwärtigen, inwieweit Steuerungsinstrumente zur Verfügung stehen, die es erlauben, den Entscheidungsrahmen unter ausdrücklicher Berücksichtigung der konkreten Mitbestimmungsanlässe verbindlich abzustek-

---

36 Auf die Notwendigkeit, auch andere Ansatzpunkte in die Mitbestimmungsdiskussion einzubeziehen, hatten bereits *Rittner* in Mitbestimmung – Ordnungselement oder politischer Kompromiß (1971), S. 165 ff. und *Thomas Raiser*, Marktwirtschaft und paritätische Mitbestimmung (1973), S. 13, hingewiesen.

ken.[37] Freilich genügt die Feststellung, daß alle Überlegungen zur Mitbestimmung Reflexionen über die Revision des unternehmerischen Entscheidungsprozesses sind, für sich genommen noch nicht. Alternativen zur institutionalisierten Arbeitnehmervertretung werden erst diskutabel, wenn sie zwei Voraussetzungen genügen: Sie müssen der Existenz einer von den nach wie vor geltenden gesellschaftsrechtlichen Maximen beherrschten Unternehmensverfassung ebenso Rechnung tragen wie der Notwendigkeit, das Streikrecht der Arbeitnehmer als das fundamentalste Mittel zur Wahrung ihrer Interessen uneingeschränkt zu respektieren.

II. Der Tarifvertrag als Alternative zur institutionalisierten Mitbestimmung

1. Der Ansatzpunkt für eine mögliche Alternative ist nicht schwer auszumachen. Den Anreiz zur Mitbestimmungsdiskussion haben Probleme gegeben, die unmittelbar mit der spezifischen Situation des Arbeitnehmers zusammenhängen, also mit seiner Abhängigkeit vom Unternehmen. Insofern spricht zunächst einmal alles dafür, Lösungen mit Hilfe jener Mittel zu suchen, die auch sonst im Verhältnis zwischen Unternehmen und Arbeitnehmer verwendet werden. Wenn es deshalb überhaupt ein gleichsam selbstverständliches Instrument geben sollte, um Mitbestimmungsforderungen geltend zu machen, so kann dies nur der Tarifvertrag sein. Seine Funktion ist es, Konflikte zwischen Arbeitgebern und Arbeitnehmern über beiderseits akzeptable Regelungen aufzufangen. Zu seiner Aufgabe müßte es deshalb auch rechnen, Auswege in der Mitbestimmungsfrage anzubieten. Dies gilt erst recht, wenn, wie in der Bundesrepublik, der Gesetzgeber selbst den unmittelbar Betroffenen die primäre Kompetenz für die Behandlung aller sie angehenden Fragen zuweist.

---

37 Für einen ganz anderen Weg plädiert *Lutter* (Fußnote 25). Ihm erscheint die Vermögensbildung als einzig akzeptabler Ansatzpunkt. Es mag sein, daß der Vorteil in einem anders nicht erreichbaren Höchstmaß an Integration liegt. Doch gerade wenn dies der Zweck sein sollte, gilt es, rechtzeitig alle Konsequenzen für die gegenwärtige, rechtlich sanktionierte Position der Arbeitnehmer offenzulegen. Integration ist einmal mehr ein reichlich vager Ausdruck. Bezieht man ihn auf das einzelne Unternehmen, so kommt all das, was im Zusammenhang mit der paritätischen Mitbestimmung zur Tarifautonomie gesagt worden ist, erst recht zum Zuge. Und für den Arbeitskampf sind die Folgen nicht minder deutlich. Insofern werden die Probleme nicht gelöst, sondern nur auf einer anderen Ebene reproduziert.

Um so mehr fällt es daher auf, daß die Entwicklung von Anfang an genau entgegengesetzt verlaufen ist. Die Mitbestimmung wurde nahezu ausnahmslos als legislative Aufgabe gedeutet. An den Gesetzgeber wandten sich die Gewerkschaften mit ihren Forderungen. Zu seinen und nicht zu ihren Verpflichtungen zählten sie die Entwicklung und Durchsetzung von mitbestimmungsadäquaten Regelungen. Aber auch Regierung und Parlament sahen keinen Anlaß, diese Ansicht anzuzweifeln. Während sonst alsbald die mehr oder weniger deutliche Warnung auftaucht, sich sorgfältig gegen den Einwand abzuschirmen, die Tarifautonomie zu verletzen, scheinen, sobald es um die Mitbestimmung geht, derartige Bedenken erst gar nicht aufzukommen.[38]

Eben diese zur Selbstverständlichkeit gewordene Einstellung hat auch den Blick für mögliche Alternativen versperrt. Weil die Aufmerksamkeit von vornherein ausschließlich dem Gesetzgeber galt, blieben die Chancen ungeprüft, die der Tarifvertrag bietet. Spätestens seit die legislativen Bemühungen zu versagen drohen, ist es jedoch an der Zeit, den Versuch zu unternehmen, die Mitbestimmung in die Kompetenz der unmittelbar Betroffenen zurückzuführen.

2. Ein mögliches Mißverständnis gilt es freilich gleich auszuräumen. Solange man abstrakt vom Tarifvertrag als Alternative zur gesetzlichen Regelung spricht, liegt es nahe, in der vertraglichen Vereinbarung nur ein anderes Mittel zu sehen, um just die Ziele zu verwirklichen, die auch im Vordergrund des geplanten Gesetzes stehen.[39] Mit anderen Worten: Tarifvertrag und Gesetz hätten nur den Sinn, eine strukturelle Veränderung der Unternehmensorganisation zu bewirken. Der Tarifvertrag erwiese sich insofern genauso wie das Gesetz als Instrument, das den Arbeitnehmern den Zugang zu den Unternehmensorganen eröffnen soll.

Wer allerdings die Aufgaben des Tarifvertrages so versteht, muß mit den Einwänden rechnen, die schon gegen die beabsichtigte gesetzliche Regelung vorgebracht worden sind. Eine Veränderung der Ebene ver-

---

38 Sicherlich ist vor allem dann, wenn die Mitbestimmung ausschließlich aus der Perspektive einer Beteiligung an den Unternehmensorganen betrachtet wird, die Tendenz, jede Initiative dem Gesetzgeber zu überlassen, zumindest verständlich. Denn gerade weil über kurz oder lang fundamentale Organisationsprinzipien des Unternehmens auf dem Spiel stehen, müssen die Beteiligten damit rechnen, daß ihre Kompetenz sehr bald angezweifelt wird; vgl. dazu auch *Simitis* (Fußnote 17) S. 3 ff. Dennoch bleibt es verwunderlich, daß nicht einmal der Versuch unternommen wurde, die durch den Tarifvertrag möglicherweise gebotenen Ansatzpunkte auszuprobieren.
39 Vgl. insbesondere *Däubler*, Das Grundrecht auf Mitbestimmung (1973), S. 325 ff.

schafft noch keine Immunität gegen die Kritik an den legislativen Plänen. So ließe sich beispielsweise über eine vertragliche Vereinbarung, die auf eine paritätische Zusammensetzung des Aufsichtsrats hinausläuft, durchaus argumentieren. Aber selbst wenn eine solche Modifikation für möglich befunden würde, änderte sich an der Position der Arbeitnehmervertreter im Vergleich zu den gesetzlichen Regelungen nicht das mindeste. Der Tarifvertrag verhilft ihnen ebensowenig wie das gegenwärtig projektierte Gesetz dazu, die Kommunikationsbarrieren zu überwinden. Und auch eine vertraglich eingeführte Mitbestimmung schützt nicht vor den möglichen Auswirkungen auf das Streikrecht der Arbeitnehmer.

Der eingeschlagene Weg ist infolgedessen zunächst einmal gleichgültig. Den Ausschlag gibt vielmehr einzig und allein das verfolgte Ziel und nicht die Art und Weise, in der es verwirklicht werden soll. Solange die bestehende Unternehmensverfassung unangetastet bleibt, spielt es keine Rolle, mit welchen Mitteln man die Modifikation der Organe anstrebt. An der Kollision mit den gesellschaftsrechtlichen Grundsätzen und den Implikationen für den Arbeitskampf kommt man nicht vorbei.[40]

Noch einmal: Keineswegs geht es hier darum, zu der Streitfrage Stellung zu nehmen, ob vertragliche Vereinbarungen überhaupt in der Lage sind, die gesetzlich fixierte organisatorische Struktur des Unternehmens zu modifizieren.[41] Weitaus wichtiger ist es, sich auf diesem Vorfeld gar nicht erst aufzuhalten und unmittelbar der Frage nachzugehen, was sich denn inhaltlich dadurch ändert, daß die Arbeitnehmervertreter ihre Präsenz im Aufsichtsrat nicht dem Gesetz, sondern einem Tarifvertrag zu verdanken haben. Die vertragliche Vereinbarung ist so lange kein taug-

---

40 Dies gilt auch dann, wenn man, wie die südhessische SPD, eine Änderung des Tarifvertragsgesetzes anstrebt, die es den Tarifvertragsparteien eindeutig erlauben soll, Fragen der Unternehmensorganisation in ihre Vereinbarungen einzubeziehen (vgl. dazu FAZ v. 30. 6. 75). Denn gelöst wäre damit nur die Streitfrage, ob die Kompetenz der Beteiligten solche Abmachungen noch deckt. An der Position der Arbeitnehmervertreter, d. h. ihren effektiven Mitbestimmungsmöglichkeiten, würde sich aber nicht das geringste ändern. Deshalb trifft es nicht zu, wenn *Hensche* (ArbuR 1971 S. 38) meint: »Aus diesem, aber auch nur aus diesem Grunde (der mangelnden positivrechtlichen Zuständigkeit) erweist sich der Tarifvertrag als ungeeignetes Instrument zur Begründung paritätischer Mitbestimmung.«

41 Vgl. insbesondere *Biedenkopf*, Grenzen der Tarifautonomie (1964), S. 19; *Richardi*, Kollektivgewalt und Individualwille bei der Gestaltung des Arbeitsverhältnisses (1968), S. 244; *Säcker*, Grundprobleme der kollektiven Koalitionsfreiheit (1969), S. 58 ff., 75 ff.; *Däubler* (Fußnote 39); *Schwerdtfeger*, Unternehmerische Mitbestimmung der Arbeitnehmer und das Grundgesetz (1972), S. 35; *Mertens* (Fußnote 29) § 96 Anm. 2; *Beuthien*, JurA 1970 S. 131.

licher Ansatzpunkt, wie sie lediglich die legislative Situation reproduziert. Jede Mitbestimmungsdiskussion endet einmal mehr in der Sackgasse, in der sie sich auch jetzt befindet. Wenn der Übergang zum Tarifvertrag deshalb überhaupt einen Wert haben soll, dann nur unter der Voraussetzung, daß sich mit dem Instrument auch die Ziele verändern.

3. Was das konkret bedeutet, läßt sich wohl am besten an Beispielen demonstrieren. Das wahrscheinlich signifikanteste bietet der im Jahre 1973 zwischen der italienischen Metallarbeitergewerkschaft (F.L.M.) und dem Automobilunternehmen FIAT abgeschlossene Tarifvertrag. Auf Einzelheiten braucht hier nicht eingegangen zu werden. Soviel dürfte genügen: Der Vertrag greift, indem er verbindliche Daten für die Investitionen setzt, unmittelbar in die Geschäftspolitik des Unternehmens ein. Dabei geht es in erster Linie darum, die Produktion schrittweise auf die Entwicklung von Massenverkehrsmitteln zu verlagern, um dadurch das Unternehmen besser gegen konjunkturelle Schwankungen abzusichern. Der Tarifvertrag will aber zugleich auf die beschäftigungspolitischen Schwerpunkte in Italien Einfluß nehmen, um zusätzliche Arbeitsplätze in bislang vernachlässigten Regionen zu schaffen, ganz zu schweigen von den damit verbundenen sozialen Einrichtungen. Deutlicher denn je hängen hier Tarifvertrag und unternehmerischer Entscheidungsprozeß zusammen. Die Arbeitnehmer versuchen den Aktionsspielraum des Unternehmens in den für sie relevanten Bereichen einzuengen. Was sie damit aber vollziehen ist Mitbestimmung im ureigensten Sinn. Die Unternehmenspolitik wird von ihren konkreten Auswirkungen auf die Existenz des einzelnen Arbeitnehmers her beurteilt. Gerade deshalb vermeidet die über den Tarifvertrag angestrebte Einwirkung jegliche Abstraktion. Sie definiert in überaus präziser Form die möglichen Friktionspunkte und favorisiert Lösungen, die sich ebenfalls in einen spezifischen, präzise umschriebenen Kontext situieren. Zu keinem Zeitpunkt verlassen mithin Arbeitgeber und Arbeitnehmer die traditionelle Ebene der Konfrontation ihrer Interessen. Sie verfeinern nur die Wirkungsweise eines von ihnen ohnehin schon genutzten Instruments.[42]

---

42 In diese Richtung zielen wohl auch die in Schweden entwickelten Vorschläge für eine Mitbestimmung. Zu dem Vorhaben vgl. Demokrati pa arbetsplatsen (1975), S. 271 ff., 305 ff. Die Gewerkschaften sollen auf der Grundlage einer gesetzlich festgelegten Verhandlungspflicht des Arbeitgebers die Möglichkeit haben, Mitbestimmungsabsprachen im Rahmen der Tarifverträge zu treffen. Gerade solche Bestrebungen sind Anzeichen für den von *McCarthy/Ellis*, Management by agreement (1973), S. 102 ff. geforderten Übergang zu einem »predictive bargaining« im Rahmen der tarifvertraglichen Verhandlungen.

Widerlegt wird freilich damit endgültig die Annahme, Tarifverträge seien Vereinbarungen, die sich mehr oder weniger ausschließlich mit Lohnfragen beschäftigen.[43] Doch zugleich stellt sich fast von selbst die Frage, ob es im Rahmen einer institutionalisierten, auf den Aufsichtsrat beschränkten Mitbestimmung wirklich möglich wäre, vergleichbare Ergebnisse zu erzielen.

Die in den Vereinigten Staaten gewonnenen Erfahrungen zielen in dieselbe Richtung. Immer wieder haben es die Gewerkschaften verstanden, sich der Tarifverträge zu bedienen, um mehr oder weniger weitreichende Kontrollmechanismen für die unternehmerische Entscheidung zu entwickeln. Die Arbeitnehmer versuchen, sich zumindest dann einzuschalten, wenn die Unternehmenspolitik eine für die weitere Entwicklung, ja unter Umständen für den Fortbestand des Unternehmens kritische Zone erreicht.[44] Wiederum sind aber ihre Forderungen keineswegs auf eine Partizipation an der Unternehmensleitung gerichtet.[45] Ihre Interventionsmöglichkeit resultiert ausschließlich aus dem Tarifvertrag und ist von vornherein auf die dort beschriebenen Situationen begrenzt.[46] Gewiß verwundert dies kaum in einem Land, in dem ohnehin die Tendenz besteht, der vertraglichen Vereinbarung die unbedingte Priorität vor der gesetz-

---

43 Freilich ist gerade diese Annahme eine der wesentlichen Gründe dafür, die Mitbestimmung von vornherein als durch eine gesetzliche Regelung etablierte Beteiligung an den Unternehmensorganen zu verstehen; vgl. dazu insbesondere *Davies* (Fußnote Nr. 21) S. 254 ff.

44 Vgl. die bei *Rabin*, 71 Columbia Law Review (1971), S. 803 ff. wiedergegebenen Ergebnisse der Untersuchung des Bureau of Labor Statistics.

45 Besonders bezeichnend dafür sind die in zahlreichen Tarifverträgen zu findenden Klauseln, die das Recht des Unternehmers, die Geschäftspolitik selbst zu bestimmen, ausdrücklich hervorheben. So heißt es etwa in Art. IV der Vereinbarung zwischen der United Automobile Workers und Ford (1973): »The Company retains the sole and tool equipment, the products to be manufactured, the method of manufacturing or assembling, together with all designing, engineering, and the control of raw materials, semi-manufactured and finished parts which may be incorporated into the products manufactured; . . .« Zu den »management's rights«-Bestimmungen vgl. insbesondere *Baerwald*, Economic progress and problems of labor, 2. Aufl., S. 359 f.; *Bluestone*, Worker participation in decisionmaking (1973), S. 16 ff.; *Feller*, 61 California Law Review (1973), S. 737 ff.

46 Vgl. *Sturmthal*, Workers' participation in management: A review of United States experience, International Institute for Labour Studies, Genf, Bull. No. 6, 1970, S. 152 ff.; *Rabin*, The decline and fall of Fibreboard, 24th Annual N.Y.U. Conference on Labour (1972), S. 237 f.; *Bok/Dunlop*, Labor and the american community (1970), S. 213 f.; *Blumberg* in Law in the United States of America in social and technological revolution (1974), S. 336 f.

lichen Regelung einzuräumen. Gerade weil selbst Materien, die, wie etwa der Kündigungsschutz, anderswo unzweifelhaft zu den Paradebeispielen legislativer Aktivität zählen, den Tarifvertragsparteien überlassen bleiben,[47] ist es letztlich nur konsequent, wenn sie auch in allen anderen Fällen zunächst versuchen, den tarifvertraglichen Spielraum auszuloten. Diese sehr viel weiterreichende Funktion des Tarifvertrages rechtfertigt freilich kein Desinteresse an den erzielten Vereinbarungen. Im Gegenteil, die Existenz derartiger Abmachungen sollte Anlaß genug sein, um sich zu fragen, ob nicht in mancher kontinentalen Rechtsordnung, und insbesondere in der Bundesrepublik, die Aufgabe des Gesetzgebers erheblich überschätzt worden ist. Die legislative Intervention mag eine willkommene Entlastung darstellen. Sie verführt aber dazu, die kontinuierliche Auseinandersetzung mit den eigenen Verpflichtungen und Möglichkeiten durch eine Pression auf den Gesetzgeber zu substituieren, und zwar um so mehr, als er dann auch die alleinige Verantwortung für das Scheitern der gewünschten Regelung trägt.

4. Die amerikanische Erfahrung ist allerdings zugleich ein Musterbeispiel für die Grenzen tarifvertraglicher Regelung. Die Feststellung, daß es Tarifverträge gibt, die den unternehmerischen Entscheidungsprozeß zu steuern suchen, genügt noch nicht. Ebenso wichtig ist es zu wissen, inwieweit die Arbeitnehmer Forderungen, die in diese Richtung zielen, auch durchsetzen können. Was also interessiert, ist die rechtliche Reaktion auf einen Streik, der den Arbeitgeber veranlassen soll, solche Bestimmungen in den Tarifvertrag aufzunehmen. Genau an diesem Punkt machen sich die Konsequenzen einer für die Entwicklung des gesamten amerikanischen Arbeitsrechts fundamentalen Unterscheidung bemerkbar. Der Tarifvertrag ist grundsätzlich nur so lange ein praktisch unbegrenzt verwendungsfähiges Instrument, wie die beabsichtigte Regelung von vornherein den Intentionen beider Parteien entspricht. Anders formuliert: Zwar brauchen sich die Beteiligten bei ihrer Vereinbarung keineswegs an den Katalog der üblichen Vertragsgegenstände zu halten, doch der Tarifvertrag kann letztlich nur dann wirklich innovativ wirken, wenn sich

---

47 Vgl. *Blumrosen*, 18 Rutgers Law Review (1964), S. 426; *Scelznick*, Law, Society and indusurial justice (1960), S. 154 ff., 229 f.; *Sturmthal* (Fußnote 46) S. 171.

der Arbeitgeber freiwillig dazu bereit erklärt.[48] Deshalb bleibt es den Arbeitnehmern auch verwehrt, für das von ihnen gebilligte Ziel zu streiken. Ein Arbeitskampf, der offensichtlich bezweckt, den Unternehmer zu zwingen, seine Meinung in einem Bereich zu ändern, in dem es allein auf seine freiwillige Bereitschaft ankommt, wird als »unfair labor practice« rechtlich disqualifiziert.[49]

Tarifvertrag und Streik fallen damit auseinander. Nicht jedes tarifvertraglich regelbare Ziel ist auch erstreikbar. Der Arbeitskampf bewegt sich innerhalb der von der Rechtsordnung fixierten Grenzen nur, wenn er als konventionelles Mittel der Auseinandersetzung zwischen Arbeitgeber und Arbeitnehmern dazu dient, eine Vereinbarung über konventionelle Gegenstände zu treffen. Eine expansive Tarifpolitik im Sinne einer permanenten Modifikation der Regelungsziele ist insofern grundsätzlich an den Streikverzicht gebunden. Tolerierbar wird eine Initiative erst, wenn sie der gemeinsamen Überzeugung beider Parteien entspricht. Sicherlich ist es nicht einfach, überzeugend anzugeben, wo denn eigentlich jener Bereich beginnt, der ohne freiwilliges Einverständnis des Arbeitgebers den Arbeitnehmern letztlich unzugänglich bleibt. Und ebensowenig läßt sich bestreiten, daß es oft nicht allzu schwer fallen dürfte, innovative Forderungen in einen durchaus traditionellen Kontext einzubauen, um jeden Versuch, im Streikfall von einer »unfair labor practice« zu sprechen, von vornherein ungemein zu erschweren, wenn nicht sogar zum Scheitern zu verurteilen. Trotzdem dominiert die Tendenz, eine Erweiterung des Anwendungsbereiches von Tarifverträgen nur um den Preis einer Einschränkung des Arbeitskampfes hinzunehmen.

Die Rechtswidrigkeit des Streiks kann aber nicht ohne Folgen für die Tauglichkeit des Tarifvertrages bleiben, bestimmte Erwartungen der Arbeitnehmer zu verwirklichen. Solange ihnen die Möglichkeit fehlt, ihre

---

48 Den Testfall bildete die Forderung der Gewerkschaften, in den Tarifvertrag Vereinbarungen aufzunehmen, die bestimmte Mitwirkungsrechte bei einer Schließung oder Veräußerung des Unternehmens vorsahen. Nach dem National Labor Relations Act (29 U.S.C. § 158 [a] [5] [1970]) ist der Unternehmer grundsätzlich zu tarifvertraglichen Verhandlungen verpflichtet. Der National Labor Relations Board hatte zunächst diese Verpflichtung auch auf die von den Gewerkschaften geforderten Klauseln über den Fortbestand des Unternehmens erstreckt, doch gab er später diese Einstellung auf. Vgl. dazu General Motors Corp., 191 N.L.R.B. 149 (1971); Summit Tooling Co., 195 N.L.R.B. 91 (1972). Der Unternehmer kann es infolgedessen ablehnen, auf die Wünsche der Gewerkschaften überhaupt einzugehen.
49 Vgl. *N.L.R.B. v. Borg-Warner Corp.*, 336 U.S. 342 (1958).

Forderungen ähnlich nachdrücklich zu vertreten wie auch in allen anderen Fällen, riskiert der Tarifvertrag, sich letztlich als ein völlig wirkungsloses Instrument zu erweisen. Die Eigenart der den Tarifvertragsparteien zugestandenen Autonomie für die Regelung ihrer Beziehungen zueinander besteht nicht in dem Recht, Verträge zu schließen, sondern in der permanenten Verbindung der Verhandlungen über eine solche Vereinbarung mit der Möglichkeit eines Arbeitskampfes. Wird diese Verbindung gelöst oder geschwächt, so büßt der Tarifvertrag seine Funktion als Regelungsinstrument ein. Auf die hier zur Debatte stehende Mitbestimmungsproblematik bezogen kann dies nur heißen, daß der Tarifvertrag als mögliche Alternative zur legislativen Intervention nur dann diskutabel ist, wenn zugleich Einigkeit darüber besteht, daß die Arbeitnehmer frei sind, für ihre Ziele zu streiken. Welche Chancen der Tarifvertrag als denkbares Mitbestimmungsvehikel bietet, hängt insofern von der rechtlichen Reaktion auf den Arbeitskampf ab. Restriktive oder gar prohibitive Tendenzen versperren zugleich den Mitbestimmungsbestrebungen jeden anderen Weg als den einer gesetzlichen Regelung.

5. Eines gilt es allerdings nicht zu übersehen: In der Bundesrepublik sind bislang noch keine Bestrebungen festzustellen, Tarifvertrag und Arbeitskampf zu dissoziieren, den Streik also von vornherein auf einen bestimmten Ausschnitt der vertraglich regelbaren Gegenstände zu beschränken.[50] Im Gegenteil, nach wie vor findet der Satz volle Zustimmung, daß ein Streik um jede einer tarifvertraglichen Vereinbarung zugängliche Forderung geführt werden kann. Dies gilt um so mehr, als die Deckungsgleichheit von Tarifvertrag und Arbeitskampf zu den immer wieder betonten fundamentalen Legalitätsvoraussetzungen des Streiks zählt.[51]

Doch das Problem ist dadurch nur auf eine andere Ebene verschoben. Im Vordergrund stehen nicht mehr die Schranken des Arbeitskampfes, sondern die möglichen Begrenzungen der Tarifautonomie. Inwieweit mit-

---

50 *Säcker* (Fußnote 41) meint sogar »eine Aufteilung in erkämpfbare und nicht erkämpfbare Arbeitsbedingungen (wäre) legislativ oder richterrechtlich nicht möglich«; vgl. auch *Hueck/Nipperdey* (Fußnote 31) S. 1010; vgl. aber *Beuthien* (Fußnote 41) S. 140 f., *ders.* BB 1975 S. 478; *Hanau*, Der Arbeitgeber 1970 S. 406 sowie *Biedenkopf* (Fußnote 41) S. 214.

51 Vgl. *BAG* v. 28. 1. 55, AP Nr. 1, v. 20. 12. 63, AP Nr. 32 (= ArbuR 1964 S. 189/219) und v. 20. 12. 63, AP Nr. 34 (= ArbuR 1964 S. 233), jeweils zu Art. 9 GG Arbeitskampf; *Hueck/Nipperdey* (Fußnote 31) S. 305 f.; *Zöllner*, Tarifvertragliche Differenzierungsklauseln (1967), S. 36; *Gamillscheg*, BB 1967 S. 51; *Richardi*, JurA 1971 S. 173; *Löwisch*, ZfA 1974 S. 31.

hin der Tarifvertrag eine diskutierbare Alternative zur legislativen Intervention darstellt, entscheidet sich an der Frage, ob die von den bereits erwähnten ausländischen Vereinbarungen behandelten Problemkomplexe in die vertraglichen Abmachungen einbezogen werden können.

Eine überzeugende Antwort läßt sich weder dem stets von neuem aufflackernden Streit um den originären oder derivierten Charakter der Tarifautonomie entnehmen[52] noch dem scheinbar weitaus exakteren Hinweis auf das Recht der Parteien, die Arbeits- und Wirtschaftsbedingungen zu regeln. Denn die Erfahrung der letzten Jahre zeigt nur zu deutlich: Bekenntnisse zur Tarifautonomie sind fast ausnahmslos mit einem nicht näher präzisierten, aber auch nicht präzisierbaren Vorbehalt versehen. Er aktualisiert sich in dem lange Zeit vernachlässigten Spannungsverhältnis zwischen staatlicher Wirtschaftspolitik und Tarifautonomie. Für staatliche Steuerungsversuche sind tarifvertragliche Abmachungen keineswegs gleichgültig. Sie bleiben nur so lange irrelevant, wie sie den von der staatlichen Administration für ihre Intervention beanspruchten Bereich nicht tangieren. Insofern bestimmen Umfang und Tragweite der jeweiligen staatlichen sozialpolitischen Zielsetzung[53] in der Tat den realen Spielraum autonomer Tarifpolitik. Ein sich intensivierender Interventionismus maximiert deshalb die Konfliktchancen.[54] Für den Staat stehen dann immer häufiger »fundamentale sozioökonomische Existenznotwendigkeiten der Gesamtgesellschaft« auf dem Spiel, die ihm denn auch die Legitimation dazu verschaffen, die sonst als »Zugtier« gepriesene Tarifautonomie »notzuschlachten«.[55] Kurzum, Gradmesser der Tarifautonomie ist das Verhältnis der Exekutive zur Notwendigkeit gestaltender Eingriffe in die ökonomische Entwicklung. Auch die Formel von der Unantastbarkeit des »Kernbereichs« der Tarifautonomie ändert daran nichts, jedenfalls solange keine Einigkeit darüber besteht, was denn eigentlich diesen vielzitierten »Kern« genau ausmacht. Man braucht nur an die Kontroverse über die Implikationen des Stabilitätsgesetzes für Tarif-

---

52 Vgl. insbesondere *Biedenkopf* (Fußnote 41) S. 1 ff., 25 ff.; 103 ff.; *Herschel*, Verhandlungen des 46. DJT (1966) Bd. II, Teil D S. 7 ff.; *Scholz*, Koalitionsfreiheit als Verfassungsproblem (1971), S. 57 ff. sowie zuletzt *Gerhard Müller* (Fußnote 20) S. 208.
53 Vgl. *Rüthers*, Tarifautonomie und gerichtliche Zwangsschlichtung (1973) S. 31.
54 Der Konflikt wird bei *J. H. Kaisers*, Planung I (1965), S. 26 f., Ausführungen zur staatlichen Planung, ebenso deutlich wie bei *Steger*, GewerkMH 1973 S. 770 f.; 1975 S. 230 ff., Bemerkungen zur Investitionslenkung.
55 Vgl. *Rüthers* (Fußnote 53) S. 31 f.

forderungen und Arbeitskämpfe zu denken, um festzustellen, wie unterschiedlich sich die Grenzen ziehen lassen.[56]

Konkret und auf das hier zur Debatte stehende Mitbestimmungsproblem bezogen bedeutet dies: Tarifverträge, die einzelne, inhaltlich definierte Fragenkomplexe aus dem Mitbestimmungsbereich aufgreifen, zielen bewußt darauf ab, möglichen Auswirkungen der ökonomischen Entwicklung auf den Arbeitsplatz und damit auf die Existenz der Arbeitnehmer langfristig vorzubeugen. Sie sind insofern permanent der Gefahr ausgesetzt, mit einer ebenfalls auf die Steuerung des ökonomischen Prozesses bedachten staatlichen Politik zu kollidieren. Anders formuliert bedeutet dies, daß vertragliche Vereinbarungen, die unmittelbar auf die Unternehmenspolitik einzuwirken suchen, weitaus anfälliger für Konflikte mit staatlichen Steuerungsmaßnahmen sind, als Abmachungen, die sich in den bisher üblichen Bahnen bewegen. Überlegungen zum Tarifvertrag als Alternative zur legislativen Intervention müssen daher immer auch den latenten Schranken der Tarifpolitik Rechnung tragen. Tarifautonomie heißt nicht beliebige Modifizierbarkeit der Tarifziele. Im Tarifvertrag integrierte problembezogene Mitbestimmung ist unter diesen Umständen zugleich fortwährende Auseinandersetzung mit den Intentionen und Implikationen der staatlichen Steuerung ökonomischer Entwicklung.

Doch der Vorbehalt gegen die uneingeschränkte Inanspruchnahme der durch die Tarifautonomie gebotenen Möglichkeiten aktualisiert sich nicht nur dort, wo Konflikte mit der staatlichen Wirtschaftspolitik drohen. Vielmehr macht sich immer wieder die Tendenz bemerkbar, die traditionellen Gegenstände der Tarifpolitik in einen verbindlichen Maßstab für die Kompetenz der Tarifvertragsparteien zu verwandeln. Der Vereinbarung bleibt dann prinzipiell nur die Funktion, Löhne und Gehälter festzusetzen. Jeder Versuch, diesen gleichsam natürlichen Anwendungsbereich auszudehnen, läuft Gefahr, sich dem Verdacht der Kompetenzüberschreitung auszusetzen. Und je mehr sich die beabsichtigte Regelung vom Lohnbereich entfernt, desto deutlicher wird der Zwang einer besonderen Rechtfertigung. Es ist verständlich, wenn deshalb die Meinung, nur gesetzlich fixierte Grenzen seien beachtlich,[57] kaum auf

---

56 Vgl. *Hueck/Nipperdey* (Fußnote 31) S. 1032; *Reuß*, ArbuR 1972 S. 138 ff.; *Rüthers* (Fußnote 53) S. 35 ff.; *ders.* in Gedächtnisschrift für Rolf Dietz (1973), S. 319; *Zöllner*, Aussperrung und arbeitskampfrechtliche Parität (1974), S. 55 f.; *Reuter* in Festschrift für Böhm (1975), S. 550 f.

57 Vgl. *Gamillscheg*, Verhandlungen des 46. DJT (1966) Bd. II Teil D S. 109.

Resonanz gestoßen ist. Beispiele wie die Kontroverse über die Zulässigkeit von Differenzierungsklauseln mögen mehr oder weniger extreme Situationen berühren; sie sind dennoch bezeichnend für die Widerstände gegen jede extensive Interpretation der Arbeitsbedingungen, gegen die Erweiterung also eines durch die Lohnfrage weitgehend prädefinierten Verhandlungsspielraums.[58]

Was Gegenstand von Tarifverträgen sein kann, ist aber weder zufallsbedingt noch ein für allemal festgelegt. In den tarifpolitischen Auseinandersetzungen spiegelt sich vielmehr die spezifische Situation des Arbeitnehmers ebensosehr wider wie die jeweils dominierenden Merkmale der ökonomischen Entwicklung. Der Tarifvertrag ist insofern zwangsläufig primär, nicht aber ausschließlich Lohnfindungsinstrument.[59]

Verhandlungen über das Arbeitsentgelt sind gleichsam die Urphase der durch die Vereinbarung angestrebten existentiellen Sicherung des Arbeitnehmers. Je gefestigter die Lohnsituation jedoch ist, desto mehr werden die Arbeitnehmer darauf drängen, andere für sie wichtige Faktoren in den Tarifvertrag einzubeziehen. Kontroversen über die Kompetenz der Tarifvertragsparteien spielen sich deshalb vor allem unter konjunkturell besonders günstigen Bedingungen ab. Erscheinungen wie etwa die konstante Bereitschaft der Arbeitgeber, übertarifliche Löhne zu bezahlen, schaffen die notwendige Entlastung, um sich der möglichen Inhalte einer weitaus differenzierteren Tarifpolitik bewußt zu werden. Vereinbarungen, wie sie der im Oktober 1973 für die Metallindustrie in Nordwürttemberg-Nordbaden vereinbarte Tarifvertrag enthält, lassen sich nur vor dem Hintergrund einer ökonomischen Entwicklung erklären, die sichtbar macht, wie sehr es im Interesse der Arbeitnehmer liegt, sich rechtzeitig von der Fixierung auf die Lohnfrage zu lösen. Die seither immer nachdrücklicher vertretene Forderung nach mehr Arbeitsplatzsicherheit für ältere Arbeitnehmer, aber auch die Versuche, auf die Produktionsmodalitäten Einfluß zu nehmen, signalisieren die Tendenz, den Anwendungsbereich der Tarifverträge fortschreitend auszudehnen,[60] dem Tarifvertrag aber damit zugleich ein weitaus größeres Gewicht zu verleihen.

Ganz auf dieser Linie läge auch der Versuch, die tarifvertragliche Regelung als Alternative zur institutionalisierten gesetzlichen Mitbestim-

---

58 Besonders deutlich wird dies bei *Reuter* (Fußnote 56) S. 535, 550.
59 Vgl. dazu auch *Bok/Dunlop* (Fußnote 46) S. 371 ff.
60 Vgl. dazu etwa den Bericht der Geschäftsführung Gesamtmetall 1973/74 S. 75 ff. sowie den Geschäftsbericht 1971 bis 1973 des Vorstandes der IG Metall, S. 146 ff.

mung zu präsentieren. Arbeitsplatzsicherheit erschöpft sich nun einmal nicht in einem verbesserten Kündigungsschutz, so unentbehrlich dieser auch sein mag. Letztlich kommt es vor allem darauf an, der Gefährdung von Arbeitsplätzen durch eine rechtzeitige Einwirkung auf die Unternehmenspolitik vorzubeugen. Deshalb die bereits erwähnten Bemühungen, einseitige Festlegungen der Produktion zu vermeiden; deshalb aber auch die auf ein regionales Beschäftigungsgleichgewicht zielenden Vorkehrungen. Wenn daher Manteltarifverträge, wie sie gegenwärtig vor allem in der Metallindustrie abgeschlossen, werden, nicht vereinzelte Ausnahme bleiben sollen, gilt es, die in ihnen enthaltenen Ansätze aufzugreifen und im Hinblick auf eine problembezogene Mitbestimmung auszubauen.

Jeder Schritt in diese Richtung könnte allerdings zum Anlaß werden, die Frage nach der Kompetenz der Tarifvertragsparteien erneut und in aller Schärfe aufzuwerfen. Den Ansatzpunkt würde gerade jene Aussage liefern, die scheinbar die wenigsten Probleme verursacht, also die Feststellung, daß sich die Tarifvertragsparteien immer dann innerhalb ihres Zuständigkeitsbereiches bewegen, wenn sie Arbeitsbedingungen regeln. Denn der Konsens erstreckt sich keineswegs darauf, wie diese Bedingungen zu definieren sind. Zwar ist die Geschichte des kollektiven Arbeitsrechts von der fortschreitenden Einsicht in die Notwendigkeit gekennzeichnet, mehr und mehr dem Zusammenhang zwischen Unternehmensstruktur, Unternehmenspolitik und den konkreten Voraussetzungen, unter denen Arbeit geleistet wird, Rechnung zu tragen. Die im Betriebsverfassungsrecht verankerten Mitbestimmungsrechte des Betriebsrats sind ebenso ein Beispiel dafür, wie die bereits erwähnten Entwicklungstendenzen in den Manteltarifverträgen. Eine extensive Interpretation ist jedoch keineswegs selbstverständlich. Vielmehr steht noch immer eine Konzeption im Vordergrund, die meint, Arbeitsbedingungen mehr oder weniger mit der unmittelbaren Verrichtung der Arbeit identifizieren zu müssen. Jeder Versuch, auf Fragen einzugehen, deren gleichsam direkter Bezug zum Arbeitsplatz nicht evident ist, riskiert dann als rechtlich inakzeptable Kompetenzüberschreitung disqualifiziert zu werden.[61] Eine restriktive Auslegung kann freilich nicht ohne Folgen für die Mitbestimmungsproblematik bleiben. Je mehr die Kompetenz der Tarifvertragsparteien eingeschränkt wird, desto deutlicher bietet sich die gesetzliche Regelung als einzig möglicher Ausweg an. Der Appell an den Gesetzgeber ist

---

61 Vgl. dazu insbesondere *Reuter* (Fußnote 56) S. 526 f., 534 f.

so lange überflüssig, wie die unmittelbar Beteiligten in der Lage sind, Lösungen zu formulieren. Begrenzungen der Tarifautonomie schlagen insofern in einen Druck auf den Gesetzgeber um, die den Tarifvertragsparteien nicht direkt zugänglichen Ziele indirekt durch seinen Eingriff zu verwirklichen. Die Mitbestimmungsproblematik ist insofern ein Testfall für den der Tarifautonomie zugestandenen Spielraum.

6. Eine strikt problembezogene Mitbestimmung ist freilich tendenziell weitaus mehr am einzelnen Unternehmen orientiert, als alle bisherigen Versuche, die Arbeitnehmer am unternehmerischen Entscheidungsprozeß zu beteiligen. Ganz gleich, ob es um langfristige Beschäftigungsperspektiven, die Einflußnahme auf die Produktionsziele oder die Auseinandersetzung mit den geplanten Investitionen geht, stets handelt es sich um Fragen, die sich konkret und präzise in aller Regel nur unter Berücksichtigung der spezifischen Situation des jeweils betroffenen Unternehmens stellen lassen. Je deutlicher mithin die Affinität der Mitbestimmung zur Unternehmenspolitik wird, desto notwendiger erscheint es, generalisierende Regelungen zu vermeiden und an das individuelle Unternehmen anzuknüpfen.[62]

Auf den ersten Blick bietet dies keinerlei Schwierigkeiten. Schließlich sieht § 2 Abs. 1 TVG ausdrücklich die Möglichkeit eines Firmentarifvertrages vor. Doch der Hinweis auf die gesetzliche Regelung hilft in Wirklichkeit nur so lange weiter, wie sich die Forderungen noch im Rahmen der gleichsam traditionellen tarifvertraglichen Regelungen halten. Genau dies ist aber hier nicht der Fall. Selbst wenn man in der problembezogenen Mitbestimmung nur die konsequente Fortführung mancher in den Tarifverträgen schon vorhandenen Ansatzpunkte sehen sollte, läßt sich nicht bestreiten, daß sich die Parteien mit einer derartigen Vereinbarung auf eine neue, bislang ausgesparte Ebene begeben. Insofern ist von Anfang an mit erheblichen Widerständen zu rechnen. Daß deshalb eine auch rechtlich sanktionierte Möglichkeit besteht, Firmentarifverträge zu schließen, besagt wenig. Weitaus wichtiger ist es vielmehr zu wissen, ob derartige vertragliche Abmachungen selbst dann verlangt werden können, wenn sich einer der Beteiligten von vornherein widersetzt. An der Berechtigung, den Abschluß eines Firmentarifvertrages mit Hilfe eines Arbeitskampfes durchzusetzen, entscheidet sich mithin, inwieweit sich solche Vereinbarungen tatsächlich als Vehikel einer problembezogenen Mitbestimmung eignen.

---

62 Vgl. dazu auch *Däubler* (Fußnote 39) S. 433 ff.

Wohlgemerkt, zur Debatte steht nicht der Inhalt des Tarifvertrages. Meinungsdivergenzen darüber werden erst relevant, wenn die Vertragsparteien feststehen. Der Streik hat zunächst keine andere Aufgabe, als diese Frage zu entscheiden. Auch bei bestem Willen läßt sich aber nicht behaupten, die Rechtmäßigkeit solcher Arbeitskämpfe sei unbestritten.[63] Im Gegenteil, während man sich zunächst mit mehr oder weniger allgemein gehaltenen Zweifeln begnügte,[64] finden sich mittlerweile dezidierte, die Illegalität kategorisch bejahende Aussagen.[65] Schon die bloße Zugehörigkeit des Arbeitgebers zu einem Arbeitgeberverband soll genügen, um den Abschluß des Firmentarifvertrages nicht mehr zu den rechtlich anerkannten Streikzielen zu zählen.[66] Die in § 2 Abs. 1 TVG formulierte Alternative bleibt damit zwar noch bestehen; sie ist aber der Disposition des Arbeitgebers überlassen. Ob es zu einem Firmentarifvertrag kommt, hängt allein von seiner Einstellung ab. Die Organisationszugehörigkeit oder der Hinweis auf einen von seinem Verband geschlossenen Vertrag schützen ihn vor jeder Pression. Den Gewerkschaften wäre jedoch letztlich jede Möglichkeit genommen, den Firmenvertrag als Instrument einer innovativen Tarifpolitik zu benutzen. Die Veränderung könnte sich, wenn überhaupt, nur auf der Branchenebene durchsetzen.

Einmal mehr zeigt sich, wie untrennbar Tarifautonomie und Arbeitskampf zusammenhängen. Restriktionen des Arbeitskampfes sind immer auch Einschränkungen der Tarifautonomie. Wenn die Autonomie der Tarifvertragsparteien nichts anderes bedeuten soll, als ständig nur jene Gegenstände zu regeln, die bislang schon behandelt worden sind, dann läßt sich dies auf keinem besseren Weg erreichen, als über eine Begrenzung des Arbeitskampfes. Über den Tarifvertrag als Instrument einer problembezogenen Mitbestimmung lohnt es sich deshalb erst zu sprechen, wenn die Bedingungen, unter denen die Vertragsparteien operieren können, einwandfrei feststehen. Dazu gehört auch die Gewißheit darüber, ob der Abschluß von Firmentarifverträgen erstreikt werden kann.

---

63 Die Rechtmäßigkeit mag auch prinzipiell anerkannt sein; vgl. *Söllner*, Arbeitsrecht, 4. Aufl., S. 117; *Däubler* (Fußnote 39) S. 434 ff.; *Hueck/Nipperdey/Stahlhacke*, TVG, 4. Aufl., § 2 Anm. 8; *Brox/Rüthers*, Arbeitskampfrecht (1965), S. 137; *Hensche*, RdA 1971 S. 9 ff.

64 Vgl. *Nikisch*, Arbeitsrecht, 2. Aufl., Bd. II (1959), S. 241 f.; *Rolf Dietz* in Festschrift für Nipperdey (1965), S. 152.

65 Vgl. *Boldt*, RdA 1971 S. 257; *Buchner*, DB 1970 S. 2076; vgl. aber auch *Hanau/Adomeit*, Arbeitsrecht (1972), S. 74; *Beuthien* (Fußnote 34).

66 Vgl. *Buchner* (Fußnote 65); einschränkend *Beuthien* (Fußnote 34) S. 480.

Solange Vorbehalte dagegen bestehen, verliert der Tarifvertrag gerade jene Eigenschaft, die seine Attraktivität gegenüber der gesetzlichen Regelung begründet: ein Höchstmaß an Flexibilität, das den angestrebten Lösungen eine anders nicht erreichbare Problemnähe ermöglicht[67].

7. An der zentralen Rolle, die Firmentarifverträgen im Rahmen einer problembezogenen Mitbestimmung zukommen könnte, zeigt sich freilich zugleich die wohl markanteste Schwäche solcher Bestrebungen. Gerade weil die spezifische Lage des einzelnen Unternehmens im Vordergrund steht, ist die Gefahr von Lösungen, die sich eben nur an dieser Situation orientieren, besonders groß. Vor allem Firmentarifverträge favorisieren die latent ohnehin vorhandene Tendenz, den aus der Perspektive des jeweiligen Unternehmens günstigsten Regelungen den Vorzug zu geben. Gesamtwirtschaftlich relevante, wenn nicht sogar unbedingt beachtenswerte Aspekte riskieren damit zugunsten rein partikularistischer Betrachtungen vernachlässigt zu werden. Das Dilemma ist mithin nicht zu übersehen: Über den Tarifvertrag ließe sich zwar eine strikt problemorientierte Mitbestimmung erzielen; sie könnte sich aber bald als Instrument allzu vordergründiger, weil viel zu einseitig am einzelnen Unternehmen ausgerichteter Lösungen erweisen.

Natürlich stimmen solche Befürchtungen skeptisch. Sie sind indes genauso gegenüber der gesetzlich bereits geregelten oder noch zu regelnden

---

67 Einen ganz anderen Aspekt der Mitbestimmungsproblematik behandelt *Beuthien* (Fußnote 34) S. 477 ff., 483. Sein Ausgangspunkt ist die Annahme, die Einführung der paritätischen Mitbestimmung würde das Streikpotential der Gewerkschaften weitgehend freisetzen und den Arbeitnehmerorganisationen deshalb erlauben, sich immer mehr auf die nicht mitbestimmten Unternehmen zu konzentrieren. Dem Firmentarifvertrag fiele insofern die Funktion zu, das nachzuholen, was in anderen Unternehmen die Mitbestimmung leisten würde. *Beuthien* meint daher, daß mit der Einführung der paritätischen Mitbestimmung auch die Möglichkeit, Firmentarifverträge zu erstreiken, eingeschränkt werden müsse. Doch gleichgültig wie man das Ergebnis auch immer beurteilt, die Ausgangshypothese beruht auf einer schwerlich überzeugenden Annahme. Es ist gerade fragwürdig, ob die paritätische Mitbestimmung wirklich das kann, was sich über einen Firmentarifvertrag erreichen ließe. Eine auch nur annähernd vergleichbare Problembezogenheit vermag sie jedenfalls nicht zu garantieren. Die Notwendigkeit von firmenbezogenen Tarifverträgen ist insofern deutlich von der institutionalisierten Mitbestimmung zu trennen und keineswegs auf Unternehmen zu reduzieren, die nicht der Mitbestimmung unterliegen. Wenn allerdings das Streikrecht in mitbestimmten Unternehmen generell untersagt wird, was wohl *Beuthien* für durchaus denkbar hält, dann mögen sich solche Verschiebungen vollziehen. Sie wären letztlich nur ein weiteres Beispiel für die mangelnde Auseinandersetzung mit den Implikationen einer Mitbestimmungsregelung, die ausschließlich auf die Arbeitnehmerbeteiligung an den Unternehmensorganen abzielt.

institutionalisierten Mitbestimmung angebracht[68]. Um ein Beispiel aus dem Betriebsverfassungsrecht zu nehmen: Über die Frage, ob und in welchem Umfang Kurzarbeit eingeführt werden darf, hat der Betriebsrat mitzubestimmen. Auch hier liegt es nahe, unternehmensspezifischen Überlegungen den Vorrang einzuräumen. Doch je nachhaltiger sich die am Entscheidungsprozeß Beteiligten auf das Unternehmen selbst konzentrieren, desto mehr laufen sie Gefahr, die gesamtwirtschaftlichen Implikationen zu vernachlässigen. Ebensowenig wie sich die Unternehmenspolitik aus dem gesamtwirtschaftlichen Kontext herauslösen läßt, erscheint es möglich, die Beschäftigungslage nur mit Hilfe von Kriterien zu beurteilen, die für das eine jeweils betroffene Unternehmen typisch sind. Betriebsrat und Arbeitgeber befinden sich insofern in genau der Lage, in der auch die Tarifvertragsparteien wären: Ihre Verpflichtung, Lösungen für höchst konkrete unternehmenspolitische Fragen zu finden, kann ihr Blickfeld so sehr einengen, daß nicht minder relevante, übergreifende Gesichtspunkte völlig außer acht bleiben. Nicht anders verhält es sich dort, wo die Mitbestimmung über die direkte Beteiligung an den Unternehmensorganen angestrebt wird. Im Gegenteil, die Erfahrung zeigt nur zur Genüge, wie stark die Bestrebungen sind, Entscheidungen nahezu ausschließlich aus der partikulären Unternehmensperspektive zu fällen. So ist aus der Mitbestimmung kein Gegenmittel gegen oligopolistische, ja monopolistische Tendenzen geworden[69]. Die Arbeitnehmervertreter haben sich bei ihrer Stellungnahme genau wie die übrigen Mitglieder der Unternehmensleitung verhalten. Entscheidungsmaßstab waren die besonderen Interessen des betroffenen Unternehmens. Ganz

---

68 Vgl. *Voigt/Weddigen*, Zur Theorie und Praxis der Mitbestimmung (1962), S. 363 ff.; Mitbestimmung im Unternehmen, Bericht der Sachverständigenkommission zur Auswertung der bisherigen Erfahrungen bei der Mitbestimmung (1970), S. 73, 96; *Simitis* (Fußnote 17) S. 9 f.; *Lutter* (Fußnote 25) S. 618.

69 Vgl. den Bericht der Sachverständigenkommission (Fußnote 68); *Voigt/Weddigen* (Fußnote 68) S. 380 ff.; *Potthoff/Blume/Duvernell*, Zwischenbilanz der Mitbestimmung (1962), S. 224 ff.; *Biedenkopf* in 25 Jahre Marktwirtschaft in der Bundesrepublik Deutschland (1972), S. 370 f.; *Rupp*, Grundgesetz und Wirtschaftsverfassung (1974), S. 22 ff. Insofern trifft es durchaus zu, wenn *Lutter* (Fußnote 25, S. 618) meint, »zu Marktabsprachen potentiell bereit sind alle Unternehmen gleich welcher Verfassung«; vgl. auch *Voigt/Weddigen* a.a.O. S. 502: »Obgleich die Mitbestimmung der Arbeitnehmer als Institution bestimmte Entwicklungszüge der Marktwirtschaft begünstigte, die nach der eindeutigen wirtschaftspolitischen Konzeption der Gewerkschaften bekämpft werden sollten, haben diese keine Initiativen zur Durchsetzung ihrer vielfach erhobenen wirtschaftspolitischen Forderungen oder auch nur zur Berücksichtigung ihrer Argumente entwickelt.«

gleich mithin, ob man sich für die Betriebs- oder Unternehmensverfassung oder den Tarifvertrag als Anknüpfungspunkt für eine Mitbestimmungsregelung ausspricht, unternehmensspezifische Überlegungen drohen jeden anderen Gesichtspunkt zu verdrängen. Doch überrascht dies keineswegs: Unmittelbarer Gegenstand aller Mitbestimmungsbestrebungen ist die Unternehmenspolitik. Über die Beteiligung der Arbeitnehmer soll eine bessere Berücksichtigung ihrer Interessen als bisher gesichert werden. Unabhängig davon also, welchen Weg man für die erforderlich gehaltenen Kontrollmechanismen wählt, geht es stets um eine vom Unternehmen her konzipierte und an ihm ausgerichtete Korrektur des Entscheidungsprozesses. Die Mitbestimmung ist insofern keineswegs darauf angelegt, das einzelne Unternehmen zu transzendieren. Sie präsentiert sich vielmehr als ein ausschließlich der internen Steuerung dienendes Instrument. Ob mit oder ohne Mitbestimmung, die Unternehmenssituation ist Ausgangspunkt und Legitimation der Unternehmenspolitik. Niemand leugnet, daß es eine Vielzahl externer Faktoren gibt, die eine für den Entscheidungsprozeß oft erhebliche Rolle spielen. Nur ist dies keineswegs lediglich eine Konsequenz der Mitbestimmung. Auch wenn solche Faktoren zuweilen erst über die Arbeitnehmervertreter zur Geltung gelangen, handelt es sich dabei um die Folge ihrer subjektiven Einbindung in andere Entscheidungszusammenhänge. Nicht die Mitbestimmung gibt deshalb den Ausschlag, sondern die Person des über den Mitbestimmungsvorgang am Entscheidungsprozeß Beteiligten. Daraus ergibt sich, daß partikularistische Bestrebungen kein Argument gegen die Verwendbarkeit von Tarifverträgen für eine problembezogene Mitbestimmungsregelung sind. Der Vorwurf trifft jede Mitbestimmungsform. Wer ihn deshalb ernst nimmt, muß auch bereit sein, sich über Möglichkeiten und Grenzen zusätzlicher, unternehmensexterner Kontrollvorkehrungen Gedanken zu machen[70]. Mit der Mitbestimmung allein ist es ebensowe-

---

70 Insofern bleibt jede Mitbestimmungsdiskussion so lange unvollständig, wie sie sich nicht auch mit den Überlegungen zur gesamtwirtschaftlichen Mitbestimmung auseinandersetzt. Noch einmal: Man kann feststellen, daß eine unternehmensbezogene Mitbestimmung Konzentrationstendenzen eher fördert als verhindert, um nur dieses Beispiel wieder aufzugreifen. Man darf es aber nicht bei dieser Überlegung belassen. Vielmehr kommt es erst recht darauf an, der Frage nachzugehen, wie solche nachteiligen Konsequenzen vermieden werden können. Solange das Unternehmen im gesamtwirtschaftlichen Kontext gesehen wird, sind auch gesamtwirtschaftliche Implikationen notwendiger Inhalt aller Mitbestimmungsdiskussion. Über die erforderlichen Reaktionen mag man verschieden urteilen; eine Stellungnahme kann man sich jedoch nicht ersparen.

nig getan wie mit allgemeinen Appellen an die Unternehmensleitung, sich der gesamtwirtschaftlichen Konsequenzen ihrer Politik bewußt zu sein. Daran ändert sich selbst dann nichts, wenn man meinen sollte, daß von den verschiedenen Mitbestimmungsansätzen der Tarifvertrag den wahrscheinlich größten Spielraum gewährt, um partikularistische Tendenzen aufzufangen. Ein als Mitbestimmungsvehikel genutzter Tarifvertrag bleibt grundsätzlich an das Unternehmen und seine Besonderheiten ebenso gebunden wie die übrigen Mitbestimmungsformen. Andere, vom Tarifvertrag unabhängige Mechanismen wären deshalb nach wie vor notwendig. Doch darauf kann es hier nicht ankommen, und zwar ganz gleich, wie man solche Vorkehrungen beurteilt. Wichtig ist allein die Feststellung, daß eine tarifvertraglich geregelte Mitbestimmung unter den erwähnten Voraussetzungen durchaus eine diskutable Alternative zu der legislativen Intervention bietet. Der Fehler der Vergangenheit besteht darin, diese Alternative nicht ausprobiert zu haben. Noch ist es aber nicht zu spät dafür. Der Tarifvertrag braucht nicht erst erfunden zu werden; es gilt nur, ihn nicht zu vergessen.

Restrukturierung des Arbeitsrechts

Sind im Interesse einer gerechteren Verteilung der Arbeitsplätze Begründung und Beendigung der Arbeitsverhältnisse neu zu regeln?

1. Prämissen

1.1 »In die Verhältnisse der Arbeitgeber und Arbeitnehmer« könne und dürfe es »keine weitere Einmischung der öffentlichen Gewalt« geben, »als diejenige, welche durch die Fürsorge für Unmündige..., für einen Nachhilfeunterricht, soweit derselbe erforderlich, für tunlichste Sicherung der Arbeiter gegen die aus der besonderen Beschaffenheit des Gewerbeberiebs oder der Betriebsstätte sich ergebende Gefahr für Leben und Gesundheit, für Klarstellung der Lehr- und Lohnverträge, endlich zur Beseitigung von Mißbräuchen bei der Lohnzahlung... erforderlich sind.« So die 1869 formulierte und in letzter Zeit wiederholt und mit besonderer Vorliebe zitierte Begründung der Gewerbeordnung.[1] Fast mit den gleichen Worten wies nur wenige Jahre später der Supreme Court der Vereinigten Staaten in Lochner v. New York[2] den Versuch zurück, die Arbeitszeit im Bäckereigewerbe gesetzlich zu regeln. Erwachsene und intelligente Menschen hätten nun einmal das unbestreitbare Recht, vertraglich die Arbeitsbedingungen festzulegen, die sie jeweils für die besten hielten. Eine staatliche Intervention ließe sich deshalb allenfalls unter gesundheitspolizeilichen Gründen rechtfertigen und auch dies nur beschränkt. Denn, einen Beruf, der die Gesundheit nicht gefährdete, so meinte das Gericht, gäbe es wohl kaum.

Scharf und unmißverständlich kontrastiert damit der im März 1976 von den Senatoren *Humphrey, Javits, Kennedy* und anderen eingebrachte Entwurf für ein Gesetz über »Vollbeschäftigung und gleichgewichtiges Wachstum«.[3] Jeder Amerikaner, heißt es dort (sec. 2b), hat das Recht, die Gelegenheit zu bekommen, einen Arbeitsplatz zu erhalten und für

---

1 Gewerbeordnung für den Norddeutschen Bund v. 21.6.1869, Entwurf, Reichstags-Drs. Nr. 13, Sten. Ber. III S. 94 ff.
2 198 U.S. 45 (1905).
3 94th Congress, 2 d Session S. 50, March 16, 1976.

seine Arbeit fair bezahlt zu werden. Nahezu gleichzeitig setzte sich in der Bundesrepublik die Kommission für wirtschaftlichen und sozialen Wandel mit der Forderung nach einem Vollbeschäftigungsgesetz[4] auseinander,[5] und auch die Anfang 1978 veröffentlichten Überlegungen der Bundesanstalt für Arbeit zu einer vorausschauenden Arbeitsmarktpolitik heben ausdrücklich die Bereitschaft der Bundesanstalt hervor, sich intensiv mit Vorschlägen, die in diese Richtung zielen, auseinanderzusetzen.[6] Selbst dort, wo, wie etwa bei der Arbeitsgesetzbuchkommission,[7] ähnlich weitreichende Forcierungen wohl gar nicht erst zur Debatte standen, klingt dennoch die Überzeugung durch, daß es zu den fundamentalen Aufgaben der Rechtsordnung gehört, das Arbeitsplatzrisiko einzuschränken. Wie sonst sollte man sich den Satz (Art. 3 Abs. 2 Satz 1) erklären: »Niemand darf gegen seinen Willen den Arbeitsplatz ohne einen sachbezogenen und als billig und gerecht anerkennenswerten Grund verlieren«, ein Prinzip, das die verfassungsgebende Versammlung Portugals nicht nur mit der gleichen Entschiedenheit bekräftigt, sondern, um jeden Zweifel an seiner Bedeutung auszuschließen, in die Verfassung von 1976 aufgenommen hat (Art. 52).[8]

Wer aber den Kündigungsschutz als arbeitsrechtliches Grundrecht versteht[9] oder gar eine gesetzliche Regelung anstrebt, die Vollbeschäftigung sichern soll, nimmt die Kollision mit Vertrags- und Gewerbefreiheit in Kauf, vertraut also nicht mehr unbesehen der unsichtbaren Hand des Marktes, sondern zieht es vor, sich mehr und mehr auf die sichtbare Hand des Staates zu verlassen. Anders ausgedrückt: »polizeiwidrige Zu-

---

4 Vgl. etwa *D. Mertens*, Rationale Arbeitsmarktpolitik (1970) 63 f.; *U. Engelen-Kefer*, Beschäftigungspolitik (1976) 317.

5 Kommission für wirtschaftlichen und sozialen Wandel, wirtschaftlicher und sozialer Wandel in der Bundesrepublik Deutschland (1977) 522.

6 Bundesanstalt für Arbeit, Überlegungen II zu einer vorausschauenden Arbeitsmarktpolitik (1978) 131.

7 Arbeitsgesetzbuchkommission, Entwurf eines Arbeitsgesetzbuches (1977).

8 Ähnlich heißt es in dem Entwurf eines Berichtes der Kommission der Europäischen Gemeinschaften an den Rat, Der individuelle Kündigungsschutz der Arbeitnehmer in den Mitgliedstaaten der Europäischen Gemeinschaften, Generaldirektion Soziale Angelegenheiten W/E/2 – V/812/75 – D, 21: »Ausgangspunkt ist der Grundsatz, daß eine Kündigung durch den Arbeitgeber nur zulässig ist, wenn ein ›rechtfertigender Grund‹ vorliegt«. Vgl. auch die 1973 verabschiedete Empfehlung Nr. 119 der Internationalen Arbeitsorganisation und dazu *Valticos*, Le droit international du travail à l'heure du bilan, in Etudes Camerlynck (1977) Sonderdruck 5 f.

9 So die Arbeitsgesetzbuchkommission, a.a.O. 17; sowie *P. Badura* in Festschrift für *Berber* (1975) 11 ff.

stände« sind nicht der einzig zulässige, ja genaugenommen, der einzig denkbare Anlaß einer staatlichen Intervention, vielmehr gibt, in den Worten der Europäischen Sozialcharta (Art. 1 Nr. 1), die Verpflichtung des Staates den Ausschlag, »die Erreichung und Aufrechterhaltung eines möglichst hohen und stabilen Beschäftigungsstandes zu einer (seiner) wichtigsten Zielsetzungen und Aufgaben zu machen.«

1.2 Die Diskussion über Voraussetzungen und Grenzen staatlicher Eingriffe in die Begründung und die Beendigung von Arbeitsverhältnissen ist freilich alles andere als zufällig. Sie vollzieht sich auf dem Hintergrund einer gegenüber den fünfziger Jahren, aber auch dem größten Teil der sechziger Jahre radikal geänderten konjunkturellen Situation. Die Szene beherrscht nicht mehr der expandierende Arbeitsmarkt, sonder die Sorge um die Arbeitslosigkeit und ihre Konsequenzen. Was mancher noch vor kurzem für eine zwar überaus lästige, doch letztlich nur vorübergehende Erscheinung hielt, hat sich mittlerweile als hartnäckiges Begleitphänomen nationaler und internationaler Entwicklung erwiesen. Die Hoffnung, man könne einen großen Teil der Unterbeschäftigung im Laufe eines konjunkturellen Aufschwungs beseitigen, hat mit der Realität des Arbeitsmarktes wenig gemein.[10] Die Zahlenangaben mögen nicht immer übereinstimmen, OECD,[11] Bundesanstalt für Arbeit[12] und Sachverständigenrat[13] sind sich trotzdem einig: Überlegungen zur wirtschaftlichen und sozialen Entwicklung der nächsten Jahre können an der Arbeitslosigkeit ebensowenig vorbei, wie an der Tatsache, daß ihre durchschnittliche Dauer ständig zunimmt. Kaum verwunderlich, wenn unter diesen Umständen die Skepsis gegenüber so mancher Bemerkung zu Struktur und Ablauf des Arbeitsverhältnisses wächst, die nur solange verständlich bleibt, wie man in Hochkonjunktur und Vollbeschäftigung einen gleichsam unabänderlichen Naturzustand sieht.[14] Noch viel signifikanter ist

---

10 Sachverständigenrat zur Begutachtung der gesamtwirtschaftlichen Entwicklung, Mehr Wachstum – Mehr Beschäftigung, Jahresgutachten 1977/78, 65.
11 Vgl. etwa den Bericht in der Frankfurter Allgemeinen Zeitung v. 28. 7. 1978, Nr. 160, 11.
12 Überlegungen II 23 ff., 146 ff.
13 Jahresgutachten 1977/78, 65 ff.
14 Vgl. dazu einerseits die Überlegungen *Reuters*, RdA 1973, 345 ff. und andererseits *Zöllner*, Sind im Interesse einer gerechteren Verteilung der Arbeitsplätze Begründung und Beendigung der Arbeitsverhältnisse neu zu regeln?, Verhandlungen des 52. DJT I (1978) D 115.

allerdings die Auseinandersetzung um das »Recht auf Arbeit«.[15] Schließlich läßt Art. 20 GG keinen Zweifel: Verfassungsrechtliche Maxime staatlichen Handelns ist nicht die Kontemplation ökonomischer Entwicklung, sondern die Verpflichtung zu einer aktiven und steuernden Intervention, die dafür sorgen soll, daß die Grundrechte nicht zu Privilegien Weniger erstarren, sondern als eine jedem Bürger garantierte Rechtsposition verstanden und praktiziert werden.

Trotzdem ist Vorsicht am Platz. Das »Recht auf Arbeit« hat unstreitig eine lange Geschichte. Die Jakobinerverfassung von 1793 (Art. 21) sprach sich ebenso kategorisch dafür aus wie die französische Verfassung von 1848 (Art. 8). Im einen wie im anderen Fall ging es darum, ein individuelles Grundrecht festzuschreiben, mit dessen Hilfe die Vision einer Gesellschaft freier und gleicher Individuen verwirklicht werden sollte. Im »Recht auf Arbeit« manifestierte sich gleichermaßen die elementare Einsicht in die Abhängigkeit der eigenen Existenz vom Arbeitsplatz und die Hoffnung, gesellschaftliche und ökonomische Unterdrückung dank der Sicherheit der Arbeit aufheben zu können.

Was freilich dabei lange Zeit unbeachtet blieb, steht mittlerweile fest. Der wohl jüngste Versuch, das »Recht auf Arbeit« gesetzlich anzuerkennen, Art. 51 der portugiesischen Verfassung von 1976, spricht es deutlich aus: Die Verfassung gesteht zwar jedem Bürger das Recht auf Arbeit zu, doch läßt sie auch keinen Zweifel an seiner Freiheit aufkommen, die von ihm gewollte Beschäftigung zu wählen. Ein demokratischer, die Freiheit und Individualität seiner Bürger respektierender Staat verträgt sich eben nicht mit einer staatlich administrierten Arbeitspflicht. Weder die freie Arbeitsplatzwahl noch die Freiheit, Arbeitsbedingungen in Tarifverträgen verbindlich festzulegen, stehen zur Disposition. Das »Recht auf Arbeit« ist deshalb dann indiskutabel, wenn es zum Vehikel einer politischen und ökonomischen Ordnung wird, die beides in Frage stellt. Es bleibt aber solange eine legitime und legale Forderung, wie es die verfassungsrechtlich verankerte Verpflichtung des Staates zu einer Politik dokumentiert, die Arbeitslosigkeit von vornherein als unannehmbaren Zustand betrachtet, und deshalb alle ihr zur Verfügung stehenden rechtlichen und ökonomischen Mittel mobilisiert, um sie nicht zur Normalität werden zu lassen, ganz gleich im übrigen, wie hoch die Zahl der Arbeitslosen ist und wie lange sie ohne Beschäftigung sind.

---

15 Vgl. dazu die näheren Angaben bei *Zöllner*, in Verhandlungen a.a.O. D 91 ff.

Insofern ist es durchaus konsequent, wenn § 1 AFG in der Aufrechterhaltung eines hohen Beschäftigungsstandes und der ständigen Verbesserung der Beschäftigungsstruktur die primäre Funktion einer gesetzlichen Regelung des Arbeitsmarktes sieht. Und aus dem gleichen Grund hat es der Gesetzgeber in § 1 StabG vermieden, der monetären Stabilität einen wie auch immer gearteten Vorrang vor der Vollbeschäftigung einzuräumen. Aus der Reihenfolge läßt sich keine Rangfolge ableiten.[16] Die Verfassung beschränkt sich eben nicht darauf, die Arena für den Zweikampf von Monetaristen und Laboristen zu arrangieren. Sie huldigt auch keiner »Theorie des Realismus«,[17] die es rechtfertigt, Arbeitslosigkeit und Unterbeschäftigung als gleichsam unausweichliche Begleitrisiken wirtschaftlicher Ordnung hinzunehmen. Ein privatisiertes Beschäftigungsrisiko ist für sie genausowenig akzeptabel wie ein staatliches Verhalten, das sich auf die Hoffnung auf bessere Zeiten reduziert. Passivität dem Arbeitsmarkt gegenüber begründet deshalb mehr als ein bloßes, die politische Handlungsfähigkeit des Staates gefährdendes Legitimationsdefizit; defizitär ist zugleich und vor allem, mit Rücksicht auf die verfassungsrechtliche Verpflichtung des Staates, seine Politik als Beschäftigungspolitik zu konzipieren und zu realisieren, die Legalität staatlicher Aktivität.

In diesem Sinn muß, so scheint mir, auch die Fragestellung des Juristentages verstanden werden. Wer von einer »Verteilung« der Arbeitsplätze spricht, denkt und argumentiert beschäftigungspolitisch. Seine Aufmerksamkeit gilt daher nicht irgendwelchen Einzelaspekten des Kündigungsschutzrechts; sie richtet sich ausschließlich auf den Zusammenhang zwischen Struktur und Entwicklung des Arbeitsmarktes einerseits und der rechtlichen Regelung der Begründung und Beendigung von Arbeitsverhältnissen andererseits.

Nur: Art. 20 GG markiert den Weg. Die Aufforderung, sich mit der Verteilung der Arbeitsplätze auseinanderzusetzen, berechtigt deshalb nicht dazu, die letzte Arbeitslosenstatistik als verbindliche Richtlinie zu nehmen, um dann lediglich darüber nachzudenken, wie sich »echte« von »unechten« Arbeitslosen oder, noch besser, »echte« von »unechten« Arbeitnehmern unterscheiden lassen. Vielmehr gilt es, sich zunächst ohne Rücksicht auf die konkrete Arbeitsmarktsituation zu vergegenwärtigen,

---

16 Dazu *Simitis*, in Inflationsbewältigung im Zivil- und Arbeitsrecht, Arbeiten zur Rechtsvergleichung 78 (1976) 60 ff.
17 *Schwerdtner*, ZfA 8 (1977) 68.

wem denn gegenüber die beschäftigungspolitische Verantwortung des Staates besteht, um erst danach zu fragen, wie der Erwartung, einen Arbeitsplatz zu bekommen, entsprochen werden kann.[18]

1.3 Drei Bedingungen sind dabei zu beachten. Zunächst: Eine beschäftigungspolitisch orientierte Betrachtung vermag sich nicht mit dem bisher dominierenden Verständnis der Auflösungsvorschriften zufriedenzugeben. Genauer: Alle Überlegungen zur Beendigung von Arbeitsverhältnissen sind von der Forderung geprägt, die bereits beschäftigten Arbeitnehmer vor dem Verlust ihres Arbeitsplatzes möglichst zu bewahren. Die Details mögen von Rechtsordnung zu Rechtsordnung variieren, Anlaß und Ziel der Kündigungsschutzregelung bleiben dennoch überall gleich. Wer eine »cause réelle et sérieuse« verlangt, den »unfair dismissal« verbietet oder eine »sozialwidrige« Kündigung untersagt, will nichts anderes, als denjenigen, der Arbeit hat, vor einem unkontrollierten Verlust seines Arbeitsplatzes sichern.[19]

Insofern ist es zumindest verständlich, wenn man, wie zuletzt die Arbeitsgesetzbuchkommission,[20] auch und gerade im Zusammenhang mit dem Kündigungsschutz von einem »Recht am Arbeitsplatz« spricht.[21] Der Vergleich mit dem eingerichteten und ausgeübten Gewerbebetrieb[22] liegt dann genaugenommen mindestens ebenso nahe wie die Vorstellung

---

18 Eben deshalb läßt sich rechtliche Reflexion nicht durch wirtschaftspolitische Hinweise verkürzen oder gar verdrängen. Die rechtliche Regelung ist kein beliebig einsetzbares Instrument, das lediglich den Zweck hat, die Konsequenzen aus einer wie auch immer formulierten ökonomischen Diagnose zu ziehen. Ein Arbeitsrecht, das dem schlichten Ökonomismus verfällt, verfehlt seine Aufgabe. Die wirtschaftliche Situation und Entwicklung mag zu Konzessionen zwingen. Sie ändert aber nichts daran, daß die in der Verfassung formulierten und damit rechtlich verbindlich artikulierten Erwartungen den Handlungsrahmen staatlicher Aktivität vorzeichnen. So ist wohl auch die Feststellung des Sachverständigenrates zu verstehen, Jahresgutachten 1977/78, 153, mit seinen Überlegungen über das »Recht auf Arbeit« in die juristische Diskussion nicht eingreifen zu wollen. Die Beschäftigungspolitik deshalb einfach als Wirtschaftspolitik auszugeben, heißt das Problem unzulässig vereinfachen.
19 Statt aller *Herschel*, Die Betriebszugehörigkeit als geschütztes Rechtsgut, RdA 1960, 121; *Hueck/Nipperdey*, Lehrbuch des Arbeitsrechts I (7. Aufl. 1963) 628: »ein grundsätzliches Recht des Arbeitnehmers auf Beibehaltung seines Arbeitsplatzes«.
20 Arbeitsgesetzbuchkominission a.a.O. 18.
21 Vgl. auch *Badura*, in Festschrift für *Berber*, 23; *Richardi*, Betriebsverfassung und Privatautonomie (1973) 42 ff.; *Löwisch*, Deliktsschutz relativer Rechte (1970) 196 ff.
22 Statt aller *Herschel*, RdA 1960, 121, BB 1977, 709; *Adomeit*, in *Hanau/Adomeit*, Arbeitsrecht (5. Aufl. 1978) 40.

eines »job-ownership«.[23] Sicherheit, so scheint es, läßt sich nicht anders erreichen, als durch eine möglichst getreue Reproduktion der Eigentümerposition, mitsamt ihrer Ausschließlichkeits- und Abwehrrechte.

Nicht von ungefähr hatten solche Überlegungen solange Hochkonjunktur, wie Knappheit an Arbeitskräften herrschte. Den Arbeitnehmern wurde das Gefühl vermittelt, sich fortan keine Gedanken mehr über ihren Arbeitsplatz machen zu müssen, den Arbeitgebern jedoch zugleich die Sorge genommen, sich um ohnehin kaum auffindbare Arbeitskräfte zu bemühen. Der zum »Eigentum« gewordene Arbeitsplatz institutionalisiert die immobile, ein und für allemal an das Unternehmen gebundene Stammbelegschaft.[24]

Die veränderte ökonomische Situation macht die Nachteile deutlich. Das Beispiel Japans ist bezeichnend. Die Großunternehmen haben das »Recht am Arbeitsplatz« zwar durchaus anerkannt, den Produktionsprozeß aber auf eine Vielzahl kleinerer Unternehmen verteilt. Die Zahl der Arbeitsplätze blieb damit konstant und, was aus der Unternehmensperspektive fast noch mehr ins Gewicht fällt, konjunkturelle Schwankungen konnten nahezu komplikationslos aufgefangen werden. Man brauchte eben nur die kurzfristig erteilten Aufträge nicht mehr zu erneuern. Die Folge: Die betroffenen Unternehmen mußten aufgeben, ihren Arbeitnehmern aber nutzten alle Vergleiche von Arbeitsplatz und Eigentum nichts.

Mindestens ebenso schwer wiegt der Vorwurf, jede nur auf die Sicherung der bereits Beschäftigten bedachte Auflösungsregelung segmentiere zwangsläufig den Arbeitsmarkt zum Nachteil der Arbeitslosen und stelle zudem die gerade in einem Konjunkturtief unerläßliche Flexibilität der Unternehmenspolitik mehr und mehr in Frage.[25]

---

23 »The evidence ... tends to support the conclusion that the classic liberal contractual approach to the employment relation in a complex industrial society is simply not a viable one. Workers do in fact tend to regard themselves as having some kind of right of possession in a job and to devise institutions which wrest control over incumbency from the hands of the employer and which express objectively a vesting of propertylike rights in the worker«; *F. Meyers*, Ownership of jobs (1964) 112. Vgl. auch *Wedderburn*, The Worker and the law (1965) 89 ff., 94 f.

24 Vgl. dazu auch *Dorndorf*, Freie Arbeitsplatzwahl (1978); *Reuter*, RdA 1973, 352 f.; *Wedderburn*, Worker 95 f.; *Schwerdtner*, ZfA 8 (1977) 82 ff.; aber auch *Zöllner*, in Verhandlungen a.a.O. D 121 f.

25 Statt aller *Schwerdtner*, ZfA 8 (1977) 73 ff.; *Reuter*, ZfA 9 (1978) 21 ff.; *Koller* ZfA 9 (1978) 45 ff.

Nicht immer fallen dabei die Formulierungen so vorsichtig und zurückhaltend wie bei der Bundesanstalt für Arbeit aus.[26] Was ihr noch problematisch und empirisch keineswegs abgesichert erscheint, steht für den Wissenschaftlichen Beirat beim Bundesministerium für Wirtschaft[27] offensichtlich außer Zweifel: Der Kündigungsschutz hat, so meint er, das Beschäftigungsverhalten der Arbeitgeber verändert. Sie seien gerade mit Rücksicht auf die Auflösungsregelung nicht bereit, zusätzliche Arbeitskräfte einzustellen. Die rechtlich garantierte Sicherheit des Arbeitsplatzes unterlaufe mit anderen Worten jeden Versuch, die Beschäftigungschancen zu verbessern.

Man kann, ja man muß über derart globale Aussagen streiten. Allzu offenkundig ist der Mangel einer exakten Auseinandersetzung mit den verschiedenen Aspekten des Kündigungsschutzes und allzu verdächtig die Spekulation mit der psychologischen Plausibilität solcher generalisierenden Vermutungen in einer ökonomisch schwierigen Situation. Nur: Keine andere Überlegung hat bislang so sehr die Notwendigkeit verdeutlicht, sich ständig der Interdependenz arbeitsrechtlicher Regelung bewußt zu sein.[28] Einstellung, Versetzung und Auflösung sind eben nicht nebeneinander bestehende und deshalb auch unabhängig voneinander regelbare Vorgänge. Erst in dem Augenblick, in dem eine punktuelle Betrachtung sorgfältig vermieden wird, lassen sich die beschäftigungspolitischen Konsequenzen offenlegen und berücksichtigen. Reflexionen über das »Recht am Arbeitsplatz« und Parallelisierungen von Eigentums- und Kündigungsschutz sind deshalb überaus gefährlich. Der Verdacht, jenen ansonsten immer wieder kritisierten Ausschließlichkeitsanspruch nunmehr bereitwillig zu akzeptieren und die Beschäftigungschancen damit einseitig zu verteilen, läßt sich jedenfalls solange nicht entkräften, wie die Auflösungsregelung nicht von vornherein unmißverständlich die Interessen derjenigen mit einbezieht, die keinen Arbeitsplatz haben.

Zweitens: Ganz gleich, welchen Weg eine Rechtsordnung auch immer wählt, ob sie also mit einer Kontrolle der personen- und verhaltensbedingten Kündigungen beginnt und erst später die betriebsbedingten einbezieht oder umgekehrt bei der »redundancy« ansetzt, um danach den »unfair dismissal« zur Barriere aller Kündigungen zu erklären, für eine

---

26 Überlegungen II, 112 ff.
27 Aktuelle Probleme der Beschäftigungspolitik, Gutachten des Wissenschaftlichen Beirats beim Bundesministerium für Wirtschaft, BMWI Studien-Reihe 19 (1977) 21 ff.
28 Vgl. auch *Zöllner*, in Verhandlungen a.a.O. D 112 ff.

beschäftigungspolitisch orientierte Betrachtung kommt es zunächst nur auf die mangelnde Beschäftigungsmöglichkeit und den drohenden Verlust des Arbeitsplatzes an. Schematisierte und abschließend formulierte Begründungs- und Auflösungsregelungen vertragen sich damit nicht, ohne Rücksicht im übrigen auf ihre Detailfreundlichkeit, schon deshalb, weil sich Rationalisierung keineswegs unter gleichbleibenden Bedingungen abspielt.[29]

Die Erfahrungen der letzten Jahre sind lehrreich genug. Sie haben manchen, für unumstößlich gehaltenen Grundsatz widerlegt. So gibt es, entgegen der lange Zeit dezidiert vertretenen Annahme, keine privilegierten, rationalisierungsimmunen Gruppen von Arbeitnehmern. Man kann beispielsweise darüber streiten, ob nur 30 und nicht 43% der Büroarbeit formalisierbar sind und ob mit 25% wirklich bereits die Grenze der Automatisierbarkeit erreicht ist. Man kann aber nicht in Abrede stellen, daß damit ein Bereich, der bislang als automationsfeindlich galt, in wachsendem Maße geradezu paradigmatisch dafür wird. Datensichtgeräte und intelligente Terminals sind freilich zugleich untrügliche Vorboten zunehmender Arbeitslosigkeit.

Zudem: Die Rationalisierungsbestrebungen sind gegenwärtig in weitem Umfang die unmittelbare Folge der Nutzung von Mikroprozessoren. Die Vorteile mögen es durchaus rechtfertigen, von einer neuen, der dritten, technischen Revolution zu sprechen. Der Preis ist freilich hoch. Nicht nur wegen der verlorenen Arbeitsplätze, nahezu die Hälfte in der Uhrenindustrie, kaum weniger bei der Produktion von Registrierkassen, um es bei diesen beiden Beispielen zu belassen;[30] die höhere Qualifikation der Maschinen dequalifiziert vielmehr die Arbeitnehmer. Die kompliziertere Technik macht die Arbeit nicht anspruchsvoller, sie verringert im Gegenteil die Anforderungen.

---

29 Insofern ist es zumindest mißverständlich, wenn sich die Kommission der Europäischen Gemeinschaften, a.a.O. 22, mit der Feststellung begnügt, eine »relative Arbeitsplatzsicherheit« ließe sich nur durch eine abschließende Aufzählung der Kündigungsgründe erreichen. Richtig ist daran so viel, daß die gesetzliche Regelung ihr Ziel nur erreicht, wenn sie nicht durch eine nicht absehbare und mehr oder weniger jederzeit vornehmbare Ausweitung der Kündigungsgründe unterlaufen werden kann. Doch kommt es mindestens ebensosehr darauf an, zu sehen, wie gering letztlich der Präzisionsgrad ist, den auch ein scheinbar abschließend formulierter Katalog von Kündigungsgründen vermittelt.

30 Zur weiteren Entwicklung vgl. auch die Bemerkungen von Bundesforschungsminister *Hauff* in Computerwoche 1978/Nr. 36, 3.

Und schließlich: Neue Produktionsmethoden bedeuten keineswegs immer auch neue Arbeitsplätze. Dampfmaschine und Mikroprozessoren lassen sich eben nicht ohne weiteres miteinander vergleichen. Taschenrechner und Quarzuhren sind alles andere als Wahrzeichen eines Produktionsprozesses, der nicht nur die Produkte radikal verändert, sondern zugleich Arbeitsplätze schafft.

Wohlgemerkt, die rechtliche Regelung darf deshalb nicht zum normativen Hindernis technischen Fortschritts werden. Arbeitsrecht ist keine sublimierte Form der Maschinenstürmerei. Nur genügt es nicht, das Gespenst jenes Heizers zu beschwören, der auf der elektrischen Lokomotive mitfährt. Sicher mutet es merkwürdig an, überflüssige Arbeitnehmer beschäftigen zu müssen, mindestens ebenso befremdlich ist es aber, dabei zu übersehen, daß es nicht angeht, die Elektrifizierung zu nutzen, ohne sich zugleich mit den Konsequenzen für die beschäftigungslosen Arbeitnehmer auseinanderzusetzen. Ökonomische Rationalität ist kein rechtlich zwingendes Argument. Der technische Fortschritt wird vielmehr erst dann rechtlich akzeptabel, wenn es gelingt, Vorkehrungen zu entwickeln, die der Gefahr einer Dauerarbeitslosigkeit der betroffenen Arbeitnehmer genauso entgegenwirken wie den Folgen ihrer Dequalifikation.

Verlauf und Konsequenzen der Rationalisierung haben freilich zugleich die Grenzen rechtlicher Regelung sichtbar gemacht. Das Gesetz mag sich bemüht haben, die einzelnen Kündigungsgründe präzise aufzuzählen, es hat ihre Austauschbarkeit nicht verhindert. Die Auflösung des Arbeitsverhältnisses wird mehr und mehr nicht durch einen Kündigungsgrund, sondern durch eine Kaskade sich jeweils nach Bedarf ergänzender Kündigungsgründe bewirkt. Je akzentuierter aber der Rationalisierungsprozeß, desto mehr verbinden sich die Auflösungsgründe zu einem für den Arbeitnehmer kaum noch zu überwindenden Hindernis.

Die Rationalisierung setzt zudem mit der Arbeitslosigkeit auch die Ursachen für spätere Kündigungen. Viel zu lange hat man in der Arbeitslosigkeit nur eine materielle Gefährdung der Arbeitnehmer gesehen.[31] Sie ist zugleich ein überaus ernst zu nehmender Krankheitsfaktor. Ihre psychischen Folgen zerstören mit zunehmender Dauer der Beschäftigungs-

---

31 Statt aller W. *Tiffany/J. Cowan/Ph. Tiffany*, The Unemployed (1970) 9 ff., 23 ff., 55 ff.; *Brinkmann*, Mitt. AB 1976, 397 ff.; *Frese/Mohr*, WSI-Mitt. 1977, 674 ff.

losigkeit die Arbeitsfähigkeit, die Rechtsprechung des BSG bietet erste Beispiele dafür.[32]

Rationalisierungsbestrebungen konkretisieren sich schließlich allem Anschein zuwider keineswegs nur in kollektiven Maßnahmen. Ein Betrieb läßt sich vielmehr genauso wirksam mit Hilfe sukzessiver Eingriffe in die Arbeitsverhältnisse einzelner Arbeitnehmer »ändern«. Wer deshalb meint, nicht mehr tun zu müssen, als die ohnehin zur Kontrolle kollektiver Regelungen des Arbeitgebers vorhandenen Instrumente zu perfektionieren, bewirkt letztlich kaum etwas.

Die Summe ist schnell gezogen: Die Effizienz des Arbeitsrechts hängt, auch und gerade wenn es um seine beschäftigungspolitischen Auswirkungen geht, nicht von immer neuen und komplizierten Details und scheinbar präziseren Begriffsbestimmungen ab. Was wirklich Not tut, ist eine Regelung, die ihre Unvollkommenheit bewußt akzeptiert und deshalb nicht die Einzelheiten, sondern die eigene Flexibilität zu maximieren sucht. Nur dann kann es gelingen, den Modifikationen des Arbeitsmarktes ebenso Rechnung zu tragen, wie der partikulären Unternehmenssituation.

Drittens: Ein beschäftigungspolitisch orientiertes Arbeitsrecht kann und darf nicht mehr an der unterschiedlichen Verteilung von Arbeitslosigkeit und Beschäftigungschancen vorbeigehen. Das Arbeitsplatzrisiko trifft zwar im Prinzip alle Arbeitnehmer, es lastet aber in erster Linie auf ganz bestimmten, unschwer definierbaren Arbeitnehmergruppen. Dazu zählen vor allem Frauen sowie ältere und jugendliche Arbeitnehmer. Die Statistik räumt jeden Zweifel aus.[33] Frauen sind von der Arbeitslosigkeit am härtesten betroffen und müssen am längsten damit rechnen.

---

32 »Moving from job to job like I have has made me feel like a failure. I can't accomplish anything and I'm degrading myself for it because I realise I'm a failure. When you're unemployed you just don't know how it feels . . . it's one thing to be unemployed but to be constantly unemployed, you know it becomes a frustation for you. You're down – it becomes a cycle for you . . . I mean it's a repeat process . . . I mean you learn to be self-confident if you have had success but you just can't get self-confidence by failing constantly time and time again on a job and have to end up going from one job to another.«, so die Aussage eines dreiundzwanzigjährigen Arbeitslosen, zitiert bei W. *Tiffany/J. Cowan/Ph. Tiffany,* The Unemployed 63. Vgl. auch BSG, Urteil v. 29. 6. 1978 – 5 RKn 38/76.

33 Vgl. dazu neben den bei *Zöllner,* in Verhandlungen a.a.O. D 163 ff. zitierten Angaben die Überlegungen II a.a.O. 208 ff., sowie Arbeitssuche, berufliche Mobilität, Arbeitsvermittlung und Beratung, Bericht über ein Forschungsvorhaben im Auftrag des Bundesministers für Arbeit und Sozialordnung (1978) 63 ff. Zu den weiteren hier nicht erwähnten Problemgruppen, vgl. *Zöllner,* in Verhandlungen a.a.O. D 163 ff.

Ältere Arbeitnehmer mögen zwar, solange sie arbeiten, relativ am besten gesichert sein, doch von ihrer Aussicht, einen neuen Arbeitsplatz zu bekommen, gilt genau das Umgekehrte, sie ist überaus gering. Jüngere Arbeitnehmer schließlich müssen nicht nur eine auffällig hohe Instabilität ihrer Beschäftigung in Kauf nehmen, sondern sich zugleich mit der Tatsache abfinden, daß Ausbildungsende und Beschäftigungsbeginn keineswegs koinzidieren.

Den Schlüssel zum Verständnis dieser mittlerweile offenkundigen Benachteiligung liefert die soziale Situation jeder dieser Gruppen. Wie sie sich konkret auswirkt, läßt sich wohl am deutlichsten am Beispiel der Frauen demonstrieren. Ganz gleich, welcher Beschäftigung sie im einzelnen nachgehen und wie lange sie schon arbeiten, ihre Tätigkeit wird immer auf dem Hintergrund ihrer Aufgaben im Haushalt gesehen und beurteilt. Die Alternativrolle bestimmt insofern das Handlungsmuster. Frauen sind Arbeitnehmer auf Abruf. Die Akzente werden je nach Bedarf gesetzt. Fehlt es an Arbeitskräften, so erscheint es schlicht selbstverständlich zu versichern, Frauen könnten nun einmal, um der eigenen Entwicklung willen, nicht auf eine Erwerbstätigkeit verzichten. Sind dagegen Arbeitsplätze knapp, dann bereitet es offensichtlich keine Schwierigkeiten, sich auf die Hausfrauen- und Mutterrolle zu besinnen und jede außerhäusliche Beschäftigung als eine höchst bedenkliche Entfremdung zu disqualifizieren. Noch 1974 galt die »Mobilisierung« der Frauen als ein vorrangiges arbeitsmarktpolitisches Ziel, nicht zuletzt, um die Zahl der ausländischen Arbeitnehmer drastisch zu verringern.[34] Nur vier Jahre später pflegt man das »Mutterschaftsgeld« unverhohlen als höchst willkommenes konjunkturpolitisches Instrument auszugeben, da es den Arbeitsmarkt von Arbeitskräften entlastet, die eigentlich eine ganz andere Aufgabe hätten. Insofern überrascht es auch nicht, wenn Frauen nach wie vor zumeist nur Arbeiten verrichten, die eine geringe Qualifikation erfordern.[35] Kontraktion und Expansion des Bedarfs an Arbeitskräften lassen sich eben besser steuern, solange Rekrutierungs- und Fluktuationskosten deshalb niedrig ausfallen, weil es bei einer substantiellen Arbeitnehmergruppe weder besondere Mühe bereitet, sie einzuarbeiten, noch schwer fällt, auf ihre Mitarbeit zu verzichten.

---

34 Vgl. dazu insb. die Bemerkungen der Bundesanstalt für Arbeit in Überlegungen zu einer vorausschauenden Arbeitsmarktpolitik I (1974) 63.

35 Statt aller Überlegungen II 221, 227.

Nicht viel anders ist die Situation bei älteren Arbeitnehmern. Als potentielle Rentner verfügen sie über eine Alternativrolle, die sich unter arbeitsmarktpolitischen Gesichtspunkten fast genauso wirkungsvoll ausspielen läßt. Wiederum bietet es sich von selbst an, Erwartungen zu nutzen, die aus sozialen und kulturellen Gründen weitverbreitet sind.[36] Der jedem zustehende arbeitsfreie »Lebensabend« bleibt eben nicht ohne Folgen für den Arbeitsmarkt. Je eher er beginnt, desto schneller kann es auch gelingen, das Angebot an Arbeitsplätzen zu vermehren.[37]

Jüngere Arbeitnehmer schließlich sehen sich ebenfalls mehr und mehr mit ihrer Alternativrolle konfrontiert. Ihre Verbindung zum Ausbildungsprozeß ist noch allzu offenkundig, und nichts fällt wahrscheinlich leichter, als durchaus plausible Gründe dafür zu finden, diesen Prozeß weiter auszudehnen. Jede Verlängerung verzögert freilich unweigerlich den Arbeitsbeginn und entlastet damit den Arbeitsmarkt.[38]

Der Rückgriff auf die Alternativrolle mag arbeitsmarktpolitisch von Vorteil sein, seine Folge ist in aller Regel eine kollektive Beschäftigungssperre. Die Rechtsordnung darf aber nicht eine Entwicklung hinnehmen, die einzelne Gruppen von Arbeitnehmern stigmatisiert und letztlich aus »Problemgruppen« Randgruppen macht, denen je nach Bedarf Beschäftigung geboten oder verweigert wird. Auch ein beschäftigungspolitisch orientiertes Arbeitsrecht ist, zumindest unter der Herrschaft des Grundgesetzes, kein taugliches Mittel, um den Zugang zur Arbeit als Privileg zu konstruieren und zu zementieren; es muß im Gegenteil als Instrument gesehen und genutzt werden, um vorhandene Vorrechte abzubauen und neue gar nicht erst aufkommen zu lassen.

---

36 Vgl. dazu vor allem *Mitscherlich*, Über die Ungeschicklichkeit, alt zu werden, Arbeit und Leistung 23 (1969) 228.

37 Vgl. dazu auch *Pohl*, Ältere Arbeitnehmer (1978) 9 ff.

38 Wohlgemerkt, die Notwendigkeit besserer und intensiverer Ausbildung kann und darf nicht zur Debatte stehen. Vielmehr geht es einzig und allein darum, deutlich zwischen einer Begründung für die Dauer der Ausbildung zu unterscheiden, die sich an den spezifischen Erfordernissen beruflicher Qualifikation orientiert, und Argumentationen, die in Wirklichkeit nur mehr oder weniger schlecht kaschierte Reflexionen zur Entlastung des Arbeitsmarktes sind. Vgl. dazu auch Überlegungen II 260 ff.

2. Priorität und Grenzen tariflicher Regelung

2.1 Jeder Versuch, auf die Begründung und die Beendigung von Arbeitsverhältnissen Einfluß zu nehmen, steht unter dem Vorbehalt des Art. 9 Abs. 3 GG. Die Verfassung legt den Handlungsrahmen verbindlich fest. Es ist in erster Linie Aufgabe der Tarifvertragsparteien, die Arbeits- und Wirtschaftsbedingungen zu regeln. Sie sind deshalb primär auch für die Verteilung der Arbeitsplätze verantwortlich.[39] Das Grundgesetz sieht also in ihnen keineswegs nur Destinatäre staatlicher Anordnungen, sondern betrachtet ihre Initiative und ihre rechtlich abgesicherte Regelungsbefugnis als den zunächst einzig adäquaten Ansatz für eine Auseinandersetzung mit den beschäftigungspolitischen Implikationen der Begründung und Beendigung von Arbeitsverhältnissen.

Sicher fällt es auf Anhieb nicht leicht, solche Erwartungen in das bisherige Bild tariflicher Vereinbarungen einzufügen. Jahrelang haben Absprachen über das Arbeitsentgelt die Szene beherrscht. Zwar hat es schon früher nicht an Beispielen für Tarifverträge gefehlt, die deutlich davon abweichen. Doch sie wurden mehr und mehr zur Ausnahme stilisiert, die daher nichts an der für selbstverständlich gehaltenen Beschränkung der tariflichen Vereinbarungen auf Lohn- und Gehaltsfragen änderte. Deshalb überrascht es nicht, wenn Überlegungen, den Anwendungsbereich der Tarifautonomie anders und weiter zu verstehen, auf Mißtrauen und Kritik stoßen.[40] Fast hat es den Anschein, als müsse sich jeder, der dem Tarifvertrag mehr Funktionen zuweisen möchte, als nur die Festlegung von Löhnen, zunächst einmal dafür rechtfertigen. Die Verfassung kennt solche Einschränkungen freilich nicht. Sie spricht gezielt von »Arbeits- und Wirtschaftsbedingungen« und vermeidet es insofern bewußt, eine restriktive Selektion vorzunehmen. Das Grundgesetz sanktioniert nicht

---

39 Konsequenterweise heißt es denn auch im Jahresgutachten 1977/78 des Sachverständigenrates, 153, »Hauptadressat des Rechts auf die Arbeit sind die Tarifvertragsparteien. Sie regeln die wichtigsten Konditionen, die vor den individuellen Ansprüchen und Leistungsangeboten die Chancen der Arbeitssuche bestimmen«. Vgl. aber auch Überlegungen II, 115, »Gerade die beschäftigungspolitische Schutzfunktion der Tarifpolitik für Arbeitslose und Arbeitnehmer gewinnt an Bedeutung.«

40 Zum Diskussionsstand, vgl. *Wiedemann/Stumpf* TVG (5. Aufl. 1977) Einl. Rdnrn. 186 ff.; *Rüthers*, Tarifmacht und Mitbestimmung in der Presse (1975) 32; *Simitis*, AuR 1975 321 ff., in Krise und Reform in der Industriegesellschaft I (1976) 57 ff.; *Zöllner*, Arbeitsrecht (1977) § 38 III; *Koller*, ZfA 9 (1978) 46 ff.; *Reuter*, ZfA 9 (1978) 4 ff.; *Weiss*, in Festschrift für Vetter (1977) 295 ff.

eine gegenständlich begrenzte Tarifpolitik, sondern überläßt es den Tarif-vertragsparteien, selbst die Schwerpunkte ihrer Abmachungen festzule-gen. Die Tarifautonomie schließt daher die Freiheit, das Ziel der Tarif-verträge zu definieren, ebenso ein, wie die Freiheit, es ständig zu variieren. Deshalb kann es letztlich keinen Unterschied ausmachen, ob es darum geht, sich über die Lohnhöhe zu einigen, Rationalisierungsfolgen auszu-gleichen oder die Voraussetzungen zu bestimmen, unter denen ein Ar-beitsverhältnis beendet werden darf. In jedem dieser Fälle stehen Arbeits-bedingungen zur Debatte. Jeder von ihnen spricht daher die Aufgabe der Tarifvertragsparteien unmißverständlich und unmittelbar an.

Die Verfassung gibt auch kein Argument dafür her, die grundsätzliche Zuständigkeit der Tarifvertragsparteien für sämtliche Arbeits- und Wirt-schaftsbedingungen nur um den Preis unterschiedlicher Verhandlungs-modalitäten zu bejahen.[41] Der Satz, daß tariflich regelbare Ziele auch erkämpft werden können,[42] hört nicht deshalb auf zu gelten, weil Ratio-nalisierungs- oder Kündigungsschutz Gegenstand des möglichen Abkom-mens sind. Die in Art. 9 Abs. 3 GG geforderte Zurückhaltung des Staates zugunsten einer von den Beteiligten selbst getroffenen Regelung behält nur solange ihren Sinn, wie auch die Chance besteht, zu einer Vereinbarung zu gelangen. Mit der Aufspaltung von tariflicher Regelbarkeit und Arbeits-kampf wird aber gerade diese Chance in Frage gestellt und damit das Ge-wicht von der Selbstregulierung auf die staatliche Intervention verschoben.

Sicher: Staatliche Zurückhaltung heißt nicht Freiheit von der Verfas-sung. Für die Tarifverträge gibt es ebensowenig wie für irgend eine andere Vereinbarung einen verfassungs- und deshalb grundrechtsfreien Raum. Doch dieser, schlicht selbstverständliche Grundsatz soll offensichtlich dann nicht mehr ausreichen, wenn es, nicht zuletzt mit Rücksicht auf die beschäftigungspolitischen Konsequenzen von Rationalisierungsbestrebun-gen, darum geht, die Begründung und Beendigung von Arbeitsverhältnis-sen tariflich zu regeln.

Alle Versuche, die Entwicklung des Arbeitsmarktes, also auch den Ablauf von Rationalisierungsprozessen mit Hilfe von Tarifverträgen zu steuern, beschwören, so heißt es, den Konflikt mit den ordnungspoliti-schen Grundentscheidungen des staatlichen Rechts gleichsam herauf. Niemand anders als der Staat trage die Verantwortung für die »Gerech-

---

41 Vgl. etwa *Biedenkopf*, Grenzen der Tarifautonomie (1964) 310 ff.
42 Dazu insb. *Seiter*, Streikrecht und Aussperrungsrecht (1975) 482 ff.

tigkeit der gesellschaftlichen Verhältnisse«.[43] Die Tarifvertragsparteien müßten sich deshalb seinem »Ordnungsplan« fügen.[44] Das Grundgesetz toleriere eben kein instrumentales, an den partikulären Interessen der Beteiligten orientiertes, sondern lediglich ein institutionelles, strikt an den staatlichen Ordnungsprinzipien ausgerichtetes Verständnis der Tarifautonomie.[45] Deshalb dürfe weder eine auf Innovation bedachte Unternehmenspolitik gefährdet, noch der Wettbewerb am Arbeitsmarkt behindert werden. Zu der verfassungsrechtlich garantierten Berufsfreiheit gehöre nun einmal das Recht des Arbeitgebers, über die Unternehmensorganisation zu entscheiden, genauso wie das Recht der Außenseiter auf ungehinderten Zugang zu den freien Arbeitsplätzen.[46]

Schon der Ausgangspunkt fordert den Widerspruch heraus. Er suggeriert Prioritäten, die der Verfassung fremd sind. Sie kennt keinen Ordnungsplan des Staates, dem sich jede außerstaatliche Aktivität, also auch die der Tarifvertragsparteien, anpassen muß. Die Tarifautonomie ist deshalb niemals nur Werkzeug staatlicher Politik. Sie mag legislativen Eingriffen gegenüber nicht immun sein, sie bleibt dennoch ein von den Beteiligten in Kenntnis ihrer Interessen und um dieser Interessen willen verwendetes Instrument.[47] Art. 9 Abs. 3 GG verwirft insofern jeden Versuch, den Tarifvertrag auch nur mittelbar als Vollzug verordneter Verhaltensweisen zu verstehen.

Nicht zu Unrecht sind Argumentationsabläufe, die mit einer institutionellen Ordnung operieren, bereits früher oft und scharf kritisiert worden.[48] Über die vom Verfassungsgeber vermeintlich vorgeschriebene Ordnung findet ein Regelsystem Eingang in die Interpretation des Grundgesetzes, das gerade im Hinblick auf die besonders ausfüllungs-

---

43 *Reuter*, ZfA 9 (1978) 19.
44 *Reuter*, ZfA 9 (1978) 19 f.; vgl. aber auch *Schwerdtner*, ZfA 8 (1977) 66 f.
45 *Reuter*, ZfA 9 (1978) 20.
46 *Reuter*, ZfA 9 (1978) 35 ff.; *Koller*, ZfA 9 (1978) 50 ff.; vgl. auch *Schwerdtner*, ZfA 8 (1977) 64, 79.
47 »It must be realized that collective bargaining, under a system where the Government does not attempt to control the results of negotiations, cannot be equated with an academic collective search for truth – or even with what might be thought to be the ideal of one. The parties – even granting the modification of view as that may come fron a realization of economic interdependence – still proceed from contrary and to an extent antagonistic viewpoints and concepts of self-interest«, N.L.R.B. v. Insurance Agents' Int'l Union, 361 U.S. 477, 488 (1960).
48 Statt aller *Rüthers*, Institutionelles Rechtsdenken im Wandel der Verfassungsepochen (1969) insb. 32 ff.

fähigen und ausfüllungsbedürftigen Grundrechte der Art. 14, 12 Abs. 1, 2 Abs. 1 GG ökonomisch und sozial relevante Veränderungen ausschließen soll.[49]

Abgesehen davon garantiert das geltende Recht dem Arbeitgeber keineswegs die Freiheit, über die Unternehmensorganisation ausschließlich selbst zu bestimmen. So sanktioniert das Betriebsverfassungsgesetz nicht nur die Mitwirkung der Arbeitnehmervertretung an der Personalpolitik (§§ 92 ff.), sondern verknüpft auch Veränderungen der Arbeitszeit mit der Mitbestimmung des Betriebsrats (§ 87 Abs. 1 Nr. 2, 3). Daraus folgt freilich nicht, daß sich der Arbeitgeber lediglich mit Einschränkungen abfinden muß, die mit den gesetzlich zugesicherten Mitbestimmungsmöglichkeiten zusammenhängen, ohne Rücksicht im übrigen darauf, ob sie sich aus der Betriebsverfassung oder den Mitbestimmungsgesetzen ergeben.[50] Die Vorstellung, den Arbeitnehmern mehr Einfluß auf Ablauf und Konsequenzen der Rationalisierungsbestrebungen einräumen zu müssen, hat sicherlich eine wichtige Rolle bei der Mitbestimmungsdiskussion gespielt, und zwar weit über die Bundesrepublik hinaus. Doch ist die Mitbestimmung deshalb kein Ersatz tariflicher Regelungen. Tarifvertrag und Mitbestimmung sind komplementäre Mechanismen,[51] die den Arbeitnehmern auf unterschiedlichen Ebenen die Chance eröffnen, steuernd in den Entscheidungsprozeß des Arbeitsgebers über die Unternehmensorganisation einzugreifen. Die Mitbestimmung verkürzt insofern nicht die Kompetenz der Tarifvertragsparteien, sie variiert nur die Einflußmöglichkeiten der Arbeitnehmer.

Bleiben die Außenseiter. Tarifliche Regelungen, so meint man, tendierten unweigerlich nicht nur dazu, die Arbeitsplätze denjenigen vorzubehalten, die ohnehin schon bedacht seien, sondern auch manchen überholten Beruf auf Kosten des Unternehmens und der Arbeitssuchenden zu konservieren.[52] Pointierter formuliert: Die Kritik an der tariflichen Regelungsbefugnis versteht sich zugleich als Warnung vor einem neuen Mittelalter; wo die Verfassung Berufsfreiheit verlangt, so heißt es, etablierten sich ständische Prärogativen.

---

49 Dazu *Kübler/Schmidt/Simitis*, Mitbestimmung als gesetzgebungspolitische Aufgabe (1978) 87 ff., 91 ff.
50 Vgl. aber *Koller*, ZfA 9 (1978) 54 ff.
51 *Kübler/Schmidt/Simitis*, Mitbestimmung 45 ff.; 209 ff.; *Weiss*, in Festschrift für Vetter 293 ff.
52 Vgl. insb. *Schwerdtner*, ZfA 8 (1977) 77 ff.; *Reuter*, ZfA 9 (1978) 21 ff., 35 ff.; *Koller*, ZfA 9 (1978) 50 ff.

Argumentationsablauf und Schlußfolgerung sind freilich viel zu vordergründig, schon deshalb, weil sie auf einer reichlich verkürzten Darstellung der Arbeitsmarktsituation beruhen. Die Reaktionen gegen Rationalisierungsbestrebungen sind in weitem Umfang durch den Versuch gekennzeichnet, Arbeit wenigstens temporär dort noch zu ermöglichen, wo sie später überflüssig wird. Insofern geht es in der Tat um den Schutz der Arbeitsbesitzer. Doch kann trotzdem nicht von ihrer Privilegierung die Rede sein. Arbeitsplätze, die wegfallen, werden niemandem weggenommen. Die Rationalisierung trifft den Arbeitsbesitzer genauso wie den Arbeitslosen, sie vermindert die Gesamtzahl der vorhandenen Arbeitsplätze und verkürzt damit die Beschäftigungschancen aller Arbeitnehmer. Solange man daher nicht bereit ist, die Rationalisierungskonsequenzen entweder den Arbeitnehmern aufzubürden oder sie umgekehrt restlos zu sozialisieren, bleibt nur der Ausweg, den Rationalisierungsprozeß in Bahnen zu lenken, die eine Balance zwischen der Reorganisation der Arbeit und der Existenzsicherung der betroffenen Arbeitnehmer ermöglichen.

Nicht minder vorschnell ist die Forderung, den Arbeitsmarkt endlich als Markt zu behandeln, ihn also dem Wettbewerb zu öffnen.[53] Neu sind solche Überlegungen nicht gerade. Die Richter am Supreme Court der Vereinigten Staaten meinten lange vor der Jahrhundertwende, kollektive Regelungen nach den auch sonst für Konkurrenzbeschränkungen geltenden Grundsätzen beurteilen zu müssen.[54] Trotzdem läßt sich der Unterschied nicht übersehen. Richard Posner und die Chicagoer Schule haben ihn deutlich gemacht.[55] Wettbewerb als Ordnungsprinzip des Arbeitsmarktes fordere ein radikal geändertes Verständnis des Arbeitsrechts. Seine Regeln müßten auch und gerade dort, wo es um die Begründung und die Beendigung von Arbeitsverhältnissen geht, von einer Konkurrenzsituation leer konzipiert und legitimiert werden. Wo sie deshalb dazu beitrügen, Wettbewerbshindernisse aufzubauen, seien sie so schnell wie möglich aufzugeben. So gesehen, ist der ungestört funktionierende Markt und nicht ein verhaltenslenkendes staatliches Recht Ansatzpunkt für den Schutz der Arbeitnehmerinteressen.

---

53 Wohl am deutlichsten *Reuter*, RdA 1973, 353, vgl. aber auch Festschrift für *Böhm* (1975) 530 ff.

54 Vgl. *Gregory*, Labor and the law (2. Aufl. 1958) 100 ff.; *Lindsey*, The Pullmann strike (1942), aber auch Anderson v. Shipowners Assn. of Pacific Coast, 272 U.S. 359 (1926).

55 *R. Posner*, Economic analysis of the Law (2. Aufl. 1977) 239 ff.; aber auch *Assmann/Kirchner/Schanze*, Ökonomische Analyse des Rechts (1978).

Sicherlich ist die Versuchung beträchtlich, Vorstellungen, die für Gütermärkte zumindest zu den Prämissen rechtlicher Regelung zählen,[56] auf den Arbeitsmarkt zu übertragen. Doch bevor bislang scheinbar Versäumtes nachgeholt wird, gilt es nachzuweisen, daß »Güter-« und »Arbeitsmarkt« mehr als nur die Vokabel »Markt« gemeinsam haben. Sie mag die Ausgangssituation durchaus zutreffend beschreiben, damit allein ist aber noch nicht viel gewonnen. Maßgeblich können vielmehr nur die spezifischen Bedingungen sein, unter denen die Arbeitskraft vermarktet wird. Erst wenn also Struktur und Funktionsvoraussetzungen des Arbeitsmarktes offenliegen, rechtfertigt es sich, über den Wettbewerb als Ordnungsprinzip nachzudenken. Dann aber gilt es, sich ernsthaft damit auseinanderzusetzen, wie sich der Austauschprozeß wirklich abspielt, ob etwa Arbeitsbesitzer genauso wie andere Warenbesitzer Ausweichmöglichkeiten haben oder im Gegenteil auf die Vermarktung angewiesen sind.[57]

Ebensosehr kommt es darauf an, sich darüber klarzuwerden, in welchem Umfang und bis zu welchem Grad Arbeitsbesitzer in der Lage sind, ihre Erwartungen zurückzunehmen, inwieweit es mit anderen Worten überhaupt einen Sinn hat, immer wieder auf die unterdrückte Chance der Außenseiter hinzuweisen, weniger Lohn zu verlangen und sich so den Arbeitsplatz zu sichern.[58] Nicht weniger wichtig ist es schließlich, statt die Mobilität als selbstverständliches und unverzichtbares Marktprinzip hinzustellen, sich einmal zu vergegenwärtigen, welche reale Bedeutung denn Mobilität in einer Gesellschaft hat, in der nicht nur in sechzig Prozent der Arbeitnehmerhaushalte beide Ehegatten arbeiten, sondern Arbeit wohl kaum als das Vorrecht eines von ihnen ausgegeben werden kann, jedenfalls solange, wie man die Verdrängung bestimmter Arbeitnehmergruppen vom Arbeitsmarkt nicht schlicht für selbstverständlich hält.

Läßt man sich aber auf diese Fragen ein, dann spricht bis zum Beweis des Gegenteils doch wohl sehr viel dafür, daß Markt eben nicht gleich Markt ist, Entwicklung und Struktur des Arbeitsrechts mithin alles andere als willkürlich und zufällig sind und sich deshalb keineswegs um der Konkurrenz willen rückgängig machen lassen. Weil die Arbeitskraft nicht

---

56 Dazu insb. *Mestmäcker*, AcP 168 (1968) 327 ff.; *Steindorff*, in Festschrift für *Raiser* (1974) 639 ff.; *Reuter*, Privatrechtliche Schranken der Perpetuierung von Unternehmen (1973) 37 ff.

57 Dazu statt aller *Doeringer/Piore*, The Internal Labor market 1971.

58 Vgl. etwa *Koller*, ZfA 9 (1978) 60.

unter den ökonomischen Voraussetzungen verfügt werden kann, die sonst Ablauf und Struktur von Gütermärkten prägen, gibt es keine Alternative zu einer Korrektur der Rahmenbedingungen, unter denen das Angebot erfolgt.[59] Die arbeitsrechtliche Regelung, ganz gleich im übrigen, ob sie sich in der Anerkennung der Koalitions- und Tariffreiheit oder in unmittelbaren staatlichen Interventionen konkretisiert, signalisiert den Versuch, den ökonomisch, mit den Mitteln des Marktes also nicht erzielbaren Ausgleich, politisch zu realisieren. Dies und nichts anderes hat den Gesetzgeber dazu veranlaßt, den Arbeitsmarkt ausdrücklich aus dem Geltungsbereich des GWB auszunehmen und in dem von den organisierten Arbeitnehmern gestalteten und getragenen Tarifvertrag das adäquate Mittel für die Regelung der Arbeits- und Wirtschaftsbedingungen zu sehen.[60]

2.2 Der Streit um die Kompetenz der Tarifvertragsparteien hat einen höchst realen Hintergrund. Beschäftigungspolitische Überlegungen geraten mehr und mehr in den Mittelpunkt der Tarifpraxis. Lange Zeit beschränkten sich freilich die tariflichen Vereinbarungen darauf, den Kündigungsschutz für ältere Arbeitnehmer zu verbessern. Der Erfolg läßt sich an der Statistik ablesen:[61] Eine ordentliche Kündigung ist bei etwas über die Hälfte der zu dieser Gruppe zählenden Arbeitnehmern ausgeschlossen. Auch bei den Rationalisierungsschutzabkommen galt die Aufmerksamkeit zunächst vor allem den älteren Arbeitnehmern; sie sollten mit Hilfe von Kündigungsverboten vor den Konsequenzen umgestellter Produktionsabläufe oder geänderter Arbeitstechniken bewahrt werden.

Rezession und Dauerarbeitslosigkeit haben zur Revision der Tarifpolitik gezwungen. Sie gibt sich nicht mehr mit dem Schutz einer bestimmten Arbeitnehmergruppe zufrieden, sondern versucht, auf Entwicklung und Struktur des Arbeitsmarktes zu reagieren. So bemüht sich der 1977 in der Chemischen Industrie vereinbarte Tarifvertrag gegen Jugendarbeitslosigkeit auf die Beschäftigungs- und Qualifikationschancen Einfluß

---

59 Vgl. auch *Reuter*, ZfA 6 (1975) 86; *Koller*, ZfA 9 (1978) 52 *Gamillscheg*, AcP 176 (1976) 205 f.; *Zeuner*, RdA 1975, 84.

60 Vgl. die Begründung zum Regierungsentwurf eines GWB, abgedruckt bei *Müller/Henneberg/Schwarz*, GWB (1958) 1075; *Säcker*, Gruppenautonomie und Übermachtkontrolle im Arbeitsrecht (1972) 261; *Wiedemann/Stumpf*, TVG Einl. Rdnr. 96.

61 Dazu BArbBl. 1977, 122 ff.

zu nehmen. So bieten die Vereinbarung zwischen der Gewerkschaft Nahrung und dem Arbeitgeberverband der Cigarettenindustrie vom Juni 1978 Arbeitnehmern, die das 60. Lebensjahr vollendet haben und dem Unternehmen mindestens zehn Jahre angehören, die Möglichkeit, zwischen einer herabgesetzten Wochenarbeitszeit bei vollem Arbeitsentgelt und einer Freistellung von der Arbeit bei einer Fortzahlung von 75% der Bruttobezüge zu wählen, bestimmt aber zugleich ausdrücklich, daß es das Ziel dieser Regelung ist, die freiwerdenden Arbeitsplätze durch Neueinstellungen wieder zu besetzen. So sehen die 1978 von der IG Metall abgeschlossenen Firmentarifverträge eine am Lohn- und Gehaltsgruppendurchschnitt orientierte Sicherungskennzahl vor, die, sobald sie unterschritten wird, den Arbeitgeber zu Neueinstellungen oder Höhergruppierungen verpflichtet, um dem rationalisierungsbedingten Verlust von Arbeitsplätzen vorzubeugen. Und so versucht schließlich die IG Druck in ihrem 1978 vereinbarten Tarifvertrag über neue Techniken in der Druckindustrie es nicht mehr bei Abfindungs- und Umschulungsmaßnahmen zu belassen, sondern auf die veränderte Arbeitsorganisation unmittelbar einzuwirken, um im Interesse der durch die Rationalisierung gefährdeten Arbeitnehmer einen Anpassungszeitraum sicherzustellen.

Schon diese wenigen Vereinbarungen genügen, um den Vorteil der Tarifverträge sichtbar werden zu lassen. Wohl kein anderes Regelungsinstrument verfügt über einen auch nur vergleichbaren Grad an Flexibilität und Innovationsfähigkeit, kein anderes vermag sich deshalb so gut nach der konkreten Unternehmens- und Arbeitsmarktsituation zu richten. Trotzdem darf die Tragweite der bereits getroffenen Abmachungen nicht überschätzt werden. Nach wie vor ist Unsicherheit beträchtlich. Sie äußert sich in widersprüchlichen Formulierungen[62] ebenso wie in einem Übermaß an Komplexität,[63] das die Verwirklichung der beschäftigungspolitischen Ziele gefährdet. Immerhin geben die bisherigen Erfahrungen

---

62 Wählend beispielsweise das Ziel des bereits erwähnten Tarifvertrages der IG Chemie auf den ersten Blick sehr deutlich zu sein scheint, die Situation der Jugendlichen ohne Hauptabschluß zu verbessern, bereitet seine Konkretisierung erhebliche Schwierigkeiten, vor allem, weil unklar bleibt, wie sich die vereinbarte tarifliche Regelung zu den ansonsten geäußerten allgemeinen Qualifikationserwartungen und zu der Lage derjenigen, die eine Ausbildungsstelle haben, verhält. Mangelnde Präzision erklärt auch manchen der gegen die tarifliche Regelung in der Druckindustrie erhobenen Einwände, vgl. dazu insb. *Reuter*, ZfA 9 (1978) 1 ff.; *Koller*, ZfA 9 (1978) 45 ff.

63 Man braucht sich nur die etwa im Tarifvertrag zwischen der IG Metall und der Firma Eberspächer v. 3. 3. 1978 unter 5.4.2 enthaltene Regelung der Sicherungskennzahl anzusehen.

genug Anhaltspunkte dafür ab, wie die tariflichen Vereinbarungen konsequent weiterentwickelt werden könnten.

So reicht es beispielsweise nicht aus, sich mit der Situation jugendlicher Arbeitnehmer auseinanderzusetzen. Die Benachteiligung der Frauen zwingt genauso zur Reaktion und legt es nahe, die Personalpolitik mit Hilfe von Einstellungsquoten zu beeinflussen. Auch die Möglichkeit einer Wiederbeschäftigung verdient es, überlegt zu werden.[64] Nicht von ungefähr sprechen die amerikanischen Gewerkschaften vom »lay-off«. Die Arbeitslosigkeit soll eben als ein Provisorium gerade gegenüber dem eigenen Unternehmen verstanden werden.[65] Die Rückkehr an den früheren Arbeitsplatz mildert unter Umständen die Dequalifikationsgefahr und ermöglicht es, Kenntnisse wieder zu mobilisieren, die ihren Wert erst im Zusammenhang mit diesem Arbeitsplatz erhalten. Schließlich genügt es nicht, um nur noch dieses eine Beispiel zu erwähnen, für Neueinstellungen zu sorgen, vielmehr gilt es, zugleich den Konsequenzen einer längeren Arbeitslosigkeit Rechnung zu tragen. Die Wiedereingliederung in den Arbeitsprozeß muß in einer Weise erfolgen, die es erlaubt, den Qualifikationsverlust auszugleichen und damit auch die Chance zu bekommen, sich später genau wie jeder andere Arbeitnehmer zu verbessern.[66] Zudem bedarf es gerade bei längerer Arbeitslosigkeit besonderer

---

64 Auch die Kommission der Europäischen Gemeinschaften, a.a.O. 27 f., sieht in der Wiederbeschäftigung einen zentralen Punkt einer auf den Schutz der einzelnen Arbeitnehmer bedachten Regelung. Sie möchte dieses Ziel aber offensichtlich mit Hilfe einer gesetzlichen Regelung erreichen, die es den Arbeitgebern auferlegen würde, entlassene Arbeitnehmer, jedenfalls innerhalb der ersten zwei Jahre nach Beendigung ihres Arbeitsverhältnisses, bevorzugt wiedereinzustellen. Die gesetzliche Regelung hat Nachteile, die es sorgfältig zu bedenken gilt. Sie schematisiert zwangsläufig die Wiederbeschäftigung und nimmt damit den Tarifvertragsparteien die Möglichkeit, sich an der spezifischen Unternehmenssituation zu orientieren, also auch und vor allem, sich ebenso konkret wie eingehend mit den Auswirkungen der Wiederbeschäftigung auf die Beschäftigungschancen der übrigen Arbeitnehmer auseinanderzusetzen und einen Ausgleich anzustreben. Allzuleicht könnte auf diese Weise die Wiederbeschäftigungspflicht zu einer Neuauflage diskriminierender Senioritätsklauseln werden. Den Vorstellungen der Kommission entspricht freilich weitgehend die Entwicklung im italienischen Recht. Nach dem die Wiederbeschäftigungspflicht bei Entlassungen aus wirtschaftlichen Gründen zunächst tariflich geregelt worden war, wurde der Tarifvertrag 1960 für allgemeinverbindlich erklärt, ihm aber damit letztlich genau die Anpassungsfähigkeit genommen, die ansonsten Kollektivvereinbarungen von der gesetzlichen Regelung unterscheidet.

65 Vgl. dazu etwa *Aaron*, 75 Harv.L.Rev. 1532 ff. (1962).

66 Vgl. dazu auch Überlegungen II 115 ff.

Schutzvorkehrungen gegen die Gefahr, den Arbeitsplatz aus Gesundheitsgründen zu verlieren.

2.3 Beschäftigungspolitische Initiativen verpflichten zur Solidarität. Das Grundgesetz mag, anders als die italienische Verfassung (Art. 2), eine ausdrückliche Verpflichtung zur politischen, ökonomischen und gesellschaftlichen Solidarität nicht enthalten. Doch kommt es, jedenfalls für den Bereich des Arbeitsrechts, nicht weiter darauf an.[67] Tarifvertrag und Arbeitskampf lassen sich ohne die Einsicht in die Bedeutung der Solidarität weder erklären noch legitimieren. Erst die Bereitschaft, sich solidarisch zu verhalten, ermöglicht es, Mechanismen zu entwickeln und durchzusetzen, die den Arbeitnehmern die Chance einräumen, ihre Interessen wirksam zu vertreten. Die Solidarität gleicht individuelle Unterlegenheit aus und schafft die Voraussetzungen für Gegenmacht. Eine Tarifpolitik, die bestimmte Arbeitnehmergruppen aus dem Arbeitsmarkt verdrängt oder auch nur ihre Benachteiligung widerspruchslos akzeptiert, verträgt sich damit nicht.

Zwingend vorgeschriebene, generelle Verkürzungen der Lebensarbeitszeit sind deshalb unzulässig.[68] Man mag durchaus der Ansicht sein, den Arbeitsmarkt damit wirksam zu entlasten, die Entscheidung muß trotzdem dem einzelnen Arbeitnehmer überlassen bleiben. Den Tarifvertragsparteien steht es nicht zu, Rentnerglück zu verordnen. Auch dann nicht, wenn man, wie so oft, solche Tendenzen mit umfänglichen Hinweisen auf wachsende Gesundheitsgefährdung und geringe Belastbarkeit rationali-

---

67 Zu der zentralen Bedeutung der Solidarität für das kollektive Arbeitsrecht, vgl. auch *Gamillscheg*, in Festschrift für *Fechner* (1973) 135 ff.

68 Sicher hat es, wie sich am Beispiel der BAT-Regelung erweist, in der Vergangenheit Tarifverträge gegeben und wird es auch in Zukunft immer wieder zu Vereinbarungen kommen, die unmißverständlich darauf abzielen, die Lebensarbeitszeit zu begrenzen. Doch gilt es dabei, die Gründe, die zu solchen Abmachungen geführt haben, nicht außer Acht zu lassen, vgl. dazu auch BAG, SAE 1978, 19 ff. mit Anm. *Sieg*. Der Schutz des Arbeitnehmers verlangt auch dort eine Regelung, wo es darum geht, seiner Belastbarkeit und seiner Gesundheit durch eine eigens darauf abgestellte Begrenzung der Lebensarbeitszeit Rechnung zu tragen. Genau daran fehlt es aber, wenn die Lebensarbeitszeit mit Rücksicht auf beschäftigungspolitische Überlegungen verkürzt werden soll. Im Vordergrund steht nicht die Situation des einzelnen Arbeitnehmers, sondern der Wunsch, sich die Rentnerrolle zunutze zu machen, um den Arbeitsmarkt zu entlasten. Mit der Veränderung der Motivation entfällt aber zugleich die Möglichkeit einer rechtlich überzeugenden Begründung. Arbeitnehmerschutz wird durch gezielte Diskriminierung einer bestimmten Arbeitnehmergruppe ersetzt.

siert.[69] Beides rechtfertigt bestenfalls eine andere Arbeitsorganisation, nicht jedoch die Beendigung des Arbeitsverhältnisses.

Unzulässig sind ferner Verträge, die zugunsten einer vordergründigen Gleichbehandlung aller Arbeitnehmer unterschiedliche Beschäftigungsmöglichkeiten hinnehmen und verewigen. Die Tarifvertragsparteien sind verpflichtet, ihre beschäftigungspolitisch Maßnahmen an der realen Arbeitsmarktsituation auszurichten, also auch und vor allem für ausgeglichene Beschäftigungschancen zu sorgen.[70] Die Existenz von Problemgruppen ist gerade dort, wo, wie in der Bundesrepublik, die Tarifvertragsparteien durchaus in der Lage sind, steuernd in den Arbeitsmarkt einzugreifen, ein Zeichen latenter Desolidarisierung. Sicher erweckt jede auf die besondere Situation der Frauen bedachte Regelung zunächst den Eindruck, die übrigen Arbeitnehmer zu benachteiligen.[71] Wer aber so argumentiert, verkennt, daß die tarifliche Regelung auf dem Hintergrund einer bereits bestehenden und offensichtlich immer noch wirksamen Privilegierung operiert. Eine Gleichbehandlung aber, die nur dazu dient, Vorrechte beizubehalten, führt sich selbst ad absurdum.

Unzulässig sind schließlich tarifliche Abmachungen, die Beschäftigungspolitik nur als Verpflichtung verstehen, diejenigen noch mehr und noch besser abzusichern, die ohnehin einen Arbeitsplatz haben. Vorschriften wie der § 99 Abs. 2 Nr. 3 BetrVG ändern daran nichts. Sie sind im Gegenteil überaus bedenklich, weil sie sich vorzüglich dazu eignen, alle Tendenzen zu begünstigen, Tarifverträge und Betriebsvereinbarungen

---

69 Dies umso mehr als die Erfahrung zeigt, wie wenig Klarheit darüber besteht, wer denn eigentlich genau zu den »älteren« Arbeitnehmern zählt. Für das Internationale Arbeitsamt ist das 40. Lebensjahr die entscheidende Schwelle, für manch andere Untersuchung liegt sie noch darunter, kurzum, gemeint sind Arbeitnehmer deren Alter zwischen 40 und 65 liegt, vgl. *Hofbauer/Bintig/Dazio*, Mitt. AB 1968, 358. Implizit vorausgesetzt wird dabei freilich immer, daß es sich um Arbeitnehmer handelt, die nicht mehr in der Lage sind, eine »normale« Leistung zu erbringen, dazu insb. *Pohl*, Soziale Welt 1976, 282, eine Annahme, die in dieser Form schlicht willkürlich und diskriminierend ist. Ebensogut ließen sich qualitative Unterschiede zu Lasten »jüngerer« Arbeitnehmer pauschal ausspielen. Allzu leicht schlagen hier soziale Vorteile in globale Aussagen um, die sich, mit den realen Leistungsmöglichkeiten konfrontiert, nicht aufrechterhalten lassen. Vgl. dazu auch *Engelen-Kefer*, WSI-Mitteilungen 1974, 254 f.

70 Ganz mit Recht meint deshalb *Youngdahl*, 28 N.Y. Conf.Lab. 307 (1975): »... effective unions are the hope of all workers alike,« Theoretically, supplemental judicial relief is available, but the practical day to day operation of the industrial community compels the union to serve as the ombudsman for all workers.«

71 Zu dem Argument einer »reverse discrimination« vgl. etwa *Ely*, 41 U.Chi.L.Rev. 723 ff. (1974).

ausschließlich im Interesse der jeweiligen Unternehmensangehörigen zu nutzen.[72] Tarifverträge sind jedoch keine Instrumente zur Absicherung von Arbeitsbesitzern. Die Notwendigkeit, sie ausreichend zu schützen, mag außer Frage stehen. Trotzdem lassen sich Regelungen, die keine Rücksicht auf die konkrete Arbeitsmarksituation nehmen, nicht rechtfertigen. Fortschreitende Dequalifikation und zunehmende Diskriminierung aller anderen Arbeitnehmer sind, wie die Erfahrung in den Vereinigten Staaten zeigt, die unvermeidliche Kehrseite einer kritiklos hingenommenen Besitzstandswahrung.[73] Der Trarifvertrag muß daher mehr tun, als nur die Arbeitsbedingungen in einer Weise regeln, die es auch ermöglicht, neue Arbeitsplätze zu schaffen. Zu seinen Aufgaben gehört es vielmehr genauso, dafür zu sorgen, daß das Unternehmen dem Arbeitsmarkt gegenüber offen bleibt.[74] Der Schutz der bereits Beschäftigten darf deshalb nur als eines von mehreren Zielen gesehen und realisiert werden. Wo es aber zu Zielkonflikten kommt, verlangt die Solidarität den Kompromiß und nicht die Reduktion aller Anstrengungen auf den Schutz der Arbeitsbesitzer.

3. Gesetzliche Regelung – Mögliche Anknüpfungspunkte

3.1 So bedeutsam die Rolle tariflicher Vereinbarungen auch sein mag, gesetzliche Regelungen werden deshalb nicht überflüssig. Der Vorrang des Tarifvertrages bleibt freilich nicht ohne Konsequenzen für Struktur und Grenzen legislativer Eingriffe. Die Intervention des Gesetzgebers hat grundsätzlich kompensatorische Funktion. Sie muß an die mit Hilfe der tariflichen Abmachungen gewonnenen Erfahrungen anknüpfen, ohne zugleich deren Wirkungsfeld einzuengen.[75] Die Geschichte des Urlaubs- und des Kündigungsschutzrechts bietet Beispiele dafür. Der Gesetzgeber hat sich bei mancher seiner Entscheidungen an der Tarifpraxis orientiert, für die Tarifvertragsparteien aber war die gesetzliche Regelung mehr Anregung als Endstation.

---

72 Vgl. auch *Reuter* RdA 1973, 351; *Reuter/Streckel*, Grundfragen betriebsverfassungsrechtlichen Mitbestimmung (1973) 41 ff.
73 Statt aller *Cooper/Sobol*, 82 Harw.L.Rev. 1598 ff. (1969); *Poplin*, 23 UCLA.L.Rev. 177 ff. (1975); *Craft*, 26 Labor Law Journal 750 ff. (1975).
74 Vgl. dazu auch *A. Blumrosen/R. Blumrosen*, 1 Empl.Rel.L.J. 2 ff. (1975).
75 Vgl. dazu auch *Wellington*, Labor and the legal process (1968) 38 ff.; *Simitis*, in Krise und Reform 67 ff.; *Kahn-Freund*, Labour and the law (2. Aufl. 1977) 38 ff.

Ganz gleich deshalb, wie eine gesetzliche Regelung der Begründung und Beendigung von Arbeitsverhältnissen auch immer ausfällt, sie steht unter dem Vorbehalt tariflicher Vereinbarungen. Die ordentliche Kündigung kann daher genauso ausgeschlossen wie die Kriterien, nach denen sich die Sozialwidrigkeit der Kündigung oder eine mögliche Beschäftigungspflicht des Arbeitgebers bestimmt, modifiziert und präzisiert werden.

In der komplementären Funktion der gesetzlichen Regelung kommt ihre Aufgabe deutlich zum Ausdruck: Sie soll im Interesse aller Arbeitnehmer Mindestpositionen absichern.[76] Die gesetzlichen Vorschriften sind, so gesehen, mehr als nur Richtmaß; sie markieren eine Grenze, hinter die nicht mehr zurückgegangen werden darf. Die gesetzliche Regelung ist deshalb nicht beliebig modifizierbar. Auch Tarifvertragsparteien sind in ihrem Entscheidungsspielraum beschränkt: Sie können für den Arbeitnehmer bessere Lösungen anstreben, nicht jedoch seine gesetzlich garantierte Position in Frage stellen.[77]

Die Schutzfunktion der gesetzlichen Regelung verbietet es auch, ihre Anwendung von der Unternehmens- oder Betriebsgröße abhängig zu machen. Sicher, der Gesetzgeber hat sich nicht immer daran gehalten, wie sich etwa an der Bereitschaft zeigt, »Kleinbetriebe« von der Verpflichtung freizustellen, sich nach dem gesetzlichen Kündigungsschutz zu richten (§ 23 Abs. 1 KSchG). Doch schon die Tatsache, daß »Kleinbetriebe« von Großunternehmen offensichtlich ebenfalls zu den Nutznießern der Ausnahme zählen, mutet merkwürdig an, – ein Grund mehr übrigens, um sich endlich zu überlegen, ob es nicht längst an der Zeit ist, die Anknüp-

---

76 Nicht zuletzt deshalb ist auch und gerade dort, wo, wie in den Vereinigten Staaten, Frage des Kündigungsschutzrechts weitgehend über Tarifverträge geregelt worden sind, die Forderung nach einer gesetzlichen Regelung nachdrücklich vertreten worden. Statt aller *Summers*, 62 Va.L.Rev. 481 ff. (1976) ». . ., it is time, and past time, for us to provide all employees general legal protection against unjust discipline . . . Few employers would seriously propose to remove »just cause« clauses from their collective agreements and no union could seriously consider such a proposal. Yet, more than the half of our employed work force are still without such protection and hold their jobs subject to the whim, arbitrariness, or vindictiveness of their employers« (519 f.).

77 Die Position der Arbeitsgesetzbuchkommission, Entwurf a.a.O., ist ambivalent. Ihren Vorstellungen entspricht wohl in der Mehrzahl aller Regelungsfälle eine gesetzliche Entscheidung, die von den Tarifvertragsparteien nicht zuungunsten des einzelnen Arbeitnehmers revidiert werden darf. Trotzdem spricht sie sich etwa bei der Schriftform der Kündigung für eine »tarifdispositive« Regelung aus (§ 94) und damit auch für einen Verzicht auf eine Bestimmung, die offensichtlich keine andere Funktion hat, als den Schutz aller Arbeitnehmer zu intensivieren.

fung an den Betrieb zumindest im Rahmen des Kündigungsschutzrechts aufzugeben und sich am Unternehmen zu orientieren.[78] Weitaus schwerer wiegt freilich, daß sich die Schutzlosigkeit der Arbeitnehmer gerade bei Kleinbetrieben besonders bemerkbar macht. Gewerkschaftliche Präsenz ist eher die Ausnahme und eine betriebliche Interessenvertretung scheidet in aller Regel schon wegen der geringen Arbeitnehmerzahl aus. Abgesehen davon findet sich unter den Beschäftigten eine beträchtliche Zahl von Arbeitnehmern, die zu den Problemgruppen zählen. Ihre ohnehin vorhandene Diskriminierung wirkt sich hier noch schärfer aus. Der Gesetzgeber kann aber den Schutz nicht dort versagen, wo er besonders vonnöten ist.[79]

Die Gegenposition läßt sich nicht mit dem Hinweis auf die ökonomisch prekäre Situation der Kleinbetriebe verteidigen. Die Alternative, entweder mehr Arbeitnehmerschutz und weniger Mittelstand oder mehr Mittelstand und weniger Arbeitnehmerschutz ist falsch und irreführend. Weder die Verfassung noch irgend eine andere rechtliche Regelung rechtfertigen es, die bewußte Benachteiligung einzelner Arbeitnehmer als durchaus akzeptablen Preis für die Sanierung und Stabilisierung kleiner und mittlerer Betriebe auszugeben. Sonderregelungen, wie sie sich etwa in § 23 Abs. 1 KSchG finden, sind deshalb nicht weiter diskutabel, eine Feststellung, die sich übrigens auch mit den Überlegungen der AGB-Kommission deckt.[80] Differenzierungen bleiben dennoch möglich. Nur müssen sie sich von der jeweiligen Einzelproblematik her legitimieren und den Schutz der Arbeitnehmer nicht in Frage stellen. Anders ausgedrückt: Die Modalitäten der Begründung und Beendigung von Arbeitsverhältnissen

---

78 Die Rechtsprechung des BAG, vgl. BAG AP § 23 KSchG Nr. 1 verdeutlicht das Dilemma nur zu gut. Die Überlegungen des Gerichts lassen die enge Grenze der gesetzlichen Regelung ebenso erkennen wie das Bestreben, eine interpretatorische Korrektur mit Hilfe einer extensiven Auslegung des »Betriebs« herbeizuführen. Nicht zu Unrecht verweist deshalb *Hueck* in seiner Anmerkung auf den Zweck des KSchG, der auch bei der Auslegung des § 23 KSchG allein maßgebend sein müßte. Vgl. auch die kritischen Bemerkungen von *Nikisch*, Arbeitsrecht I (3. Auflage 1961) 753. Hält man sich freilich daran, dann ist es letztlich nur konsequent, sich am Unternehmen zu orientieren.

79 Gerade deshalb gehörte die Sonderregelung für Kleinbetriebe zu den von Anfang an überaus umstrittenen Bestimmungen des Kündigungsschutzgesetzes, vgl. *Hueck*, RdA 1951, 283; *Hueck/Nipperdey*, Arbeitsrecht I § 64 II 3; *Nikisch*, Arbeitsrecht I § 51 III 2. Vgl. dazu auch *Summers*, 62 Va.L.Rev. 525 (1976): »There is no reason in principle to deny employees protection because they have few fellow workers; indeed, there is some indication that the need for protection may be greatest in small establishments«.

80 Entwurf a.a.O. 119 § 96 Abs. 1.

lassen sich sehr wohl der Unternehmensgröße anpassen, sie rechtfertigt aber immer nur äquivalente Alternativen, nicht aber den ersatzlosen Verzicht auf den Arbeitnehmerschutz.

3.2 Ein ebenso respektierter wie praktizierter Vorrang der tariflichen Regelung verlangt mehr als nur die Selbstbeschränkung des Gesetzgebers. Dem Staat fällt die in ihrer Bedeutung kaum zu unterschätzende Aufgabe zu, die Regelungschancen der Tarifvertragsparteien durch flankierende Maßnahmen konstant zu verbessern. Die Palette ist breit. Ein Beispiel mag die Richtung verdeutlichen. Dauerarbeitslosigkeit und Rationalisierungsbestrebungen machen langfristig angelegte Reaktionen notwendiger denn je. Die Tarifpolitik muß deshalb den Arbeitsmarkt weit über den Ausstrahlungsbereich des einzelnen Unternehmens, ja der konkreten Branche hinaus, in ihre Überlegungen einbeziehen. Die Tarifvertragsparteien sind insofern mehr und mehr auf ein Maß an Informationen angewiesen, über das sie selbst weder verfügen noch letztlich verfügen können. Dazu gehören beispielsweise beschäftigungspolitische Warnindikatoren, die den Gefährdungsgrad von Arbeitsplätzen rechtzeitig ausweisen. Dazu zählt aber auch ein differenziertes Registrierungs- und Angebotssystem, das der Arbeitnehmer nicht schon deshalb nicht zur Kenntnis nimmt, weil sie bereits einen Arbeitsplatz haben, sondern sich an ihrer Qualifikation orientiert. Und dazu rechnet schließlich eine sorgfältig konzipierte Arbeitsmarktgesamtrechnung.[81]

Gerade weil die Tarifvertragsparteien aber nicht in der Lage sind, ein derart komplexes Informationssystem aufzubauen, trifft die Verantwortung dafür den Staat. Die Vorschriften des AFG reichen dafür nicht aus.[82] An ihrer Stelle muß eine gesetzliche Regelung treten, die den Arbeitsbehörden unmißverständlich die Funktion des für die Tarifvertragsparteien unentbehrlichen Informationsmittlers zuweist und den Behörden deshalb nicht zuletzt mit Hilfe klarer und praktikabler Sanktionen ermöglicht, alle dafür erforderlichen Informationen zu bekommen. Sicher läßt sich über Voraussetzungen und Grenzen der Informationsbeschaffung und der

---

81 Zu den verschiedenen Aspekten einer verbesserten Information über den Arbeitsmarkt vgl. insb. Überlegungen II 120 ff.; Kommission für wirtschaftlichen und sozialen Wandel 526 ff.; Bundesvereinigung der Deutschen Arbeitgeberverbände, Mit Wachstum gegen Arbeitslosigkeit – Strategie zur Rückgewinnung eines hohen Beschäftungsstandes (1977) 17.
82 Vgl. auch Überlegungen II 122.

Informationsverarbeitung streiten.[83] Und ebensowenig kann die Notwendigkeit von Vorkehrungen in Abrede gestellt werden, die den Staat daran hindern, den Informationsapparat in einen für seine Politik beliebig einsetzbaren Steuerungsapparat umzuwandeln. Eines darf freilich darüber nicht übersehen werden: Legitimation und Bestand der Tarifautonomie hängen nicht zuletzt von der Fähigkeit der Tarifvertragsparteien ab, sich mit Struktur und Entwicklung des Arbeitsmarktes erfolgreich auseinanderzusetzen. Solange es ihnen aber an der dafür erforderlichen Information fehlt, sind sie zur Wirkungslosigkeit und damit letztlich zum Scheitern verurteilt.

Noch eine letzte Bemerkung zu den flankierenden Maßnahmen. Notwendig sind nicht nur gezielte Einzelregelungen, mindestens ebenso wichtig ist vielmehr eine Gesetzgebungspolitik, die beschäftigungspolitische Implikationen gerade darin bedenkt und berücksichtigt, wenn sich die legislative Entscheidung auf einer scheinbar ganz anderen Ebene bewegt. Unternehmenszusammenschlüsse beispielsweise sind nicht nur ein Wettbewerbs-, sondern auch und erst recht ein Arbeitsmarktproblem. Zudem läßt sich spätestens seit dem jüngsten Bericht der Monopolkommission nicht mehr ernsthaft behaupten, Fusionen wirkten sich letztlich nur positiv auf die Arbeitsplätze aus.[84] Die gesetzliche Kontrolle muß deshalb mehr beinhalten als nur Vorkehrungen, die auf die Konsequenzen für die jeweiligen Gütermärkte abgestellt sind. Instrumentarium und Ablauf der Fusionskontrolle sind genauso an den Folgen für die Arbeitsplätze auszurichten.[85]

3.3 Wendet man sich nur der Begründung, dem Ablauf und der Beendigung des Arbeitsverhältnisses zu, dann läßt sich zunächst soviel mit Sicherheit feststellen: Nirgends hält sich der Gesetzgeber mehr zurück als

---

83 Ganz mit Recht wird etwa in den Überlegungen II 123 auf die möglichen Kollisionen zwischen einem verbesserten Informationssystem und dem Interesse der Betroffenen an einem konsequenten Schutz der auf sie bezogenen Daten hingewiesen.

84 Monopolkommission, Fortschreitende Konzentration bei Großunternehmen, Hauptgutachten 1976/1977 (1978) 255 ff.

85 Wohlgemerkt, keineswegs geht es an, sich für die Auswirkungen auf die Beschäftigung nur dann zu interessieren, wenn eine beabsichtigte Fusion gerechtfertigt werden soll. Gerade diese in der Vergangenheit immer wieder zu beobachtende Einseitigkeit gilt es zu korrigieren und sich zumindest ebenso intensiv mit den nachteiligen Folgen des Zusammenschlusses auseinanderzusetzen. Findet man sich aber dazu bereit, dann verbietet es sich von vornherein, Fusionen generell oder auch nur grundsätzlich für »beschäftigungsfreundlich« oder »beschäftigungsfeindlich« auszugeben.

bei der Begründung. Zwar fehlt es auch hier nicht an Vorschriften, doch der Staat hütet sich davor, unmittelbar in die Entscheidung des Arbeitgebers einzugreifen. Legislative und administrative Maßnahmen beschränken sich vielmehr auf eine indirekte Steuerung; sie versuchen die Beschäftigungsmöglichkeiten zu verbessern, ohne zugleich eine Beschäftigungspflicht vorzuschreiben. Die verschiedenen Spielarten der Investitionsförderung sind ebenso bezeichnend dafür, wie die staatlichen Zuschüsse, die es erleichtern sollen, schwer vermittelbare Arbeitnehmer einzustellen.[86] Daran ändern auch Bestimmungen, wie sie sich etwa im Schwerbehindertengesetz finden (§§ 4 ff.), nichts. Sie sind von vornherein als Ausnahme konzipiert und insofern bestimmten, eng definierten Sondersituationen vorbehalten.

Die Zurückhaltung des Gesetzgebers hat freilich Grenzen. Sie ist dort nicht mehr zu rechtfertigen, wo die Arbeitslosigkeit zur sozialen Disqualifikation und zu nachhaltigen gesundheitlichen Schäden führt. Die Situation jugendlicher Arbeitsloser ist exemplarisch dafür. Soziale Isolierung, Depressionen, steigender Alkohol- und Drogenkonsum[87] sowie latente Kriminalisierung sind Signale einer Entwicklung, auf die der Gesetzgeber nicht allein durch Reflexionen über die Dauer der beruflichen Ausbildung reagieren kann. Vielmehr gilt es, jugendlichen Arbeitnehmern zumindest das Recht auf einen ersten, ihrer Ausbildung entsprechenden Arbeitsplatz einzuräumen.[88]

Das geltende Recht enthält durchaus Anhaltspunkte für eine solche Regelung. § 78a BetrVG versucht ebenfalls Auszubildenden, wenngleich

---

86 Vgl. dazu auch Überlegungen II 81 ff., 202 ff., 254 ff.

87 Vgl. dazu etwa *D. Tiffany/ J. Cowan/Ph. Tiffany,* Unemployed 55 ff., 88 f., 133 ff.; *Brinkmann,* Mitt. AB 1976, 397 ff., 407 ff.; *Frese/Mohr,* WSI-Mitt. 1977, 674 ff. Nicht von ungefähr ist deshalb in der im jüngsten Bericht des Bundesinnenministeriums zur Kriminalität in der Bundesrepublik Deutschland (Bulletin der Bundesregierung [1978] Nr. 105, 969 ff.) festgestellten Zunahme der Jugendkriminalität eine Konsequenz der gegenwärtigen Beschäftigungslage gesehen worden.

88 Ähnliche Vorstellungen sind im Rahmen der OECD diskutiert worden, vgl. OECD, Youth employment und unemployment (1977). Erste gesetzliche Konsequenzen finden sich beispielsweise in dem 1977 verabschiedeten italienischen Gesetz Nr. 283 über die Beschäftigung Jugendlicher, das 1978 durch die Gesetze Nrn. 351 und 479 modifiziert wurde. Zum ersten Mal wurde dabei versucht, einen Arbeitsplatz gleichzeitig mit einer verbesserten Ausbildung sicherzustellen und zwar nicht zuletzt mit Hilfe einer partiellen Übernahme der Beschäftigungskosten durch den Staat. Vgl. auch IAO-Nachrichten I/77, 9.

aus einem ganz anderen Anlaß,[89] einen ersten Arbeitsplatz sicherzustellen. Das dort vorgesehene Verfahren ließe sich im Prinzip durchaus verallgemeinern. Nur kommt es darauf an, sich rechtzeitig über die möglichen Folgen für die Ausbildungsbereitschaft klar zu werden und deshalb vor allem für einen Ausgleich unter den einzelnen Unternehmen zu sorgen. Zu überlegen wäre daher beispielsweise, ob nicht die im Ausbildungsplatzförderungsgesetz (§§ 2 ff.) vorgesehene Kompensationsverpflichtung für mangelnde Ausbildungsplätze durch eine Einstellungspflicht für Ausgebildete ergänzt werden müßte. Ganz gleich freilich, wie man die Einzelheiten regelt, die Gefahr einer Ausbildung, die gleichsam leerläuft, weil sie in Arbeitslosigkeit mündet, wäre weitgehend gebannt.

So wichtig es auch ist, legislative Maßnahmen zu treffen, die der Arbeitslosigkeit jugendlicher Arbeitnehmer entgegenwirken, So wenig kann sich der Gesetzgeber damit zufriedengeben. Die Situation der arbeitslosen Frauen verpflichtet genauso zum Eingriff. Ihre Diskriminierung läßt sich nicht länger bezweifeln, und noch so penetrante Hinweise auf ihre Alternativrolle bieten keine rechtlich akzeptable Kompensation.[90] Der Gesetzgeber muß sich deshalb für eine in Form von verbindlich festgelegten Quoten konkretisierte Beschäftigungspflicht entscheiden.[91] Sicher bieten die Quoten, für sich genommen, keinen überzeugenden Ausweg.[92] Sie sind vielmehr nur auf dem Hintergrund von Maßnahmen zu rechtfertigen, die bessere Ausbildung ebenso wie den Zugang zu allen Berufen gewährleisten und Kontrollmechanismen einrichten, die es ermöglichen, die realen Beschäftigungschancen von Frauen konstant zu überprüfen und

---

89 Vgl. dazu insb. *Thiele*, in Gemeinschaftskommentar zum BetrVG § 78a Anm. 1 ff.; *Weiss*, BetrVG (1978) § 78a Anm. 1 f.

90 Vgl. dazu auch Überlegungen II 220 ff.

91 Der Gesetzgeber muß sich dabei keineswegs unbedingt am Modell des Schwerbehindertengesetzes (§§ 4 ff.) orientieren. Es kann sich vielmehr gerade die Erfahrungen zunutze machen, die in den Vereinigten Staaten im Zusammenhang mit dem Versuch, die Diskriminierung bestimmter Arbeitnehmergruppen abzubauen, gewonnen wurden. Dabei hat sich gezeigt, daß nicht zuletzt im Hinblick auf die Beschäftigung von Frauen Lösungen gefunden werden können, die gezielt abstrakte Regelungen vermeiden und sich statt dessen eng an der Beschäftigungslage der einzelnen Unternehmen orientieren. Vgl. dazu etwa *Slate*, 5 Loyola (Chicago) L.J. 315 ff. (1974) *Nash*, 46 N.Y.U.L.Rev. 225 ff. (1971), aber auch *Poplin* 23 UCLA L.Rev. 186 f., 230 ff.; *Fiss*, 38. U.Chi.L.Rev. 235 ff. (1971).

92 Zudem sind sie nur solange akzeptabel, wie sie als vorläufige Maßnahme gesehen und praktiziert werden. Sie stellen mit anderen Worten immer nur »a temporary emergency measure« dar, »to get the process of integration started«, *Poplin*, 23 UCLA L.Rev. 232 (1975).

gezielt auszubauen. Vorbilder lassen sich unschwer in mancher ausländischen Regelung, etwa im schwedischen Recht, finden.[93] Es geht aber nicht an, den Staat, im Hinblick etwa auf eine bessere Qualifikation, zu vermehrter Aktivität zu veranlassen, um dann eine Arbeitsmarktstruktur widerspruchslos hinzunehmen, die Beschäftigung erschwert, wenn nicht unmöglich macht. Der Gesetzgeber hat deshalb keine Alternative, er muß für Ausbildung und Arbeitsplätze sorgen.

3.4 In eine ganz andere Richtung weisen Vorschläge, wie sie etwa die AGB-Kommission in ihrem Entwurf[94] vorgelegt hat. Danach soll der Arbeitgeber Bewerber nur aus »sachbezogenen«, mit dem konkreten Arbeitsplatz zusammenhängenden Gründen ablehnen dürfen. Keineswegs geht es also darum, auf die Zahl der vorhandenen Arbeitsplätze Einfluß zu nehmen, und ebensowenig steht ihre Verteilung etwa im Hinblick auf Struktur und Entwicklung des Arbeitsmarktes zur Debatte. Ziel der vorgeschlagenen Regelung ist es vielmehr, den Entscheidungsprozeß des Arbeitgebers zu objektivieren.

Mit der Verpflichtung, eine »sachbezogene« Auswahl zu treffen, wird freilich zugleich, ob man es will oder nicht, ein Begründungszwang eingeführt. Denn nur solange, wie sich feststellen läßt, welche Überlegungen den Arbeitgeber zu seiner Entscheidung veranlaßt haben, kann auch beurteilt werden, ob sie wirklich »sachbezogen« ist. Zudem hat es wenig Sinn, sich für einen streng objektiven Maßstab auszusprechen, ohne für eine genauso objektive Kontrolle zu sorgen. Wer nicht mehr tut, als nur eine »sachbezogene« Entscheidung zu verlangen, beläßt es letztlich bei einem folgenlosen Appell.

---

93 Zu den Voraussetzungen, Möglichkeiten und Grenzen solcher zusätzlicher Maßnahmen vgl. den Bericht von *J. M. McCrea*, Swedish labour market policy for women, 2 Labour and Society 377 ff. (1977). Ein weiteres Beispiel bietet die Equal Employment Oppurtunity Commission (EEOC) in den Vereinigten Staaten, deren Aufgabe es ist, diskriminierende Beschäftigungspraktiken zu untersuchen, schlichtend einzugreifen und, soweit erforderlich, dem Department of Justice zu empfehlen, Klage zu erheben; Civil Rights Act 1964, Title VII s. 705, 42 U.S.C.A. § 2000 e-4, Equal Employment Opportunity Act 1972. Auch in Großbritannien gibt es eine nach dem amerikanischen Vorbild errichtete Equal Opportunities Commission. Grundlage ihrer Errichtung war die Überzeugung, dass eine gesetzliche Regelung, wie sie der Sex Discrimination Act von 1975 vorsieht, für sich genommen nicht ausreicht, sondern einer besonderen, die Situation der Frauen eigens berücksichtigenden Kontrolle bedarf (S. 53 Sex Discrimination Act), vgl. dazu *Martiny*, RabelsZ 42 (1978) 116 ff., 160 ff. mit weiteren Angaben.

94 Entwurf a.a.O. Art. 3 Abs. 4.

Die Konsequenz will freilich sorgfältig bedacht sein.[95] Der Einstellungsprozeß kompliziert und bürokratisiert sich. Schon eine Verständigung darüber, was wirklich »sachbezogen« ist, fällt schwer. Allzu unterschiedlich sind die Interessen, die hier eine Rolle spielen und viel zu verschieden die Vorstellungen, die man, je nach der eigenen Position, von Funktion und Bedeutung eines Arbeitsplatzes haben kann. So bleibt als Ausweg nur eine letztlich von den Gerichten diktierte Personalpolitik. Weder dem Arbeitnehmer noch dem Arbeitgeber wäre damit gedient, erst recht aber nicht der Justiz.

Auf Kontrolle braucht man deshalb nicht zu verzichten. Das geltende Recht bietet durchaus Ansatzpunkte dafür. Das BetrVG ermöglicht mehr als nur Reaktionen auf den bereits angelaufenen Entscheidungsprozeß des Arbeitgebers. § 99 spricht lediglich einen Aspekt der Mitbestimmung des Betriebsrats an, der andere, letztlich sehr viel wichtigere, konkretisiert sich in der Vereinbarung von Richtlinien auch und gerade über die Einstellung (§ 95). Die Chance, den Entscheidungsprozeß zu objektivieren, ist damit nicht nur gegeben, sondern zugleich rechtlich abgesichert. Zudem erhält der Betriebsrat über die Richtlinien die Möglichkeit, Personalpolitik und Arbeitsmarkt aufeinander zu beziehen. Keine, vordergründig noch so plausible Flucht in die Scheinrationalität »sachbezogener« Einstellungen vermag auch nur annähernd soviel zu bieten, vorausgesetzt freilich, man verzichtet auf so manche, die Kompetenz des Betriebsrats unterlaufende Restriktion bei der Formulierung von Auswahlrichtlinien und der Bestimmung ihrer Tragweite.[96]

3.5 Reflexionen über die beschäftigungspolitischen Implikationen der Begründung und Beendigung von Arbeitsverhältnissen sind notwendigerweise zugleich Überlegungen zum Ablauf des Arbeitsverhältnisses. Den Beweis dafür liefert die Auseinandersetzung um die Arbeitszeit. Auf den

---

95 Vgl. auch die kritischen Bemerkungen von *Zöllner*, in Verhandlungen a.a.O. D 104 ff.
96 Symptomatisch dafür ist die BAG Entscheidung v. 11. 3. 1976, EzA § 95 BetrVG. Das Gericht nimmt durch die Bindung an § 1 III KSchG den Betriebsräten praktisch jede Möglichkeit, von sich aus Grundsätze zu entwickeln, die der betrieblichen Realität Rechnung tragen und damit die Abstraktion der gesetzlichen Regelung korrigieren. Ganz mit Recht bemerkt *Gamillscheg* in seiner Anmerkung, EzA a.a.O., »Richtlinien über etwas aufzustellen, was vom Gesetz zwingend durchnormiert ist, ist witzlos, statt darüber zu streiten und die Einigungsstelle anzurufen, ließe man sich dann besser von einem Professor ein Gutachten erstatten.« Vgl. auch *Weiss*, BetrVG § 95 Anm. 3d und demgegenüber *Gnade/Kehrmann/Schneider*, BetrVG (1972) § 95 Rdnr. 7; *Kraft*, in Gemeinschaftskommentar zum BetrVG § 95 Rdnr. 18.

ersten Blick ist der Zusammenhang kaum verständlich. Lange Zeit schien die Aufgabe von Regelungen, wie sie etwa die AZO enthält, in der Humanisierung des Arbeitsverhältnisses zu bestehen. Im legislativen Eingriff spiegelte sich die Forderung nach Arbeitsbedingungen die Belastungsgrenzen verbindlich festlegen. Mittlerweile hat sich freilich der Erwartungshorizont geändert. Mehr und mehr gerät die Hoffnung in den Vordergrund, den Arbeitsmarkt mit Hilfe einer verkürzten Arbeitszeit zu entlasten.

Wohl nirgendwo anders sind freilich die Grenzen der Wirksamkeit einer gesetzlichen Regelung so deutlich zu erkennen. Nicht so sehr, weil man über die beschäftigungspolitische Auswirkung einer verkürzten Arbeitszeit durchaus streiten kann.[97] Denn ganz gleich, wie man dazu auch immer steht, mit abstrakten Arbeitszeitverkürzungen läßt sich letztlich wohl kaum etwas erreichen. Die Verknüpfung von veränderter Arbeitszeit und höherer Einstellungsquote kann, wenn überhaupt, nur über Regelungen erzielt werden, die in Kenntnis der konkreten Unternehmenssituation beides miteinander verbinden. Gesetzliche Regelungen bieten mit anderen Worten keine Alternative zum Tarifvertrag und zur Betriebsvereinbarung.

3.6 Was sich bei der Begründung von Arbeitsverhältnissen oft nur zaghaft andeutet, fällt bei der Beendigung gar nicht weiter auf: Die legislative Intervention gehört gleichsam zum Alltag rechtlicher Regelung. Gesetzliche Vorschriften engen den Entscheidungsspielraum des Arbeitgebers ein und verringern damit das Risiko des Arbeitnehmers, seinen Arbeitsplatz zu verlieren. Der Gesetzgeber greift insofern gezielt in den Bestand und die Verteilung von Arbeitsplätzen ein.

Die Intervention behält jedoch nur solange ihren Sinn, wie Voraussetzungen und Auswirkungen der rechtlichen Regelung überschaubar bleiben. Die Ungewißheit über die Beendigungsgründe ist damit ebensowenig vereinbar, wie eine sich zeitlich immer weiter verzögernde Entscheidung. Für den Arbeitnehmer steht die Chance auf dem Spiel, den möglichen Verlust des bisherigen Arbeitsplatzes durch eine neue Beschäftigung auszugleichen; für den Arbeitgeber geht es um die für den eigenen

---

97 Nicht von ungefähr haben die schwedischen Gewerkschaften deutlich zu erkennen gegeben, daß sie in der Arbeitszeitverkürzung eben doch nicht ein Mittel der Arbeitsmarktsteuerung sehen, sondern sie ausschließlich aus der Perspektive einer Humanisierung der Arbeitsbedingungen beurteilen. Vgl. dazu auch den Bericht von *Kohl*, GMH 1978, 561 ff.

Entscheidungsprozeß über die Unternehmensentwicklung unerläßliche personalpolitische Klarheit. Beides ist für den Arbeitsmarkt alles andere als gleichgültig. Sinkende oder gar zerstörte Wiederbeschäftigungschancen belasten ihn genauso wie eine Unternehmenspolitik, die es nicht zuletzt deshalb vermeidet, sich auf dem Arbeitsmarkt zu engagieren, weil sich die Disponibilität von Arbeitsplätzen nicht hinreichend deutlich abschätzen läßt.[98]

Mißt man aber das geltende Recht daran, dann machen sich die Defizite alsbald bemerkbar. Zunächst: Der Kündigungsschutz ist seiner ganzen Konzeption und Definition nach eine rechtliche Regelung, die im Interesse des einzelnen Arbeitnehmers erfolgt. Um seinen Arbeitsplatz geht es; er muß deshalb auch wissen, wann gekündigt werden darf und warum gekündigt worden ist. Information und Stellungnahme des Betriebsrats rechtfertigen es infolgedessen nicht, ihn zu übergehen. Weder gibt es überall Betriebsräte noch sind Konflikte zwischen der Arbeitnehmervertretung und dem jeweils betroffenen Arbeitnehmer ausgeschlossen. Insofern ist die interpretatorische Korrektur des § 1 Abs. 2 KSchG durch das BAG durchaus konsequent.[99] Genauso folgerichtig ist es aber auch, die entscheidende Zulässigkeitsvoraussetzung in der Anhörung des Arbeitnehmers zu sehen. Wohlgemerkt, Notwendigkeit und Bedeutung der Beteiligung des Betriebsrats stehen gar nicht erst zur Debatte. Nur gilt es, die akzessorische Funktion seiner Aktivität zu erkennen. Er handelt neben dem Arbeitnehmer und nicht an seiner Stelle. Die Kündigung ist

---

98 Insoweit ist auch die Befürchtung, verstärkter Kündigungsschutz könnte sich nachteilig auf die Flexibilität der Unternehmen auswirken, Gutachten des Wissenschaftlichen Beirats a.a.O., 22, Überlegungen II 114 f., durchaus verständlich. Weit mehr als auf die äußere Gestaltung des Kündigungsschutzrechts kommt es auf seine Handhabung an, auf die konkreten Bedingungen also, unter denen sich die Anwendung der gesetzlichen Bestimmungen abspielt. Nur unter ihnen ergibt ein zuverlässiges Bild darüber, welche Konsequenzen für das Verhalten von Arbeitgeber und Arbeitnehmer aus der Intervention des Gesetzgebers in die Beendigung des Arbeitsverhältnisses folgen. Vgl. dazu auch die Begründung zum Entwurf eines Gesetzes zur Beschleunigung und Bereinigung des arbeitsgerichtlichen Verfahrens, BT-Drucks. 8/1567, 17.

99 BAG, 1973, 2534 ff., »bei einer anderen Auslegung müßten«, so meinte das BAG, »Einschränkungen des individuellen Kündigungsschutzes hingenommen werden, die dem Grundsatz des Arbeitnehmerschutzes, der unser Arbeitsrecht beherrscht..., und dem Sozialstaatsprinzip (vgl. Art. 20 I, 92, 101 Abs. 1 GG) widersprächen« (2535 f.); vgl. aber auch BAG, BB 1977, 1098; sowie *Richardi*, ZfA-Sonderheft 1972, 31 f.; *Dietz/Richardi*, BetrVG (5. Aufl. 1973) § 102 Rdnrn. 123 f.; *Hanau*, BB 1972, 454 und demgegenüber *Reuter/Streckel*, Grundfragen der betriebsverfassungsrechtlichen Mitbestimmung (1973) 54 f., kritisch auch *Schwerdtner*, Arbeitsrecht I (1976) 179 ff.

keine Auseinandersetzung zwischen Arbeitgeber und Betriebsrat, sondern ein Konflikt zwischen dem Arbeitgeber und dem betroffenen Arbeitnehmer, in den der Betriebsrat eingeschaltet werden muß, aus dem der Arbeitnehmer aber nicht ausgeschaltet werden darf. Der Arbeitgeber hat ihm deshalb vorweg die Möglichkeit einzuräumen, sich zu der beabsichtigten Entlassung zu äußern.

3.7 Die Anhörung des Arbeitnehmers genügt freilich, für sich genommen, noch nicht. Der Arbeitnehmer muß, wenn es ihm wirklich möglich sein soll, seine Situation rechtzeitig und verläßlich zu überschauen, mehr erfahren als nur die Absicht, ihn zu entlassen. Er muß die Gründe genau kennen, die den Arbeitgeber dazu veranlaßt haben und auch eindeutig wissen, ob ihm fristlos oder unter Einhaltung der jeweils in Betracht kommenden Frist gekündigt werden soll. Nur darin hat zudem der Betriebsrat die Chance, seine gesetzlich vorgeschriebene Funktion wahrzunehmen, sich also seinerseits mit der Kündigung eingehend auseinanderzusetzen.[100]

Die gegenwärtige Kündigungspraxis steht in krassem Gegensatz dazu. Die vom Gesetz angestrebte und unmißverständlich formulierte scharfe Trennung der Kündigungsarten ist längst preisgegeben.[101] Ordentliche und außerordentliche Kündigung werden routine- und formularmäßig miteinander verbunden. Genauso ist es gängige Übung, die Kündigungsgründe nachträglich zu variieren. Kaum verwunderlich, wenn sich deshalb mittlerweile auch das Kündigungsschutzverfahren in eine gern und oft genutzte Quelle zusätzlicher Kündigungsgründe verwandelt hat.

Mag sein, daß davon auch die Arbeitnehmer hin und wieder profitieren. Die sukzessive Geltendmachung von Kündigungsgründen erlaubt es in der Tat, sich zunächst auf solche Gründe zu beschränken, die sich auf die spätere Beurteilung des Arbeitnehmers weniger gravierend auswirken.[102] Doch ist es deshalb keineswegs gerechtfertigt, das Kündigungsschutzverfahren durchweg zum unkalkulierbaren Risiko werden zu lassen und zugleich die Aufgabe des Betriebsrats zu entwerten. Im Gegenteil, eine Regelung, die sowohl die Transparenz als auch die Verläßlichkeit der

---

100 Darauf weist *Schwerdtner*, Arbeitsrecht 135 mit Recht nachdrücklich hin.
101 Vgl. dazu auch die kritischen Bemerkungen von *Schwerdtner*, Arbeitsrecht 127 f.
102 Ein Gesichtspunkt, auf den die Stellungnahme der Bundesvereinigung der Deutschen Arbeitgeberverbände zum Entwurf der Arbeitsgesetzbuchkommission für ein Arbeitsgesetzbuch (1977) 33 besonders eingeht.

Kündigungsprozedur garantiert, bleibt die unverzichtbare Voraussetzung echten Kündigungsschutzes.[103] Kündigungsart und Kündigungsgründe sind deshalb bei der Kündigung abschließend zu formulieren. Der Arbeitgeber muß zudem die Kündigungsgründe offenlegen, und schließlich dürfen andere als die angegebenen Gründe nachträglich nicht mehr geltend gemacht werden.[104]

3.8 Wohl kaum eine andere Frage hat in der Diskussion über das Kündigungsschutzrecht mehr Kontroversen ausgelöst als die Weiterbeschäftigung des gekündigten Arbeitnehmers bis zur gerichtlichen Entscheidung. Verwunderlich ist es nicht. Die Chance, den Arbeitsplatz zu behalten, hängt, genaugenommen von der Weiterbeschäftigung ab. Arbeitnehmer, die einmal aus dem Betrieb sind, bleiben fast immer draußen, ganz gleich im übrigen, wie der Kündigungsschutzprozeß ausgeht. Die unterbrochene Beschäftigung läßt sich eben nicht beliebig wiederaufnehmen. Vakante Arbeitsplätze pflegen, wenn sie nicht wegfallen, so schnell wie möglich neu besetzt zu werden, und erzwungene Arbeitslosigkeit stellt mit zunehmender Dauer die Qualifikation des Arbeitnehmers in Frage, nimmt ihm also mehr und mehr die Chance, den Anforderungen zu genügen, die mit dem Arbeitsplatz verknüpft sind.

Geschichte und Ziel des Kündigungsschutzrechts passen freilich schlecht zum Streit um die Weiterbeschäftigung. Der Gesetzgeber hat 1951 aus seiner Intention keinen Hehl gemacht, mit der Tradition des Betriebsrätegesetzes zu brechen. Der Kündigungsschutz sollte als Bestandsschutz verstanden und geregelt werden und nicht als Abfindungsgarantie.[105] Die Prioritäten standen deshalb fest; von der Abfindung konnte und durfte nur dort die Rede sein, wo das primäre Ziel, die Beibehaltung des Arbeitsplatzes, sich nicht durchsetzen ließ. Eben diese, vom Gesetz gewollte Rangordnung wird durch die unterbliebene Weiterbeschäftigung auf den Kopf gestellt. Wo der Arbeitnehmer seine Arbeit unterbricht, gibt es letztlich keine Alternative zur Abfindung.

Man kann nun sicherlich darüber streiten, ob nicht der Gesetzgeber

---

103 Vgl. auch *Schwerdtner*, Arbeitsrecht 135; *Weiss*, BetrVG § 102 Anm. 3b; *Gester/Zachert*, Das Arbeitsrecht der Gegenwart 12 (1974) 94; und demgegenüber *Dietz/Richardi*, BetrVG § 102 Rdnr. 55.
104 Vgl. dazu auch *Reuss*, AuR 1960, 3; *Schwerdtner*, JZ 1973, 377 ff., Arbeitsrecht 134 f.
105 Vgl. die Begründung zum Entwurf eines KSchG, RdA 1951, 63; aber auch *Henschel*, RdA 1960, 121, *Hueck/Nipperdey*, Arbeitsrecht I § 64 I.

diese Entwicklung selbst provoziert hat. Die interpretatorische Kontroverse über Zweck und Grenzen des § 102 Abs. 5 BetrVG[106] spricht jedenfalls dafür. Der Streit lohnt allerdings nicht. Schon deshalb, weil Weiterbeschäftigung und Widerspruch des Betriebsrats keineswegs untrennbar miteinander verbunden sind. Der Arbeitnehmervertretung kommt erneut nicht mehr als eine Hilfsfunktion zu. Das elementare Interesse aller Arbeitnehmer an einer Weiterbeschäftigung, und zwar grundsätzlich ohne Rücksicht auf den Kündigungsgrund, kann und darf nicht von der Stellungnahme des Betriebsrats abhängen.[107] Genauso wie die Kündigung sie in erster Linie selbst betrifft, ist auch die Weiterbeschäftigung eine aus ihrer Perspektive unverzichtbare Voraussetzung dafür, daß sie weiterhin in der Lage bleiben, die an ihrem Arbeitsplatz gewonnenen Fähigkeiten und Erfahrungen zu nutzen.

Stein des Anstoßes ist freilich in Wirklichkeit nicht der § 102 Abs. 5 BetrVG sondern das Kündigungsschutzverfahren.[108] Kündigungsschutzprozesse, soviel bestreitet niemand, dauern Monate, wenn nicht Jahre. Kein Unternehmen kann aber vernünftigerweise personalpolitische Maßnahmen, die es für richtig und dringlich hält, so lange hinausschieben und in der Zwischenzeit einfach so tun, als ob es zum Konflikt überhaupt nicht gekommen wäre. Weiter- und Wiederbeschäftigung sind unter diesen Umständen inakzeptable Belastungen der Unternehmenspolitik. In dem Versuch, den umstrittenen Arbeitsplatz einzusparen oder so schnell wie möglich neu zu besetzen, konkretisiert sich genauso wie in der manifesten Priorität der Abfindung die Abwehr gegen die Konsequenzen einer für das Unternehmen unerträglichen Dauer des Kündigungsschutzprozesses. Die Weiterbeschäftigung gerät unter diesen Umständen zur

---

106 Dazu statt aller *Löwisch*, Die Weiterbeschäftigung des Arbeitnehmers während des Kündigungsrechtsstreits (1978); *Dütz*, Effektiver Bestandsschutz im Arbeitsverhältnis, DB Beilage Nr. 13/78, jeweils mit weiteren Angaben.

107 Sicher ist der Betriebsrat bei seiner Intervention gehalten, in ganz besonderen Maße auf die Interessen der Gesamtbelegschaft Rücksicht zu nehmen, dazu vor allem *Reuter/Streckel*, Grundfragen 54; *Schwerdtner*, Arbeitsrecht 178 f. Trotzdem darf die gesetzliche Regelung nicht in eine Barriere für jeden Versuch umgedeutet werden, Voraussetzungen und Ablauf der Kündigungsprozedur unter strikter Beachtung der Situation des unmittelbar Betroffenen und seiner Interessen festzulegen.

108 Darauf weist *Zöllner*, in Verhandlungen a.a.O. D 138 f. mit Recht hin. Selbst wenn man sich deshalb, wie es etwa das schwedische Recht tut (Lagen om Anstallningsskydd § 34, Svensk Forfattningssamling 1974; 12, und dazu *F. Schmidt*, Löntagarätt (1978) 125), durchaus für eine Weiterbeschäftigung ausspricht, lässt sich die konkrete Bedeutung einer solchen Aussage nur unter Berücksichtigung von Dauer, Struktur und Ablauf des Verfahrens beurteilen.

Fiktion; der finanzielle Ausgleich erscheint auch dem Arbeitnehmer als der einzig denkbare Ausweg aus einer Situation, die, je länger sie anhält, ihm nicht nur die Chance auf eine adäquate Beschäftigung nimmt, sondern womöglich auf eine Beschäftigung überhaupt.

Insofern überrascht es nicht, wenn sich die Aufmerksamkeit zunehmend auf Vorschläge zur Prozeßbeschleunigung konzentriert.[109] Kündigungsverfahren sollen in Zukunft nicht nur vorrangig erledigt, sondern an Fristen gebunden werden, die eindeutig auf einen schnelleren Verfahrensablauf abgestellt sind. Die angestrebte Prozeßreform wird allerdings nicht mit einer grundsätzlichen Verpflichtung des Arbeitgebers verknüpft, den gekündigten Arbeitnehmer weiterzubeschäftigen. Es bleibt bei der Hoffnung, ihn schneller als bisher in den Betrieb wieder einzugliedern zu können.[110] Nicht ohne Grund. Bereits die Struktur des gerichtlichen Verfahrens zieht Beschleunigungsversuchen unmißverständliche Grenzen. Man kann, mit Rücksicht auf die fundamentalen Grundsätze des Prozeßrechts, Fristen eben nicht beliebig verkürzen. Verständlicherweise verknüpft deshalb § 61 a, die Kernvorschrift der geplanten Beschleunigungsnovelle, den nachdrücklichen Hinweis auf die Prozeßförderungspflicht aller Beteiligten mit Mindestfristen zum Schutz der Parteien und stellt es im übrigen weitgehend auf die »Angemessenheit« ab.[111] Verfahrensreformen lassen sich überdies niemals ohne Rücksicht auf die personelle und administrative Situation der Gerichte vollziehen. Alle Beschleunigungsabsichten bleiben solange irreal, wie sie in krassem Widerspruch zu den Arbeitsbedingungen der Gerichte stehen. Die kritische Lage der Arbeitsgerichtsbarkeit ist oft und drastisch beschrieben worden.[112] Sie mahnt zur Skepsis gegenüber allen, auch gesetzlich abgesicherten Aufforderungen schneller zu entscheiden.

Reflexionen über Verfahrensreformen müssen deshalb zugleich Überlegungen zu Verfahrensalternativen sein. Statt das herkömmliche an die Intervention der Gerichte gebundene Schema hinzunehmen und nur über seine Verbesserung nachzudenken, gilt es, gerade dieses Schema in Frage zu stellen. Orientierungspunkte gibt es durchaus. Die Erfahrung in den

109 Vgl. dazu den Entwurf eines Gesetzes zur Beschleunigung und Bereinigung des arbeitsgerichtlichen Verfahrens, BT-Drucks. 8/1567.
110 Vgl. die Begründung zum Entwurf a.a.O. BT-Drucks. 8/1567, 17.
111 Vgl. dazu auch die Begründung zum Entwurf a.a.O., BT-Drucks. 8/1567, 34.
112 Vgl. dazu auch die Begründung zum Entwurf a.a.O., BT-Drucks. 8/1567, 17.

Vereinigten Staaten zeigt,[113] daß es gelingen kann, eine sicher alles andere als geringere Zahl von Kündigungsstreitigkeiten mit Hilfe außergerichtlicher Instanzen innerhalb von Fristen zu entscheiden, die, gemessen an der Dauer der Kündigungsschutzprozesse, oft kaum glaublich erscheinen.[114] Eine vergleichbare Prozedur mag hierzulande nicht einmal ansatzweise bestehen, der innerbetriebliche Bereich ist dennoch längst zur Domäne außergerichtlicher Instanzen geworden. Von den generellen Konsequenzen veränderter Unternehmenspolitik bis hin zu individuellen Maßnahmen, überall macht sich der Einfluß der Einigungsstelle bemerkbar. In ihrer Aktivität konkretisiert sich gleichsam tagtäglich die Möglichkeit, innerbetriebliche Konflikte auch ohne gerichtlichen Eingriff erfolgreich zu lösen.

Ein alternativer Konfliktlösungsmechanismus braucht mithin gar nicht erst erfunden zu werden.[115]Und auch Gründe, sich an seinem Vorbild zu orientieren, gibt es genug.[116] Schon die Tatsache der vom Gesetz uneingeschränkt akzeptierten Beteiligung des Betriebsrats am Kündigungsverfahren spricht dafür. Zudem pflegt die Einigungsstelle gegenwärtig bereits über eine ganze Reihe voll Sachverhalten zu entscheiden, die mit der Beendigung von Arbeitsverhältnissen unmittelbar zusammenhängen.[117]

---

113 Vgl. dazu insb. 23 d Annual Report of the FMCS (1970) 60; *Selznik*, Law, society and industrial justice (1969) 164 ff.; *F. Elkouri/E. Elkouri*, How arbitration works (3. Aufl. 1973); *Summers*, 62 Va.L.Rev. 499 ff. (1976).

114 Ähnliche Bestrebungen haben auch in Italien eine wichtige Rolle gespielt, wie die in dem am 29. 4. 1965 für die italienische Industrie vereinbarten Accordo interconfederal enthaltene Bestimmung zeigt, eine Schlichtungsinstanz für Kündigungsstreitigkeiten vorzusehen. Die Tarifvertragsparteien wollten mit dieser Abmachung mehr tun, als lediglich die Voraussetzungen der Auflösung des Arbeitsverhältnisses näher regeln. Es ging ihnen ebensosehr darum, Auseinandersetzungen über die Kündigung vor einer mit der Realität des Arbeitsprozesses unmittelbar vertrauten Instanz austragen zu lassen.

115 In diese Richtung zielen auch die Bemerkungen von *Gamillscheg*, Kündigungsschutztagungen der IG Metall 1977 und 1978, Protokoll (1978) 162; *Weiss*, ebda. 137; vgl. auch *Richardi*, ebda. 146.

116 Jeder Versuch, eine außergerichtliche Instanz einzuschalten, kann selbstverständlich nicht auf Betriebe beschränkt bleiben, die über einen Betriebsrat verfügen. Schon deshalb gilt es sorgfältig zu prüfen, wo die Grenzen einer Verwendung der Einigungsstelle liegen. Das BetrVG (§ 76 Abs. 1 Satz 2) sieht zwar die Möglichkeit vor, eine ständige Einigungsstelle zu errichten, die Kündigungsregelung kann sich aber mit dieser Möglichkeit nicht begnügen, sie ist auf Vorkehrungen angewiesen, die ebenso wie die Kündigungsschutzbestimmungen für alle Arbeitnehmer gelten, ganz gleich also ob der Betrieb faktisch einen Betriebsrat hat oder rechtlich gar nicht erst betriebsratsfähig ist. Trotzdem bleibt die Einigungsstelle das Modell von dem es auszugehen gilt.

117 Ihre Zuständigkeit bei Auseinandersetzungen über die Auswahlrichtlinien (§ 95 Abs. 1 und 2) ist dafür ebenso bezeichnend, wie die ihr vom Gesetz (§ 112 BetrVG) im Zusammenhang mit der Aufstellung voll Sozialplänen eingeräumte Kompetenz.

Schließlich vermag kein Gericht, bei aller Kompetenz, für sich in Anspruch zu nehmen, so viel wie die Einigungsstelle über den einzelnen Betrieb, seine Situation und seine Entwicklung zu wissen. Niemand anders bringt deshalb bessere Voraussetzungen mit sich, um die abstrakten und generalklauselhaften gesetzlichen Kriterien an die Betriebswirklichkeit zu binden und von dort aus überprüfbar zu machen.[118] Niemand anders ist zudem auch nur annähernd so geeignet, die Auswahlrichtlinien zum integralen Bestandteil einer strikt an der betrieblichen Situation orientierten Beurteilung von Kündigungsstreitigkeiten zu machen.

Sicher verbietet es das Grundgesetz (Art. 101), die Einigungsstelle als Endstation aller Auseinandersetzungen über die Beendigung des Arbeitsverhältnisses anzusehen.[119] Der Rekurs vor die Gerichte kann und darf nicht ausgeschlossen werden. Die Erfahrung lehrt dennoch: die Intervention der Einigungsstelle reduziert die gerichtlichen Verfahren um ein Vielfaches.[120] Außerdem gibt ihr Eingriff dem Gesetzgeber die Möglichkeit, das gerichtliche Verfahren zeitlich und inhaltlich sehr viel nachhaltiger zu straffen.

Die Anerkennung eines Anspruchs auf Weiterbeschäftigung setzt aller-

---

118 Nicht von ungefähr hält *Summers*, 62 Va.L.Rev. 519 ff. (1976) bei seinen Überlegungen zu den möglichen Aufgaben einer gesetzlichen Regelung des Kündigungsschutzes in den Vereinigten Staaten nicht nur an der Notwendigkeit einer zunächst außergerichtlichen Auseinandersetzung fest, sondern meint auch auf jede nähere Definition der für die Wirksamkeit der Kündigung erforderlichen »just cause« unter Hinweis auf die Erfahrungen der Schiedsgerichte und die sich aus ihren Präzedenzfällen ergebenden Richtlinien verzichten zu können.

119 Dazu statt aller *Dütz*, Rechtsstaatlicher Gerichtsschutz im Privatrecht (1970), DB 1972, 389; *Dietz/Richardi*, BetrVG § 76 Rdnrn. 76 ff.

120 Man kann dem nicht entgegenhalten, die Zuständigkeit von Schlichtungsinstanzen wie der Einigungsstelle sei von vornherein auf Regelungsstreitigkeiten beschränkt. Eine Entscheidung über Rechtsstreitigkeiten komme ihr infolgedessen gar nicht erst zu, korrekterweise müsse deshalb schon jede Intervention bei Auseinandersetzungen über die Kündigung ausgeschlossen sein. Die Entwicklung des Betriebsverfassungsrechts hat zur Genüge gezeigt, wie wenig sich mit der abstrakten Gegenüberstellung von Regelungs- und Rechtsstreitigkeiten anfangen läßt. Was noch unter der Geltung des BetrVG von 1952 umstritten war, stellt spätestens seit der Reform von 1972 fest: Die Einigungsstelle entscheidet auch und zwar unter genau den gleichen Voraussetzungen über Rechtsstreitigkeiten (vgl. statt aller *Dütz*, DB 1972, 384 ff.; *Gnade*, AuR 1973 46; *Dietz/Richardi*, BetrVG 76 Rdnrn. 43 ff.). Die §§ 37 Abs. 6, 38 Abs. 2, 87 Abs. 1 Nr. 5, 109 bieten Beispiele dafür. Eine ganz andere Frage ist es, ob die Befugnisse des Arbeitsgerichts nicht unter Umständen unterschiedlich beurteilt werden müßten, also dann weiterreichen, wenn die Einigungsstelle zu Rechtsfragen Stellung nimmt, vgl. dazu *Dietz/Richardi*, BetrVG § 76 Rdnrn. 79 ff.; *Fitting/Auffarth/Kaiser*, BetrVG (12. Aufl. 1977) § 76 Rdnr. 33.

dings mehr voraus, als nur den Übergang zu neuen Verfahrensformen. Nach wie vor kommt es mit Rücksicht auf die Interessen des Arbeitgebers gerade bei der ordentlichen Kündigung darauf an, feste zeitliche Grenzen zu ziehen. Ziel der gesetzlichen Regelung muß es dabei sein, einen möglichst großen Teil des Kündigungsverfahrens innerhalb der Kündigungsfrist ablaufen zu lassen. Wiederum bietet das geltende Recht einen Anknüpfungspunkt. Gemeint ist § 622 Abs. 1 BGB, allerdings nur solange, wie man sich auch bereit findet, auf eine unterschiedliche Behandlung von Angestellten und Arbeitern zu verzichten und einen einheitlichen Zeitrahmen vorzusehen. Der Einigungsstelle dürfte es damit möglich sein, sich zu der Kündigung noch vor dem Ende des Arbeitsverhältnisses zu äußern. Bedenkt man nun, daß die Intervention der Einigungsstelle, das gerichtliche Verfahren nicht nur entlastet, sondern zugleich verkürzt, darin erscheint es durchaus vertretbar, den Arbeitgeber zu verpflichten, den gekündigten Arbeitnehmer bis zur Entscheidung des Arbeitsgerichts weiterzubeschäftigen. Selbst wenn damit der Konflikt nicht abgeschlossen sein sollte, gibt die Stellungnahme zweier Instanzen den Beteiligten die Möglichkeit, die eigenen Chancen besser zu beurteilen und sich dementsprechend zu verhalten.

Auch ein verändertes Verfahren vermag freilich nichts daran zu ändern, daß es immer wieder Fälle geben wird, etwa bei verhaltensbedingten Kündigungen, in denen der Arbeitgeber nicht mehr bereit ist, die Anwesenheit des Arbeitnehmers zu tolerieren. Wiederum leuchten die Vorteile der innerbetrieblichen Instanz ein. Sie kann sofort reagieren und die vorgebrachten Argumente dank ihrer Kenntnis der betrieblichen Situation ungleich besser beurteilen. Zudem bieten Anerkennung und zeitliche Begrenzung des Weiterbeschäftigungsanspruchs zum ersten Mal die Chance, solche Fälle wirklich als Ausnahme zu behandeln.

3.9 Zu den zentralen Fragen des Kündigungsschutzverfahrens gehört die Beweislast. Jeder Versuch, sie zu regeln, muß den doppelten Aspekt der vom Gesetz akzeptierten und auch nicht weiter bestrittenen Einschränkung der Kündigungsfreiheit des Arbeitgebers berücksichtigen. Die Kündigung ist erst »sozial gerechtfertigt«, wenn einer der gesetzlich vorgeschriebenen Gründe vorliegt und außerdem feststeht, daß auch innerbetriebliche organisatorische Vorkehrungen und ein Vergleich mit der Situation der übrigen Arbeitnehmer zu keinem anderen Ergebnis führen. Gewiß, die Formulierung des § 1 KSchG ist nicht sonderlich klar, zudem krankt die gegenwärtige Regelung an der Verknüpfung der Kündigungseinschränkung mit der Stellungnahme des Betriebsrats. Die AGB-Kommission hat gezeigt, wie sich beides mit Hilfe einer klaren gesetzlichen Bestimmung korrigieren läßt.[121]

Die Antwort auf die Frage, was der Arbeitgeber nun konkret beweisen muß, ist damit allerdings noch nicht gegeben. Man kann sich auf den Standpunkt stellen, er brauche auf keinen Fall mehr zu tun, als die Kündigungsgründe zu beweisen; man kann aber auch der Meinung sein, daß es auf den Nachweis aller weiteren gesetzlichen Zulässigkeitsvoraussetzungen genauso ankommt. Der Gesetzgeber hat freilich gerade durch die Anforderungen an die »soziale Rechtfertigung« die Antwort präjudiziert. Niemand anders als der Arbeitgeber kennt die Unternehmensorganisation besser, kann also ähnlich verläßlich prüfen, ob soziale Prioritäten bestehen, andere Beschäftigungschancen gegeben sind oder Umschulungs- und Fortbildungsmaßnahmen einen Ausweg bieten.

Existenz und Aufgaben des Betriebsrats sind kein Gegenargument. Die Arbeitnehmervertretung mag durchaus über eine Reihe von Informationen zur betrieblichen Situation verfügen und auch über manche Einzelheiten zur Lage des betreffenden Arbeitnehmers unterrichtet sein, sie hat aber nicht jenes Maß an Kenntnissen, das allein die Unternehmensfunktion vermittelt und ohne das zuverlässige Antworten auf die durch die Kündigungsschutzregelung aufgeworfenen Fragen nicht gegeben werden können. Genaugenommen, wiederholt sich hier eine Situation, wie sie aus dem Haftungsrecht hinreichend bekannt ist. Beweislast und Organisationsgewalt lassen sich nicht voneinander trennen.[122] Sie muß mit anderen Worten denjenigen treffen, der die Unternehmensorganisation für seine Zwecke einsetzt und daher auch von seinen Zielen her ihre Gestalt bestimmt. Ganz gleich mithin, um welchen Aspekt der Kündigung es auch immer geht, den Arbeitgeber trifft auf jeden Fall die Verpflichtung, den Nachweis zu führen, daß seine Entscheidung den gesetzlichen Regelungskriterien vollauf genügt.[123]

Die betriebsbedingte Kündigung zeigt freilich die Grenzen jeder solchen Regelung auf. Die Beweislast ist kein Vehikel, um die Unternehmenspolitik zu diskutieren und neu zu formulieren, ohne Rücksicht im

---

121 Entwurf a.a.O., 119 f., § 96.
122 Vgl. dazu etwa BGHZ 51, 91 ff.; BGH, BB 1975, 1031; *Simitis*, in Verhandlungen des 47. DJT, Nürnberg 1968, I (1968) C 92 ff.; *Stoll*, AcP 176 (1976) 167 ff.
123 Vgl. dazu auch *Summers*, 62 Va.L.Rev. 504 (1976).

übrigen darauf, ob sich die Auseinandersetzung über die Kündigung vor einer innerbetrieblichen oder einer gerichtlichen Instanz abspielt. Bei einer betriebsbedingten Kündigung kann infolgedessen vom Arbeitgeber letztlich nicht mehr verlangt werden, als die Plausibilität der getroffenen Maßnahme nachzuweisen.

3.10 Nicht immer fällt es so leicht wie bei der Abfindung, die beschäftigungspolitischen Implikationen von Kündigungsschutzvorschriften zu erkennen. Eine Abfindungspflicht retardiert die Entscheidung des Arbeitgebers und stabilisiert insofern die Beschäftigungschancen.

Das geltende Recht bietet freilich ein ebenso uneinheitliches wie widersprüchliches Bild. Die Abfindungspflicht ist einerseits die Folge sozialwidriger Kündigung (§§ 9, 10 KSchG), andererseits aber auch, etwa im Rahmen von Sozialplänen, die Konsequenz durchaus rechtmäßiger Auflösungen des Arbeitsverhältnisses. Die Auswirkungen sind zuweilen grotesk. Wer etwa in einem Betrieb mit mehr als zwanzig Arbeitnehmern beschäftigt ist, kann von Glück reden, wenn der Arbeitgeber von einer sehr wohl berechtigten betriebsbedingten aber individuellen Kündigung absieht und sich statt dessen zu einer mitbestimmungspflichtigen Betriebsänderung entschließt. Sicher garantiert die Verpflichtung, einen Sozialplan zu erstellen, nicht die Abfindung, doch die Chance sie zu bekommen, ist gesetzlich abgesichert. Ebensowenig will es schließlich einleuchten, daß es nur auf die Arbeitnehmerzahl des konkreten Betriebes ankommt, die des Unternehmens hingegen überhaupt keine Rolle spielt.

Eine widerspruchsfreie, einheitliche Regelung setzt freilich Konsens über die Funktion der Abfindung voraus.[124] Nach wie vor sind die Meinungsverschiedenheiten beträchtlich. Manche Argumentation erinnert an die Diskussion über das Ruhegeld. Auch dort hat es lange gedauert, bis die unmittelbare Beziehung zur geleisteten Arbeit gesehen und akzeptiert wurde.[125] Nicht anders hier. Nur gilt es, falschen Schlüssen rechtzeitig vorzubeugen. Die Verpflichtung, eine Abfindung zu zahlen, trifft den Arbeitgeber nicht etwa deshalb, weil er dem Arbeitnehmer ein zusätz-

---

124 Zur Notwendigkeit einer widerspruchsfreien, einheitlichen Abfindungskonzeption vgl. insb. *Gamillscheg*, in Festschrift für *Bosch* (1976) 209 ff., aber auch *Säcker*, in Kündigungsschutztagungen a.a.O. 67; *Zeuner*, ebda. 101 f.; *Hanau*, ebda. 126.

125 Vgl. dazu insb. *Schwerdtner*, Fürsorgetheorie und Entgelttheorie im Recht der Arbeitsbedingungen (1970) 150 f.; *Steindorff* BB 1973, 1130 f.; *Reuter*, ZHR 137 (1974) 497 f., Anm. zu AP § 242 BGB Nr. 167; *Simitis*, in Inflationsbewältigung a.a.O. 93; aber auch BAG, BB 1972 1005, NJW 1973, 959.

liches, bei der Beendigung des Arbeitsverhältnisses fälliges Arbeitsentgelt schuldet[126] oder gar eine wie auch immer deklarierte Abstandszahlung für die Freigabe des Arbeitsplatzes. Ausschlaggebend sind vielmehr die langfristigen Auswirkungen der Bindung an ein bestimmtes Unternehmen auf die Beschäftigungsmöglichkeiten des Arbeitnehmers. Mit dem Arbeitsverhältnis setzt zugleich ein Anpassungsprozeß an die konkreten durch die Unternehmensziele und die Unternehmensorganisation vorgezeichneten Arbeitsanforderungen. Was geleistet werden muß, definiert sich eben anhand der unternehmensspezifischen Erwartungen. Je länger aber das Arbeitsverhältnis andauert, desto mehr richten sich Fähigkeiten und Möglichkeiten des Arbeitnehmers nach der Eigenart dieses einen, ihn beschäftigenden Unternehmens.[127] Interne und externe Qualifikation decken sich jedoch keineswegs. Im Gegenteil, der zunehmenden internen Qualifikation entspricht weitaus eher eine ebenfalls wachsende externe Dequalifikation. Arbeitsplätze sind nun einmal nicht beliebig austauschbar. Was sich freilich vor allem bei einem besonders hohen Grad an unternehmenskonformer Spezialisierung deutlich zeigt, bestätigt sich auch dann, wenn der Arbeitnehmer über Jahre hinweg unter Bedingungen arbeitet, die keinerlei spezifische Kenntnisse erfordern. Die Nachteile der Bindung bleiben nicht aus. Seine Beschäftigungschancen verengen sich, genauso wie die Möglichkeit schwindet, einen besseren Arbeitsplatz zu erhalten.

Wenn aber der Abfindung die Aufgabe zufällt, die arbeitsmarktbezogene Dequalifikation zu kompensieren, dann kann es nicht auf den Kündigungsgrund ankommen.[128] Die Entscheidung des Arbeitgebers, das Arbeitsverhältnis zu beenden, muß ausreichen, um ihn zu einer Abfindung zu verpflichten. Sicher, der Gedanke an verhaltensbedingte Auflösungen

---

126 Eine Überlegung, die wohl der Argumentation von *Richardi*, Sozialplan und Konkurs (1975) 13 ff. zugrundeliegt.
127 Vgl. dazu auch *Dorndorf*, Sozialplan im Konkurs (1978) 12 ff., in Kündigungsschutztagungen a.a.O. 121 ff.
128 Noch einmal freilich: Vor jeder weiteren Überlegung gilt es, sich über die Aufgabe der Abfindung klarzuwerden. Solange sie letztlich nur unter Kompensationsgesichtspunkten für ein rechtlich nicht gebilligtes Verhalten des Arbeitgebers gesehen wird, kann und darf man in der Tat den Kündigungsanlaß nicht übergehen. Sobald jedoch arbeitsmarktpolitische Überlegungen in den Vordergrund treten, verschiebt sich zwangsläufig die Argumentationsgrundlage. Überlegungen, die ansonsten durchaus plausibel sind, spielen keine Rolle mehr. Ohne eine deutliche Vorentscheidung über die Abfindungsfunktion lassen sich Mißverständnisse und Fehlschlüsse, die jede weitere Diskussion unweigerlich belasten, nicht vermeiden.

des Arbeitsverhältnisses weckt Zweifel[129] und drängt den Widerspruch auf. Wiederum gilt es, an die Ruhegeldansprüche zu erinnern. Sie verfallen nicht deshalb sofort und uneingeschränkt, weil der Arbeitgeber nach dem Eintritt des Arbeitnehmers in den Ruhestand eine früher begangene Pflichtverletzung entdeckt.[130] Die Kündigung mag mithin genauso gerechtfertigt sein wie etwa ein gegen den Arbeitnehmer gerichteter, durch sein Verhalten bedingter Schadenersatzanspruch, das Schicksal der Abfindung muß davon grundsätzlich unbeeinflußt bleiben.[131] Konsequenterweise entscheidet sich daher etwa das italienische Recht[132] für eine im Prinzip vom Kündigungsgrund unabhängige Abfindung, und zwar auch und gerade in Anbetracht einer Kündigungsschutzregelung, die sich sehr wohl mit dem in der Bundesrepublik geltenden Recht vergleichen läßt.

Man kann gegen eine Abfindungspflicht auch nicht einwenden, es gebe schließlich genug andere Unterstützungsmöglichkeiten, angefangen beim Arbeitslosengeld bis hin zu den besonderen Förderungsmaßnahmen des AFG. Kaum jemand hat wohl bislang daran gedacht, die rechtliche Absicherung von Sozialplänen mit diesem Argument in Frage zu stellen. Nur zu verständlich, denn die Abfindung ist genauso wie das Arbeitsentgelt oder die Ruhegeldansprüche eine originäre, unmittelbar mit der Arbeitsleistung zusammenhängende Unternehmensverpflichtung.

Ganz ohne Komplikationen läßt sich die Abfindungspflicht trotzdem nicht in das geltende Recht einfügen. Nur liegen sie auf einer anderen Ebene, genauer, dort, wo das Unternehmen bereits gegenwärtig Leistun-

---

129 Vgl. *Gamillscheg*, in Festschrift für *Bosch* 222: »Kündigungen aus Gründen in der Person oder im Verhalten des Arbeitnehmers bleiben entschädigungslos. Das mag angehen, wo ein schuldhaftes Verhalten gegeben war, ist aber schon bedenklich wenn das Arbeitsverhältnis etwa wegen Alters oder wegen sonstiger Umstände, auf die der Arbeitnehmer keinen Einfluß hat, beendet wurde«.

130 Vgl. dazu insb. *Grunsky*, JuS 1970, 16; *Söllner*, Arbeitsrecht (6. Aufl. 1978) § 34 IV; und demgegenüber *Zöllner*, Arbeitsrecht § 26 II 3.

131 Wohl am deutlichsten hat dies der italienische Verfassungsgerichtshof in seiner Entscheidung Nr. 75 von 1968, Mass. Giur. Lav. 1968, 137, zum Ausdruck gebracht. Das Gericht erklärte Art. 2120 des italienischen ZGB insoweit für verfassungswidrig, als die Gewährung einer Abfindung vom Verhalten des Arbeitnehmers abhängig gemacht wurde. Eine Verpflichtung des Arbeitgebers, die sich auf die Zugehörigkeit des Arbeitnehmers zum Unternehmen und ihre Folgen für seine persönlichen Situationsgründe, könne und dürfe nicht von einem ihm möglicherweise vorzuwerfenden Verhalten, das zur Auflösung geführt habe, abhängig gemacht werden.

132 Art. 9 des Gesetzes Nr. 604 v. 15. 7. 1966; dazu *Mazzoni*, Manuale di diritto del lavoro I (1977) 738 ff.; *Riva Sanseverino*, Diritto del lavoro (13. Aufl. 1978) 372 ff.; *Ghera*, Appunti di diritto del lavoro (1976) 236 ff.

gen erbringen muß, die durchaus Abfindungsfunktionen haben. Der Sozialplan ist das Musterbeispiel dafür.[133] Leistungen aus dem Sozialplan lassen sich deshalb nicht isoliert betrachten. Sie müßten auf die Abfindung angerechnet werden.

Schwierigkeiten bereitet auch die Konkretisierung. Sie beginnen schon beim Maßstab. Gerade wenn ein fester Betrag, etwa nach dem Vorbild des § 10 KSchG, vorgesehen werden soll,[134] kommt es entscheidend auf die Kriterien an. Sie scheinen, zumindest solange man sich an den gängigen Vorstellungen orientiert, mehr oder weniger festzuliegen. Alter und Betriebszugehörigkeit sind die beiden Faktoren, auf die bei entsprechenden Regelungen fast durchweg zurückgegriffen wird. Die höchste Abfindung müßte dann jemand bekommen, der an der Pensionsgrenze ist und zugleich möglichst lange im Betrieb gearbeitet hat. Nur läßt sich aus der Perspektive einer arbeitsmarktpolitisch konzipierten und formulierten Regelung auch bei bestem Willen nicht behaupten, er sei auf die Abfindung genauso angewiesen, wie ein Arbeitnehmer, der etwa Mitte vierzig ist. Für diesen ist die Notwendigkeit, sich umzustellen noch eine reelle Belastung und die Arbeitslosigkeit eine durchaus echte Gefahr. Eine Abfindungsregelung kann aber daran nicht vorbeigehen, sie muß auf die noch ausstehende Lebensarbeitszeit und die Wiederbeschäftigungsmöglichkeiten genauso Rücksicht nehmen.

Die Erfolgschancen einer Abfindungsregelung hängen schließlich in hohem Maße von ihrer Anpassungsfähigkeit an die konkrete Unternehmenssituation und von der Möglichkeit der betroffenen Unternehmen ab, sich rechtzeitig darauf einzustellen. Für beides bieten sich sehr unterschiedliche Instrumente an. Unternehmensinterne Zurückstellungen zählen ebenso dazu wie Gemeinschaftsfonds für kleinere Unternehmen.[135] Doch gilt es auch, die Gefahren zu sehen und aufzufangen, die solche Fonds für die Stabilität der Beschäftigung mit sich bringen. Allzu leicht könnten sie dazu verleiten, die angesammelten Abfindungsgelder auch voll in Anspruch zu nehmen.

An die Einschaltung staatlicher Instanzen ist ebenfalls zu denken.[136]

---

133 Dazu auch *Dorndorf*, in Kündigungsschutztagungen 124; *Hanau*, ebda. 126.
134 Auch die Arbeitsgesetzbuchkommission hat sich für eine einheitliche Regelung entschieden, die sich nach gesetzlich fixierten Maßstäben richtet, Entwurf a.a.O. 123 f., § 100 Abs. 3.
135 Vgl. dazu auch *Hanau*, in Kündigungsschutztagungen 126.
136 Vgl. dazu auch *Säcker*, in Kündigungsschutztagungen 67 f.

Ihnen könnte die Aufgabe zufallen, die jeweiligen Unternehmensbeiträge zu verwalten und die Abfindung unter Umständen durch eine Vorleistungspflicht abzusichern. Nur darf der Eingriff des Staates nicht auf Kosten der Möglichkeit gehen, andere Lösungen zu wählen, die aus der Unternehmensperspektive adäquater sind und die Kompensation genauso garantieren.

3.11 Eine gerade auf die beschäftigungspolitischen Implikationen bedachte gesetzliche Regelung der Beendigung von Arbeitsverhältnissen kann nicht bei der Kündigung stehen bleiben. Sie muß sich ebenso intensiv mit Handlungsmodalitäten auseinandersetzen, die der beabsichtigten Einschränkung die Wirkung nehmen können. Das gilt für die Beschäftigung von Leiharbeitnehmern ebenso wie für befristete Arbeitsverträge. Beides sind Mittel, die sich sehr wohl dazu eignen, Regelungen zu unterlaufen, die den Bestand an Arbeitsplätzen zu sichern suchen.[137] Der Gesetzgeber darf deshalb nicht fragmentarisch agieren. Kündigungsschutz ist notwendigerweise auch und zugleich Begrenzung von Leiharbeit und befristeten Arbeitsverträgen.

Nichts anderes gilt für Auflösungsverträge. Ihre arbeitsmarktpolitische Bedeutung steht mittlerweile außer Zweifel. Für das Unternehmen mögen solche Vereinbarungen eine durchaus willkommene Entlastung bringen, für die Arbeitnehmer sind sie trotz aller Abfindung mit einem beträchtlichen Beschäftigungsrisiko behaftet, zumal unter konjunkturell schlechten Bedingungen. Die AGB-Kommission hat sich deshalb für eine Überlegungsfrist ausgesprochen und für ältere Arbeitnehmer zusätzliche Schutzvorkehrungen vorgeschlagen.[138] Der Arbeitnehmer soll die Chance haben, zu revozieren und damit Nachteile auszugleichen, die sich, wie etwa auch beim Adressaten von Geschäftsbedingungen, aus seiner spezifischen Situation ergeben.

Damit allein ist es freilich nicht getan. Der Arbeitnehmer ist weit mehr noch als auf die Widerrufsfrist auf sachkundige Information angewiesen. Er muß die Tragweite der eigenen Entscheidung überblicken können, ihre Konsequenzen für seine Person also genauso sehen wie die konkrete Bedeutung solcher Vereinbarungen für das Unternehmen. Beides vermag er in aller Regel ohne den Betriebsrat nicht zu leisten. Die Arbeitnehmerver-

---

137 Vgl. dazu auch das Gutachten des wissenschaftlichen Beirats a.a.O. 21 f.
138 Entwurf a.a.O. 131 f., § 110.

tretung kann nicht nur sein Informationsdefizit weitgehend ausgleichen, sie ist vielmehr auch in der Lage, seinen Fall zu der Situation der übrigen Arbeitnehmer in Verbindung zu setzen und von dort aus zu beurteilen. Auf eine Anhörung des Betriebsrats läßt sich deshalb nicht verzichten, auch wenn es Sache des Arbeitnehmers sein muß, letztlich zu entscheiden.[139]

Die Liste der Fragen, die es verdienten, ebenfalls angesprochen zu werden, ließe sich leicht verlängern. Doch ganz gleich wie man die Probleme weiter variiert, eines ändert sich nicht: Die Illusion einer allgegenwärtigen und scheinbar auch zu allem befähigten Gesetzgebung ist nicht minder gefährlich als die Inaktivität der Tarifvertragsparteien. Kreative, sich mit der ökonomischen und sozialen Realität permanent auseinandersetzende Phantasie der Tarifpartner und eine Gesetzgebung, die ihrer Notwendigkeit ebenso bewußt ist, wie ihrer komplementären Funktion, sind unverzichtbare Merkmale demokratischer Staatlichkeit. Die Balance mag nicht immer leicht fallen. Noch so große Schwierigkeiten entheben jedoch nicht von der Verpflichtung, alles zu versuchen, um sie einzuhalten.

Thesen

I.

1. Entwicklung und Struktur des Arbeitsmarktes sind, auch und gerade im Zusammenhang mit der Begründung und Beendigung von Arbeitsverhältnissen, Anlaß und Ausgangspunkt der Diskussion über die Verteilung von Arbeitsplätzen. Hohe Arbeitslosenzahl, Dauerarbeitslosigkeit und die zunehmende Verlagerung des Beschäftigungsrisikos auf Frauen, jugendliche und ältere Arbeitnehmer setzen in dieser Diskussion die Schwerpunkte und bestimmen ihren Verlauf.

2. Die Sicherheit des Arbeitsplatzes zählt zu den fundamentalen Voraussetzungen freier und unabhängiger Entfaltung des einzelnen. Das Grundgesetz duldet deshalb keine Gleichgültigkeit dem Arbeitsmarkt gegenüber, sondern forciert eine staatliche Politik und eine rechtliche Regelung, die weder Vollbeschäftigung als naturwüchsigen und selbstverständlichen Dauerzustand begreifen, noch Arbeitslosigkeit als Schicksal hinnehmen.

---

139 Vgl. dazu auch *Weiss*, in Kündigungsschutztagungen 138; *Säcker*, ebda. 143; *Zöllner*, in Verbandlungen a.a.O. D 126.

3. Einstellung, Versetzung und Kündigung sind Vorgänge, die sich, solange man sie vom Arbeitsmarkt her betrachtet, nicht voneinander trennen lassen und deshalb auch nicht getrennt beurteilt werden können. Sie setzen Bedingungen, die den Zugang zu den Arbeitsplätzen ebenso beeinflussen wie ihre Verteilung.

4. Vorschriften über die Begründung und die Beendigung des Arbeitsverhältnisses sind nicht arbeitsmarktneutral, sie wirken sich im Gegenteil unmittelbar auf die Arbeitsmarktsituation aus. Ein auf seine beschäftigungspolitischen Implikationen bedachtes Arbeitsrecht muß daher bei jeder Einstellungs- und Auflösungsbestimmung die Beschäftigungschancen Außenstehender genauso berücksichtigen wie die Weiter- und Wiederbeschäftigungsmöglichkeiten der in einem bestimmten Betrieb beschäftigten Arbeitnehmer.

II.

1. Art. 9 Abs. 3 GG räumt, auch und gerade im Hinblick auf die Bedingungen, unter denen Arbeitsverhältnisse zustande kommen und aufgelöst werden, der tariflichen Regelung den Vorrang ein.

2. Den Tarifvertragsparteien fällt die Aufgabe zu, Vorkehrungen zu treffen, die Arbeitslosigkeit mindern, Arbeitsplätze sichern und die Diskriminierung einzelner Arbeitnehmergruppen unterbinden. Die Steuerung von Rationalisierungskonsequenzen zählt insofern genauso zu den legitimen und legalen Zielen tariflicher Vereinbarung wie die Reduktion der Kündigungsmöglichkeiten.

3. Die tarifliche Regelung findet ihre Grenze dort, wo sie dazu benutzt wird, einzelne Arbeitnehmergruppen zu privilegieren oder zu diskriminieren. Tarifverträge, die:
- eine generelle Verkürzung der Lebensarbeitszeit vorsehen, ohne zugleich den Betroffenen die Möglichkeit zu geben, selbst über die Beendigung ihres Arbeitsverhältnisses zu entscheiden;
- die zugunsten einer vordergründigen Gleichbehandlung aller Arbeitnehmer verminderte Beschäftigungsmöglichkeiten und Dequalifikation von Frauen hinnehmen und verewigen;
- die lediglich der Versorgung der bereits Versorgten dienen, indem sie die Arbeitsplätze ausschließlich zugunsten der Arbeitsbesitzer konservieren und sie ihnen auch reservieren,

sind deshalb unzulässig.

III.

1. Die gesetzliche Regelung hat in erster Linie tarifliche Absprachen zu erleichtern und zugunsten aller Arbeitnehmer geltende Mindestbedingungen zu formulieren.

2. Gesetzliche Schutzvorschriften gelten gleichermaßen für alle Arbeitnehmer. Die Unternehmensgröße rechtfertigt keine Ausnahmen, sondern berechtigt allenfalls dazu, Alternativen anzubieten, die jedoch nur solange akzeptabel sind, wie sie einen gleichwertigen Schutz garantieren.

IV.

1. Die Tarifvertragsparteien sind bei der Vorbereitung tariflicher Regelungen durch mehr und bessere Informationen über Struktur und Entwicklung des Arbeitsmarktes zu unterstützen. Aufgabe des Gesetzgebers ist es, die Vorschriften des Arbeitsförderungsgesetzes neu zu fassen, um den Aufbau eines umfassenden Arbeitsmarktinformationssystems zu ermöglichen. Ein Frühwarnsystem für gefährdete Arbeitsplätze zählt ebenso dazu wie eine Arbeitsmarktgesamtrechnung. Die gesetzliche Regelung muß zudem die Voraussetzungen für eine ständige Kooperation von Arbeitsverwaltung und Tarifvertragsparteien schaffen.

2. Gesetzgebungspolitische Vorstellungen sind auch dort, wo es vordergründig nicht um Fragen der Arbeitsplatzsicherheit geht, weitaus intensiver als bisher im Hinblick auf ihre Konsequenzen für den Arbeitsmarkt zu überprüfen. So betrachtet, sind beispielsweise Unternehmenszusammenschlüsse nicht nur ein Wettbewerbs-, sondern auch ein Arbeitsmarktproblem. Beides gilt es gleichermaßen zu bedenken, und beides muß deshalb Voraussetzungen und Tragweite einer gesetzlichen Fusionskontrolle bestimmen.

V.

1. Jugendlichen, die sich in der Ausbildung befinden, muß, in Weiterentwicklung der Vorschriften des Ausbildungsplatzförderungsgesetzes, das Recht auf einen ersten, ihrer Ausbildung entsprechenden Arbeitsplatz garantiert werden.

2. Der Diskriminierung von Frauen ist mit Hilfe einer gesetzlich abgesicherten, an Quoten orientierten Beschäftigungspflicht entgegenzuwirken.

3. Mitbestimmung des Betriebsrats und Auswahlrichtlinien geben den Arbeitnehmern die Möglichkeit, auf die Einstellungspolitik einzuwirken. Deshalb kommt es darauf an, interpretatorische Restriktionen bei der Formulierung der Auswahlrichtlinien und der Bestimmung ihrer Tragweite zu vermeiden und nicht gesetzliche Vorschriften anzustreben, die den Arbeitgeber verpflichten, nur eine »sachgerechte« Auswahl zu treffen.

VI.

1. Glaubwürdigkeit und Wirksamkeit des Kündigungsschutzes lassen sich nicht mit Hilfe einer Regelung verbessern, die durch immer mehr Details scheinbar präziser wird. Die Erfahrung zeigt nur zu gut, wie variier- und austauschbar Kündigungsgründe sind. Aufgabe des Gesetzgebers ist es deshalb, dem Arbeitnehmer zu ermöglichen, Kündigungsabsicht und Kündigungsgründe rechtzeitig zu erkennen, sowie für ein Verfahren zu sorgen, das in jedem seiner Stadien transparent und für den Arbeitnehmer überschaubar bleibt.

2. Jeder Arbeitnehmer ist vor der Kündigung seines Arbeitsverhältnisses zu hören. Die Anhörung des Betriebsrats ersetzt nicht die Stellungnahme des Betroffenen.

3. Kündigungsart und Kündigungsgründe sind bei der Kündigung abschließend zu formulieren. Die Kündigungsgründe sind dem Arbeitnehmer gegenüber offenzulegen. Andere als die angegebenen Gründe dürfen nachträglich nicht geltend gemacht werden.

4. Der Arbeitgeber muß die Kündigungsgründe ebenso beweisen wie ihre soziale Rechtfertigung.

5. Jedem Arbeitnehmer stellt während der gerichtlichen Auseinandersetzung über die Kündigung grundsätzlich ein Anspruch auf Weiterbeschäftigung zu. Dieser Anspruch läßt sich allerdings solange nicht verwirklichen, wie Ablauf und Dauer des Kündigungsschutzverfahrens nicht geändert werden.

6. Mit einer bloßen Beschleunigung der Arbeitsgerichtsprozesse ist es nicht getan, vielmehr gilt es, das Kündigungsschutzverfahren weitgehend zu entjustizialisieren. Kündigungsstreitigkeiten sind zunächst vor einer innerbetrieblichen Instanz auszutragen. Die Entscheidung dieser Instanz muß gerichtlich nachprüfbar sein. Die Intervention der Gerichte ist allerdings in Anlehnung an die Vorschriften über die Einigungsstelle zu begrenzen. Unter diesen Voraussetzungen läßt sich der Weiterbeschäfti-

gungsanspruch des Arbeitnehmers durchaus realisieren und zwar mindestens bis zur Entscheidung des Arbeitsgerichts.

7. Jedem gekündigten Arbeitnehmer stellt ohne Rücksicht auf Kündigungsart und Kündigungsgrund ein Abfindungsanspruch zu. Bei der Bemessung der Abfindung dürfen nicht nur Alter und Dauer der Betriebszugehörigkeit eine Rolle spielen; die noch ausstehende Lebensarbeitszeit und die Wiederbeschäftigungsmöglichkeiten sind von gleichrangiger Wichtigkeit. Die Unternehmensgröße und die Notwendigkeit rechtzeitiger Disposition können organisatorisch unterschiedliche Modelle rechtfertigen, dürfen aber nicht den Abfindungsanspruch gefährden.

8. Eine arbeitsmarktpolitisch orientierte Kündigungsschutzregelung bleibt solange unvollständig und unwirksam, wie sich der Gesetzgeber nicht mindestens ebenso intensiv mit den beschäftigungspolitischen Folgen von Leiharbeit, befristeten Arbeitsverhältnissen und Auflösungsverträgen auseinandersetzt.

9. Auflösungsverträge müssen an eine Widerrufsfrist gebunden werden. Ihre Wirksamkeit ist zudem von einer Anhörung des Betriebsrats abhängig zu machen.

Konstitutionalisierung

Datenschutz und Arbeitsrecht

I.

Das Bundesdatenschutzgesetz wurde am 27. 1. 1977 verkündet.[1] Spät, aber schließlich doch entsprach der Bundesgesetzgeber damit der im In- und Ausland längst erhobenen Forderung nach wirksamen Maßnahmen gegen die Gefährdung des einzelnen durch die ständig zunehmende, mittlerweile fast selbstverständlich gewordene Verarbeitung personenbezogener Daten. Ganz gleich, ob es um die Krankenversicherung oder die Verbesserung des Vorortverkehrs, den Arbeitsbeginn oder die Leistungsbewertung, die Kreditvergabe oder die Altersrenten geht, der Datenhunger scheint keine Grenzen zu kennen. Das ist Grund genug, so möchte man meinen, die Entscheidung des Bundestages zu begrüßen.

Um so mehr überrascht die – teilweise auch von gewerkschaftlicher Seite[2] – geübte heftige Kritik. Da ist von einem »Datenfreigabegesetz«, das den Arbeitnehmer vollends zum Freiwild mache, ebenso die Rede wie von einer deutlichen Verschlechterung seiner Position gegenüber dem gegenwärtigen Zustand. Der Verabschiedung des Gesetzes war immerhin eine eingehende Diskussion vorausgegangen in deren Verlauf auch zwei Anhörungen stattgefunden hatten.[3] Doch die Protokolle verzeichnen nirgends ähnlich schwere Vorwürfe. Im Anhörungsverfahren gelangten die Vertreter der Arbeitnehmer nicht einmal unter dem Eindruck der hartnäckigsten Fragen zu einem vergleichbar negativen Ergebnis.[4] Ihre Ein-

---

1 Gesetz zum Schutz vor Mißbrauch personenbezogener Daten bei der Datenverarbeitung (Bundesdatenschutzgesetz – BDSG), BGBl. I S. 201 – Die in dieser Abhandlung nicht näher bezeichneten Paragraphen sind solche des BDSG.
2 Vgl. *Karl-Heinz Janzen*, Metall Pressedienst v. 12. 11. 76.
3 Vgl. die Protokolle der Anhörungen vor dem Innenausschuß des Deutschen Bundestages am 6. 5. 74 (Zur Sache [Hrsg. Presse- und Informationszentrum des Deutschen Bundestages] 5/74, Datenschutz/Meldegesetz, S. 17 ff.) und am 31. 3. 76 (BT-Drucks. 7. Wahlperiode Innenausschuß 724-2450).
4 Vgl. insbesondere das Protokoll v. 31. 3. 76 (Fußnote 3) S. 40 ff.

wände betrafen Details; von einer prinzipiellen Ablehnung war mithin nichts zu merken. Selbst dies ging jedoch manchen Betrachtern zu weit. Den Arbeitnehmern könne, so bemerkten sie, das Gesetz mehr oder weniger gleichgültig sein.[5] Schließlich fehle es nicht an arbeitsrechtlichen Spezialvorschriften zum Datenschutz. Was deshalb anderswo möglicherweise sehr wichtig, ja unbedingt erforderlich sei, spiele für die Arbeitnehmer nur eine höchst periphere Rolle. Kurzum, das Bild ist verwirrend. Während die einen die sofortige Novellierung kategorisch verlangen,[6] scheint den anderen eine intensive Auseinandersetzung mit dem Bundesdatenschutzgesetz kaum der Mühe wert zu sein. Doch schon diese überaus auffällige Diskrepanz in der Einschätzung des Gesetzes dürfte genügen, um sich zu fragen, wie sich denn das Bundesdatenschutzgesetz konkret auf die Position des einzelnen Arbeitnehmers auswirkt.

II.

Das Ziel des Gesetzes[7] ist schnell umschrieben: dem freien Umgang mit Angaben zur Person des einzelnen Einhalt zu gebieten, und zwar um des Schutzes seiner Integrität willen. »Datenschutz« ist insofern eine höchst mißverständliche Formulierung. Keineswegs geht es darum, irgendwelche Daten zu schützen. Im Vordergrund steht vielmehr einzig und allein die Aufgabe, den einzelnen vor den Konsequenzen zu bewahren, die eine grundsätzlich uneingeschränkte Verwendung der ihn betreffenden Angaben haben könnte. So gesehen, erscheint der »Datenschutz« nur als Konkretisierung des jedem Bürger zustehenden fundamentalen Rechts auf Respekt vor seiner Person.

Deshalb ist es durchaus folgerichtig, wenn das Bundesdatenschutzgesetz bewußt davon absieht, sich an den spezifischen Eigenschaften der einzelnen Bürger zu orientieren und statt dessen Schutzvorkehrungen formuliert, die für jeden gelten. Anders ausgedrückt: Besondere Vorschriften für

---

5 Ganz in diese Richtung gehen beispielsweise die Bemerkungen von *Hergenhahn* in der Anhörung v. 31. 3. 76 (Fußnote 3) S. 44; vgl. aber auch *Gola*, DSWR 1974 S. 186; *ders.* in Dierstein/Fiedler/*Schulz*, Datenschutz und Datensicherung (1976), S. 111 ff.; *Hümmerich/Gola*, Personaldatenrecht im Arbeitsverhältnis (1975), S. 153 ff.

6 Vgl. *Karl-Heinz Janzen* (Fußnote 2).

7 Zum Gesetz selbst vgl. *Ruckriegel*, ÖVD 1976 S. 352 ff.; *Auernhammer*, BB 1977 S. 205 ff.; *Schweizer*, DB 1977 S. 289 ff., 337 ff.; *Simitis*, NJW 1977 H. 17; einzelne arbeitsrechtliche Aspekte behandelt *Gola*, BB 1977 S. 146 ff.

Arbeitnehmer finden sich im Bundesdatenschutzgesetz nicht. Ebenso steht aber fest, daß sich Arbeitnehmer wie auch alle anderen Bürger auf das Bundesdatenschutzgesetz berufen können, sobald Daten zu ihrer Person verarbeitet werden, und zwar ganz gleich, ob dies im Rahmen der staatlichen Verwaltung oder privater unternehmerischer Tätigkeit geschieht.

Der Wunsch, den einzelnen soweit wie nur irgend möglich zu schützen, rechtfertigt es nach Meinung des Gesetzgebers auch, von sehr wohl denkbaren Differenzierungen abzusehen, die sich, sei es auf die jeweilige Form der Datenverarbeitung, sei es auf ihre verschiedenen Stadien beziehen. Manuelle und automatische Datenverarbeitung sind gleichermaßen datenschutzpflichtig (§ 1). Und die Bindung an die vom Gesetz aufgestellten Grundsätze hört nicht deshalb auf, weil personenbezogene Angaben »nur« gesammelt werden. Das Bundesdatenschutzgesetz (§§ 1, 2 Abs. 2 Ziff. 1) schließt jeglichen Zweifel aus: Sofern eine der gesetzlichen Definition entsprechende Datei (§ 2 Abs. 3 Ziff. 3) vorliegt, bestimmt sich die Zulässigkeit aller Speicherung, Veränderung oder Übermittlung strikt nach den vom Bundesdatenschutzgesetz selbst formulierten Kriterien.

Hinzu kommen technische und organisatorische Vorschriften, wie etwa die Bestimmungen über die Datensicherung (§ 6) oder über die Bestellung eines besonderen unternehmensinternen Datenschutzbeauftragten (§§ 28, 29, 38), sowie eine zweigleisige Kontrolle: einerseits durch den Betroffenen selbst, und zwar mit Hilfe der ihm gesetzlich garantierten Rechte auf Auskunft, Berichtigung, Sperrung oder Löschung (§ 4); andererseits durch den Bundesdatenschutzbeauftragten (§§ 17 ff.) im öffentlichen Bereich und durch die für den Datenschutz zuständigen Aufsichtsbehörden (§§ 30, 40) außerhalb der staatlichen Tätigkeit.

Die Verarbeitung personenbezogener Daten bedarf also fortan der besonderen Rechtfertigung (§ 3) und muß sich außerdem innerhalb des vom Gesetz eigens vorgeschriebenen Rahmens abspielen. Freie Daten gibt es ebensowenig[8] wie jemand für sich Datenschutzimmunität beanspru-

---

8 Genaugenommen gilt dies freilich nur für den öffentlichen Bereich. Außerhalb seiner bleibt listenmäßige Übermittlung bestimmter vom Gesetz genau aufgezählter Daten grundsätzlich möglich (§§ 24 Abs. 2, 32 Abs. 3); eine allerdings nach wie vor bedenkliche Ausnahme. Das Gesetz macht aber immerhin diese partielle Freigabe davon abhängig, daß »schutzwürdige Belange« der Betroffenen nicht beeinträchtigt werden. So abstrakt die Formulierung auch sein mag, sie läßt eines erkennen: Wer dazu übergeht, die vom Gesetz erwähnten Daten listenmäßig weiterzugeben, ist unter allen Umständen verpflichtet, sich von Fall zu Fall vorweg zu vergewissern, ob die Interessen eines jeden Betroffenen tatsächlich gewahrt sind.

chen kann.[9] Und auch dort, wo Skepsis überaus angebracht erscheint, so wenn etwa der Gesetzgeber die Einwilligung des Betroffenen ausreichen läßt (§ 3), um die Informationssperre zu durchbrechen,[10] verschieben sich die Akzente nicht: Der Vorrang gebührt unter allen Umständen dem Respekt vor der Person des einzelnen.

III.

Soviel läßt sich nun sicherlich nicht bestreiten: Der Schutz der persönlichen Integrität auch und vor allem bei der Verarbeitung personenbezogener Daten stellt für das Arbeitsrecht nichts Neues dar.[11] Vier Beispiele mögen dies verdeutlichen:

1. Der § 83 BetrVG gewährt jedem Arbeitnehmer das Recht, seine Personalakte einzusehen. Was der Wortlaut des Gesetzes nicht ohne weiteres vermuten läßt, steht mittlerweile fest. Das Einsichtsrecht setzt keineswegs voraus, daß die Angaben in einer einzigen Akte geführt werden. Vielmehr besteht es selbst dann uneingeschränkt, wenn die Aussagen zur Person des Arbeitnehmers in den verschiedensten Unterlagen verstreut sind.[12] Zeugnisse, Bewerbungsbogen und Leistungsbewertungen können deshalb ebenso eingesehen werden wie Versicherungskarten oder Anga-

---

9 Eine Ausnahme gilt für Presse, Rundfunk und Film, allerdings nur so lange, wie die Datenverarbeitung ausschließlich den eigenen publizistischen Zwecken dient (§ 1 Abs. 3).

10 Das BDSG verlangt unmißverständlich eine ausdrückliche schriftliche Erklärung. Mit einem wie auch immer konstruierten »stillschweigenden« Einverständnis ist mithin nichts anzufangen. Deshalb kann auch keinem Arbeitnehmer »unterstellt werden«, mit der Mitteilung bestimmter Informationen stimme er zugleich ihrer Verarbeitung zu (so aber *Gola*, BB 1976 S. 148). Dem Arbeitgeber bleibt infolgedessen nur die Wahl, entweder die formellen Bedingungen des § 3 (Schriftform und getrennte Erklärung) zu erfüllen oder den Umfang der Verarbeitung auf das Maß zu beschränken, das von den gesetzlichen Bestimmungen (§§ 22 ff.) gedeckt wird. Zur Fragwürdigkeit der Einwilligung gerade im Zusammenhang mit Einstellungsfragebogen vgl. *Degener*, Das Fragerecht des Arbeitgebers gegenüber Bewerbern (1975), S. 104.

11 Zu den arbeitsrechtlichen Implikationen des Persönlichkeitsrechts vgl. insbesondere *Wiese*, ZfA 1971 S. 273 ff.; *Pfarr*, ArbuR 1976 S. 201 f.

12 Vgl. *Dietz/Richardi*, BetrVG, 5. Aufl., § 83 Anm. 10; *Fitting/Auffarth/Kaiser*, BetrVG, 11. Aufl., § 83 Anm. 2; *Gnade/Kehrmann/Schneider*, BetrVG (1972), § 83 Anm. 1; *Wiese*, GK-BetrVG, § 83 Anm. 4; *Weiss*, BetrVG in Handbuch des Arbeitsrechts (Hrsg. Maus) (1976), § 83 Anm. 1.

ben des Werkschutzes.[13] Es herrscht zwar nach wie vor Streit darüber, inwieweit die für den öffentlichen Dienst anerkannte Verpflichtung zur Vollständigkeit der Personalakte auch für private Unternehmen gilt.[14] Dennoch bezweifelt niemand den Anspruch des Arbeitnehmers auf richtige Angaben und auf Beurteilungen, die dem pflichtgemäßen Ermessen des Arbeitgebers entsprechen müssen.[15]

Mit anderen Worten: Völlig unabhängig von allen Bemühungen um einen generellen Datenschutz stellt das Betriebsverfassungsrecht den Grundsatz auf, daß Daten, die der Arbeitgeber zur Person des Arbeitnehmers gleichviel in welchem Zusammenhang und in welcher Form auch immer sammelt, dem Arbeitnehmer zugänglich sein müssen. Und wo im Hinblick auf ihre Struktur Korrektheit nicht verlangt werden kann, haben sie jedenfalls nachprüfbaren Kriterien standzuhalten.

2. Der § 94 BetrVG knüpft die Formulierung von Personalfragebogen an die Zustimmung des Betriebsrats. Welche Informationen mithin der Arbeitgeber verlangen kann, bestimmt sich nicht allein nach seinen Vorstellungen. Die Abhängigkeit vom Arbeitsplatz soll eben nicht ausgenutzt werden, um den Arbeitnehmer zu veranlassen, auf Fragen einzugehen, die sich mit dem Respekt vor seiner Person nicht vertragen. Zudem bedeutet die bewußte Begrenzung des Wissens über seine Person auch eine gezielte Abwehr aller Versuche, mit Hilfe der besseren Information die ohnehin vorhandene Abhängigkeit noch weiter zu steigern. Wohlgemerkt, dem Arbeitgeber bleibt nach wie vor die Entscheidung darüber belassen, ob er überhaupt Fragebogen verwenden will. Hat er sich aber einmal dazu entschlossen, dann bestimmt der Betriebsrat den Inhalt mit.

Aber selbst die uneingeschränkte Zustimmung des Betriebsrats verpflichtet den Arbeitnehmer nicht, sämtliche Fragen zu beantworten. Das Mitbestimmungsrecht der Arbeitnehmervertretung tangiert nicht im geringsten das Recht jedes einzelnen Arbeitnehmers, Achtung vor

---

13 Das gilt ohne Rücksicht darauf, ob der Arbeitgeber die Aufzeichnungen kennt oder nicht; vgl. dazu *Brecht*, BetrVG (1972), § 83 Anm. 2; *Dietz/Richardi* (Fußnote 12) § 83 Anm. 3; *Fitting/Auffarth/Kaiser* (Fußnote 12) § 83 Anm. 2; *Gnade/Kehrmann/Schneider* (Fußnote 12) § 83 Anm. 1.A. A. *Erdmann/Jürging/Kammann*, BetrVG (1972), § 83 Anm. 2.

14 Vgl. *Dietz/Richardi* (Fußnote 12) § 83 Anm. 6; *Stengel*, BB 1976 S. 1083 f.; *Gola/Hümmerich*, BB 1974 S. 1167 f.; *Hümmerich/Gola* (Fußnote 5) S. 40 ff.; *Gola*, DB 1975 S. 1894. Eine Verpflichtung zur »Vollständigkeit« besteht allerdings unstreitig insoweit, als der Arbeitgeber neben der »offiziellen« Akte keine inhaltlich davon abweichende führen darf; vgl. dazu *Erdmann/Jürging/Kammann* (Fußnote 13) § 83 Anm. 2.

15 Vgl. *BAG* v. 25. 2. 59, AP Nr. 6 zu § 611 BGB Fürsorgepflicht = ArbuR 1959 S. 284; *Dietz/Richardi* (Fußnote 12) § 83 Anm. 6.

der eigenen Person zu verlangen.[16] Deshalb trifft die Feststellung des *Bundesarbeitsgerichts*[17] – und zwar auch nach der Reform der Betriebsverfassung im Jahre 1972 – voll und ganz zu,[18] daß nicht jede falsche Angabe eine arglistige Täuschung i. S. des § 123 BGB darstelle, sondern nur falsche Antworten auf eine rechtlich zulässige Frage. Die Integrität des Arbeitnehmers wird schon durch einen Fragebogen gefährdet, der die Grenzen des rechtlich noch tolerierbaren Informationsbedürfnisses überschreitet. Die Reaktion auf einen solchen Fragebogen, genauer auf die jeweils unzulässigen Fragen, kann infolgedessen nicht als rechtswidrig qualifiziert werden.

Was nun im einzelnen gefragt werden darf, richtet sich nach der konkreten Bedeutung des Fragebogens für die beabsichtigte Verwendung des Arbeitnehmers im Betrieb. Im Vordergrund stehen daher die für die Struktur des jeweiligen Arbeitsplatzes ausschlaggebenden Merkmale; doch gilt es ebenso auf die späteren beruflichen Entwicklungsmöglichkeiten des Arbeitnehmers Rücksicht zu nehmen. Die Parallele zum Bundesdatenschutzgesetz fällt sofort auf. Auch dort ist der Zweck des Vertragsverhältnisses eines der wichtigsten Kriterien für die Zulässigkeit der Informationsspeicherung, zumindest solange die Daten für »eigene« Zwecke verwendet werden sollen (§ 23). Am Beispiel des Arbeitsverhältnisses läßt sich nun sehr wohl demonstrieren, wo die Zweckwidrigkeit beginnt. Wenn mittlerweile feststeht, daß beispielsweise nicht nach den politischen und religiösen Anschauungen des Arbeitnehmers oder auch nach seiner Zugehörigkeit zur Gewerkschaft gefragt werden darf,[19] dann deshalb, weil solche Informationen mit dem Arbeitsverhältnis nichts zu tun haben.[20]

---

16 Vgl. auch *Fitting/Auffarth/Kaiser* (Fußnote 12) § 94 Anm. 3; *Dietz/Richardi* (Fußnote 12) § 94 Anm. 18; *Kraft*, GK-BetrVG, § 94 Anm. 19.

17 Vgl. *BAG* v. 5. 12. 57, AP Nr. 2 zu § 123 BGB.

18 Vgl. auch *Kraft* (Fußnote 16) § 94 Anm. 20; *Dietz/Richardi* (Fußnote 12) § 94 Anm. 3; *Degener* (Fußnote 10) S. 57 ff., 97 ff.; zweifelnd *Fitting/Auffarth/Kaiser* (Fußnote 12) § 94 Anm. 3.

19 Vgl. etwa *Wiese* (Fußnote 11) S. 283 ff.; *Leipold*, ArbuR 1971 S. 161 ff.; *Rüthers*, BB 1968 S. 824 f.; *Dietz/Richardi* (Fußnote 12) § 94 Anm. 15; *Fitting/Auffarth/Kaiser* (Fußnote 12) § 94 Anm. 4; *Gnade/Kehrmann/Schneider* (Fußnote 12) § 94 Anm. 3; *Kraft* (Fußnote 16) § 94 Anm. 16; *Degener* (Fußnote 10) S. 130 ff.

20 Insofern wiederholt sich jedoch beim Fragebogen ein bereits für die Personalakten geltender Grundsatz: Die Akten dürfen nur Informationen enthalten, an denen ein durch das Arbeitsverhältnis legitimiertes »sachliches Interesse« des Arbeitgebers besteht; zur Bedeutung der Einschränkung des Fragerechts vgl. auch *Badura* in Festschrift für Berber (1973), S. 22; *Gamillscheg* in Festschrift für Werner Weber (1974), S. 800; *Wiese* (Fußnote 12) § 83 Anm. 5; *Fitting/Auffarth/Kaiser* (Fußnote 12) § 83 Anm. 2.

Die Affinität zum Bundesdatenschutzgesetz wird freilich erneut deutlich. Entgegen mancher mit Nachdruck vertretenen Meinung[21] hat es der Gesetzgeber abgelehnt, bestimmten für besonders sensibel gehaltenen Daten einen Sonderstatus einzuräumen.[22] Zu Recht; denn wie sich gerade am Arbeitsverhältnis zeigt, gibt nicht die abstrakte Qualifikation als hochgradig »sensibel« den Ausschlag für die Notwendigkeit von Schutzvorkehrungen, sondern der konkrete Verwendungszusammenhang der jeweiligen Angaben.[23] Präziser: Auch das Arbeitsrecht lockert das Verbot, sich etwa nach der religiösen oder politischen Überzeugung zu erkundigen, dann, wenn es um Tendenzbetriebe (§ 118 BetrVG) geht.[24] Man mißverstehe dies nicht. Keineswegs ist damit gesagt, die Beschäftigung in derartigen Betrieben könne und müsse von solchen Informationen abhängig gemacht werden. Vielmehr kommt es hier lediglich auf die Feststellung an, daß sonst unzugängliche Informationen im Zusammenhang mit Tendenzbetrieben einen anderen Stellenwert bekommen. Nicht anders verhält es sich mit der gewerkschaftlichen Zugehörigkeit. Man braucht nur an Unternehmen zu denken, die auf den ausdrücklichen Wunsch der Gewerkschaften hin den Gewerkschaftsbeitrag bei der Lohnzahlung einbehalten. Und auch die Reaktion auf Fragen zu Vorstrafen oder Krankheiten verdeutlicht nur zu gut, welche entscheidende Rolle der Verwendungszusammenhang spielt.[25] Der Maßstab ist mithin ein streng funktionaler.

Zusammengefaßt: Wer die Erfahrungen des Arbeitsrechts ernst

---

21 Eines der jüngsten Beispiele dafür ist der von der niederländischen Regierungskommission zum Schutz der Privatsphäre gegen die Verarbeitung personenbezogener Daten am 30. 11. 76 vorgelegte Gesetzesentwurf. Er unterscheidet zwischen personenbezogenen Daten überhaupt und bestimmten besonders sensitiven Angaben (Art. 1), für die dann eigene Vorschriften vorgesehen sind. Gemeint sind Informationen über die politischen und religiösen Anschauungen, zur Gesundheit und zu den Vorstrafen. Ähnlich verfährt der französische Gesetzesentwurf vom 9. 8. 76 »relatif à l'informatique et aux libertés«, Assemblée Nationale, Cinquième législature, Première session ordinaire de 1976–1977 No. 2516 (Art. 26).
22 Eine Ausnahme, auf die später noch besonders hingewiesen wird, gilt allerdings im Zusammenhang mit der Löschung (§§ 27 Abs. 3, 35 Abs. 3). Der Gesetzgeber trifft hier für bestimmte, von ihm für besonders empfindlich gehaltene Daten eine Sonderregelung.
23 Vgl. dazu auch *Simitis*, DVR 1973 S. 150 ff.
24 Vgl. auch *Dietz/Richardi* (Fußnote 12) § 94 Anm. 15; *Fitting/Auffarth/Kaiser* (Fußnote 12) § 94 Anm. 4.
25 Vgl. *Gnade/Kehrmann/Schneider* (Fußnote 12) § 84 Anm. 3; *Kraft* (Fußnote 16) § 94 Anm. 10 ff.; *Dietz/Richardi* (Fußnote 12) § 94 Anm. 16 f.; *Galperin/Löwisch*, BetrVG, 5. Aufl., § 94 Anm. 3 ff.; *Hümmerich/Gola* (Fußnote 5) S. 53 ff.; *Degener* (Fußnote 10) S. 126 ff.

nimmt, kommt nicht umhin einzusehen, wie vordergründig Forderungen nach einer Sonderbehandlung bestimmter Daten sind. Der Datenschutz ist keine durch die Sensibilität einzelner Angaben ausgelöste Regelung, sondern vermag seiner Aufgabe nur gerecht zu werden, wenn die Rechtsordnung bewußt von Unterscheidungen zwischen den verschiedenen Angaben absieht und ihre Aufmerksamkeit auf die Umstände konzentriert, unter denen auf die Daten zurückgegriffen wird.

3. Der § 87 Abs. 1 Ziff. 6 BetrVG räumt dem Betriebsrat ein Mitbestimmungsrecht bei der Verwendung technischer Einrichtungen ein, mit deren Hilfe das Verhalten der Arbeitnehmer überwacht werden soll. Wohl das beste Beispiel für Intention und Tragweite dieser Vorschrift ist der Streit um die Produktographen.[26] Daß ihre Benutzung der Mitbestimmung unterliegt, scheint auf den ersten Blick kaum der Diskussion wert. Schließlich sind sie dafür da, den Arbeitsablauf und damit auch, ob man es will oder nicht, das Verhalten der jeweils betroffenen Arbeitnehmer nachzuzeichnen. Allerdings vermittelt der Wortlaut des Gesetzes den Eindruck, daß mehr verlangt wird. Das Mitbestimmungsrecht setzt, so könnte man meinen, erst ein, wenn der Arbeitgeber mit der technischen Einrichtung von vornherein das Ziel verfolgt, die Arbeitnehmer zu kontrollieren.

Aus der Perspektive des Betroffenen macht es allerdings keinen Unterschied, was denn der Arbeitgeber genau möchte; das Verhalten des Arbeitnehmers wird in jedem Fall überwacht. Und ebensowenig spielt es für ihn eine Rolle, inwieweit der Unternehmer beabsichtigt, die gleichsam als Nebenprodukt abfallenden Daten zur Person des Arbeitnehmers auszuwerten. Schon die Existenz derartiger Angaben genügt, um die Integrität seiner Person zu gefährden. Gerade weil aber diese Integrität Gegenstand des § 87 Abs. 1 Ziff. 6 BetrVG ist, scheiden Interpretationen aus, die sich an der Einstellung des Arbeitgebers zu orientieren suchen.[27] Seine Ziele sind belanglos; nur die objektive Konsequenz seiner Entscheidung zählt. Der Betriebsrat muß, mit anderen Worten, nicht deshalb mitbestimmen, weil der Arbeitgeber mit Hilfe der Produktographen die Arbeitnehmer zu

---

26 Vgl. insbesondere *BAG* v. 9. 9. 75, ArbuR 1976 S. 91 = DB 1975 S. 2233 f.

27 Vgl. *BAG* v. 9. 9. 75 (Fußnote 26); *Weiss* (Fußnote 12) § 87 Anm. 9; *Dietz/Richardi* (Fußnote 12) § 87 Anm. 216; *Fitting/Auffarth/Kaiser* (Fußnote 12) § 87 Anm. 36; *Wiese* (Fußnote 12) § 87 Anm. 105; *Gnade/Kehrmmann/Schneider* (Fußnote 12) § 87 Anm. 22. A. A. *Erdmann/Jürging/Kammann* (Fußnote 13) § 87 Anm. 70; *Brecht* (Fußnote 13) § 87 Anm. 22.

überwachen beabsichtigt, sondern lediglich mit Rücksicht darauf, daß durch eine solche Einrichtung zwangsläufig eine Kontrollsituation entsteht. Der damit verbundene Eingriff in die persönliche Integrität ist nur so lange zu tolerieren, wie er unter Voraussetzungen erfolgt, die von der Arbeitnehmervertretung gebilligt werden.

Erneut drängt sich der Vergleich mit dem Bundesdatenschutzgesetz auf. Schon das bloße Sammeln reicht, wie schon erwähnt, für die Anwendung des Gesetzes aus. Was mithin mit den im Einzelfall erfragten Angaben geschieht, interessiert nicht – eine keineswegs selbstverständliche Regelung. Lange Zeit meinte man, vom Datenschutz erst von der Weitergabe an sprechen zu können.[28] Indes fehlt es nicht an Beispielen, die zeigen, daß bereits das Sammeln personenbezogener Daten eine Gefährdung darstellt.[29] Ähnlich wie beim Produktographen gibt die Masse der zusammengestellten Angaben, auch wenn sie keineswegs geordnet sind, die Grundlage für ein später durchaus verwendbares Wissen ab. Und eben diese potentielle Nutzung rechtfertigt den Eingriff des Gesetzgebers. Mit seiner Regelung vollzieht er jedoch nur die im Betriebsverfassungsrecht schon gefällte Entscheidung nach.

Betriebsverfassungsrecht und Bundesdatenschutzgesetz bestätigen allerdings zugleich, wie irreführend Formulierungen sind, die den subjektiven Faktoren scheinbar den Vorrang geben. Das Bundesdatenschutzgesetz verfährt letztlich nicht anders als § 87 Abs. 1 Ziff. 6 BetrVG. Es spricht von der Verpflichtung, den einzelnen vor dem »Mißbrauch« bei der Verarbeitung personenbezogener Daten zu schützen (§ 1). Nur kommt es, wie sich gerade am Beispiel des Sammelns zeigt, auf einen »Mißbrauch« im eigentlichen Sinne des Wortes gar nicht an. Denn der Gesetzgeber vermeidet es bewußt, an eine konkrete Schädigungsabsicht desjenigen anzuknüpfen, der Daten verarbeitet. Genauso wie beim Produktographen löst die für den Betroffenen objektiv gefährliche Lage die Intervention aus.

4. Man mag über den Wert von Zeugnissen geteilter Meinung sein.[30] Wenn jedoch Ausstellung und Inhalt zunehmend problematischer geworden sind, dann deshalb, weil sich die Einsicht durchgesetzt hat, daß es nicht einfach damit getan ist, dem Arbeitnehmer ein Recht auf ein Zeug-

---

28 Vgl. statt aller die Stellungnahmen im Rahmen der ersten Anhörung vor dem Innenausschuß des Deutschen Bundestages zum BDSG am 6. 5. 74 (Fußnote 3) S. 103 ff.
29 Vgl. *Simitis* (Fußnote 23).
30 Vgl. zuletzt *Schwerdtner*, Arbeitsrecht I (1976), S. 244.

nis zuzubilligen (§ 630 BGB). Zeugnisse dürfen vielmehr nur »objektiv richtige« Angaben und »zutreffende« Beurteilungen enthalten.[31] Anders ausgedrückt: Information wird sowohl im Interesse des zukünftigen Arbeitgebers als auch in dem des Arbeitnehmers selbst weitergegeben; doch die Übermittlung ist erst statthaft, wenn sie bestimmten, um der persönlichen Integrität des Arbeitnehmers willen aufgestellten Voraussetzungen genügt. Dabei bleibt es auch dann, wenn der frühere Arbeitgeber dem möglicherweise neuen Auskünfte erteilt. Zwar bedarf es dazu nicht der Einwilligung des Arbeitnehmers, erforderlich ist aber stets ein berechtigtes Interesse des Informationsempfängers an den übermittelten Angaben.[32] Ganz abgesehen davon steht dem Arbeitnehmer das Recht zu, darüber unterrichtet zu werden, wem was mitgeteilt worden ist.[33]

Welche Komplikationen diese Regelung mit sich bringt, erweist sich an Auskünften zu schwebenden Strafverfahren. Allzu leicht könnte man geneigt sein, der Rechtsprechung[34] den Satz zu entnehmen, Bedenken gegen derartige Informationen bestünden nicht, sofern nur alle übrigen, bereits erwähnten Bedingungen erfüllt seien. Nur dürfen solche Schlußfolgerungen nicht gezogen werden, ohne den jeweiligen Sachverhalt genau zur Kenntnis zu nehmen. Konkret: Der Heimerzieher, gegen den ein Verfahren schwebt, weil er sich an den ihm anvertrauten Kindern vergangen haben soll, muß nach der Rechtsprechung des *Bundesarbeitsgerichts* mit einer Mitteilung darüber dann rechnen, wenn er sich wiederum als Erzieher bewirbt. Das Gericht bemüht sich mithin, die Auskunft an Einschränkungen zu binden, die auf die Eigenart der jeweiligen Arbeit und die mögliche Beziehung zum Strafverfahren Rücksicht nehmen.[35]

Natürlich kann man nicht nur, man muß sogar darüber streiten, inwieweit es wirklich statthaft ist, Informationen weiterzugeben, die Vorgänge betreffen, über die gerade gerichtlich entschieden werden soll. Schließlich bedarf es keiner großen Phantasie, um sich die Wirkung einer solchen Mitteilung vorzustellen. Letztlich macht es keinen Unterschied,

---

31 Vgl. statt aller *Erman/Küchenhoff*, BGB, 6. Aufl., § 630 Anm. 10; *Söllner*, Arbeitsrecht, 5. Aufl., S. 229.
32 Vgl. *BAG* v. 25. 10. 57, ArbuR 1959 S. 248 f. = NJW 1958 S. 1061; vgl. aber auch *Schwerdtner* (Fußnote 30) S. 244.
33 Vgl. *BGH* v. 10. 7. 59, NJW 1959 S. 2011 f.
34 Vgl. *BAG* v. 5. 8. 76, ArbuR 1977 S. 61.
35 Das Gericht wendet insofern die Grundsätze an, die es selbst zu der Frage entwickelt hatte inwieweit Auskünfte über Vorstrafen gegeben werden dürfen; vgl. *BAG* v. 5. 12. 57 (Fußnote 17).

ob man auf das Verfahren oder eine schon erfolgte Verurteilung hinweist; der Arbeitnehmer verliert in jedem Fall die Chance, den Arbeitsplatz zu bekommen. Das gerichtliche Verfahren läuft aber damit Gefahr, weitgehend entwertet zu werden. Trotzdem ist nicht zu übersehen, daß das Gericht den ungehemmten Informationsfluß von Arbeitgeber zu Arbeitgeber einzudämmen sucht. Es akzeptiert eine Weitergabe nur unter besonderen Bedingungen, die eben auch von der Notwendigkeit her konzipiert sind, die persönliche Integrität des Arbeitnehmers zu respektieren. Jede der immer wieder verwendeten Formeln von der »zutreffenden Beurteilung« bis zu den »berechtigten Interessen« des Informationsempfängers spiegelt allerdings die mühsame Auseinandersetzung um halbwegs überzeugende Kriterien wider.

Eben diese Diskussion wiederholt sich nahezu wortwörtlich im Bundesdatenschutzgesetz. Von den »berechtigten Interessen« Dritter oder auch des Empfängers ist genauso die Rede (§§ 24 Abs. 1, 32 Abs. 2) wie von der Verpflichtung des Auskunftgebers, dem Betroffenen mitzuteilen, an wen er die Information weitergegeben hat (§§ 26 Abs. 2, 34 Abs. 2). Und auch für das Bundesdatenschutzgesetz steht fest, daß nur zutreffende Angaben übermittelt werden dürfen. Schon jetzt läßt sich jedoch sagen: Die gesetzliche Sanktionierung all dieser Formeln durch das Bundesdatenschutzgesetz hilft nicht über die Schwierigkeiten hinweg, die sich gleichsam tagtäglich an der arbeitsrechtlichen Rechtsprechung demonstrieren lassen. Mehr als die Zielrichtung ist mit keiner dieser Formulierungen angegeben. Das Schwergewicht liegt ausschließlich bei der Interpretation. Von ihr hängt es ab, ob den Leerformeln des Arbeitsrechts oder des Bundesdatenschutzgesetzes tatsächlich das entnommen wird, was sie bewirken sollen, nämlich ein Höchstmaß an Respekt vor der Person dessen, den die Auskünfte betreffen, und zwar auch dort, wo zunächst scheinbar alles dafür spricht, Informationen so bereitwillig wie nur möglich zur Verfügung zu stellen.

IV.

Die Beispiele bestätigen, daß der Datenschutz zu den wichtigsten Aufgaben einer arbeitsrechtlichen Regelung zählt, und zwar mit oder ohne Bundesdatenschutzgesetz. Sie zeigen aber noch mehr. Der Datenschutz vollzieht sich im Arbeitsrecht in erster Linie über kollektive Abwehrmaßnahmen. Sicherlich, der einzelne Arbeitnehmer hat durchaus die Möglichkeit, sich selbst zu schützen. § 83 Abs. 2 BetrVG beweist dies ebenso wie das Recht auf ein wahrheitsgemäßes Zeugnis. Doch der Schwerpunkt liegt bei der Intervention des Betriebsrats. Sein Mitbestimmungsrecht hat eine doppelte Aufgabe: Es soll die mangelnde Einflußmöglichkeit des einzelnen Arbeitnehmers kompensieren, zugleich aber langfristig im Interesse aller Arbeitnehmer Arbeitsbedingungen schaffen, die eine Verletzung der persönlichen Integrität von vornherein ausschließen. Anders formuliert: Der Eingriff des Betriebsrats bleibt die fundamentale Voraussetzung für die Verwirklichung des Datenschutzes, ganz gleich, ob man an die konkretisierte individuelle Gefährdung oder an eine generelle Prävention denkt. Selbst wenn also jetzt mit dem Bundesdatenschutzgesetz eine besondere Datenschutzregelung vorliegt, muß ihre Anwendung den Aufgaben des Betriebsrats Rechnung tragen, vor allem mithin jeden Anschein vermeiden, als rechtfertige sie, wenn nicht den Verzicht, so doch eine zunehmende restriktive Interpretation seiner Mitbestimmungsrechte.

Die Warnung ist nicht überflüssig. Erfahrungen mit Datenschutzgesetzen, die auch die private unternehmerische Tätigkeit einbeziehen, liegen bereits vor – wenn auch außerhalb der Bundesrepublik. Sie lassen eine unter arbeitsrechtlichen Gesichtspunkten oft bedenkliche Entwicklung erkennen. Genauer gesagt: Mit der Verabschiedung allgemeiner Datenschutzregelungen macht sich die Tendenz bemerkbar, von den bisher anerkannten Positionen abzugehen. Die speziellen Vorschriften, so hat man gemeint, stellten endgültig klar, daß das Recht zu Kontroll- und Abwehrmaßnahmen fortan einzig und allein dem Betroffenen selbst zustehen dürfe. Jede andere Lösung, die nach wie vor Dritten, also auch den Arbeitnehmervertretungen Überwachungs- und Einsichtsrechte gewähren würde, liefe dem vom Gesetzgeber ausdrücklich bejahten Schutz der Privatsphäre zuwider.[36]

Was bei mancher ausländischen Regelung vielleicht zweifelhaft ist, trifft auf das Bundesdatenschutzgesetz ganz bestimmt nicht zu. Allen so allgemein wie nur möglich gehaltenen Formulierungen zum Trotz vermeidet es bewußt, Ausschließlichkeit zu beanspruchen. Besondere Vorschriften zum Schutz personenbezogener Daten gelten fort (§ 45).

---

36 Vgl. den dem Präsidenten der Vereinigten Staaten vorgelegten Bericht des Domestic Council Committee on the Right of Privacy, National Information Policy (1976), S. 60 ff.

Zur Illustration wählt der Gesetzgeber bewußt auch ein arbeitsrechtliches Beispiel, und zwar das Einsichtsrecht des Arbeitnehmers in seine Personalunterlagen. Bei aller Tendenz zu einer generellen Regelung bleibt mithin die Notwendigkeit eines bereichsspezifischen Datenschutzes unbestritten. Das Bundesdatenschutzgesetz soll zwar einen umfassenden Schutz sicherstellen, ohne jedoch daraus ein Hindernis für besondere, dem jeweiligen Regelungsbereich angepaßte Vorkehrungen erwachsen zu lassen. Für das Arbeitsrecht gilt insofern nach wie vor: Der Datenschutz muß dem Erfordernis Rechnung tragen, kollektive und individuelle Aktion aufeinander abzustimmen, die Arbeitnehmer und ihre Vertretung also nicht voneinander zu trennen oder gar gegeneinander auszuspielen.

Die Probe aufs Exempel liefern die Personalinformationssysteme. Jedes Unternehmen wird sich verständlicherweise über kurz oder lang für Informationstechniken interessieren, die es, dank einer konsequenten Nutzung der vorhandenen Daten, ermöglichen, Kenntnisse und Fähigkeiten der Arbeitnehmer innerbetrieblich optimal zu verwenden. Das ist seit der automatischen Datenverarbeitung ein durchaus realistisches Ziel. Jederzeitiger Zugriff, maximale Fungibilität und eine fast endlose Kombinationsmöglichkeit verändern den Aktionsradius der Personalpolitik. Es ist kaum verwunderlich, wenn deshalb die Anzahl der angebotenen Personalinformationssysteme ebenso zunimmt wie die Bereitschaft, sich ihrer zu bedienen.[37] Sicherlich ist die Anzahl der wirklich praktizierten Systeme überaus gering, und auch die Unterschiede zwischen den jeweils verfolgten Zielen sind beträchtlich. Diskussionen über Personaldatenbanken haben es deshalb weit mehr mit Zukunftsvorstellungen als mit konkreten Erfahrungen zu tun. Dennoch verläuft die Entwicklung von einer bestimmten Unternehmensgröße ab durchaus in Richtung auf eine fortschreitende Inanspruchnahme der Vorteile solcher Systeme. Allein schon

---

37 Vgl. dazu insbesondere Personal-Informationssystem PERSIS, IBM DV-Anwendungen (1972), PERSIS I, Personal-Datenbanksystem unter IMS/VS, IBM (1975), PERSIS II, Personal-Kommunikationssystem unter IMS/VS, IBM (1975); EDV Anwendungen im Personalbereich, Das Personalsystem der Deutschen TEXACO AG (DTA), IBM (1975); *Gebert*, »Das integrierte Personalinformationssystem (IPIS) der Ford-Werke AG Köln«, IBM-Nachrichten 1969 S. 919 ff.; *Bleil/Korb*, »Das computerunterstützte Personalinformationssystem der Volkswagenwerk AG«, IBM-Nachrichten 1977 S. 23 ff.; Siemens AG, Integriertes Verarbeitungs- und Informationssystem für Personaldaten (IVIP); *Sokolovsky*, adl-Nachrichten H. 80/73 S. 18 ff.; *Kilian*, DSWR 1975 S. 322 ff.

die Implikationen einer sich ständig verändernden Marktlage zwingen dazu, sich die Frage nach dem möglichen Nutzen von Personaldatenbanken im Rahmen einer auf Flexibilität bedachten Unternehmenspolitik zu stellen.

Doch gerade diese unlösbare Verknüpfung von Unternehmenspolitik und veränderten Informationsmethoden muß die Arbeitnehmervertretungen auf den Plan rufen.[38] Dem Betriebsrat kann es schon nicht gleichgültig sein, ob Angaben zu den einzelnen Arbeitnehmern gespeichert werden und was mit ihnen geschieht. Erst recht darf er Techniken nicht desinteressiert gegenüberstehen, die beispielsweise für Rationalisierungsbestrebungen von unmittelbarer Bedeutung sind. Das Personalinformationssystem konfrontiert insofern den Betriebsrat mit der Frage seiner Kompetenzen, verlangt also von ihm, sich zu vergewissern, welche Möglichkeiten er hat, steuernd einzugreifen.

Nochmals: Die Personaldatenbank strukturiert über ihren Informationsbestand den Entscheidungsprozeß in jedem dieser Fälle, ganz gleich, ob es um die Auflösung eines bestimmten Arbeitsverhältnisses, die Versetzung einer Arbeitnehmergruppe oder die Stillegung eines Betriebes geht. Ein Betriebsrat, der es nicht für nötig hält, sich mit den Plänen für ein Personalinformationssystem zu beschäftigen, kann deshalb letztlich ebensogut darauf verzichten, seine gesetzlich vorgeschriebenen Aufgaben wahrzunehmen.

Sucht man nun nach Ansatzpunkten für eine Intervention des Betriebsrats, so liegt es nahe, beim Bundesdatenschutzgesetz zu beginnen. Schließlich enthält es die am ehesten auf Informationssysteme zugeschnittenen Regeln. Doch die Ausbeute ist enttäuschend. Sicherlich dämmt das Bundesdatenschutzgesetz den Expansionsdrang von Personaldatenbanken ein. Genauer: Was vor seiner Verabschiedung durchaus zulässig gewesen wäre, etwa eine Personaldatenbank, die sämtliche Arbeitnehmer eines Konzerns erfassen würde, also der Musterfall eines zentralen, das Gesamtunternehmen berücksichtigenden Systems, ist von nun an, wenn nicht untersagt, so doch nur unter äußerst erschwerten Bedingungen möglich. Das Gesetz nimmt die rechtliche oder auch nur faktische Verbindung zwischen den einzelnen Konzernunternehmen nicht zur Kenntnis. Aus seiner Perspektive (§ 2 Abs. 3 Ziff. 2) ist jedes von ihnen genauso

---

38 Zur Frage der Mitbestimmung bei Personalinformationssystemen vgl. auch *Gola* (Fußnote 5) S. 282 ff.; *Kilian* (Fußnote 37) S. 322 ff.

zu behandeln, als wenn es um einen völlig unternehmensfremden Dritten gegangen wäre. Die Weitergabe von Arbeitnehmerdaten hängt deshalb grundsätzlich von der Einwilligung der Betroffenen ab. Fehlt sie aber, so läßt der unterbrochene Informationsfluß zwischen den Konzernunternehmen sich auch nicht unter Berufung auf den Zweck des Arbeitsverhältnisses (§ 24) wiederherstellen. Ebensowenig nutzt die Berufung auf die Interessen des Konzerns. Das Arbeitsverhältnis ist nun einmal deutlich lokalisiert, und aus dieser seiner Beziehung zu einem konkreten Arbeitgeber läßt es sich ohne Zutun des Arbeitnehmers nicht herauslösen. Es bleibt als Ausweg nur die Zuflucht zu der vom Gesetz besonders geregelten »geschäftsmäßigen Datenverarbeitung für fremde Zwecke« (§§ 31 ff.). Die Konzerndatenbank müßte mit anderen Worten als interne Auskunftei gesehen und behandelt werden. Dann bedarf es der Einwilligung nicht mehr; das berechtigte Interesse des Empfängers rechtfertigt die Übermittlung (§ 32 Abs. 2). Allerdings ist der Preis beträchtlich. Meldepflicht und Registrierung (§ 39) sind für die betroffenen Unternehmen nicht gerade angenehme Begleiterscheinungen.

So wichtig diese Begrenzung der Informationskonzentration ansonsten auch sein mag, den Arbeitnehmern muß sie nicht unbedingt zum Vorteil gereichen. Man kann sich sehr wohl Situationen vorstellen, in denen eine zentralisierte, den Arbeitnehmern allerdings zugängliche und von ihnen mit kontrollierte Information dazu verhilft, Arbeitsplätze besser zu sichern. Die Auswirkungen veränderter Produktionsziele bis hin zur Auflösung einzelner Konzernunternehmen mögen als Beispiele genügen. Die abstrakte Entscheidung des Gesetzgebers gegen eine Zentralisierung der Daten droht insofern in einzelnen Bereichen wie dem Arbeitsrecht den vom Gesetz gerade gewollten Schutz des einzelnen zu gefährden. Deshalb gilt es, die gesetzlichen Vorschriften nicht einfach zur Kenntnis zu nehmen, sondern sich rechtzeitig zu überlegen, ob sie nicht im Hinblick auf die spezifische Situation der Arbeitnehmer korrekturbedürftig sind, um die interpretatorischen Chancen für eine solche Verbesserung zu nutzen. Über verständliche Aversionen gegen eine Informationskonzentration darf nicht vergessen werden, daß nicht die Konzerndatenbank das eigentliche Problem ist, sondern die Kenntnis und die Kontrolle der dort verarbeiteten Information.

Das Bundesdatenschutzgesetz enthält aber auch eine wichtige organisatorische Vorkehrung. Unternehmen, die im nichtöffentlichen Bereich personenbezogene Daten verarbeiten, müssen einen Datenschutzbeauftragten ernennen (§§ 28, 29, 38).[39] Wohlgemerkt: Das Gesetz fordert keineswegs einen betrieblichen Beauftragten. Es geht vielmehr von der jeweiligen natürlichen oder juristischen Person, Gesellschaft oder Personenvereinigung aus, die, sei es für eigene, sei es für fremde Zwecke, eine Datenverarbeitung vornehmen. Insofern ist es auch verständlich, wenn der Datenschutzbeauftragte der Unternehmensleitung direkt untersteht (§ 28) und infolgedessen zunächst einmal nur dieser gegenüber verpflichtet ist, Verstöße gegen das Bundesdatenschutzgesetz zu melden sowie Verbesserungsvorschläge zu machen (§ 29). Dabei bleibt es jedoch nicht, wenn die Beanstandungen auf keinerlei Widerhall stoßen. Der Beauftragte muß sich dann an die vom Gesetz ebenfalls vorgesehene Aufsichtsbehörde (§§ 30, 40) wenden. In jedem Fall führt aber der gesetzlich vorgeschriebene Weg an den Arbeitnehmern und ihrer Vertretung vorbei.

Sicherlich stehen keineswegs immer Arbeitnehmerinteressen auf dem Spiel. Im Gegenteil, für das Unternehmen gibt es genug andere mindestens ebenso wichtige personenbezogene Daten. Man braucht nur an Informationen über Kunden zu denken.[40] Deshalb läßt sich nicht ernsthaft behaupten, die organisatorischen Vorkehrungen für die Verarbeitung personenbezogener Daten müßten unter allen Umständen eine Beteiligung der Arbeitnehmer vorsehen. Zur Debatte stehen vielmehr lediglich die Personaldatenbanken.[41] Genau an diesem Punkt hat auch die Kritik am Bundesdatenschutzgesetz anzusetzen. Selbst wenn sich das Informationssystem ausschließlich auf die Arbeitnehmer konzentriert, hat der Betriebsrat keinerlei Mitwirkungsmöglichkeit bei der Auswahl des Datenschutzbeauf-

---

39 Vgl. dazu auch *Gola*, DB 1976 S. 150; *Hentschel*, Der Arbeitgeber 1976 S. 970; *Steuer*, Die Bank H. 2/77 S. 28 ff.

40 Gerade weil aber einzelne Unternehmen sehr unterschiedliche Daten verarbeiten, gehört es zu den wichtigsten Forderungen des Datenschutzes, die verschiedenen Angaben sorgfältig zu trennen. Das gilt selbstverständlich auch dann, wenn ein Arbeitnehmer gleichsam in mehreren »Rollen« dem Unternehmen gegenübertritt, etwa als Beschäftigter und Kunde. Daß sich sämtliche Daten auf seine Person beziehen, ist zunächst einmal nebensächlich. Im Vordergrund hat vielmehr seine jeweilige Eigenschaft zu stehen, da sie den Anknüpfungspunkt für die Regeln bildet, nach denen die Zulässigkeit der Datenverarbeitung zu beurteilen ist.

41 Eine ganz andere, hier nicht zu behandelnde Frage ist es, inwieweit der Betriebsrat mit Rücksicht auf seine Aufgaben auch Zugang zu Informationssystemen haben müßte, die Daten zur Lage und Entwicklung des Unternehmens verarbeiten. Die Praktikabilität der gesetzlich sanktionierten Mitbestimmung im wirtschaftlichen Bereich könnte gerade durch die mangelnde Kenntnis solcher Daten erheblich gefährdet werden. Das zeigt sich schon an einem so einfachen Beispiel wie der mitbestimmungspflichtigen Entscheidung über Kurzarbeit oder auch Überstunden (§ 87 Abs. 1 Ziff. 3 BetrVG).

tragten. Ebensowenig braucht er auch nur das geringste über Verletzungen der Datenschutzvorschriften zu erfahren. Es mag sein, daß die eine oder andere Unternehmensleitung es vorziehen wird, den Betriebsrat in ihren Entscheidungsprozeß einzubeziehen. Das Gesetz verpflichtet sie nicht dazu.

Dem Gesetzgeber war keines dieser Probleme fremd. An kritischen Stellungnahmen zur mangelnden Beteiligung des Betriebsrats hatte es etwa im Rahmen der Anhörungen nicht gefehlt.[42] Wohl nicht zuletzt der Wunsch, eine möglichst umfassende Regelung vorzulegen, hat jedoch Korrekturen verhindert. Eine differenzierte, an den Spezialfragen der Personaldatenbanken orientierte Lösung paßt eben schlecht zu Vorschriften, die sich von vornherein in einer konkrete Aussagen ausschließenden Abstraktionshöhe bewegen. Was deshalb im Rahmen des Bundesdatenschutzgesetzes nicht geschehen ist, muß über das Betriebsverfassungsrecht nachgeholt werden. Anhand seiner Mitbestimmungsvorschriften gilt es zu fragen, ob und in welchem Umfang Einfluß auf die Personaldatenbanken genommen werden kann.[43]

Hin und wieder findet sich nun in der Rechtsprechung die Meinung, der Betriebsrat könne, bei aller Anerkennung der Mitbestimmung, mit der Verwaltung von Arbeitnehmerdaten nichts zu tun haben.[44] Manches scheint in der Tat dafür zu sprechen. Um noch einmal auf den § 94 BetrVG zurückzukommen: Das Gesetz schaltet den Betriebsrat zwar ein, doch nur insoweit, wie es um die einzelnen zu stellenden Fragen geht. Der Schwerpunkt der Personaldatenbank liegt demgegenüber bei der Verarbeitung der Antworten. Nur gilt es, sich an den Zweck des § 94 BetrVG

---

42 Vgl. etwa das Protokoll der Anhörung vor dem Innenausschuß des Deutschen Bundestages am 31.3.76 (Fußnote 3) S. 17 ff., 41 ff.

43 Die Frage bleibt auch dann von Bedeutung, wenn man die Meinung teilen sollte (vgl. *Hergenhahn* [Fußnote 5] S. 18), daß »kein Unternehmen mehr ein Personalplanungssystem aufbauen (kann), ohne daß der Betriebsrat bei der Gestaltung, z. B. der Datenquellen und der Verarbeitungsmodi dieses Personaldatensystems mitwirken muß«. Eine Anwendung der Mitbestimmungsvorschriften beinhaltet weit mehr als nur eine solche vom Unternehmen selbst angestrebte Mitarbeit der Arbeitnehmervertretung. Das Betriebsverfassungsgesetz gibt dem Betriebsrat das Recht, jederzeit von sich aus zu verlangen, an der Organisation der Personaldatenbank beteiligt zu werden, nimmt aber damit zugleich dem Arbeitgeber die Möglichkeit, Gegenstand und Inhalt dieser Kooperation vorzuschreiben. Zudem geht es keinesfalls nur um die anfängliche Gestaltung des Informationssystems, sondern auch und vor allem um die kontinuierliche Mitwirkung bei seiner Verwendung. Gerade diese Fragen werden von bereits vorhandenen Betriebsvereinbarungen (vgl. etwa die schon am 1.4.70 abgeschlossene Vereinbarung zwischen den Ford-Werken und dem Gesamtbetriebsrat) nicht berührt.

44 Vgl. etwa ArbG *Aachen* v. 1.9.75, BB 1976 S. 1511.

zu erinnern. Mit Hilfe der Intervention des Betriebsrats soll die persönliche Integrität der Arbeitnehmer geschützt werden. Dieses Ziel läßt sich jedoch nicht einfach dadurch erreichen, daß man sich auf bestimmte Fragen einigt. Für den Arbeitnehmer ist es zumindest ebenso wichtig zu wissen, was mit den einmal gesammelten Daten geschieht. Die Beantwortung des Fragebogens bedeutet noch lange keine Freigabe der mit seiner Hilfe vermittelten Informationen. Der Gesetzgeber hat insofern mit der Regelung des § 94 BetrVG mehr geschaffen, als nur ein auf den Fragebogen selbst beschränktes Mitwirkungsrecht des Betriebsrats. Der § 94 BetrVG konkretisiert zugleich den Anspruch auch dort mitzubestimmen, wo es um die Verwendung der Angaben geht. Die Kompetenz des Betriebsrats hört daher nicht bei der Redaktion des Fragebogen auf; sie erstreckt sich genauso auf die Verwaltung der Informationen und damit auf Einrichtung und Organisation der Personaldatenbank.

Vorschriften wie die §§ 92, 95, 98, 99 und 106 BetrVG bestätigen dieses Ergebnis. Der Betriebsrat kann vor allem das ihm ausdrücklich eingeräumte Initiativrecht zu langfristigen Maßnahmen der Personalplanung nicht ausüben, wenn ihm der Zugang zum Personalinformationssystem versperrt bleibt und er auch nicht die Chance hat sicherzustellen, daß diese seine ureigenste Aufgabe bei der Systemplanung berücksichtigt wird. Auswahlrichtlinien lassen sich nun einmal nicht ohne eine exakte Übersicht über die Personaldaten überzeugend formulieren.[45]

Zu denken wäre schließlich an § 80 BetrVG. Zwar spricht das Gesetz nur ganz allgemein von der Verpflichtung des Betriebsrats, die Einhaltung der zugunsten der Arbeitnehmer geltenden Vorschriften zu überwachen. Doch die Verabschiedung des Bundesdatenschutzgesetzes dürfte Anlaß genug sein, der Frage nachzugehen, inwieweit der nunmehr unmittelbar geregelte Datenschutz nicht auch zum Aufgabenbereich des Betriebsrats zählt. Natürlich begünstigt der Wortlaut des § 80 BetrVG eine Interpretation, die in erster Linie darauf abstellt, ob die jeweils zur Debatte stehende Bestimmung wirklich von der besonderen Lage der Arbeitnehmer ausgeht.[46] Arbeitnehmerschutzvorschriften sind insofern verständlicherweise das Musterbeispiel. Vom Bundesdatenschutzgesetz läßt sich nun auch beim besten Willen nicht behaupten, es sei um der Arbeitnehmer

---

45 Vgl. auch *Kilian* (Fußnote 37) S. 326 f.
46 Vgl. statt aller *Dietz/Richardi* (Fußnote 12) § 80 Anm. 3 ff.; *Erdmann/Jürging/Kammann* (Fußnote 13) § 80 Anm. 3; *Weiss* (Fußnote 12) § 80 Anm. 1 b; *Fitting/Auffarth/Kaiser* (Fußnote 12) § 80 Anm. 2; *Thiele*, GK-BetrVG, § 80 Anm. 9 ff.

willen formuliert und verabschiedet worden. Ihnen wird vielmehr genau der Schutz zuteil, den auch alle anderen Bürger genießen sollen. Trotzdem spielt diese Regelung gerade für das Arbeitsverhältnis eine besonders wichtige Rolle. Die Verwertung von Informationen über die einzelnen Arbeitnehmer ist mit oder ohne automatische Datenverarbeitung ein gleichsam klassischer Fall der Benutzung personenbezogener Daten. Anders ausgedrückt: Dem Gesetz kommt im Hinblick auf die Arbeitnehmer eine gesteigerte Bedeutung zu. Zudem setzt es, wie bereits erwähnt, Bestrebungen fort, die im Arbeitsrecht längst schon eine wichtige Rolle spielen. Deshalb liegt es nahe, dem Betriebsrat auch für den Datenschutz die Funktion zuzuerkennen, die er nach der Vorstellung des Betriebsverfassungsrechts für die Vorschriften über Kündigung, Urlaub oder Lohnfortzahlung hat. Ihm obliegt es in jedem dieser Fälle dafür zu sorgen, daß der gesetzlich geforderte Schutz des Arbeitnehmers verwirklicht wird.

Ganz gleich nun, wie die Mitwirkung des Betriebsrats im organisatorischen Bereich auch ausfällt, sie hat grundsätzlich keine Kenntnisnahme konkreter Daten zur Folge. Sosehr es auch um die Interessen der einzelnen Arbeitnehmer geht, setzt ihre Wahrnehmung keineswegs eine Einsicht in die jeweiligen Angaben voraus. Und wenn sie erfolgt, geschieht dies beiläufig, also im Rahmen allgemeiner Überlegungen zur Verwaltung personenbezogener Informationen, nicht jedoch gezielt im Hinblick auf einen bestimmten Arbeitnehmer. Nicht anders verhält es sich bei Kontrollmaßnahmen. Allenfalls bei Verstößen läßt sich eine Individualisierung der Daten nicht vermeiden. Insofern operiert der Betriebsrat prinzipiell außerhalb der Privatsphäre des einzelnen Arbeitnehmers. Zwar greift er um eines besseren Schutzes der Arbeitnehmerdaten willen ein, ohne aber deshalb in den jeweils geschützten Bereich eindringen zu müssen.

Dabei kann es allerdings nicht bleiben. Die Mitbestimmung bei personellen Maßnahmen verlangt mehr. Auch Sozialpläne lassen sich kaum aufstellen, solange der Betriebsrat auf einer der den individuellen Daten vorgelagerten Ebenen operiert. Gerade weil es um den einzelnen Arbeitnehmer geht, braucht der Betriebsrat die Angaben zu seiner Person. Der Eingriff in seinen Privatbereich ist insofern unvermeidlich. Das Bundesarbeitsgericht hat das Dilemma deutlich gesehen. Der Anspruch des Arbeitnehmers auf Schutz seiner Individualsphäre müsse, so heißt es in einer seiner Entscheidungen,[47] in solchen Fällen der im Interesse aller Arbeit-

---

47 Vgl. *BAG* v. 18. 9. 73, AP Nr. 3 zu § 80 BetrVG 1972 = ArbuR 1974 S. 92.

nehmer dem Betriebsrat obliegenden sozialen Schutzfunktion weichen. Das Betriebsverfassungsgesetz konkretisiere insoweit die im Grundgesetz angedeutete und akzeptierte Einschränkung des Persönlichkeitsrechts durch die verfassungsmäßige Ordnung. Anders und präziser ausgedrückt: Das vom Grundgesetz garantierte Recht des Arbeitnehmers auf Respekt vor seiner Person ist am Arbeitsplatz nur unter Mitwirkung des Betriebsrats zu realisieren. Dessen Intervention dient also nicht etwa dazu, den Arbeitnehmer gleichsam zu »veröffentlichen«, sondern soll jene sozialen und ökonomischen Mindestvoraussetzungen sichern, ohne die Reflexionen über eine verteidigenswerte Privatsphäre schlicht wirklichkeitsfremde Spekulation sind. Bekenntnisse zur Unverletzlichkeit der Privatsphäre nützen wenig, solange nicht für diskriminierungsfreie Einstellungen, Transparenz von Rationalisierungsmaßnahmen und Kontrollierbarkeit von Kündigungen gesorgt wird.

Deshalb kann das Betriebsverfassungsrecht nicht umhin anzuerkennen, daß der Betriebsrat um seiner Aufgaben willen das Recht haben muß, individuelle Daten einzusehen. Vorschriften wie die §§ 80 Abs. 2 und 99 BetrVG sind der Beweis dafür.[48] Jede von ihnen ist jedoch lediglich ein Beispiel für die Notwendigkeit, Angaben zur Person der einzelnen Arbeitnehmer immer dann offenzulegen, wenn sich die Pflichten des Betriebsrats nicht anders erfüllen lassen als über die exakte Kenntnis gerade dieser Informationen. Die gesetzliche Regelung stellt insofern keine eng begrenzte Konzession dar, die unter keinen Umständen wiederholt werden darf. Das Betriebsverfassungsrecht deutet mit seinen Bestimmungen vielmehr die Voraussetzungen an, unter denen allein ein Zugriffsrecht des Betriebsrats statthaft sein kann.[49]

---

48 Insofern ist es durchaus konsequent, wenn dort, wo ein Betriebsausschuß nicht gebildet werden kann, das Einsichtsrecht dem Betriebsratsvorsitzenden oder einem anderen Betriebsratsmitglied zustehen muß; vgl. *BAG* v. 23.2.73, AP Nr. 2 zu § 80 BetrVG 1972 (= ArbuR 1973 S. 285), v. 18.9.73 (Fußnote 47), v. 18.9.73, AP Nr. 4 zu § 80 BetrVG 1972 (= ArbuR 1974 S. 124) und v. 15.6.76, ArbuR 1976 S. 381 = BB 1976 S. 1223; *Dietz/Richardi* (Fußnote 12) § 80 Anm. 36 f.; *Weiss* (Fußnote 12) § 80 Anm. 3c; *Gnade/Kehrmann/Schneider* (Fußnote 12) § 80 Anm. 4; *Fitting/Auffarth/Kaiser* (Fußnote 12) § 80 Anm. 23.
A. A. *Erdmann/Jürging/Kammann* (Fußnote 13) § 80 Anm. 18. Die Größe des Betriebes ist keine legitime Grenze für die Kontrollfunktion des Betriebsrats. Im übrigen versteht es sich von selbst, daß aus der Beschränkung der direkten Einsichtnahme keineswegs eine Verpflichtung des zur Einsicht Berechtigten folgt, die Information für sich zu behalten. Er handelt für die Arbeitnehmervertretung und muß deshalb auch in der Lage sein, diese zu unterrichten.
49 Vgl. insbesondere *Pfarr* (Fußnote 11) S. 199 ff.

Daran ändert auch § 83 Abs. 1 BetrVG nichts.[50] Ohne Zweifel gilt die Schweigepflicht des vom Arbeitnehmer hinzugezogenen Betriebsratsmitglieds auch dem Betriebsrat gegenüber. Doch der Ausgangspunkt ist ein ganz anderer. Zur Diskussion steht ausschließlich ein dem einzelnen Arbeitnehmer höchstpersönlich zustehendes Recht. Um möglichen Schwierigkeiten bei der Einsichtnahme in die Personalakten zuvorzukommen, stellt es ihm das Gesetz anheim, ein Betriebsratsmitglied einzuschalten. Geschieht dies aber, so vertritt das Betriebsratsmitglied dabei niemals den Betriebsrat, sondern handelt einzig und allein im Interesse des jeweils betroffenen Arbeitnehmers. Deshalb unterbindet das Gesetz zu Recht die Kommunikation mit dem Betriebsrat.[51] Ebensowenig wie es angeht, den Arbeitnehmer selbst anzuhalten, dem Betriebsrat mitzuteilen, was in den Personalakten steht, kann es dem Betriebsratsmitglied erlaubt sein, ohne Wissen und Zustimmung des Betroffenen Informationen weiterzugeben.

Einem Mißverständnis gilt es allerdings vorzubeugen. Auch wenn der Betriebsrat durchaus berechtigt ist, individuelle Daten zur Kenntnis zu nehmen, folgt daraus keineswegs ein allgemeines und uneingeschränktes Recht auf Einsichtnahme. So etwas wie ein dem Betriebsrat zustehendes »kollektives« Recht auf Offenlegung personenbezogener Daten gibt es nicht. Die Kenntnisnahme ist vielmehr stets strikt aufgabenbedingt.[52] Sie muß insofern immer von der konkreten Zielsetzung her gerechtfertigt werden und von dort aus auch kontrollierbar sein.[53] Insoweit formuliert

---

50 Vgl. aber *Erdmann/Jürging/Kammann* (Fußnote 13) § 80 Anm. 20; *Thiele* (Fußnote 46) § 80 Anm. 47.

51 Vgl. auch *Pfarr* (Fußnote 11) S. 200.

52 Deshalb rechtfertigt beispielsweise nicht schon der bloße Wunsch, herauszufinden, wer denn zu den leitenden Angestellten zählt, die Einsicht in die Gehaltslisten. Vielmehr ist mit dem *BAG* davon auszugehen, daß die Einsichtnahme einer besonderen, an den spezifischen, dem Betriebsrat vorbehaltenen Funktionen orientierten Begründung bedarf; *BAG* v. 18. 9. 73 (Fußnote 47), v. 28. 5. 74, AP Nr. 6 (= ArbuR 1974 S. 350) und v. 10. 6. 74 AP Nr. 8 (= ArbuR 1974 S. 56), jeweils zu § 80 BetrVG 1972; *Weiss* (Fußnote 12) § 80 Anm. 3 cc; vgl. aber auch *Fitting/Auffarth/Kaiser* (Fußnote 12) § 80 Anm. 23; *Dietz/ Richardi* (Fußnote 12) § 80 Anm. 38; *Thiele* (Fußnote 46) § 80 Anm. 54.

53 Ganz abgesehen davon bleibt dem Betriebsrat der Zugang zu jenen Daten versperrt, die auch der Arbeitgeber nicht kennen darf. So steht dem Arbeitnehmer beispielsweise unzweifelhaft das Recht zu, die Ergebnisse einer arbeitsmedizinischen Untersuchung zu erfahren (§ 3 Abs. 2 ArbSicherhG). Der Arbeitgeber ist hingegen lediglich über die Schlüsse zu informieren, die der Betriebsrat aus diesen Ergebnissen zieht. Nichts anderes gilt gegenüber dem Betriebsrat und auch dies nur so lange, wie die Kenntnis dieser spezifischen Information im Rahmen seiner konkreten Aufgabe wirklich benötigt wird. Zu den durch § 3 ArbSicherhG aufgeworfenen Problemen vgl. *Kierski*, BB 1976 S. 842 f.; *Hinrichs*, BB 1976 S. 1273 f.

das Betriebsverfassungsrecht zugleich Regeln, die ohne Rücksicht auf die sonst zu beachtenden Grundsätze des Bundesdatenschutzgesetzes anzuwenden sind. Präziser: Die Einsichtnahme bedarf weder der für eine Übermittlung erforderlichen Einwilligung des Betroffenen noch kommt es auf den Zweck des Arbeitsverhältnisses an (§ 24). Vorschriften wie die §§ 80 Abs. 2 und 99 BetrVG, aber auch alle ähnlich gelagerten Fälle, betreffen Situationen, die sich dem Bundesdatenschutzgesetz von vornherein entziehen. Die Einsichtnahme des Betriebsrats ist keine Übermittlung im Sinne des Bundesdatenschutzgesetzes. Sie stellt vielmehr eine spezifische Regelung arbeitsrechtlich relevanter personenbezogener Daten dar, die sich allein an der Lage der Arbeitnehmer und ihren Erfordernissen orientiert. Und eben diese Bindung an die Arbeitnehmerinteressen begründet zugleich die Schweigepflicht des Betriebsrats, gleichviel ob das Gesetz sie ausdrücklich vorsieht (§ 99) oder gar nicht erst erwähnt (§ 80).[54] Der Betriebsrat ist also zu keinem Zeitpunkt von der Verpflichtung entbunden, die persönliche Integrität des Arbeitnehmers zu respektieren. Auch dort, wo sich seine Aufgabe ohne Kenntnisnahme personenbezogener Daten nicht erfüllen läßt, bleibt die Offenlegung beschränkt. Niemand anders als der Betriebsrat hat ein Zugriffsrecht und niemandem sonst darf die Information zugänglich sein.

So wichtig die Rolle des Betriebsrats auch ist, so wenig läßt sich übersehen, daß die Verarbeitung personenbezogener Daten keineswegs nur in seine Kompetenz fällt. Nach wie vor greifen Betriebsvereinbarungen lediglich dann ein, wenn keine tarifliche Regelung vorliegt (§§ 77 Abs. 3, 81 Abs. 1 BetrVG). Noch immer ist es deshalb zuvörderst Aufgabe der Gewerkschaften, sich zu überlegen, welches der beiden Instrumente im Interesse der Arbeitnehmer jeweils den Vorzug verdient. Gründe aber, die dafür sprechen, den Datenschutz in den Regelungsbereich der Tarifverträge einzubeziehen, gibt es durchaus. Manche Unternehmen halten es beispielsweise für zweckmäßig, die Daten bestimmter Arbeitnehmer an eine eigens dafür gegründete Gesellschaft weiterzuleiten.[55] Damit sichern sie sich besonders vor jeder Neueinstellung eine detaillierte Information, die zudem, dank der Beteiligung aller Konkurrenten, den Vorteil aufweist, nicht durch Rücksichtnahme auf partikuläre Interessen weitgehend verfälscht zu wer-

---

54 Zur Schweigepflicht vgl. auch *Pfarr* (Fußnote 11) S. 200 ff.; *Dietz/Richardi* (Fußnote 12) § 79 Anm. 14 ff.
55 Vgl. dazu den am 10. 3. 77 vorgelegten Sechsten Tätigkeitsbericht des Hessischen Datenschutzbeauftragten, S. 60 f.

den. Der Arbeitnehmer mag sich mithin wenden, an wen er will; überall sieht er sich mit den gleichen, seine Person betreffenden Informationen konfrontiert. Je spezialisierter aber seine Tätigkeit ist, desto schwieriger wird es unter diesen Umständen, eine neue Stelle zu bekommen.

Das Bundesdatenschutzgesetz hilft nicht allzuviel. Eines ändert sich allerdings mit seinem Inkrafttreten ganz bestimmt: Informationen können nicht mehr verbreitet werden, ohne daß der Betroffene auch nur das geringste davon weiß. Unternehmen, die, wie in dem hier zugrunde gelegten Fall, personenbezogene Daten für »fremde Zwecke« verarbeiten, müssen bereits bei der ersten Informationsweitergabe den Betroffenen über die Speicherung unterrichten (§ 34 Abs. 1). Bei einer automatischen Verarbeitung haben sie außerdem Auskunft über die Empfänger zu erteilen (§ 34 Abs. 2). Doch das für den Arbeitnehmer eigentlich Entscheidende sind seine Einflußmöglichkeiten auf eine derartige Informationspraxis. Selbst wenn die Angaben durchaus zutreffen, fragt es sich, ob und in welchem Umfang er den Informationsaustausch überhaupt hinnehmen muß. Mit Hinweisen auf die Einwilligung ist wenig gewonnen. Gerade bei einer durch die Art des Berufes eingeschränkten Mobilität bleibt dem Arbeitnehmer in der Regel nichts anderes übrig, als einer Weitergabe zuzustimmen. Überdies bietet das Gesetz genügend interpretatorische Auswege, um doch noch eine Übermittlung zu ermöglichen, jedenfalls solange nicht eine kategorische Weigerung vorliegt.

Auch Betriebsvereinbarungen sind kein rechter Ausweg. Sie orientieren sich verständlicherweise an der Situation eines bestimmten Unternehmens, wenn nicht sogar Betriebes; Überlegungen zur gesamten Branche geraten damit zwangsläufig in den Hintergrund. Ganz abgesehen davon fehlt dem Betriebsrat zumeist die Information über die Reaktionen anderer Unternehmen und damit letztlich die Möglichkeit, sorgfältig aufeinander abgestimmte Regelungen durchzusetzen. Im Interesse des einzelnen Arbeitnehmers bedarf es aber gerade solcher von vornherein auf den gesamten Markt abgestellter Maßnahmen. Der Tarifvertrag bietet sich insofern von selbst an. Mit seiner Hilfe lassen sich einheitliche Korrekturen erzielen und zugleich Überwachungsmechanismen entwickeln, die den Informationsaustausch an konkret definierte, von den Arbeitnehmern gebilligte und von ihnen auch zu kontrollierende Voraussetzungen binden.

Ähnliches gilt freilich für Informationssysteme, die sich auf ein bestimmtes Unternehmen beschränken. Bei aller durch die Verbindung mit diesem einem Unternehmen bedingten Besonderheit, gibt es genügend Probleme, die weit über seinen Tätigkeitsbereich hinausgehen. Fragen der Datensicherung, der Zugriffsberechtigung, der Protokollierung von Übermittlungen – auch und gerade unabhängig von der Art der Verarbeitung – und überhaupt des Umfangs der Speicherung stellen sich überall. Dem Tarifvertrag könnte insofern die Funktion zufallen, Mindestbedingungen zu entwickeln, also den Rahmen abzustecken, innerhalb dessen sich Personalinformationssysteme unter allen Umständen bewegen müßten. Überdies ist es durchaus möglich, in einen Tarifvertrag Regeln zur betrieblichen Mitbestimmung einzubauen, um damit die für eine Intervention des Betriebsrats notwendige Vorarbeit zu leisten. Und schließlich haben die Gewerkschaften selbst ein unmittelbares Interesse an einer Reihe von Informationen. Die Frage der Gewerkschaftszugehörigkeit ist nur ein Beispiel dafür. So gesehen spielen Inhalt und Zugang zum Informationssystem auch aus ihrer organisationspolitischen Perspektive eine wichtige Rolle.

Der Tarifvertrag darf also über der Betriebsvereinbarung nicht vergessen werden, selbst wenn sie der weitaus näher liegende Ansatzpunkt zu sein scheint. Allzu leicht könnte sich sonst die Erfahrung wiederholen: Sobald einmal bestimmte Fragen Gegenstand von Betriebsvereinbarungen werden, büßt der Tarifvertrag seine Bedeutung ein; die subsidiäre Zuständigkeit des Betriebsrats verwandelt sich faktisch in eine Alleinkompetenz.[56] Das Interesse der Arbeitnehmer erfordert Regelungen, die nicht an der partikulären Situation einzelner Betriebe haften, sondern Erfahrungen verarbeiten, die weit über den Aktionsbereich eines einzigen Unternehmens hinausreichen. So schwierig die Verbindung von Tarifvertrag und Betriebsvereinbarung auch sein mag, sie ist in Wirklichkeit der einzig erfolgversprechende Weg.

V.

Anders als bei der Mitwirkung der Arbeitnehmervertretungen nimmt das Bundesdatenschutzgesetz direkt zu den individuellen Rechten der Arbeitnehmer Stellung. Es gewährt ihnen auch und erst recht am Arbeitsplatz

---

56 Vgl. dazu auch *Simitis* in Krise und Reform in der Industriegesellschaft (Materialien zu einer Tagung der IG Metall) (1976), Bd. II, S. 57 ff.

Schutz gegen einen ihre Integrität gefährdenden Umgang mit den sich auf ihre Person beziehenden Daten; jedoch immer unter dem Vorbehalt der bereits erwähnten Schlußvorschrift (§ 45), wonach besondere für in Dateien gespeicherte personenbezogene Daten geltende Bestimmungen dem Bundesdatenschutzgesetz vorgehen. Der Wortlaut verdient es, aufmerksam zur Kenntnis genommen zu werden. Auf den Inhalt der jeweiligen Vorschrift kommt es keineswegs an, sondern nur auf ihren Gegenstand. Ob der Datenschutz also eingeschränkt oder verschärft wird, bleibt belanglos, solange nur personenbezogene Daten betroffen sind. Der Gesetzgeber zieht es vor, sich nicht an dem Ziel eines möglichst weitgehenden Schutzes zu orientieren. Er vermeidet damit zugleich komplizierte Abwägungen. Über die »günstigere« Regelung läßt sich in der Tat lang und oft genug erfolglos streiten; mit dem simplen Hinweis auf eine andere Vorschrift, die personenbezogene Daten ebenfalls zum Gegenstand hat, ist es aber keineswegs getan. Selbst wenn der Datenschutz nicht gewichtet zu werden braucht, gilt es dennoch festzustellen, ob die außerhalb des Bundesdatenschutzgesetzes lokalisierte Vorschrift genau die Konfliktlage regelt, auf die sich auch die Bestimmungen dieses Gesetzes beziehen. Erst eine deckungsgleiche Regelung verdrängt das Bundesdatenschutzgesetz.[57]

Welche Schwierigkeiten damit verbunden sind, zeigt sich am Auskunftsrecht (§§ 4, 26, 34). Auf den ersten Blick scheint jede weitere Überlegung überflüssig. Schließlich zählt das Bundesdatenschutzgesetz selbst das Einsichtsrecht nach § 83 BetrVG zu den Beispielen für weitergeltende Vorschriften (§ 45). Nachteile erleidet der Arbeitnehmer dadurch nicht. Im Gegenteil, das Einsichtsrecht weist gegenüber dem Bundesdatenschutzgesetz nicht zu unterschätzende Vorzüge auf. Der Arbeitnehmer muß weder für die Kosten der Auskunft aufkommen (§ 26 Abs. 3) noch läuft er Gefahr, sich mit einer ganzen Reihe von Einwänden konfrontiert zu sehen (§ 26 Abs. 4), die letztlich den Zugang zur Information in einer Vielzahl von Fällen versperren.

Trotzdem kann es bei dieser ersten Reaktion nicht bleiben. Denn in zumindest einem Punkt unterscheiden sich Bundesdatenschutzgesetz und Betriebsverfassungsgesetz beträchtlich: Bei einer automatischen Datenverarbeitung kann der Betroffene, wie ebenfalls bereits erwähnt, nach

---

57 Allgemeingehaltene Aussagen über die Subsidiarität des BDSG gegenüber den arbeitsrechtlichen Spezialnormen, wie sie sich beispielsweise bei *Gola* (Fußnote 10) S. 147 f. finden, sind deshalb zumindest mißverständlich.

§ 26 Abs. 2 BDSG auch Auskunft darüber verlangen, wer denn seine Daten regelmäßig erhält. Über das Einsichtsrecht ist eine solche Information nicht zu bekommen. Das ist jedoch kaum verwunderlich. Schon die Verknüpfung mit der automatischen Datenverarbeitung gibt zu erkennen, daß es sich um eine Regelung handelt, die dem Übergang zu neuen Informationstechniken Rechnung trägt. Insofern liegt ihr ein Sachverhalt zugrunde, der sich mit dem des § 83 BetrVG nicht vergleichen läßt. Im Betriebsverfassungsrecht garantiert der Gesetzgeber dem Arbeitnehmer das Recht, von allen seine Person betreffenden Unterlagen Kenntnis zu nehmen. Nicht anders verfährt zunächst das Bundesdatenschutzgesetz, nur daß an die Stelle der direkten Einsicht die mittelbare Information über die Auskunft tritt. Zugleich geht es jedoch einen Schritt weiter und ermöglicht dem Betroffenen den Zugang zu ganz anderen, zusätzlichen Angaben. Auskunfts- und Einsichtsrecht hören aber damit auf, sich zu decken. Das Bundesdatenschutzgesetz gewährt insoweit ein Recht, das jenseits des § 83 BetrVG liegt und infolgedessen ohne Rücksicht auf das dort garantierte Einsichtsrecht besteht. Die Arbeitnehmer sind deshalb berechtigt, nicht nur ihre Personalakten einzusehen, sondern daneben auch nach § 26 Abs. 2 BDSG Auskunft über die Weitergabe ihrer automatisch verarbeiteten Daten zu verlangen.

Das Bundesdatenschutzgesetz begnügt sich jedoch keineswegs mit den verschiedenen Varianten der Auskunft. Es sieht, wie schon betont, außerdem die Möglichkeit vor, personenbezogene Daten unter bestimmten Voraussetzungen sperren, berichtigen oder auch löschen zu lassen. Wiederum fragt es sich deshalb, wie sich denn diese Rechte zu der Regelung des § 83 BetrVG verhalten. Soviel gilt es nicht zu vergessen: Ähnliche Probleme gab es bereits vor dem Bundesdatenschutzgesetz. Bei der Interpretation des § 83 BetrVG kann man eben nicht umhin, sich auch darüber Gedanken zu machen, inwieweit diese Bestimmung die Arbeitnehmerrechte abschließend festlegt. Rechtsprechung und Lehre haben sich mittlerweile deutlich dagegen entschieden. Kaum jemand bestreitet noch die Verpflichtung des Arbeitgebers, falsche Angaben zu berichtigen und unzutreffende Unterlagen aus den Personalakten zu entfernen.[58] Selbst wenn mithin § 83 Abs. 2 BetrVG nur von Erklärungen des Arbeitnehmers

---

58 Vgl. *BAG* v. 25. 2. 59 (Fußnote 15); *Dietz/Richardi* (Fußnote 12) § 83 Anm. 15; *Fitting/ Auffarth/Kaiser* (Fußnote 12) § 83 Anm. 5; *Gola/Hümmerich* (Fußnote 14) S. 1171; einschränkend *Wiese* (Fußnote 11) S. 309; *ders.* (Fußnote 12) § 83 Anm. 17.

spricht, die auf sein Verlangen hin den Akten beigefügt werden müssen, stehen ihm sehr viel weitergehende Rechte zu.

Für die Anwendung des Bundesdatenschutzgesetzes folgt daraus zweierlei: Zusätzliche Rechte aus diesem Gesetz sind gleichsam nur ein anderer Aspekt jener von der Rechtsprechung bereits eingeleiteten und von der Lehre gebilligten interpretatorischen Erweiterung des § 83 BetrVG. Soweit es allerdings um die Berichtigung und die Löschung geht, bringt das Bundesdatenschutzgesetz grundsätzlich nichts Neues. Der Gesetzgeber vollzieht lediglich die von der arbeitsrechtlichen Rechtsprechung formulierten Regeln nach. Insoweit kann der Arbeitnehmer in Zukunft direkt auf das Gesetz zurückgreifen. Trotzdem: Das Bundesdatenschutzgesetz beschränkt sich keineswegs darauf, einen Löschungsanspruch nur dann zu gewähren, wenn die Speicherung unzulässig war. Das bedeutet in der bisherigen arbeitsrechtlichen Terminologie, daß der Arbeitnehmer ein Recht darauf hat, Informationen, die nicht gesammelt werden durften, aus den Akten entfernen zu lassen. Das Bundesdatenschutzgesetz sieht eine Löschung auch bei Daten über gesundheitliche Verhältnisse, strafbare Handlungen, Ordnungswidrigkeiten sowie religiöse oder politische Anschauungen vor, sofern ihre Richtigkeit bestritten und von der speichernden Stelle nicht bewiesen werden kann (§ 27 Abs. 3). Ganz abgesehen davon kann der Betroffene eine Löschung all der Angaben verlangen, die mit Rücksicht auf den Zweck der Speicherung nicht mehr benötigt werden (§ 27 Abs. 3). Schließlich sind Daten, deren Richtigkeit oder Unrichtigkeit sich nicht feststellen läßt, generell zu sperren (§ 27 Abs. 2). In mindestens drei Fällen formuliert das Gesetz mithin Ansprüche, die über die dem Arbeitnehmer bisher zustehenden Rechte hinausgehen. Bislang nicht geregelte Sachverhalte reihen sich damit ein in das durch Gesetz (§ 83 BetrVG) und Rechtsprechung entwickelte Instrumentarium zum Schutz der persönlichen Integrität des Arbeitnehmers.[59] Ähn-

---

59 Auch für manche bislang umstrittene Fälle bringt das BDSG eine klare Regelung. Ein Beispiel mag genügen: Erfolglosen Bewerbern wurde in der Regel ein Anspruch auf Vernichtung der dem Unternehmen überlassenen Unterlagen verwehrt; vgl. dazu statt aller *Brill*, ArbuR 1963 S. 137; *Schlemm*, RdA 1973 S. 190; demgegenüber vgl. *Degener* (Fußnote 10) S. 104. Ist aber einmal die Entscheidung über die Bewerbung gefallen, dann hat auch die dem Unternehmen zur Verfügung gestellte Information ihren Zweck erfüllt. Die Konsequenz: Jeder Betroffene kann nach § 27 Abs. 3 BDSG die Löschung der Daten verlangen, sofern freilich alle übrigen Bedingungen für die Anwendung des BDSG erfüllt sind. Etwas anderes gilt nur, wenn die Bewerbung mit Zustimmung des Arbeitnehmers zurückgestellt wird.

lich wie beim Auskunftsrecht ergänzt das Bundesdatenschutzgesetz insofern die bestehende arbeitsrechtliche Regelung.[60]

Gerade die Gegenüberstellung von Einsichts- und Auskunftsrecht zeigt also, daß das Bundesdatenschutzgesetz für die Arbeitnehmer keineswegs überflüssig ist, geschweige denn ihre Position wesentlich verschlechtert. Auch wenn es Probleme aufgreift, die in mancher Beziehung bereits Gegenstand des Arbeitsrechts gewesen sind, bietet es für alle Bestrebungen, die Arbeitnehmer vor den sich aus der Verarbeitung personenbezogener Angaben ergebenden Gefahren zu schützen, wichtige zusätzliche Ansatzpunkte.[61] Sicherlich läßt sich noch nicht sagen, inwieweit es tatsächlich gelingen wird, diese Ansatzpunkte zu nutzen. Immerhin, die Tatsache, daß das Gesetz auf dem Hintergrund der schon bestehenden arbeitsrechtlichen Spezialvorschriften angewandt werden muß, hat einen nicht unerheblichen Vorteil: Den Arbeitnehmern bleibt oft, wie sich wiederum am Auskunftsrecht erweist, die Auseinandersetzung mit jenen Generalklauseln erspart, mit denen das Bundesdatenschutzgesetz überreichlich ausgestattet ist und die, geschickt gehandhabt, sich vorzüglich dazu eignen, den Datenschutz leerlaufen zu lassen. Zudem sichern Vorschriften wie der § 83 BetrVG ein Mindestmaß an Datenschutz selbst dort, wo es zweifelhaft sein sollte, ob die Grundbedingung für eine Anwendung, des Bundesdatenschutzgesetzes, die Existenz einer Datei (§ 1 Abs. 1), auch wirklich erfüllt ist. Denn während nach § 2 Abs. 3 Ziff. 3 Akten dem Datenschutz nicht unterliegen, steht dem Arbeitnehmer sehr wohl das Recht zu, seine Personalakte einzusehen. Dieser, auf den ersten Blick gerade für die Arbeitnehmer besonders beachtenswerten Unterscheidung dürfte allerdings letztlich keine allzu große Bedeutung zukommen, und

---

60 Vgl. demgegenüber *Gola* (Fußnote 10) S. 149, der freilich insofern inkonsequent verfährt, als er selbst auf die ohne Rücksicht auf den Wortlaut des § 83 Abs. 2 BetrVG von Rechtsprechung und Lehre entwickelten Rechte des Arbeitnehmers hinweist.

61 Zu den aus der Perspektive des Arbeitnehmers wichtigsten Konsequenzen gehört die Einschränkung des Auskunftsrechts des Arbeitgebers. Die Weitergabe von Informationen ist, sofern diese einer Datei entnommen werden, Übermittlung im Sinne des BDSG (§ 2 Abs. 1 Ziff. 2) und unterliegt deshalb den besonderen, im BDSG selbst formulierten Voraussetzungen (§ 24). Vgl. auch *Gola* (Fußnote 10) S. 149 f., der mit Recht auf die Unstimmigkeiten hinweist, die sich aus der Fortführung der bisherigen Praxis bei Auskünften aus nicht formalisierten Personalakten zwangsläufig ergeben müssen. Aufgabe der Rechtsprechung wird es deshalb sein, hier korrigierend einzugreifen, den Schutz des Arbeitnehmers also auf den Stand des BDSG zu bringen.

zwar schon deshalb, weil das Bundesdatenschutzgesetz Akten nicht mehr privilegiert, sobald sie mit Hilfe automatisierter Verfahren »umgeordnet und ausgewertet werden können«. Inwieweit dies auch wirklich geschieht, ist dem Gesetz gleichgültig. Die Auswertbarkeit und nicht die tatsächliche Auswertung entscheidet. Vor allem bei größeren Unternehmen dürfte die Aktenführung diese Voraussetzung erfüllen. Allein die Anzahl der Arbeitnehmer und die durch die Unternehmensziele an den Arbeitsablauf gestellten Anforderungen genügen, um eine ständig zunehmende Formalisierung der Unterlagen zu begünstigen. Fragebogen sind ein untrügliches Indiz dafür. Mit der Formalisierung ist aber die Grenze zum Bundesdatenschutzgesetz überschritten. Die Personalakten unterliegen fortan seinen Bestimmungen, aber wiederum unter einem Vorbehalt: Nach § 1 Abs. 1 sind auf eine nichtautomatische Verarbeitung personenbezogener Daten, die nicht an Dritte weitergegeben werden sollen, lediglich die Vorschriften über die Datensicherung anzuwenden. Wohlgemerkt: Betroffen sind keineswegs nur »automatisierungsfähige« Personalakten. § 1 Abs. 1 gilt für Karteien über Arbeitnehmer mit bestimmten Spezialkenntnissen genauso wie auch für jede andere personenbezogene Datei, sofern nur die Angaben manuell verarbeitet werden. Die Versuchung, sich dem Bundesdatenschutzgesetz wenigstens partiell mit Hilfe des § 1 Abs. 1 zu entziehen, dürfte deshalb für manches Unternehmen groß sein. Schließlich liegt es gerade bei Arbeitnehmerdaten nahe, zu behaupten, daß sie ausschließlich internen Zwecken dienen. Die ohnehin fragwürdige Sonderbehandlung interner Daten würde jedoch durch eine solche, sich lediglich an den Vorstellungen des jeweiligen Unternehmers orientierende Interpretation nur noch bedenklicher werden. Solange es wirklich darauf ankommt, einen möglichst wirksamen Datenschutz sicherzustellen, muß sich die Auslegung des § 1 Abs. 1 an den Daten selbst und nicht an den Wünschen des Unternehmers ausrichten. § 1 Abs. 1 gilt also nicht für Informationen, die sich ihrer Struktur und Funktion nach auch für eine Verwendung durch Dritte eignen. Die üblicherweise im Rahmen geschäftlicher Gepflogenheiten, vertraglicher Beziehungen oder gesetzlicher Verpflichtungen übermittelten Daten sind deshalb ebensowenig »intern« wie Angaben, die veräußert werden könnten. Inwieweit mithin die Informationen, um die Terminologie des Gesetzes aufzugreifen, zur Weitergabe »bestimmt sind«, ist eine strikt objektiv zu beantwortende Frage. Auf die konkreten Absichten des Arbeitgebers kommt es gar nicht erst an. Gerade beim Arbeitsverhältnis dürften deshalb kaum »interne«

Daten übrigbleiben.[62] Selbst wenn dies aber noch der Fall sein sollte, werden die ohnehin anwendbaren arbeitsrechtlichen Datenschutzvorschriften spätestens bei einer Automatisierung der Datenverarbeitung durch das dann uneingeschränkt zu beachtende Bundesdatenschutzgesetz ergänzt.

VI.

Es bleibt ein letzter, bislang kaum wahrgenommener Problembereich. Was für fast alle Arbeitnehmer erstrebenswert, ja überaus notwendig erscheint – mehr Datenschutz –, kann für einige von ihnen bedenkliche Folgen haben. Um noch einmal auf das Bundesdatenschutzgesetz zurückzukommen: Der Anhang zu § 6 schreibt im Hinblick auf die Datensicherung eine ganze Reihe von Maßnahmen vor. Da ist von Zu- und Abgangskontrollen ebenso die Rede wie von der Überwachung von Transport, Eingabe und Organisation. Jede dieser Vorkehrungen beinhaltet tendenziell eine Regelung der Arbeitsbedingungen. Die Konsequenz: Die im Sicherheitsbereich tätigen Arbeitnehmer dürften sehr bald in einer bislang kaum vorstellbaren Weise kontrolliert werden. An technischen Einrichtungen, die es ermöglichen, ihren gesamten Tagesablauf minuziös nachzuzeichnen, fehlt es nicht. Es ist kaum verwunderlich, wenn es deshalb, allerdings außerhalb der Bundesrepublik, bereits zu Protesten und Streikandrohungen gekommen ist.

Sicher stellen sich ähnliche Probleme bei jeder automatischen Verarbeitung hochempfindlicher Informationen. Während jedoch sonst Art und Umfang der Überwachung der Initiative des jeweiligen Unternehmers überlassen bleiben, nimmt bei personenbezogenen Daten der Gesetzgeber die Verletzung der persönlichen Integrität bewußt in Kauf. Mehr denn je wird daher deutlich, daß der Datenschutz auch zum Nachdenken über die Situation jener Arbeitnehmer zwingt, deren Integrität der Datensicherung gleichsam geopfert wird. Allgemeine Bemerkungen zur Güterabwägung und ihren Folgen genügen freilich nicht. Soviel steht jedenfalls fest:

---

62 Das gilt schon allein mit Rücksicht auf die beträchtliche Anzahl an Angaben, die im Hinblick auf gesetzliche Verpflichtungen übermittelt werden müssen; vgl. dazu insbesondere *Espenhorst*, AWV-Schrift Nr. 126, Personal- und Arbeitsplatzsysteme (1975) S. 53 ff.; *Hentschel* in Hentschel/Gliss/Bayer/Dierstein, Datenschutz (1974), S. 29 f.; *Kilian* in Kilian/Lenk/Steinmüller, Datenschutz (1973), S. 299 ff.

Den Arbeitnehmern können Verpflichtungen, die mit einer nunmehr gesetzlich vorgeschriebenen und verschärften Datensicherung zusammenhängen, nicht einfach oktroyiert werden. Die Forderung, sich diesen Sicherungsbestimmungen zu fügen, beinhaltet eine Änderungskündigung. Konkrete Anstrengungen, den Respekt vor der Person des Arbeitnehmers auch in diesem Fall soweit wie nur irgend möglich sicherzustellen, lassen sich aber letztlich nur im Rahmen von Tarifverträgen und Betriebsvereinbarungen unternehmen. Beiden kommt insofern erneut eine Schlüsselfunktion zu. Keineswegs geht es lediglich darum, angemessene Kompensationsformen für die mit der Datensicherung verbundenen Nachteile zu finden. Betriebsvereinbarung und Tarifvertrag fällt vielmehr vor allem die Aufgabe zu, einerseits die Notwendigkeit der geplanten Sicherungsvorkehrungen zu überprüfen, und zwar im Hinblick auf Struktur und Bedeutung der im Einzelfall durchgeführten Datenverarbeitung, andererseits aber auch Alternativen anzubieten, die den Eingriff in die Integrität der Arbeitnehmer erträglicher werden lassen. Das Betriebsverfassungsrecht garantiert die Mitbestimmung (§ 87 Abs. 1 Ziff. 6 BetrVG), das Bundesdatenschutzgesetz befürwortet ausdrücklich flexible, der Intensität der Datenverarbeitung und den Unternehmensaufgaben angepaßte Sicherungsregelungen (§ 6 Abs. 1). Beides gilt es zu nutzen.

Die verordnete Sprachlosigkeit:
Das Arbeitsverhältnis als Kommunikationsbarriere

I. Fallkonstellationen

Der Konflikt ist alt, doch unverändert aktuell: Arbeitnehmer, die sich öffentlich über die eigenen Arbeitsbedingungen, die Unternehmens- oder Behördenpolitik oder auch die gesamtgesellschaftliche Situation äußern, setzen sich schnell dem Vorwurf aus, die sich aus ihrem Arbeitsverhältnis ergebenden Pflichten zu mißachten. Die Sanktionen reichen von bloßen Disziplinarmaßnahmen bis zum Verlust des Arbeitsplatzes. Kaum verwunderlich, wenn es deshalb immer wieder zu gerichtlichen Auseinandersetzungen kommt. Die Rechtsprechung hat freilich den Konflikt nicht ausgeräumt, sondern mit oft divergierenden, ja sich zuweilen offen widersprechenden Entscheidungen eher verschärft. Die wachsende Tendenz, fallspezifische Details zu verdrängen und sich statt dessen mit prinzipiellen Bemerkungen zum Arbeitsverhältnis oder zur Meinungsfreiheit überhaupt zufriedenzugeben, trägt auch nicht gerade dazu bei, den Konflikt besser zu verstehen und Auswege anzubieten, über die wirklich diskutiert werden kann.

Mindestens vier verschiedene Konstellationen lassen sich mittlerweile ausmachen:

1. Die Kritik richtet sich verständlicherweise häufig gegen die jeweiligen Arbeitsbedingungen. Mit am bekanntesten ist das Beispiel jenes Arbeitnehmers, der über die Gewerkschaft das Gewerbeaufsichtsamt einschaltete, um sich vor den gesundheitsschädlichen Folgen der beim Zusammenschweißen kunststoffbeschichteter Stahlbleche entstehenden Dämpfe zu schützen.[1] Ähnlich reagierte ein Betriebsrat auf die Bestrebungen seines Arbeitgebers, den Tarifvertrag zu unterlaufen. Er schrieb darüber

---

1 LAG Baden-Württemberg, EzA Nr. 8 zu § 1 KSchG Verhaltensbedingte Kündigung.

einen Beitrag für die Gewerkschaftsmitteilungen.[2] Zweierlei fällt auf: Sowohl der Schweißer als auch der Betriebsrat greifen Vorgänge auf, die ihren Arbeitsplatz unmittelbar betreffen. Mit ihren Äußerungen wollen sie ihren Arbeitgeber veranlassen, sein Verhalten in seinem gleichsam ureigensten Zuständigkeits- und Entscheidungsbereich zu ändern. Nur: Obgleich sich die Auseinandersetzung auf einen offenkundig internen Vorgang bezieht, gipfelt sie nicht in einer ebenso ausschließlich intern vorgetragenen Kritik. Die Betroffenen ziehen es im Gegenteil vor, den Vorgang zu veröffentlichen, um mit Hilfe externer Instanzen oder auch einer öffentlichen Diskussion auf Arbeitgeber einzuwirken.

2. Die Ausgangslage der zweiten Fallgruppe ist durchaus vergleichbar. Die Arbeitnehmer monieren wiederum das Verhalten ihres Arbeitgebers, und einmal mehr geben sie sich nicht mit internen Vorhaltungen zufrieden. Ein Unterschied ist allerdings nicht zu übersehen. Den Arbeitnehmern geht es nicht um die Korrektur ganz bestimmter Arbeitsbedingungen. Ihre Kritik bezieht sich vielmehr auf einzelne öffentlichkeitsrelevante Aspekte des Arbeitgeberverhaltens. Drei Beispiele dafür: Der Leiter der Kulturabteilung einer niedersächsischen Kleinstadt stellte auf Veranlassung des Stadtdirektors eine Liste jugendgefährdender Schriften zusammen. Bei der anschließenden Überprüfung der Stadtbibliothek wurde der Bibliotheksleiter aufgefordert, sowohl die in der Liste enthaltenen Publikationen herauszugeben als auch die Namen der Entleiher mitzuteilen. Der Bibliothekar gab zwar die Namen weiter, unterrichtete aber gleichzeitig den Niedersächsischen Datenschutzbeauftragten, weil er befürchtete, daß der Informationswunsch des Arbeitgebers gegen zentrale, im Interesse aller Bürger erlassene Vorschriften zur Verarbeitung personenbezogener Daten verstoßen könnte.[3] Ganz anders reagierten die Arbeitnehmer in den beiden anderen Fällen. Sie wandten sich direkt an die Öffentlichkeit. So forderten die Bediensteten des Hamburger Arbeitsamtes in Anbetracht der hohen Arbeitslosigkeit öffentlich zunächst mehr Stellen und beschuldigten später genauso öffentlich den Präsidenten des Landesarbeitsamtes, alle Bemühungen unterlaufen zu haben, die neu bewilligten Stellen möglichst schnell zu besetzen.[4] Im zweiten Fall ging es

---

2 ArbG Stuttgart v. 3. 4. 1981 – 16 BV 1/81; vgl. aber auch die Entscheidung v. 8. 5. 1980 – 10 Ca 225/80.
3 Frankfurters Rundschau v. 9. 3. 1984, S. 4.
4 Die Zeit v. 26. 12. 1986, S. 12.

um die Verseuchung des Rheins. Sie veranlaßte den Betriebsratsvorsitzenden der BASF, die schlechte Informationspolitik seines Arbeitgebers in einem Zeitungsinterview ebenso zu kritisieren wie die zögerliche Kontrolltätigkeit der Aufsichtsbehörde.[5] Weil Fragen wie die Arbeitslosigkeit und die Umweltverschmutzung die Öffentlichkeit unmittelbar betreffen, sollte sie auch direkt informiert und zu einer Stellungnahme aufgefordert werden.

3. Die dritte Fallgruppe ist eine Abstraktionsstufe höher angesiedelt. Die Kritik setzt zwar bei den Arbeitsbedingungen an. Im Unterschied jedoch zu den bislang erwähnten Fällen richtet sie sich nicht gegen den jeweiligen Arbeitgeber, sondern gegen die arbeitsmarktpolitischen Vorstellungen einer bestimmten Branche oder eines einzelnen Verbandes. Der eigene Arbeitgeber wird also durchaus kritisiert, aber nur indirekt. Die Auseinandersetzung bleibt trotzdem sehr konkret. Die Vorwürfe gegen den Verband etwa tangieren sicherlich auch die Handlungsbedingungen des Arbeitgebers. Die persönliche Betroffenheit wird zudem dadurch besonders akzentuiert, daß sich die Arbeitnehmer gerade in diesen Fällen mit öffentlichen Äußerungen gar nicht erst zurückhalten, sondern sie mehr oder weniger als selbstverständlich ansehen. Typisch dafür sind Bemerkungen zum Umgang mit Überstunden und zur gezielten Ausnutzung der wirtschaftlichen Situation, um den Arbeitnehmern eine von ihnen abgelehnte Arbeitszeitregelung aufzuzwingen.

4. Auch bei der vierten und letzten Fallgruppe geht es um eine allgemein gehaltene Kritik. Die Zielrichtung unterscheidet sich freilich deutlich. Die Arbeitnehmer wenden sich mit ihren Überlegungen, jedenfalls primär, nicht gegen den einen oder anderen Aspekt ihrer spezifischen Arbeitssituation. Sie setzen sich vielmehr, wenn nicht ausschließlich, so doch in erster Linie, mit der politischen, gesellschaftlichen oder wirtschaftlichen Entwicklung auseinander. Zu den gleichsam klassischen Beispielen gehört der Fall jenes Bankkaufmanns, der im Wahlkampf eine die Banken scharf angreifende, unter anderem ihre Verstaatlichung fordernde DKP-Publikation verteilte.[6] Ähnliche Fragen stellen sich bei einem TÜV-Sach-

---

5 Frankfurter Rundschau v. 24. 12. 1986, S. 4; vgl. aber auch ArbG Frankfurt, KJ 16 (1983), S. 69.
6 BAG AP Nr. 2 zu § 134 BGB.

verständigen, der sich öffentlich für einen Abbau der Atomindustrie ausspricht.[7] Hält man sich strikt an die jeweiligen Äußerungen, dann sieht es zunächst so aus, als ob sich die einzelnen Stellungnahmen lediglich auf die Struktur der Kredit- oder die Zukunft der Atomwirtschaft beziehen würden. Jeder Schritt auf eine veränderte Struktur oder eine andere Energiequelle hin wirkt sich freilich zwangsläufig auf die Betätigungsmöglichkeit, ja die Existenz des Arbeitgebers aus. Die Kritik streicht deshalb nicht am Arbeitsverhältnis vorbei, sie trifft es voll. Der Konflikt ist insofern einmal mehr unausweichlich.

II. Rückblick

Die Kriterien, nach denen Äußerungen von Arbeitnehmern beurteilt werden, sind auf zwei verschiedenen Ebenen angesiedelt. Materielle Gesichtspunkte und Verfahrensmaßstäbe ergänzen einander. Beides pflegt ebenso regelmäßig wie dezidiert zu den »Grundregeln« des Arbeitsverhältnisses gezählt zu werden. Zweierlei läßt sich damit erreichen. Zunächst: Grundregeln normieren essentielle, den Bestand und die Funktionsfähigkeit des Arbeitsverhältnisses betreffende Fragen. Ein ansonsten möglicherweise bestehender Interpretationsspielraum entfällt, sobald Grundregeln auf dem Spiel stehen. Sie legen die Richtung und den Inhalt der Entscheidung verbindlich fest. Fast noch wichtiger ist die zweite Folge. Weil den Grundregeln die Aufgabe zukommt, die Substanz des Arbeitsverhältnisses abzusichern, bereitet es offensichtlich keine Schwierigkeiten, sie als Geltungsgrenze der verfassungsrechtlich garantierten Meinungsfreiheit anzusehen.[8] Die Grundregeln werden, anders ausgedrückt, den in Art. 5 Abs. 2 GG geforderten gesetzlichen Bestimmungen gleichgestellt. Der kaum zu übersehende formale Mangel bleibt unbeachtet.[9] Die den Grundregeln beigemessene, zentrale Bedeutung für das Arbeitsverhältnis

---

7 Vgl. *Söllner*, in: Festschrift für *Herschel* (1982), S. 402.
8 Statt aller BAG AP Nr. 2 zu § 13 KSchG; AP Nr. 1 zu Art. 5 Abs. 1 GG Meinungsfreiheit; AP Nr. 2 zu § 134 BGB; EzA Nr. 2 zu § 611 BGB Beschäftigungspflicht; AP Nr. 1 zu § 1 KSchG 1969 Verhaltensbedingte Kündigung; AP Nr. 69 zu § 626 BGB; DB 1983, S. 2578; *Söllner*, (Fn. 7), S. 393; KR-*Wolf* (2. Aufl. 1984) Grunds. Rdn. 421; *Zöllner*, Arbeitsrecht (3. Aufl. 1983) S. 88.
9 Vgl. insb. *Mayer-Maly*, ArbuR 1968, S. 8; *Blomeyer*, ZfA 3 (1971), S. 98; *Däubler*, Gewerkschaftsrechte im Betrieb (4. Aufl. 1985) S. 212 ff.; KR-*Becker* (2. Aufl. 1984) § 1 KSchG Rdn. 263.

kompensiert offenbar die fehlende Gesetzesqualität und legitimiert damit verfassungsfeste Grundrechtseinschränkungen.

1. Materielle Gesichtspunkte

Bei den materiellen Kriterien steht die »Treuepflicht« des Arbeitnehmers, allen noch so deutlich geäußerten Zweifeln zum Trotz,[10] nach wie vor im Vordergrund. Ihre lange Geschichte spielt dabei sicher eine wichtige Rolle. Von der Treuepflicht war schon in den Frühstadien des Individualarbeitsrechts immer wieder die Rede. Überhaupt: Nahezu sämtliche Nebenpflichten des Arbeitnehmers sind im Zeichen der Treuepflicht entwickelt worden, RAG[11] und BAG[12] haben sich gleichermaßen auf sie berufen. Die Haltung der Gerichte ist freilich alles andere als singulär. Sie spiegelt vielmehr einen weitverbreiteten Konsens wider. Die eher rudimentären Ansätze im 1923 vorgelegten Entwurf eines Allgemeinen Arbeitsvertragsgesetzes[13] verdichteten sich unter der Herrschaft des AOG zu einer gesetzlich begründeten, allgemeinen Verpflichtung[14] und kehrten nach 1945 als genereller, das gesamte Verhalten des Arbeitnehmers im Rahmen des Arbeitsverhältnisses regelnder Grundsatz wieder.[15] So gesehen, reiht sich die Bewertung von Arbeitnehmeräußerungen mühelos in die lange, von der Schadensabwendung über die Wettbewerbsverbote bis zu den Anforderungen an das Privatleben reichende Falliste der Treuepflicht. Sie schiebt sich durchweg wie ein Filter vor die inner- und außerdienstlichen Aktivitäten des Arbeitnehmers und schreibt die Grenzen rechtlich zulässigen Verhaltens fest.

Just die beiden Eigenschaften, die scheinbar ganz besonders dafür

---

10 Vgl. etwa *Schwerdtner*, Fürsorgetheorie und Entgelttheorie im Recht der Arbeitsbedingungen (1970), S. 31 ff., 66 ff., 79 ff.; ZfA 10 (1979), S. 1 ff.; MünchKomm-*Söllner* § 611 Rdn. 375 ff.; *Weber*, RdA 1980, S. 292 ff.; *Weiss*, Anm. zu LAG Baden-Württemberg oben Fn. 1.

11 Vgl. etwa RAG ARS 15, 565; 35, 168; 36, 264, 271; 42, 168.

12 Vgl. etwa BAG AP Nr. 7 zu § 611 BGB; Nr. 5 zu § 60 HGB; Nr. 5 zu § 242 BGB; Nr. 2 zu § 134 BGB; Nr. 1 zu § 103 BetrVG 1972.

13 §§ 32 ff., RArbBl. 1923 Amtl. Teil S. 498 ff. und dazu *Richter*, RArbBl. 1924 Nichtamtl. Teil S. 232.

14 § 2 Abs. 2; statt aller *Hueck/Nipperdey/Dietz*, AOG (4. Aufl. 1943) § 1 Rdn. 1 ff., § 2 Rdn. 14, 16 s; *Mansfeld*, Die Ordnung der nationalen Arbeit (2. Aufl. 1943) § 2 Anm. 10; *Nikisch*, DAR 1938, S. 182.

15 *Hueck*, Der Treuegedanke im modernen Privatrecht (1947) S. 13; *Hueck/Nipperdey*, Lehrbuch des Arbeitsrechts I (7. Aufl. 1963) § 37; *Nikisch*, Arbeitsrecht (3. Aufl. 1961) § 34.

sprechen, die Treuepflicht in die Grundregeln des Arbeitsverhältnisses einzubeziehen, der weite Anwendungsbereich und die Immunität gegen den Wandel der politischen und verfassungsrechtlichen Bedingungen, mahnen freilich zur Vorsicht. Funktion und Entwicklung der Treuepflicht lassen sich nur vor dem Hintergrund der durch die Industrialisierung bewirkten strukturellen Veränderungen verstehen. Gesetzgeber und Rechtsprechung meinten, alles getan zu haben, um mögliche Modifikationen aufzufangen. »Master« und »servant« waren definitiv in die Vertragsfreiheit entlassen worden. Sie sollte ihnen die Chance, aber auch das Recht geben, selbst den Arbeitsprozeß zu regeln und damit zugleich den eigenen Erwartungen kontinuierlich anzupassen.[16] Je schärfer sich jedoch der Widerspruch zwischen rechtlichem Instrumentarium und sozialer Realität abzeichnete, desto mehr nahm der Druck zu, den Handlungsspielraum der Vertragsparteien zu revidieren. Die »Arbeiterschutzgesetze« deuten den Akzentwandel an.[17] In die gleiche Richtung weist die am konsequentesten von *Otto von Gierke* erhobene Forderung, das Arbeitsverhältnis nicht mehr wie selbstverständlich in die lange Reihe der Schuldverhältnisse einzuordnen. Die Fabrikorganisation vertrage sich eben nicht mit einem frei ausgehandelten Kontrakt. Sie verlange Arbeitnehmer, die bereit seien, ihr »Fürsichsein« aufzugeben, um sich nur noch als »dienende Glieder« eines »monarchisch organisierten Ganzen« zu betätigen. Hinter einer kunstvoll aufgerichteten, historisierenden Fassade verdrängt so die »herrschaftliche Gewalt« des Fabrikherrn das »lügenhafte Schema des streng individualistischen Obligationenrechts«.[18]

Auf den ersten Blick sieht es so aus, als ob alle diese Überlegungen nur das eine Ziel verfolgten, die Entwicklung gleichsam zurückzudrehen, um die rechtliche Regelung der realen Struktur des Produktionsprozesses anzupassen. Wo deshalb der Vertrag dominieren sollte, bekommt der Status den unbedingten Vorrang. Die »Gemeinschaft kraft herrschaftlicher Gewalt« hat freilich noch eine andere, nicht minder bedeutsame Seite. In den Worten *Otto von Gierkes*: »die unter öffentliche Kontrolle

---

16 *Kahn-Freund*, in: *Flanders/Clegg* (Hrsg.), The System of industrial relations in Great Britain (1954) S. 45; *Lord Wedderburn*, The worker and the law (3. Aufl. 1986) S. 5, 105; *Javillier*, Droit du travail (2. Aufl. 1981) S. 94 ff.; *Simitis*, in: *Zacher/Simitis/Kübler/Hopt/Teubner* (Hrsg.), Verrechtlichung von Wirtschaft, Arbeit und sozialer Ordnung (1984) S. 74 ff.

17 *Kahn-Freund*, Labour and the law (3. Aufl. 1983, hrsg. v. *Davies/Freedland*) S. 14 ff.; *Simitis*, (Fn. 16), S. 78 ff.

18 *Otto von Gierke*, Die soziale Aufgabe des Privatrechts (1899, Neudruck 1943), S. 31.

gestellte und durch staatlichen Zwang verwirklichte rechtliche Ausgestaltung eines sittlichen Gehaltes des Verhältnisses nach innen«.[19] Der Rückzug aus dem Schuldvertrag bekräftigt und gewährleistet mithin zwar die Vorherrschaft des Arbeitgebers, allerdings um den Preis einer von außen vorgenommenen, jederzeit möglichen korrigierenden Intervention. Mit der grundsätzlich uneingeschränkten Selbstbestimmung der Vertragspartner entfällt insofern auch die Verpflichtung des Staates und der Gerichte, das Vereinbarte zu respektieren, sich also aller gestaltenden Eingriffe strikt zu enthalten.

Die Interventionsinstrumente sind klar beschrieben. Der »sittliche Gehalt« wird doppelt abgesichert, zum einen durch die Schutzgesetze, zum anderen mit Hilfe der die »Gemeinschaft« unmittelbar ausdrückenden »Fürsorgepflicht«.[20] Die staatliche Intervention setzt sich so über den Eingriff der Gerichte fort. Ihnen bleibt es vorbehalten, die Generalklausel in konkrete Verhaltenserwartungen umzuwandeln. Sie sind es daher auch, die mit ihren Entscheidungen den Handlungsspielraum des Arbeitgebers fortlaufend neu abstecken und damit den Inhalt des Arbeitsverhältnisses maßgeblich beeinflussen. Was jedoch die »Fürsorgepflicht« genau bedeutet, wie sich also die »Gemeinschaft« zwischen Arbeitgeber und Arbeitnehmer im einzelnen auswirkt, bleibt zwangsläufig unklar. Nur unter dieser Voraussetzung kann die veränderte Konzeption des Arbeitsverhältnisses eine verläßliche Korrekturgrundlage abgeben. Die »Fürsorgepflicht« gleicht insofern aus der Perspektive ihrer Verfechter das sozialpolitische Defizit kodifikatorischer Regelungen wie der des BGB aus und integriert zugleich das Arbeitsverhältnis in eine von der Auseinandersetzung mit den Industrialisierungsfolgen geprägte Sozialpolitik.

Nur: Die »Fürsorgepflicht« mag zunächst, wie sich etwa an der Kritik an den BGB-Bestimmungen zeigt, den Arbeitgeber treffen. Weil aber mit jedem ihrer Anwendungsfälle die »Gemeinschaft« konkrete Gestalt annimmt, wirkt sie sich genauso auf das Verhalten des Arbeitnehmers aus. Seine Verpflichtung zur »Fürsorge« materialisiert sich in der »Treue« zum Arbeitgeber. Genaugenommen ersetzt damit nur eine Generalklausel die andere. Die »Treuepflicht« beseitigt allerdings jeden Zweifel an der Tragweite der Intervention. Zur Disposition steht das gesamte Arbeitsverhältnis. Der Eingriff kann eben nur sein Ziel erreichen, wenn es in allen

---

19 *Otto von Gierke*, (Fn. 18), S. 31.
20 *Otto von Gierke*, Deutsches Privatrecht I (1895), S. 261, 660, 697, in: Festschrift für *Brunner* (1914) S. 37 ff.

seinen Aspekten einbezogen wird. Die »Gemeinschaft« verbietet es, die Ausstrahlung der »Treuepflicht« von vornherein auf irgendwelche Einzelfragen zu beschränken.

Zugleich wird deutlich: Diskussionen über die »dogmatische« Einordnung der »Gemeinschaft« zwischen Arbeitgeber und Arbeitnehmer sind ebenso müßig wie Reflexionen darüber, ob die »Treue-« eine Hauptpflicht ist oder lediglich zu den Nebenpflichten zählt.[21] Zu keinem Zeitpunkt ging es darum, das zum »Gemeinschaftsverhältnis« erklärte Arbeitsverhältnis in einer von den Vorstellungen des BGB geprägten Schuldrechtsdogmatik zu verankern. Die Qualifikation des Arbeitsverhältnisses als »personenrechtliches Gemeinschaftsverhältnis« war im Gegenteil eine bewußte Distanzierung gegenüber jedem Versuch, schuldrechtlichen Gesichtspunkten den Vorrang einzuräumen. Anders ausgedrückt: Das Arbeitsverhältnis sollte auf eine neue, vom Schuldrecht deutlich abgehobene dogmatische Grundlage gestellt werden. Je entschiedener jedoch der »Gemeinschaftscharakter« betont wird, desto mehr gewinnen auch »Fürsorge-« und »Treuepflicht« an Bedeutung. Beides gerät zur Elle, mit der das gesamte Verhalten von Arbeitgeber und Arbeitnehmer gemessen werden muß. Welche Pflichten also im einzelnen bestehen und wie sie sich genau auswirken, läßt sich nur in Kenntnis der alles umspannenden »Fürsorge- und Treuepflicht« bestimmen. Sie ist die stets zu beachtende, verbindliche Vorgabe jeglicher Überlegung zum Arbeitsverhältnis.[22]

Eben dieser denkbar weite Anwendungsbereich macht die Treuepflicht zum idealen Interventionsinstrument. Sie läßt sich fast mühelos nahezu jeder Vorstellung über Inhalt und Verlauf des Arbeitsverhältnisses überstülpen. Kaum verwunderlich, wenn deshalb das von der »beiderseitigen Treuepflicht« geprägte »persönliche Band zwischen Gefolgsmann und Unternehmer« zum selbstverständlichen Ansatz nationalsozialistischen Arbeitsrechts avancierte[23] und die »beiderseitige Treue« mit der gleichen Selbstverständlichkeit nach 1945 zum beherrschenden Grundsatz des Arbeitsverhältnisses erklärt wurde.[24] So gesehen, geht es in der Tat nicht an, die Treuepflicht als »Ausgeburt einer Ideologie« zu bezeichnen,[25] aber nur deshalb, weil sie sich für jede Ideologie nutzen läßt.

---

21 Statt aller *Weber*, (Fn. 10), S. 293 f.
22 *Zöllner*, (Fn. 8), S. 146 f.
23 *Hueck/Nipperdey/Dietz*, (Fn. 14), § 2 Rdn. 14 ff.
24 *Hueck/Nipperdey*, (Fn. 15), § 37.
25 *Weber*, (Fn. 10), S. 293 und demgegenüber *Zöllner*, (Fn. 8), S. 146.

In dem Maße freilich, in dem die »Fürsorge- und Treuepflicht« zum Etikett für beliebig austauschbare Inhalte wird, verschwimmen die rechtlichen Konturen des Arbeitsverhältnisses. Hatte die Anbindung an die Schuldrechtsnormen zumindest die Voraussetzungen dafür geschaffen, das Arbeitsverhältnis aus der Irrationalität der Herrschaftsbeziehungen in die Rationalität vertraglicher Abmachung zu überführen, so unterläuft die Treuepflicht alle Ansätze einer rationalen Diskussion über den Inhalt und die Grenzen der Arbeitnehmerpflichten. Wo, gerade mit Rücksicht auf die oft einschneidenden Folgen, eine ebenso präzise wie nachvollziehbare Begründung not tut, findet sich nicht mehr als eine nichtssagende Formel. Der Arbeitnehmer erfährt infolgedessen bestenfalls andeutungsweise, ob und unter welchen Bedingungen er sich äußern darf, und auch dies nur unter dem Vorzeichen einer die Revision aller gemachten Aussagen jederzeit ermöglichenden Treuepflicht.

Sehr viel präziser fällt der Entscheidungsmaßstab, zumindest auf den ersten Blick, dort aus, wo von einer »Tendenzförderungspflicht« des Arbeitnehmers die Rede ist.[26] Schließlich kennt das geltende Recht durchaus eine Verpflichtung, die vom Arbeitgeber formulierten Unternehmensziele sowie die sie konkretisierende Unternehmenspolitik als verbindliche Schranke der Arbeitnehmerrechte hinzunehmen. Nur: § 118 BetrVG schreibt Restriktionen lediglich für die Beschäftigten von Unternehmen vor, die das gesetzlich ausdrücklich anerkannte, zugleich aber auf bestimmte, im BetrVG klar angesprochene Zielsetzungen beschränkte Tendenzprivileg, für sich in Anspruch nehmen können. Ganz gleich deshalb, wie man im einzelnen zur gesetzlichen Regelung steht, eines gibt sie mit Sicherheit nicht her: eine generelle Tendenzförderungspflicht. Die Rechtsprechung zu § 118 BetrVG zwingt zudem dazu, noch mehr und noch deutlicher als bisher zu fragen, wo die Grenzen einer solchen Pflicht verlaufen, und zwar selbst im Anwendungsbereich der Ausnahmevorschrift. Vor allem die Bestrebungen, die »Tendenzträger« von den übrigen Arbeitnehmern zu unterscheiden, zeigen, daß die noch so unbestrittene Qualifikation des Arbeitgebers als Tendenzunternehmen keineswegs ausreicht. Nur in Kenntnis der jeweiligen Position sowie der konkreten Aufgaben des Arbeitnehmers läßt sich sagen, ob in seinem Fall die mit der Tendenzförderungspflicht verbundenen, zusätzlichen Erwartungen über-

---

26 *Buchner*, ZFA 1979, S. 335 ff.

haupt gerechtfertigt sind.[27] Erst recht kann daher nicht von einer allgemeinen Verpflichtung die Rede sein.

Auch die gesetzlich anerkannten Wettbewerbsverbote für Arbeitnehmer (§§ 60, 74 ff. HGB) legen kein anderes Ergebnis nahe. Wiederum greift das Gesetz eine Sondersituation auf. Weil die Verwertung der Arbeitskraft ihren Sinn erst im Zusammenhang mit der Aktivität des Unternehmens in einem bestimmten Markt erhält, soll die Arbeitskraft nach Möglichkeit nur von dem Unternehmen genutzt werden, dem sie durch den Arbeitsvertrag zur Verfügung gestellt worden ist. Das Gesetz sanktioniert allerdings nicht eine Monopolisierung der Arbeitskraft, sondern enthält lediglich ein beschränktes, inhaltlich klar definiertes Verwertungsverbot. Die Verwertung scheitert an der gesetzlich abgesicherten Exklusivitätssperre zugunsten des Arbeitgebers dann, wenn mit Hilfe des Arbeitnehmers eine konkurrierende unternehmerische Aktivität gestützt oder überhaupt erst aufgebaut werden soll. Das Wettbewerbsverbot läßt sich deshalb weder in ein generelles Nebentätigkeitsverbot ummünzen noch in ein ebenso allgemein gehaltenes Wohlverhaltensgebot. Der Arbeitnehmer darf zwar dem Arbeitgeber keine Konkurrenz machen, wie er jedoch ansonsten zu den Unternehmenszielen und zu der Unternehmenspolitik steht, ist, jedenfalls aus der Perspektive der HGB-Vorschriften, gleichgültig.

Genausowenig hilft der Hinweis auf eine durch den Arbeitsvertrag begründete »Zweckgemeinschaft« weiter.[28] Mit der vertraglichen Vereinbarung bringt der Arbeitnehmer seine Arbeitskraft in einen Prozeß ein, dessen Eckdaten durch den Arbeitgeber bestimmt werden. Dessen Interessen entscheiden über das Ziel dieses Prozesses und definieren damit zugleich den Kontext, in dem jeweils Arbeit zu leisten ist. Arbeitgeber und Arbeitnehmer sind daher weder Gesellschafter noch gehören sie einem, wie immer näher qualifizierten, von ihnen gemeinsam getragenen Verband an. Daran hat sich auch durch die Mitbestimmung nichts geändert. Gleichviel, ob sie über den Betriebsrat oder die Arbeitnehmervertreter im Aufsichtsrat erfolgt, sie ist immer nur ein Kontrollinstrument, das zwar die Risiken fremdbestimmter Arbeit mindern, nicht jedoch die Arbeitnehmer in gleichberechtigte Unternehmensträger ver-

---

27 Dazu insb. BVerfGE 52, 297; BAG AP Nr. 3 zu § 99 BetrVG 1972; Nrn. 4, 7, 14, 18, 21 zu § 118 BetrVG 1972; Nr. 1 zu § 130 BetrVG 1972; Nr. 3, 4, 7 zu Art. 140 GG.
28 *Ramm*, ArbuR 1973, S. 220 ff.

wandeln soll.[29] Parallelen zum Gesellschafts- und Vereinsrecht verbieten sich infolgedessen. Mag deshalb sein, daß dort Verhaltensschranken gelten, die den Sinn und die Berechtigung von Loyalitätspflichten musterhaft exemplifizieren. Sie spiegeln aber durchweg den etwa für das Verhältnis der Gesellschafter zueinander typischen Regelungszusammenhang wider und scheiden insofern als Reflexionsansatz dann aus, wenn die abhängige Arbeit Regelungsgegenstand ist.

Die Unterschiede lassen sich auch nicht mit Hilfe noch so nachdrücklich vorgetragener, interdisziplinär angelegter Überlegungen verdrängen.[30] Der Erfolg einer arbeitsteiligen Organisation hänge, so heißt es, entscheidend von der Bereitschaft aller ihrer Teile ab, sich mit ihr zu identifizieren, also ein möglichst intensives, gerade nach außen hin deutlich dokumentiertes Gruppenbewußtsein zu entwickeln. Solche betriebs- und organisationspsychologische Exkurse mögen den verständlichen Erwartungen der Arbeitgeber entgegenkommen, sie reichen aber noch lange nicht aus, um eine entsprechende rechtliche Verpflichtung der Arbeitnehmer zu begründen. Diese sind daher weder gehalten, sich uneingeschränkt mit den Unternehmenszielen zu identifizieren, noch und erst recht müssen sie »alles unterlassen«, was die Interessen des Arbeitgebers und seines Unternehmens schädigen könnte.[31]

Äußerlich anders, aber der Sache nach durchaus gleich, verläuft die Argumentation schließlich dann, wenn vom Arbeitnehmer unter Hinweis auf das Verbot des gegensätzlichen Verhaltens verlangt wird, von Äußerungen abzusehen, die der unternehmerischen Zielsetzung seines Arbeitgebers »entgegenarbeiten«.[32] Arbeitgeber und Arbeitnehmer müssen sicherlich genauso wie alle anderen Vertragspartner das Verbot des venire contra factum proprium beachten. Nur gilt es, zu fragen, was dem Arbeitnehmer den Vorwurf eines offensichtlich nicht mehr hinnehmbaren, gegensätzlichen Verhaltens einbringt. Darauf gibt es wohl nur eine Antwort: die Divergenz zwischen den vom Arbeitgeber verfolgten Zielen und dem vom Arbeitnehmer vertretenen Standpunkt. Weil er es ablehnt, sich

---

29 Vgl. freilich *Gast*, Das Arbeitsrecht als Vertragsrecht (1984) insb. S. 74 ff. und demgegenüber *Kübler/Schmidt/Simitis*, Mitbestimmung als gesetzgebungspolitische Aufgabe (1978) S. 235 f.

30 Vgl. etwa *Schwarz-Holzer*, Die Treuepflicht des Arbeitnehmers und ihre künftige Gestaltung, Bd. 1 der Schriftenreihe der Kammer für Arbeiter und Angestellte für Wien, o. J., S. 41 ff.

31 BAG AP Nr. 7 zu § 611 Treuepflicht.

32 *Söllner*, (Fn. 7), S. 397; vgl. aber auch *Buchner*, ZfA 13 (1982) S. 68 f.

mit den Vorstellungen des Arbeitgebers zu identifizieren, verstößt er gegen seine angenommene, aber nicht offen ausgesprochene Verpflichtung, sich einer durch die Erwartungen des Unternehmers geprägten Politik anzupassen. Der Umweg über das Verbot des gegensätzlichen Verhaltens muß deshalb an genau den Einwänden scheitern, denen sich auch die direkte Anknüpfung an eine Zweckgemeinschaft oder eine Tendenzförderungspflicht ausgesetzt sieht.

2. Verfahrensregeln

Soweit sich der Arbeitnehmer bei seinen Äußerungen auf seinen Arbeitgeber bezieht, muß er, will er der Kündigung entgehen, einen klar vorgezeichneten Weg einschlagen. Die Kritik darf, so jedenfalls die bislang eindeutig vorherrschende Meinung, grundsätzlich nur unternehmensintern und lediglich dem Arbeitgeber gegenüber vorgebracht werden, ohne Rücksicht im übrigen darauf, ob es um die Anwendung gesetzlicher Bestimmungen, tariflicher Abmachungen, vertraglicher Abreden oder um das Verhallen des Arbeitgebers überhaupt geht.[33] Verbindliche Verfahrensregeln kanalisieren so den Diskussionsverlauf und belegen ihn mit einer Öffentlichkeitssperre.

Dahinter steckt eine zunächst durchaus plausible Erwägung. Die Kritik entzündet sich am Arbeitsverhältnis. Insofern spricht auf den ersten Blick alles dafür, sich an die ansonsten ebenfalls geltenden Maßstäbe zu halten. Wer mit dem Verhalten seines Vertragspartners unzufrieden ist, muß sich der für vertragsinterne Konflikte vorgesehenen Mittel bedienen. Je konsequenter freilich dieser Standpunkt eingenommen wird, desto weniger scheint es auf besondere Regeln für die Bewertung von Meinungsäußerungen der Arbeitnehmer anzukommen. Die Aufmerksamkeit richtet sich statt dessen auf das gleichsam klassische Instrumentarium des Vertragsrechts, genauer, auf das Leistungsverweigerungsrecht. Wenn etwa die Arbeitnehmer der Meinung sein sollten, die Sicherheitsvorkehrungen seien mangelhaft, müßten sie eben ihre Leistung verweigern. Was sie deshalb am Verhalten des Arbeitgebers auszusetzen haben, gehört, so gesehen, ausschließlich in die Begründung des ihnen grundsätzlich ohnehin zustehenden Leistungsverweigerungsrechts. Ganz in diesem Sinn hat das BAG

---

33 Vgl. etwa BAG Nr. 2 zu § 70 HGB; Nr. 82 zu § 1 KSchG; LAG Düsseldorf, DB 1974, 2164; LAG Baden-Württemberg (Fn. 1); *Denck*, DB 1980, S. 2132 ff.; *Söllner*, (Fn. 7), S. 403 f.; *Buchner*, (Fn. 32), S. 70.

die fristlose Kündigung eines Arbeitnehmers bestätigt, der seinen Arbeitgeber wegen einer Verletzung der Arbeitsschutznormen bei der Polizei angezeigt hatte.[34] Das Vertragsrecht räume, so meinte das Gericht, dem Arbeitnehmer durchaus die Möglichkeit ein, seine Erwartungen geltend zu machen und zugleich den Arbeitgeber zu veranlassen, vertragswidriges Verhalten zu korrigieren. Arbeitnehmer, die sich über das Leistungsverweigerungsrecht hinwegsetzten, verletzten die auf die vertraglichen Beziehungen anzuwendenden Regeln und müßten sich daher mit der Kündigung als Sanktion für die gegenüber Dritten gemachten Äußerungen abfinden. Genauso sind übrigens die Gerichte in den Vereinigten Staaten verfahren. Gleichviel, ob der Arbeitnehmer den Verstoß gegen Sicherheitsvorschriften gemeldet,[35] eine behördliche Prüfung seines an einem Unfall beteiligten Fahrzeugs veranlaßt,[36] die Verunreinigung der Gewässer angezeigt[37] oder auf Mängel beim Bau eines Reaktors hingewiesen hatte,[38] die Berechtigung, sich mit seiner Kritik an Außenstehende zu wenden, wurde ihm durchweg abgesprochen und die Kündigung deshalb für rechtmäßig erklärt.

Die Kehrseite wird freilich ausgespart. Was anderswo möglicherweise durchaus ausreicht, läßt sich nicht ohne weiteres auf das Arbeitsverhältnis übertragen. Jede Auseinandersetzung über die vom Arbeitgeber nur mangelhaft oder gar nicht getroffenen Vorkehrungen, ja mit dessen Verhalten überhaupt, berührt zwangsläufig die Chancen des Arbeitnehmers, seinen Arbeitsplatz zu behalten. Sie leitet jene »perte de confiance« ein, die schließlich zur Kündigung führt.[39] Kurzum, der Arbeitnehmer setzt mit dem Leistungsverweigerungsrecht seinen Arbeitsplatz aufs Spiel.[40] Die Rangfolge drängt sich deshalb fast von selbst auf. Den Vorrang beansprucht und bekommt die Sicherung vor der Sicherheit des Arbeitsplatzes.

Abgesehen davon können sich die Arbeitnehmer, wie vor allem die vom National Labor Relations Board (NLRB) entschiedenen Fälle zeigen, oft gar nicht auf ein Leistungsverweigerungsrecht berufen. Wer sich gegen

---

34 AP Nr. 2 zu § 70 HGB.
35 NLRB v. Bighorn Beverage, 614 F2d 1238.
36 New York Times v. 6. 10. 1986.
37 Dap, Inc. (1979), NLRB Advice Mem. Case No. 8-CA-12501.
38 Daniel International (1980), NLRB Advice Mem. Case No. 14-CA-13309.
39 *Javillier*, (Fn. 16), S. 321.
40 Kritisch auch *Denck*, (Fn. 33), S. 2139; *Hinrichs*, JArbR 18 (1981), S. 35 ff.; *Söllner*, (Fn. 7), S. 404, ArbuR 1985, S. 323 ff.

die produktionsbedingte Umweltverschmutzung wendet oder die Konstruktionsmängel eines Atomreaktors kritisiert, protestiert eben nicht gegen die eigenen Arbeitsbedingungen, sondern will mit seinen Äußerungen die Aufmerksamkeit auf bestimmte, davon deutlich getrennte, wenngleich mit dem Verhalten des Arbeitgebers verbundene Vorgänge lenken. Damit versagen aber zwangsläufig all die Instrumente, die dem Arbeitnehmer dann zustehen, wenn sich der Konflikt um den Verlauf seiner konkreten, vertraglich übernommenen Tätigkeit dreht.

Verständlicherweise hat deshalb der Gesetzgeber nach Auswegen gesucht. So billigt § 84 BetrVG dem Arbeitnehmer ein besonderes Beschwerderecht zu, eine auch von der Arbeitsgesetzbuchkommission befürwortete Regelung.[41] Der Arbeitnehmer braucht also nicht die Leistung zu verweigern und sieht sich daher nicht gezwungen, den Konflikt auf die Spitze zu treiben. Er kann den Arbeitgeber, zunächst jedenfalls, durch eine bloße Beschwerde zur Reaktion veranlassen. Das Gesetz gibt so einer Lösung den Vorzug, die der organisatorischen Verflechtung des Arbeitsverhältnisses Rechnung trägt. Die Arbeitsbeziehung wird als Teil einer komplexen, hierarchisch strukturierten Organisation gesehen. Die Auseinandersetzung soll deshalb über eigens darauf abgestellte, bürokratisch-administrative Mittel aufgefangen und beigelegt werden. Das BetrVG spricht zudem die Schwierigkeiten, vor denen der Arbeitnehmer steht, offen an. Mit seiner Beschwerde nimmt er genauso wie beim Leistungsverweigerungsrecht eine Konfrontation mit dem Arbeitgeber in Kauf. Sein Arbeitsplatz ist insofern nach wie vor gefährdet. § 84 Abs. 3 BetrVG ergänzt daher das Beschwerderecht um ein Benachteiligungsverbot. Sicher, die Sanktionen können sehr verschieden ausfallen, und die möglichen Benachteiligungen erschöpfen sich bestimmt nicht in klar erkennbaren, jederzeit beweisbaren Diskriminierungen. Das Gesetz formuliert dennoch eine für den Arbeitgeber verbindliche Vorgabe: Der Arbeitnehmer muß sich äußern können, ohne der Gefahr einer Maßregelung ausgesetzt zu sein.

Das BetrVG erreicht mit § 84 zweierlei: Es verbessert die Bedingungen, unter denen der Arbeitnehmer eine seinen Vorstellungen entsprechende Position beziehen kann, sorgt jedoch zugleich für eine eindeutig interne Auseinandersetzung. Das Gesetz legt also auf die Modalitäten der Geltendmachung genausoviel Wert wie auf das Beschwerderecht selbst. Die

---

41 Entwurf eines Arbeitsgesetzbuches – Allgemeines Arbeitsvertragsrecht (1977) § 80 b Abs. 2.

Anwendungsfälle sind allerdings einmal mehr strikt begrenzt. Der Arbeitnehmer kann von seinem Recht nur Gebrauch machen, wenn er selbst benachteiligt, beeinträchtigt oder ungerecht behandelt wird. Wo es, mit anderen Worten, um die Folgen geht, die das Verhalten des Arbeitgebers für Dritte hat, greift § 84 BetrVG nicht ein. Und noch etwas fällt auf: der Regelungskontext. Das Gesetz gewährt zwar unstreitig ein individuelles Recht, zieht es aber vor, sich dazu im Rahmen einer eindeutig auf die kollektiven Rechte der Arbeitnehmer bedachten Regelung zu äußern. Gewiß, mittlerweile bestreitet niemand, daß die Arbeitnehmer ein Beschwerderecht ohne Rücksicht darauf haben, ob ein Betriebsrat besteht.[42] Die Anbindung an das BetrVG ist trotzdem ebensowenig zufällig wie deplaciert. Sie erklärt sich vielmehr aus dem Wunsch des Gesetzgebers, eine Regelung zu finden, die sich nicht damit zufriedengibt, dem Arbeitnehmer abstrakt ein Recht zuzugestehen, sondern auch der Sondersituation der Beschäftigten Rechnung trägt. Dann aber erweist es sich als unumgänglich, die Belastung einzukalkulieren, die das Konfliktrisiko mit sich bringt. Der Gesetzgeber muß sich, anders ausgedrückt, für eine Regelung entscheiden, die es dem Arbeitnehmer auch in Kenntnis der möglichen Gefährdung seines Arbeitsplatzes erlaubt, Kritik zu üben. Mit dem Benachteiligungsverbot allein ist es also nicht getan, so nützlich es im übrigen sein mag. Der Arbeitnehmer bleibt nach wie vor ganz auf sich gestellt. Er trägt nicht nur unvermindert das Risiko, sondern muß auch den Konflikt selbst austragen. Der Gesetzgeber sucht deshalb die offensichtlichen Nachteile der individuellen Aktivität durch eine zumindest kollektiv abgestützte Vorgehensweise auszugleichen. Betriebsrat und Betriebsverfassungsrecht erfüllen, so gesehen, eine gerade aus der Perspektive des einzelnen Arbeitnehmers unentbehrliche kompensatorische Funktion.

Konsequenterweise räumt § 84 Abs. 1 Satz 2 BetrVG dem Arbeitnehmer das Recht ein, sich von einem Mitglied des Betriebsrats beraten und unterstützen zu lassen. Genauso folgerichtig ist es, wenn § 85 BetrVG den Betriebsrat unmittelbar anspricht und ihm, sofern der Arbeitnehmer es wünscht, die Auseinandersetzung mit dem Arbeitgeber überläßt. Nur ist die Arbeitnehmervertretung keineswegs gezwungen, sich hinter den Arbeitnehmer zu stellen. Ihre Verpflichtung erschöpft sich vielmehr darin,

---

42 Statt aller *Dietz/Richardi*, BetrVG (6. Aufl. 1982) § 84 Rdn. 2; *Fitting/Auffarth/Kaiser*, BetrVG (15. Aufl. 1987) § 84 Rdn. 1; *Wiese*, in: GKBetrVG, § 81 Vorb. Rdn. 21; *Löwisch*, in: *Galperin/Löwisch*, BetrVG (6. Aufl. 1982) § 84 Rdn. 3.

sich die Kritik anzuhören. Ob und welche Beschwerden aufgegriffen und weiterverfolgt werden, ist infolgedessen einzig Sache des Betriebsrats. Der Arbeitnehmer bleibt allerdings auch bei einer positiven Entscheidung am weiteren Konflikt beteiligt. Gewiß, § 85 Abs. 1 BetrVG weist der Arbeitnehmervertretung ganz allgemein die Aufgabe zu, sich um Abhilfe zu bemühen. Dem Betriebsrat müßte es unter diesen Umständen möglich sein, den Konflikt vollständig an sich zu ziehen und der Beschwerde ohne Namensnennung nachzugehen. Jede in diese Richtung gehende Interpretation sieht sich aber dem Einwand ausgesetzt, das BetrVG habe sich für eine individuelle und nicht für eine Popularbeschwerde ausgesprochen. Die Arbeitnehmervertretung sei deshalb verpflichtet, die konkrete Betroffenheit darzulegen, also auch den Arbeitnehmer anzugeben, dessen persönliche Erfahrungen die Kritik ausgelöst hätten.[43]

Kurzum, die Intervention des Betriebsrats hat auch Nachteile. Sie unterwirft die Beschwerde einer institutionalisierten Kontrolle, deren Folgen nicht zu unterschätzen sind. Lehnt es der Betriebsrat ab, dem Arbeitnehmer zu folgen, erscheint es letztlich sinn- und aussichtslos, auf der Kritik zu beharren und sich auf eine Auseinandersetzung mit dem Arbeitgeber einzulassen. Teilt die Arbeitnehmervertretung dagegen die Meinung des Arbeitnehmers, dann muß sich der Arbeitgeber zwar der Kritik stellen, der Arbeitnehmer wird jedoch unverändert in den durch die Intervention des Betriebsrats zusätzlich verschärften Konflikt einbezogen. Nur zu verständlich, wenn daher mancher Betriebsrat den Umweg über § 80 BetrVG wählt. Auch für das dort vorgesehene allgemeine Kontrollrecht der Arbeitnehmervertretung spielen gezielte Anregungen der einzelnen Arbeitnehmer eine wichtige Rolle. Sie ziehen aber eine vom Betriebsrat allein zu verantwortende Aktivität nach sich, bei der es deshalb nicht weiter darauf ankommt, wer den Anstoß gegeben hat. § 80 BetrVG anonymisiert insofern die Beschwerde und gewährt damit dem Arbeitnehmer den Schutz, der ihm bei einer direkten Auseinandersetzung mit dem Arbeitgeber ebenso wie bei einer Intervention des Betriebsrats nach § 85 BetrVG versagt bleibt. An der Filterfunktion der Betriebsratstätigkeit ändert sich allerdings nichts.

Flexibler und für den Arbeitnehmer günstiger sieht, jedenfalls zunächst, die Regelung in den Vereinigten Staaten aus. Der National Labor Relations Act (NLRA) beschränkt sich keineswegs darauf, dem Arbeit-

---

43 Vgl. insb. *Denck*, (Fn. 33), S. 2134.

geber zu verbieten, die Arbeitnehmer daran zu hindern, sich gewerkschaftlich zu organisieren. Er muß vielmehr genauso alle anderen Bemühungen der Arbeitnehmer respektieren, ihre Interessen gemeinsam zu
vertreten.[44] So wichtig deshalb die gewerkschaftliche Aktivität ist, so
wenig kann sie für sich in Anspruch nehmen, der für die Arbeitnehmer
einzig mögliche Weg zu sein, um sich kollektiv für die eigenen Belange
einzusetzen. Den Arbeitnehmern steht es im Gegenteil frei, sich im Einzelfall zusammenzutun, um bestimmte, für sie wichtige Ziele zu verfolgen. Konkret und auf kritische, den Arbeitgeber betreffende Äußerungen
bezogen, heißt dies: Wann immer mehrere Arbeitnehmer gemeinsam Stellung nehmen, muß sich der Arbeitgeber mit ihrer Kritik auseinandersetzen und sich zugleich jeder Sanktion enthalten. Der Preis dafür ist eine
doppelte Beschränkung: Geschützt sind die Arbeitnehmer nur, wenn sie
kollektiv handeln. Dem einzelnen Arbeitnehmer bleibt es zwar unbenommen, Kritik zu üben, doch kann er sich kaum gegen die Kündigung
wehren. Die kollektive Reaktion ist zudem lediglich solange gesetzlich
einwandfrei, wie die Arbeitnehmer auf ihre Arbeitsbedingungen eingehen. Wo diese Voraussetzung erfüllt ist, steht es ihnen auch frei, die
jeweils zuständige staatliche Kontrollinstanz unmittelbar anzusprechen.[45]

Wie problematisch beide Einschränkungen sind, zeigt sich an der zunehmend komplizierten, auf alle möglichen Auswege bedachten Entschei-
dungspraxis des NLRB. Eine wirklich kollektive Aktion verlangt der
Board schon lange nicht mehr. Sobald plausibel behauptet werden kann,
der Arbeitnehmer habe mit seiner Kritik Fragen aufgegriffen, die für
andere Beschäftigte genauso wichtig seien, liegt nach Meinung des NLRB
ein kollektiver Protest vor.[46] Vermutungen lassen sich freilich nicht beliebig ausziselieren. Fälle, in denen der NLRB und erst recht die Gerichte
den gesetzlichen Schutz versagt haben, weil rein individuelle Aspekte der
Arbeitsprozesse Gegenstand der Äußerungen waren, sind deshalb keineswegs selten.[47] Jede dieser Entscheidungen verdeutlicht jedoch erneut die
Filterfunktion aller Privilegierung kollektiver Aktionen.

Ähnlich extensiv fällt die Interpretation der Arbeitsbedingungen aus.

---

44 29 USCS §§ 157, 158 (a) 1.
45 Vgl. etwa Mercy Peninsula Ambulance Service, Inc., 217 NLRB 829.
46 Vgl. etwa NLRB v. Buddies Supermarkets, Inc., 481 Fd 714; Edward Blankenstein v.
   NLRB, 63 F2d 320; Ancho Insulation, Inc. (1980) 247 NLRB No. 81.
47 NLRB v. Office Towel Supply Co., 201 F2d 838; NLRB v. Deauville Hotel, 751 F2d 1562;
   General Electric Co. (1980) NLRB Advice Mem. Case No. 8-CA-13454-2.

Der NLRB favorisiert eine Auslegung, die möglichst das gesamte Verhalten des Arbeitgebers einbezieht. Dabei bleibt es allerdings dann nicht mehr, wenn die Arbeitnehmer ihre Bedenken gegenüber staatlichen Instanzen äußern. Die Grauzone fängt bei den Sicherheitsbestimmungen an. Zweifel und Widersprüche kennzeichnen die Entscheidungen. So werden bei Beschwerden über die Konstruktion von Baugerüsten Sanktionen für rechtswidrig erklärt,[48] bei Äußerungen zur mangelnden Fahrsicherheit der firmeneigenen Fahrzeuge dagegen immer wieder für rechtmäßig gehalten.[49] Vollends negativ reagiert der NLRB auf eine Kritik, die etwa Verstöße gegen den Umweltschutz rügt.[50] Mit dem Hinweis auf Vorschriften, die einer Gefährdung Dritter vorzubeugen suchten, ließen sich, jedenfalls unter arbeitsrechtlichen Gesichtspunkten, weder kollektive noch individuelle Aktionen rechtfertigen.

Solche Äußerungen bringen freilich den Gesetzgeber in eine zusehends schwierigere Lage. Er kann schlecht einerseits mehr Schutzvorkehrungen verlangen, andererseits aber Maßregelungen der Arbeitnehmer, die Verletzungen dieser Vorkehrungen monieren, unwidersprochen hinnehmen. Bezeichnenderweise billigt das BAG Arbeitnehmern, denen die Aufgabe obliegt, die Sicherheit betrieblicher Einrichtungen zu kontrollieren, das Recht zu, ihre Kritik bei allen zuständigen Stellen vorzubringen.[51] Gewiß, die Konzession ist an die Funktion gebunden, doch so verständlich diese Verknüpfung zunächst erscheint, sie läßt sich, bedenkt man die Ziele der in Betracht kommenden gesetzlichen Vorschriften, auf Dauer nicht aufrechterhalten. Kaum verwunderlich, wenn deshalb die Zahl der gesetzlichen Bestimmungen zunimmt, die es dem Arbeitgeber ausdrücklich untersagen, auf die Äußerungen des Arbeitnehmers mit Sanktionen zu reagieren. Die Beispiele reichen von der Straßenverkehrsordnung in den Vereinigten Staaten[52] bis zu den Datenschutzgesetzen Hamburgs (§ 23) und Hessens (§ 28), die über das Maßregelungsverbot hinaus das Recht der Beschäftigten öffentlicher Stellen bekräftigen, sich ohne Einhaltung des Dienstweges an den Datenschutzbeauftragten zu wenden. Kurzum, der Gesetzgeber stellt sich offensichtlich vor eine Kritik, die nicht nur den

---

48 Ancho Insulation (Fn. 46).
49 Vgl. etwa NLRB v. Lloyd A. Fry Roofing Co., 651 F2d 442; Transport Service Co. (1982) 263 NLRB No. 125.
50 Oben Fn. 37.
51 AP Nr. 8 zu § 1 KSchG Verhaltensbedingte Kündigung; vgl. auch LAG Düsseldorf, DB 1974, S. 2164; LAG Frankfurt v. 12. 2. 1987 – 12 Sa 1249/86.
52 Vgl. den Surface Transportation Assistance Act v. 1982.

Bereich der eigentlichen Arbeitsbedingungen überschreitet, sondern darüber hinaus darauf abzielt, Außenstehende auf das Verhalten des Arbeitgebers aufmerksam zu machen.

III. Orientierungspunkte

1. Arbeitsverhältnis

Ob und unter welchen Bedingungen die Arbeitnehmer das Recht haben, sich zu äußern, ohne mit Disziplinierungsmaßnahmen rechnen zu müssen, richtet sich, so viel läßt sich als erstes festhalten, vor allem nach dem Verständnis des Arbeitsverhältnisses. Gerade deshalb gilt es, noch einmal in Erinnerung zu rufen: Mit dem Arbeitsvertrag begibt sich der Arbeitnehmer der Verfügungsbefugnis über seine Arbeitskraft. Der Vertrag verkürzt seinen Handlungs- und Entscheidungsspielraum und begründet eine aus seiner Sicht eindeutig fremdbestimmte rechtliche Beziehung. Soweit es um die Verwertung der Arbeitskraft geht, setzen Vorgaben die Akzente, die vom Arbeitgeber um seiner Erwartungen willen festgelegt werden. Insofern trifft es durchaus zu, daß die für das Arbeitsverhältnis kennzeichnende einseitige Leistungsbestimmung und die damit zwangsläufig verbundene Unterordnung des Arbeitnehmers »typusbildende Realität« sind.[53] Ebenso richtig ist es aber, daß beides den für die Entstehung sowie den Verlauf von Arbeitsverhältnissen maßgeblichen sozialen und ökonomischen Kontext widerspiegelt. Erst die Vermarktung der Arbeitskraft macht sie zum Gegenstand vertraglicher Vereinbarung und löst damit die doppelte Abhängigkeit des Arbeitnehmers aus: von und in der Arbeit. Der »Aktstypus« des Arbeitsverhältnisses mag deshalb das Weisungsrecht des Arbeitgebers und dessen Kehrseite, die gezielt beschränkten Handlungsmöglichkeiten des Arbeitnehmers, rechtfertigen,[54] er ist jedoch seinerseits durch die soziale und ökonomische Position der Akteure vorgezeichnet. Kurzum, der Zugang zum Arbeitsplatz ist an die Bereitschaft geknüpft, sich den Vorstellungen des Arbeitgebers anzupassen, sie also als verbindlichen Verhaltensmaßstab anzuerkennen.

Arbeitsvertrag und Arbeitsverhältnis reduzieren allerdings nicht nur den Handlungsspielraum des Arbeitnehmers, sie grenzen zugleich die

---

53 *Reuter*, DB 1986, S. 387.
54 *Reuter*, oben Fn. 53.

rechtlich zulässigen Erwartungen des Arbeitgebers ein. Genau darin liegt der entscheidende Unterschied zwischen einem als Schuldverhältnis verstandenen und behandelten Arbeitsverhältnis und den Gemeinschaftskonstruktionen jedweder Schattierung. Das Arbeitsverhältnis berechtigt eben nicht zur Vermutung, daß der Arbeitnehmer in der Beziehung zum Arbeitgeber gleichsam aufgeht, sondern verpflichtet im Gegenteil den Arbeitgeber, nachzuweisen, daß bestimmte, von ihm geforderte Verhaltensweisen für die ihm vorbehaltene Verwertung der Arbeitskraft wirklich notwendig sind. Der Arbeitgeber kann mithin nicht mehr erwarten als eine der jeweiligen spezifischen Arbeitssituation entsprechende Reaktion. Die Fremdbestimmung darf daher keine tendenziell uneingeschränkte Anpassung nach sich ziehen. Verhaltenssteuernde Maßnahmen sind nur dann und nur soweit zulässig, wie sie in einem für beide Vertragspartner erkennbaren sowie nachvollziehbaren Zusammenhang mit der vertraglich akzeptierten Nutzung der Arbeitskraft stehen.

So gesehen, läßt sich eines nicht in Abrede stellen: Äußerungen von Arbeitnehmern können sich, zumal wenn sie auf konkreten Erfahrungen beruhen, durchaus auf den weiteren Verlauf des Arbeitsprozesses auswirken. Die Arbeitnehmer müssen deshalb mit rechtlich begründeten, sanktionsbewehrten Einschränkungen rechnen. Dem Arbeitsverhältnis läßt sich jedoch unter keinen Umständen ein genereller Vorbehalt oder gar eine ebenso generelle Äußerungssperre entnehmen. Mehr als die Frage, ob und in welchem Umfang sich in Anbetracht der jeweiligen Arbeitssituation Grenzen ergeben könnten, ist zunächst nicht gerechtfertigt.

2. Veröffentlichung der Arbeitsbeziehungen

Das Arbeitsverhältnis hat freilich längst aufgehört, ein gleichsam privater, sich ausschließlich zwischen Arbeitgeber und Arbeitnehmer abspielender Vorgang zu sein. So dominierend die Leitungsmacht des Arbeitgebers nach wie vor ist, so deutlich wird dessen Entscheidungsbefugnis durch eine Vielzahl zwingender gesetzlicher Regelungen eingeschränkt. Der weite Weg von den ersten Arbeiterschutzvorschriften bis zu den detaillierten Bestimmungen des ASiG ist symptomatisch dafür. Der Gesetzgeber hat Schritt für Schritt den gesamten Verlauf des Arbeitsverhältnisses mit Normen überzogen, die einen besseren Schutz der einzelnen Arbeitnehmer genauso sicherzustellen suchen wie eine langfristige, an den staatlichen Vorstellungen orientierte Entwicklung der Arbeitsbeziehungen. Fast durchweg bleibt es aber nicht bei bloßen, wenngleich verbindlich formulierten Anforderungen. Parallel dazu weitet sich der Kompetenzbereich der öffentlichen Verwaltung aus. Administrative Instanzen übernehmen die Kontrolle und begleiten fortan mit ihrer Tätigkeit das Arbeitsverhältnis.[55]

Die Verrechtlichung führt insofern zu einer Veröffentlichung der Arbeitsbeziehungen. Beides wird durch die zunehmende Zahl der gesetzlichen Vorschriften, deren Ziel es ist, die Gefährdung Dritter möglichst auszuschließen, nur noch verstärkt. Ganz gleich, ob es um die Verkehrssicherheit der Transportfahrzeuge, die Reduktion der Arzneimittelrisiken, den Schutz der Umwelt vor Industrieabfällen oder die Datensicherheit geht, überall stellt der Gesetzgeber Bedingungen auf, die auch und gerade eine bessere Kontrolle sowie eine größere Transparenz des Arbeitsprozesses anstreben.[56]

Für die Bewertung von Äußerungen der Arbeitnehmer kann eine solche Entwicklung nicht ohne Folgen bleiben. Die Kritik am Verhalten des Arbeitgebers erscheint nicht mehr nur als Teil einer lediglich die unmittelbar am Arbeitsverhältnis Beteiligten interessierenden Auseinandersetzung. Sie wird zu einem wichtigen Element der Anwendungskontrolle zwingender, an die Adresse des Arbeitgebers formulierter Verhaltensvorschriften. Der Arbeitgeber mag daher jede an eine Kontrollinstanz gerichtete Äußerung als unzulässigen Eingriff in seine Entscheidungs- und Direktionskompetenz werten. Eben diese Kompetenz ist ihm jedoch für die von der gesetzlichen Regelung betroffenen Bereiche abgesprochen worden. Der Arbeitgeber hat keine Wahl: Er darf bestimmte Ziele nur verfolgen, wenn sich jede damit verbundene Tätigkeit innerhalb eines gesetzlich genau definierten Rahmens abspielt. Genauso aber wie die gesetzlichen Anforderungen zu respektieren sind, muß auch die damit verbundene Kontrolle hingenommen werden. Das Gegenteil ist dann der Fall, wenn Äußerungen gegenüber der Kontrollinstanz als Denunziation disqualifiziert und mit einer Kündigung geahndet werden. Die Disziplinierung des Arbeitnehmers konterkariert die vom Gesetz für unentbehrlich gehaltene Kontrolle.

Gesetzliche Regelungen, die, wie schon erwähnt, das Recht des Arbeitnehmers bestätigen, die Kontrollinstanzen direkt anzusprechen, und Disziplinierungsmaßnahmen untersagen, überraschen deshalb nicht. So dezidiert die Reaktion des Gesetzgebers aber auch ausfällt, sie steht in

---

55 Vgl. *Simitis*, in: *Zacher/Simitis/Kübler/Hopt/Teubner*, (Fn. 16), S. 89 ff.

56 Vgl. *Simitis/Rydzy*, Von der Mitbestimmung zur staatlichen Administration (1984) S. 9 ff., 67 ff.

keinem Verhältnis zu der großen Zahl der möglichen Konflikte. Geregelt werden immer nur ganz bestimmte Situationen. Andere, durchaus vergleichbare Fälle bleiben dagegen außer acht. Um noch einmal das Beispiel der Datenschutzgesetze aufzugreifen: Die Bediensteten öffentlicher Stellen sind, jedenfalls in einigen Bundesländern, ausdrücklich dazu berechtigt, sich direkt dem Datenschutzbeauftragten gegenüber zu äußern. An einer ähnlich unmißverständlichen Aussage fehlt es dagegen für die Beschäftigten privater Unternehmen. Selbst für den vom BDSG bei einer Verarbeitung personenbezogener Daten im nicht-öffentlichen Bereich vorgeschriebenen internen Datenschutzbeauftragten (§§ 28, 38) gibt es keine entsprechende Vorschriften. Allzu verlockend ist deshalb hier wie sonst der Umkehrschluß.[57]

Jeder Versuch, so zu verfahren, widerspricht freilich der Vorgeschichte und den Intentionen der, zugegeben, wenigen gesetzlichen Regelungen. Ihr Ziel ist es lediglich, in einzelnen, vom Gesetzgeber für besonders kritisch angesehenen Situationen alle Zweifel an der Berechtigung der Arbeitnehmer zu beseitigen, ihre Vorstellungen und Einwände der Kontrollinstanz mitzuteilen. Keine dieser Bestimmungen läßt sich daher als Ausnahme qualifizieren. Jede von ihnen bestätigt vielmehr einen ohnehin geltenden, die strukturellen Veränderungen des Arbeitsverhältnisses konkretisierenden Grundsatz. Ganz gleich deshalb, ob es zu weiteren, vergleichbaren Vorschriften kommt oder nicht, den Arbeitnehmern muß das Recht zustehen, sich mit ihrer Kritik an die jeweiligen Kontrollinstanzen zu wenden, ohne der Gefahr einer Disziplinierung ausgesetzt zu sein.

3. Meinungsfreiheit

Bleibt ein letzter, für die Beurteilung der Äußerungen von Arbeitnehmern wichtiger Ansatzpunkt: die Meinungsfreiheit. Man kann sich sicherlich fragen, ob es nicht richtiger wäre, sich zuallererst damit auseinanderzusetzen, ja die gesamte Diskussion im Zeichen der Meinungsfreiheit zu führen. Schließlich hatte schon die Weimarer Reichsverfassung (Art. 118 Abs. 1) den Vorrang der Meinungsfreiheit gerade im Hinblick auf Arbeitsverhält-

---

57 Bezeichnenderweise ist immer wieder versucht worden, dem Datenschutzbeauftragten unter Hinweis auf seine vertragliche Beziehung zur speichernden Stelle und die damit verbundene »Treuepflicht« zu verwehren, die nach den §§ 30 oder 40 BDSG zuständige Aufsichtsbehörde einzuschalten, vgl. etwa *Ungnade*, DuD 1979, S. 94 und demgegenüber *Dammann*, in: Simitis/Dammann/Mallmann/Reh, BDSG (3. Aufl. 1981) § 9 Rdn. 24 ff.

nisse hervorgehoben. Zudem ist es mittlerweile fast selbstverständlich, Reflexionen über die von Arbeitnehmern geübte Kritik mit der Gegenüberstellung der verfassungsrechtlich garantierten Meinungsfreiheit und der Bindungswirkung einer vertraglich abgesicherten Beziehung einzuleiten.[58]

Skepsis ist freilich angebracht. Der Verfassung wird in der Regel kaum mehr als eine Rückverweisung entnommen. Über die Schranke der »allgemeinen Gesetze« (Art. 5 Abs. 2 GG) gelangen die tradierten arbeitsrechtlichen Interpretationsgrundsätze wieder voll zur Geltung. Zwar ist von einer »Güterabwägung« die Rede, die dem »besonderen Wertgehalt« der Meinungsfreiheit Rechnung tragen soll.[59] Den Ton gibt aber weitgehend, wie schon erwähnt, die Treuepflicht an und, mit ihr verbunden, das Gebot, die Interessen des Arbeitgebers zu wahren. Eben deshalb erscheint es korrekter, jedenfalls solange es darum geht, sich mit den Ansatzpunkten und den Auswirkungen der bisher vorherrschenden Argumentation auseinanderzusetzen, den Umweg über das Grundgesetz gar nicht erst zu beschreiten, sondern sich direkt den eigentlichen Entscheidungskriterien zuzuwenden.

Dennoch wäre es nicht nur voreilig, sondern falsch, beides, die Aufforderung zur »Güterabwägung« und die Mahnung, sich dabei am »besonderen Wertgehalt« der Meinungsfreiheit zu orientieren, als Leerformeln abzutun. Jede dieser Formulierungen signalisiert ein wachsendes Unbehagen. Zugegeben, die Wortwahl ist sehr viel vorsichtiger als bei der klaren Stellungnahme zugunsten einer Anerkennung der Meinungsfreiheit am Arbeitsplatz in Art. 1 der Statuto dei Lavoratori oder bei der abstrakt gehaltenen Forderung nach einer gerade im Unternehmensbereich zu verwirklichenden »nouvelle citoyenneté«.[60] So unterschiedlich aber die einzelnen Aussagen ausfallen, so wenig läßt sich ihr gemeinsamer Hintergrund übersehen: die Befürchtung, eine zunächst auf die Arbeitnehmer gemünzte Einschränkung könne sehr schnell die Meinungsfreiheit überhaupt zur Fiktion erstarren lassen. In einer Gesellschaft, die

---

58 Vgl. etwa BVerfGE 42, 133; BAG, (Fn. 8); *Otto*, Personale Freiheit und soziale Bindung (1978) S. 78 ff.; Anm. EzA Nr. 3 zu Art. 5 GG; *Däubler*, (Fn. 9), S. 214 ff.; *Söllner*, (Fn. 7), S. 91 ff.; *Buchner*, (Fn. 32), S. 49 ff.; *Mückenberger*, KJ 16 (1983) S. 81 ff.; KR-*Wolf*, (Fn. 8), Rdn. 421; KR-*Becker*, (Fn. 9), Rdn. 63; KR-*Friedrich* (2. Aufl. 1984) § 13 KSchG Rdn. 186; *Hanau/Adomeit*, Arbeitsrecht (8. Aufl. 1986), S. 44 ff.

59 BAG, oben Fn. 11; vgl. auch *Söllner*, (Fn. 7), S. 393 ff.; *Buchner*, (Fn. 32), S. 58 ff.; KR-*Friedrich*, Fn. 58.

60 Dazu *Giugni*, in: *Giugni* (Hrsg.), Lo statuto dei lavoratori – Commentario (1979) S. 3 ff.; *J. Auroux*, Les droits des travailleurs, L.D.F. Collection des rapports officiels (1982) Annexe 4, S. 99 ff.; *Javillier*, Les réformes du droit du travail depuis le 10 mai 1981 (1984) S. 42 ff.

überwiegend aus Arbeitnehmern besteht, droht das Grundrecht in der Tat jeden Sinn zu verlieren, wenn die Lebensbedingungen der Beschäftigten weitgehend der Kritik entzogen werden.[61] Soll deshalb der politische Diskurs wirklich Vehikel der gesellschaftlichen Entwicklung sein, darf das Arbeitsverhältnis nicht tabuisiert werden.

Die Folge läßt sich am ehesten mit dem in den Vereinigten Staaten, wenngleich im Zusammenhang mit der Religionsfreiheit entwickelten Grundsatz der »angemessenen Anpassung« (»reasonable accomodation«) umschreiben.[62] Konkret: Die Verwertung der Arbeitskraft bleibt Teil eines vom Arbeitgeber gesteuerten Prozesses. An der Struktur des Arbeitsverhältnisses ändert sich insofern nichts. Über die Meinungsfreiheit mögen durchaus strukturelle Modifikationen angestrebt werden, sie bietet jedoch nicht die für diese Veränderungen nochmalige rechtliche Grundlage. Um eine Bemerkung von Justice *Holmes* zu variieren:[63] Die Meinungsfreiheit garantiert zwar dem Arbeitnehmer das Recht, eine andere Organisation der Produktionsverhältnisse zu fordern, verpflichtet den Arbeitgeber aber nicht dazu, sich entsprechend zu verhalten. Das Grundrecht kann infolgedessen den Arbeitnehmer nicht davor bewahren, die Einschränkungen hinzunehmen, die mit dem Arbeitsverhältnis auch und gerade für seine Möglichkeiten, sich zu äußern, verbunden sind. Die Konstitutionalisierung des Arbeitsverhältnisses mag, will man die Verfassung respektieren, unvermeidlich sein, sie ist dennoch nicht bedingungslos.

Die Konsequenzen für den Arbeitgeber sind trotzdem einschneidend. Die Forderung nach einer »angemessenen Anpassung« ordnet die Rangskala neu. Die Meinungsfreiheit darf nicht nur ausnahmsweise toleriert werden, also auf einige wenige Fälle beschränkt bleiben, deren Zahl sich zudem jederzeit mit Hilfe einer extensiven Interpretation der sich aus dem Arbeitsverhältnis ergebenden Anforderungen reduzieren läßt. Das Arbeitsverhältnis ist vielmehr so zu organisieren und zu interpretieren, daß die Einschränkungen auf ein Mindestmaß verringert werden.[64] Wohlgemerkt, der Arbeitgeber ist dazu keineswegs lediglich bei generellen politischen Äußerungen oder überhaupt Bemerkungen, die das Arbeits-

---

61 *Zöllner* (Fn. 8).
62 Statt aller Cummins v. Parker Seal Co., U.S. Court of Appeals (6th Circ.) 516 F2d 544.
63 Mc Auliffe v. Mayor of New Bedford, 29 N.E. 517 (1892).
64 Vgl. auch *Giugni*, (Fn. 60), 6 f. Nur so läßt sich der vom BVerfG, vgl. etwa BVerfGE 7, 198 (212); 61, 1 (7), immer wieder betonten Notwendigkeit Rechnung tragen, von einer Vermutung der Zulässigkeit der Meinungsfreiheit auszugehen.

verhältnis nicht weiter betreffen, verpflichtet, sondern genauso im Zusammenhang mit einer sich unmittelbar auf die konkreten Arbeitsbedingungen beziehenden Kritik. Die grundgesetzliche Garantie verträgt sich nicht mit der Einrichtung ebenso fester wie allgemeingültiger Zonen der Sprachlosigkeit.

Bestätigt und gleichsam doppelt, vertrags- und verfassungsrechtlich, abgesichert wird damit der Grundsatz: Einschränkungen bedürfen stets einer am spezifischen Arbeitsverhältnis ausgerichteten Begründung. Dabei können sehr unterschiedliche Gesichtspunkte, angefangen bei der jeweiligen Tätigkeit bis hin zu der konkret im Unternehmen eingenommenen Position eine Rolle spielen. Erneut muß jedoch eindringlich vor Verallgemeinerungen gewarnt werden. So wirkt sich die Tätigkeit dann restriktiv aus, wenn die Arbeitnehmer tendenzbezogene Aufgaben wahrnehmen. Das BetrVG (§ 118) gibt allerdings, um noch einmal daran zu erinnern, deutlich zu erkennen, daß die Tätigkeit kein beliebig aktivierbarer Indikator für Einschränkungen zu Lasten der Arbeitnehmer ist. Betroffen sind ausschließlich Arbeitnehmer, deren Aktivität mit der Verwirklichung der im Gesetz aufgezählten Ziele unmittelbar verknüpft ist.

Ähnlich vorsichtig gilt es mit den möglichen Konsequenzen der Position des Arbeitnehmers umzugehen. Daß es sehr wohl darauf ankommen kann, zeigt sich an den »cadres«.[65] Je höher die Stellung in der Unternehmenshierarchie, je deutlicher also die Affinität zur Unternehmenspolitik, desto mehr gewinnt die Verpflichtung, die Unternehmenszugehörigkeit bei allen Äußerungen jedenfalls mitzubedenken, konkrete Gestalt. An der Position läßt sich intern wie extern die Intensität der Verflechtung mit dem jeweiligen Unternehmen ablesen. Der Arbeitnehmer muß deshalb sein Verhalten entsprechend einrichten. Damit wird freilich keine außergewöhnliche, sondern eine letztlich für alle vertragliche Beziehungen typische Erwartung formuliert. Längst herrscht Konsens darüber, daß sich die vertraglich vereinbarten Leistungen nur dann korrekt erbringen lassen, wenn sich die Vertragspartner zugleich strikt an bestimmte, dem Vertragsgegenstand angemessene Sorgfaltspflichten halten. Nichts anderes gilt für das Arbeitsverhältnis. Insofern bedarf es weder zweifelhafter Rekurse auf das »Wesen« des Arbeitsverhältnisses noch der Konstruktion besonderer, ausschließlich im Zusammenhang mit den Arbeitsbeziehungen denkbarer Pflichten. Ebensowenig geht es aber an, gerade im Hin-

---

65 Dazu insb. *Javillier*, Droit Ouvrier 1977, S. 133 ff.

blick auf Äußerungen des Arbeitnehmers, die Sorgfaltspflichten abstrakt für das Arbeitsverhältnis überhaupt festzulegen. Ob also eine Verpflichtung besteht, sich zurückzuhalten, und wie sie sich im einzelnen auswirkt, kann nur vor dem Hintergrund der konkret ausgeübten Funktion beantwortet werden. So gesehen, kommt es darauf an, wer sich im einzelnen äußert, der Laborant oder der Leiter der Forschungsabteilung, der Kassierer oder der für die Kreditvergabe Zuständige, der Verkäufer oder der für die Werbung Verantwortliche.

Positionsbedingte Unterschiede bei der Bemessung der Freiräume für Äußerungen kommen aber noch lange nicht einer Verpflichtung gleich, auf jegliche Kritik zu verzichten. Berührt sind grundsätzlich nur die Modalitäten der Kritik, also vor allem die Form, der Zeitpunkt sowie der Adressat und, verbunden damit, die Schärfe der möglichen Reaktionen. Wer, um nur ein Beispiel zu nehmen, mit seinen Vorstellungen und dank seiner Position den Produktionsablauf oder die Vertriebspolitik mitbestimmt, muß zwar keineswegs von jeder kritischen Äußerung absehen, sich aber sehr wohl überlegen, wie und wem gegenüber er sich äußert. Hier und nur hier hat der Hinweis auf das Verbot des gegensätzlichen Verhaltens eine gewisse Berechtigung. Allerdings nicht deshalb, weil sich ein abstrakt gesehenes Arbeitsverhältnis und eine ebenso ganz allgemein angesprochene Unternehmenspolitik widersprechen, sondern ausschließlich im Hinblick darauf, daß die konkrete Politik durch den von der konkreten Stellung ausgehenden Einfluß mitgestaltet und mitgetragen wird.

Und noch ein Letztes: Solange es nur auf die je spezifische Stellung und Tätigkeit ankommt, kann es auch nicht von Belang sein, ob es sich um Arbeitnehmer privater Unternehmen oder Beschäftigte des öffentlichen Dienstes handelt. Längst hat sich, vor allem unter dem Eindruck einer expandierenden Leistungsverwaltung, die Struktur des öffentlichen Dienstes nachhaltig geändert. Der Aufgabenkreis ist mittlerweile viel zu weit und die Zahl der Beschäftigten viel zu groß, um eine pauschale Sonderbehandlung auch nur annähernd zu rechtfertigen. Wenn der Satz, daß die Meinungsfreiheit dort keinen Sinn mehr hat, wo sie den Arbeitnehmern versagt wird, nicht folgenlos bleiben soll, dann darf es keine generelle Ausnahme zu Lasten der Angehörigen des öffentlichen Dienstes geben.

Genausowenig sind schablonisierte Reaktionen zulässig, die beispielsweise zwischen den Arbeitern und Angestellten einerseits und den Beamten andererseits unterscheiden. Gewiß, wann immer von den »hergebrachten Grundsätzen des Berufsbeamtentums« die Rede ist, pflegt die »Treupflicht« an vorderster Stelle genannt zu werden. Zudem ist gerade das Beamtenverhältnis der Musterfall eines »öffentlich-rechtlichen Dienst- und Treueverhältnisses«.[66] Hier wie sonst kommt es jedoch darauf an, sich von formelhaften Hinweisen zu lösen. Nur unter dieser Voraussetzung kann es gelingen, die Verfassung davor zu bewahren, gleichsam an sich selbst zu scheitern, Art. 33 Abs. 4 und 5 GG also gar nicht erst zur unüberwindbaren Hürde für Art. 5 GG werden zu lassen. Erst dann erscheint es auch möglich, kritische Äußerungen der Beschäftigten nach inhaltlichen und nicht nach rein formalen, oft, wie etwa bei den Postbediensteten oder den Fluglotsen, völlig willkürlich anmutenden Kriterien zu beurteilen. Und nur unter dieser Bedingung läßt sich schließlich wirklich darüber diskutieren, inwieweit der Leserbrief des Angestellten eines pharmazeutischen Unternehmens zur steigenden Gefährdung der Umwelt durch chemische Betriebe tatsächlich anders zu bewerten ist als der eines Lehrers zur Verteilung der Schulmittel[67] oder ob Arbeitnehmer – und zwar Angestellte einer Werbeagentur ebenso wie Staatsanwälte[68] – Fragebögen zur Arbeitssituation verteilen dürfen. Kurzum, Abstraktionen und Generalisierungen sind erneut fehl am Platz. Ansatzpunkt aller Überlegungen müssen wiederum die konkrete Stellung des Bediensteten sowie die damit einhergehenden Aufgaben sein.[69]

---

66 Dazu insb. BVerfGE 39, 334; *Badura*, Staatsrecht (1986), S. 242 ff.

67 Pickering v. Board of Education 391 U.S. 563 (1968).

68 Connick v. Myers, 103 S.Ct. 1686 (1983).

69 Insofern ist es in der Tat richtig, daß gerade die Verpflichtung, das Grundrecht der Meinungsfreiheit zu respektieren, dazu zwingt, auf allgemeine, schematisch anwendbare Maßstäbe zu verzichten, *Söllner*, (Fn. 7), S. 393 f. Wie schwer es zuweilen fällt, sich daran zu halten, zeigt sich besonders an der Diskussion über die Meinungsfreiheit von Richtern, dazu insb. BVerfG, NJW 1983, S. 2691; *Sendler*, NJW 1984, S. 689 ff.; *Rüthers*, DB 1984, S. 1620 ff.; *Hase*, KJ (1984) S. 142 ff.; *Fangmann*, ArbuR 1985, S. 7 ff.; *Zachert*, ArbuR 1985, S. 14 ff. Sicher ist es richtig, daß mögliche Einschränkungen nicht aus Verwaltungsvorschriften, etwa Ministerialerlassen, sondern nur aus gesetzlichen Bestimmungen ergeben können, BGH, NJW 1984, S. 2471. So wichtig aber eine Vorschrift wie § 39 DRiG ist, sie genügt für sich genommen noch nicht. Wenn die Garantie der individuellen Freiheitsrechte für die Richter genauso wie für alle übrigen Beamten gelten soll, BVerfGE 39, 334 (366), dann darf auch der Hinweis auf die richterliche Unabhängigkeit keine pauschalen Konsequenzen haben. Vielmehr muß zunächst und vor allem der Äußerungskontext bedacht werden. Insofern bietet es sich durchaus an, zwischen der eigentlichen richterlichen Tätigkeit einerseits und der Teilnahme an der öffentlichen Diskussion andererseits zu unterscheiden. Nur kann man sich damit nicht zufriedengeben. So muß die richterliche Funktion gerade bei öffentlichen Äußerungen besonders bedacht werden, vgl. auch BVerfG a.a.O. Die Bereitschaft, der Meinungsfreiheit einen

Art. 5 GG verstärkt auch die schon bei den zwingenden Vorschriften zum Arbeitsprozeß sichtbar gewordene Tendenz, das Arbeitsverhältnis mehr und mehr nach außen hin zu öffnen. So läßt ich etwa das einmal anerkannte Recht des Arbeitnehmers, sich in der Öffentlichkeit frei zu politischen, sozialen oder ökonomischen Vorgängen zu äußern, nicht ohne weiteres von einer Pflicht verdrängen, am Arbeitsplatz von eben dieser Freiheit keinen Gebrauch zu machen. Bezeichnend für die Schwierigkeiten, die jeder Versuch einer derartigen Unterscheidung mit sich bringt, ist bereits die regelmäßig wiederkehrende Feststellung, daß man es dem Arbeitnehmer wohl kaum verbieten könne, seinen Standpunkt bei einem mit Arbeitskollegen geführten Gespräch zu vertreten.[70] Insofern überrascht es nicht, wenn sich die Arbeitsgesetzbuchkommission, jedenfalls in den ersten Stadien ihrer Diskussionen, offensichtlich weigerte, die Meinungsfreiheit gleichsam an den Toren des Betriebes enden zu lassen. Noch in den Ausschußsitzungen wurde an der ursprünglichen Diskussionsgrundlage festgehalten, die das Recht des Arbeitnehmers, seine Meinung auch und gerade im Betrieb frei zu äußern, ausdrücklich betonte. Gewiß, Grenzen wurden durchaus gezogen. »Wesentliche Belange des Betriebs oder schutzwürdige Interessen anderer Arbeitnehmer« sollten dabei nicht »beeinträchtigt« werden.[71] So allgemein jedoch beide Formeln sind, eines geben sie mit Sicherheit zu erkennen: Einschränkungen können und dürfen nur der jeweiligen Arbeitssituation entnommen und müssen deshalb ausschließlich durch sie legitimiert werden.

Eine Anwendung von Regeln, wie sie etwa § 74 Abs. 2 BetrVG für den Arbeitgeber und den Betriebsrat vorsieht, scheidet daher von vornherein aus. Die dort festgelegten Verhaltenserwartungen sind nur vor dem Hintergrund der besonderen, gesetzlich definierten Beziehung zwischen Arbeitgeber und Betriebsrat verständlich und insofern auf die einzelnen Arbeitnehmer und deren Äußerungen nicht übertragbar.[72] Folglich lassen

möglichst großen Spielraum zu gewähren, darf nicht die Erinnerung an Vorgänge wie etwa die Erklärung der Reichsgerichtsräte zur Währungspolitik der Reichsregierung verdrängen, DRiZ 1924, S. 7, und dazu *Kübler*, AcP 162 (1963) S. 112 ff.; *Simitis*, in: *Kötz/Reichert-Facilides*, Inflationsbewältigung im Zivil- und Arbeitsrecht (1976) S. 81.

70 BVerfG AP Nr. 2 zu § 74 BetrVG; *Söllner*, Grundriß des Arbeitsrechts (8. Aufl. 1984) S. 296; *Otto*, (Fn. 58), S. 92 ff.; *Ramm*, (Fn. 28), S. 222 f.; *Buchner*, (Fn. 32), S. 72.

71 Entwurf (Fn. 41), § 80 b.

72 *Dietz/Richardi*, (Fn. 42), § 74 Rdn. 65; *Fitting/Auffarth/Kaiser*, (Fn. 47), § 74 Rdn. 9; *Löwisch*, in: *Galperin/Löwisch*, (Fn. 47), § 74 Rnd. 23; *Thiele*, in: GK-BetrVG, § 74 Rdn. 51; *Otto*, (Fn. 58), S. 89; *Söllner*, (Fn. 70), S. 296; *Gnade*, JArbR 14 (1977), S. 67.

sich § 74 Abs. 2 Satz 2 BetrVG sowie die bei der Interpretation der Verpflichtung, den Arbeitsablauf oder den Betriebsfrieden nicht zu beeinträchtigen, entwickelten Grundsätze auch nicht in eine jedem Arbeitsvertrag immanente und damit für alle Arbeitnehmer verbindliche Schranke umdeuten.[73] Weder eine abstrakte[74] noch eine konkrete Gefährdung[75] reicht daher aus. Notwendig ist vielmehr eine tatsächliche, durch die Äußerungen des Arbeitnehmers bedingte Störung des innerbetrieblichen Arbeitsprozesses.[76] Dem Arbeitnehmer kann es deshalb ebensowenig generell untersagt sein, Aufkleber an sein regelmäßig auf dem unternehmenseigenen Parkplatz abgestelltes Auto anzubringen, wie etwa Plaketten am Arbeitsplatz zu tragen.[77] Will man am Standpunkt, daß Betriebe keine politikfreien Räume sind,[78] konsequent festhalten, dann muß man auch bereit sein, die unterschiedlichsten Formen der Meinungsäußerung und nicht nur das politische Gespräch hinzunehmen. Gewiß, Plaketten lassen sich meistens kaum übersehen. Insofern ist es, genauso wie bei einer bizarren Haartracht oder einer höchst ungewöhnlichen Kleidung, in der Tat schwer, wenn nicht unmöglich, sich dem Anblick zu »entziehen«.[79] Doch so provozierend dies alles sein mag, ohne ein Mindestmaß an Provokation gibt es keine Meinungsfreiheit. Abgesehen davon werden die übrigen Arbeitnehmer nicht schon deshalb beeinflußt, weil sich ihr Blick auf die Plakette richtet, um so mehr als sich bei einer individuellen Aktion der wegen seiner diskriminierenden Wirkungen befürchtete »Beflaggungseffekt«[80] einer kollektiven »Plakettendemonstration« gar nicht erst einstellen kann. Solange daher nicht im Einzelfall die Störungsgrenze überschritten ist, etwa mit Rücksicht auf den Inhalt des Aufklebers oder die gesamten Begleitumstände, bleibt es dem Arbeitnehmer, um der Meinungsfreiheit willen, unbenommen, auch am Arbeitsplatz mit Hilfe von

---

73 Vgl. freilich *Söllner*, (Fn. 7), S. 395.
74 So aber BAG EzA Nr. 3 zu § 74 BetrVG 1972; Nr. 61 zu § 626 n. F.; AP Nr. 73 zu § 626 BGB; *Staudinger/Neumann*, BGB (12. Aufl. 1979) § 626 Rdn. 47.
75 Vgl. freilich BAG EzA Nr. 2 zu § 611 BGB Beschäftigungspflicht; *Meisel*, RdA 1976, S. 843.
76 Vgl. KR-*Hillebrecht* (2. Aufl. 1984) § 626 BGB Rdn. 93 f.; MünchKomm-*Schwerdtner*, § 626 Rdn. 91 f.; *Otto*, Anm. EzA Nr. 4 zu Art. 5 GG; *Mummenhoff*, DB 1981, S. 2542, aber auch die kritischen Bemerkungen von *Otto*, (Fn. 58), 90, vor allem zu den Versuchen, einer Störung vorzubeugen.
77 Vgl. freilich *Söllner*, (Fn. 7), S. 400.
78 BVerfGE 42, 133.
79 *Söllner*, (Fn. 7), S. 400.
80 *Mayer-Maly*, Anm. AP Nr. 30 zu Art. 9 GG.

Aufklebern oder Plaketten auf seinen Standpunkt hinzuweisen. Nachteile dürfen ihm also daraus nicht entstehen.[81]

Art. 5 GG ist schließlich dort genauso folgenreich, wo der Arbeitnehmer seine Meinung, gleichsam umgekehrt, aus seinem Arbeitsbereich heraus- und in die Öffentlichkeit hineinträgt. Um noch einmal auf den Leserbrief des Lehrers zur Verteilung der Schulmittel zurückzukommen: Der Brief bezog sich ohne Zweifel auf Vorgänge, die das Arbeitsverhältnis unmittelbar berührten. Der Lehrer wandte sich mit seinen Äußerungen gegen die seiner Ansicht nach ungerechtfertigte, ja pädagogisch schädliche Bevorzugung der Sportprogramme und kritisierte die unzureichende Information der Öffentlichkeit durch die Schulbehörden. Unter diesen Umständen scheint, zumindest solange man die traditionellen Maßstäbe anlegt, alles gegen eine Externalisierung des Konflikts und für ein Fehlverhalten des Lehrers zu sprechen. Die Meinungsverschiedenheiten hätten, anders ausgedrückt, weil sie Entscheidungen des Arbeitgebers und deren Auswirkungen auf das Arbeitsverhältnis betrafen, intern ausgetragen werden müssen. Der Lehrer wäre, so gesehen, zwar durchaus berechtigt gewesen, zu protestieren, aber nur seinen Vorgesetzten gegenüber. Die Kehrseite will allerdings genauso bedacht werden. Mit seinen Vorhaltungen versuchte der Lehrer auf Probleme aufmerksam zu machen, die keineswegs nur ihn und seinen Arbeitgeber, etwas angehen. Die Schulpolitik rechnet vielmehr zu den Gegenständen, für die sich legitimerweise eine breite Öffentlichkeit interessiert. Je selbstverständlicher es aber erscheint, dem Lehrer lediglich die Möglichkeit einer internen Kritik einzuräumen, desto weniger kann es zu einer wirklich substantiierten öffentlichen Diskussion kommen. Ihr Verlauf und erst recht ihre Folgen hängen entscheidend von der Kenntnis der Details ab, die einen verläßlichen Einblick in

---

[81] Es kann eben einen Unterschied ausmachen, ob mit der Plakette vor einer Nuklearkatastrophe gewarnt (ArbG Hamburg EzA Nr. 3 zu Art. 5 GG; ArbG München, DB 1984, S. 512), für den Frieden demonstriert (ArbG Köln, BB 1985, S. 663) oder zu den Vorstellungen einer bestimmten politischen Partei Stellung genommen werden soll (BAG, DB 1983, S. 2578). Wiederum kommt es jedoch ganz besonders darauf an, welche Arbeitnehmer, wann, wo und wie ihre Meinung äußern. Die Reaktion kann mithin verschieden ausfallen, je nachdem ob der Arbeitnehmer seine Tätigkeit in einem Betrieb bzw. einer Dienststelle oder im Außendienst ausübt, also der Maschinenschlosser oder der Briefträger die politische Plakette trägt. Genauso gilt es, die Bedeutung der jeweils wahrgenommenen Aufgaben zu bedenken. Lehrer, die Plaketten im Unterricht tragen wollen, müssen andere und schärfere Einschränkungen in Kauf nehmen als etwa Büroangestellte. Vgl. auch KR-*Becker*, (Fn. 8), § 1 KSchG Rdn. 268; *Zachert*, ArbuR 1984, S. 289; *Thümmel*, Betriebsfrieden und Politplakette (1985).

den Schulalltag gewähren und es damit ermöglichen, Intention und Realität der Schulpolitik miteinander zu konfrontieren. Kaum jemand vermag diese Kenntnis besser zu vermitteln als die Lehrer selbst. Ihre Beteiligung an der öffentlichen Diskussion ist insofern alles andere als gleichgültig, sie gehört im Gegenteil zu den Grundvoraussetzungen einer inhaltlich geführten sowie auf inhaltliche Konsequenzen bedachten Debatte. Die Aufgabe, den Weg dafür zu ebnen, fällt der Verfassung zu. Die Garantie der Meinungsfreiheit muß sich deshalb als Korrektiv der ansonsten immer wieder betonten Verpflichtung des Arbeitnehmers erweisen, sich bei Meinungsdivergenzen mit dem Arbeitgeber strikt nach den für interne Auseinandersetzungen geltenden Regeln und Verfahren zu richten.

Für den Supreme Court gibt es daher keinen Zweifel: Wo immer das öffentliche Interesse auf dem Spiel steht, rechtfertigt die Meinungsfreiheit eine öffentliche Kritik und schützt zugleich den Arbeitnehmer vor einer Disziplinierung. Der Lehrer, um beim Beispiel zu bleiben, emanzipiert sich in den Augen des Gerichts von seiner Arbeitnehmereigenschaft und handelt nur noch als gleichberechtigtes, aber besonders sachverständiges und gerade deshalb unentbehrliches Mitglied des allgemeinen Publikums. Die Diskussion dürfe deshalb mit Rücksicht auf die Bedeutung ihres Gegenstandes weder durch die drohende Gefahr einer Kündigung noch durch die Verweisung auf interne Instanzen inhibiert werden.[82]

Ähnlich argumentiert der BGH im *Wallraff*-Fall.[83] Arbeitnehmer, so meint das Gericht, seien durchaus berechtigt, sich öffentlich zu internen Vorgängen zu äußern, an denen die »Allgemeinheit ernstlich, also nicht nur aus Neugierde, interessiert ist, weil diese auch sie unmittelbar angehen«. Der unmittelbare Anlaß für diese Feststellung war zwar ein möglicher Verstoß gegen nachvertragliche Verhaltenspflichten. Kontext und Inhalt geben aber deutlich zu erkennen, daß auch dann nichts anderes gelten kann, wenn das Arbeitsverhältnis nach wie vor besteht. Der Hinweis auf das Interesse der Allgemeinheit rechtfertigt mithin nicht nur die öffentliche Kritik, sondern befreit den Arbeitnehmer auch von der Verpflichtung, sich jedenfalls zunächst intern um eine Korrektur zu bemü-

---

82 Pickering v. Board of Education (Fn. 67) 563 f.; Connick v. Myers (Fn. 68) 551 ff. Zur Notwendigkeit, Sanktionen im Interesse einer freien öffentlichen Diskussion auszuschließen, vgl. auch BVerfGE 54, 129 (138); 60, 234 (241).
83 BGHZ 80, 30, 35 ff.

hen, und zwar ohne Rücksicht auf die konkret von ihm ausgeübte Tätigkeit.[84]

Die Sprache der Gerichte läßt allerdings ein beträchtliches Maß an Unsicherheit erkennen. »Public concern« und »Interesse der Allgemeinheit« sind Formeln, die zwar die Bereitschaft unterstreichen, eine öffentliche Diskussion unter bestimmten Bedingungen zu akzeptieren, ohne jedoch anzugeben, wann genau diese Bedingungen vorliegen. Wie schwer es fällt, sich präziser auszudrücken, zeigt erneut die Rechtsprechung selbst. So meint der BGH das »Interesse der Allgemeinheit« dann bejahen zu müssen, wenn sich die Kritik auf »gewichtige Mißstände im Unternehmen« bezieht,[85] und der Supreme Court hat offensichtlich solange keine Bedenken, von einem »öffentlichen Interesse« zu sprechen, wie sich der Arbeitnehmer nur »tangentially and insubstantially« zum eigentlichen Arbeitsprozeß äußert.[86] Eines ist immerhin klar: Die öffentliche Kritik mag zulässig sein, sie wird jedoch als Ausnahme gesehen und behandelt. An der Regel ändert sich insofern nichts: Meinungsverschiedenheiten über die konkreten, den einzelnen Arbeitnehmer betreffenden Arbeitsbedingungen bleiben eine interne Angelegenheit. Der Arbeitnehmer hat trotz der durch die zunehmende Zahl gesetzlich abgesicherter, an die Adresse des Arbeitgebers gerichteter Verhaltensanforderungen sowie durch die verfassungsrechtliche Garantie der Meinungsfreiheit bewirkten Einschränkungen grundsätzlich nur die Vertragspartnern ohnehin zustehende Möglichkeit: sich mit dem Arbeitgeber nach den für das je spezifische Arbeitsverhältnis typischen Modalitäten auseinanderzusetzen.

Noch einmal freilich: Verläßlich können nur die Extreme markiert werden, etwa Meinungsunterschiede über den Umgang des Arbeitgebers mit den vertraglich vereinbarten Sonderregelungen über die Urlaubsdauer oder

---

84 Nicht ganz so weit geht wohl das BVerfG. Einerseits stellt es unmißverständlich fest, daß die »Aufmerksamkeit und das Verantwortungsbewußtsein des Staatsbürgers« zu den entscheidenden Voraussetzungen für den Bestand einer freiheitlich demokratischen Ordnung zählen, »der Mißstände nicht nur zur Kenntnis nimmt, sondern sich auch für deren Abstellung einsetzt«, und verweist gerade deshalb auf das Recht der Träger eines öffentlichen Amtes, ihre Meinung frei zu äußern, BVerfGE 28, 191 (202). Andererseits hält es an der Vorstellung fest, daß die Auseinandersetzung in jedem Fall zunächst innerdienstlich erfolgen muß, BVerfG a.a.O. (203 ff.). Die besondere Situation der Beschäftigten bleibt dabei ebenso außer acht wie die Notwendigkeit, gerade bei den immer wieder zitierten »gravierenden Mißständen« die öffentliche Diskussion nicht durch interne Prozeduren zu verzögern oder gar zu verhindern.

85 BGHZ 80, 30 f.; 35 ff., insb. 36.

86 Pickering v. Board of Education (Fn. 67) S. 564.

zusätzliche Prämien einerseits und verschiedene, ja gegensätzliche Ansichten über die finanzielle und apparative Ausstattung von Krankenhäusern sowie die Investitionsprioritäten andererseits. Dazwischen liegt eine breite Grauzone. Allgemeingültige, mehr oder weniger schematisch anwendbare Regeln gibt es dafür nicht. Die Entscheidung muß sich deshalb nach den besonderen Merkmalen der jeweiligen Fallkonstellation richten. Ein Arbeitnehmer, der sich beispielsweise in einem Leserbrief über die nur teilweise und zudem ständig verspätete Zahlung seines Gehalts beschwert, verletzt normalerweise seine vertraglichen Pflichten und muß insofern mit Sanktionen rechnen. Anders ist der in einer Gewerkschaftszeitung publizierte Beitrag eines Gewerkschaftsmitglieds zur mangelhaften Erfüllung der tarifvertraglich übernommenen Pflichten zu beurteilen. Kein Zweifel, der Arbeitnehmer überschreitet mit seinem Beitrag den Unternehmensbereich. Genausowenig läßt sich aber übersehen, daß der Artikel nicht in einer beliebigen Publikation erscheint, sondern in der Zeitung der für das Unternehmen zuständigen Gewerkschaft. Sie hat im Interesse ihrer Mitglieder eine branchen- oder auch unternehmensbezogene Abmachung getroffen. Ihr und ihren Mitgliedern muß es deshalb freistehen, sich in den eigenen Publikationen mit den bei der Durchführung der Tarifverträge gewonnenen Erfahrungen auseinanderzusetzen.[87] Eine von den Gewerkschaften gestaltete und getragene Tarifpolitik läßt sich nicht von einer gewerkschaftlich geführten und insoweit öffentlichen Diskussion der Bedingungen und Ergebnisse tarifpolitischer Aktivität trennen.

Ähnliche Probleme stellen sich bei der Betriebsratstätigkeit. Schon bei den Auseinandersetzungen über die Betriebsratswahlen läßt sich oft nur schwer entscheiden, ob die Arbeitnehmer sich nur intern äußern dürfen oder ob auch eine öffentliche Kritik zulässig ist. Auf den ersten Blick scheint alles für eine rein betriebsinterne Diskussion zu sprechen. Schließlich ist der Betriebsrat eine von den Arbeitnehmern des jeweiligen Betriebes gewählte Instanz, der die Aufgabe zufällt, sich für eine Regelung der sich im Betrieb abzeichnenden Komplikationen und Konflikte einzusetzen. Nun kann es durchaus vorkommen, daß der Arbeitgeber mehr oder weniger massiv die Wahl zu beeinflussen sucht und sich die Arbeitnehmer daraufhin nicht mit einem internen Protest zufriedengeben, sondern eine Pressekonferenz abhalten oder Fernsehinterviews abgeben.[88]

---

87 Dazu auch *Kammerer*, ArbuR 1984, S. 65 ff.
88 Vgl. die Frankfurter Allgemeine Zeitung v. 6. 12. 1986, S. 13, aber auch BAG v. 4. 12. 1986
    – 6 ABR 48/85.

Für die Bewertung solcher Äußerungen und vor allem für die Beurteilung der Zulässigkeit von Sanktionen spielt die Bedeutung, die der Gesetzgeber dem Betriebsrat beimißt, eine entscheidende Rolle.

Der Betriebsrat ist eine genuine Arbeitnehmervertretung. Mit seiner Tätigkeit sind fundamentale, gesetzlich garantierte Arbeitnehmerrechte verknüpft. Von seiner Aktivität hängt es insbesondere ab, ob die Mitbestimmung reale Gestalt annimmt, die Arbeitnehmer also wirklich in der Lage sind, ihr Recht wahrzunehmen, bei so zentralen Fragen wie etwa der Einführung von Personalinformationssystemen (§ 87 Abs. 1 Nr. 6 BetrVG) oder dem Übergang zur Kurzarbeit (§ 86 Abs. 1 Nr. 3 BetrVG) mitzuentscheiden. Die Mitbestimmung gerät freilich dort zur Fiktion, wo der Betriebsrat seine Unabhängigkeit einbüßt. Die gesetzliche Regelung verträgt sich daher nicht mit einer vom Arbeitgeber gesteuerten Arbeitnehmervertretung. Die Unabhängigkeit des Betriebsrats ist, anders ausgedrückt, kardinale Voraussetzung der Gesetzesanwendung. Genausowenig wie es daher »gelbe« Gewerkschaften geben darf,[89] sind »gelbe« Betriebsräte zulässig. Arbeitgeber, die deshalb eine bestimmte Wahlliste offen unterstützen und auch deren Wahlzeitung finanzieren, verstoßen nicht gegen irgendwelche, letztlich nicht sonderlich gewichtige Formvorschriften, sie stellen die Geltung des BetrVG in Frage. Unter diesen Umständen kann es den Arbeitnehmern nicht verwehrt sein, ein breiteres Forum für ihre Kritik zu wählen, also auch und gerade die Öffentlichkeit einzuschalten. Die öffentliche Diskussion ist, so gesehen, die ebenso legitime wie legale Reaktion auf den Versuch des Arbeitgebers, eine gesetzliche Regelung zu unterlaufen, die den verfassungsrechtlichen Anspruch der Arbeitnehmer konkretisiert, ihre Arbeitsbedingungen kollektiv mitzugestalten.[90] Aus der Zulässigkeit der öffentlichen Stellungnahme folgt auch die Unzulässigkeit aller Disziplinierungsmaßnahmen.

4. Zur Verschränkung individueller und kollektiver Aktivität

Gerade weil die interne Auseinandersetzung der Regelfall sein dürfte, kommt den besonderen für die Arbeitsbeziehungen geltenden Grundsätzen große Bedeutung zu. Mit ihr wichtigstes Merkmal ist die Verschrän-

---

89 BVerfGE 4, 96 (10); 18, 18 (28); 50, 290 (368); 58, 233 (249). Vgl. auch *Zachert*, ArbuR 1986, S. 321.
90 BVerfGE 4, 96 (101 f.); 19, 303 (319); 28, 295 (305); 28, 314 (323); 51, 77 (88); vgl. auch *Kempen*, ArbuR 1986, S. 129 ff.

kung individueller und kollektiver Regelungsmechanismen. Erst über diese Verbindung erhält die etwa gegen bestimmte Arbeitsbedingungen gerichtete Kritik eine reale Erfolgschance. Gemeint ist vor allem die Intervention des Betriebsrates. Das BetrVG bietet, wie schon erwähnt, durchaus die Voraussetzungen dafür. Dem Arbeitnehmer ist freilich solange kaum geholfen, wie an der ebenfalls bereits angesprochenen Interpretation festgehalten wird, ihn durchweg in die vom Betriebsrat geführte Auseinandersetzung einzubeziehen. Wenn daher die Arbeitnehmervertretung die ihr vom Gesetzgeber zugedachte Schutzfunktion wirklich wahrnehmen soll, dann muß einer Auslegung der Vorzug gegeben werden, die es dem Betriebsrat erlaubt, einzugreifen, möglichst ohne den jeweils betroffenen Arbeitnehmer zu involvieren.

Ebenso gilt es, die Rolle der Gewerkschaften zu bedenken, nicht zuletzt im Hinblick auf die große Zahl der Betriebe ohne Betriebsrat. Wie die Arbeitsbedingungen konkret aussehen, hängt in hohem Maße von der gewerkschaftlichen Aktivität ab. Sie ist zudem der verfassungsrechtlich privilegierte Ansatzpunkt für jede Auseinandersetzung mit der Arbeitssituation. Konsequenterweise erkennt das BetrVG (§ 77 Abs. 3) die Priorität der von den Gewerkschaften getroffenen Vereinbarungen ausdrücklich an und sichert die Präsenz der Gewerkschaften im Betrieb auch dort, wo es einen Betriebsrat gibt, ja verlangt die Kooperation mit den Arbeitnehmerorganisationen (§ 2). Dann muß jedoch der Arbeitnehmer das Recht haben, sich an die Gewerkschaft zu wenden und es im übrigen ihr zu überlassen, seine Kritik aufzugreifen.[91] Formal wird damit sicherlich, anders als beim Betriebsrat, der Unternehmensbereich überschritten. Dennoch wäre es falsch, von einer unzulässigen und deshalb dem Arbeitnehmer zum Vorwurf gereichenden »Flucht in die Öffentlichkeit«[92] zu sprechen. Die Intervention der Gewerkschaft zieht nicht zwangsläufig eine Veröffentlichung der Auseinandersetzung nach sich. Schon deshalb, weil die Gewerkschaft zunächst einmal überlegen muß, ob es nicht ausreicht, den Betriebsrat einzuschalten, ihr Gewicht also zu nutzen, um eine Intervention der betriebsinternen Arbeitnehmervertretung auszulösen. Abgesehen davon folgt aus ihrer Berechtigung, sich der ihr gegenüber von einzelnen Arbeitnehmern geäußerten Kritik anzunehmen, noch lange nicht das Recht, mögliche Meinungsdivergenzen mit dem Arbeitgeber

---

91 Dazu auch *Weiss*, (Fn. 10), S. 40.
92 *Söllner*, (Fn. 7), S. 403.

öffentlich auszutragen. Auf die schwierige Frage, wann genau über den selbstverständlichen Fall des § 79 Abs. 2 BetrVG hinaus die im Betrieb tätigen Gewerkschaftsvertreter zur Verschwiegenheit verpflichtet sind, und wo im einzelnen die Grenzen ihrer Schweigepflicht verlaufen, braucht man sich gar nicht erst einzulassen. Maßgeblich muß vielmehr der konkrete Interventionsanlaß sein. Die Gewerkschaft reagiert auf Mitteilungen eines Arbeitnehmers. Ihr Aktionsspielraum muß sich infolgedessen, in aller Regel jedenfalls, an die Grundsätze halten, nach denen er sich auch zu richten hat. Anders ausgedrückt: Eine öffentliche Diskussion bleibt solange ausgeschlossen, wie nicht eine der Fallkonstellationen vorliegt, die den Arbeitnehmer berechtigen, sich öffentlich zu äußern.

Wiederentdeckung des Individuums und arbeitsrechtliche Normen

1

Die »Konstitutionalisierung« markiert einen tiefen Einschnitt in der Geschichte des Arbeitsrechts.[1] Sie beendet eine lange und komplizierte Entwicklung, an deren Anfang die Illegalität aller Bemühungen der Arbeitnehmer stand, ihre Interessen mit Hilfe neuer, vor dem Hintergrund ihrer spezifischen ökonomischen und sozialen Lage konzipierter Regelungsinstrumente wahrzunehmen, die sich dann in den vielfältigen Bestrebungen fort setzte, die veränderte Konfliktsituation über interpretatorische Anpassungen der traditionellen zivilrechtlichen Mechanismen aufzufangen und schließlich zu der auch juristischen Anerkennung der Notwendigkeit führte, den herkömmlichen Regelungsrahmen zu sprengen sowie sich für eigenständige, aus der Einsicht in die Besonderheiten industrieller Arbeitsbeziehungen entstandener und sich deshalb konsequent an ihnen orientierender Regelungsformen zu entscheiden.

Die »Konstitutionalisierung« ist, so gesehen, der gleichsam höchste Grad der Verrechtlichung der Arbeitsbeziehungen.[2] Der Arbeitnehmer tritt endgültig aus dem Schatten des bürgerlichen Individuums heraus, die kollektive Aktivität und ihre tagtäglichen Bestätigung, eine auf dem Kollektivvertrag beruhende Regelung der Arbeitsbeziehungen, steht gleichberechtigt neben dem einst einzig legitimen und legalen Mittel einer Regelung individueller Beziehungen, dem Individualvertrag.[3] Ähnlich wie sich zuvor die »natürliche« Prärogative des einzelnen, die aus seiner Perspektive erforderlichen Entscheidungen in einem von ihm selbst bestimmten Vertrag festzuhalten, in der auch und gerade verfassungsrechtlich

---

1 Dazu statt aller Ghera, Diritto del lavoro, 1989, 9, 17 ff.; Giugni, Lavoro, legge, contratti, 1989, 199 ff., 264 ff.
2 Dazu Simitis, DLRI 8, 1986, 215 ff.; Clark/Wedderburn, ebda. 277 ff.; Giugni (Anm. 1), 337 ff.; aber auch Habermas, Theorie des kommunikativen Handelns Bd. 2, 1981, 524 ff.
3 Sinzheimer, Arbeitsrecht und Arbeiterbewegung, 1927, 7.

garantierten Autonomie des Individuums widerspiegelte, führt das für nicht minder »natürlich« angesehene Vorrecht der Arbeitnehmer, sich gemeinsam eine Meinung über die eigenen Interessen zu bilden, gemeinsam darüber zu verhandeln und schließlich ihre Erwartungen in einem ebenfalls eindeutig kollektiven Vertrag abzusichern,[4] zu einer verfassungsrechtlich genauso deutlich gewährleisteten Kollektivautonomie.

Kaum verwunderlich, wenn deshalb die Verpflichtung, das Recht der Arbeitnehmer zu respektieren, sich zusammenzuschließen und ihre Arbeitsverhältnisse an gemeinsam ausgehandelte Bedingungen zu knüpfen, in nahezu allen Verfassungen fast wortgleich wiederkehrt. Und doch gibt es Unterschiede, die freilich in aller Regel eher beiläufig notiert zu werden pflegen. Mit am geläufigsten ist die offenkundig divergierende Einschätzung des Streikrechts. Für die italienische (Art. 40) genauso wie für die französische Verfassung (Abs. 7 der Präambel der Verfassung von 1946) ein eindeutig dem einzelnen Arbeitnehmer zustehendes, für das Grundgesetz der Bundesrepublik (Art. 9, Abs. 3) ein ausschließlich den Arbeitnehmerorganisationen vorbehaltenes Recht. Mindestens ebenso signifikant sind Bestimmungen, wie etwa Art. 3 Abs. 2 der italienischen Verfassung, zumal in Verbindung mit den einleitenden Vorschriften des Statuto dei lavoratori. Beide Beispiele reichen schon aus, um sich zu fragen, ob die »Konstitutionalisierung« die Abdikation des Gesetzgebers, ja dessen Instrumentalisierung zugunsten neokorporatistischer Strukturen besiegelt oder im Gegenteil den Abschluß einer Etappe sowie den Übergang zu einem neuen Abschnitt in der Geschichte des Arbeitsrechts signalisiert, in dessen Mittelpunkt der Individuationsprozeß des einzelnen Arbeitnehmers stehen muß, der Versuch also einer Wiederentdeckung des Individuums.

Wer so fragt, sieht sich schnell dem Verdacht ausgesetzt, einem dubiosen »Zeitgeist« zu huldigen, der nur darauf bedacht sei, kollektive Regelungsbefugnisse zu perhorreszieren[5] oder wird alsbald zu den Exponenten einer »neokonservativen«, das Individuum verklärenden und damit letztlich das Arbeitsrecht demolierenden Doktrin gerechnet.[6] Kein Zwei-

---

4 Sinzheimer, Der korporative Arbeitsnormenvertrag Bd. I, 1907, 61 ff., Ein Arbeitstarifgesetz, 1916, 181 ff., Grundzüge des Arbeitsrechts, 2. Aufl. 1927, 79 ff.; Kahn-Freund, 6 Mod. L. Rev., 1943, 112 ff., in Ginsberg (Hrsg.), Law and opinion in England in the 20th century, 1959, 244, in Sinzheimer, Gesammelte Aufsätze und Reden Bd. 1, 1976, 7 ff.
5 Statt aller Däubler, Neue Zeitschrift für Arbeitsrecht 5, 1988, 857 ff.
6 Dazu Javillier, In Festschrift für Szubert, 1988, 122 f.

fel, vordergründig spricht viel dafür, in der »Renaissance des Individuums« nicht mehr als die Kehrseite all jener Vorstellungen zu sehen, die über die Forderung nach einer systematischen »Deregulierung« und nach einer ebenso konsequenten Rückkehr zu unbedingten Priorität des Individualvertrages auch und gerade die etablierten arbeitsrechtlichen Regelungsmechanismen in Frage stellen.[7] Was aber auf den ersten Blick vielleicht einleuchtet, verkürzt, ja verzerrt die Argumentation. Zur Debatte steht eben weit mehr als nur die Auseinandersetzung mit einer bestimmten, von der Erwartung einer Minimierung der staatlichen Intervention sowie einer Wiederherstellung der traditionellen zivilrechtlichen Regelungsformen geprägten Sicht. Worum es vielmehr in Wirklichkeit geht, ist die Chance des einzelnen Arbeitnehmers als Person wahrgenommen und respektiert zu werden und damit dessen individuelle, in den Debatten der französischen Nationalversammlung von 1789 und in Art. 3 Abs. 2 der italienischen Verfassung gleichermaßen angesprochenen Möglichkeit der Partizipation am sozialen und politischen Diskurs.[8]

2

Das Arbeitsrecht ist, so viel steht wohl unstreitig fest, als Reaktion auf die zunehmend evidenten Defizite einer sich zuvörderst als Garant individueller Abmachungen verstehenden rechtlichen Regelung entstanden. Weil dort, wo der einzelne nicht mehr zu bieten hat als die »original foundation of all other property«, »the strength and the dexterity of his hands«,[9] eine sich ständig verschärfende Abhängigkeit an die Stelle der einst prognostizierten Emanzipation trat, blieb dem Gesetzgeber nichts anderes übrig, als sich über die angeblich unfehlbare Maxime, »qui dit contractuel dit juste«, hinwegzusetzen und um der gefährdeten sozialen Stabilität willen Schritt für Schritt jene elementare Absicherung zu oktroyieren, die dem Arbeitnehmer eigentlich aus der individuellen Vereinbarung seiner Arbeitsbedingungen erwachsen sollte. Selbst in den Fällen aber, in denen der Gesetzgeber von einer direkten Intervention absieht und den Betroffenen durchaus einen Freiraum für eigene Entscheidungen konzediert, wird der Individualvertrag desavouiert. Der

---

7 Dazu Simitis (Anm. 2), 236 ff.; Giugni (Anm. 1), 349 ff.; Treu, DLRI 7, 1987, 704 ff.
8 Vgl. Simitis, Kritische Justiz 22, 1989, 157 ff.
9 Adam Smith, Wealth of Nations Bd. 1 Ausgabe J. M. Dent & Sons, Neudruck, 1960, 110.

wie immer näher definierte Entscheidungsspielraum ist primär Aktionsfeld kollektiver Tätigkeit. Ganz gleich also, ob es um gesetzliche oder kollektivvertragliche Bestimmungen geht, die individuelle Abmachung wird durchweg zugunsten einer Regelung verdrängt, die sich eben nicht an den Erwartungen des konkreten Arbeitsnehmers orientiert, sondern an der Lage einer spezifischen Arbeitnehmergruppe, wenn nicht sogar der Arbeitnehmer überhaupt.

Mindestens dreierlei ist beiden Regelungsansätzen gemeinsam. Sowohl die gesetzlichen als auch die kollektivvertraglichen Vorschriften zielen darauf ab, die Ambivalenz individueller Vereinbarungen durch die Verläßlichkeit verpflichtender, für möglichst viele Arbeitnehmer gleichermaßen geltender Normen zu kompensieren. Beide sind insofern von vornherein darauf aus, einen verbindlichen Rahmen für die Arbeitsbedingungen festzuschreiben und dulden deshalb individuelle Abweichungen im Prinzip nur soweit wie sie mit den von ihnen vorgezeichneten Verhaltensanforderungen kompatibel sind, allenfalls also dazu beitragen sie weiter zu präzisieren und zu differenzieren. Im einen wie im anderen Fall determinieren daher Vorgaben, die zum Zweck einer weitgehend langfristig konzipierten Steuerung und Stabilisierung des Arbeitsprozesses formuliert wurden, die Arbeitsbedingungen.

Sowohl für die gesetzlichen als auch für kollektivvertraglichen Vorschriften ist deshalb, zweitens, die Arbeitsbeziehung in erster Linie ein sozialer Status, dessen Regelung nur mit Hilfe von Bestimmungen erfolgen kann, die generell zu respektierende Rechte und ebenso allgemein einzuhaltende Pflichten definieren. Beides, Gesetz und Tarifvertrag, löst mithin die Arbeitnehmer aus der Masse normaler Vertragspartner heraus und stellt die etwa noch für den Code civil kennzeichnende Betrachtung der Arbeitsbeziehung gleichsam auf den Kopf. Gesetzliche und kollektivvertragliche Vorschriften nehmen, anders ausgedrückt, eine Regelungsperspektive wieder auf, die durch die Autonomie und Souveränität der Kontrahenten hätte überwunden werden sollen. Beide entlassen insofern nicht die Arbeitnehmer in den 1789 von der französischen Nationalversammlung ebenso wie später von der zivilistischen Doktrin postulierten emanzipatorischen Prozeß kontraktueller Abmachungen. Sie überführen im Gegenteil die Arbeitnehmer vielmehr in einen verbindlich und zugleich minutiös normierten Status.[10]

10 Dazu Streeck, DLRI 10, 1988, 673 ff.; Simitis (Anm. 2), 224 ff.

So paradox es daher klingen mag: Gesetz und Tarifvertrag schlagen nicht die Brücke zur Selbstbestimmung des Arbeitnehmers, sie institutionalisieren im Gegenteil, um des besseren Schutzes des einzelnen Arbeitnehmers willen, die Fremdbestimmung. Nur solange Gesetz und Tarifvertrag den Arbeitnehmer nicht als Individuum, sondern als Teil eines Kollektivs wahrnehmen, vermögen sie ihre Aufgabe zu erfüllen, Anforderungen also festzuschreiben, die den Konsequenzen der Abhängigkeit entgegenwirken. Die Folge: Gesetz und Tarifvertrag leiten eine zunächst kaum wahrnehmbare, sich zunehmend ausbreitende und verfestigende Kolonialisierung des Arbeitnehmerverhaltens ein.[11]

Beide Regelungsmechanismen schreiben Verhaltensschemata fest, denen sich die Arbeitnehmer mehr und mehr anpassen und die schließlich auch ihre Sicht ihrer persönlichen Situation ebenso bestimmen wie ihre Erwartungen an ihre Arbeits- und Lebensbedingungen. Nicht immer ist die Kolonialisierungstendenz so offenkundig wie etwa bei geschlechtsspezifischen Vorschriften oder Altersgrenzen. Sie ist dennoch durchweg vorhanden, ohne Rücksicht also darauf, ob es um die eher generelle Frage nach der Legitimität und Artikulation von Interessen geht, oder um weitaus speziellere, den konkreten Ablauf des Arbeitsprozesses betreffende Punkte. Hinter jener, längst für selbstverständlich gehaltenen, sich gegenseitig ergänzenden »Ordnungsfunktion« gesetzlicher und tariflicher Normen[12] verbirgt sich insofern weit mehr als nur eine die Anarchisierung des Arbeitsprozesses verhindernde Standardisierung der Arbeitsbedingungen. Die »Ordnungsfunktion« inhibiert gezielt jegliche Individualisierungsbestrebung und zwingt den einzelnen Arbeitnehmer, die kollektiv definierten Verhaltensmaßstäbe zu internalisieren. Sie transzendiert infolgedessen von Anfang an den Anwendungsbereich der jeweiligen gesetzlichen oder tariflichen Vorschrift und bewirkt eine weit darüber hinausreichende Verhaltensänderung.

Gesetz und Tarifvertrag leiten schließlich die Legitimation für die jeweils angestrebte Regelung aus »übergeordneten Gesichtspunkten« ab, mögen dies »gesamtgesellschaftliche«, »gesamtwirtschaftliche« Belange,

---

11 Zur »Kolonisalisierung« generell vgl. Habermas (Anm. 2), 522 ff., 548 ff; zu den arbeitsrechtlichen Aspekten Simitis (Anm. 2), 245 ff.

12 Vgl. etwa Entscheidungen des Bundesverfassungsgerichts (BVerfGE) 18, 18 (28); Wiedermann/Stumpf, Tarifvertragsgesetz, 5. Aufl. 1977, Einleitung Rdnr. 5 ff.; Däubler/Hege, Tarifvertragsrecht, 2. Aufl. 1981, 22; Söllner, Grundriß des Arbeitsrechts, 9. Aufl. 1987, 123; Kempen, in Hagemeier/Kempen/Zachert/Zilius, Tarifvertragsgesetz, 2. Aufl. 1990, Einl. Rdnr. 82.

das wie immer näher definierte »Gesamtinteresse« der Arbeitnehmer oder nur schlicht »arbeitsmarktpolitische Erfordernisse« sein. Ganz gleich welcher dieser Gesichtspunkte herangezogen wird, jeder von ihnen dient dazu, die Regelungskompetenz zu monopolisieren, sei es auch nur um einen verbindlichen Rahmen für alle weiteren Überlegungen zu den Arbeitsbedingungen aufzuzeichnen. Weder die »gesamtgesellschaftlichen Belange« noch das »Gesamtinteresse« der Arbeitnehmer dulden eben Alternativen. Wer sich auf sie beruft, gibt zugleich zu erkennen, daß ein anderer als der von ihm präkonisierte und von diesen Gesichtspunkten indizierte Weg von vornherein ausscheidet. Wo deshalb irgendeiner dieser Gesichtspunkte zum Regelungsmaßstab erklärt wird, weicht der Diskurs einem imperativen, in seinen Einzelheiten und Konsequenzen bereits vorgeprägten Handlungszwang. Der Referenzpunkt wird freilich längst nicht mehr explizit angesprochen, geschweige denn näher präzisiert, sondern einfach präsumiert. Die Existenz von Arbeitsbeziehungen reicht schon aus, um die Intervention des Gesetzgebers oder der Tarifvertragsparteien zu rechtfertigen. Begründungspflichtig ist, so gesehen, nicht so sehr der Eingriff, sondern weit eher der Verzicht auf eine Intervention. Wenn es daher zum Streit kommt, so nur über das Verhältnis der Regelungskompetenz des Gesetzgebers zu den Regelungsmöglichkeiten der Tarifvertragsparteien. Um kein Mißverständnis aufkommen zu lassen: gesetzliche und tarifvertragliche Regelungen waren und sind unentbehrlich.

Ohne den Wechsel zu gesetzlich vorgeschriebenen oder kollektiv ausgehandelten Arbeitsbedingungen wären keine Barrieren gegen eine einseitige, ausschließlich von den Erwartungen des Arbeitgebers getragene Gestaltung des Arbeitsprozesses entstanden. So unterschiedlich daher die Interventionsgründe gewesen und so verschieden ihre Konsequenzen ausgefallen sein mögen, objektiv ist, zuweilen nur sehr langsam, aber letztlich doch eine Situation entstanden, in der die einzelnen Arbeitnehmer besser denn je zuvor in die Lage versetzt werden, sich selbst als Person wahrzunehmen, mit eigenen Interessen und einer eigenen, höchst individuellen Lebenswelt. Je nachhaltiger deshalb gesetzliche Vorschriften und tarifvertragliche Abmachungen die Situation der Arbeitnehmer verändern, desto nachdrücklicher drängt sich die Frage nach den Folgen auf, die sich daraus für Prävalenz und Tragweite gesetzlicher und tarifvertraglichen Regelungen der Arbeitsbedingungen ergeben. In dem Maße jedoch, in dem die Regelungsprärogative des Gesetzgebers und der Tarifvertragsparteien unbefragt hingenommen, ja als untrüglicher Ausdruck der für die Arbeitsbeziehungen einzig »normalen« Regelungsmodalität angesehen werden, schwindet auch die Möglichkeit, beides, die gesetzliche Regelung und die tarifvertragliche Abmachung, auch und gerade als Mittel zu begreifen, die Chance individueller Reflexion und Entscheidung zu festigen.

Kurzum, die nur noch als Instrument der Außensteuerung verstandene kollektive Regelung verdrängt, ja unterbindet weitgehend die Unmittelbarkeit des Individuationsprozesses.

3

Der Ausweg ist, so möchte man meinen, denkbar einfach: »Deregulierung« und »Neokontraktualismus« sind die fast allgegenwärtigen Stichworte. Nichts liegt in der Tat näher, als kurzerhand just die Hindernisse aus dem Weg zu räumen, die einer konsequenten Rücksichtnahme auf die individuellen Interessen und Entscheidungsmöglichkeiten entgegenstehen. Die Kritik entzündet sich folglich am Übermaß an gesetzlichen Vorschriften und am »Diktat« der Tarifverträge. Beides symbolisiert in den Augen der Kritiker, die Abkehr von einer marktbestimmten Regelung der Arbeitsbedingungen, beides ist insofern aus ihrer Sicht unvereinbar mit der Rekonstitution eines »echten« Marktes. Der individuelle Vertrag sowie die mit ihm verbundenen zivilrechtlichen Regelungsmechanismen und nicht die Intervention des Staates oder lediglich kollektiv aushandelbare Abmachungen seien die Garanten eines sich selbst steuernden Marktes.[13]

Gewiß, die Forderungen fallen nicht immer gleich radikal aus. Äußerungen, die offen sowohl eine strikte Abstinenz von jeglicher staatlicher Intervention als auch Maßnahmen propagieren, die, wie etwa die uneingeschränkte Zulässigkeit unternehmensabhängiger Arbeitnehmervereinigungen, den Einfluß der Gewerkschaften konterkarieren und letztlich eliminieren sollen, sind eher selten.[14] Weitaus häufiger richtet sich die Kritik, sei es gegen Kernbereiche der gesetzlichen Regelung, beispielsweise den Kündigungsschutz, sei es gegen zentrale Elemente des Tarif-

---

13 Vgl. etwa Judge Posner in Sarnoff v. American Home Prod. Corp, 798 f., 2 d 1075, 1083, 7th Cir. 1986; Hoffman/Splitzer, 15 Journal of Legal Studies (J. Legal Stud.), 149, 151, 1986: »A judge or a legislator who is considering choosing a rule to govern a dispute in tort, contract or property... should assume that the parties can and will exhaust the gains from trade by voluntary agreement«; Schwab, 17 J. Legal Stud., 237 ff., 1988.
14 Statt aller Epstein, 92 Yale L. J., 1357 ff,. 1983.

vertragsrechts, etwa das Günstigkeitsprinzip oder die Allgemeinverbind-
licherklärung.[15] Wer freilich die Prämissen einer »ökonomischen Analyse
des Rechts« ernst nimmt, kann weder beliebig auswählen noch und erst
recht willkürlich stehen bleiben. Anders und konkreter ausgedrückt: was
für den Kündigungsschutz gilt, ist genauso auf alle anderen Schutzvorschriften anwendbar, ohne Rücksicht darauf, ob es sich dabei um den
Zugang zu bestimmten Tätigkeiten, den Umfang und die Grenzen medi-
zinischer und psychologischer Untersuchungen oder die Arbeitszeit handelt.[16] Überdies solange gewerkschaftliche Aktivität als Verfälschung der
Verhandlungspositionen gedeutet wird, mag sich etwa das »Günstigkeitsprinzip« als erster Angriffspunkt anbieten, zur Debatte steht aber genaugenommen die gesamte Beteiligung der Gewerkschaften an den Verhandlungen zur Regelung der Arbeitsbedingungen.[17]

Daran ändert auch die, allerdings keineswegs uneingeschränkt akzeptierte Feststellung nichts, daß die um der angestrebten Maximierung der
Allokationseffizienz willen notwendigen Korrekturen ihre Grenze an verfassungsrechtlich abgesicherten Positionen des Arbeitnehmers, vor allem
also seiner Menschenwürde finden müssten.[18] Wie gering der Aussage-
wert solcher Bemerkungen ist, zeigt sich schon an der Reaktion auf psy-
chologische oder genetische Tests. Beides pflegt, gleichviel welchen theoretisch-methodischen Standpunkt man konkret einnimmt, ebenso wie die
systematische Verarbeitung von Arbeitnehmerdaten zu den unentbehrlichen und deshalb geradezu selbstverständlichen Voraussetzungen der unternehmerischen Entscheidung gezählt zu werden. Wo zudem die Freiheit
des einzelnen, selbst die Bedingungen zu bestimmen, unter denen gearbeitet werden soll, das Leitprinzip aller weiteren Reflexionen ist, überrascht es nicht sonderlich, wenn mit der gleichen Entschiedenheit versi-
chert wird, daß sich in eben dieser Freiheit, die Chancen konkretisiere,
seine Würde anerkannt und respektiert zu sehen. Soweit deshalb das Ziel
darin besteht, die Freiheit der Transaktion und eine ebenso freie Reallokation auf der Grundlage der je spezifischen individuellen Präferenzen
sicherzustellen, kann – solange man sich jedenfalls nicht in Widersprüche

---

15 Vgl. etwa Dorndorf, Zeitschrift für Arbeitsrecht (ZfA), 1989, 345 ff.
16 Vgl. insb. Posner, 8 J. Legal St., 491 ff., 1979; aber auch Becker, The economics of
   discrimination, Neudruck 1971, 13 ff., 101 ff.
17 Epstein a.a.O.
18 Behrens, ZfA 20, 1989, 219; vgl. auch Walz, in Ott/Schäfer, Allokationseffizienz in der
   Rechtsordnung, 1989, 103 ff. und demgegenüber Posner, a.a.O. (Anm. 16).

verstrickt – der Rechtsordnung nur die eine Funktion bleiben: genauso wie ihr die direkte Intervention in den Entscheidungsprozeß der an der Transaktion Beteiligten untersagt ist, muß ihr der Weg zu einem mittelbaren, auf dem Umweg über eine zwingend vorgegebene, zudem möglichst abstrakt formulierte und gerade deshalb jederzeit unschwer aktivierbare Werteskala versperrt sein.

Ganz gleich jedoch, ob alle Versuche, steuernd in das Arbeitsverhältnis einzugreifen, strikt abgelehnt oder Interventionsbestrebungen partiell toleriert werden,[19] eines ändert sich nicht: weder die zahlreichen zwingenden, den Entscheidungsspielraum der Beteiligten ohne Zweifel beträchtlich einengenden, wenn nicht sogar weitgehend aufhebenden gesetzlichen Vorschriften noch die nicht minder beträchtliche Anzahl kollektiv getroffener Absprachen sind mehr oder weniger Zufallsprodukte, die deshalb beliebig durch individuelle Absprachen substituiert werden können. Jede von ihnen ist vielmehr vor dem Hintergrund konkreter historischer, ökonomischer und politischer Erfahrungen entstanden.[20] Anders ausgedrückt: die Abkehr vom Vertrag war, um noch einmal daran zu erinnern, kein willkürlicher Akt, der infolgedessen auch beliebig rückgängig gemacht werden kann. Inwieweit daher Korrekturen überhaupt möglich sind, richtet sich in erster Linie nach just den Gründen, die auch dazu geführt haben, die individuelle Regelungsebene preiszugeben.[21]

19 Vgl. etwa Calabresi, in Manne (Hrsg.), The Economics of Legal Relationships, 1975, 204 ff., 8 Hoffstra L. Rev. 553, 1980; Kronman, 9 J. Legal St. 242, 1980; Rose-Ackermann, in Ott/Schäfer (Anm. 18) 270 ff., 279 ff.; Kübler, ebda. 292 ff., 302 ff.

20 Für die Vertreter der ökonomischen Analyse des Rechts freilich, kein sonderlich beachtenswerter Gesichtspunkt. Ihr Interesse richtet sich mehr und mehr darauf, die Arbeitsbedingungen mit Hilfe von Modellen zu analysieren, vgl. etwa Hoffman/Spitzer, 14 J. Legal St. 259 ff., 1985, (Anm. 13), 149 ff.; Schwab (Anm. 13), 237 ff.; Donohue, 99 Yale L. J., 549 ff., 1989; Ellickson, ebda 611 ff. Die Geschichte des Arbeitsrechts spielt dagegen für sie in aller Regel nur soweit eine Rolle, wie sich ihr Beispiel für Fehlentwicklungen entnehmen lassen, die auf steuernde Interventionen in die Arbeitsbedingungen zurückzuführen sind.

21 Genau dieser, zur ständigen Auseinandersetzung mit dem geschichtlichen Entstehungszusammenhang der arbeitsrechtlichen Normen zwingende Reflexionsansatz fehlt bei den von Kübler, (Anm. 19), 302 aufgezählten Kritikpunkten an der ökonomischen Analyse des Rechts. Im übrigen dürfte wohl niemand ernsthaft bestreiten, daß es sich eine der »Rationalität verpflichtete Jurisprudenz« selber schuldig ist, das »analytische Potential der modernen Mikroökonomie« mit zu berücksichtigen, Kübler, a.a.O. 305. Zweifel an der Prämissen und Kritik an den Forderungen der ökonomischen Analyse des Rechts dokumentieren allerdings noch lange nicht einen Verlust an Rationalität, sondern weit eher die sich auch und gerade aus der Verpflichtung zur Rationalität ergebende Aufgabe, Scheinrationalität offenzulegen.

Was immer daher an Argumenten für oder gegen eine interventionistische Politik und die Vorherrschaft kollektiver Abmachungen vorgebracht wird, muß von der spezifischen Situation her beurteilt werden, in der sich jeder befindet, der Arbeitskraft anbietet und von deren Verwertung abhängt. Wer dies ignoriert, reproduziert die schon einmal gescheiterte Fiktion des souveränen, stets rational handelnden, die eigenen Interessen konsequent wahrnehmenden Individuums.[22] Welche Bedeutung einer freien Reallokation zukommt, wie sich also ihre Auswirkungen im einzelnen gestalten, läßt sich eben ohne eine eingehende Auseinandersetzung mit der bereits bestehenden Allokation der Verfügungsrechte und deren Folgen nicht korrekt beurteilen.[23] Darüber helfen weder die ständigen Ermahnungen hinweg, keine falschen Schlüsse aus Einzelfolgen zu ziehen, sondern die langfristische »Generalkompensation« nicht aus den Augen zu verlieren,[24] noch jene Aussagen, die, wie etwa die Feststellung, jeder habe schließlich die Wahl Unternehmer oder Arbeitnehmer zu werden,[25] offenkundig den Zweck verfolgen, alle sich auf die reale Verteilung der Verfügungsrechte gründenden Zweifel von vornherein auszuschalten.[26]

Sowohl die Deregulierungsdiskussion als auch die Argumentation zur unbedingten Priorität einer einzelvertraglichen Regelung der Arbeitsbeziehungen verlaufen allerdings nach einem für das Arbeitsrecht typischen Muster: der konkrete ökonomische und politische Kontext der jeweiligen Reflexionsansätze wird schnell verdrängt. Die um ihr Umfeld verkürzten Reflexionsansätze verwandeln sich so alsbald in ein Theoriegerüst, das den Anspruch erhebt, den einzig richtigen Weg für jede weitere Entwick-

---

22 Die Formulierungen fallen freilich nicht immer so anspruchsvoll aus, vgl. etwa Ellickson (Anm. 20), 625: »I start, as Coase does, from another premise: that people are smart. Not necessarily informed, Not necessarily literate. Smart. That workers are smart. That people who work in personnel offices are smart.«

23 Nicht zu Unrecht heißt es deshalb bei Ellickson (Anm. 20), 624: »Cost-benefit analysis cannot help a society decide how to confer basic entitlements because the numbers upon which this analysis relies come into existence only after those entitlements have been conferred.«

24 Vgl. etwa von Weizsäcker, in Rahmsdorf/Schäfer (Hrsg.), Ethische Grundfragen der Wirtschafts- und Rechtsordnung, 1988, 23 ff.

25 Epstein (Anm. 14), 1366.

26 Kaum verwunderlich, wenn an genau diesem Punkt die Meinungen derjenigen auseinandergehen, die ansonsten durchaus dazu bereit sind, die ökonomische Analyse des Rechts als methodischen Ansatz zu akzeptieren, weil, wie es etwa bei Calabresi, 8 Hoffstra L. Rev. 558, 1980, heißt, eine »gerechte« Gesellschaft nur auf dem Weg über eine Verknüpfung von Effizienz und Verteilung erreicht werden könne.

lung zu weisen. So hatten in den sechziger Jahren die Anhänger des »job-ownership« wohl ebensowenig einen Zweifel daran, den Schlüssel zur Lösung der arbeitsrechtlichen Probleme gefunden zu haben wie nur kurz danach die Verfechter korporatischer Regelungen. Ähnlich kategorisch fallen die Aussagen zur Deregulierung und zum Vorrang des Individual-vertrages aus. Wiederum nimmt eine Theorie, diesmal die ökonomische Analyse des Rechts, für sich in Anspruch, die Irrtümer der Vergangenheit korrekt diagnostiziert und die Grundlagen für ein richtiges Verhalten zutreffend definiert zu haben. Einmal mehr wird jedoch zwar viel über die einzelnen Kriterien gesagt, aber kaum etwas über den Entstehungs-zusammenhang des konkret verfochtenen theoretisch-methodischen An-satzes und die sich daraus für den Geltungsanspruch der ökonomischen Analyse des Rechts ergebenden Implikationen. Die geschichtliche Be-dingtheit ihrer Perspektive bleibt deshalb ebenso außer acht wie die Rela-tivität ihrer Aussagen.

4

Weitaus überzeugender klingt die Forderung, die Intervention flexibler zu gestalten, mehr und mehr also von einer ebenso zwingenden wie ab-schließenden Regelung der Arbeitsbeziehungen abzusehen und statt des-sen einer Gesetzgebung den Vorzug zu geben, die Richtung und Rahmen festlegt, im übrigen aber durchaus bemüht ist, den Entscheidungsspiel-raum der Beteiligten möglichst auszuweiten.[27] Während, mit anderen Worten, die traditionellen, die Geschichte des Arbeitsrechts beherr-schenden »Schutzgesetze« ein alternativloses, verbindliches Verhaltens-modell anstrebten, beschränkt sich eine, sich bewußt als »Anreiz« ver-stehende Gesetzgebung darauf, bestimmte Präferenzen auszudrücken und zugleich Arbeitgeber und Arbeitnehmer aufzufordern, ihre Regelungs-kompetenz zu nutzen, um die letztlich zu beachtenden Verhaltungsvor-schriften näher zu präzisieren.

Kein Zweifel, Anzeichen dafür gibt es mittlerweile genug.[28] Gewiß, der Gesetzgeber schlägt dabei durchaus verschiedene Wege ein. Die wach-sende Zurückhaltung manifestiert sich zumeist in der Verabschiedung

---

27 Dazu insb. Giugni (Anm. 1), 293 ff.; Treu (Anm. 7), 715 ff.
28 Vgl. Giugni (Anm. 1), 318 ff.

»halb-zwingender« Regeln. Statt also das Endziel anzugeben, werden lediglich Mindeststandards definiert. Der Gesetzgeber gibt insofern seinen Regelungsanspruch zwar nicht auf, verzichtet jedoch auf das Regelungsmonopol und sucht dafür den Kompromiß, der sich allerdings nur auf einer gesetzlich vorbestimmten Ebene bewegen darf.

Wie unterschiedlich allerdings die Flexibilisierungsansätze inzwischen sind, zeigt gerade das Beispiel der »halb-zwingenden« Vorschriften. Was lange Zeit als das gleichsam klassische Mittel verstanden wurde, um verbindliche Untergrenzen festzuschreiben, gewinnt plötzlich eine ganz andere Bedeutung, ja wird förmlich ins Gegenteil verkehrt: der Gesetzgeber billigt zwar nach wie vor Arbeitnehmern und Arbeitgebern einen Entscheidungsspielraum zu, legt jedoch diesmal die Obergrenze fest.[29]

Deutlicher läßt sich wohl kaum daran erinnern, daß eine noch so klar formulierte Delegation der Regelungskompetenz auf die Beteiligten nicht einem Eingriffsverzicht gleichkommt. Genaugenommen ändern sich lediglich der Ablauf und das Instrumentarium der Intervention. In einem nach wie vor als Domäne interventionischer Politik gesehenen und behandelten Arbeitsmarkt richten sich daher sowohl die Möglichkeit der Arbeitsmarktparteien, die Arbeitsbeziehungen selbst zu regeln, als auch die Bandbreite ihrer Entscheidung nach den für die Intervention maßgebenden Vorstellungen. Die zunehmende Flexibilisierung und die damit einhergehende wachsende Regelungskompetenz der Arbeitsmarktparteien spiegeln insofern in erster Linie die negativen Erfahrungen einer starren Intervention wider. Der Staat lockert zwar einerseits den Zugriff auf die Arbeitsbedingungen, bindet allerdings dafür die Tarifvertragsparteien um so fester in seine Wirtschaftspolitik ein. Je dezidierter der Staat dazu übergeht, Obergrenzen festzuschreiben, desto nachhaltiger wälzt er die Verantwortung für jede sich unterhalb dieser Grenzen bewegende Vereinbarung auf die Vertragsparteien. Er nimmt die Verschlechterung mit anderen Worten durchaus in Kauf, ja zählt auf sie, sie geht jedoch auf die Tarifvertragsparteien zurück und ist ihnen deshalb in erster Linie zuzurechnen.

So wenig sich freilich leugnen läßt, daß die flexibleren Regelungsmodalitäten Teil einer veränderten Interventionsstrategie sind, so deutlich festigt sich damit langfristig die Regelungskompetenz der Tarifvertragsparteien. In dem Maße, in dem ihnen das Vorrecht zugestanden wird,

---

29 Giugni (Anm. 2), 319 ff.

Verhaltensmodelle für Regelungsbereiche aufzustellen, die ihnen, bisher nur partiell zugänglich oder gar vorenthalten waren, wächst den Tarifvertragsparteien zugleich die primäre Regelungszuständigkeit zu. Anders ausgedrückt: wann immer eine Regelung der Arbeitsbeziehungen zur Debatte steht, sind zunächst die Tarifvertragsparteien angesprochen.[30] Die staatliche Intervention bekommt, so gesehen, mehr und mehr eine akzessorische Funktion. Gesetze sind gleichsam die zweite Stufe. Ihnen fällt also vor allem die Aufgabe zu, dort einzugreifen, wo, gleichviel aus welchem Grund, tarifvertragliche Vorschriften fehlen. Gewiß, keine Preisgabe des seit jeher vom Gesetzgeber in Anspruch genommenen Regelungsvorbehalts und erst recht keine späte Bestätigung einer »natürlichen« Regelungsautonomie der Tarifvertragsparteien, wohl aber eine erhebliche Änderung der Regelungsprozedur. Die strikte Wahrnehmung der Regelungsprärogative durch den Gesetzgeber wird durch ein zunehmend systematisiertes Zusammenspiel zwischen gesetzlicher und tariflicher Regelung substituiert; die einst für das Arbeitsrecht so charakteristischen harten Eingriffe weichen einer sanften Intervention.

Zweierlei gilt es dabei nicht zu übersehen. Zunächst: die veränderten Regelungsmodalitäten sind kein untrügliches Symptom einer Entwicklung, die zwangsläufig dazu führt, die ursprünglich eindeutig regulierende, durch eine sich weitgehend auf die Angabe von Richtlinien beschränkende und darüber hinaus nur komplementäre Aufgaben erfüllende Intervention zu ersetzen. Weder ist es möglich, »Schutz-« und »Garantiegesetze« als typischen Ausdruck eines inzwischen abgeschlossenen Abschnitts in der Geschichte des Arbeitsrechts auszugeben, noch geht es an, in einer auf die Ergänzung der von den Tarifvertragsparteien getroffenen Entscheidungen bedachten Regelung die künftig einzig relevante Form arbeitsrechtlicher Gesetzgebung zu sehen. Jede dieser Regelungsmodalitäten ist Teil eines Systems, dessen Anwendung sich ausschließlich nach den je spezifischen sozialen und ökonomischen Faktoren richtet, die Anlaß und Ziel der Intervention bestimmen, wie sich unschwer etwa am Beispiel der Gleichstellung der Frauen oder der Altersdiskriminierung nachweisen läßt.

In beiden Fällen gibt es zunächst keine Alternative zu einer »harten«, eindeutig auf der Linie der klassischen Schutzgesetze liegenden Intervention. Weder die Konsequenzen der tradierten Vorstellungen über die Rolle

---

30 Vgl. Simitis (Anm. 2), 255 ff.

der Frau noch die Auswirkungen der nicht minder festgefügten Auffassung, daß mit fortschreitendem Alter auch die Unfähigkeit zur Arbeit und damit die »Pensionsreife« zunimmt, können anders als über verbindliche gesetzliche Vorschriften korrigiert werden.[31] Genauso wie einst die Intervention des Gesetzgebers das scheinbar »natürliche« Privileg der Eltern beendete, ihre Kinder so viel und so lange für sich arbeiten zu lassen,[32] wie sie es für richtig hielten, geht es hier darum, ältere Arbeitnehmer vor den Folgen eines »natürlichen« Verfalls zu schützen und die ebenso »natürliche« Verpflichtung der Frauen zu garantieren, Arbeit, wenn nicht überhaupt, so doch die besser bezahlte und höher qualifizierte Männern zu überlassen.

Wem diese beiden Beispiele nicht genügen, der braucht nur an die mit einer Verarbeitung von Arbeitnehmerdaten verbundenen Probleme zu denken. Automatisierte Personalinformationssysteme bieten dem Arbeitgeber nicht nur die Möglichkeit, die Arbeitskraft der Arbeitnehmer besser denn je für seine Zwecke zu nutzen, sondern auch die Chance einer ebenso kontinuierlichen wie effizienten Kontrolle.[33] Die Kehrseite: der Arbeitnehmer läßt sich leichter manipulieren, der Zwang sich anzupassen, nimmt zu, die ohnehin bestehende Abhängigkeit verschärft sich. Wiederum gibt es, zunächst jedenfalls, nur ein Gegenmittel. Hier wie sonst kommt es auf gesetzliche Vorschriften an, die zwingend festlegen, wann genau der Arbeitgeber, welche Arbeitnehmerdaten, für welche Zwecke und mit welchen Folgen erheben und verwerten darf. Erneut zeigt sich also, daß »Schutzgesetze« nach wie vor zu den unverzichtbaren Bestandteilen arbeitsrechtlicher Regelungen zählen, eine Feststellung, die sich, wohlgemerkt, keineswegs auf Regelungsbereiche bezieht, in denen Schutzgesetze traditionell eine zentrale Rolle gespielt haben, sondern auf völlig neue Regelungskomplexe.

Alle drei Beispiele unterstreichen freilich zugleich, wie variabel sich die

---

31 Strategies for Integrating Women into the Labour Market, 1982; Pfarr/Bertelsmann, Gleichbehandlungsgesetz, 1985, insb. 22 ff., 72 ff., 124 ff.; Pfarr, Quoten und Grundgesetz, 1988, insb. 85 ff., 201 ff.; Slupik, Die Entscheidung des Grundgesetzes für Parität im Geschlechterverhältnis, 1988, 98 ff.; Simitis, Die neue Gesellschaft/Frankfurter Hefte 36, 1986, 395 ff.; O'Meara, Protecting the Growing Number of Older Workers, 1989, insb. 11 ff.
32 Dazu zuletzt Zellzer, Pricing the Priceless Child, 1985, 56 ff., 73 ff.
33 Vgl. etwa Ghezzi/Liso, DLRI 8, 1986, 353 ff.; Informatique et relations de Travail, 1986, 13 ff., 191 ff.; Simitis, 135 University of Pennsylvania Law Review, 720 ff., 1987; Veneziani, Giornale 9, 1987 1 ff.; Pisani, ebda, 121 ff.

Intervention gestalten muß, will sie ihre Ziele erreichen. Eine Gleichstellung läßt sich ebensowenig wie eine konsequente Abkehr von den für selbstverständlich gehaltenen, verbindlichen Altersgrenzen erzielen, solange der Gesetzgeber bei den herkömmlichen, die »Schutzgesetze« kennzeichnenden Verboten stehen bleibt. Vielmehr gilt es, Instrumente zu entwickeln, die eine konstante, langfristig abgesicherte Veränderung der Personalpolitik bewirken. Ganz in diesem Sinn hat etwa die Gesetzgebung in den Vereinigten Staaten den Akzent auf Maßnahmen gelegt, die sich auf die Personalplanung konzentrieren, den Arbeitgeber also dazu zwingen, seine jeweiligen Entscheidungen an gesetzlich festgelegten Prioritäten zu orientieren.[34] Genauso deutlich zeichnet sich bei der Verarbeitung von Arbeitnehmerdaten die Notwendigkeit ab, eine strikt prohibitive Gesetzgebungspolitik durch positive, auf die Veränderung der Unternehmensorganisation bedachte Regeln zu ergänzen. Die bloße Verpflichtung, Arbeitnehmerdaten nur ausnahmsweise zu verarbeiten und zudem lediglich für bestimmte, von vornherein klar definierte, auch und gerade dem jeweils betroffenen Arbeitnehmer erkennbaren Zwecke, genügt für sich genommen noch keineswegs. Solange dem Arbeitgeber die Definitionsmacht uneingeschränkt verbleibt, nützen die gesetzlichen Verarbeitungsvorgaben wenig. Verständlicherweise haben unter diesen Umständen kollektive Abmachungen, vor allem Betriebsvereinbarungen eine ganz besondere Bedeutung bekommen.[35] Sowohl die Zwecke als auch die Modalitäten und die Grenzen der Verarbeitung werden unter Mitwirkung der Arbeitnehmervertretungen festgelegt.

Spätestens an den drei zuletzt genannten Beispielen erweist sich, zweitens, daß die Abkehr von der ursprünglichen starren Intervention zugunsten einer Kombination von »Schutz-« und »Garantiegesetzen« mit einer Vielzahl primär stützender und ergänzender Maßnahmen keineswegs aus der dilemmatischen, durch die Fremdbestimmung des Arbeitnehmerverhaltens geschaffenen Situation herausführt. Die unstreitig wachsende Zurückhaltung des Gesetzgebers schlägt nicht in einen Zugewinn an individueller Entscheidungsfreiheit um. Im Gegenteil, was sich verändert, ist

---

34 Dazu Thomas, 34 Labor Law Journal, 208 ff., 1983; MacKinnon, Towards a Feminist Theory of State, 1989, 219 ff.; O'Meara (Anm. 31), 28 ff.; aber auch Martiny, Zeitschrift für ausländisches und internationales Privatrecht (RabelsZ), 42, 1978, 130 ff., jeweils mit weiteren Nachweisen.

35 Vgl. Simitis, Neue Juristische Wochenschrift 1985, 401 ff., Recht der Datenverarbeitung, 1989, 49 ff.

in Wirklichkeit nur das Verhältnis der einzelnen Fremdbestimmungsansätze zu einander. Administrative und vor allem kollektiv vereinbarte Regelungen greifen dort ein, wo einst verbindliche gesetzliche Anforderungen das Feld beherrschten. Der Druck auf den einzelnen Arbeitnehmer bleibt aufrechterhalten, sich Verhaltenserwartungen zu fügen, die eben nicht vor dem Hintergrund seiner individuellen Interessen sowie seiner spezifisch persönlicher Entwicklungsmöglichkeiten festgelegt werden, sondern aus einer eindeutig kollektiven, zudem primär an den Vorstellungen der jeweils verhandelnden Parteien orientierten Perspektive folgen. Die Individuationschancen werden insofern nach wie vor im Namen »übergeordneter«, eine konsequente Anpassung aller Arbeitnehmer fordernder Gesichtspunkte zurückgedrängt.

Wie sehr sich mittlerweile der Konflikt zugespitzt hat, illustrieren die Erfahrungen bei der Verarbeitung von Arbeitnehmerdaten, aber auch bei der Auseinandersetzung um die Altersgrenzen. In beiden Fällen spielen die Selbstbestimmungsmöglichkeiten des einzelnen Arbeitnehmers ohne Zweifel eine zentrale Rolle. Ohne verbindliche, eindeutig restriktive Bedingungen bei der Verarbeitung der sich auf seine Person beziehenden Angaben vermag er kaum, sich selbst eine Meinung über die eigene Situation zu bilden und sich so dem Anpassungszwang zu entziehen. Ohne einen klaren Verzicht auf die formalisierte, ausschließlich kalendarisch bestimmte Beendigung des Arbeitsverhältnisses, bleibt ihm nichts anderes übrig, als sich mit dem tradierten, ihm aufoktroyierten Rollenschema abzufinden.

Für manche Betriebsräte in der Bundesrepublik unterscheidet sich freilich eine Vereinbarung über den Umgang mit den Arbeitnehmerdaten in nichts von jeder anderen mit dem Arbeitgeber im Rahmen der den Arbeitnehmervertretungen zustehenden Mitbestimmungsrechte zu treffenden Abmachung. Sie ist mit anderen Worten Teil einer Gesamtstrategie, bei der es die verschiedenste Forderungen der Arbeitnehmer zu berücksichtigen gilt und die deshalb von der Vorstellung geprägt ist, jeden der potentiellen Verhandlungsgegenstände auch und gerade für Konzessionen im Hinblick auf andere, aus der Perspektive der Arbeitnehmervertretung dringlichere Ziele zu benutzen.[36] Zugespitzt formuliert: das Mitbestimmungsrecht des Betriebsrats wird als Verfügungsrecht über die Arbeitnehmerdaten verstanden.

---

36 Dazu Simitis, Recht der Datenverarbeitung, 1989, 58 ff.

Fast noch bezeichnender sind die Reaktionen bei den Altersgrenzen, zumindest in der Bundesrepublik. Der Arbeitgeber kann, jedenfalls nach Ansicht der Rechtsprechung, einen Arbeitsvertrag nicht deshalb kündigen, weil der Arbeitnehmer das 65. Lebensjahr erreicht hat, also die nach traditionellen Maßstäben übliche Ruhestandsgrenze. Zur Begründung führte das Bundesarbeitsgericht schon 1961[37] aus: »Die Frage des Alterns« könne und dürfe »nicht allein eine Frage des Lebensalters« sein. Die Tatsache, daß ein Arbeitnehmer 65 geworden sei, rechtfertige daher nicht einmal die Vermutung einer »in so hohem Maße beschränkten Arbeitsfähigkeit, daß eine Auflösung des Arbeitsverhältnisses in Kauf genommen werden müßte«. Just diese Überlegungen spielen aber plötzlich keine Rolle mehr, wenn die Kündigung auf der Grundlage einer der vielen sowohl in den Betriebsvereinbarungen als auch in den Tarifverträgen enthaltenen, eine bestimmte Altersgrenze festschreibenden Klauseln erfolgt.[38] Formal durchaus korrekt. Tarifverträge und Betriebsvereinbarungen zeichnen sich eben durch ihre normative Wirkung aus, sind also insoweit gesetzlichen Vorschriften gleichgestellt. Wenn sich deshalb die Arbeitnehmervertretung und der Arbeitgeber auf eine Altersgrenze einigen, formulieren sie zugleich eine rechtlich verbindliche Kündigungsnorm. Nur: Überlegungen, wie sie etwa das Bundesarbeitsgericht angestellt hat, sind deshalb nicht bedeutungslos. Im Gegenteil: Wer es so kategorisch ablehnt, aus dem Erreichen eines bestimmten Lebensalters die Arbeitsunfähigkeit zu folgern, kann nicht umhin, sich zumindest zu fragen, ob die Parteien eines Tarifvertrages oder einer Betriebsvereinbarung berechtigt sind, über die weitere Beschäftigung des einzelnen Arbeitnehmers und damit über seine Lebensplanung beliebig zu verfügen. Einmal mehr wird deutlich: die Bereitschaft des Gesetzgebers, sich weitgehend auf komplementäre Aufgaben zu beschränken, gewährleistet noch keineswegs die Individuationschancen des einzelnen Arbeitnehmers.

---

37 BAG, Arbeitsrechtliche Praxis (AP), § 1 Kündigungsschutzgesetz, Personenbedingte Kündigung Nr. 1.
38 Vgl. auch Bundesarbeitsgericht vom 25. 3. 1971, Entscheidungen zum Arbeitsrecht (EzA), § 620 BGB, Nr. 15; vom 19. 9. 1985, ebda. § 77 BetrVG 1972, Nr. 15; sowie Becker in Gemeinschaftskommentar zum Kündigungsschutzgesetz, 3. Aufl. 1989, § 1 KSchG Rdnr. 224 ff.

5

Vor allem die Konsequenzen verbindlicher Altersgrenzen lassen erkennen, wo wirklich anzusetzen ist, wenn der Arbeitnehmer tatsächlich in seiner Individualität, kurzum als Person wahrgenommen und respektiert werden soll.[39] Das Arbeitsrecht darf, anders als bisher, nicht einfach als schlichte Fortschreibung des jeweiligen Regelungsstandes verstanden werden. So angebracht und gerechtfertigt bestimmte Regelungen zu einem konkret definierbaren historischen Zeitpunkt sein mögen, jede von ihnen muß in Anbetracht der sich ständig wandelnden Modalitäten des Arbeitsprozesses und der sich ebenfalls kontinuierlich verändernden sozialen und ökonomischen Situation der Arbeitnehmer immer wieder von neuem in Frage gestellt werden.

So etwas wie ein »Normalarbeitsverhältnis«[40] kann es unter diesen Umständen gar nicht erst geben. Regulierende Eingriffe des Gesetzgebers oder auch der Tarifvertragsparteien mögen die Versuche »normalisieren«, bestimmte Korrekturen der Arbeitsbedingungen zu erzielen. Die »Normalisierung« signalisiert allerdings nicht den Beginn einer linearen Entwicklung, die einen fortlaufenden weiteren Ausbau, mindestens aber die Beibehaltung einer spezifischen Regelung garantiert. Überhaupt ist die Geschichte des Arbeitsrechts eine einzige Widerlegung jeglicher »Normalitäts-«Vorstellung. Die arbeitsrechtlichen Vorschriften sind durchweg aus dem Bestreben heraus entstanden, Arbeitsbedingungen zu korrigieren, die zunächst als durchaus »normal« angesehen wurden. Von der Reduktion der Arbeitszeit über die Gewährleistung der Arbeitssicherheit bis hin zur Berichtigung, kollektiv zu verhandeln, manifestiert sich immer wieder die Absage an den status quo und die Erwartung, an die Stelle praktizierter Verhaltensformen neue, das bisherige Schema zumindest modifizierende, wenn nicht eindeutig durchbrechende Verhaltensmodali-

---

39 Beendet wäre damit auch jene »Entpersönlichung« der »Person«, die Sinzheimer veranlaßte, die Demaskierung der »Person« zu den wichtigsten Aufgaben eines wirklich an der Situation des Arbeitnehmers ausgerichteten Arbeitsrechts zu zählen. »Personen sind gleich, Menschen sind ungleich«, heißt es im Nachruf auf Gierke, Gesammelte Aufsätze (Anm. 4), 402 und Otto Kahn-Freund fügte hinzu: »Die Gesellschaft umkleidet die ungleiche Behandlung der Menschen mit dem Schleier der Gleichheit der Personen«, ebda. 30.
40 Mückenberger, Zentralblatt für Sozialversicherung, Sozialhilfe und Versorgung, 1985, 415 ff., 457 ff.; Zachert, Die Sicherung und Gestaltung des Normalarbeitsverhältnisses durch Tarifvertrag, 1989, insb. 14 ff.

täten zu setzen. Wer deshalb, zudem noch wie selbstverständlich, vom »Normalarbeitsverhältnis« spricht, stellt die Geschichte des Arbeitsrechts gleichsam auf den Kopf, um, bewußt oder unbewußt, bestimmte Regelungsaspekte jeder weiteren Diskussion zu entziehen.

Welche gefährliche Folgen der Trugschluß einer »Normalität« hat, zeigt sich vor allem an den »Schutzgesetzen«. Bestimmungen, deren erklärtes Ziel es war, den »Schutz« der Frauen etwa mit Hilfe von Zugangssperren für bestimmte Berufe oder über eindeutig geschlechtsspezifische Modifikationen der Arbeitsbedingungen zu gewährleisten und die lange Zeit als typisches Beispiel für den unantastbaren Kernbereich des Arbeitsrechts galten, werden inzwischen als Musterfall unerträglicher Diskriminierung abqualifiziert.[41] Der »Schutz«, den sie sicherzustellen suchten, kann in der Tat nicht von einem Gesellschaftsverständnis abgekoppelt werden, das auf der »natürlichen« Vorherrschaft des Mannes beruht und ebenso »natürliche« Eigenschaften der Frau als Maßstab benutzt, um den Zugang zur Erwerbstätigkeit und den Ablauf des Arbeitsprozesses zu beurteilen.

Eine konsequente Korrektur der längst »normalisierten« Diskriminierungspraktiken stellt freilich weit mehr in Frage als nur die Fortgeltung der »Schutzgesetze«. Sie zwingt gerade dazu, die meisten der herkömmlichen, ebenfalls »normalisierten« Vorstellungen über die Arbeitsbedingungen kritisch zu überprüfen. Wenn die Beschäftigungschancen wirklich gleich sein sollen, dann müßten die Arbeitsbedingungen der veränderten Stellung von Mann und Frau, also auch der Reallokation ihrer Aufgaben außerhalb ihrer beruflichen Betätigung angepaßt werden.[42]

Mit eine der wichtigsten Folgen ist die Enttabuisierung der Teilzeitarbeit. Wohlgemerkt, die Forderung nach Teilzeitarbeitsplätzen und damit verbunden nach einem Abbau der vielen damit einhergehenden, versteckten Diskriminierungsmöglichkeiten, von den schlechteren Aufstiegsmöglichkeiten bis hin zu einer lückenhaften sozialen Sicherung, ist nur solange diskutabel wie ihre Verwirklichung nicht den Beginn einer neuen Form spezifischer Frauenarbeit zur Konsequenz hat. Wo lediglich Lohnleicht-

---

41 Vgl. Landes, 88 Journal of Political Economy, 476 ff., 1980; Dobberthien, Zeitschrift für Rechtspolitik, 1976, 105 ff., Mitteilungen des Wirtschafts- und Sozialwissenschaftlichen Instituts der Gewerkschaften, 1981, 233 ff.; Olsen, 84 Michigan Law Review, 1518 ff., 1986; MacKinnon (Anm. 34), 225 f. Ein Musterbeispiel für die immer noch überaus ambivalenten Reaktionen ist die Entscheidung des Supreme Court in California Federal Savings and Loan Assn. v. Guerra, 479 U.S. 272, 1987.
42 Dazu Simitis (Anm. 31), 400 ff.

gegen Teilzeitarbeitsgruppen ausgetauscht werden, ändert sich nur das Diskriminierungsetikett. Die Teilzeitarbeit muß mithin von ihrer tendenziellen Verknüpfung mit weiblicher Arbeit gelöst, also von ihrer noch immanenten Diskriminierungskomponente befreit und als eine für Männer und Frauen gleichermaßen selbstverständliche Arbeitsform akzeptiert werden. Genau darin liegt freilich auch der Zwang, »normale« Vorstellungen über den Ablauf des Arbeitsprozesses nicht mehr hinzunehmen. Reflexionen über die Arbeitsbedingungen und folglich über die konkret erforderlichen arbeitsrechtlichen Regelungen dürfen den einmal erreichten Stand nicht als verbindlichen Wegweiser ansehen. Sie müssen vielmehr von der historisch bedingten Relativität und damit von der jederzeitigen Revidierbarkeit scheinbar jeglicher Diskussion entzogener Regelungsansätze ausgehen.

Nur so kann es auch gelingen, jenen ständig wiederkehrenden, wohl von keinem Zweifel angekränkelten Extrapolationen über die Zukunft der Arbeitsbedingungen und die sich daraus für das Arbeitsrecht ergebenden Konsequenzen zu vermeiden. Noch sind die kategorischen Aussagen über die fortschreitende Dequalifikation der Arbeitnehmer als der unentrinnbaren Folge einer auf die Informations- und Kommunikationstechnologie zurückzuführenden Restrukturierung des Produktionsprozesses nicht verklungen und schon bröckeln die Prognosen.[43] Gewiß, Parallelen lassen sich in der Geschichte der Industrialisierung leicht ausmachen. So gesehen erscheinen die Auswirkungen der Informations- und Kommunikationstechnologie nur als jüngstes Beispiel einer von der zunehmenden Mechanisierung und Automatisierung geprägten Entwicklung. Kein Wunder, wenn sie dann nur noch als Bestätigung längst getroffener Feststellungen gedeutet werden. Kurzum, der Blick bleibt am Blindvertrauten haften, registriert wird nicht mehr als die erneute Bestätigung der eigenen Prämissen. Auf Dauer läßt sich freilich die Einsicht in die Tatsache kaum unterdrücken, daß just in den Industrie- und Dienstleistungsbereichen, in denen die »Hochtechnologie« dominiert, sich die Lage, der konkret betroffenen Arbeitnehmer durch die technologiebedingte Veränderung der Arbeitsmodalitäten, sowohl unter Qualifikations- als auch unter Statusgesichtspunkten eben nicht verschlechtert,

---

43 Zur Illustration des Diagnosewandels vgl. etwa Kern/Schumann, Industriearbeit und Arbeiterbewußtsein Bd. 1, 2. Aufl. 1973, insb. 141 ff., 183 ff., Das Ende der Arbeitsteilung, 1984; Noble, Forces of Production, 1984, insb. 57 ff., 265 ff., 324 ff.; Piore/Sabel, The Second Industrial Davide, 1984, insb. 19 ff., 165 ff., 281 ff.

sondern im Gegenteil verbessert. Zwar ist bei den Arbeitern ganz vorsichtig von »einer immer größer werdenden Minderheit« die Rede, bei den Angestellten dagegen von »zahlenmäßig vorherrschenden Fraktionen«,[44] die Revision der einst für unanfechtbar gehaltenen Positionen liegt aber auf der Hand. Die Folge: aus der wachsenden »Minderheit« werden die »modernen« Arbeitnehmer.[45] Die Formel hat einen doppelten Aspekt. Sie gibt erstens zu erkennen, daß es keineswegs um eine von vornherein begrenzte, gegenüber allen anderen Arbeitnehmern klar unterscheidbare Gruppe geht, sondern um einen qualitativen, sich vor dem Hintergrund der modifizierten Arbeitsbedingungen abspielenden und tendenziell durchaus auf die Mehrheit der Arbeitnehmer bezogenen Wandel. Sie signalisiert, zweitens, vor allem geänderte, in erster Linie auf den modifizierten Verlauf der Ausbildung zurückzuführende Sozialisationsbedingungen sowie eine andere, nicht zuletzt durch ein höheres Maß an selbstständiger Urteilsbildung und einen weitaus fundierteren Sachverstand gekennzeichnete Einstellung zur eigenen Arbeit.[46]

Anders und prinzipieller ausgedrückt, die Chance des einzelnen, sich als Subjekt zu konstituieren, scheitert, allen gegenteiligen Behauptungen zum Trotz, nicht zwangsläufig am Arbeitsprozeß. Die sich verändernde Struktur des Arbeitsprozesses schafft vielmehr auch die Voraussetzungen für eine genau in diese Richtung zielende Entwicklung. Regelungsschemata, die unter dem Eindruck einer sich akzelerierenden Industrialisierung formuliert worden sind, können unter diesen Umständen nicht mehr ohne weiteres aufrechterhalten werden. Sie müssen Regelungsansätzen weichen, die den Akzent auf die Selbstbestimmung des einzelnen Arbeitnehmers und seine höchst individuelle Selbstverwirklichung legen, in beiden also nicht mehr nur den potentiellen Reflex vom »gesellschaftlichen Gesamtarbeiter« her konzipierter und an diesen adressierter Bestimmungen sehen, sondern von Anfang an den als Subjekt verstandenen einzelnen Arbeitnehmer zur Richtschnur ihrer Anforderungen machen.

Freilich: Sowohl an der Auseinandersetzung um die Stellung der Frau als auch an der veränderten Einstellung zur Arbeit erweist sich, daß sich das Arbeitsrecht nur dann wirklich an der Selbstbestimmung des einzelnen Arbeitnehmers und seiner Selbstverwirklichung orientieren kann, wenn die komplementäre Funktion der arbeitsrechtlichen Normen von

---

44 Kern, in Krämer/Leggewie (Hrsg.), Wege ins Reich der Freiheit, 1989, 207 f.
45 Kern (Anm. 44), 211
46 Vgl. auch Kern (Anm. 44), insb. 216 ff.

Anfang an sorgfältig bedacht wird. Um noch einmal auf das Beispiel der Teilzeitarbeit zurückzukommen: Soll sie, die mit ihrer Einführung verbundenen Erwartungen tatsächlich erfüllen, muß sie als Teil eines sozialpolitischen Maßnahmenkatalogs gesehen werden, der durch eine Reihe aufeinander abgestimmter Vorkehrungen der Gleichstellung den Weg ebnet. Wie breit das Maßnahmespektrum ist, illustriert allein schon die Bedeutung, die etwa der Einrichtung von Kindertagesstätten zukommt, über die sich allerdings erst nachzudenken lohnt, wenn man sich auch entschließt, die Arbeitszeit der dort Beschäftigten auf eine völlig neue, von der Situation der Eltern her konzipierte Grundlage zu stellen.

Je dezidierter daher Selbstbestimmung und Selbstverwirklichung zum Regelungsziel avancieren, desto nachdrücklicher gilt es, sich von einer isolierten Betrachtung der arbeitsrechtlichen Vorschriften zu lösen und durchweg der Interdependenz aller um dieser Ziele willen erforderlichen Maßnahmen Rechnung zu tragen.

6

Die Erfahrung zeigt freilich: ein offenes, schlichte Fortschreibungen von vornherein ausschließendes Regelungskonzept reicht nicht aus. Schon deshalb, weil der Druck, eingefahrene Arbeits- und Rollenvorstellungen aufrechtzuerhalten, allzu groß ist. Niemand hat die Tarifvertragsparteien dazu verpflichtet, Lohnleichtgruppen zu vereinbaren, in denen sich wie durch Zufall, nur Frauen wiederfanden.[47] Wohl haben sich die Gewerkschaften immer bemüht, Korrekturen auch und gerade am unteren Ende der Lohnskala durchzusetzen. Ihre Forderungen orientierten sich aber durchweg an der Lohnsituation und nicht an der wie selbstverständlich hingenommenen, automatischen Zuweisung der schlechter bezahlten Arbeit an Frauen. Kaum verwunderlich, wenn deshalb die gewerkschaftliche Aktivität zwar die generelle Einkommenssituation der Arbeitnehmer verbessert hat, ohne jedoch, zunächst jedenfalls, an der Diskriminierung der Frauen etwas zu ändern.

Zudem: die Betriebsräte haben, sobald sich die Unternehmenslage

---

47 Statt aller Pfarr/Bertelsmann, Lohngleichheit, 1981, insb. 63 ff., 369 ff., (Anm. 31), 135 ff.; Bertelsmann/Rust, Recht der Arbeit 1985, 146 ff.; Reskin/Hartmann (Hrsg.), Women's Work, Men's Work Sex Segregation on the job, 1986.

verschlechtert, nicht lange gezögert, geschlechtsspezifische Kündigungskriterien mit festzulegen oder zumindest zu akzeptieren. Zugegeben, weibliche Arbeitnehmer wurden nur selten unverhohlen an die Spitze der Liste derjenigen gestellt, die sich am ehesten mit dem Verlust ihres Arbeitsplatzes abfinden mußten. Die Diskriminierung wurde vielmehr in aller Regel hinter der scheinbar geschlechtsneutralen Bezeichnung »Doppelverdiener« versteckt.[48] Die Kündigungspraxis läßt allerdings Zweifel gar nicht erst aufkommen. Beendet wurden durchweg die Arbeitsverhältnisse verheirateter Frauen.[49]

Man kann dagegen schwerlich einwenden, manche Benachteiligung sei doch mittlerweile korrigiert, Arbeitgeber und Gewerkschaften würden sich schließlich gleichermaßen bemühen, weitere Diskriminierungen zu vermeiden. Eines pflegt darüber viel zu schnell vergessen zu werden: einen Zwang zur Diskriminierung hat es zu keinem Zeitpunkt gegeben. Die Benachteiligung ist dagegen erst unter Zwang behoben worden und auch dies nur partiell. Überdies: Wo, wie etwa in der Bundesrepublik, Frauen ihre Forderungen selbst mit Hilfe der ureigensten Arbeitnehmermittel zur Verteidigung der eigenen Interessen durchzusetzen suchten, mußten sie das volle Risiko eines nichtgewerkschaftlichen, »wilden« Streiks auf sich nehmen. Korrekturen bleiben ferner sehr oft an der Oberfläche haften,[50] knüpfen also an offenkundige Benachteiligungen an, übergehen aber dafür umso konsequenter die nicht weniger bedeutsamen Fälle einer mittelbaren Diskriminierung,[51] oder der scheinbar geschlechtsneutralen Forderung nach »gleichwertiger Qualifikation«.[52] Nicht von ungefähr pflegen

---

48 Dazu Pfarr/Bertelsmann (Anm. 31), 126 ff.; Becker (Anm. 38), § 1 KSchGG Rdnr. 357.

49 Vgl. etwa Landesarbeitsgericht Hamm, Entscheidung vom 7. 7. 1981, Betriebsberater 1981, 1770 f., vom 4. 10. 1983, Der Betrieb 1984, 131; Bundesarbeitsgericht, Entscheidung vom 8. 8. 1985, EzA § KSchG Soziale Auswahl Nr. 21.

50 Nur eines unter vielen Beispielen für die, zugegebenermaßen, immer subtiler werdenden Hindernisse auf dem Weg zu einer echten Gleichstellung ist die lange, mit allen möglichen »wissenschaftlichen« Argumenten untermauerte Auseinandersetzung darüber, welche Bedeutung die »Muskelkraft« für die Arbeitsplatzbewertung haben muß, vgl. etwa die Entscheidungen des Europäischen Gerichtshofs vom 1. 7. 1986, Rechtssache 237/85, APM. 13 zu Art. 119 EWG-Vertrag und des Bundesarbeitsgerichts vom 27. 4. 1988, Betriebsberater 1988, 1606, sowie Colneric, Arbeitsrecht im Betrieb 1986, 200 ff., 1988, 307, MacKinnon (Anm. 34), 223.

51 Vgl. etwa Pfarr/Bertelsmann (Anm. 31), 92 ff.; Pfarr, in Gerhard/Limbach (Hrsg.), Rechtsalltag von Frauen, 1988, 33 ff.; Slupik (Anm. 31), 99 ff.; MacKinnon (Anm. 34), 220 ff.

52 Statt aller MacKinnon (Anm. 34), 227 ff.

schließlich Hinweise auf die Gefahr einer »ungekehrten« Diskriminierung[53] nahezu bedenkenlos und gleichsam in höchster Eile aufgegriffen zu werden.[54] Die Diskriminierungspraktiken können so hinter einer rechtlich scheinbar unantastbaren Fassade, ja förmlich unter rechtlichem Zwang fortgesetzt werden, als ob es jemals eine Korrektur von Benachteiligungen ohne einen Abbau von Privilegien gegeben hätte.

Die Beispiele ließen sich leicht fortsetzen. Man braucht nur an die bereits erwähnten, die Zulässigkeit verbindlicher Alternsgrenzen nicht einmal andeutungsweise in Frage stellenden Regelungen zu denken. Man kann aber auch die Ebene wechseln und etwa die Erfahrungen bei der Verarbeitung von Arbeitnehmerdaten heranziehen, keineswegs nur im Zusammenhang mit den ebenfalls schon angesprochenen Kompromissen, etwa im Rahmen betrieblicher Vereinbarungen. Die Arbeitnehmervertretungen haben ohne Zweifel den nicht zuletzt unter dem Eindruck einer ständig verfeinerten Informationstechnologie immer weiter ausgebauten Zugriff auf Arbeitnehmerdaten wiederholt und heftig kritisiert. Die Bedenken setzen jedoch offenbar aus, sobald sich die Arbeitnehmervertretungen selbst für eine Verarbeitung interessieren.[55] Dann kommt es wohl genausowenig darauf an, um welche Angaben es dabei geht, wie es eine Rolle spielt, ob die Verarbeitung manuell oder automatisiert erfolgen soll. Im Gegenteil, die ansonsten so deutlich abgelehnte automatische Verarbeitung erscheint plötzlich durchaus angebracht, ja sogar zwingend notwendig. Die Rechtfertigung bereitet weiter keine Schwierigkeiten. Für den Betriebs- oder Personalrat, der darauf Wert legt, tendenziell jede nur in Betracht kommende Information über die einzelnen Arbeitnehmer zusammenzutragen, steht jedenfalls fest, ohne eine möglichst lückenlose Kenntnis aller, die jeweiligen Arbeitnehmer betreffenden Angaben könne eine wirklich erfolgversprechende Betriebsrats- oder Personalpolitik nicht formuliert werden. Nicht minder deutlich fällt die Stellungnahme mancher gewerkschaftlichen Organisation aus: die automatische Verarbeitung zähle nun einmal zu den Grundvoraussetzungen einer ebenso rationalen wie effizienten Verwaltung. Die Gewerkschaft sei, so gesehen, es sich selbst und ihrer Mitgliedern schuldig, den technisch-organisatorischen

---

53 Vgl. etwa Hanau, in Festschrift für Herschel, 1982, 191 ff.; Schmitt-Glaeser, Die Öffentliche Verwaltung 1982, 381 ff.
54 Dazu Pfarr/Bertelsmann (Anm. 31), 532 ff.; Slupik (Anm. 31), 122 f.
55 Vgl. den 18. Tätigkeitsbericht des Hessischen Datenschutzbeauftragten, 1989, 99 f.

Weg einzuschlagen, der es ihr am ehesten und besten erlaube, ihre Aufgaben zu erfüllen und damit den Erwartungen ihrer Mitglieder nachzukommen.

Gerade die letzten Beispiele geben nur zu deutlich zu erkennen, wie fragil ein offenes Regelungskonzept ist. Es droht nicht nur an eingefahrenen, längst internalisierten sozialen Vorurteilen zu scheitern, vielmehr genauso an der nach wie vor weit verbreiteten Annahme, das individuelle Interesse lasse sich lediglich auf dem Umweg über die kollektiven Belange definieren. Wenn deshalb vom Subjekt die Rede sei, könne und dürfe niemals der einzelne Arbeitnehmer gemeint sein, sondern nur die als Kollektiv verstandenen und daher erst über ihre kollektive Aktivität sich ihrer Interessen bewußt werdenden Arbeitnehmer. Dann jedoch vermag die Arbeitnehmervertretung in der Tat für sich in Anspruch zu nehmen, etwa bei der Verarbeitung von Arbeitnehmerdaten, ausschließlich an die Grenzen gebunden zu sein, die sie selbst vor dem Hintergrund ihrer Politik und dementsprechend ihrer organisatorischen Anforderungen bestimmt. Jede andere Perspektive würde, so gesehen, diese Politik und die für sie unentbehrliche »Schlagkraft« der Organisation zumindest gefährden, wenn nicht überhaupt in Frage stellen, und damit auch dem sich in der jeweiligen Tätigkeit der Arbeitnehmervertretung konkretisierenden sowie realisierenden Interesse des einzelnen Arbeitnehmers zuwiderlaufen.

Die Folge liegt auf der Hand: vordergründig mag es so aussehen, als ob die Interessen des einzelnen Arbeitnehmers den Leitmaßstab für das offene Regelungskonzept abgeben. In Wirklichkeit werden sie schlicht negiert, ja als »egoistisch-partikularistische« Perspektive diskreditiert. Ohne die Aufspaltung des vereinheitlichten Subjekts hat daher das offene Regelungskonzept kaum eine Chance, seiner Aufgabe nachzukommen, den Individuationsprozeß des einzelnen Arbeitnehmers abzusichern. Solange deshalb das Regelungskonzept dem einzelnen Arbeitnehmer die Gewähr dafür bietet, seine ohne Zweifel höchst partikulären und insoweit gegenüber den Belangen anderer Arbeitnehmer durchaus divergierenden Interessen realisieren und verfolgen zu können, verfehlt es sein Ziel. Eine auch nur latente Möglichkeit, jederzeit zugunsten des »gesellschaftlichen Gesamtarbeiters« instrumentalisiert zu werden, stellt insofern die Legitimation des Regelungskonzepts in Frage.

Reflexionen über die gewerkschaftsinterne Willensbildung bieten keinen Ausweg, ohne Rücksicht im übrigen darauf, wie das Ergebnis im einzelnen ausfallen mag.[56] Die »Binnenkonstitutionalisierung« wirkt sich sicherlich auf die Stellung der Mitglieder und deren Einflußmöglichkeiten aus, schafft also Gegengewichte gegen die sich aus der Professionalisierung und Bürokratisierung der Organisation ergebende Verschiebung der Entscheidungskompetenzen. Geforderte oder wie immer realisierte Partizipationsmechanismen ändern allerdings nichts an der Ausgangssituation. Zur Debatte stehen durchweg die Chancen der Gewerkschaftsmitglieder, ihre Erwartungen in dieser ihrer Eigenschaft in den Willensbildungsprozeß der Gewerkschaft einzubringen und insoweit die Gewerkschaftspolitik aktiv mitzubestimmen. Letztlich tritt infolgedessen der einzelne Arbeitnehmer erneut hinter die Organisation zurück, geht gleichsam in ihr auf und wird konsequenterweise nur über sie wahrgenommen. Die Korporation bestimmt daher nach wie vor, welche Vorstellungen in das Regelungskonzept eingehen sollen, beansprucht mithin unverändert das Recht, aus ihrer Sicht und vor dem Hintergrund ihrer Politik die Arbeitnehmerinteressen zu definieren. Die »Binnenkonstitutionalisierung« mag infolgedessen die Entfremdung der Organisation gegenüber ihren Mitgliedern zumindest partiell aufhalten, sie vermag aber nicht den Weg für ein Regelungskonzept zu bahnen, das konsequent auf den einzelnen Arbeitnehmer Rücksicht nimmt sowie seine Individuationschance aufgreift und garantiert.

Die Fragilität eines offenen, strikt an der Selbstbestimmung des einzelnen Arbeitnehmers ausgerichteten Regelungskonzepts macht sich freilich keineswegs nur bei einer korporatistischen Instrumentalisierung[57] bemerkbar. Sie tritt genauso deutlich dort zutage, wo sich der Gesetzgeber darauf beschränkt, seine Einstellung zu den Arbeitsbeziehungen mit Hilfe ebenso allgemeiner wie vager Hinweise auf wirtschafts- und arbeitsmarktpolitische Notwendigkeiten oder auch die künftig sichtbaren Folgen eines unsichtbaren Marktmechanismus zu rechtfertigen. Auf den einzelnen Arbeitnehmer wird einmal mehr bestenfalls mittelbar Bezug genommen. Was in erster Linie, wenn nicht allein interessiert, ist die

---

56 Vgl. insb. Kahr-Freund, Labour relations, 1979, 7 ff.; Teubner, Zeitschrift für Parlamentsfragen 1979, 487 ff.; Caruso, Contributo allo studio delle democrazia nel sindacato I, 1986; Biaggi, Sindacato, democrazia e diritto, 1986, Labour 3, 1989, 171 ff.; Treu (Anm. 7), 704 ff.; Biaggi/Blanpain (Hrsg.), Trade Union Democracy and Industrial Relations, 17 Bulletin of Comparative Labour Relations, 145 ff., 1989.

57 Zur Diskussion über Entwicklung und Auswirkungen korporatistischer Tendenzen vgl. etwa Simitis (Anm. 2), 248 ff.; Vardaro (Hrsg.), Diretto del lavoro e corporativismi in Europa: Ieri e oggi, 1988; Giugni, Lavoro, 21 ff., 361 ff.; Streeck (Anm. 10), 698 ff.; Teubner, in Juridification of Social Spheres, 1987, 33 ff.

konsequente Anpassung des Arbeitsprozesses an die jeweiligen Ziele der staatlichen Politik, ohne Rücksicht im übrigen darauf, ob sie eher auf steuernde Intervention oder mehr auf eine nicht minder kalkulierte Nichtintervention bedacht ist. Selbstbestimmung und Selbstverwirklichung geraten unter diesen Umständen bestenfalls zu Nebenprodukten einer unter ganz anderen Gesichtspunkten formulierten Regelung. Der einzelne Arbeitnehmer wird folglich in erster Linie als Objekt und nicht als Subjekt wahrgenommen. Zum wiederholten Mal erweist sich insofern: die bloße Forderung nach einem offenen, der Selbstbestimmung des einzelnen Arbeitnehmers verpflichteten Regelungskonzept genügt nicht, selbst wenn die Bereitschaft dazu noch so deutlich zum Ausdruck gebracht wird.

Sofern deshalb Selbstbestimmung und Selbstverwirklichung nicht nur unverbindliche Zielvorgabe, sondern verpflichtende Handlungsvorlage sein sollen, muß das Regelungskonzept von Anfang an in einen festen, den Entscheidungsspielraum des Gesetzgebers, aber auch der Arbeitgeber und der Arbeitnehmervertretungen gleichermaßen verbindlich eingrenzenden Rahmen eingefügt werden. Notwendig sind, anders ausgedrückt, Garantien der Selbstbestimmung. Sie festzulegen ist zuallererst Sache des Gesetzgebers. Nur er ist in der Lage, Schranken aufzurichten, die bei jeder Regelung der Arbeitsbedingungen beachtet werden müssen, Fremd- und Selbstverpflichtung also miteinander zu vereinbaren. Ähnlich wie ihm deshalb einst die Aufgabe zufiel, die physische Integrität und die ökonomische Mindestabsicherung der Arbeitnehmer zu gewährleisten, fällt ihm jetzt die Aufgabe zu, die persönliche und soziale Integrität durch eine Kombination von Abwehr- und Anreizbestimmungen zu schützen, mithin mit Hilfe von Vorschriften, die einerseits eine Kolonialisierung verhindern und andererseits eine fortschreitende, von individuellen Erwartungen und ebenso individuellen Entscheidungen getragene Umgestaltung des Arbeitsprozesses anstreben. Die Garantien der Selbstbestimmung sind, so gesehen, Abschied von einer Epoche, in der die Selbstverwirklichung des einzelnen Arbeitnehmers nur als Endpunkt eines langen Prozesses verstanden wurde, den andere für ihn gestalten sollten und in der deshalb auch andere für sich ist Anspruch nahmen, stets zu wissen, wie er sich richtig zu verhalten habe. Die Garantien der Selbstbestimmung geben insofern zugleich der Überzeugung Ausdruck, daß die Selbstverwirklichung primär Sache des einzelnen Arbeitnehmers ist, er daher auch stets in der Lage sein muß, die eigenen Interessen zu formulieren und zu verfolgen.

Die Doppelfunktion der Garantien, Abwehr und Anreiz, setzt jedoch weit mehr voraus, als einige wenige, möglichst abstrakt gehaltene Aussagen zur »Würde« des Arbeitnehmers oder zur Verpflichtung, seine »Persönlichkeit« zu achten. Die Garantien sind keine Appellvorschriften, sondern Handlungsanweisungen. Sie müssen infolgedessen klare Verbotsbestimmungen ebenso beinhalten wie präzise, den Arbeitgeber zu einem bestimmten Verhalten veranlassende Vorschriften. Um noch einmal die bereits erwähnten Beispiele aufzugreifen: Wenn die Selbstbestimmung der Arbeitnehmer gewährleistet werden soll, kann es dem Arbeitgeber und den Arbeitnehmervertretungen nicht freistehen, die Verarbeitung von Arbeitnehmerdaten nach ihrer Vorstellungen zu regeln. Die Verhandlung darf vielmehr nur die Aufgabe haben, die Verarbeitung vor dem Hintergrund zwingender gesetzlicher Vorgaben der spezifischen Unternehmens- und Betriebssituation anzupassen.[58] Soweit es aber um diese Vorgaben geht, kann es keinen Unterschied ausmachen, wer sich für die Angaben interessiert, der Arbeitgeber oder die Arbeitnehmervertretung. Beiden muß es also untersagt sein, Daten auf Vorrat zu verarbeiten, beide haben sich insofern auf eine Reihe vorweg definierter, klar erkennbarer, an die Anforderungen des Arbeitsverhältnissen oder der konkret wahrzunehmenden Aufgabe gebundener Zwecke zu beschränken.[59] Die Garantie der Selbstbestimmung bedeutet so gesehen: die Disposition über die Arbeitnehmer wird ebenso nachhaltig wie gezielt reduziert, wer immer im übrigen das »Verfügungsrecht« für sich beansprucht.

Ähnlich strikt widersetzt sich eine Garantie der Selbstbestimmung jedem Versuch, Rollenvorstellungen zu perpetuieren. Wiederum kommt es allerdings darauf an, sich nicht mit allgemeinen Bekenntnissen zur Gleichberechtigung von Mann und Frau oder gegen eine Altersdiskriminierung abzufinden. Entscheidend ist vielmehr, wie bereits erwähnt, die gesetzliche Einleitung einer Personalpolitik, die eine positive Umgestaltung der Rekrutierung sowie der Zusammensetzung der Arbeitnehmer zur Folge hat,[60] verbunden mit gesetzlich ebenfalls abgesicherten Vorkeh-

---

58 Dazu jetzt auch die Vorschläge des Europarates zum Schutz der für Beschäftigungszwecke verwendeten personenbezogenen Daten, Recommendation No. R (89), vom Ministerrat angenommen am 18. Januar 1989.
59 Vgl. Simitis, (Anm. 36), 59 f.
60 Dazu vor allem Pfarr, (Anm. 31), insb. 119 ff., 201 ff.; MacKinnon (Anm. 34), 215 ff.; Simitis (Anm. 31), 397 ff.

rungen, etwa gegen starre, die Realisierungschancen einer so umstrukturierten Personalpolitik unterlaufenden Arbeitszeitmodelle.

Nicht anders ist es schließlich in jenen Bereichen, in denen der Zusammenhang mit den Selbstbestimmungschancen der Arbeitnehmer schon länger sichtbar geworden war. Gemeint sind so unterschiedliche Fragenkomplexe wie etwa die Meinungsfreiheit im Rahmen des Arbeitsverhältnisses[61] oder die Auswirkungen einer systematisch betriebenen »Verwissenschaftlichung« der Beurteilung von Arbeitnehmern. Die Garantie der Selbstbestimmung verlangt einmal mehr den Schritt aus der Unverbindlichkeit genereller Feststellungen über die Freiheit, sich zu den Arbeitsbedingungen zu äußern oder über die Dignität der Betroffenen als Zulässigkeitsmaßstab bei der Auswahl der Beurteilungsverfahren, hin zu konkreten Reaktionen auf durchaus konkrete Konfliktkonstellationen. Die Auseinandersetzungen über die ökologischen Implikationen bestimmter Produktionsprozesse sind genauso bezeichnend dafür wie etwa die zahlreichen Bestrebungen, Genomanalysen zumindest bei einzelnen Arbeitnehmergruppen durchzuführen.[62] Argumente für Lösungen, die den Aktions- und Entscheidungsspielraum des einzelnen Arbeitnehmers gezielt einschränken, sind schnell bei der Hand. Und ebenso schnell läßt sich offensichtlich der Konsens zwischen dem Arbeitgeber und der Arbeitnehmervertretung herstellen. Eine ohnehin seit jeher auf die Erhaltung von Arbeitsplätzen ausgerichtete Tarif- und Betriebsratspolitik konvergiert rasch mit dem Unternehmerinteresse, jegliche Störung des Produktionsprozesses zu vermeiden, zumal dann, wenn die von Arbeitnehmern geäußerten ökologischen Bedenken, die weitere Produktion, ja die Unternehmensexistenz zu gefährden drohen.[63] Nichts scheint zudem selbstverständlicher als gemeinsam etwa für einen besseren Schutz weiblicher Arbeitnehmer mit Hilfe von Genomanalysen zu sorgen. Unter diesen Umständen fällt es auch nicht schwer, die allgemeinen Aufforderungen, die Meinungsfreiheit der Arbeitnehmer zu respektieren und die Beschäftigten überdies vor »entwürdigenden« Untersuchungsverfahren zu bewahren, interpretatorisch zurechtzurücken. Erst recht erweist sich aber

---

61 Dazu Giugni, in Lo statuto dei lavoratori, 1979, 4 ff.; Simitis, in Festschrift für Simon, 1987, 329 ff.
62 Dazu Enquete-Kommission des Deutschen Bundestages, Chancen und Risiken der Gentechnologie, 1987, XXXI ff., 162 ff.; 17. Tätigkeitsbericht des Hessischen Datenschutzbeauftragten, 1988, 67 ff.; Wiese, Recht der Arbeit 1988, 217 ff.
63 Dazu zuletzt Heine/Mantz, Industriearbeiter contra Umweltschutz?, 1989.

daran, wie sehr es einerseits darauf ankommt, offenzulegen, was jeder dieser Konflikte aus der Perspektive der Selbstverwirklichungschancen der betroffenen Arbeitnehmer konkret bedeutet, und andererseits für diese Art von Situationen Regelungen zu treffen, die es gar nicht zu einem die Selbstbestimmung unterlaufenden, scheinbar noch so plausiblen Entscheidungsprozeß kommen lassen.

68 Jahre sind es mittlerweile her, seit Hugo Sinzheimer in seinem Nachruf auf Philipp Lotmar[64] die »Wiederaufrichtung des Menschen im Produktionsprozeß« forderte. Vordergründig sprach er damit nur den Leitgedanken Lotmars an. In Wirklichkeit ging es Sinzheimer um die Legitimation und das Ziel jeder arbeitsrechtlichen Regelung. Kein Zweifel: ohne eine folgerichtig ausgebaute und ebenso konsequent verteidigte kollektive Aktivität der Arbeitnehmer und ohne die vielen legislativen Interventionen wäre jede weitere Reflexion über die »Wiederaufrichtung« müßig. Kein Zweifel aber auch: die »Wiederaufrichtung« verlangt mehr. Sie setzt den radikalen Verzicht auf alle Versuche einer etatistischen oder korporatistischen Instrumentalisierung und Kolonialisierung des einzelnen Arbeitnehmers voraus. Der Weg zur »Wiederaufrichtung« führt, anders ausgedrückt, über seine, des einzelnen Arbeitnehmers, Wiederentdeckung als Subjekt.

---

64 Philip Lotmar und die deutsche Arbeitsrechtswissenschaft, Arbeitsrecht 9, 1922, 587 ff.

Die Altersgrenzen – ein spät entdecktes Problem

1. Die Kontroverse

Das Bundesarbeitsgericht hat schon manche Kontroverse ausgelöst. Die scharfe Kritik an der Entscheidung vom 20. 10. 1993 zur Wirksamkeit tarifvertraglicher Altersgrenzenreglung[1] ist, so gesehen, nichts Ungewöhnliches. Sehr viel mehr überrascht dagegen die prompte Reaktion der Bundesregierung, freilich nicht etwa um Maßnahmen anzukündigen, die dem Urteil bessere Geltung verschaffen sollen, sondern um, ganz im Gegenteil, die »Entschlossenheit« zu bekunden, der Entscheidung durch eine entsprechende Korrektur der einschlägigen gesetzlichen Vorschriften jede Wirkung zu nehmen.[2] Auf den ersten Blick kaum verständlich. Vordergründig ging es nur um eine jener unzähligen Interpretationsstreitigkeiten, die den juristischen Alltag geradezu auszeichnen. Zugegeben, der Wortlaut des § 41 Abs. 4 Satz 3 SGB VI läßt viel zu wünschen übrig. »Vereinbarung« ist eben eine nicht zuletzt in Anbetracht der rechtlichen, ja verfassungsrechtlichen Besonderheiten tarifvertraglicher Regelungen überaus ambivalente Formulierung, um so mehr als die Entstehungsgeschichte des Gesetzes in mancherlei Hinsicht dafür spricht, daß der Gesetzgeber bewußt einer Fassung den Vorzug gegeben hat, die den Vorteil bietet, dem Streit über die Anwendungsgrenzen der den Arbeitnehmern eingeräumten Option aus dem Weg zu gehen, kurzum die Entscheidung anderen, genauer, den Gerichten zu überlassen.[3] Nur: Klarheit ist nun einmal keine Konstante legislativer Aktivität. Aber auch die sicherlich weitreichenden Folgen des

---

1 – 7 AZR 133/93 – AP Nr. 3 zu § 41 SGB VI = BB 1994, S. 66.

2 Vgl. etwa die Frankfurter Rundschau vom 1. 3. 1994, S. 4 und die Frankfurter Allgemeine Zeitung vom 22. 6. 1994, S. 15.

3 Zur Interpretationskontroverse und zu den einzelnen Regelungsphasen vgl. etwa *Ammermüller*, DB 1973, S. 322 ff., 1990, S. 221 ff.; *Däubler*, Tarifvertragsrecht Rdnr. 777 ff.; *Federlin*, Festschrift für Gnade, S. 447 ff.; *Gitter-Boerner*, RdA 1990, S. 129 ff.; *Kappes*, BB 1993, S. 1359 f.; *Laux*, NZA 1991, S. 967 ff.; *Moll*, DB 1992, S. 475 ff.; *Pfeiffer*, ZIP 1994, S. 267; *Reiderer*, BB 1994, S. 70; *Steinmeyer*, RdA 1992, S. 6 ff.

Urteils für die Tarifautonomie reichen nicht aus, um die unverhohlen ablehnenden Kommentare, zumal der Bundesregierung zu erklären. Das Bundesarbeitsgericht gelangt zwar unstreitig zu einem Ergebnis, das wohl die meisten Interpreten, bislang jedenfalls, für höchst fragwürdig, wenn nicht sogar für unzulässig gehalten haben. Einschränkungen der Tarifautonomie hat es aber schon früher, gerade vor dem Hintergrund bestimmter dringlicher Erfordernisse staatlicher Sozialpolitik, gegeben. Was zudem zum staatlichen Eingriffen unzugänglichen »Kern« der Tarifautonomie zählt, ist nicht von ungefähr auslegungsfähig genug, um die Bandbreite möglicher Eingriffe immer wieder neu zu definieren.[4]

Der eigentliche Grund für die kritischen Reaktionen liegt deshalb anderswo. Das Bundesarbeitsgericht hat einen bisher unangefochtenen, schlicht für selbstverständlich gehaltenen arbeitsrechtlichen Grundsatz in Frage gestellt, die Beendigung des Arbeitsverhältnisses mit dem Erreichen eines bestimmten Alters, zumeist des 65. Lebensjahres. Feste Altersgrenzen sind gewiß nicht die Regel. Der Gesetzgeber hat ohnehin davon abgesehen, generell vorzuschreiben, wann Arbeitnehmer aus Altersgründen aus dem Arbeitsverhältnis ausscheiden müssen. Wo sich deshalb exakte Angaben finden, bleiben sie auf einzelne, jeweils konkret angegebene Berufe, wie etwa Prüfingenieure, Hebammen, Notare und Bezirksschornsteinfegermeister, beschränkt. Aber auch Individualverträge und kollektivrechtliche Abmachungen verknüpfen nur ausnahmsweise das Ende des Arbeitsverhältnisses mit dem Erreichen eines bestimmten Alters.[5] Um so eingefahrener ist freilich die Überzeugung, daß die Dauer des Arbeitsverhältnisses keineswegs altersunabhängig ist. Die Arbeitsbeziehung mag sich noch so konfliktfrei entwickelt haben, ihr Bestehen ist an das Alter des Arbeitnehmers gebunden. Nicht von ungefähr interessiert sich die Rechtsprechung weit über die Bundesrepublik hinaus keineswegs primär dafür, ob das Alter wirklich ein Grund sein darf, das Arbeitsverhältnis aufzulösen, sondern legt eindeutig den Akzent auf die Alterssicherung.[6] Anders und konkreter ausgedrückt: Zweifel an der Zulässigkeit einer Auflösung kommen im Prinzip nur dann auf, wenn der Ruhestand finanziell nicht gesichert ist. Genauso verhalten sich übrigens

---

4 Dazu *Simitis*: Zacher-Simitis-Kübler-Hopt-Teubner, Verrechtlichung von Wirtschaft, Arbeit und sozialer Solidarität, S. 133 f.

5 Vgl. insb. *Gitter-Boerner*, RdA 1990. S. 129.

6 Dazu *Simitis* in: Blanpain-Weiss, The Changing Face of Labour Law und Industrial Relations, Festschrift für Summers, S. 181 f.

Betriebsräte und Arbeitgeber. Das Alter rechnet etwa bei betriebsbedingten Kündigungen solange unstreitig zu den »sozial« durchaus gerechtfertigten Auswahlkriterien wie für den Ruhestand ausreichend gesorgt worden ist.[7] Dieselbe, das Alter gleichsam nur als Appendix des Ruhestandes wahrnehmende Sicht macht sich schließlich in der Beschäftigungspolitik bemerkbar. Längst zählt beispielsweise der Vorruhestand zu den beherrschenden Merkmalen einer Politik, die gezielt das Angebot an Arbeitskräften einzuschränken sucht und in den vergangenen fünfundzwanzig Jahren auf just diesem Weg die Beschäftigungsquote von Männern über Fünfzig um mehr als ein Drittel verringert hat. Die Ruhestandsregelungen markieren mithin weit mehr als nur das Erde des »Arbeitslebens« und den Beginn des »Lebensabends«. Sie sind vielmehr zugleich manifester Ausdruck der Überzeugung, daß Alter ein völlig normaler, wenn nicht gar zwingender Grund ist, das Arbeitsverhältnis zu beenden.

Dahinter steht eine genauso verbreitete wie unwidersprochen hingenommene Vorstellung: Alter wird schlicht mit Arbeitsunfähigkeit gleichgesetzt. Die Erfahrungen des Industrialisierungsprozesses wirken so unvermindert fort. Nach wie vor richtet sich mithin der Blick primär auf die mit der Arbeit verbundenen körperlichen sowie psychische Belastungen, und unverändert erscheint neben der steigenden Anfälligkeit für Krankheiten die nachlassende Fähigkeit, den zumindest gleichbleibenden in der Regel aber wachsenden beruflichen Anforderungen zu entsprechen, als die unvermeidliche Kehrseite der Erwerbstätigkeit. Nur zu verständlich, wenn deshalb die eigentlich entscheidende Aufgabe immer noch darin gesehen wird, einerseits die Risiken des Arbeitsprozesses möglichst zu domestizieren und andererseits die abnehmenden Reaktions- und Anpassungschancen der Arbeitnehmer durch einen nicht nur arbeitsfreien, sondern auch und gerade wirtschaftlich gesicherten Lebensabschnitt abzulösen. Klare Altersgrenzen haben, so gesehen, eine eindeutige Schutzfunktion. Mit ihrer Festlegung wird der Übergang zu einem als «risque heureux» verstandenen Ruhestand im Interesse der Betroffen verrechtlicht und formalisiert.[8] Die Folge liegt auf der Hand: Die Fürsorge gerät zwangsläufig zum Dreh- und Angelpunkt aller Reflexionen über das Altwerden und schlägt sich in arbeitsmedizinischen Maßnahmen ebenso

---

7 Vgl. statt aller *Becker* in: Gemeinschaftskommentar zum KSchG (3. Aufl. 1989) § 1 Rdnr. 224; *Bauer-Lingemann*, NZA 1993, S. 628; *Stindt*, DB 1993, S. 1363 ff.

8 Dazu insb. *Zacher*, in Baltes-Mittelstraß, Zukunft des Alterns und gesellschaftliche Entwicklung, S. 306 ff.

nieder wie in spezifischen Altersfreizeiten und festen, den Beginn des Ruhestandes garantierenden Altersgrenzen.[9]

Das Bundesarbeitsgericht bricht mit diesen kaum je angezweifelten, in einem über Jahrzehnte konsequent ausgebauten Regelwerk immer wieder bestätigten Annahmen. Aus dem für selbstverständlich gehaltenen »natürlichen« wird ein »gewillkürtes«, noch dazu allein vom Arbeitnehmer bestimmtes Ende des Arbeitsverhältnisses. Kaum verwunderlich, wenn unter diesen Umständen nicht etwa zustimmende, sondern eindeutig ablehnende Stellungnahmen das Feld beherrschen, ja nahezu einmütig vom Gesetzgeber verlangt wird, den »Sündenfall« des Bundesarbeitsgericht zu korrigieren und zumindest die Enrscheidungsprärogative der Tarifvertragsparteien zu restaurieren.[10]

2. Die veränderten Prämissen

Die Entscheidung des Bundesarbeitsgerichts ist freilich, anders als man vielleicht zunächst meinen könnte, keineswegs ungewöhnlich, vielmehr symptomatisch für eine Entwicklung, die Ende der sechziger Jahre in den Vereinigten Staaten mit dem Age Discrimination in Employment Act (ADFA)[11] begonnen und sich in der 1989 veröffentlichten Erklärung des französischen Haut Conseil de la Population et de la Famille[12] ebenso wie in der Entscheidung des niederländischen Centrale Raad van Beroep vom 4. November 1993[13] manifestiert hat. Auf die wachsenden Zweifel an der

---

9   So überrascht es auch nicht, wenn das BAG seine bisherige Rechtsprechung zu den Altersgrenzen als »fürsorglich« bezeichnet, BAG AP Nr. 1 zu § 60 BAT. Zu Recht spricht deshalb *Pfeiffer*, ZIP 1994, S. 266, von einer »paternalistischen« Praxis.

10 Vgl. etwa die Stellungnahmen der BDA, Frankfurter Allgemeine Zeitung vom 8. 3. 1994, S. 13, und der Gewerkschaft Erziehung und Wissenschaft, Frankfurter Rundschau vom 24. 3. 1994, S. 6.

11 113 Cong.Rec. 1087–90 (Jan. 23, 1967); dazu *O'Meara*, Protecting the Growing Number of Older Workers: The Age Discrimination in Employment Act; *Hebel*, Age Discrimination in Employment; *Simitis*, Festschrift für Summers S. 177, 189, 192.

12 Veillissement et Emploi, Veillissement et Travail.

13 Administratiefrechtelijke Beslissingen/NJ 1994, S. 544. Im Unterschied aber zur eindeutig ablehnenden Haltung des Gesetzgebers in den Vereinigten Staaten und des Haut Conseil in Frankreich weigerte sich der Centrale Raad die Altersgrenzen für ungültig zu erklären. Er gab zwar ausdrücklich zu, daß feste Altersgrenzen auf mittlerweile überholte Gründe zurückzuführen sind und räumte auch den diskriminierenden Charakter der Altersgrenzen ein, meinte jedoch vor allem deshalb nicht in der Lage zu sein, korrigierend einzugreifen, weil das Alter nicht zu den vom Gesetzgeber ausdrücklich anerkannten Diskriminierungsgründen zähle. Vgl. die kritische Besprechung von *Hennekens*, Administratiefrechtelijke a.a.O. (Fn. 13), S. 213 ff.

Berechtigung von Altersgrenzen folgte mehr und mehr die Forderung, sie abzuschaffen.[14] Wohlgemerkt, durchweg geht es um die Chance, die eigene Tätigkeit fortzusetzen und nicht etwa um die Möglichkeit, auch nach Beginn der Altersversorgung und parallel dazu weiter zu arbeiten.

Drei Gründe haben dazu besonders beigetragen. Zunächst die augenfällige Diskrepanz zwischen der realen Lage älterer Menschen und den nach wie vor dominierenden Vorstellungen über das Alter. Der Wandel der Arbeitsbedingungen, die Entwicklung der Medizin sowie die damit verbundene weitaus wirksamere Vorsorge gegen berufs- ebenso wie gegen altersspezifische Krankheiten und die nicht minder weitreichende Änderung der allgemeinen Lebensbedingungen haben nicht nur die Modalitätsrate gesenkt,[15] sondern ältere Menschen zugleich von vielen jener Belastungen befreit, die ihre Fähigkeit gemindert haben, den Anforderungen des Arbeitsprozesses zu genügen. Nicht von ungefähr grenzt man mittlerweile deutlich zwischen »normalem« und »pathologischem« Alter ab, werden die »jungen Alten« den »alten Alten« gegenübergestellt und ist von der Notwendigkeit die Rede, sorgfältig zwischen dem »dritten« und dem »vierten« Alter zu unterscheiden.[16] Kurzum, Alter ist längst kein Kriterium mehr, das sich ebenso abstrakt wie einheitlich auf eine bestimmte Personengruppe anwenden läßt. Erst recht erweisen sich alle Versuche als willkürlich, den Beginn des Alters mit Hilfe exakter chronologischer Angaben festzulegen. Der einst scheinbar so leicht auszumachende kalendarische Zeitpunkt weicht einem eindeutig funktionalem Verständnis des Alters.[17]

Hinzu kommt, zweitens, eine veränderte Einstellung zur Arbeit. Sie wird nicht so sehr durch den Arbeitsprozeß ausgelöst. Erst der Ruhestand weckt vielmehr, paradox genug, das Bewußtsein dafür, wie wichtig die Arbeit für die Konstituierung und Stabilisierung der eigenen Person ist. Genaugenommen wiederholen sich, wenngleich um ein Vielfaches schärfer, die schon für die Arbeitslosigkeit typischen Erfahrungen. Die ebenso

---

14 Dazu *Simitis*, Festschrift für Summers S. 190 f.

15 So erreichte 1889, also zum Zeitpunkt der Einführung der staatlichen Altersversicherung für Arbeiter, lediglich ein Viertel der Versicherten das gesetzliche Ruhestandsalter von 70 Jahren; die Überlebenden hatten in der Regel eine Lebenserwartung von etwa acht Jahren: vgl. *Mayer* in: Baltes-Mittelstraß (Hrsg.), Zukunft, S. 518 f.

16 Vgl. insb. *Guillemard* in: Baltes-Mittelstraß (Hrsg.), S. 614 ff., S 633 ff.; *Mayer* u. a., a.a.O. (Fn. 15), S. 725 f.

17 Dazu *Mayer* u. a., a.a.O. (Fn. 15), S. 726; aber auch *Riley-Riley* in: Baltes-Mittelstraß (Hrsg.), Zukunft, S. 438 ff.

jähe wie erzwungene Unterbrechung der täglichen Routine, die radikale Destrukturierung der auch und gerade durch den Arbeitsprozeß sowie seinem gesamten Umfeld geprägten individuellen Lebenswelt, die wachsende Einsicht in die Unumkehrbarkeit des Eintritts in einen neuen, von der jahrzehntelang ausgeübten Beschäftigung endgültig getrennten Lebensabschnitt schlagen in Selbstentwertung und Vereinsamung um, lenken mehr denn je den Blick auf die eigene Endlichkeit, erhöhen die Anfälligkeit für Depressionen, schwächen die Abwehr gegen physische Krankheiten, beschleunigen mit einem Wort den Altersverfall und führen so just jenen scheinbar so natürlichen, in allen Überlegungen zu den Altersgrenzen immer wieder eindringlich beschriebenen Zustand herbei.[18] Je enger sich zudem die Bindung an den eigenen Beruf gestaltet und je höher der Identifikationsgrad mit der jeweiligen Beschäftigung ist, desto einschneidender sind die Entzugserscheinungen. Deshalb ist es viel zu einfach, die schnelle Reaktion gerade der Angestellten in besonders verantwortlichen Positionen auf die Entscheidung des Bundesarbeitsgerichts als »Abfindungspoker«[19] auszugeben. Zwar läßt sich nicht ernsthaft bestreiten, daß es durchaus Fälle gibt, in denen es den betroffenen Arbeitnehmern letztlich nur um eine bessere Abfindung geht. In der Bereitschaft, die von der Entscheidung gebotene Chance wahrzunehmen, das Arbeitsverhältnis aufrechtzuerhalten, manifestiert sich aber zuvörderst die Auflehnung gegen die Entwertung der eigenen Person.

Eine kaum zu unterschätzende Rolle spielt schließlich der demographische Wandel. 1987 gab es in der Bundesrepublik etwa 13 Millionen über 60jährige. 2030 dürften es einschließlich der neuen Bundesländer ungefähr 21 Millionen sein. Mehr noch als die steile Zunahme sagt freilich der wachsende Anteil an der Gesamtbevölkerung aus. Er wird sich, hält man sich an die Prognosen, nahezu verdoppeln: von 22% auf fast 40% steigen. Wo aber, wie in der Bundesrepublik, die Altersversorgung auf der bisher niemals angezweifelten Annahme beruht, die Zahl der jüngeren, erwerbstätigen Menschen würde stets höher als die der Rentner sein, destabilisiert jede Veränderung des Verhältnisses der beiden Grup-

---

18 Vgl. etwa *Lehr*, Psychologie des Alterns, S. 158, 198, 211, 272 ff.; *Levine*, Age Discrimination and the Mandatory Retirement Controversy S. 124 ff.; *George* in: Binstock-George (Hrsg.), Aging and the Social Sciences, S. 186 ff.; *Kruase* in: Baltes-Mittelstraß (Hrsg.), Zukunft, S. 228 ff.; *Mayer* u. a. in: Baltes-Mittestraß (Hrsg.), Zukunft, S. 727 f., S. 740 ff.
19 Vgl. etwa *Reiderer* BB 1994, S. 69 f.

pen zueinander das Rentensystem.[20] Seine ökonomische Grundlage, die Finanzierung der Altersversorgung durch die Arbeit der Jüngeren, droht einzustürzen. Die sorgfältig gepflegte Gegenüberstellung von Erwerbstätigkeit einerseits und dem automatischen Übergang von einem bestimmten, bislang ebenfalls als mehr oder weniger feststehendem Alter an in eine gesicherte Altersversorgung andererseits läßt sich unter diesen Umständen schwerlich weiter aufrechterhalten, um so mehr als auch der überwiegende Teil der Gesundheitsausgaben für ältere Menschen aufgebracht werden muß.[21] Kein Staat und keine Gesellschaft, die sich für ein solches System entschieden haben, können sich deshalb erlauben, den demographischen Wandel zu ignorieren, zumal vor dem Hintergrund einer wirtschaftlichen Entwicklung, die einen noch so naheliegenden Rückgriff auf staatliche Ausgleichsleistungen von vornherein ausschließt.

Der demographische Wandel hat eine weitere, sehr viel weniger beachtete Konsequenz. In dem Maße, in dem sich die Zusammensetzung der Bevölkerung zugunsten der älteren Menschen ändert, wächst auch ihr soziales und politisches Gewicht.[22] Sie hören auf, eine eher beiläufig, nur als Belastung zur Kenntnis genommene Randgruppe zu sein. Ihre spezifischen Interessen werden plötzlich entdeckt, ihre Lebensumstände mit immer größerer Aufmerksamkeit verfolgt. Politische Parteien und Marketing-Strategen räumen dem älteren Menschen eine bislang nie gekannte Bedeutung ein. Das tradierte Bild der gebrechlichen, kaum zu eigener Aktivität fähigen, pflegebedürftigen und durch und durch selbstsüchtigen Alten[23] weicht mehr und mehr der Vorstellung von Individuen, die längst nicht mit dem Leben abgeschlossen haben und gerade vor dem Hintergrund der eigenen Erfahrungen nicht nur in der Lage, sondern auch bereit sind, ihre Einflußmöglichkeiten zu nutzen. Konsequenterwei-

---

20 Dazu insb. *Hauser-Wagner* in: Baltes-Mitteltraß (Hrsg.), Zukunft, S. 584 ff., 599 ff.
21 Dazu insb. *Guillemard*: a.a.O. (Fn. 16), S. 626 ff.
22 Vgl. auch das von der Generaldirektion Beschäftigung, Arbeitsbeziehungen und soziale Angelegenheiten der EG-Kommission am 17. 11. 1993 vorgelegte Grünbuch über die Europäische Sozialpolitik, KOM (93), S. 551, 46.
23 Zu dem gleichsam klassischen, eindeutig negativem Altersstereotyp vgl. *Riley-Riley* a.a.O. (Fn. 17), S. 438 ff.; *Bengtson-Schütze* in: Baltes-Mitteltraß (Hrsg.), Zukunft, S. 494 ff.; *Binstock*, Gerontologist, S. 136 ff. Dem entsprach bislang auch die Darstellung älterer Menschen im Fernsehen. Ältere Männer wurden vor allem als Exzentriker und Clowns, ältere Frauen als trottelige Großmütter und Hausfrauen dargestellt und besonders in Nachrichtenmagazinen nur als Leidende wahrgenommen. Vgl. dazu den Bericht über die im Auftrag der Schleswig-Holsteinischen Unabhängigen Landesanstalt für das Rundfunkwesen erstellten Studie, Frankfurter Allgemeine Zeitung vom 3. 2. 1994, S. 8.

se richten inzwischen die Parteien Seniorenzirkel mit derselben Selbstverständlichkeit ein, mit der sie bisher Jugendorganisationen aufgebaut haben und der fröhlich konsumierende, strahlend rüstige Alte avanciert im Werbefernsehen zum Symbol eines neuen, ungeahnt profitablen Marktsegments. Die Kehrseite ist allerdings genausowenig zu übersehen. Die älteren Menschen finden sich immer weniger mit der ihnen zugedachten beschaulich-passiven Rolle ab, werden sich zunehmend ihrer Chancen bewußt und beginnen ihre Interessen genauso selbständig wie beharrlich zu vertreten.

3. Die Universalität des Konflikts

Noch einmal: Keiner der drei erwähnten Faktoren ist nur für ein bestimmtes Land typisch. Jeder von ihnen spiegelt vielmehr eine Entwicklung wider, die sich freilich zu unterschiedlichen Zeitpunkten und mit durchaus unterschiedlicher Intensität in allen industriell fortgeschrittenen Ländern wiederholt. Trotzdem gelangt man keineswegs überall zu denselben Schlüssen. Ganz im Gegenteil: Zwei deutlich kontrastierende, ja letztlich miteinander unvereinbare Argumentationsstränge zeichnen sich ab. Der eine gehorcht gleichsam der Not. Die Revision der Altersgrenzen wird akzeptiert, weil sich das Rentensystem nicht anders retten läßt. Die Reaktionen in der Bundesrepublik sind ebenso bezeichnend dafür wie die Vorschläge der EU-Kommission.[24] Wenn etwa das Bundesarbeitsgericht den Konflikt mit Art. 9 Abs. 3 GG nicht scheut, so nicht, weil es sich an den Folgen der Altersgrenzen für die Betroffenen stört, sondern weil eine staatliche Aufgabe auf dem Spiel steht, die aus seiner Sicht der Tarifautonomie eindeutig vorgeht: die Finanzierbarkeit der Renten. Kurzum, das Problem reduziert sich, von einer Reihe anderer, unmittelbar mit der Geschichte und der Interpretation des § 41 Abs. 4 SGB VI verbundener Probleme einmal abgesehen, auf die Interventions- und Regelungsbefugnisse des Sozialstaates. Wo, wie bei den Renten, sein »Kern« betroffen ist, endet die Regelungsprärogative der Tarifpartner. Konsequenterweise fragt das Bundesarbeitsgericht gar nicht erst nach der prinzipiellen Zulässigkeit ausdrücklich vereinbarter oder schlicht vorausgesetzter Alters-

---

24 Statt aller Commission of the European Communities, Communication on the elderly, April 24, 1990, COM (90), S. 80 (endg.), sowie das Grünbuch a.a.O. (Fn. 22), S. 22.

grenzen. Ihre Geltung wird vielmehr lediglich mit Rücksicht auf die beschäftigungs- und finanzpolitische Lage relativiert.

Genaugenommen, variiert das Bundesarbeitsgericht nur ein altes Regelungskonzept. Ältere Arbeitnehmer sind, anders und konkreter ausgedrückt, seit jeher als ein ebenso willkommenes wie konsequent genutztes arbeitsmarktpolitisches Palliativ gesehen und behandelt worden. Ihre Anwesenheit auf dem Arbeitsmarkt wird solange geduldet, wie sie beschäftigungspolitisch angebracht erscheint. Vorruhestands- und Altersteilzeitregelungen sind klassische Beispiele dafür. Ob sie überhaupt notwendig sind, wie weit ihr Anwendungsbereich reichen muß und vor allem von welchem Alter an sie eingreifen sollen, entscheidet sich an der Lage des Arbeitsmarktes. Nur dann haben solche Regelungen in der Tat eine Chance, ihre Aufgabe zu erfüllen, ein überschüssiges Angebot an Arbeitskräften möglichst schnell und gezielt zu reduzieren. Besser läßt sich freilich kaum illustrieren, daß ältere Arbeitnehmer lediglich als Kollektiv wahrgenommen werden, über das sich je nach der beschäftigungspolitischen Situation frei verfügen läßt. Ganz in diesem Sinn fordert auch die EU-Kommission eine Revision der Lebensarbeitszeit.[25] Wiederum sind es also nicht die Folgen einer altersbedingten Beendigung des Arbeitsverhältnisses für den einzelnen Arbeitnehmer, die Zweifel und Kritik an den Altersgrenzen auslösen. Erneut orientieren sich vielmehr alle Überlegungen an den Konsequenzen des demographischen Wandels für die Altersversorgung und dem Wunsch, die öffentliche Hand rechtzeitig vor weiteren Belastungen zu bewahren.[26]

Völlig anders verläuft dagegen der zweite, in erster Linie für die Vereinigten Staaten typische Argumentationsstrang. Im Vordergrund stehen eindeutig die Interessen des älteren Menschen. Weder dem Gesetzgeber noch irgend einer anderen Instanz ist es deshalb erlaubt, den älteren Menschen für bestimmte, an ihm vorbei formulierte Ziele zu instrumentalisieren. Im Gegenteil, vor allem dem Gesetzgeber fällt die Aufgabe zu, dafür zu sorgen, daß gerade die Beschäftigungschancen älterer Menschen genau den Bedingungen unterliegen, die auch für alle übrigen Erwerbstätigen gelten.[27] Eine generelle Vermutung der Arbeitsunfähigkeit scheidet daher ebenso aus wie es unzulässig erscheint, feste Altersgrenzen vorzusehen.

---

25 Vgl. das Grünbuch a.a.O. (Fn. 22), S. 22.
26 Vgl. auch BT-Drucks. 11/4124, S. 136 ff.
27 Vgl. insb. ADEA, Statement of Purpose, sec. 2 (a), 29 U.S.C. § 621 (a); *O'Meara*, a.a.O. (Fn. 11), S. 24 ff.; aber auch Haut Conseil, a.a.O. (Fn. 12).

Die Parallelität zu den langen und mühevollen Auseinandersetzungen um die Erwerbstätigkeit von Frauen liegt auf der Hand. Ruhestand und Haushaltsaufgaben erfüllen die gleiche Funktion. Frauen und ältere Arbeitnehmer haben nur bedingt einen Zugang zum Arbeitsmarkt. In beiden Fällen wird die ansonsten für selbstverständlich gehaltene Möglichkeit, sich beruflich zu betätigen, mit einem Vorbehalt versehen. Sie ist solange akzeptabel wie ein hinreichendes, primär männlichen und jüngeren Arbeitnehmern reserviertes Angebot besteht. In beiden Fällen wird zudem die Bedeutung der Erwerbstätigkeit für das Selbstverständnis der Betroffenen und deren Fähigkeit, die eigenen Interessen wahrzunehmen im Namen angeblich zwingender »natürlicher« Eigenschaften übergangen. So überrascht es nicht, wenn in den Vereinigten Staaten der Umgang mit älteren Arbeitnehmern nur als einer unter mehreren Diskriminierungsfällen angesehen wurde und sich deshalb nahtlos in die seit den sechziger Jahren verabschiedeten Antidiskriminierungsregelungen einfügte.[28] Ähnlich nachdrücklich hat übrigens das Europäische Parlament in einer ganzen Reihe von Entscheidungen das Recht älterer Arbeitnehmer betont, selbst zu bestimmen, wann sie ihre Arbeit beenden möchten.[29] Das Internationale Arbeitsamt hat schließlich ebenfalls das Alter ausdrücklich in den Anwendungsbereich seiner Empfehlungen zur Bekämpfung von Diskriminierung einbezogen.[30]

Vordergründig mag es nun nicht sonderlich darauf ankommen, welcher Begründung man den Vorzug gibt. Am Ergebnis ändere sich, so könnte man meinen, doch nichts: Feste Altersgrenzen könne es nicht mehr geben. Wer jedoch wie das Bundesarbeitsgericht argumentiert, hebt die Altersgrenzen nur provisorisch auf. Weil es lediglich darauf ankommt, die Finanzierbarkeit der Renten zu sichern, bleiben feste Altersgrenzen nur solange unzulässig wie dieses Ziel gefährdet ist. Sollte also die Zahl der jüngeren Arbeitnehmer wieder zunehmen oder die Finanzierung auf

28 Vgl. *O'Meara*, a.a.O. (Fn. 11), S. 11 ff.; aber auch *Epstein*, Forbidden Grounds, S. 441; *Hebel*, Age Discrimination, S. 12 ff., 49 ff.
29 Vgl. etwa die Entscheidungen vom 16. 9. 1982, Official Journal No C 267, vom 11. 10. 1982, 69; vom 14. 5. 1986, Official Journal No C 148, vom 16. 6. 1986, 61; sowie vom 16. 3. 1989, European Communities, Texts adopted by the European Parliament, 13. 3.– 17. 3. 1989, 87.
30 Vgl. die 1980 verabschiedete Empfehlung Nr. 162 über Ältere Arbeitnehmer, Conventions and Recommendations 1919–1981, S. 773; sowie Internationales Arbeitsamt, Internationale Arbeitskonferenz, 65. Tagung 1979, Bericht VI (1), Ältere Arbeitnehmer: Arbeit und Ruhestand S. 50 ff., 103.

andere Weise garantiert werden, spricht alles dafür, zum »Normalzu-
stand« zurückzukehren, kurzum erneut feste Grenzen vorzusehen. Wer
dagegen eine Diskriminierung annimmt, verändert die Regelungsprämis-
sen von Grund auf. Weil die Altersgrenzen mit dem Makel der Benachteiligung behaftet sind, lassen sie sich weder jetzt noch später festschreiben.
Vielmehr ist es, von denkbaren Ausnahmefällen einmal abgesehen, ausschließlich Sache der Betroffenen zu bestimmen, ob sie weiter arbeiten
oder in den Ruhestand treten möchten.

4. Altersgrenzen als Diskriminierung

Für die Bundesrepublik gilt freilich nichts anderes als für die Vereinigten Staaten. Sie kann sich der Frage nicht entziehen, ob ältere Arbeitnehmer weiterhin lediglich als Dispositionsmasse für beschäftigungspolitische Zwecke betrachtet werden dürfen, oder ob es nicht in Anbetracht
der veränderten Arbeits- und Lebensbedingungen längst an der Zeit ist,
den älteren Arbeitnehmern und ihren Interessen den Respekt zu zollen,
auf den auch alle anderen Arbeitnehmer einen Anspruch haben.

Die Antwort sollte nicht schwerfallen. Wenn es, um eine frühere Feststellung des Bundesarbeitsgerichts aufzugreifen,[31] richtig ist, daß für den
Arbeitnehmer die »Arbeit in seinem Arbeitsverhältnis ... zugleich eine
wesentliche Möglichkeit zur Entfaltung seiner geistigen und körperlichen
Fähigkeiten und damit zur Entfaltung seiner Persönlichkeit« darstellt und
deshalb der Verlust dieser Möglichkeit »seine Würde als Mensch berührt«, dann gilt es, sich an diese Aussage auch dort zu erinnern, wo
feste Altersgrenzen die Arbeitnehmer zwingen, ihre Beschäftigung aufzugeben. Das Grundgesetz knüpft weder die Verpflichtung, die Würde des
einzelnen zu respektieren (Art. 1 Abs. 1), an ein bestimmtes Lebensalter,
noch versagt es älteren Menschen das Recht, gleich behandelt zu werden
(Art. 3 Abs. 1).[32]

Die Palette der Anknüpfungspunkte ließe sich sicherlich erweitern. So
spricht vor allem der bisherige Verlauf der Auseinandersetzungen um die

---

31 BAG – Großer Senat – AP Nr. 14 zu § 611 BGB Beschäftigungspflicht = EzA § 611 BGB
    Beschäftigungspflicht Nr. 9.
32 Vgl. auch *Gitter* in: von Maydell (Hrsg.), Die Auswirkungen des EG-Rechts auf das
    Arbeits- und Sozialrecht der Bundesrepublik – unter Berücksichtigung der neuen Bundes-
    länder, S. 94; *Laux*, NZA 1991, S. 972; *Jacobs*, 38 ZevKR, S. 315.

Verfassungsmäßigkeit der für einzelne Berufe vorgesehenen Altersgrenzen dafür, Art. 12 Abs. 1 GG einzubeziehen.[33] Das Grundgesetz greift eben nicht nur ein, soweit der Zugang zu der jeweiligen beruflichen Tätigkeit auf dem Spiel steht, sondern genauso, wenn es darum geht, sie beizubehalten oder aufzugeben. Nicht von ungefähr hat deshalb die Berufsfreiheit auch im Mittelpunkt nahezu aller Überlegungen gestanden, die Altersgrenzen prinzipiell in Frage zu stellen.[34] Gegen eine Argumentation, die sich ausschließlich oder auch nur vorwiegend an Art. 12 Abs. 1 GG orientiert, spricht allerdings schon die evidente, durch die internationale Entwicklung wieder und wieder bestätigte Parallelität zu den übrigen Diskriminierungsfällen.[35] Hinzu kommen die Erfahrungen mit der Anwendung des Art. 12 Abs. 1 GG, genauer, die gemessen an den Art. 1 Abs. 1 und 3 größere Restriktionsmarge. Schließlich gilt es zu bedenken, daß Diskriminierungsgesichtspunkte gerade bei Beschäftigungsverhältnissen älterer Arbeitnehmer ohnehin eine wichtige Rolle spielen, wie sich an § 75 Abs. 2 BetrVG zeigt. Die Regelungsperspektive mag ursprünglich eine andere gewesen sein. Die Verpflichtung, ältere Arbeitnehmer nicht so zu behandeln, wie wenn sie »zum alten Eisen« gehörten,[36] zwingt aber, konsequent weitergedacht, auch dazu, die Altersgrenzen anzuzweifeln.[37]

Feste Altersgrenzen sind mithin zunächst und vor allem deshalb unzulässig, weil sie gegen elementare Verfassungsgebote verstoßen. Das Bundesarbeitsgericht ist, so gesehen, zwar zum richtigen Ergebnis gelangt, aber auf dem falschen Weg. An den verfassungsrechtlichen Vorgaben scheitern auch alle Versuche, die Altersgrenzen unter einem gewandelten Vorzeichen beizubehalten oder wieder einzuführen. So wird ihre Berechtigung mit scheinbar zwingenden Erfordernissen einer ebenso rationalen wie effizienten Unternehmenspolitik begründet.[38] Beides würde unweigerlich unterlaufen, wollte man dem Unternehmer die Möglichkeit nehmen, mit Hilfe fester Altersgrenzen eine verläßliche Personalplanung auf-

---

33 Vgl. BVerfGE 9, S. 338 = AP Nr. 17 zu Art. 12 GG (Hebamme); 64, S. 72 (Prüfingenieur); 80, S. 257 und NJW 1993, 1575 f. (2. Kammer des Ersten Senats) (Notar).

34 Vgl. etwa *Schlüter-Belling*, NZA 1988, S. 297 ff.; *Gitter-Boerner*, RdA 1990, S. 129 ff.; *Gitter*, a.a.O. (Fn. 32), S. 93 ff.; *Laux*, NZA 1991, S. 968 ff.; *Pfeiffer*, ZIP 1994, S. 266; *Däubler*, Tarifvertragsrecht Rdnr. 787.

35 Vgl. *Simitis*, Festschrift für Summers, S. 190 ff.; sowie *Eekelaar-Pearl* (Hrsg.), An aging World. Dilemmas and Challenges for Law and Social Policy.

36 *FAKH*, BetrVG § 75 Rdnr. 20; vgl. auch *Berg*: DKKS, BetrVG, S. 29 ff.; *Dietz-Richardi*, BetrVG § 75 Rdnr. 33.

37 Vgl. auch *Schlüter-Belling*, NZA 1988, S. 297 ff.; *Laux*, NZA 1991, S. 967 ff.

38 Vgl. insb. *Epstein*, Forbidden Grounds, S. 451 ff.

zubauen und sich zugleich gegen die Belastungen abzusichern, die mit der Beschäftigung älterer Arbeitnehmer verbunden sind sowie die jeweils vorhandenen Ressourcen etwa gezielt in die entschieden weniger ausgabenträchtige und risikoreiche Beschäftigung Jüngerer zu investieren. Soweit im übrigen die älteren Arbeitnehmer wirklich noch überausreichend Fähigkeiten verfügen sollten, um den Anforderungen einer beruflichen Tätigkeit zu genügen, würde der Markt dies sicherlich bei der Arbeitssuche honorieren.[39] Genauso ließe sich, nebenbei gesagt, bei Zölibatsklauseln aber auch bei nahezu jeder anderen, Frauen gewollt benachteiligenden Maßnahmen argumentieren. Kurzum, die Diskriminierung wird als unentbehrliches Element kostenbewußter und effizienzbetonter Unternehmenspolitik offen einkalkuliert. Rationalität und Effizienz sind jedoch keine vorgegebenen, ein und für allemal verbindlich definierte Kategorien. Wie sie verstanden werden, richtet sich primär nach der historisch und sozial bestimmten Wahrnehmung der Tätigkeit von Frauen oder älteren Menschen. Gerade die Vorurteile, die in jedem dieser Fälle bestanden haben und in vielerlei Hinsicht nach wie vor bestehen, wirken sich daher auch auf alle Annahmen zu den Voraussetzungen und Grenzen einer Erwerbstätigkeit aus. Nicht von ungefähr hat deshalb der Markt die Vorurteile nicht etwa behoben, sondern bestätigt und verfestigt.[40] Rationalität und Effizienz sind zudem keine verfassungsindifferenten Kategorien. Die Unternehmenspolitik spielt sich im Rahmen einer ökonomischen Ordnung ab, die sich an den verfassungsrechtlichen Vorgaben, noch genauer, an der Verpflichtung, die Grundrechte der Betroffenen zu respektieren, orientieren muß. Ebensowenig daher wie es die nicht minder nachdrücklichen Hinweise auf Rationalität und Effizienz verhindern konnten, der Gleichberechtigung Rechnung zu tragen, eignen sie sich dazu, die Diskriminierung älterer Menschen zu rechtfertigen.

Auch die Behauptung, daß zumindest die Tarifvertragsparteien mit Rücksicht auf Art. 9 Abs. 3 GG in der Lage sein müßten, Altersgrenzen jederzeit verbindlich zu vereinbaren,[41] überzeugt nicht. Auf den ersten Blick mag zwar manches dafür sprechen, die Altersgrenzen nur als eine jener Arbeitsbedingungen anzusehen, die in der Tat unter die verfassungsrechtlich garantierte Regelungsprärogative der Tarifvertragsparteien fallen. Für die Einführung von Altersgrenzen gilt freilich nichts

---

39 *Epstein*, a.a.O. (Fn. 38), S. 459.
40 Vgl. auch *McCaffery*, 103 YaleLJ, S. 595 ff., 652 ff., 674 f.
41 Vgl. etwa *Moll*, NJW 1994, S. 499 f.

anderes als für Eingriffe in die informationelle Selbstbestimmung oder für Benachteiligungen weiblicher Arbeitnehmer. Das Recht, die Arbeitsbedingungen zu regeln, beinhaltet hier wie sonst nicht die Befugnis, die einzelnen Arbeitnehmer zu entrechten. Die Regelungskompetenz der Tarifvertragsparteien endet vielmehr an den Grundrechten der Betroffenen.[42] Was deshalb für den Gesetzgeber zutrifft, bleibt für die Tarifvertragsparteien verbindlich. Feste Altersgrenzen kann es auch mit ihrer Billigung nicht geben.

5. Konsequenzen

Kein Zweifel, der Preis ist hoch. Feste Altersgrenzen, so viel läßt sich ernsthaft nicht bestreiten, haben einen regulativen Effekt. Sie belasten zwar die jeweils betroffenen Arbeitnehmer, entlasten aber dafür den Arbeitsmarkt. Genau diese Wirkung entfällt, sobald die Altersgrenzen aufgehoben werden. Die Folge: das Angebot an Arbeitskräften erweitert sich. Wie schon bei den weiblichen Beschäftigten zwingt mithin die Verfassung dazu, die Zusammensetzung der Arbeitskräfte zu revidieren und schränkt zugleich die Möglichkeit ein, korrigierend zu Lasten einer bestimmter Gruppe einzugreifen. Anders aber als bei Frauen geht es nicht so sehr um den Zwang zur Arbeit, sondern vor allem um die Beibehaltung bereits besetzter Arbeitsplätze. Die Aufhebung der Altersgrenzen blockiert, zunächst jedenfalls, den Wechsel und kommt, so gesehen, zumindest tendenziell, einer Zugangssperre gleich.

Beides, bessere Arbeitschancen für Frauen und eine Weiterbeschäftigung älterer Arbeitnehmer, bereitet bei einem expandierenden Markt, mit einer ständig steigenden Nachfrage nach Arbeitskräften, jedenfalls von der Anzahl der potentiell an einer Beschäftigung Interessierten her, grundsätzlich keine Schwierigkeiten. Die Zeit, in der eine solche Konstellation noch durchaus realistisch erschien, ist freilich längst vorbei. Die Zahl der Arbeitslosen hat sich vor dem Hintergrund einer anhaltenden strukturellen Veränderung der unternehmerischen Tätigkeit selbst in den konjunkturellen Erholungsphasen kaum vermindert. Der Arbeitsmarkt ist mehr denn je von der jahrelang für selbstverständlich gehaltenen Voll-

---

42 Vgl. *Simitis*, RDV 1989, S. 58 ff., Gekantelde Arbeidsverhoudingen, Sinzheimer Cahiers 2, S. 7 ff., 28 ff.; aber auch *Däubler*, Tarifvertragsrecht Rdnr. 788 f.

beschäftigung, deren Verwirklichung und Aufrechterhaltung allenfalls als eine Frage des richtigen Weges erschien, entfernt. Damit entfällt allerdings auch genau die Erwartung, die es leichter macht, den verfassungsrechtlich begründeten Anspruch einzelner Bevölkerungsgruppen, gleich behandelt zu werden, zwar nicht unbedingt zu akzeptieren, aber doch weitgehend zu tolerieren. Je knapper die Arbeitsplätze werden, desto deutlicher nimmt der Widerstand gegen neuen Beschäftigungsansprüche zu.

Das Urteil des Bundesarbeitsgerichts wird folglich mehr und mehr zum manifesten Beweis eines längst aus den Fugen geratenen Arbeitsrechts stilisiert, das nun dank der »faktischen Unkündbarkeit« eine vernünftige Personalpolitik endgültig unmöglich gemacht habe.[43] Zudem ist mittlerweile von Tausenden von »Mißbrauchsfällen« die Rede, die klar erkennen ließen, was die Betroffenen wirklich wollten: ihren Anspruch möglichst gewinnbringend »versilbern« und nicht etwa ihrer Arbeit weiter nachgehen.[44] Aber auch die alten Vorurteile kehren verstärkt zurück. Eine »überalterte«, vom »Generationenkrieg« bedrohte Gesellschaft habe, so heißt es, keine Zukunft. Statt deshalb den älteren Menschen ständig neue Ansprüche zuzugestehen und den ohnehin strapazierten staatlichen Haushalt mit den kaum noch kontrollierbaren Kosten für die Altersfürsorge zu belasten, gelte es, dem Geburtenzuwachs eindeutig den Vorzug vor der Lebensdauer zu geben, ja sich überhaupt ganz auf eine bessere medizinische Betreuung der Jüngeren zu konzentrieren.[45] Doch nicht einmal dabei bleibt es: Wenn, so meint man, die Wende zu einer von »Grufties« und »No-Goes« beherrschten, die Jüngeren schlicht majorisierenden Gesellschaft vermieden werden soll, dann müßte jetzt schon das allgemeine Wahlrecht älterer Menschen konsequent einge-

---

43 Vgl. etwa den Kommentar der Frankfurter Allgemeinen Zeitung (mwh.) vom 22. 10. 1993, S. 15; die Rundschreiben II/192 vom 22. 12. 1993 und II/21 vom 7. 2. 1994 der BDA; *Moll*, NJW 1994, S. 500; *Ackmann*, EWiR 1994, S. 179; aber auch *v. Hoyningen-Huene*, BB 1994, S. 640.

44 Vgl. die Frankfurter Allgemeine Zeitung vom 8. 3. 1994 »20 000 bis 30 000 Mißbrauchsfälle..., zumeist von Beschäftigten in leitenden Positionen«.

45 Eine Forderung, die wohl am deutlichsten in der 1987 publizierten Arbeit von *Callahan*, Setting Limits: Medical Goals for an Aging Sociecy, formuliert und später immer wieder aufgegriffen worden ist; vgl. *Streib-Binstock*, in: *Binstock-George*, Aging and the Social Sciences, S. 1 ff.

schränkt werden.[46] »Setting limits«[47] bekommt so eine ganz neue, fast makabre Bedeutung.

Gerade in Anbetracht solcher Reaktionen gilt es festzuhalten: Zur Debatte steht nicht eine willkürliche Privilegierung älterer Menschen, vielmehr die verfassungsrechtlich gebotene Korrektur einer willkürlichen Benachteiligung. Um so mehr drängt sich die Erinnerung an andere durchaus vergleichbare Erfahrungen auf. Fast ein halbes Jahrhundert hat es von der unmißverständlichen Aufforderung, des Grundgesetzes, die Gleichberechtigung von Mann und Frau zu respektieren, bis zu den ersten Gleichstellungsgesetzen gedauert und welcher Zeitraum noch bis zur Verwirklichung der vom Bundesverfassungsgericht in seinen Entscheidungen zum Verbot der Nachtarbeit[48] sowie zur Diskriminierung von Frauen bei der Stellensuche[49] geäußerten Erwartungen vergehen wird, läßt sich wohl kaum angeben. Wer sich zudem die Mühe machen sollte, die früher vorgebrachten und in mancherlei Hinsicht unverändert aufrechterhaltenen Einwände gegen eine gleichberechtigte Beschäftigung weiblicher Arbeitnehmer der Kritik an einer Aufhebung der Altersgrenzen gegenüberzustellen, wird schnell auffällige Parallelen entdecken. Die penetrant wiederholten Hinweise auf die allein schon wegen der körperlichen Defizite beschränkten Möglichkeiten, den Ansprüchen einer beruflichen Tätigkeit zu genügen, finden sich ebenso wieder wie etwa die Klage über eine aller ökonomischen Vernunft widersprechende, auch und vor allem unter Kostengesichtspunkten nicht zu vertretende Belastung der Personalpolitik, oder der Vorwurf, anderen Arbeitnehmern Arbeitsplätze wegzunehmen, statt sich mit einer der eigenen Situation wirklich entsprechenden Lebensgestaltung zufriedenzugeben.

Für beides, Gleichstellung und Abschaffung der Altersgrenzen, gilt aber genauso: Die beträchtlichen Widerstände sowie die unverblümt aggressiven Reaktionen spiegeln neben alten, nach wie vor virulenten Vorurteilen auch Ängste wider, die in Anbetracht der unbestreitbaren, oft durch die Gefährdung des eigenen Arbeitsplatzes hautnah erlebten Verknappung der Beschäftigungsmöglichkeiten einen durchaus realen Hintergrund haben, zumal sich die Folgen einer Korrektur der bisher schlicht hingenommenen Benachteiligungen gleichsam summieren und es so noch

---

46 Vgl. *Möckli* in: Füglistaler (Hrsg.), Die Schweiz schrumpft, S. 13 ff. 25.
47 *Callahan*, a.a.O. (Fn. 45).
48 BVerfGE 85, S. 191, 206 f.
49 BVerfG, Beschluß vom 16. 11. 1993, BB 1994, S. 502.

schwerer machen, Auswege zu finden. Sicherlich gibt es Unterschiede.[50] Bei älteren Beschäftigten geht es nun einmal nicht so sehr darum, überhaupt Arbeit zu bekommen, sondern in erster Linie um eine innerbetriebliche Reorganisation, die es einerseits erlaubt, die Erfahrungen älterer Arbeitnehmer konsequent zu nutzen, andererseits aber bessere Chancen eröffnet, sich den wechselnden Anforderungen des Arbeitsprozesses anzupassen.

Manches läßt sich deshalb schon mit Hilfe einer freilich anders als bisher konzipierten Fortbildung erreichen.[51] Sie darf vor allem nicht mehr als eine eigens auf die Altersfolgen zugeschnittene Fürsorgemaßnahme betrachtet werden, die konsequenterweise erst zum Zuge kommen kann, wenn ein bestimmtes Alter erreicht ist, sondern muß im Gegenteil die gesamte berufliche Laufbahn begleiten.[52] Genauso erforderlich ist es, die Fortbildung mit einer sowohl die angeeigneten Kenntnisse als auch die sich wandelnde Struktur des Arbeitsprozesses berücksichtigenden innerbetrieblichen Mobilität zu verbinden. Die Weiterbeschäftigung institutionalisiert, so gesehen, den Arbeitsplatzwechsel. Trotzdem bleibt es dabei, die Benachteiligung der älteren Arbeitnehmer läßt sich, nicht anders als im Falle der Frauen, letztlich nicht ohne eine Umverteilung der Arbeit korrigieren. Die Abschaffung der Altersgrenzen zementiert also nicht den status quo und schreibt deshalb keineswegs lediglich die bisher geltenden Arbeitsbedingungen fort. Sie zwingt vielmehr dazu, die Struktur der Arbeitsplätze zu revidieren, rückt aber damit einmal mehr die Teilzeitarbeit in den Vordergrund.[53]

6. Ausnahmen

Eine Bewertung der Altersgrenzen, die sich ganz an der Bedeutung der Arbeit für das Selbstverständnis und die Entwicklung der Betroffenen orientiert, schließt grundsätzlich Ausnahmen aus. Wo also jemand arbeitet, in einer Fabrik, einem Ministerium, einer Werbeagentur, einer Bank

---

50 Dazu *Calon-Frey-Lindley-Lyon/Caen-Markmann-Simitis*, 77 KritV, S. 58 ff., 69.
51 Vgl. auch *Calon-Frey-Lyon/Caen-Markmann-Simitis*, a.a.O. (Fn. 50), S. 62.
52 Dazu auch *Mayer*, a.a.O. (Fn. 15), S. 537 ff.
53 »Abschied gilt es zu nehmen vom Mythos eines tradierten, aber letztlich inhumanen Arbeitszeitmodells, dem eine ganztägige Dauerbeschäftigung mit lebenslanger Bindung bis zu einem starr fixierten Rentenalter zugrunde liegt,«, *Jacobs*, 38 ZevKR, S. 315.

oder einer Universität ist gleichgültig. Ebensowenig kommt es auf den formalen Status der Beschäftigten an.[54] Feste Altersgrenzen bleiben eine Benachteiligung ohne Rücksicht darauf, ob sie sich auf Angestellte, Arbeiter oder Beamte beziehen. Allgemeine, wie immer gehaltene Aussagen reichen deshalb nicht aus, um die Beschäftigten daran zu hindern, über ein bestimmtes Alter hinaus zu arbeiten. Maßgeblich können allenfalls Gründe sein, die sich unmittelbar aus den je spezifischen Arbeitsbedingungen ergeben und die Fähigkeit der Beschäftigten in Frage stellen, den Anforderungen ihrer Tätigkeit zu entsprechen.[55]

Abstrakte Äußerungen, wie etwa die Bemerkung des Bundesverfassungsgerichts,[56] die Leistungsfähigkeit erfahre im Laufe des siebenten Jahrzehnts einen erheblichen Rückgang, helfen insofern nicht weiter. Schon deshalb, weil die »Leistungsfähigkeit« ein viel zu undeutlicher Anhaltspunkt ist. Was damit genau gemeint ist, läßt sich nur vor dem Hintergrund einzelner, exakt umschriebener Aufgaben präzisieren. Abgesehen davon, darf die »Leistungsfähigkeit« nicht mit einer ganz bestimmten, die Beschäftigten gleichsam ohne jede Veränderung durch ihre gesamte berufliche Existenz begleitenden Vorstellung über ihre Tätigkeit verbunden werden. Die Arbeitsmöglichkeiten der Betroffenen müssen vielmehr stets im Kontext der jeweiligen Arbeitsorganisation gesehen und beurteilt werden. Die Einbindung in die Organisation flexibilisiert die Arbeitschancen, erlaubt es also, sie frühzeitig und kontinuierlich dem fortschreitenden Alter der Beschäftigten anzupassen.

Erst recht führen Regelungen, wie sie beispielsweise das BRRG enthält (§ 25), nicht weiter. Sie spiegeln genau die Mentalität wider, die auch die festen Altersgrenzen als selbstverständlich erscheinen läßt. Auf die Beschäftigten selbst, ihre Interessen und Fähigkeiten kommt es nicht weiter an. Die Weiterbeschäftigung richtet sich ausschließlich nach dem »dienstlichen Interesse«. Den Ausschlag geben mithin die Erwartungen der jeweils in Betracht kommenden Stelle. Einzelne Beschäftigte mögen davon durchaus profitieren, an der Benachteiligung ändert sich trotzdem nichts. Die Beschäftigten bleiben Objekte einer Entscheidung, die mit ihrer

---

54 Vgl. auch *Hanau*, Forschung & Lehre, Mitteilungen des Deutschen Hochschulverbandes 1994, S. 81; *Däubler*, a.a.O. (Fn. 42), Rdnr. 788.
55 Vgl. auch *Däubler*, a.a.O. (Fn. 42) Rdnr. 788 f.; einschränkend *Pfeiffer*, ZIP 1994, S. 270 f.
56 Vgl. etwa BVerfGE 64, S. 72, 82 und zuletzt die Entscheidung der 3. Kammer des Zweiten Senats vom 26. 8. 1993 (Wählbarkeit zum hauptamtlichen Bürgermeister), LKV 1993, S. 42.

Situation nichts zu tun hat. Sie nehmen, mit anderen Worten, nicht eine ihnen zustehende Möglichkeit wahr, sondern lediglich eine Chance, auf die sie keinerlei Einfluß haben.

Genausowenig geht es schließlich an, bei einzelnen Berufen eine altersbedingte Arbeitsunfähigkeit schlicht zu unterstellen. Wiederum gilt es, an die Gleichstellungsdiskussion zu erinnern. Wann immer Benachteiligungen korrigiert werden sollen, tauchen plötzlich Barrieren auf, die scheinbar zwingend aus der »Natur« oder dem »Wesen« einzelner Tätigkeiten folgen. Reflexionen über Diskriminierungen schließen deshalb stets auch eine Auseinandersetzung mit den zur »Natur« gewordenen Vorurteilen ein, kurzum mit genau den Faktoren, die »Wesen« und »Natur« so formen, daß die Notwendigkeit von Benachteiligungen gar keinem Zweifel mehr unterliegen kann. Ganz in diesem Sinn wird etwa immer wieder auf scheinbar evidente, bestimmten Tätigkeiten innewohnende Gefahren für die Allgemeinheit hingewiesen,[57] die eine Beschäftigung älterer Menschen von vornherein als »gemeingefährlich«[58] disqualifizieren. Welche Tätigkeiten damit genau gemeint sind, bleibt freilich offen. In Wirklichkeit wird nur ein Ansatzpunkt gewählt, der den Vorzug hat, die zumeist von Piloten angeführte Liste, jederzeit beliebig erweitern zu können. Gefahren für die Allgemeinheit lassen sich schließlich leicht entdecken, und zwar keineswegs nur bei Chirurgen und LKW-Fahrern. Aussagen zur »Gemeingefährlichkeit« stehen im übrigen ganz im Zeichen der Vorurteile gegenüber älteren Menschen. Der immer wieder erwähnte »natürliche« Verfall aktualisiert die »Gemeingefährlichkeit« und macht sie für jeden nachvollziehbar. Einmal mehr gilt daher: Feste Altersgrenzen sind nur solange hinnehmbar, wie es anhand der je spezifischen Arbeitsbedingungen gelingt, nachzuweisen, daß, eine Beschäftigung in Anbetracht der gegenwärtig feststehenden Kenntnisse über den Alterungsprozeß objektiv unterbleiben muß.

---

57 Vgl. etwa *Schlüter-Belling*, NZA 1988, S. 302 ff.; *Stahlhacke*, DB 1989, S. 2333; *Steinmeyer*, RdA 1990. (S. 12; *Gitter-Boerner*, RdA 1990, S. 134 f.; *Pfeiffer*, ZIP 1994, S. 270; *Däubler*, a.a.O. (Fn. 15) Rdnr. 788.
58 Vgl. *Pfeiffer*, ZIP 1994, S. 270.

7. Keine Kumulation von Arbeitsentgelt und Rente

Der Verzicht auf feste Altersgrenzen stellt die Beschäftigten vor die Wahl, entweder ihre Arbeit fortzusetzen oder sich für den Ruhestand zu entscheiden. Eines geht also nicht: Arbeitsverhältnis und Ruhestand miteinander zu verbinden. Anders und präziser ausgedrückt: das bisherige Arbeitseinkommen nicht nur beizubehalten, sondern um die Renten- oder Pensionsansprüche zu ergänzen.[59] So richtig es deshalb ist, daß rentenrechtlich gesehen, auch im Ruhestand durchaus gearbeitet werden darf, so wenig läßt sich mit dieser Feststellung dort etwas anfangen, wo die Aufhebung der Altersgrenzen zur Debatte steht. Sie soll den Beschäftigten nicht etwa die Möglichkeit geben, die im Ruhestand noch verbleibenden Arbeitschancen besser auszuschöpfen, vielmehr den Eintritt in den Ruhestand gezielt verschieben.[60] Konsequentenweise kann die Fortsetzung der Arbeit auch nur eine Fortzahlung der Löhne und Gehälter zur Folge haben.[61] In der Inanspruchnahme der Rente materialisiert sich, so gesehen, die Option gegen eine Weiterbeschäftigung und für den Ruhestand. Gegen Vertragsklauseln, die mit dem Rentenbezug eine Auflösung des Arbeitsverhältnisses verknüpfen, läßt sich infolgedessen schwerlich etwas einwenden.[62]

Wenn dennoch die Vereinbarkeit von Arbeitsentgelt und Rente zum Problem geworden ist, so weil sich die Auseinandersetzung mit der Zulässigkeit fester Altersgrenzen weitgehend unter dem falschen Vorzeichen abgespielt hat. Sie mag sich an der Interpretation einer spezifisch sozialrechtlichen Bestimmung, des § 41 Abs. 4 Satz 3 SGB VI, entzündet haben, wirft aber vor allem arbeitsrechtliche Fragen auf. Noch einmal: Die Weiterbeschäftigung legitimiert sich aus der Bedeutung, die der Arbeit für das Selbstverständnis des einzelnen Arbeitnehmers zukommt und nicht aus einer wie immer begründeten Notwendigkeit, eine objektiv oder auch nur subjektiv unzureichende Rente zu verbessern.

Trotzdem wäre es falsch, jede Verbindung von Arbeitsentgelt und

---

59 Vgl. *Hanau-Preis*, Frankfurter Allgemeine Zeitung vom 29. 1. 1994, S. 12, »soziale Horrorvision«; *Hanau*, a.a.O. (Fn. 54), S. 80; *von Hoyningen-Huene*, BB 1994, S. 641; *Pfeiffer*, ZIP 1994, S. 271, 273.

60 Eine Feststellung, die auch in der Entscheidung des BAG anklingt, AP Nr. 3 zu § 41 SGB VI = BB 1994, S. 67.

61 Vgl. auch *Hanau-Preis*, a.a.O. (Fn. 39); *Hanau*, a.a.O. (Fn. 54), S. 80; *von Hoyningen-Huene*, BB 1994. S. 641; *Pfeiffer*, ZIP 1994, S. 271.

62 Vgl. *Hanau-Preis*, a.a.O. (Fn. 59); *Pfeiffer*, ZIP 1994, S. 272.

Rente kategorisch abzulehnen. Die Entscheidung hängt letztlich von der Ausgestaltung der Arbeitsbedingungen älterer Arbeitnehmer ab. So läßt sich beispielsweise Teilzeitarbeit schneller und leichter durchsetzen, wenn die damit unvermeidlicherweise verbundenen Einkommenseinbußen mit Hilfe einer entsprechenden Inanspruchnahme der Rente ausgeglichen werden könnten. Die Kombination mit dem Arbeitsentgelt erhöht mithin die Chancen, sowohl den berechtigen Erwartungen der Beschäftigten Rechnung zu tragen, als auch die knappe Arbeit besser zu verteilen.

Sieht man einmal von diesem Vorbehalt ab, spricht nichts gegen eine gesetzliche Regelung, die einen gleichzeitigen Bezug von Rente und Arbeitsentgelt eindeutig ausschließt, alles aber gegen jeden Versuch, die Altersgrenzen erneut festzuschreiben und damit eine verfassungswidrige Diskriminierung zu perpetuieren. Der Bundestag hat mit der am 1. 8. 1994 in Kraft getretenen Neufassung des § 41 Abs. 4 Satz 3 SGB VI dieses Risiko auf sich genommen.[63] Statt also den vom Bundesarbeitsgericht eingeschlagenen Weg konsequent weiterzugehen, zog es der Bundestag vor, gleichsam durch einen Kunstgriff der Rückkehr zu der bis Januar 1992 geltenden Regelung des Art. 6 § 5 Abs. 2 des Rentenreformgesetzes 1972 feste Altersgrenzen wieder hinzunehmen und zugleich eine entsprechende Regelungsbefugnis der Tarifvertragsparteien zu bestätigen. Die gleichzeitig beschlossene Verpflichtung der Bundesregierung, spätestens in dem 1997 zu erstellenden Rentenversicherungsbericht über die Erfahrungen mit der neuen Regelung zu berichten und unter Umständen neue Vorschläge zu unterbreiten, läßt freilich erkennen, daß Altersgrenzen, ungeachtet aller gegenteiligen Beteuerungen und trotz der Wiederholung längst brüchiger Argumente, nicht mehr ohne weiteres akzeptiert werden. So paradox es deshalb klingen mag, der Bundestag hat mit seiner Entscheidung die Debatte über die Altersgrenzen nicht beendet, sondern erst recht entfacht.

---

63 Gesetz zur Änderung des Sechsten Buches Sozialgesetzbuch (SGB VI ÄndG) vom 26. 7. 1994 (BGBl. I, S. 1797), Art. 1.

Verrechtlichung

Zur Verrechtlichung der Arbeitsbeziehungen

1. Prämissen

1.1 Hintergrund

»Verrechtlichung« ist ein oft und in den verschiedensten Zusammenhängen gebrauchtes Stichwort.[1] Nirgends erscheint seine Verwendung freilich so berechtigt, wie dort, wo Struktur und Ziele arbeitsrechtlicher Regelungen zur Debatte stehen. Das Arbeitsrecht ist, genaugenommen, das gleichsam klassische Verrechtlichungsparadigma. Hintergrund und Verlauf des Verrechtlichungsprozesses lassen sich deshalb wohl am ehesten und besten an der Entstehung sowie der Entwicklung des Arbeitsrechts ablesen.

Die Verrechtlichung spiegelt das veränderte Verständnis staatlicher Aufgaben wider. Mit ihr verdrängt der »activist state« den kontemplativen Staat,[2] beginnt der Weg einer am unbestrittenen Vorrang vertraglicher Vereinbarungen orientierten Gesellschaft in die »law-driven society«.[3] Präziser ausgedrückt und am Beispiel des Arbeitsrechts erklärt, heißt dies: Die Industrialisierungsfolgen zwingen dazu, die Grunddaten rechtlicher Regelung der ökonomischen und gesellschaftlichen Prozesse neu zu formulieren. Die Arbeit hört auf, nur eines unter mehreren marktfähigen und auch vermarkteten Gütern zu sein, der Arbeitsmarkt sondert sich vom allgemeinen Gütermarkt ab, unterliegt zunehmend eigenen, von vornherein auf die Arbeitsbeziehungen zugemünzten Vorschriften, die statt Vereinbartes sorgfältig abzuschirmen, verbindliche Vorgaben festlegen, denen sich jede Abmachung über die Leistung von Arbeit anpassen muß. Mit eben dieser, sich immer schärfer akzentuierenden Verrecht-

---

1 Dazu statt aller *Voigt*, in *Voigt* (Hrsg.), Verrechtlichung (1980) 15 ff.
2 Vgl. insb. das der Entwicklung und der Situation des »activist state« gewidmete Sonderheft des Yale Law Journal, 94 Yale L.J. (1984).
3 Dazu auch *Ackermann*, 94 Yale L.J. (1984); *Damaska*, ebda. (Ms.).

lichung der Arbeitsbeziehungen gewinnt auch das Arbeitsrecht Gestalt. Jede seiner Bestimmungen definiert den individuellen Entscheidungsspielraum neu, markiert Grenzen und gibt feste Orientierungspunkte an.

Die Steuerungsfunktion mag nicht von Anfang an deutlich gewesen sein. Doch schon die ersten Ansätze einer arbeitsrechtlichen Regelung, die »Arbeiterschutzgesetze«, sind von der Steuerungsintention geprägt. Ganz gleich, ob die Kinderarbeit eingeschränkt, die Höchstarbeitszeit festgelegt, der Mindestlohn bestimmt oder die Zahlungsmodalitäten präzisiert werden sollen, das Gesetz läßt in keinem Fall Zweifel an der Absicht aufkommen, auf die Struktur des Arbeitsverhältnisses Einfluß zu nehmen, um Barrieren gegen die Industrialisierungsfolgen aufzubauen. Gewiß, die Sprache des Gesetzgebers macht es zuweilen schwer, Anlaß und Ziel seiner Intervention genau zu erkennen. So vermitteln die im Zusammenhang mit einer gesetzlichen Regelung der Arbeitszeit angestellten und mit dem ständig wiederkehrenden Hinweis auf die »Produkthygiene« bekräftigten Überlegungen den Eindruck, als könne und dürfe es, jedenfalls in erster Linie, nur darum gehen, die sich aus der Belastung der Arbeitnehmer möglicherweise für die Produktsicherheit ergebenden Gefahren einzudämmen.[4]

Derlei Formulierungen sind freilich Übergangssymptome. Der Gesetzgeber ist dem ganzen Selbstverständnis einer sich als Privatrechtsgesellschaft konstituierenden, und damit die primäre Regelungskompetenz für sich in Anspruch nehmenden Gesellschaft nach zur strikten Zurückhaltung verpflichtet. Kaum verwunderlich, wenn deshalb jeder Versuch, in das Arbeitsverhältnis einzugreifen, unweigerlich mit eben jenen Ordnungsgrundsätzen konfligiert, die Initiative dem einzelnen vorbehalten und Abstinenz dem Staat vorschreiben. Von der Eigentums- über die Vertragsfreiheit bis hin zum »natürlichen« Vorrecht des Vaters und Ehemannes, selbst darüber zu bestimmen, ob und zu welchen Bedingungen die Familienmitglieder ihre Arbeitskraft verwerten dürfen, überall geht es um fundamentale Rechte des einzelnen, die auch und vor allem den Sinn haben, staatliche Intervention zu illegalisieren. Die Gesellschaft der freien und gleichen einzelnen duldet grundsätzlich keine andere verbindliche Regelung als die von den Betroffenen selbst vereinbarte, und zwar ohne Rücksicht darauf, ob Grundstücke übertragen, Produkte verkauft oder

---

4 Vgl. etwa *Lochner* v. *New York*, 198 U.S. 45 (1905) sowie *Nelken*, Die deutschen Handwerker- und Arbeiterschutzgesetze (1901) 734 ff.

Arbeit »gegeben« oder »genommen« werden soll; »les conventions légalement formées tiennent lieu de loi à ceux qui les ont faites«.[5]

So gesehen, erscheint es nur konsequent, wenn etwa der Supreme Court von Pennsylvanien[6] eine gesetzliche Regelung, die den Beschäftigten der Eisen- und Kohleindustrie eine regelmäßige Entlohnung sichern sollte, als »utterly unconstitutional and void« bezeichnete. Die Richter qualifizierten die Intervention des Gesetzgebers als Versuch, »to, do what, in this country cannot be done, that is, prevent persons who are sui juris from making their own contracts«. Das Gesetz war deshalb in ihren Augen »an insulting attempt to put the laborer under a legislative tutelage, which is not only degrading to his manhood, but subversive of his rights as a citizen of the United States«. Nicht viel anders reagierte noch um die Jahrhundertwende der Illinois Supreme Court auf ein Gesetz, das den Achtstundentag für weibliche Arbeitnehmer einzuführen suchte.[7] Die Arbeitszeitbegrenzung sei, so meinte das Gericht, eine »purely arbitrary restriction upon the fundamental rights of die citizen to control his or her own time and faculties«. Ähnlich dezidierte richterliche Stellungnahmen sind außerhalb der Vereinigten Staaten eher selten. Die gleichen Einwände begleiten aber überall den Gesetzgebungsprozeß ebenso wie die Interpretation der Arbeiterschutzgesetze.[8]

Unter diesen Umständen lag es nahe, sich in Begründungen zu flüchten, die jedenfalls den Eindruck erwecken, der Gesetzgeber bewege sich mit seiner Entscheidung in seinem ureigensten Kompetenzbereich. Alle Zweifel an der Zuständigkeit bleiben daher spätestens dann aus, wenn es um genuine polizeiliche Aufgaben geht. Sie sind die unbestrittene Domäne staatlicher Aktivität. Wo deshalb, um das Beispiel der Arbeitszeitregelungen wieder aufzugreifen, die gesetzlichen Vorschriften unter »Produkthygiene« rubriziert werden, bekommt die staatliche Intervention einen offenkundig polizeilichen Aspekt. Im Vordergrund stehen scheinbar einzig und allein die produktbezogenen gesundheitlichen Risiken Dritter. Ihre Gefährdung legitimiert und legalisiert die Intervention. Sie, und nicht etwa die Arbeitnehmer, sollen geschützt werden.

---

5 Art. 1134 Code civil; Cass. civ. vom 17. 6. 1896, D.P. 99.1.159.
6 *Godcharles* v. *Wiegemann*, 113 Pa.St. 431, 6 Atl. 354 (1886).
7 *Ritchie* v. *People*, 155 11, 98, 40 N.E. 454 (1895).
8 Vgl. etwa *Tissier*, in Le Code civil. Livre du Centenaire I (1904) 73 ff.; *François*, Introduction au droit social (1974) 53 ff., 70 ff.; *Benöhr*, ZfA 8 (1977) 190 ff.; *Hepple*, in *Bain* (Hrsg.), Industrial relations in Britain (1983) 405.

Der Eingriff in das Arbeitsverhältnis mag damit vordergründig als durchaus systemtreu erscheinen. In Wirklichkeit bringt er einen eindeutigen Systembruch mit sich. Die »Arbeiterschutzgesetze« verschieben die Kompetenzgrenzen. Ihr Ziel ist Korrektur und Prävention zugleich. In dem Augenblick, in dem aus der »Arbeiter-« eine »soziale Frage« wird, gibt es keine verbindliche Aufgabentrennung mehr. Die »question sociale« führt zwangsläufig zu einer auf langfristige soziale Veränderungen bedachten staatlichen Politik, die sichtbar gewordene Konfliktherde, wenn nicht beheben, so doch eindämmen soll.[9] Die Verrechtlichung der Arbeitsbeziehungen ist mit ihr wichtigstes Mittel. Nicht von ungefähr wird im Zusammenhang mit den »Arbeiterschutzgesetzen« immer wieder auf die »soziale Befriedung« verwiesen.[10] Sie läßt sich aber nur anstreben, wenn der Gesetzgeber nicht mehr bereit ist, die ökonomische und soziale Entwicklung unwidersprochen hinzunehmen und zu sanktionieren, sondern seine Aufgabe auch und gerade darin sieht, einzugreifen, um zu versuchen, die Entwicklung in andere, um der eigenen politischen und sozialen Ziele willen für notwendig gehaltene Bahnen zu lenken.

Diceys' Feststellung,[11] der Staat habe mit den »Arbeiterschutzgesetzen« den einzelnen Schritt für Schritt zurückgedrängt, ja ihn gleichsam entmündigt, trifft insofern durchaus zu. Nur: Was Dicey noch als beklagenswerte Ausnahme ansieht, gerät mit fortschreitender Verrechtlichung der Arbeitsbeziehungen zum Programm. Das Arbeitsrecht knüpft ein immer dichteres Netz verbindlicher Verhaltensvorschriften, die allesamt sozialpolitische Intentionen materialisieren.[12] Eben deshalb sind »activist state« und Verrechtlichung der Arbeitsbeziehungen untrennbar miteinander verbunden, gewinnen die Vorstellungen und Ziele einer interventio-

---

9 Vgl. auch *François*, Introduction 29 ff., 42 ff.; *Javillier*, Droit du travail (2. Aufl. 1981) 97 ff. Gerade deshalb ist es völlig richtig, die »Arbeiterschutzgesetze« als »Urzelle des modernen Arbeitsrechts« zu bezeichnen, *Herschel*, RdA 1978, 69.

10 Dazu *Benöhr*, ZfA 8 (1977) 212.

11 Law and public opinion in England (1914) LI.

12 Insofern geht es bei der Verrechtlichung durchaus um die »Wirkungsbedingungen und -grenzen des Rechts als Steuerungsmedium«, *Voigt*, in *Voigt* (Hrsg.) Gegentendenzen zur Verrechtlichung, Jahrbuch für Rechtssoziologie und Rechtstheorie 9 (1983) 20. Eben deshalb greifen *Kirchheimers* Überlegungen, ZfP 1928, 526 ff., der übrigens als erster von »Verrechtlichung sprach und sie als Mittel definierte, um politische Konflikte mit Hilfe einer juristischen Formalisierung zu neutralisieren, zu kurz. Sie legen zudem den Schluß nahe, der Verrechtlichungsprozeß sei unter den spezifischen Bedingungen der Weimarer Zeit entstanden und deshalb auch für die Weimarer Republik typisch, eine Annahme, die gerade durch die Geschichte des Arbeitsrechts eindeutig widerlegt wird.

nistischen staatlichen Politik über die Verrechtlichung der Arbeitsbeziehungen konkrete Gestalt.[13]

1.2 Universalität

Nach wie vor pflegt die Verrechtlichung als nationale Besonderheit ausgegeben zu werden.[14] Den einen erscheint sie als Ausdruck eines typisch deutschen Legalismus,[15] die anderen sehen in ihr die selbstverständliche Konsequenz eines nicht minder typischen »juridicisme français«.[16] Selbst dort aber, wo derart präzise Bezüge gar nicht erst hergestellt werden, klingt immer wieder die Vorstellung an, die Verrechtlichung sei jedenfalls

---

13 Was für das Arbeitsrecht gilt, trifft freilich anderswo genauso zu: Die Verrechtlichung bleibt durchweg an die staatliche Intervention geknüpft, so unterschiedlich im übrigen, wie sich am Beispiel des Kartell- sowie des Gesellschaftsrechts zeigt, der Verrechtlichungsprozeß verlaufen mag. Im einen Fall vollzieht sich eine dem Arbeitsrecht durchaus vergleichbare Entwicklung. Der als staatliche Veranstaltung verstandene Wettbewerb spielt sich auch und vor allem nach den im Kartellrecht näher definierten Bedingungen ab, dazu *Hopt*, unten insb. 266 ff. Im anderen Fall dagegen verändert sich unter dem Eindruck der Verrechtlichung eine bereits bestehende Regelung, sei es durch die Zunahme zwingender Vorschriften, sei es durch die Einfügung neuer, um bestimmter wirtschafts- und gesellschaftspolitischer Ziele willen formulierter Normenkomplexe, wie etwa der Publizitätsregeln oder der securities regulation, dazu *Kübler*, unten insb. 218 ff. Die staatliche Intervention gibt schließlich den Ton auch dort an, wo der Verrechtlichungsprozeß die nationalen Grenzen überschreitet. Konventionen und Empfehlungen internationaler Organisationen, wie etwa der Internationalen Arbeitsorganisation, sind durch die nationalen Regelungsschwerpunkte und -erfahrungen geprägt. Hier wie dort beherrschen das Verbot der Kinderarbeit, die Beschränkung der Arbeitszeit, die Garantie eines Mindestlohnes, das Recht auf Kollektivverhandlungen, die Betätigungsfreiheit gewerkschaftlicher Vertreter, um nur diese Beispiele zu nennen, den Regelungsprozeß. So gesehen, ist das IAA Vermittler und Multiplikator der im nationalen Bereich entstandenen Verrechtlichungstendenzen, vgl. statt aller *Johnston*, The International Labour Organisation (1970); L'impact des conventions et recommandations internationales du travail, B.I.T. 1977; *Valticos*, R.I.T. 1979, 721 ff. Zudem: Die Internationalisierung des Marktes zwingt jeden Staat, dem die wirtschaftliche und soziale Entwicklung nicht gleichgültig ist, seine Politik auch und gerade im Hinblick auf die möglichen Auswirkungen dieser Internationalisierung zu formulieren. Die grenzüberschreitenden Wirkungen des Wettbewerbsrechts sind dafür ebenso bezeichnend wie der über den Internationalen Währungsfonds mit Hilfe eines sich konstant verdichtenden rechtlichen Instrumentariums ausgeübte Einfluß auf die Wirtschaftspolitik der in ökonomische Schwierigkeiten geratenen Länder.

14 Vgl. dazu auch *von Beyme*, Gewerkschaften und Arbeitsbeziehungen in kapitalistischen Ländern (1977) 198 ff.

15 Statt aller *Unterseher*, in *Jacobi/Müller-Jentsch/Schmidt*, Gewerkschaften und Klassenkampf, Kritisches Jahrbuch '72 (1972) 190 ff., KJ 1970, 140 ff.

16 *Adam/Reynaud*, Conflits du travail et changement social (1975) 72.

das wohl verläßlichste Unterscheidungsmerkmal zwischen der Regelung der Arbeitsbeziehungen in den kontinentaleuropäischen Ländern einerseits und in Großbritannien andererseits.[17] Den zur Verrechtlichungsdomäne erklärten kontinentaleuropäischen Ländern wird Großbritannien als das mehr oder weniger einzige, weitgehend verrechtlichungsimmune Land gegenübergestellt. Solche Annahmen lassen sich freilich schlecht mit der Geschichte der Arbeitsbeziehungen vereinbaren. Sie zeigt nur zu deutlich: Die Industrialisierung schließt Alternativen aus.[18] Für Großbritannien gilt deshalb genauso wie für jedes andere Land: »that the one indubitably fundamental and irreversible trend is the ever-increasing extent of the legal regulations of ... industrial relations«.[19] Der weite Weg vom Factory Act von 1831 bis zum Employment Act von 1982 ist eine einzige Bestätigung fortschreitender Verrechtlichung.

Die Stationen sind allerdings nicht überall gleich.[20] Der Verrecht-

---

17 In diese Richtung weisen die Überlegungen *Otto Kahn-Freunds* zur Entwicklung des Arbeitsrechts, vgl. insb. Arbeit und Recht (1979) 18 ff. sowie in *Flanders/Clegg*, The system of industrial relations in Great Britain (1954) 42 ff., 66 ff.

18 Eben deshalb sind rechtsvergleichende Überlegungen zur Verrechtlichung nicht nur legitim, sondern notwendig. Der gemeinsame historische Bezugspunkt rechtfertigt die Einbeziehung all der Rechtsordnungen, die sich unter dem Eindruck des Industrialisierungsprozesses immer offener und entschiedener für einen über ständig weiter ausgebaute Sondernormen realisierten Eingriff in die Arbeitsbeziehungen ausgesprochen haben. Der gemeinsame Bezugspunkt zwingt aber auch dazu, in der eigenen Regelung nicht mehr zu sehen als einen von mehreren möglichen Lösungsansätzen und bewahrt damit wohl am ehesten und wirksamsten vor einer kritiklosen Hinnahme oder gar Propagierung des jeweils zur Debatte stehenden, nationalen Verrechtlichungsmodells. Vgl. dazu auch *Kahn-Freund*, M.L.R. 37 (1974) 1 ff.; *Schregle*, in Gedächtnisschrift für Kahn-Freund (1980) 675 ff.; *Simitis*, in Festschrift für Riesenfeld (1983) 257 ff.; und demgegenüber *Reuter*, in Festschrift für Hilger/Stumpf (1983) 586.

19 *Lewis*, 14 Br.J.Ind.R. (1976) 15, 8 Ind.L.J. (1979) 202, in *Bain* (Hrsg.), Industrial relations 362 ff.; *Wedderburn*, The Worker and the law (2. Aufl. 1971) 13 ff., 160 ff., in *Wedderburn/Lewis/Clark*, Labour and industrial relations: Building on Kahn-Freund (1983) 53 ff., in Arbetsrättsliga uppsatser 1, Juridiska Fakulteten i Stockholm, Skriftreien 19; *Hasselbach/Neal/Victorin*, A perspective an labour law (1982) 38 ff.; *Davies/Freedland*, Labour law: Text and materials (1979) 3 ff., 200 f.; *Galenson/Smith*, in *Dunlop/Galenson* (Hrsg.) Labor in the twentieth century (1978) 83; aber auch *Hepple*, in *Bain* (Hrsg.) Industrial relations 413 ff.

20 Nur solange darauf Rücksicht genommen, jeder, noch so naheliegende Schematisierungsversuch also zurückgewiesen wird, läßt sich die Gefahr vermeiden, die Rechtsvergleichung in ein bloßes Legitimationsinstrument des jeweils gewünschten Normenex- oder -imports umzumünzen, vgl. auch *Wedderburn*, in Arbetsrättsliga uppsatser 1, 16., ganz gleich im übrigen, ob im Arbeitsrecht der »Fortschritt« gefördert, vgl. *Reuter*, in Festschrift für Hilger/Stumpf 586, oder, wie im Fall des gescheiterten britischen Industrial Relation Act von 1971, der »Rückschritt« verschleiert und abgesichert werden soll, vgl. *Kahn-Freund*, 3 Ind.L.J. (1974) 186 ff.; *Wedderburn*, in Arbetsrättsliga uppsatser 1, 15 ff.

lichungsprozeß verläuft vielmehr sehr unterschiedlich.[21] Zwar decken sich die Ansatzpunkte weitgehend. Die Einschränkung der Kinderarbeit, das Truckverbot, der Versuch, offenkundige Gesundheitsrisiken durch elementare Sicherheitsvorkehrungen einzudämmen, sowie die Beschränkung der Arbeitszeit sind fast durchweg die ersten Anzeichen einer verbindlichen rechtlichen Regelung der Arbeitsbeziehungen. Doch die Unterschiede lassen sich schon hier unschwer erkennen. Die Vereinigten Staaten, Frankreich, Italien oder Deutschland, um es bei diesen Beispielen zu belassen, tendieren weit eher als Großbritannien zu generalisierenden, alle Arbeitnehmer umfassenden Regelungen.

So sind die britischen Mindestlohnvorschriften von Anfang an auf bestimmte, gezielt ausgewählte Arbeitnehmergruppen zugeschnitten gewesen. Der Trade Boards Act von 1909 qualifizierte die Mindestlöhne ausdrücklich als eine Ausnahme, die nur für die wenigen Fälle in Betracht kommen dürfte, in denen sich aller bisherigen Erfahrung nach ein Minimum an wirtschaftlicher Absicherung als unabweisbar erweisen sollte. An diesem Grundsatz hat sich auch später nichts geändert. Konsequenterweise schreibt der Employment Protection Act von 1975 ein umständliches Verfahren vor, das jedem Versuch, die Zahl der begünstigten Arbeitnehmer zu erweitern, vorausgehen muß, um die Notwendigkeit von Mindestlöhnen anhand der konkreten Arbeitsbedingungen der jeweils betroffenen Arbeitnehmer zu prüfen. Anders der Code du travail (Art. L. 141 ff.). Er vermeidet bewußt jede Unterscheidung und spricht sich unmißverständlich für einen allgemeinen Mindestlohn aus, der sich nach den Lebenshaltungskosten richtet. Der französische Gesetzgeber bleibt damit der eigenen Tradition treu. Sie ist von der Tendenz geprägt, den Mindestlohn als eine von vielen, allen Arbeitnehmern zugutekommenden Schutzvorkehrungen anzusehen. Der Gesetzgeber weigert sich deshalb zu differenzieren und sichert statt dessen jedem Arbeitnehmer einen Anspruch zu, der gleichermaßen alle Arbeitnehmer bindet. Jenseits einer bestimmten Grenze ist der Lohn insofern überhaupt nicht mehr verhandlungsfähig, der Arbeitsmarkt also generell auf bestimmte ökonomische

---

21 Feststellungen, wie etwa die, »anders als in Teilen des Wirtschaftsrechts« seien die USA im Arbeitsrecht »wohl mehr als Entwicklungsland denn als -helfer einzustufen«, *Reuter*, in Festschrift für Hilger/Stumpf 586, führen deshalb nicht weiter. Zudem: Indem sie die Überlegenheit des eigenen Rechts bestätigen, rationalisieren sie zugleich die Verdrängung unbequemer Zweifel an seinem Regelungsgehalt.

Grunddaten festgelegt.[22] Sie mögen, wie sich nicht zuletzt an den Kontroversen über die Indexierung zeigt,[23] beträchtlich variieren, bleiben aber dennoch bezeichnend für eine Intervention in die Arbeitsbeziehungen, die nach wie vor darauf bedacht ist, Unterscheidungen zwischen den einzelnen Arbeitnehmergruppen möglichst zu vermeiden. Ganz ähnlich verfährt in den Vereinigten Staaten der Fair Labor Standards Act von 1938. »Fair standards« sind eben Mindestgrundsätze, nach denen prinzipiell alle Arbeitnehmer behandelt werden müssen. Der Gesetzgeber will also auch hier weit mehr als nur in einzelnen, besonders begründeten Fällen Abhilfe schaffen. Ihm geht es um allgemeinverbindliche Richtlinien, die nicht zuletzt den Arbeitgeber daran hindern sollen, sich etwa auf die Besonderheiten einzelner Arbeitsleistungen zu berufen und den Arbeitnehmern damit den Schutzeffekt der »fair Standards« zu versagen.

Ein weiteres, nicht minder bezeichnendes Beispiel ist die Arbeitszeitregelung. Wiederum führt die gemeinsame Absicht, die Arbeitszeit zu begrenzen, keineswegs zu einer übereinstimmenden Regelung. Für Deutschland besteht spätestens seit den Demobilisierungsverordnungen von 1918/ 1919 kein Zweifel: Der Gesetzgeber legt Höchstarbeitszeiten für alle Beschäftigten fest (§§ 1, 3 AZO). Wann immer seither Überlegungen über die Arbeitszeit angestellt worden sind, zielen sie deshalb auf eine generelle Regelung ab. Ganz gleich, ob es um den Achtstundentag, die Vierzig- oder die Fünfunddreißigstundenwoche geht, in jedem Fall stehen gesetzliche Bestimmungen zur Debatte, die sich nicht auf die Sonderbehandlung einzelner, sondern auf die Gleichbehandlung sämtlicher Arbeitnehmer gründen. Daran hält der Code du travail genauso dezidiert fest (Art. L. 212-1 ff.). Gewiß, die globale Regelung ist hier wie anderswo der zweite Schritt. Kinder- und Frauenarbeit waren der unmittelbare Interventionsanlaß und hatten deshalb eine Begrenzung der Arbeitszeit dieser beiden Arbeitnehmergruppen zur Folge.[24] Der Gesetzgeber begnügte sich jedoch keineswegs damit. Die zunächst etwa auf die spezifische Situation von Kindern in Bergwerken oder Frauen in der Textilindustrie zugespitzte Argumentation wich alsbald Überlegungen zur ökonomischen und sozialen Bedeutung der

---

22 Zur Funktion der Mindestlöhne und zu der Möglichkeit, sie aus der traditionellen Perspektive einer bloßen sozialen Mindestabsicherung zu lösen, vgl. *Ghera*, Giorn.Dir.-Lav.Rel.Ind. 4 (1982) 630 ff.

23 *Javillier*, Droit du travail 389 »il existe une guerre des indices«; vgl. auch *Simitis*, in Inflationsbewältigung im Zivil- und Arbeitsrecht (1976) 88 ff.

24 Statt aller *François*, Introduction 70 ff.

Arbeitskraft überhaupt.[25] Entsprechend verschoben sich die Eingriffsgrenzen. Genau darin liegt der Unterschied zu Großbritannien. Vorschriften über die Kinder- und Frauenarbeitszeit sind die einzige Konzession an eine generelle Regelung, zu der sich der britische Gesetzgeber bereitgefunden hat.[26] Im übrigen beließ er es bei einer konsequent punktuellen Intervention. Verständlicherweise richtet sich deshalb bei männlichen Arbeitnehmern die Reaktion nach den jeweiligen Arbeitsbedingungen. Sie geben den Interventionsmaßstab ab, bestimmen aber zugleich die Interventionsgrenze. So beschränkt der Gesetzgeber beispielsweise die Arbeitszeit in den Bergwerken. Sowohl der Text als auch die Begründung des Coal Mines Regulation Act von 1908 schließen aber von vornherein jede Übertragung der Arbeitszeitbegrenzung auf männliche Arbeitnehmer in anderen Industriebereichen aus. Wo sie dennoch erfolgte, ist sie nicht Fortsetzung der für die Bergwerke getroffenen Regelung, sondern eine unabhängig davon, nach anderen Gesichtspunkten getroffene Entscheidung.

Mancher zunächst recht auffällige Unterschied entfällt freilich im Laufe des Verrechtlichungsprozesses. Ein typisches Beispiel dafür ist der Kündigungsschutz. Bestimmungen über die Auflösung der Arbeitsverhältnisse finden sich in allen kontinentaleuropäischen Rechten. Die Auflösungsfreiheit ist längst durch einen staatlich verordneten, komplizierten Auflösungsmechanismus verdrängt, der die Auflösungsgründe ebenso verbindlich festlegt, wie er das Auflösungsverfahren zwingend vorschreibt. Sicher, jede dieser Regelungen hat eine lange Vorgeschichte. Doch schon in den allerersten Ansätzen eines Kündigungsschutzes, den zunächst in das ADHGB (Art. 61) für »Handlungsdiener« sowie später in das HGB (§ 67) für Handlungsgehilfen und in die Gewerbeordnung (§ 133aa) für die in Gewerbebetrieben beschäftigten Betriebsbeamten, Werkmeister und Techniker aufgenommenen Vorschriften über Kündigungsfristen oder in der schweizerischen Regelung der Kündigung im Krankheitsfall wird das Interventionsziel, die Einschränkung der Auflösungsfreiheit, deutlich sichtbar.[27]

---

25 Vgl. *Javillier*, Droit du travail 383 ff.

26 *Wedderburn*, Worker and the law 238 ff.; *Kahn-Freund*, Arbeit und Recht 41; *Hepple*, in *Bain* (Hrsg.), Industrial relations 404 ff.

27 Vgl. etwa die Denkschrift zu dem Entwurf eines Handelsgesetzbuches und eines Einführungsgesetzes in der Fassung der dem Reichstag gemachten Vorlage, Berlin 1897, 64 f.; sowie *Immerwahr*, Die Kündigung (1898) 164 ff.; *Hug*, Das Kündigungsrecht II (1927) 109 ff., 251 ff.; *Jedzig*, Der Bestandsschutz des Arbeitsverhältnisses im Krankheitsfall (1984) insb. 3 ff., 25 ff.

Der britische Gesetzgeber hat demgegenüber die Auflösung zwar durchaus in die Interventionsmaßnahmen einbezogen, die Akzente aber, eine Zeitlang jedenfalls, anders gesetzt. Sein Eingriff galt vor allem den Auswirkungen von Betriebsschließungen und Rationalisierungen, nicht so sehr also der Verhinderung oder Verzögerung der Auflösung, sondern in erster Linie den finanziellen Konsequenzen des Arbeitsplatzverlustes. Gegenstand der gesetzlichen Regelung waren deshalb zunächst Ausgleichszahlungen. Ganz in diesem Sinn konzentriert sich die Intervention auf die »redundancy«, begründet das Gesetz eine Zahlungsverpflichtung des Arbeitgebers und sichert sie nicht zuletzt durch einen besonderen »redundancy fund« ab, der die Zahlungsrisiken minimieren soll.[28] Nur: Alle Versuche, die »redundancy-Folgen« aufzufangen, verdeutlichen zugleich die arbeitsmarktpolitische Bedeutung der Sicherung von Arbeitsplätzen. Auf dem Spiel steht weit mehr als das individuelle Schicksal des jeweils betroffenen Arbeitnehmers. Die Auflösung des Arbeitsverhältnisses beeinflußt die Entwicklung des Arbeitsmarktes. Gerade in den »redundancy-Fällen« wird der potentielle Destabilisierungseffekt besonders sichtbar. Die zumeist signifikante Zunahme der Arbeitslosigkeit zwingt zur Reflexion über ihre politischen und sozialen Auswirkungen. Ausgleichszahlungen, wie sie seit dem Redundancy Payments Act von 1965 beansprucht werden können, sind in Wirklichkeit nichts anderes als der gezielte Versuch, d. h. Auswirkungen zu entschärfen. Die mögliche soziale Destabilisierung soll durch die redundancy-Maßnahmen zumindest eingedämmt werden.

Redundancy-Zahlungen sind freilich ein später Eingriff. Sie finden erst zu einem Zeitpunkt statt, zu dem sich der Arbeitsmarkt unter dem Eindruck der Arbeitslosigkeit bereits verändert, können also die Arbeitslosigkeit nicht verhindern, sondern bestenfalls überbrücken. Insofern kann eine auf die Bekämpfung der Arbeitslosigkeit bedachte staatliche Intervention nicht umhin, sich früher oder später mit der Frage auseinanderzusetzen, ob nicht der Eingriff eine Korrektur der Auflösungsmodalitäten zum Ziel haben müßte. Nur unter dieser Voraussetzung läßt sich die Arbeitslosigkeit in der Tat möglicherweise verringern. Je komplizierter sich die Auflösungsprozedur gestaltet, je höher die Zulässigkeitsanforderungen ausfallen, desto größer der Präventiv- und Retardierungseffekt und damit auch die Chancen des Arbeitnehmers, seinen Arbeitsplatz zu

---

28 Redundancy Payments Act 1965 sec. 26 ff.

behalten. Eben deshalb räumt der deutsche Gesetzgeber dem Kündigungsschutz eine Schlüsselstellung im Rahmen der Verrechtlichung der Arbeitsbeziehungen ein. Der Kündigungsschutz ist aus seiner Perspektive »Bestandsschutz«.[29] Den gesetzlichen Bestimmungen fällt also, in erster Linie die Aufgabe zu, den Arbeitnehmer vor dem Verlust seines Arbeitsplatzes zu bewahren,[30] ihn, mit anderen Worten, auch weiterhin dem Arbeitsmarkt zu entziehen. Der Eingriff in die Auflösung hat mithin eine eminente Lenkungsfunktion, er ist ein Instrument der Arbeitsmarktpolitik.[31] Sicher, die gesetzliche Regelung ist weit davon entfernt, ihr Ziel erreicht zu haben. Schon deshalb, weil ihre Wirksamkeit unter den eigenen Widersprüchen leidet, wie sich nicht zuletzt an der Auseinandersetzung über die »Betriebsbezogenheit« des individuellen Kündigungsschutzes zeigt.[32] Im Kündigungsschutzprozeß geht es zudem längst nicht mehr um die Sicherung des Arbeitsplatzes, sondern fast durchweg nur um die Höhe der Abfindung.[33] Kaum verwunderlich, wenn unter diesen Umständen die Absicht, die Arbeitslosigkeit mit Hilfe der gesetzlichen Bestimmungen einzuschränken, ja zu verhindern, als naive Überschätzung apo-

---

29 Ziel des Gesetzes ist es, »dem Arbeitnehmer den Arbeitsplatz und die Betriebszugehörigkeit in den Grenzen des sozial- und wirtschaftlich Vertretbaren zu sichern«, so die Begründung des Regierungsentwurfes zum KSchG, RdA 1951, 61, 64; BAGE 1, 128, 136; BAG AP Nr. 16 zu § 620 BGB, Befristeter Arbeitsvertrag, Nr. 20 zu § 7 KSchG; *Hueck/Nipperdey*, Lehrbuch des Arbeitsrechts I (7. Aufl. 1963) § 64 I; *Wolf*, in GK zum KSchG (1981), Allgemeine Grundsätze Rdnrn. 623 ff.; *Becker*, ebda. § 1 Rdnr. 135; *Wiedemann*, RdA 1961, 1 ff., in Festschrift für das BAG (1979) 635 ff.; *Herschel*, DB 1973, 80 ff.; *Reuter*, Ordo 33 (1982) 165 ff.

30 Statt aller BAGE 1, 136, AP Nr. 7 zu § 1 KSchG.

31 Vgl. insb. *Zöllner*, in Verhandlungen des 52. DJT I (1978) D 1 ff.; *Simitis*, ebda. II (1978) M 8 ff.; *Reuter*, in Festschrift für das BAG (1979) 405 ff., Ordo 33 (1982) 180 ff., in Festschrift für Hilger/Stumpf 580 ff.; *Wolf*, in GK zum KSchG, Allgemeine Grundsätze Rdnrn. 17 ff., 43 ff., 623 ff.; *Nickel*, in *Kittner* (Hrsg.), Arbeitsmarkt – ökonomische, soziale und rechtliche Grundlagen (1982) 231 ff.; *Russig*, in *Ellermann-Witt/Rottleuthner/Russig* (Hrsg.), Kündigungspraxis und Probleme der Arbeitsgerichtsbarkeit (1983) 277 ff.

32 BAG, AP Nr. 18 zu § 1 KSchG, Nr. 19 zu § 1 KSchG, Betriebsbedingte Kündigung; Nr. 3 zu § 1 KSchG 1969 Betriebsbedingte Kündigung; *Becker*, in GK zum KSchG § 1 Rdnr. 300; *Reuter*, Ordo 33 (1982) 167 f., 176 f.; aber auch *Herschel*, RdA 1975, 28 ff.

33 Dazu *Becker*, in GK zum KSchG § 9 Rdnr. 8; *Notter*, DB 1976, 772 ff.; *Coen*, Das Recht auf Arbeit und der Bestandschutz des gekündigten Arbeitsverhältnisses (1979) 21 ff.; *Falke/Höland/Rhode/Zimmermann*, Kündigungspraxis und Kündigungsschutz in der BRD (1981) 149, 774 f.

strophiert wird.[34] Alle Kritik[35] ändert freilich nichts an der arbeitsmarkt-politischen Zielsetzung der Kündigungsschutzbestimmungen. Sie sind nur auf dem Hintergrund der Intention, steuernd in die Entwicklung des Arbeitsmarktes einzugreifen, zu verstehen. Zudem zeigt gerade jener Teil der Kritik, der den Kündigungsschutzbestimmungen einen substan-tiellen Verlust an Dispositionsfreiheit des Unternehmers verbunden mit einer kaum zu überwindenden Zugangssperre für beschäftigungslose Ar-beitnehmer anlastet,[36] daß der Kündigungsschutz, allen Mängeln zum Trotz, die Auflösung doch erschwert und damit durchaus den Arbeits-markt beeinflußt.[37]

Unter diesen Umständen überrascht es nicht, daß der britische Gesetz-geber spät, aber doch noch, die Beschränkung auf bloße Ausgleichszah-lungen in bestimmten Kündigungsfällen überwunden und sich für einen generellen Kündigungsschutz entschieden hat. Ebensowenig verwundert es, wenn sich die Interventionsgrundsätze mit den außerhalb Großbritan-niens geltenden Regeln decken. Die Weigerung, »sozial ungerechtfertigte« Kündigungen hinzunehmen (§ 1 KSchG) kehrt nicht nur in der Forderung nach einer »cause réelle et sérieuse« (Art. L. 122-14-2 Code du travail) wieder, sondern auch und gerade im Recht des Arbeitnehmers, »not to be unfairly dismissed« (Employment Protection [Consolidation] Act 1978, sec. 57). In jedem dieser Fälle wird der Arbeitgeber gezwungen, die eigene Personalpolitik an gesetzlich abgesicherten, prinzipiell auflösungsfeind-lichen Kriterien zu messen. Eine »cause réelle et sérieuse« ist deshalb solange nicht gegeben, wie etwa der Arbeitnehmer trotz seiner vermin-derten Arbeitsfähigkeit durchaus an einem anderen Arbeitsplatz beschäf-tigt werden kann.[38] Betriebsbedingte Kündigungen bleiben zudem ein-deutig »unfair« und »sozial ungerechtfertigt«, wenn ihnen nicht eine an

---

34 *Herschel*, RdA 1975, 30; *Reuter*, in Festschrift für das BAG 419; *von Stebut*, Der soziale Schutz als Regelungsproblem des Vertragsrechts (1982) 310; *Erd*, KJ 1982, 367 ff.

35 Vgl. etwa *Becker/Rommelspacher*, ZRP 1976, 40 ff.; IG-Metall, Kündigungsschutztagun-gen 1977 und 1978, Protokoll; *Notter*, BlStSozVArbR 1982, 102 ff.; *Bichler/Bader*, DB 1983, 337 ff.; *Ellermann-Witt/Rottleuthner/Russig* (Hrsg.), Kündigungspraxis, insb. 225 ff.

36 *Reuter*, RdA 1973, 345 ff., in Festschrift für das BAG 405 ff., Ordo 33 (1982) 165 ff., 180 ff.; *Schwerdtner*, ZfA 8 (1977) 76 ff.

37 Zwar kann also von einem »absoluten Bestandsschutz« nicht die Rede sein, wohl aber von einem »Einfluß auf die Umverteilung des Beschäftigungsrisikos«, *Russig*, in *Ellermann-Witt/Rottleuthner/Russig* (Hrsg.), Kündigungspraxis, 288.

38 Vgl. *Javillier*, Droit du travail 315 ff., 343 f.

sozialen Gesichtspunkten orientierte Auswahl vorausgeht.[39] Kurzum, der Entscheidungsprozeß wird objektiviert und damit zugleich aus der Alleinkompetenz des Arbeitgebers herausgenommen. Seine Beweggründe sind nur dann rechtlich beachtlich, wenn sie den gesetzlichen Vorgaben entsprechen sowie der richterlichen Überprüfung standhalten.

Die Verrechtlichung vollzieht sich infolgedessen sowohl über verbindliche Auflösungsstandards als auch über eine damit verbundene Verfahrensregelung.[40] Die prozessualen Bestimmungen sind, genaugenommen, nichts anderes als eine zusätzliche, nicht minder schwer zu überwindende Auflösungsbarriere. Wohl am deutlichsten wird dies dort, wo der Gesetzgeber die Beweislast, wie im Employment Protection (Consolidation) Act von 1978 (sec. 57 subsec. 3), ausdrücklich dem Arbeitgeber auferlegt.[41] Der bloße Hinweis auf die gesetzlich sanktionierten Auflösungsvoraussetzungen genügt nicht mehr, der Arbeitgeber ist vielmehr verpflichtet, sie jederzeit vor Gericht zu substantiieren. Solange es ihm also nicht gelingen sollte, die Berechtigung der Kündigung nachzuweisen, muß er das Beschäftigungsrisiko tragen, damit aber zugleich den Arbeitsmarkt entlasten. Wie realistisch freilich eine solche Annahme ist, hängt entscheidend von den Voraussetzungen ab, unter denen die Beschäftigungspflicht in eine Abfindungsmöglichkeit umgewandelt werden kann. Je leichter es fällt, die Verpflichtung zur Weiter- oder Wiederbeschäftigung abzugelten, desto mehr wird aus der Entlastung des Arbeitsmarktes eine bloße Verzögerung seiner Belastung. Schon eine einfache Gegenüberstellung der von KSchG (§§ 9 ff.) dem Arbeitgeber gebotenen Möglichkeiten, die Fortführung des Arbeitsverhältnisses zu vermeiden, mit den nicht zuletzt im Fall der zwischenzeitlichen Beschäftigung eines anderen Arbeitnehmers wesentlich schärferen Bestimmungen des Employment Protection (Consolidation) Act von 1978 (sec. 69 ff.) zeigt jedoch, wie sehr der Gesetzgeber, trotz der unstreitig vorhandenen Schwierigkeiten, die Weiterbeschäftigungschancen verstärken und damit die Steuerung des Arbeitsmarktes verbessern kann.[42]

---

39 Employment Protection (Consolidation) Act 1978, sec. 59; § 1 Abs. 3 KSchG.
40 Dazu auch *Blankenburg/Schönholz*, Zur Soziologie des Arbeitsgerichtsverfahrens (1979) insb. 139 ff.; *Ellermann/Rottleuthner/Russig* (Hrsg.), Kündigungspraxis 85 ff.
41 Vgl. auch § 1 Abs. 2 Satz 4 KSchG; BAG, AP Nr. 20 zu § 7 KSchG, Nr. 3 zu § 1 KSchG 1969, Nr. 6 zu § 1 KSchG 1969 Betriebsbedingte Kündigung, Nr. 3 zu § 9 KSchG 1969; *Becker*, in GK zum KSchG § 1 Rdnrn. 181 ff.
42 Dazu auch *Simitis*, in Verhandlungen des 52. DJT M 43 ff.

Die Regelungskonvergenz ist allerdings oft deshalb schwer auszumachen, weil sich der Verrechtlichungsprozeß in einer ganzen Reihe wichtiger Bereiche unter sehr verschiedenen Vorzeichen vollzieht. Die Industrialisierungsfolgen geben zwar die Grundlage für eine besondere rechtliche Regelung der Arbeitsbeziehungen ab, sie aktivieren aber zugleich Regelungsmechanismen, die bereits in der vorindustriellen Zeit dazu bestimmt waren, extreme soziale Notstände aufzufangen. Das Armenrecht bleibt auch dort ein ebenso naheliegender wie selbstverständlicher Anknüpfungspunkt, wo der Industrialisierungsprozeß zur Pauperisierung führt. »The law of the poor« geht damit in die Verrechtlichung der Arbeitsbeziehungen ein.[43] Die zur »question sociale« gewordene »Arbeiterfrage« generiert mit anderen Worten ein »droit social«, das einerseits Armenrechtsregelungen auf die Arbeitsbeziehungen projiziert und modifiziert und andererseits eine zunehmende Zahl besonderer, unmittelbar auf den Arbeitsplatz bezogener Vorschriften produziert.[44]

Nicht überall bleibt es freilich, wie etwa in Belgien, bei einer ebenso konstanten wie konsequenten Einbeziehung beider Ansatzpunkte in die Verrechtlichung der Arbeitsbeziehungen.[45] Das deutsche Arbeitsrecht dürfte wohl eines der besten Gegenbeispiele sein. Seine Geschichte ist zugleich die der fortschreitenden Verselbständigung gegenüber dem Sozialrecht. Während sich das Arbeitsrecht mehr und mehr zu einer spezifischen, ausschließlich auf die Arbeitsbeziehungen zugeschnittenen und deshalb nur von ihnen her verständlichen Regelung entwickelt, wird das Sozialrecht zu einem Regelungskomplex, der auf einer sehr viel breiteren Grundlage beruht und daher weitaus differenziertere Ziele verfolgt.[46] Die soziale Sicherheit ist, so wichtig sie für die Arbeitnehmer sein mag, keine nur sie betreffende Frage. Im Gegenteil, erst in dem Augenblick, in dem sich die »question sociale« gleichsam erneut von der »Arbeiterfrage« löst, kann es gelingen, die für eine industrialisierte Gesellschaft typischen sozialen Risiken wirklich auszumachen, um so auch und gerade diejenigen in den Schutzbereich staatlicher Intervention einzubeziehen, die eben nicht die Vorzüge arbeitsrechtlicher Abwehrmechanis-

---

43 Vgl. *Hutchins/Harrison*, A history of factory legislation (3. Aufl. 1926) 1 ff., 16 ff.
44 Dazu insb. *François*, Introduction 20 ff.; *Javillier*, Droit du travail 15 ff.
45 Statt aller *François*, Introduction 129 ff.
46 Vgl. insb. *Zacher*, Materialien zum Sozialgesetzbuch (1974) A 19 ff., Vierteljahresschrift für Sozialrecht 4 (1976) 6 ff.; *Stolleis*, Quellen zu Geschichte des Sozialrechts (1976) 18 ff.; *Müller-Vorbehr*, JZ 1978, 249 ff., 253 f.

men für sich in Anspruch nehmen können.[47] Kurzum, ganz gleich, ob es um die Alters- oder die Jugendhilfe geht, die Implikationen der Erwerbsunfähigkeit oder der Ausgleich für unfallbedingte Belastungen zur Debatte stehen, das Sozialrecht formuliert die Voraussetzungen staatlicher Intervention in jedem Fall neu und hebt sich so gleichzeitig deutlich vom Arbeitsrecht ab.

Die Trennung von Arbeits- und Sozialrecht modifiziert zwar den Anwendungsbereich, die Ziele sowie die Struktur der rechtlichen Regelung, ändert aber nichts an der Verrechtlichung der Arbeitsbeziehungen. Sie wird genauso durch genuine arbeitsrechtliche Vorkehrungen, etwa den Kündigungsschutz, bewirkt, wie durch Vorschriften aus der Grauzone zwischen Arbeits- und Sozialrecht, beispielsweise dem Mutterschutz, oder über die mittlerweile zum selbstverständlichen Bestandteil des Sozialrechts avancierte Sozialversicherung. Die Etikettierung spielt weiter keine Rolle, betroffen sind durchweg Einzelaspekte der Arbeitsbeziehung, und zwar immer mit dem gleichen Ergebnis: Arbeitgeber und Arbeitnehmer werden an die in einem gesetzlichen Schema fixierten Handlungsbedingungen gebunden.

Wo deshalb Verlauf und Auswirkungen der Verrechtlichung nachgezeichnet werden sollen, darf sich der Blick nicht ausschließlich auf das Arbeitsrecht, zumal in seiner gegenwärtigen Form, konzentrieren. Vielmehr gilt es, das Arbeitsrecht als Teil eines die gesamte Arbeitsbeziehung erfassenden »droit social« zu sehen, sich also weder durch eine, wie in Deutschland, früh einsetzende Sozialgesetzgebung, noch durch eine, wie in den Vereinigten Staaten, originär arbeitsrechtliche Behandlung der Ausbildungsfragen irritieren zu lassen. Nur dann bleibt die Universalität der Verrechtlichung sichtbar und wird zugleich ihr wirkliches Ausmaß erkennbar.[48]

1.3 Entwicklung

Der Verrechtlichungsprozeß beginnt mit einer deutlich reaktiven Phase. Die staatliche Intervention ist, anders ausgedrückt, zunächst nur punktuelle Abwehr einzelner Industrialisierungsfolgen. Mit dem staatlichen

---

47 *Zacher*, Vierteljahresschrift für Sozialrecht 4 (1976) 7 f., 15 ff., in Methodische Probleme des Sozialrechtsvergleichs (1977) 29 ff., 45 ff.; *Müller-Vorbehr*, JZ 1978, 254.
48 Vgl. auch *Javillier*, Droit du travail 16 f; *Galenson/Smith*, in *Dunlop/Galenson* (Hrsg.), Labor 72 ff.

Eingriff sollen also nicht mehr als ebenso gezielte wie beschränkte Korrekturen bewirkt werden. An der Fähigkeit von Arbeitgeber und Arbeitnehmer, ihre Beziehung selbst zu regeln, bestehen nach wie vor keine Zweifel, die Kritik richtet sich vielmehr gegen konkret benannte »Mißstände«. Der Intervention wird mithin die Aufgabe zugewiesen, die Konsequenzen bestimmter, deutlich identifizierbarer Exzesse kontraktueller Regelung aufzufangen.

Vom Truckverbot über die Kinderarbeit bis hin zur Arbeitszeitbeschränkung wiederholt sich daher das gleiche Bild: Die gesetzlichen Vorschriften mögen noch so unmißverständliche Barrieren gegen individuelle Vereinbarungen aufrichten, sie bleiben sorgfältig eingezäunte Reaktionen. Erst dort, wo der Vertrag offenkundig versagt, seine soziale Steuerungsfunktion nicht mehr auszuüben vermag, erscheint der staatliche Eingriff legitim. Ganz in diesem Sinn wählt der britische Gesetzgeber die Adressaten seiner Bestimmungen genau aus. Die Anknüpfung an präzis umschriebene Arbeitnehmergruppen stellt den Ausnahmecharakter der Intervention klar und weist jeden Verdacht zurück, das Gesetz verstehe sich als Alternative zur bis dahin unangefochtenen Regelungsprärogative der Kontrahenten. Es verdrängt eben nicht die Vertragspartner überhaupt, sondern disqualifiziert nur einzelne Kontrahenten und auch dies lediglich in gewissen, in der gesetzlichen Regelung genau angegebenen Situationen. Der Bergarbeiter kann sich zwar, soweit es um die Arbeitszeit geht, auf verbindliche gesetzliche Anweisungen berufen, ist aber im übrigen, genauso wie jeder andere Vertragspartner gehalten, seine Interessen selbst wahrzunehmen.[49] Und auch wenn der Textilfabrikant nicht mehr in der Lage ist, den geschuldeten Lohn ganz oder teilweise mit den ihm als angemessen erscheinenden Waren zu bezahlen, steht es ihm im übrigen nach wie vor frei, das Vertragsverhältnis so zu gestalten, wie es ihm richtig erscheint.[50]

Der staatliche Eingriff vollzieht sich jedoch keineswegs in jedem Fall direkt. Die Interventionstechnik ist zuweilen sehr viel subtiler, wie sich vor allem am Beispiel der Vereinigten Staaten zeigt. Der Bundesgesetzgeber ging unmittelbaren Eingriffen lange Zeit aus dem Weg und gab statt dessen Regelungen den Vorzug, die etwa den Transport der von Kindern

---

49 Vgl. den Coal Mines Regulation Act von 1908.
50 Zur Entwicklung und zu den Einzelheiten des Truck-Verbotes vgl. *Hilton*, The truck system (1960); *Wedderburn*, Worker and the law 222 ff.; sowie den Report of the Committee on the Truck Acts (1961).

produzierten Güter untersagten.[51] Damit sollten die Arbeitsbedingungen umgestaltet werden, ohne zugleich einen Kompetenzkonflikt heraufzubeschwören. Eine strikte, in erster Linie auf die Gesetzgebungszuständigkeit der Einzelstaaten bedachte Interpretation der »commerce-clause« der Bundesverfassung, zwingt den Bundesgesetzgeber in der Tat, sich mit Regelungen zufriedenzugeben, die ausschließlich den grenzüberschreitenden Güteraustausch zum Gegenstand haben. Als Ausweg bleibt, so gesehen, nur die Möglichkeit, den Güterabsatz bewußt denkbar kompliziert zu gestalten, um damit letztlich die Produktion selbst zu treffen. Kein Wunder freilich, wenn fast jeder dieser Regelungsversuche am Supreme Court scheiterte. Das Gericht war nicht bereit, eine schleichende Ausweitung der Bundeskompetenz hinzunehmen und gab erst unter dem Eindruck der Wirtschaftskrise der dreißiger Jahre seine Vorbehalte gegen die fortschreitende Umwandlung der »dormant« in eine »positive« commerceclause[52] auf.[53] Doch, so kompliziert die Geschichte der indirekten bundesgesetzlichen Eingriffe auch ist, sie sind ebenfalls Musterbeispiele einer rein reaktiven Politik. Einmal mehr orientiert sich der Gesetzgeber an Einzelproblemen der Arbeitsbeziehung und bietet nur dafür Lösungen an.

Bei diesen punktuell-reaktiven Regelungen bleibt es allerdings nicht. Sie weichen zunehmend dem Versuch, die arbeitsrechtlichen Einzelgesetze in ein auf die langfristige Steuerung der ökonomischen und sozialen Entwicklung bedachtes Gesamtkonzept staatlicher Politik zu integrieren.[54] Weit mehr als die gezielte Reaktion auf spezifische Konflikte interessiert daher die Auseinandersetzung mit den möglichen Konfliktursachen, noch genauer, die Konfliktprävention. So wird der Kündigungsschutz durch eine mehr oder weniger detaillierte Arbeitsförderung ergänzt. Sie ist Instrument einer »aktiven Arbeitsmarktpolitik«,[55] die bei einer institutionalisierten Arbeitsvermittlung ansetzt (§§ 4 ff. AFG) und über eine sorg-

---

51 Dazu Hammer v. Dagenhart, 247 U.S. 251 (1918).

52 Dazu *Kitch*, in *Tarlock* (Hrsg.), Regulation, federalism and interstate commerce (1982) 7 ff. Eben diese Entwicklung erklärt auch, weshalb die Deregulierungsforderungen mit der Erwartung verbunden sind, »usurpierte« Bundeskompetenzen wieder rückgängig zu machen, statt aller *Kitch*, a.a.O. 14 ff.

53 Vgl insb. Schecter Poultry Corp. v. United States, 295 U.S. 495 (1935); Carter v. Carter Coal Co., 298 U.S. (1936); Kentucky Whip and Collar Co. v. Illinois Central R.R., 299 U.S. 334 (1937; NLRB v. Jones & Laughlin Steel Corp., 301 U.S. 1.

54 Vgl. dazu auch *Ghera*, Giorn.Dir.Lav.Rel.Ind. 4 (1982) 607 ff.

55 Dazu *Gagel/Jülicher*, AFG (1979) § 1 Rdnr. 1 ff.; *Nehammer*, in GK-AFG § 1 Rdnrn. 2 ff.

fältig ausgebaute Förderung der beruflichen Bildung (§§ 33 ff. AFG) sowie einer staatlich gesteuerten Erhaltung bereits bestehender und Schaffung neuer Arbeitsplätze (§§ 63 ff. AFG) konjunkturell aber auch strukturell bedingte Veränderungen des Arbeitsmarktes aufzufangen sucht.

Nicht immer kommt es freilich zu einer ebenso umfassenden wie explizit arbeitsmarktpolitischen Regelung. Auch beim ganz anders aufgebauten Employment Protection Act von 1978 sind jedoch die Intentionen des Gesetzgebers nicht minder deutlich. »Employment Protection« ist eben weit mehr als nur Kündigungsschutz. Der Gesetzgeber verknüpft ihn bewußt mit Vorkehrungen gegen rationalisierungsbedingte Arbeitslosigkeit und mit Vorschriften zum Mutterschutz. Ihm geht es also, neben der Stabilität der Beschäftigung einzelner Arbeitnehmergruppen, um die Sicherung der Arbeitsplätze, und zwar in Kenntnis der Notwendigkeit einer kontinuierlichen Überprüfung der Produktionsmethoden. Nur zu verständlich, wenn deshalb in dieser Entwicklung weit mehr gesehen wird als eine bloße Korrektur tradierter juristischer Regelungen. Sie ist in der Tat Ausdruck einer veränderten »politique éconoinique et de l'emploi«, die in der Strukturierung des Arbeitsmarktes eines ihrer wichtigsten Ziele erblickt.[56]

Eben deshalb gibt sich in den Vereinigten Staaten der Labor Relations Act nicht mit einem Bekenntnis zur Koalitionsfreiheit und zur Tarifautonomie zufrieden. Das Gesetz verbindet vielmehr seine Aussagen zum Verhandlungsspielraum sowie zu den Verhandlungsbedingungen der Arbeitsmarktparteien mit der Errichtung des National Labor Relations Board.[57] Damit steht aber fest: Die Arbeitsbeziehungen realisieren sich in einem durch die Präsenz und die Interventionsrechte einer staatlichen Agentur gekennzeichneten Arbeitsmarkt. Genau wie bei der Arbeitsförderung sieht der Gesetzgeber also auch hier in der Arbeitsmarktlage keine unabänderliche Vorgabe, sondern sucht im Gegenteil mit seinen Entscheidungen verbindliche, normativ und administrativ abgesicherte Daten zu setzen, die eine möglichst »störungsfreie« Entwicklung garantieren sollen. Kurzum, Aufbau und Struktur des National Labor Relations Board, oder Agence Nationale pour l'emploi und der Bundesanstalt für Arbeit

---

56 Vgl. *Javillier*, Droit du travail 143 ff.
57 Sec. 3 ff. des NLRA von 1935. Zur Geschichte und Bedeutung des Board vgl. insb. *Getman/Blackburn*, Labor relations (2. Aufl. 1983) 28 ff., 47 ff.; *Sherman/Murphy*, Unionization and collective bargaining (The Labor Law Group, Labor relations and social problems I Neudruck 1975) 19 ff.; *Murphy*, The National Labor relations Board – A appraisal, Labor Law Developments 1968, 113 ff.

mögen sich noch sehr voneinander unterscheiden, jede dieser Agenturen ist sichtbares Zeichen einer staatlichen Politik, die ökonomische und soziale Ordnung als steuerbaren Prozeß begreift und behandelt, die Verrechtlichung der Arbeitsbeziehungen mithin nutzt, um ihre langfristigen Ziele abzustützen.[58]

Der gezielte, mehr und mehr auf die Makrostruktur des Arbeitsmarktes bedachte staatliche Eingriff in die Arbeitsbeziehungen maximiert die Komplexität ihrer Regelung, reduziert aber zugleich deren Geltungsdauer und verschärft den Legitimationsdruck. So reicht die bloße Verknüpfung der Auflösung des Arbeitsverhältnisses mit bestimmten gesetzlich festgelegten Fristen nicht mehr aus. Im Mittelpunkt steht, wie schon erwähnt, ein kompliziertes Evaluationssystem der jeweiligen Arbeitssituation verbunden mit einer Reihe administrativer Vorkehrungen, sobald der Arbeitsmarkt durch die Anzahl der Kündigungen zusätzlichen Belastungen ausgesetzt wird. Nicht anders ist es bei der Arbeitssicherheit. Erst die Verzahnung überaus detaillierter Sicherheitsstandards mit besonderen internen und externen Kontrollmechanismen garantiert einerseits ein Mindestmaß an Transparenz und andererseits eine kontinuierliche Überwachung des Arbeitgebers. Nur: Je ausgeprägter die Bestrebungen sind, die Entwicklung der Arbeitsbedingungen zu beeinflussen, desto deutlicher sieht sich der Gesetzgeber gezwungen, die eigenen Entscheidungen ständig zu überprüfen und zu korrigieren. Kaum verwunderlich, wenn etwa in Großbritannien, drei zentrale Gesetze, der Employment Protection Act von 1975, der Employment (Consolidation) Act von 1978 und der Employment Act von 1982 innerhalb von nicht einmal zehn Jahren die Auflösung des Arbeitsverhältnisses immer wieder neu aufgegriffen und geregelt haben. Jedes dieser Gesetze spiegelt den Versuch wider, die mittlerweile gewonnenen Erfahrungen zu nutzen, um das Instrumentarium zu verfeinern sowie die Wirksamkeit der Regelungsmechanismen zu erhöhen.[59] Schließlich: Gerade weil die verschiedenen Regelungsinstrumente um bestimmter Steuerungseffekte willen konzipiert werden, hängen Glaubwürdigkeit und Überzeugungskraft der staatlichen Politik in beträchtlichem Maße von der Effizienz der arbeitsrechtlichen Normen

---

58 Zu den möglichen Aufgaben einer »agenzia del lavoro« vgl. auch *Ghera*, Giorn.Dir.Lav.-Rel.Ind. 4 (1982) 630 ff.
59 *Mellish/Collis-Squires*, 5 Ind.L.J. 164 ff.; *Clark/Wedderburn*, in *Wedderburn/Lewis/Clark*, Labour law and industrial relations 187 ff.; *Hepple*, in *Bain* (Hrsg.), Industrial relations 408 ff.

ab. Ganz gleich, ob man die im Employment Act von 1982 enthaltenen Vorschriften zum Ausgleich der Nachteile einer betriebsbedingten Auflösung des Arbeitsverhältnisses, die Förderungsmaßnahmen des AFG oder die Kontrollvorkehrungen des Occupational Safety und Health Act nimmt, in jedem Fall geht es um Bestimmungen, die nur solange existenzberechtigt sind, wie sie tatsächlich dazu beitragen, die konkret angesprochenen Risiken zu entschärfen. Offener denn je wird insofern der rechtlichen Regelung die Aufgabe gesellschaftlicher Gestaltung zugewiesen und die Erwartung an sie geknüpft, die angestrebten Veränderungen zu bewirken.[60]

1.4 Wege

Gesetze sind das gleichsam normale Verrechtlichungsvehikel. Durchaus verständlich, bedenkt man die Ausgangssituation. Das Verbot der Kinderarbeit, die Arbeitszeitbegrenzung sowie die ersten Ansätze zur Arbeitssicherheit vollziehen sich keineswegs in einem rechtlichen Vakuum. Vielmehr wird die bis dahin für selbstverständlich gehaltene Regelungsprärogative der Arbeitsvertragsparteien durchweg in Frage gestellt. Die staatliche Intervention verdrängt vertraglich abgesicherte Leistungsverpflichtungen und grenzt den Entscheidungsspielraum der Vertragsparteien ein. Mit den gesetzlichen Vorschriften verändert der Staat zugleich die Regelungsebene und nimmt die ausschließliche Regelungskompetenz für sich in Anspruch. Nur über die gesetzliche Regelung läßt sich ein einheitliches, allgemeinverbindliches Grundmuster der Arbeitsbedingungen formulieren, die Grundvoraussetzung also für eine wirklich wirksame Korrektur des Arbeitsmarktes erfüllen. So gesehen, ist das Gesetz die unausweichliche Alternative.

Dennoch wäre es falsch, die » Verrechtlichung« einer » Vergesetzlichung« gleichzustellen. Schon deshalb, weil sich, um das Beispiel der Sicherheitsstandards und der Arbeitsförderung einmal mehr aufzugreifen, die gesetzliche Regelung der Arbeitsbeziehungen zunehmend in einer Vielzahl administrativer Vorschriften verästelt, die den eigentlichen Kern der Steuerung ausmachen. Hinzu kommt der unbestreitbare Einfluß der Rechtspre-

---

60 Vgl. auch *Wiethölter*, in *Gessner/Winter*, Rechtsformen der Verflechtung von Staat und Wirtschaft (1982) 52 ff.; *Assmann/Brüggemeier/Hart/Joerges*, Wirtschaftsrecht als Kritik des Privatrechts (1980) 268 ff.; *Assmann*, Wirtschaftsrecht in der mixed economy (1980) 220 ff.

chung. Gemeint ist freilich nicht so sehr die Fortschreibung der gesetzlichen Regelung durch die Gerichte. Daran fehlt es im Arbeitsrecht ebensowenig wie anderswo. Es genügt an die Judikatur des Bundesarbeitsgerichts zur Arbeitnehmerhaftung[61] oder an die Entscheidungen der Cour de Cassation zu den ökonomischen und administrativen Grundbedingungen sozialer Einrichtungen[62] zu erinnern. In beiden Fällen haben die Gerichte bestehende Vorschriften gezielt korrigiert, um sowohl die Verantwortung des Arbeitnehmers für typisch arbeitsbedingte Schäden zu reduzieren, als auch die Finanzierung von Pensionskassen, beruflichen Fortbildungsveranstaltungen sowie medizinischen Vorsorgeeinrichtungen durch den Arbeitgeber sicherzustellen. Gemeint ist vielmehr die vor allem im kollektiven Arbeitsrecht sichtbare Substitution des Gesetzgebers durch die Rechtsprechung. Je weniger die politischen Instanzen bereit und in der Lage sind, soziale Konflikte auf sich zu nehmen, desto ausgeprägter ist der legislative Eskapismus, die Tendenz also, Entscheidungen auszuweichen und es den Gerichten zu überlassen, etwa die Legalitätsbedingungen von Arbeitskämpfen festzulegen. Die wechselvolle Geschichte des Industrial Relations Act in Großbritannien[63] ist dafür ebenso bezeichnend wie die dezidierte Beschränkung der Kodifikationsziele der Arbeitsgesetzbuchkommission auf das Individualarbeitsrecht.[64]

Die Verrechtlichung gerät damit zur »Verrichterlichung«.[65] Der Vorteil liegt auf der Hand: Der Gesetzgeber kann sich aus der Konfliktzone heraushalten, die Verrechtlichung findet aber dennoch statt.[66] Die Legitimationschancen sind zudem, dank der Distanz zwischen Gerichten und Administration, in aller Regel weitaus besser als bei den Interventionen staatlicher Agenturen. Sollte es aber trotzdem zur Kritik kommen, dann

---

61 Statt aller BAG AP Nr. 6 zu § 282 BGB, Nr. 37 und § 611 BGB; *Gamillscheg/Hanau*, Die Haftung des Arbeitnehmers (2. Aufl. 1974).

62 Cass.Soc.D. 1971, J. 527, 1972, J. 264.

63 Dazu *Engleman*, The Industrial Retations Act: A review and analysis (1975); *Weekes/Mellins/Dickens/Lloyd*, Industrial relations and the limits of the law (1975); *Moran*, The politics of industrial relations (1977); *Kahn-Freund*, 3. Ind. L.J. (1974) 186 ff.; *Wedderburn*, in *Wedderburn/Lewis/Clark*, Labour law and industrial relations 53 ff.

64 Entwurf eines Arbeitsgesetzbuches – Allgemeines Arbeitsvertragsrecht (1977); vgl. auch *Ramm*, ZRP 1972, 13 ff.; *Badura*, RdA 1974, 129 ff.; *Dieterich*, RdA 1978, 329 ff.; *Wlotzke*, in Festschrift für das BAG (1979) 681 ff.

65 *Heldrich*, in Festschrift für Zweigert (1981) 811 ff., spricht von einer »Justizialisierung«; vgl. auch *Voigt*, in *Voigt* (Hrsg.), Verrechtlichung 18 ff., Gegentendenzen 18; *Kissel*, NJW 1982, 1778 f.

66 Vgl. auch *Hart/Joerges*, in *Assmann u. a.*, Wirtschaftsrecht 186 ff.; *Kissel*, NJW 1982, 1779.

bleiben sowohl der Gesetzgeber als auch die öffentliche Verwaltung davon verschont, weil sie sich doch an die Adresse der Rechtsprechung richtet.

Konsequenterweise rückt der Einzelfall mehr und mehr in den Hintergrund, die Abstraktion der Entscheidungssprache nimmt zu und die Gerichte gehen offen dazu über, die von ihnen selbst formulierten Grundsätze genauso wie gesetzliche Vorschriften zu behandeln.[67] Jeder Schritt in diese Richtung zwingt allerdings die Rechtsprechung immer mehr dazu, sich der Frage nach den Grenzen der eigenen Kompetenz zu stellen.[68] Spät, aber doch noch, moniert deshalb das BAG in seinen Aussperrungsurteilen die schier ausweglose Situation, in die es durch die gezielte Verdrängung einer legislativen Intervention geraten ist.[69] Alle Reflexionen über die Legitimation der Gerichte, als »Ersatzgesetzgeber« zu agieren,[70] ändern freilich eines nicht: Der Verrechtlichungsprozeß der Arbeitsbeziehungen vollzieht sich längst auch und gerade über die von der Rechtsprechung festgelegten Anforderungen.[71]

Der direkte Eingriff über gesetzliche Vorschriften, administrative Re-

---

67 Vgl. etwa BAG (GS) AP Nrn. 1, 43 zu Art. 9 GG Arbeitskampf; BAG AP Nr. 4 zu § 11 KSchG; AP Nr. 3 zu § 96 ArbGG 1953; Nr. 1 zu § 56 BetrVG 1972; Nr. 156 zu § 242 BGB Ruhegehalt; Nr. 25 zu § 611 BGB Gratifikation; Nr. 19 zu § 1 HausarbTagsG Nordrh.-Westfalen.

68 Eines der vielen Beispiele dafür ist auch die Auseinandersetzung um die Rangordnung der Sozialplanabfindungen im Konkurs. Das BAG hatte es, ausgehend von einem Beschluß des Großen Senats (BB 1979, 267), nicht zuletzt im Hinblick auf die Entwicklung des Betriebsverfassungsrechts und die Bedeutung des Sozialstaatsgebots, für durchaus gerechtfertigt angesehen, den Sozialplanabfindungen einen bevorzugten Rang (§ 61 Abs. 1 Nr. 1 KG) einzuräumen. Das BVerfG (BB 1984, 141) sah darin eine verfassungswidrige Überschreitung richterlicher Kompetenzen. Entsprechende Korrekturen müßten dem Gesetzgeber vorbehalten bleiben. Vgl. auch *Scholz*, in Festschrift für das BAG (1979) 520 ff.; *Kissel*, NJW 1982, 1779, 1781; *Picker*, JZ 1984, 157.

69 BAG AP Nrn. 64–66 zu Art. 9 GG Arbeitskampf; *Dieterich*, in Festschrift für Herschel (1982) 37 ff., 40 ff.

70 Vgl. etwa LAG Hamm, AfP 1983, 297 ff.; *Gamillscheg*, AcP 164 (1965) 388: »Der Richter ist der eigentliche Herr des Arbeitsrechts«; *Mayer-Maly*, RdA 1970, 289 ff.; *Ramm*, AuR 1962, 353 ff., JZ 1961, 273 ff.; 1964, 494 ff., 582 ff.; *Scholz*, DB 1972, 1771 ff., in Festschrift für das BAG 517 ff.; *Säcker*; Grundprobleme der kollektiven Koalitionsfreiheit (1969) 33 ff.; *Adomeit*, Rechtsquellenfragen im Arbeitsrecht (1969) 21 ff.; 37 ff.; *Däubler*, Das soziale Ideal des BAG (1975); *Moritz*, RdA 1977, 197 ff.; *Zitscher*, AuR 1977, 65 ff.; *Picker*, JZ 1984, 153 ff.

71 Verständlicherweise wird dann das BAG als gesellschaftspolitische Maklerinstanz apostrophiert, *Rüthers*, FAZ v. 24. 10. 1981, S. 15. Vgl. auch *Reuter*, in Festschrift für *Hilger/Stumpf* 573 f. Die rhetorische Gegenfrage, *Reuter*, a.a.O., ob denn der Ausgleich »zwischen zwei scharf entgegengesetzten Positionen in unserem Arbeitsleben« nicht wünschenswert sei, verdeckt nur das Problem. Vgl. auch *Scholz*, in Festschrift für das BAG 518 f., 531.

gelungen und richterliche Entscheidungen wird schließlich durch eine indirekte, auf einer sorgsam delegierten Regelungskompetenz beruhende Steuerung der Arbeitsbeziehungen ergänzt. Die »Arbeiterschutzgesetze« sind, so gesehen, nur ein Aspekt der Verrechtlichung, der andere, nicht minder relevante ist die Anerkennung und Absicherung autonomer Regelungsmechanismen. Das wichtigste Beispiel dafür sind ohne Zweifel die Tarifverträge. Gewiß, die Kollektivverhandlungen sind kein innerhalb der Rechtsordnung entwickeltes, also von Anfang an durch sie den Beteiligten zur Verfügung gestelltes Regelungsinstrument. Die Geschichte der Kollektivverhandlungen ist vielmehr zunächst die ihrer Illegalität. Sie wurden von den sich organisierenden Arbeitnehmern in bewußtem Gegensatz zu einer Rechtsordnung gefordert und praktiziert, die im individuellen Arbeitsvertrag das einzig denkbare und zulässige Regelungsmittel der Arbeitsbeziehungen sah. Die Distanz zu den tradierten, rechtlich anerkannten Regelungsmechanismen begründete insofern die Hoffnung der Arbeitnehmer, die aus ihrer Perspektive offenkundigen Nachteile dieser Mechanismen von vornherein vermeiden zu können.[72] »Collective bargaining« verändert nicht nur die Verhandlungsbedingungen, sondern sperrt das Vertragsrecht und die auf seine Anwendung bedachten Gerichte aus dem Verhandlungsbereich aus.

Die Legalisierung der Kollektivverhandlungen setzt die Akzente neu. Sie integriert den »Kollektivvertrag« in das von der staatlichen Intervention bestimmte Regelungssystem des Arbeitsmarktes. Die »convention collective« wird zum komplementären, nicht minder genutzten Regelungsinstrument. Wohl nirgends kommt dies deutlicher zum Ausdruck als im Norris – La Guardia und im National Labor Relations Act. Beide Gesetze wollen mit ihren Vorschriften die Funktionsfähigkeit des Arbeitsmarktes über ein ebenso garantiertes wie institutionalisiertes »collective laissez-faire« sicherstellen.[73] Auf den ersten Blick nicht mehr als die kon-

---

72 Dazu insb. *Sinzheimer*, Der Tarifgedanke in Deutschland (1915), abgedr. in Gesammelte Aufsätze und Reden I (1976) 150 ff.; *Kahn-Freund*, 6 M.L.R. (1943) 143, in *Flanders/ Clegg*, (Hrsg.) System 42 ff., Labour law: Old traditions and new developments (1968); *Wedderburn*, Worker and the law 160 ff.; *Gregory*, Labor and the law (2. Aufl. 1958) 100 ff.
73 Vgl. sec. 1 des National Labor Relations Act; sowie Justice *Frankfurter*, in NLRB v. Insurance Agents' Int'l Union, 361 U.S. 477, 606 (1960); *Wellington*, Labor and the legal process (1968) 38 ff., *Cox*, 71 Harv.L.Rev. 1408 f. (1958); *Bernstein*, The New Deal collective bargaining policy (1950) insb. 100 f.; *Taylor*, Government regulation of industrial relations (1948) 5.

sequente Fortführung hergebrachter Ordnungsgrundsätze: Was für den allgemeinen Gütermarkt gilt, bleibt auch für den Arbeitsmarkt beachtlich. Mit einem Unterschied freilich: Während sonst der individuelle Aspekt vorherrscht, steht hier der kollektive im Vordergrund.

Der Gesetzgeber beschränkt sich allerdings keineswegs auf ein Bekenntnis zum »collective laissez-faire«. Der National Labor Relations Act sieht vielmehr ausdrücklich eine Verhandlungspflicht des Arbeitgebers vor. Der Arbeitgeber hat gar nicht erst die Wahl, sich, sollte er es vorziehen, auf die Ebene der individuellen Vertragsverhandlungen zurückzuziehen. In dem Augenblick, in dem die gewerkschaftlich organisierten Arbeitnehmer eine Vereinbarung verlangen, gibt es keine Alternative zur Verhandlung. Der staatliche Sanktionsapparat bekräftigt die Verhandlungspflicht und versperrt jeden Ausweg. Konsequenterweise beugt das Gesetz auch einem möglichen Streit über die Verhandlungsfähigkeit einzelner Fragen vor, indem es die Arbeitsbedingungen aufzählt, über die in jedem Fall verhandelt werden muß.

Kurzum, der Gesetzgeber instrumentalisiert die Kollektivverhandlungen. Er schreibt für den Arbeitsmarkt ein Regelungsmodell vor, das sich auf eine den Beteiligten übertragene, inhaltlich genau definierte Regelungskompetenz gründet.[74] Anders ausgedrückt: Arbeitgeber und Arbeitnehmer machen von einer ihnen ausdrücklich überlassenen, den Gesetzgeber von einem direkten Eingriff insoweit entlastenden Regelungsbefugnis Gebrauch. Die Kollektivvereinbarung ist nicht mehr ordo ordinans, sondern nur noch ordo ordinatus. In dem Maße, in dem eine unmittelbare staatliche Intervention verzichtbar erscheint, haben Arbeitgeber und Arbeitnehmer das Recht, aber auch die Pflicht, die Arbeitsbedingungen in einem Tarifvertrag festzulegen. Der Gesetzgeber entscheidet sich mithin für eine kalkulierte Autonomie. Der National Labor Relations Act spricht sich deshalb zwar einerseits unmißverständlich für eine Selbstregulierung aus, gibt aber andererseits ihre Einbindung in ein von der staatlichen Intervention geprägtes Regelungssystem des Arbeitsmarktes ebenso deutlich zu erkennen.

Ähnlich verfährt der schwedische Gesetzgeber. Gewiß, § 32 des Mit-

---

74 Wooster Division of Borg-Warner v. NLRB, 356 U.S. 342 (1958); Fibreboard Paper Products Corp. v. NLRB, 379 U.S. 203 (1964); Allied Chemical Workers v. Pittsburgh Plate Glass, 404 U.S. 157 (1971); Ford Motor Co. v. NLRB, 441 U.S. 488 (1979); *Wellington*, Labor and the legal process 50 ff.; *Feller*, 61 Cal.L.R. 663 ff. (1973); *Getman/Pogrebin*, Understanding labor law (1984) 90 ff. (Ms.).

bestimmungsgesetzes hat einen weitaus beschränkteren Anwendungsbereich als die entsprechenden Bestimmungen des National Labor Relations Act. Die duty to bargain bleibt von vornherein auf die Fälle begrenzt, in denen die Gewerkschaften eine Vereinbarung über die Mitbestimmung der Arbeitnehmer in Fragen fordern, die den »Abschluß und die Beendigung des Arbeitsvertrages, die Leitung und die Verteilung der Arbeit sowie den Geschäftsbetrieb im übrigen betreffen«.[75] Zur Debatte stehen also nicht »normale« Tarifverträge. Die Kollektivvereinbarung ist, genaugenommen, nur die Grundlage für die Einführung von Partizipationsmodellen. Von der Vereinbarung zwischen den Tarifvertragsparteien hängt es ab, wie sich die Mitbestimmung im einzelnen gestaltet. Ihnen ist es insofern überlassen, die Form zu wählen, die sie in Anbetracht der Unternehmensstruktur und der Unternehmensaufgaben für richtig halten.

Die Regelungskompetenz der Tarifvertragsparteien folgt freilich aus einer ebenso eindeutigen wie verpflichtenden Entscheidung des Gesetzgebers. Weil er in der Mitbestimmung eine notwendige Ergänzung tarifvertraglicher Regelungen sieht, greift er in den Verhandlungsprozeß ein, benutzt also den von ihm längst anerkannten und abgesicherten Tarifvertrag als Mittel, um die Palette der Konfliktlösungsmechanismen gezielt zu erweitern. Wiederum bleibt dem Arbeitgeber keine Wahl. Zur Disposition steht nicht die Mitbestimmung selbst, sondern nur ihre Modalitäten. Der Verhandlungszwang kommt der Verpflichtung gleich, die Mitbestimmung zu akzeptieren und sich auf eine strukturelle Veränderung des Entscheidungsprozesses im Unternehmen einzulassen.

Der Zusammenhang mit der staatlichen Wirtschafts- und Arbeitsmarktpolitik wird dabei sorgfältig beachtet. Die Mitbestimmung ist keine Alternative zur direkten Regelung von Arbeitsbedingungen. Auch eine gemeinsam getroffene Entscheidung muß sich innerhalb der durch die Arbeitsgesetzgebung vorgezeichneten Grenzen bewegen. Sie ist, so gesehen, nur ein Mittel zur Fortentwicklung dieser Gesetzgebung und auch dies lediglich in den ausdrücklich vom Gesetzgeber akzeptierten Fällen. Die Beteiligten sind zudem nach der Vorstellung des Gesetzgebers gehalten, die wirtschaftspolitischen Ordnungsgrundsätze zu respektieren.[76] Ihr Entscheidungsspielraum ist insofern von vornherein eingeschränkt.

---

75 Dazu insb. *F. Schmidt*, Demokratie im Betrieb nach schwedischem Muster (1981) 15 ff.; *Victorin*, 2 J.Comp.Corp.L.Sec.Reg. 119 ff., 128 ff. (1979).

76 *Victorin*, 2 J.Comp.Corp.L.Sec.Reg. 129 f. (1979).

Die Legalität einer Veränderung der Unternehmensstruktur mißt sich vor allem an ihrer Kompatibilität mit den im Rahmen einer »mixed economy« für eine Unternehmensverfassung maßgeblichen Prinzipien. Der Gesetzgeber mag mithin der Selbstregulierung ein neues Betätigungsfeld öffnen, die Autonomie bleibt dennoch kalkulierbar. Die Kollektivvereinbarung aktualisiert eine den Parteien auf dem Hintergrund der staatlichen Interventionspolitik eingeräumte Regelungskompetenz, die deshalb auch durch die Interventionsgrundsätze und die Interventionsziele begrenzt ist.

Tarifverträge sind allerdings nicht die einzigen autonomen Regelungsmechanismen, bei denen sich der Gesetzgeber immer wieder für eine duty to bargain ausspricht. Es genügt an § 87 BetrVG zu erinnern. Die Einflußmöglichkeit des Betriebsrats gründet sich auf die gesetzliche Verpflichtung des Arbeitgebers, gemeinsam mit dem Betriebsrat zu entscheiden. Das BetrVG enthält insofern in jedem der in § 87 angeführten Fälle einen Verhandlungszwang. Ganz gleich, welchen Standpunkt der Arbeitgeber etwa zu einer Verkürzung der Arbeitszeit vertritt, er kann nur in dem Maße verbindlich sein, in dem er vom Betriebsrat akzeptiert und zum Bestandteil einer gemeinsamen Arbeitszeitregelung gemacht wird.

Anders jedoch als nach dem National Labor Relations Act oder dem schwedischen Mitbestimmungsgesetz ist die Verhandlungspflicht nicht an die Initiative der Arbeitnehmervertretung gebunden. Die bloße Existenz eines Betriebsrats genügt. Sobald er also gewählt ist, büßt der Arbeitgeber sein Alleinentscheidungsrecht ein. Er muß, ob er dazu aufgefordert wird oder nicht, die Arbeitnehmervertretung einschalten. Noch in einer weiteren Beziehung unterscheidet sich das BetrVG von allen übrigen, eine duty to bargain vorsehenden gesetzlichen Regelungen. Der Preis der Mitbestimmung ist der gesetzlich sanktionierte Verzicht auf den Streik (§ 74 Abs. 2 BetrVG). Sicher, auch der National Labor Relations Act verknüpft die duty to bargain mit einer Intervention der Gerichte, allerdings nur im Vorfeld der eigentlichen Verhandlungen. Die richterliche Streitschlichtung bleibt auf Auseinandersetzungen über die Verhandlungspflicht begrenzt.[77] Konflikte über den möglichen Inhalt der Kollektivvereinbarung sind, sollten die Verhandlungen scheitern, demgegenüber nach wie vor nur über einen Arbeitskampf zu lösen. Das BetrVG kennt dagegen keine, von welcher Partei auch immer, erkämpfte, sondern immer nur eine beiden

---

77 Vgl. insb. *Getman/Pogrebin*, Labor law 110 ff.

Parteien oktroyierte Konfliktlösung. Der Spruch der Einigungsstelle und unter Umständen die gerichtliche Entscheidung sind der einzig legale Ausweg aus dem Konflikt zwischen Betriebsrat und Arbeitgeber (§ 76 BetrVG).

Spätestens am gesetzlich erzwungenen Streikverzicht zeigt sich jedoch, wie sehr auch die Mitbestimmung Teil der Verrechtlichung der Arbeitsbeziehungen ist. Vordergründig bleibt es, nicht anders als beim Tarifvertrag, den unmittelbar Beteiligten überlassen, eine Regelung zu finden. In Wirklichkeit löst ihre Aktivität einen gesetzlich verordneten Regelungsmechanismus aus, der weit mehr als viele der »Arbeiterschutzgesetze« auf eine langfristige Umstrukturierung der Arbeitsbedingungen abzielt. Statt sich mit ebenso punktuellen wie abstrakten Verhaltensvorschriften zufriedenzugeben, zwingt der Gesetzgeber den Arbeitgeber, sich auf ein Verfahren einzulassen, das den jeweils betroffenen Arbeitnehmern ermöglicht, ihre unmittelbar am Arbeitsplatz gewonnenen Erkenntnisse in eine auch den Arbeitgeber verpflichtende Regelung einzubringen. Damit wird sicherlich die Flexibilität einer Regelung der Arbeitsbedingungen erhöht, vor allem steigen aber die Chancen ihrer Annahme und Unterstützung durch die jeweils betroffenen Arbeitnehmer. Das BetrVG sucht, anders ausgedrückt, das innerbetriebliche Konfliktpotential zu vermindern, indem es das Entscheidungsrecht des Arbeitgebers nicht nur, wie etwa eine gesetzlich abgesicherte duty to bargain im Rahmen tariflicher Regelungen, zur Disposition stellt, sondern, jedenfalls in bestimmten, gesetzlich definierten Bereichen, unmittelbar verkürzt.

Noch einmal freilich: Das Gesetz greift ebenso dezidiert in die Repräsentations- und Aktionsformen der Arbeitnehmer ein. Mit dem Betriebsrat schafft es eine zweite, von der Gewerkschaft deutlich getrennte, mit unmißverständlich eigenen Rechten ausgestattete Arbeitnehmervertretung. Beides jedoch, sowohl die Intervention in die Organisation der Arbeitnehmerinteressen als auch die Reduktion der Entscheidungsprärogativen des Arbeitgebers, ist Teil eines Verrechtlichungskonzepts, das in einer gesetzlich gesteuerten Modifikation der Unternehmensverfassung einen für die langfristige Auseinandersetzung mit den Arbeitskonflikten genauso wichtigen Ansatzpunkt sieht, wie in der tarifvertraglichen Regelung oder in den direkten legislativen Eingriffen in die Arbeitsbedingungen.

1.5 Inhalte

Mit der staatlichen Intervention beginnt ein sich zunehmend verdichtender Materialisierungsprozeß der rechtlichen Regelung.[78] Eine gezielte Verhaltenssteuerung läßt sich etwa nur über ein dezidiert materiales Recht bewirken.[79] Wo einst daher nicht mehr zu finden war, als die abstrakte Garantie, die eigene vertragliche Beziehung nach den selbst formulierten Maßstäben gestalten zu können, substituieren inhaltlich präzise Verhaltensregeln mehr und mehr die individuelle Entscheidung. Die verschiedenen Schutzbestimmungen sind symptomatisch dafür. Der Eingriff in die Arbeitsbeziehungen verfolgt offen den Zweck, die Arbeitsbedingungen konkret zu definieren. Dem Gesetzgeber kommt es darauf an, genau anzugeben, welche Lohnformen im einzelnen tolerabel sind, wie viele Stunden gearbeitet werden darf, wer überhaupt zu den Arbeitnehmern in ganz bestimmten Bereichen, wie etwa dem Bergbau, zählt und wann einzelne, exakt angegebene Sicherheits- und Gesundvorkehrungen unverzichtbar erscheinen.

Anders als der Code civil beläßt es deshalb der Code du travail nicht bei zwei überaus allgemein gehaltenen Vorschriften (Art. 1779, 1780),[80] sondern bringt eine ebenso komplexe wie umfangreiche Regelung, die von detaillierten Schutzvorkehrungen über beschäftigungspolitische Bestimmungen bis hin zu Kontrollmechanismen reicht. »Employeur« und »travailleur« verdrängen zugleich den »citoyen«. Sie werden vom Gesetz unmittelbar angesprochen, für ihr Verhalten interessiert sich der Gesetzgeber, ihnen, und nicht dem »rollenindifferenten« Bürger gelten alle Steuerungsbestrebungen.[81] Die Verrechtlichung der Arbeitsbeziehungen

---

78 Vor einem Mißverständnis gilt es sich freilich zu hüten: Der Beginn des Materialisierungsprozesses läßt sich nicht kalendarisch fixieren. Die historische Realität ist nicht durch die exakte Abfolge reiner Modelle gekennzeichnet, sondern durch eine überaus widerspruchsvolle Entwicklung, in der sich Formalisierungs- und Materialisierungstendenzen ständig überlappen und oft bis zur Unkenntlichkeit miteinander verbinden. Die Geschichte der Gewerbefreiheit ist dafür bezeichnend, dazu *Steindl*, in Vorträge zur Geschichte des Privatrechts in Europa, Symposion in Krakau, 9.–12. Oktober 1979 (1981) 76 ff., 87 ff., 101 ff., in Aspekte europäischer Rechtsgeschichte, Festgabe für Coing (1982) 349 ff., 363 ff.

79 Zur Materialisierungsproblematik vgl. insb. *Assmann/Brüggemeier/Hart/Joerges*, Wirtschaftsrecht 38 ff., 187 ff., 251 ff.; *Wiethölter*, in *Gessner/Winter*, Rechtsformen 39 ff.; *Teubner*, ARSP 68 (1982) 22 ff.

80 Dazu insb. *Tissier*, in Livre du Centenaire I 85 ff.

81 Gerade daran erweist sich, daß die Materialisierung in der Tat den Übergang von einem idealen Vernunft- auf ein lernbereites, sich stets aufs neue bewährende Sozialsystem signalisiert, *Wiethölter*, Materialisierung und Prozeduralisierung von Recht (1984) 6. (Ms.).

führt also zu einem material konzipierten Sonderrecht, das seine Aufgabe nur solange erfüllen kann, wie es gelingt, den jeweils betroffenen partikulären sozialen Problemen durch eigens auf sie zugeschnittene verhaltenslenkende Vorschriften Rechnung zu tragen.

Die materialen gesetzlichen Regelungen werden freilich, wie sich an der Legalisierung der Kollektivvereinbarungen zeigt, schon zu einem relativ frühen Zeitpunkt durch prozedurale Vorkehrungen ergänzt.[82] Der Staat legt durch seine Intervention die Regelungskompetenzen fest, erzwingt die Verhandlungen und schreibt den Verhandlungsverlauf vor, ordnet mithin die Organisationsstrukturen neu, vermeidet es aber zu den Arbeitsbedingungen selbst unmittelbar Stellung zu nehmen. Die Intervention spielt sich auf einer Ebene ab, die von den eigentlichen Arbeitsbedingungen deutlich abgehoben ist, ohne deshalb die Struktur sowie die Entwicklung der Arbeitsbedingungen auch nur einen Augenblick lang außer Acht zu lassen. Die Form der Einflußnahme mag sich also verändern, das Ziel, den Arbeitsmarkt den für die staatliche Politik maßgeblichen ordnungspolitischen Vorstellungen anzupassen, bleibt gleich.

Je größer nun die Zeitspanne zwischen den ersten Industrialisierungskonsequenzen und dem staatlichen Eingriff ist, desto mehr gewinnen prozedurale Maßnahmen an Gewicht. Die materialen Regeln beheben zumeist einen gleichsam akuten sozialen Notstand und begünstigen damit die Entstehung gesellschaftlicher und wirtschaftlicher Bedingungen, unter denen prozedurale Steuerungsmechanismen ihre Wirkung erst voll entfalten können. Zudem: Mit steigender Komplexität der sozialen und ökonomischen Entwicklung nehmen auch die Legitimationsschwierigkeiten materialer Regelung zu. Sie lassen sich aber dadurch vermeiden, daß sich der Gesetzgeber aus der direkten Verantwortung zurückzieht und die inhaltliche Entscheidung den unmittelbar Beteiligten überträgt.[83] Nur: Generelle Regeln für das Verhältnis materialer und prozeduraler Steuerungsmechanismen

---

82 Zur Punktion und Bedeutung prozeduraler Regelungsmechanismen vgl. insb. *Wiethölter*, in *Gessner/Winter*, Rechtsformen 42 ff., Materialisierung 8 ff.; *Teubner*, ARSP 68 (1982) 25 ff.; *Voigt*, in Abschied vom Recht? (1983) 24 ff.

83 Konsequenterweise bezeichnet *Scharpf*, Autonome Gewerkschaften und staatliche Wirtschaftspolitik: Probleme einer Verbändegesetzgebung (1978) 16, die Tarifautonomie als »praktischen(n) Ausdruck prinzipieller Legitimationsdefizite«. Prozedurale Regelungsmechanismen sind insofern der Urtyp des »soft law«. Mit ihrer Einführung und Entfaltung deutet sich der Reduktionismus an, der seinen Höhepunkt spätestens in dem Augenblick erreicht, in dem sich die Schwierigkeiten, Ambivalenzen und Defizite staatlicher Interventionspolitik nicht mehr übersehen und verdrängen lassen.

gibt es nicht. Wie sich die Gewichte verteilen, richtet sich vielmehr nach den die Entwicklung der je spezifischen Rechtsordnung bestimmenden historischen, politischen, ökonomischen und rechtlichen Faktoren.

Wo beispielsweise, wie in den Vereinigten Staaten, verfassungsrechtliche Grundsätze den Interventionsspielraum der Bundesregierung eng begrenzen, liegt es nahe, prozeduralen Mechanismen weit mehr also als sonst den Vorzug zu geben, um die Interventionsziele jedenfalls durch einen unmittelbaren Eingriff zu erreichen. Die duty to bargain kompensiert so in beträchtlichem Umfang, die fehlende materiale Regelungsbefugnis der amerikanischen Bundesregierung und des Kongresses.[84] Sie läßt sich insoweit in der Tat als verhinderte Materialisierung verstehen.[85] Nicht minder relevant sind Stärke und Struktur der Gewerkschaften. Solange etwa der Organisationsgrad außerordentlich gering ist, bleiben materiale Regelungen das letztlich einzig erfolgversprechende Interventionsmittel.[86] Prozedurale Maßnahmen vermögen, zumindest dann, wenn sie sich in Kollektivvereinbarungen erschöpfen, nur die Situation weniger Arbeitnehmer zu verändern, eignen sich also kaum als Regulierungsmittel im Rahmen einer staatlichen Politik, die notwendigerweise auf die Lage sämtlicher Arbeitnehmer Rücksicht nehmen, mithin den gesamten Arbeitsmarkt einbeziehen muß. Eine wichtige Rolle spielt schließlich die politische Repräsentation der Arbeitnehmer.[87] Sie kann, wie vor allem das Beispiel Deutschlands zeigt, das Gewicht und die Akzeptanz materialer gesetzlicher Regelungen verstärken, aber auch, um nur an die Entwicklung in Schweden zu erinnern, prozedurale Steuerungsmechanismen begünstigen.

Einmal mehr erweist sich also, wie irreführend, ja gefährlich Verallgemeinerungen sind. So wenig die Universalität des Verrechtlichungsprozesses hinwegdiskutiert werden kann, so sehr kommt es darauf an, sich ständig der Tatsache bewußt zu sein, daß sein Verlauf durch eine Vielzahl, sich von Rechtsordnung zu Rechtsordnung sehr wohl unterscheidender

---

84 Oben 1.3. Erst auf dem Hintergrund der »commerce clause« und nicht etwa einer »sozialdarwinistischen Tradition«, *Reuter*, in Festschrift für Hilger/Stumpf 586, lassen sich daher Bedeutung und Tragweite tarifvertraglicher Regelungen in den Vereinigten Staaten erklären und verstehen.

85 Dazu *Wiethölter*, in *Gessner/Winter*, Rechtsformen 45 ff.

86 Ein gutes Beispiel dafür sind die Überlegungen zur Notwendigkeit eines gesetzlich garantierten Kündigungsschutzes in den Vereinigten Staaten, statt aller *Summers*, 62 Virg.L.Rev. 480 ff., 519 ff. (1976).

87 Dazu insb. *Kahn-Freund*, Arbeit und Recht 38 ff.

Faktoren geprägt wird. Eines ändert sich jedoch nicht: Prozedurale Regeln sind nahezu überall symptomatisch für eine Verrechtlichungsphase, in der die Steuerung über materiale Regeln, schon wegen ihres prinzipiell punktuellen Ansatzes und ihrer beschränkten Anpassungsfähigkeit an die sich verändernden sozialen und ökonomischen Bedingungen, nicht mehr ausreicht.

2. Kritik

2.1 Ansatzpunkte

An kritischen Bemerkungen zur Verrechtlichung der Arbeitsbeziehungen mangelt es nicht. Im Gegenteil, die Verrechtlichungsdiskussion ist, schaut man genauer hin, von Anfang an als Verrechtlichungskritik geführt worden.[88] Für die Kritik gilt nun nichts anderes als für den Verrechtlichungsprozeß selbst: Beides läßt sich nur von der staatlichen Intervention her verstehen. Verrechtlichungskritik ist, so gesehen, immer und zugleich Interventionismuskritik.

Dieser Zusammenhang bleibt freilich oft verborgen. Die Auseinandersetzung spielt sich dann auf einer vordergründigen, gleichsam technokratischen Ebene ab. Stichworte wie »Überproduktion von Recht«, »Normenflut« und »Gesetzesperfektionismus«[89] sind dafür ebenso bezeichnend wie die Forderung nach einer konsequenten »Folgeorientierung«.[90] Konstatiert wird zunächst die scheinbar endlose Zunahme an Vorschriften und damit verbunden, die mangelnde Effizienz rechtlicher Regelung, um dann alle Aufmerksamkeit auf Mittel und Wege zu konzentrieren, die es ermöglichen könnten, die Produktionstechnik zu rationalisieren und so letztlich auch die Wirksamkeit zu verbessern. So einleuchtend manch dieser Überlegungen sind, sie bleiben durchweg am Sekundärphänomen haften. Die »Normenflut« läßt sich nicht auf eine rein technische Dimension reduzieren. Quantitative Zunahme sowie steigende Komplexität sind vielmehr

---

88 Statt aller *Kirchheimer*, ZPol 17 (1928) 596 ff.; vgl. aber auch *Neumann*, Demokratischer und autoritärer Staat (1967) 254 ff.
89 Vgl. etwa *Bühler*, JZ 1959, 297 ff.; *Mayer-Maly*, Rechtskenntnis und Gesetzesflut (1969); *Schubert*, Recht und Politik 1981, 126 ff.
90 Dazu insb. *Mayntz*, in *Matthes* (Hrsg.), Sozialer Wandel in Westeuropa (1979) 55 ff., Implementation politischer Programme (1980); *Mayntz/Flick*, Die Verwaltung 15 (1982) 281 ff.; *Wälde*, Juristische Folgenorientierung (1979); *Assmann*, Wirtschaftsrecht 225 ff.

unausweichliche Begleiterscheinungen einer von den Strukturproblemen und den Konflikten einer hochindustrialisierten und -technisierten Gesellschaft geprägten interventionistischen Politik.[91] Modifikationen des Verrechtlichungsprozesses lassen sich unter diesen Umstände nur über Veränderungen der staatlichen Aktivität erzielen. Jede Kritik an der Verrechtlichung muß sich daher an eben dieser Tätigkeit orientieren und von dort her Forderungen und Konsequenzen formulieren. Dahinter können sich allerdings sehr verschiedene, ja diametral entgegengesetzte Tendenzen verbergen.

2.2 Deregulierung

Wohl am schärfsten fällt die Kritik an der Verrechtlichung dort aus, wo sie mit der Erwartung einer Reprivatisierung des Arbeitsmarktes verbunden wird.[92] Seine, durch systemwidrige Interventionen zutiefst gestörte Funktionsfähigkeit soll mit Hilfe einer konsequenten »Deregulierung« wiederhergestellt werden.[93] Für die Arbeitsbeziehungen dürfe eben, so meint man, letztlich nichts anderes gelten als für alle übrigen privaten Rechtsbeziehungen: Bestimmend müßten die von den Beteiligten gewollten und vereinbarten Regeln und nicht staatlich oktroyierte Verhaltensvorschriften sein.

Gesetzliche Vorschriften, wie etwa die Kündigungsschutzbestimmun-

---

91 Vgl. *Kübler*, JZ 1969, 647; *Simitis*, Informationskrise des Rechts und Datenverarbeitung (1970) 33 ff.; *Maassen*, NJW 1979, 1473 ff.; *Vogel*, JZ 1979, 321 ff.; *Voigt*, Verrechtlichung 16 ff., in Gegentendenzen 18 f.; sowie Gesetzesflut – Gesetzesperfektionismus, Verhandlungen des 53. DJT Berlin 1980, II (1980), Q 5 ff.

92 Vgl. insb. *Benoit*, La démocratie libérale (1978) 65 ff., 268 ff.; *Stoffaes*, Revue de l'entreprise 1979, 22 ff.; Mehr Mut zum Markt, Frankfurter Institut für wirtschaftspolitische Forschung I (1984), 10 ff., 23 ff.; *Epstein*, 94 Yale L.J. (1984) (Ms.).

93 Die Geschichte der Deregulierungsdiskussion ist allerdings anders verlaufen, als es die für den Arbeitsmarkt aufgestellten Forderungen vermuten lassen könnten. Sie hat mit einer Kritik an der konsumentenfeindlichen Preisbildung in einzelnen Marktsektoren, etwa beim Luftverkehr, begonnen und war zunächst von der Vorstellung getragen, im Interesse der Verbraucher, einseitig die Unternehmer begünstigende administrative und ökonomische Faktoren durch eine gezielte, auf die »Deregulierung« des Marktes bedachte Politik zu beseitigen. Dazu insb. *Wilson* (Hrsg.), The Politics of regulation (1980); *Mitnick*, The political economy of regulation (1980); *Breyer*, Regulation and its reform (1982). Die Diskussion schlug aber alsbald in eine generelle Kritik staatlicher Intervention und besonders der unter dem »New Deal« etablierten staatlichen Kontroll- und Steuerungsinstrumente um; vgl. *Mitnick*, Political economy 111 ff.; *Kitch*, in *Tarlock* (Hrsg.), Regulation 7 ff. Die arbeitsrechtlichen Überlegungen sind, so gesehen, die konsequente Fortsetzung dieser Diskussionsphase.

gen, bieten sich unter diesen Umständen fast von selbst als Angriffsziel an.[94] Der Gesetzgeber hat in der Tat nie einen Hehl aus seiner Absicht gemacht, in die Vertragsfreiheit einzugreifen. Er wollte und will, wo immer er sich für einen Kündigungsschutz entscheidet, den Arbeitgeber, zumindest partiell, mit dem Beschäftigungsrisiko belasten. Unstreitig wird damit jeder Versuch des Arbeitgebers, seine unternehmenspolitischen Vorstellungen personalpolitisch umzusetzen, beträchtlich erschwert. Ebensowenig läßt sich bestreiten, daß ihm die Chance genommen wird, dir vom Arbeitsmarkt gebotenen Möglichkeiten voll zu nutzen.

Die Kritik blieb, in einer jedenfalls auch nur annähernd prinzipiellen Form, solange aus, wie die ökonomische Prosperität die sich für den Arbeitgeber ergebenden Belastungen weitgehend verdeckte. Wo Knappheit an Arbeitskräften herrscht, sind es nicht die Kündigungen, die dem Arbeitgeber Schwierigkeiten verursachen. Alle Aufmerksamkeit richtet sich vielmehr auf Anreize, die dazu verhelfen könnten, die Arbeitnehmer davon abzuhalten, den Arbeitsplatz zu wechseln. Was also einzig interessiert, ist nicht etwa die Förderung der Mobilität, sondern ihre Verhinderung.[95] Kaum verwunderlich, wenn sich zu materiellen Vorteilen, in Gestalt von Treueprämien, rechtliche Forderungen nach einem »job ownership« gesellen.[96] Das »Recht am Arbeitsplatz«, für manchen die selbstverständliche Parallele zum Recht am eingerichteten und ausgeübten Gewerbebetrieb,[97] erscheint als die konsequente Fortführung der als antiquiert abqualifizierten und deshalb für ablösungsbedürftig gehaltenen Kündigungsschutzbestimmungen. Nicht einmal die, auch unter hochkonjunkturellen Bedingungen durchaus vorhandenen, Rationalisierungsbestrebungen wecken Zweifel. Freiwerdende Arbeitnehmer können eben entweder im ohnehin an Arbeitskräften interessierten Unternehmen weiterbeschäf-

94 Statt aller *Stoffaes*, Revue de l'entreprise 1979, 22; Mehr Mut zum Markt, 12 ff.; Vgl. auch Aktuelle Probleme der Beschäftigungspolitik, Gutachten des Wissenschaftlichen Beirats beim Bundesministerium für Wirtschaft, BMWI Studien-Reihe 19 (1977), 21 ff.

95 Vgl. insb. *Dorndorf*, Freie Arbeitsplatzwahl und Recht am Arbeitsergebnis (1979), 175 ff.

96 Dazu insb. *Meyers*, Ownership of jobs (1964), 12 ff.; *Turner/Clark/Roberts*, Labour relations in the motor industry (1967). 337 ff.; *Wedderburn*, Worker and the law, 137 ff.; *Hepple*, in *Bain* (Hrsg.), Industrial relations 408 f.

97 *Herschel*, RdA 1960, 121, 1975, 31 f.; BB 1977, 709, der den Arbeitnehmer als »Betriebsbürger« bezeichnet und ihm ein »Heimrecht im Betrieb« zubilligt; Hueck/*Nipperdey*, Grundriß des Arbeitsrechts (5. Aufl. 1970), 298; Hanau/*Adomeit*, Arbeitsrecht 44; dazu auch *Reuter*, Ordo 33 (1982), 167 f.

tigt oder vom Arbeitsmarkt ohne größere Schwierigkeiten absorbiert werden.

Die ersten Krisenzeichen signalisieren auch den Beginn der Kontroverse. Sie entzündet sich am ehesten in den Sektoren, in denen sich, wie in der Druckindustrie, neue Produktionsmethoden drastisch auf die Zahl der Beschäftigten auswirken.[98] Sie wiederholt und verschärft sich aber dort, wo mit Rücksicht auf die sich zunehmend verschlechternden Marktbedingungen, wie beispielsweise in der Textilindustrie, die Senkung der Personalkosten und damit die Entlassung von Arbeitnehmern zu der aus der Sicht des Arbeitgebers entscheidenden Voraussetzung für eine Anpassung an die veränderten Marktstrukturen gerät. In beiden Fällen sehen sich die Unternehmen nicht zuletzt durch die Kündigungsschutzbestimmungen daran gehindert, gezielt und effizient zu reagieren. Am Kündigungsschutz kristallisieren sich deshalb die Einwände gegen die Verrechtlichung der Arbeitsbeziehungen, gewinnt der gegen sie erhobene Vorwurf, ökonomisch notwendige Aktivität durch unökonomische Auflagen zu verhindern, konkrete Gestalt.[99]

So gesehen, erscheint die vor allem in Frankreich und der Bundesrepublik geführte Deregulierungsdiskussion durchaus konsequent. Sie ist ein ebenso selbstverständliches Begleitphänomen der Rezession wie es die Forderung nach einer Anerkennung des job-ownership für die Vollbeschäftigung und Hochkonjunktur war. Die Kritik mag unterschiedlich scharf ausfallen, das Ziel bleibt gleich, eine Revision der von den Kündigungsschutzgesetzen vorgenommenen Risikoverteilung. Das Beschäftigungsrisiko soll erneut externalisiert, das Unternehmen also so weit wie möglich entlastet werden. Die Folge muß keineswegs eine vollständige Überwälzung des Risikos auf den je betroffenen Arbeitnehmer sein. Im Unterschied zu den Anfängen der Kündigungsschutzgesetzgebung spielt sich die Auseinandersetzung über Notwendigkeit und Grenzen auflösungseinschränkender Bestimmungen auf dem Hintergrund einer bereits existenten und funktionierenden Arbeitslosenunterstützung ab. Der Verlust des Arbeitsplatzes bedeutet deshalb, genaugenommen, eine jedenfalls

---

98 Vgl. etwa *Reuter*, ZfA 9 (1978), 1 ff., aber auch in Festschrift für Hilger/Stumpf, 591 f., Ordo 33 (1982), 180 ff.; *Koller*, ZfA 9 (1978), 45 ff.
99 Dazu insb. *Reuter*, in Festschrift für Hilger/Stumpf, 575 f., Ordo 33 (1982), 180 ff.; aber auch *Mestmäcker*, Recht und ökonomisches Gesetz (1978), 702 f.; sowie Ellermann-Witt/Rottleuthner/*Russig*, Kündigungsschutzpraxis 248 ff.

temporäre Sozialisierung des Beschäftigungsrisikos.[100] Das primäre Kritikziel, die Restriktion der staatlichen Intervention, wird allerdings dadurch nicht tangiert. Mit jeder Verminderung des Kündigungsschutzes geht der unmittelbare Einfluß des Staates auf das Arbeitsverhältnis zurück, weitet sich der unternehmerische Entscheidungsspielraum aus.[101] Die Alternative zur Verrechtlichung der Arbeitsbeziehungen zeichnet sich insofern klar ab: Die verbindlichen, materialen Verhaltensvorschriften werden zugunsten einer Regelung verdrängt, die inhaltliche Festlegungen soweit nur irgend möglich vermeidet und sich statt dessen auf die vertragliche Vereinbarung zwischen Arbeitnehmer und Arbeitgeber verläßt. Jede Absage an die Verrechtlichung führt infolgedessen zu einer fortschreitenden Reformalisierung des Arbeitsverhältnisses.[102]

Der »activist state« ist damit jedoch, allem Anschein zuwider, keineswegs verabschiedet. Die geforderte Reformalisierung wird nicht als Beginn einer Entwicklung verstanden, die in die interventionistische Vorzeit zurückleitet. Vielmehr sollen einzig und allein die Konsequenzen »falsch gesetzter Rahmendaten« beseitigt, eine für verfehlt gehaltene Ordnungspolitik also durch ein neues ordnungspolitisches Konzept ersetzt werden, das die Rolle des Staates zwar verändert, ihn aber nicht aus der unmittelbaren Verantwortung entläßt.[103] Seine Intervention bestimmt insofern nach wie vor Ziel und Ablauf der ökonomischen und sozialen Entwicklung und damit, ob und in welchem Umfang die Wirtschaft »revitalisiert« werden kann, ohne zugleich »die Sicherheit der Arbeitnehmer zu mindern«.[104]

Kurzum, die Deregulierung ist ein ebenso eindeutig ordnungspolitisches Instrument wie die angestrebte Reformalisierung. Beides wird gezielt in dem Umfang eingesetzt, in dem es notwendig und vertretbar erscheint, die über den Kündigungsschutz zu Fixkosten gewordenen Arbeitskosten zu mindern und vor allem strukturelle Korrekturen des Marktes über unternehmensinterne, durch die kontinuierliche Anpassung der Beschäf-

100 Deutlich heißt es bei *Reuter*, Ordo 33 (1982), 181: »Ganz sicher ist der Bestandsschutz des Arbeitsverhältnisses nicht erforderlich, um den Arbeitnehmern ein Einkommen als materielle Lebensgrundlage zu sichern. Insoweit können die Institutionen der sozialen Sicherung das Arbeitsverhältnis angemessen ersetzen...«.
101 Die Deregulierung führt insofern durchaus zu einer »Entstaatlichung«, vgl. freilich *Voigt*, in Gegentendenzen, 17.
102 Zur Reformalisierung vgl. insb. *Teubner*, ARSP 68 (1982), 25 f.
103 Mehr Mut zum Markt, 5 f.; vgl. auch *Reuter*, in Festschrift für Hilger/Stumpf, 578 ff.; Ordo 33 (1982), 186 ff.
104 Mehr Mut zum Markt, 13.

tigung abgestützte Entscheidungen zu erzielen. Nichts könne die Interessen der Arbeitnehmer letztlich besser wahren als eine konsequent auf die Rentabilität der Unternehmen bedachte Ordnungspolitik, die sowohl die Mobilität der Arbeitnehmer maximiere als auch für eine erfolgsabhängige Lohngestaltung sorge, um so die »Arbeitsplatzrisiken (die wenige hart treffen) in Einkommensrisiken (die viele wenig treffen)« umzuwandeln.[105] Nur dann ließen sich die Unternehmer auch davon abhalten, im Konkurs den einzigen Weg zu sehen, um den ihnen zum Schutz der Arbeitsplätze auferlegten Verpflichtungen zu entgehen.

Wer freilich so argumentiert, kann sich letztlich nicht mit einer Kritik materialer Verhaltensvorschriften zufriedengeben. Die Deregulierung muß sich vielmehr genauso auf die prozeduralen Steuerungsmechanismen erstrecken, zumindest solange sie sich ebenfalls dem Vorwurf aussetzen, das ordnungspolitische Ziel, die Wiederherstellung des unternehmerischen Entscheidungsspielraums, zu gefährden. So erklären sich die, wenngleich überaus vorsichtig formulierten, Zweifel an den Mitbestimmungsvorschriften.[106] Sowohl der wichtigste Einwand als auch die vorgeschlagene Alternative zeichnen sich dennoch deutlich ab. Dem Kapitalgeber komme es, so heißt es, vor allem auf eine, seine Interessen wirklich berücksichtigende Unternehmenspolitik an. Solange es daran fehle, habe er letztlich keinen Anlaß, sich am Unternehmen zu beteiligen. Eben diese, für die Unternehmensexistenz unterläßliche Vertrauensbeziehung werde aber durch die Mitbestimmung gestört. Der Kapitalgeber müsse mit einem, zudem rechtlich abgesicherten Einfluß von Interessen auf die Unternehmenspolitik rechnen, die seinen Erwartungen zuwiderliefen. Statt also den Arbeitnehmern Sonderrechte einzuräumen, gelte es, sie »für Anlagen im Produktivvermögen zu gewinnen«.[107] Damit könnten sie einerseits ihre Ersparnisse aktivieren und andererseits genau die Position beanspruchen, die auch allen anderen Kapitalgebern zustehe. Die Mitbestimmung würde sich also nicht über eine staatlich oktroyierte organisatorische Änderung des Unternehmens vollziehen, sondern mit Hilfe einer gezielten Ausweitung des Kapitalgeberkreises.

Die Alternative ist nicht neu. Genaugenommen geht es um die Rückkehr zur tradierten Unternehmensverfassung. Der Arbeitnehmer wird auf die vertragliche Ebene zurückgedrängt und kann sich deshalb am unter-

---

105 Mehr Mut zum Markt, 12 f.
106 Mehr Mut zum Markt, 11 f.; vgl. auch *Martens*, JuS 1983, 329 ff.
107 Mehr Mut zum Markt, 12.

nehmerischen Entscheidungsprozeß nur über den Statuswechsel vom Beschäftigten zum Kapitalgeber beteiligen. Er muß just den Weg befolgen, der auch sonst allein Zugang zum Einfluß auf die Unternehmenspolitik gewährt, die Partizipation am Kapital, und damit auch alle Risiken und Einschränkungen der eigenen Einflußmöglichkeit in Kauf nehmen, die dieser Weg nach sich zieht. Anders als früher zählt jedoch eine auf die Kapitalbeteiligung der Arbeitnehmer bedachte Vermögenspolitik zu einem gezielt konzipierten, an die Adresse des Staates formulierten ordnungspolitischen Instrumentarium. Für prozedurale Regelungsmechanismen wie die Mitbestimmung gilt daher nichts anderes als für die materialen Vorschriften des Arbeitsrechts: Die Deregulierung mag beides zurückdrängen, ja weitgehend gegenstandslos werden lassen, sie beinhaltet deswegen nicht den Verzicht auf staatliche Intervention. Der Markt soll zwar wiederhergestellt, aber auch zugleich daran gehindert werden, soziale Defizite erneut zu produzieren. Nach wie vor gilt deshalb die Aufmerksamkeit einer langfristig angelegten Steuerung der ökonomischen und sozialen Entwicklung, kommt es also darauf an, den Handlungsrahmen der Betroffenen zu bestimmen, die für ihren Entscheidungsprozeß verbindlichen Grunddaten festzulegen. Die Deregulierungsdiskussion ist insofern eine Auseinandersetzung über Regulative, die nur im Rahmen einer die aktive Gestaltung der sozialen und ökonomischen Ordnung intendierenden staatlichen Politik verständlich sind.

Anders aber als beim Kündigungsschutz muß die Deregulierung bei prozeduralen Regelungen nicht unbedingt eine Reformalisierung zur Folge haben. Die institutionalisierten Mitbestimmungsmechanismen mögen zwar zugunsten des Gesellschaftsrechts verdrängt werden. Mit dem Wechsel der normativen Ebene hört die Prozeduralisierung nicht ohne weiteres auf. Ganz gleich, ob man die Publizitätsbestimmungen oder die Kapitalmarktvorschriften nimmt, beides zeigt nur zu gut, wie sehr auch das Gesellschaftsrecht wirtschafts- und sozialpolitisch instrumentalisiert worden ist.[108] Die eigentlich entscheidende Frage ist deshalb, ob und in welchem Umfang der Rückzug ins Gesellschaftsrecht mit einer Fortsetzung der Deregulierung einhergeht. Erst in Kenntnis der Implikationen für das Gesellschaftsrecht läßt sich wirklich beurteilen, inwieweit durch die Reduktion der Mitbestimmung eine Reformalisierung eingeleitet oder nur die prozedurale Steuerung modifiziert werden soll.

---

108 Dazu *Kübler*, unten 218 ff.

Sehr viel ausgeprägter sind die Reformalisierungstendenzen dagegen dort, wo, wie in den Vereinigten Staaten, die Deregulierungsdiskussion an die Tarifverträge anknüpft.[109] Im Mittelpunkt der Kritik stehen dabei sowohl die »duty to bargain« als auch die im Zusammenhang damit vom Gesetzgeber getroffenen Vorkehrungen zugunsten einer wirksamen gewerkschaftlichen Vertretung der Arbeitnehmer. Der Gesetzgeber habe dadurch, allen anderslautenden Beteuerungen zum Trotz, echte, die Positionen der Betroffenen wirklich berücksichtigende Verhandlungen keineswegs ermöglicht oder gar gesichert, sondern im Gegenteil, verhindert. Zwar gewähre weder der Norris-LaGuardia noch der Wagner Act der Exekutive das Recht, den Inhalt individueller oder kollektiver Vereinbarungen festzulegen. Mit seinem ausdrücklich formulierten Ziel, »acceptable terms and conditions of employment« für die Arbeitnehmer sicherzustellen,[110] und den im Hinblick darauf vorgeschriebenen Verhandlungsbedingungen verfälsche der Gesetzgeber aber die Verhandlungssituation. Kapital und Arbeit seien individuelle Güter, die jedem, der über sie verfüge, das Recht gewährten, selbst, ungestört von jeder staatlichen Einmischung, zu verhandeln. Die primäre, aber auch entscheidende staatliche Pflicht könne nur darin bestehen, sich uneingeschränkt neutral zu verhalten, und zwar ganz gleich, ob es um die Person der Vertragspartner oder den Inhalt ihrer Vereinbarung gehe.[111]

---

109 Statt aller *Epstein*, 94 Yale L.J. (1984). Ähnliche Tendenzen finden sich auch in der Bundesrepublik. Einmal mehr geht es darum, die »Tarifherrschaft« zu »beseitigen«, um »echte« Marktbedingungen herzustellen, statt aller *Woll*, Das Ende der Stabilitätspolitik (1983), 31 f. Eine richtige Einschätzung der Kritik fällt allerdings schon deshalb schwer, weil sie, wie sich etwa an den Bemerkungen zur Allgemeinverbindlichkeit von Tarifverträgen zeigt, mißverständlich, wenn nicht sogar an der gesetzlichen Regelung vorbei formuliert ist. § 5 TVG spielt nur in ganz bestimmten Sektoren, in denen, wie etwa in der Bauwirtschaft, normale tarifliche Regelungsmechanismen oft nicht funktionieren, eine Rolle. Das Gesetz gibt zudem den absoluten Ausnahmecharakter der Allgemeinverbindlichkeit klar zu erkennen, indem es die staatliche Intervention an eine Reihe, jeden Eingriff ungemein erschwerender Voraussetzungen knüpft, dazu insb. BVerfGE 44, 322. Die Allgemeinverbindlichkeit läßt sich unter diesen Umständen auch bei bestem Willen nicht zum Musterbeispiel evidenter Gefährdung des Preismechanismus stilisieren. Sollten allerdings mit »allgemeinverbindlich« die normativen Wirkungen des Tarifvertrages gemeint sein, dann werden Ausgangspunkt und Ziel des Tarifrechts letztlich genauso radikal in Frage gestellt, wie im Rahmen der in den Vereinigten Staaten geäußerten Überlegungen.
110 Vgl. sec. 2 des Norris-La Guardia Act und dazu insb. *Cox*, 71 Harv.L.Rev., 1407 ff. (1960); *Wellington*, Labor and the legal process, 38 ff.
111 *Epstein*, 94 Yale L.J., (1984).

Ohne Zweifel habe nun jeder, der seine Arbeitskraft vermarkten wolle, das Recht, den von ihm für richtig gehaltenen Verhandlungsweg zu wählen. Der Arbeitnehmer könne sich also direkt an den Arbeitgeber wenden oder auf dem Umweg über Vereinbarungen mit anderen Arbeitnehmern, die darauf abzielten, nur noch kollektiv zu verhandeln. Ebenso müsse es aber demjenigen, der sein Kapital unter anderem für die Verwertung von Arbeitskraft nutzen wolle, freistehen, sich für die aus seiner Perspektive adäquaten Verhandlungsbedingungen zu entscheiden. Er sei deshalb durchaus berechtigt, sich lediglich auf individuelle Verhandlungen einzulassen, seinen potentiellen Vertragspartner also nur solange als verhandlungsbereit und verhandlungsfähig anzusehen, wie eben nicht ein Kollektiv an seiner Stelle agiere. Aus dem gleichen Grund könne und dürfe man dem Arbeitgeber nicht das Recht abstreiten, Arbeitnehmerorganisationen zu fördern, die aus seiner Sicht eher und besser in der Lage seien, die spezifischen Unternehmensinteressen korrekt einzuschätzen sowie bei ihren Erwartungen zu berücksichtigen, etwa weil sie aus dem Unternehmen hervorgehen und auch auf dieses beschränkt bleiben.[112]

Genau daran habe sich der Gesetzgeber aber nicht gehalten. Zum Verhandlungszwang des Arbeitgebers komme das Verhandlungsmonopol einer Organisation, deren Struktur und deren Ziele, jedenfalls soweit es um die Abschottung gegenüber dem Arbeitgeber gehe, gesetzlich vorgeschrieben sei. Die Konsequenz liege auf der Hand: Statt sich mit wenigen, allgemeinen und deshalb für alle Vertragsverhandlungen verwendbaren Grundsätzen zu begnügen, entscheide sich der Gesetzgeber für ein überaus kompliziertes, ausschließlich auf die Arbeitsbeziehungen zugeschnittenes, die Bürokratisierung förderndes Regelungssystem. Damit würden zugleich die Verhandlungs- und Einigungskosten maximiert. Den Beweis lieferten die jeder Kollektivvertretung der Arbeitnehmer vorausgehenden, gesetzlich vorgeschriebenen Legitimationsverfahren ebenso wie die nicht minder kostenintensiven, vom Gesetzgeber gleichfalls sanktionierten Konfliktlösungsmechanismen. Spätestens an der Kostenzunahme erweise sich jedoch, wie notwendig, ja unumgänglich eine radikale Revision der arbeitsrechtlichen Bestimmungen sei. Nur der Verzicht auf eine Sonderbehandlung der Vertragsparteien, und damit die Rückkehr zum normalen Vertragsrecht, könne dem Preismechanismus .

---

112 *Epstein*, 94 Yale L.J., (1984).

voll zur Geltung verhelfen, und so zugleich die Kosten auf ein Mindestmaß senken.[113]

Selten sind aus der Deregulierungsforderung so genaue und weitreichende Konsequenzen gezogen worden. Die Kompromißlosigkeit ist freilich leicht zu erklären. Sie ergibt sich mehr oder weniger zwangsläufig aus der Grundannahme, auf dem Arbeitsmarkt begegneten sich, wie auch sonst, rational, also in voller Kenntnis der Nutzungsmöglichkeiten ihrer Ressourcen handelnde Individuen.[114] Dann kann es in der Tat Aufgabe der Rechtsordnung nur sein, Rahmenbedingungen zu setzen, die diesen durch und durch rationalen Entscheidungsprozeß ungehindert ablaufen lassen. Prozedurale Regelungen, wie sie das Tarifrecht enthält, sind, so gesehen, ein ebenso systemwidriger wie unzulässiger Versuch, durchaus legitime und mögliche individuelle Entscheidungen zugunsten von Erwartungen zu verdrängen, die an den Betroffenen vorbei formuliert und ihnen aufgedrängt werden.

Eines fällt sofort auf: Die Kritik an der staatlichen Intervention mag noch so präzise und detailliert vorgetragen werden, sie spart dennoch sorgfältig alle historischen Bezüge aus. Über die möglichen Kosten der gesetzlichen Regelung wird zwar ausgiebig nachgedacht, nach den Gründen aber, die den Staat zum Eingriff veranlaßt haben, der ökonomischen und sozialen Situation der Arbeitnehmer, zu keinem Zeitpunkt auch nur andeutungsweise gefragt. Kaum verwunderlich freilich: Die eigenen Prämissen versperren den Weg zurück in die Geschichte des Arbeitsrechts. Wer seine Überlegungen mit der Feststellung einleitet, jeder habe zunächst einmal die freie Wahl, Unternehmer oder Arbeitnehmer zu werden,[115] hat für historische Exkurse weder Sinn noch Verwendung. Im Gegenteil, Rückgriffe auf die Entwicklung des Arbeitsrechts erscheinen ebenso wie Hinweise auf möglicherweise ungleiche Verhandlungschancen fehl am Platze. Vertragliche Vereinbarungen gereichten, so meint man, in jedem Fall allen Beteiligten zum Vorteil, ihre Ausgangsposition spiele also weiter keine Rolle.[116] Zudem sei es gerade die Aufgabe vertraglicher Abmachun-

---

113 *Epstein*, 94 Yale L.J., (1984).
114 *Epstein*, 94 Yale L.J., (1984); vgl. auch *Posner*, Economic analysis of law (2. Aufl. 1977), 65 ff.
115 *Epstein*, 94 Yale L.J., (1984).
116 *Epstein*, 94 Yale L.J., (1984). So gesehen, erscheint der regulative Eingriff in der Tat als »social disease«, als Sündenfall also, der schleunigst rückgängig gemacht werden muß, vgl. auch *Reich*, The regulatory crisis: Does it exist and can it be solved, ZERP DP 8/83, 2.

gen, Veränderungen anzustreben und zu bewirken. Die Rechtsordnung verfehle daher ihre Funktion in dem Augenblick, in dem sie sich wie immer geartteten Überlegungen zur sozialen Situation der Vertragspartner öffne. Sie müsse sich vielmehr ausschließlich darauf konzentrieren, die von den Vertragsparteien vereinbarte Nutzung ihrer Ressourcen sicherzustellen.

Die Zurückhaltung gegenüber jedem Rückgriff auf die Geschichte des Arbeitsrechts überrascht freilich nicht. Die einst kaum je bestrittene Verknüpfung der arbeitsrechtlichen Regelung mit der ökonomischen Ungleichheit zwischen Arbeitnehmer und Arbeitgeber wird längst nicht mehr unwidersprochen hingenommen. Vielmehr korreliert die Wiederentdeckung der Privatautonomie mit immer nachdrücklicher geäußerten, vor allem an die verbesserte Einkommenslage, das dichte Netz sozialpolitischer Vorkehrungen und die ständig präsente, zum Teil verfassungsrechtlich garantierte gewerkschaftliche Aktivität anknüpfenden Zweifel am »Schutzbedürfnis« des Arbeitnehmers.[117] Je kritischer es allerdings beurteilt wird, desto fraglicher gerät der Anspruch auf eine Sonderregelung. Die Diskussion über das »Sozialmodell« eines als »Sonderprivatrecht« verstandenen Arbeitsrechts in der Bundesrepublik[118] ist dafür ebenso bezeichnend wie die »neo-zivilistischen« Tendenzen in Frankreich.[119] In beiden Fällen beherrscht die Emanzipation des Arbeitsrechts von seiner Geschichte die Argumentation. Das Arbeitsrecht wird mehr und mehr als eine Art »Berufsrecht« verstanden,[120] das zwar eine Reihe von Sonderregeln bedarf, im übrigen aber durchaus im Rahmen eines »geläuterten« Zivilrechts aufgefangen werden könnte.[121] Die »soziale Frage« ist dann nur noch Erinnerung an eine längst abgeschlossene Etap-

---

117 Vgl. etwa *Rüthers*, DB 1973, 1649 ff.; *Kramer*, Die »Krise« des liberalen Vertragsdenkens (1974), 43; *Zöllner*, AcP 175 (1975), 221 ff.; H. P. *Westermann*, AcP 178 (1978), 159 ff.; *Lieb*, AcP 178 (1978), 204 f.; Hanau/*Adomeit*, Arbeitsrecht 45; *Reuter*, in Festschrift für Hilger/Stumpf, 598 f., in Festschrift für das BAG, 413 f.

118 Vgl. insb. H. P. *Westermann*, AcP 178 (1978), 150 ff., 158 ff.; *Lieb*, AcP 178 (1978), 196 ff.; aber auch *Assmann*, Wirtschaftsrecht, 34 ff., 44 ff.

119 Statt aller *Couturier*, D., 1975, C. 151 ff.

120 Dazu insb. *Reuter*, in Festschrift für Hilger/Stumpf, 577 f., in Festschrift für das BAG 413 f. Konsequenterweise wird dann erwogen, die zu den »freien« Berufen vor allem im Rahmen des Art. 12 GG angestellten Überlegungen auf die Arbeitnehmer zu übertragen, *Reuter*, Ordo 33 (1982), 187 ff.

121 So spricht *Reuter*, in Festschrift für Hilger/Stumpf, 579, von einer »methodischen Reintegration des Arbeitsrechts in die Gesamtrechtsordnung, insbesondere in das Zivilrechtssystem«. Das Arbeitsrecht ist dann in der Tat nur noch auf dem Hintergrund »zivilrechtlicher Normenregelungen« begründbar und tolerierbar, *Reuter*, a.a.O., 593.

pe und nicht etwa ein für die Konstitution sowie die Interpretation arbeitsrechtlicher Normen bestimmender Reflexionsansatz.

Soviel läßt sich daraus sicherlich entnehmen: Die Kritik an der Verrechtlichung und erst recht die Deregulierungsforderung sind unübersehbare Zeichen der Legitimationskrise des Arbeitsrechts. Solange die Verbindung seiner Regelungsmechanismen mit akuten sozialen Krisen gleichsam faßbar war, bereitete ihre Rechtfertigung letztlich keine Schwierigkeiten. Die Arbeitszeitbeschränkung, der Kündigungsschutz, die Legalisierung der Kollektivvereinbarung und die duty to bargain bezogen ihre Legitimation allesamt aus den unschwer erkennbaren individuellen Konsequenzen sowie den sich nicht minder deutlich abzeichnenden gesellschaftlichen Implikationen der ökonomischen und sozialen Abhängigkeit der Arbeitnehmer. Gewiß, unumstritten war keine dieser Maßnahmen. Doch gerade an der ihre Einführung begleitenden Auseinandersetzung[122] läßt sich der Zusammenhang mit mehr oder weniger offensichtlichen sozialen Notsituationen unschwer ablesen, ohne Rücksicht im übrigen darauf, ob es sich (wie bei den ersten Arbeiterschutzgesetzen) um die unmittelbaren Industrialisierungsfolgen, die Auswirkungen des ersten Weltkrieges (wie beim Kündigungsschutz) oder der Weltwirtschaftskrise (wie bei der Arbeitsgesetzgebung des New Deal), handelt. Eben diese Verbindung verblaßt zusehends, je deutlicher unter dem Einfluß der Verrechtlichung die Mindeststandards der Arbeitsbeziehungen verbessert und die organisierte Repräsentation der Arbeitnehmerinteressen sowie die damit verknüpfte Regelungskompetenz garantiert werden. Die soziale Frage büßt damit ihre unmittelbar einleuchtende Legitimationswirkung ein und verwandelt sich in eine ritualisierte Formel, die vor allem in den Eingangssätzen der Gesamtdarstellungen des Arbeitsrechts regelmäßig auftaucht, ohne jedoch dort, wo es wirklich darauf ankommt, substantiiert wiederzukehren, also in den erklärenden und rechtfertigenden Bemerkungen zu den Einzelaspekten der verschiedenen arbeitsrechtlichen Regelungsmechanismen.

Der Nachteil wiegt um so schwerer als sich just die Regelungen, die Abhängigkeit, wenn nicht beseitigen, so doch einschränken sollten, dem Vorwurf ausgesetzt sehen, Bedingungen zu schaffen, die Abhängigkeit begünstigen oder bestenfalls anders verteilen.[123] So läßt sich in der Tat

---

122 Vgl. insb. *Benöhr*, ZfA 8 (1977), 187 ff., SavZ Germ.Abt. 98 (1981), 95 ff.; *François, Inbroduction, 29 ff.*

123 Vgl. etwa *Reuter*, RdA 1973, 345 ff. ZfA 9 (1978), 1 ff., Ordo 33 (1982), 180 f.; *Schwerdtner*, ZfA 8 (1977), 47 ff.; *Benoit, La démocratie libérale, 268 ff.*

nicht übersehen, daß etwa die Kündigungsschutzbestimmungen, indem sie die Auflösung des Arbeitsverhältnisses erschweren, zugleich die Beschäftigungschancen derjenigen verringern, die noch keinen Arbeitsplatz haben.[124] Konsequent ausgebaute Kündigungsvorschriften schotten zwangsläufig die »Arbeitsplatzbesitzer« mehr und mehr gegenüber den Arbeitslosen ab. Formulierungen wie »lay-off« geben deshalb treffend nicht nur die Entwicklung des Kündigungsschutzrechts, sondern ebenso dessen Ambivalenz wieder.[125] Der Schutz reserviert den Arbeitsplatz und schafft gleichzeitig, wie sich an den Senioritätsklauseln des nordamerikanischen Arbeitsrechts genauso wie an den rechtlich zementierten Auswahlkriterien des französischen und deutschen Kündigungsschutzrechts zeigen läßt, feste Prioritäten.[126] »Lay-off« ist, anders ausgedrückt, immer auch Zurückdrängung anderer Arbeitnehmer. Insofern führt die Besitzstandswahrung tendenziell zu einer Diskriminierung. Die Legitimationsfähigkeit der Kündigungsschutzbestimmungen richtet sich daher mehr und mehr danach, ob und in welchem Umfang es gelingt, die Implikationen der einst für völlig ausreichend angesehenen Sicherung des jeweilige Arbeitsplatzes aufzufangen, den Konflikt mit dem Arbeitgeber also nicht in einen Konflikt der Arbeitnehmer untereinander münden zu lassen.

Zudem: Jeder weitere Ausbau des Arbeitsrechts verstärkt seine konzentrationsfördernde Wirkung. Ganz gleich, wie man zu den Details der unmittelbaren und mittelbaren Regelungsmechanismen steht, im Ergebnis kommt es in jedem Fall zu Anforderungen, denen letztlich nur Groß-

---

124 Statt aller *Reuter*, in Festschrift für Hilger/Stumpf, 574, in Festschrift für das BAG, 405 ff.; 410, Ordo 33 (1982), 180 f.; *Stoffaes*, Revue de l'entreprise 1979, 22 ff.; *Simitis*, in Verhandlungen des 52. DJT II M, 14 ff., 28 ff.

125 Dazu insb. *Poplin*, 23 UCLA L.Rev., 177 ff. (1975); *Youngdahl*, 28 New York University Conference on Labor, 297 ff. (1975); *Summers*, 62 Virg.L.Rev., 481 ff. (1976); *Freeman/ Medoff*, 69 The Public Interest, 189 ff. (1979).

126 Bezeichnenderweise spricht *Wiedemann*, in Festschrift für das BAG 659, von einer »durch das geltende Kündigungsschutzrecht vorgezeichnete(n) Wertung«, die es vor allem in Hinblick auf Rationalisierungsbestrebungen rechtfertige, tariflich abgesicherte Arbeitsplatzgarantien zugunsten der bereits beschäftigten Arbeitnehmer zu schaffen. Jeder Schritt in diese Richtung bestätigt freilich die Tendenz zu einer mehr und mehr auf Beisitzstandsicherung ausgerichteten Tarifpolitik, die sich deshalb vorwiegend an der Interessenlage der Arbeitsplatzbesitzer orientiert, vgl. auch Billerbeck/Erd/*Jacobi*/ Schudlich, Korporatismus und gewerkschaftliche Interessenvertretung (1982), 104 ff.

unternehmen uneingeschränkt Rechnung tragen können.[127] Der lange und komplizierte Weg von den ersten Beschäftigungsverboten bis hin zum Occupation Health and Safety Act, dem Arbeitssicherheitsgesetz und den Comités d'hygiène et de sécurité markiert zugleich den fortschreitenden Übergang zu einer Regelung, die, selbst wenn dem Gesetzestext zumeist nichts zu entnehmen ist, eine Mindestgröße des Unternehmens voraussetzt. Die Kosten des Interventionismus lassen sich erst im Rahmen der Organisation größerer Unternehmen auffangen. Sie können nicht nur den Arbeitsprozeß den sich aus den einzelnen Regelungsmechanismen ergebenden Konsequenzen am ehesten anpassen, sondern auch den Auswirkungen auf den Produktionsprozeß durch strukturelle Veränderungen entgegenwirken. Kurzum, der vom Arbeitsrecht angestrebte Schutzeffekt begünstigt die Eliminierung kleinerer Unternehmen und verschärft damit die ohnehin bestehenden Konzentrationstendenzen. Obgleich also das Arbeitsrecht mit seinen Regeln versucht, die Abhängigkeitsfolgen zu begrenzen, schafft es durch eben diese Bestimmungen die Voraussetzungen für eine Marktstruktur, die Abhängigkeit begünstigt. Einmal mehr wird dadurch die Legitimation der arbeitsrechtlichen Regelungen in Frage gestellt. Nur: Der Widerspruch aktualisiert sich erst von einem bestimmten Verrechtlichungsgrad an. Die Interventionskosten müssen, mit anderen Worten, einen Umfang erreichen, der lediglich bei komplexen, organisatorische Veränderungen bedingenden Regelungen entstehen kann. Insofern überrascht es nicht, wenn die Ambivalenz der arbeitsrechtlichen Regelungsmechanismen gerade im Zusammenhang mit der Deregulierungsdiskussion sichtbar wird. Die Deregulierungsforderung zwingt, mag man sie im übrigen beurteilen wie man will, dazu, auch und gerade die gesamtwirtschaftlichen Implikationen einer Regelung der Arbeitsbeziehungen zu bedenken, sich mithin zu fragen, wie sich der intendierte Schutzeffekt zur Konzentrationswirkung verhält.

---

127 Kaum verwunderlich, wenn deshalb die Diskussion über die Anwendungsprobleme und die Reform des Kündigungsschutzrechts auf dem 52. DJT auch und gerade durch die kontroversen Positionen von Großunternehmen einerseits und Mittel- sowie Kleinbetrieben andererseits gekennzeichnet war, vgl. 52. DJT II (Verhandlungsberichte) (1978) M 138 ff., 183 ff.; aber auch Mehr Mut zum Markt, 25 ». . . die derzeitige Organisation des Arbeitsrechts (wirkt) konzentrationsfördernd«; Colling/Choquois/Goutierre/*Jeammaud*/Lyon-Caen/Roudil, Le droit capitaliste du travail (1980), 217 ff.; *Reuter*, in Festschrift für Hilger/Stumpf, 581; Ellermann-Witt/Rottleuthner/*Russig* Kündigungsschutzpraxis, 288.

2.2 Kolonialisierung

Gleichsam am anderen Ende, beim einzelnen Arbeitnehmer also, setzt jene Kritik an der Verrechtlichung an, die sich unter dem Stichwort der »inneren Kolonialisierung« zusammenfassen läßt.[128] Umschrieben werden damit die Auswirkungen der an Intensität ständig zunehmenden, mit den sich ausdifferenzierenden arbeitsrechtlichen Regelungsmechanismen verbundenen »Eingriffe in die Lebenswelt« der Arbeitnehmer. Materiale Verhaltensvorschriften und eigens um der Regelung der Arbeitsbeziehungen willen eingerichtete bürokratische Instanzen legten Lebensmuster fest, denen sich der einzelne Arbeitnehmer anpassen müsse, wolle er den durch die staatlich verordneten Regulative gebotenen Schutz genießen. Regelungsmechanismen, die anfänglich nur den Sinn gehabt hätten, die Selbstbestimmung der Arbeitnehmer sicherzustellen, wiesen mithin mehr und mehr einen pathologischen Nebeneffekt auf, sie bürokratisierten die Lebenswelt der Betroffenen und stellten damit letztlich genau die von ihnen intendierte Freiheitsverbürgung in Frage.[129]

Das Dilemma läßt sich nicht bestreiten. Der Eingriff in die Lebenswelt wird schon an dem sich unablässig verstärkenden Informationsdruck sichtbar. Je gezielter die Schutzmaßnahmen ausfallen, desto breiter gefächert sind die an den Arbeitnehmer gerichteten, seine persönliche Situation unmittelbar betreffenden Informationserwartungen.[130] Gesetzliche Regelungen, wie sie etwa das Arbeitssicherheitsgesetz enthält, sind symptomatisch dafür. Ziel des auch mit Unterstützung der Gewerkschaften verabschiedeten Gesetzes ist es, die Gefahr von Unfällen am Arbeitsplatz zu vermindern sowie die gesundheitliche Belastung der Arbeitnehmer zu verringern. Das ASiG verpflichtet deshalb den Arbeitgeber unter anderem dazu, einen Betriebsarzt zu bestellen (§ 2). Damit wird die medizinische Beobachtung der Arbeitsbedingungen ebenso institutionalisiert wie lokalisiert. Der Betriebsarzt übt seine Tätigkeit in einem bestimmten Unternehmen aus und verwertet seine Erfahrungen für Maßnahmen, die sich ebenfalls auf dieses Unternehmen beziehen. Seine Aktivität bleibt allerdings keineswegs auf eine abstrakte Beratung beschränkt. Er muß sich nicht nur selbst ein Bild der konkreten Arbeitssituation machen (§ 3

---

128 *Habermas*, Theorie des kommunikativen Handelns II (1981), 520 ff.
129 *Habermas*, Theorie II, 530 f.
130 Vgl. *Simitis*, Schutz von Arbeinehmerdaten. Regelungsdefizite – Lösungsvorschläge (1980), 7 ff.

Abs. 1 Nr. 3 ASiG), sondern auch die einzelnen Arbeitnehmer untersuchen sowie die Ergebnisse individuell für die Betroffenen und allgemein im Hinblick auf die für das Unternehmen notwendigen arbeitsmedizinischen Vorkehrungen auswerten (§ 3 Abs. 1 Nr. 2 ASiG). Die Folge: Das ASiG führt notwendigerweise dazu, eine Datenbank einzurichten, in der über die rein arbeitsbezogene Anamnese hinaus alle weiteren, medizinisch relevanten Daten zur Person des einzelnen Arbeitnehmers gespeichert werden. Der Arbeitnehmer findet sich also in dieser, im Unternehmen verarbeiteten Information keineswegs nur insoweit wieder, als es um Angaben geht, die mit seiner im Betrieb jeweils ausgeübten Tätigkeit zusammenhängen. Das ASiG überschreitet vielmehr bewußt die Unternehmensgrenze. Weil es dem Gesetzgeber um eine möglichst verläßliche Einschätzung der Gesundheitsrisiken geht, ist der Aufenthalt im Betrieb mitsamt den dort maßgeblichen Beschäftigungsbedingungen noch keine ausreichende Informations-, geschweige denn Beurteilungsgrundlage. Erst wenn alle für den jeweils betroffenen Arbeitnehmer wichtigen Risikofaktoren offengelegt und verarbeitet worden sind, vermag der Betriebsarzt einerseits objektive, arbeitsplatzbedingte Gefahren auszumachen und andererseits zu erkennen, welche Konsequenzen aus dem Gesundheitszustand des einzelnen Arbeitnehmers für seine Beschäftigung gezogen werden müssen.

Im Prinzip gleich, allerdings nicht ganz so weitreichend sind die Konsequenzen dort, wo, wie in den Vereinigten Staaten, externe, administrative Instanzen die Aufgabe übernehmen, für einen verbesserten Gesundheitsschutz zu sorgen. Wirksame Maßnahmen lassen sich eben nicht ohne Kenntnis der individuellen Gesundheitssituation treffen. Das National Institut for Occupational Safety and Health (NIOSH) hat sich deshalb mit allgemeinen Informationen über die Arbeitsbedingungen keineswegs zufriedengegeben, sondern uneingeschränkt Zugang zu den persönlichen Daten der Arbeitnehmer verlangt. Die Gerichte haben dem NIOSH Recht gegeben.[131] Weder das Interesse des Arbeitgebers, Informationen über sein Unternehmen möglichst geheimzuhalten, noch die durchaus verständliche Erwartung der Arbeitnehmer, eine Verbreitung ihrer Gesundheitsdaten auszuschließen, rechtfertigten es, sich einer Übermittlung der Angaben an den NIOSH zu widersetzen. Der Gesetzgeber habe sich mit dem Occupational Safety and Health Act (OSHA) nun einmal für einen

---

131 Statt aller United States v. Westinghouse Electric Corporation, 638 F. 2d 570 (1980) (3d Circuit); *Simitis*, in Festschrift für Riesenfeld (1983), 257 ff.

präventiven Gesundheitsschutz entschieden. Der NIOSH müsse daher alle in diesem Zusammenhang erforderlichen Informationen verwerten können. Nur dann habe er die Chance, festzustellen, welche Vorkehrungen jeweils notwendig seien, um nicht zuletzt den einzelnen Arbeitnehmer vor Gesundheitsrisiken zu schützen.

Die Kenntnis der individuellen Gesundheitsdaten ist sowohl bei ASiG als auch beim OSHA Vorstufe einer Typisierung. Mit Hilfe der jeweiligen Angaben werden Informationen gewonnen, die es nicht nur erlauben, Gesundheitsrisiken zu eliminieren, sondern zugleich die Anforderungen zu präzisieren, denen ein Arbeitnehmer genügen muß, wenn er einen bestimmten Arbeitsplatz erhalten will. Die zunächst individualisierte, tief in den persönlichen Lebensbereich des einzelnen Arbeitnehmers eingreifende Information kehrt als generalisierte Anforderung wieder und setzt damit zugleich Maßstäbe, nach denen sich die Zugangsmöglichkeiten zu den verschiedenen Arbeitsplätzen ebenso richtet wie die Berechtigung, den gesetzlich garantierten Schutz in Anspruch zu nehmen, ohne Rücksicht im übrigen darauf, ob er sich in präzisen Schutzvorkehrungen oder in einem Risikoausgleich konkretisiert. Der Arbeitnehmer hat mithin letztlich keine Wahl, er muß die fortschreitende Offenlegung seines persönlichen Lebensbereiches genauso hinnehmen, wie er gehalten ist, sich den Konsequenzen zu fügen, die sich, um seines Schutzes willen, für seinen Lebenslauf ergeben.

Ähnlich verläuft schließlich die Entwicklung beim Versuch, personelle Entscheidungen des Arbeitgebers möglichst zu objektivieren. Ganz gleich, ob es um Kündigungen, Versetzungen oder Einstellungen geht, die Entscheidung des Arbeitgebers soll, im Interesse der betroffenen Arbeitnehmer, an feste, nachprüfbare Kriterien gebunden, der Einfluß seiner persönlichen Vorstellungen und Präferenzen also zurückgedrängt werden. Deshalb verpflichten gesetzliche Vorschriften, wie beispielsweise die Kündigungsschutzbestimmungen den Arbeitgeber zu einer »sozialen Auswahl« (§ 2 Abs. 3 KSchG) und bemühen sich die Gerichte, die Auswahlmaßstäbe festzuschreiben.[132] Aus dem gleichen Grund räumen prozedurale Regelungsmechanismen, wie etwa die duty to bargain in den Vereinigten Staaten oder § 95 BetrVG in der Bundesrepublik, den Arbeitnehmervertretun-

---

132 Vgl. insb. *Becker*, in Gemeinschaftskommentar zum KSchG § 1, Rdnr. 351 ff. mit weiteren Angaben. Zur Problematik der nicht zuletzt von den Arbeitsgerichten favorisierten Punktsysteme vgl. insb. BAG, BB 1983, 1665, SAE 1984, 43 mit Anmerkung *Löwisch/ Schüren*.

gen das Recht ein, Auswahlrichtlinien mitzubestimmen, ja unter Umständen zu verlangen.

Die Folge ist wiederum ein Eingriff in die Lebenswelt der Betroffenen. Persönliche Elemente zählen ausdrücklich zu den durchweg akzeptierten Entscheidungsfaktoren. Hinweise auf die psychische oder physische Belastbarkeit sind daher genauso verbreitet wie die Anknüpfung an die familiäre Einkommenssituation und das Alter. Die Auswahlrichtlinien können ihre Aufgabe allerdings nur solange erfüllen, wie sie jedes dieser scheinbar so persönlichen Entscheidungselemente entindividualisieren. Erst in dem Augenblick, in dem sie als abstrakte Maßstäbe formuliert werden, läßt sich der mit den Auswahlrichtlinien verknüpfte Objektivierungsanspruch realisieren. Konkret: Wo von der Belastbarkeit oder vom Alter die Rede ist, kommt es zunächst und vor allem darauf an, sich unabhängig vom Einzelfall darüber klarzuwerden, unter welchen Voraussetzungen beides eine Rolle spielen darf. In eben diese Voraussetzungen gehen aber vom Gesetzgeber, den Gerichten oder auch von den Parteien der Kollektivvereinbarungen rezipierte Stereotype ein, die für die Einschätzung des Betroffenen ebenso maßgeblich sind wie letztlich für sein Selbstverständnis. Einmal mehr zeigt sich dabei: Die auf eine Einschränkung der Arbeitsplatzrisiken bedachte Verrechtlichung der Arbeitsbeziehungen schablonisiert die Lebenswelt der Betroffenen. Ihnen bleibt erneut nichts anderes übrig, als sich der Schablone anzupassen, sie zu internalisieren und in völliger Übereinstimmung mit ihr zu agieren, solange sie jedenfalls die Sicherheit für sich in Anspruch nehmen wollen, die mit der versuchten Objektivierung personeller Entscheidungen verbunden ist.

Der Anpassungszwang macht sich erst recht bemerkbar, wenn staatliche Agenturen unmittelbar eingreifen, um die Arbeitsmarktrisiken zu mindern. Diskussionen, wie sie etwa im Zusammenhang mit der Zumutbarkeitsklausel bei der Arbeitslosenhilfe geführt werden[133] und in den Auseinandersetzungen über die »suitable work«-Bestimmungen des Federal Unemployment Tax Act[134] sowie den vom Code du travail (Art. L. 351-4) vorgesehenen »refus pour motif légitime«[135] nahezu wortwörtlich wiederkehren, sind bezeichnend dafür. Hinter den Generalklauseln verbirgt

---

133 Vgl. etwa *Hohmann-Dennhardt*, SozSich 1977, 33 ff.; *Hummel-Liljegren*, Zumutbare Arbeit (1981); *Möller-Lücking*, SozSich 1982, 129 ff.

134 Dazu*Covington*, Social Legislation (Labor relations and social problems II 2. Aufl. Neudruck 1974), 181 ff.

135 Vgl. *Javillier*, Droit du travail, 402 ff.

sich die gleiche, in Verwaltungsvorschriften ebenso wie in richterlichen Entscheidungen stets von neuem konkretisierte Erwartung: Die Arbeitslosenunterstützung setzt die Bereitschaft voraus, die eigene Lebensführung zu revidieren, und zwar nach bestimmten, vorgegebenen, streng typisierten Maßstäben. Wohlgemerkt, die verschiedenen rechtlichen Regelungen gehen durchweg vorsichtig vor. Der Anpassungsdruck verstärkt sich graduell. Erst die wachsende Belastung der jeweils zahlungspflichtigen Institutionen löst den Übergang vom »comparable« zum »suitable work« aus, engt den Kreis der Ablehnungsgründe ein, die noch als »motifs légitimes« hingenommen werden. Der Eingriff in die Lebensführung der Betroffenen wird damit, allerdings, lediglich hinausgezögert. Insofern ändert sich nichts an der Feststellung: So unterschiedlich die einzelnen Systeme der Arbeitslosenunterstützung auch ausgestaltet sind, sie knüpfen die Verminderung der sich aus der Arbeitslosigkeit ergebenden Risiken durchweg an Bedingungen, die den Betroffenen zwingen, sich nach einem bestimmten, von ihnen vorgeschriebenen Lebensmuster zu richten.

Die Arbeitslosenunterstützung fügt sich damit in eine für das Sozialrecht allgemein bezeichnende Entwicklung ein.[136] Hier wie dort wiederholt sich die Tendenz zu einer Vorstrukturierung der Lebenswelt. Hier wie dort mündet die Absicherung gegen fundamentale Existenzrisiken in die immer präzisere Aussage darüber, wie die Existenz des einzelnen aussehen muß, wenn er allen Risiken entgehen will. Wiederum erweist sich freilich, wie sehr es darauf ankommt, zumindest dann, wenn von der Verrechtlichung der Arbeitsbeziehungen die Rede ist, »droit du travail« und »droit social« nicht voneinander zu trennen.[137] Nirgendwo sonst zeigt sich die Ambivalenz der Schutzmechanismen besser als in eben diesen beiden Bereichen. Der staatliche Eingriff ist in einem notwendige Reaktion im Interesse einer Verbesserung der Lebensbedingungen der Arbeitnehmer und unvermeidlicher Ansatzpunkt einer Okkupation ihrer Lebenswelt.

Je schärfer sich die Okkupation manifestiert, desto deutlicher erklingt der Vorwurf der »Kolonialisierung«. Damit verschiebt sich zugleich der Schwerpunkt der Verrechtlichungsdiskussion. Der Akzent liegt weder bei generellen Überlegungen zu den Voraussetzungen und der Wirksamkeit staatlicher Eingriffe noch bei Reflexionen über die Konsequenzen für den

---

136 Vgl. insb. *Pitschas*, in *Voigt* (Hrsg.), Verrechtlichung, 150 ff.; *Tennstedt*, in *Murswieck*, Staatliche Politik im Sozialsektor (1976), 139 ff.; *Schulte/Trenk-Hinterberger*, Sozialhilfe (1982), 14. f.
137 Oben 1.2.

Unternehmer/Arbeitgeber, sondern bei den Folgen für den einzelnen Arbeitnehmer. Hinter den Bemerkungen zur »Kolonialisierung«, wie kritisch sie immer ausfallen, steht in Wirklichkeit die Frage, wie unter den Bedingungen einer Regelung der Arbeitsbeziehungen, die, ganz gleich ob über materiale Verhaltensvorschriften oder prozedurale Steuerungsmechanismen, zu einer Entindividualisierung der Arbeitsbeziehungen führt, individuelle Entscheidungsspielräume aufrechterhalten und gesichert werden können. Die Alternative zur »Kolonialisierung« ist eine schrittweise »Reindividualisierung« des Arbeitsverhältnisses. Nur in dem Maße, in dem der einzelne Arbeitnehmer zu sich selbst findet, die Verfügungsmacht also über die eigene Lebenswelt erhält und behält, läßt sich die in den staatlichen Eingriffen enthaltene und sie aus der Arbeitnehmerperspektive legitimierende Freiheitsverbürgung einlösen. Die »Kolonialisierung« markiert insofern das Dilemma der Verrechtlichung genauso wie den für ihre Entwicklung entscheidenden Schnittpunkt: Weil sich Freiheitsverbürgung und Freiheitsentzug miteinander verbinden, gilt es, den Verrechtlichungsprozeß dort anzuhalten und neu zu gestalten, wo Schutzmechanismen in Bevormundungsmechanismen umzuschlagen drohen, die regulierende Intervention also den Schutz des Arbeitnehmers nicht auch und gerade als Aufgabe versteht, seine individuelle Entscheidungskompetenz herzustellen und zu festigen.[138]

2.4 Devolution

Bleibt ein letzter, in der Verrechtlichungsdiskussion häufig geltend gemachter Vorwurf: Die Domestizierung, ja Disziplinierung der Gewerkschaften. Dem Gesetzgeber, vor allem aber der Rechtsprechung wird vorgehalten, die gewerkschaftliche Aktivität systematisch eingeengt und in Bahnen gelenkt zu haben, die eine Anpassung an die staatliche Wirtschaftspolitik ebenso gewährleisten wie die jederzeitige Kontrolle.[139] So

---

138 Insofern ist es durchaus richtig, *Wiethölter*, Materialisierung 10, 18, daß eine Verrechtlichungskritik, die bei der »Kolonialisierung« ansetzt und sie in den Mittelpunkt aller weiteren Überlegungen stellt, sich als Aufforderung versteht, Recht auch und gerade dafür zu nutzen, um diagnostizierte »pathologische« Entwicklungen zu überwinden, den Weg also zu einer Wirtschaftsverfassung sozialer und bürgerlicher Vernünftigkeit wiederzufinden.

139 Vgl. etwa *Erd*, Verrechtlichung industrieller Konflikte (1978), 1 ff., 16 ff., 118 ff., 238 ff., in *Voigt* (Hrsg.), Abschied, 197 ff.; Billerbeck/*Erd*/Jacobi/Schudlich, Korporatismus, 13 ff.; *Däubler*, in Gedächtnisschrift für Kahn-Freund (1980), 49 ff., 58 ff., ZRSoz 2 (1981), 80 ff.; *Moritz*, in *Voigt*, (Hrsg.), Verrechtlichung, 170 ff.; *Rosenbaum*, Leviathan 12 (1982), 392 ff.

seien die Gewerkschaften zwar durchaus als legaler Repräsentant der Arbeitnehmer anerkannt, ihre Wirkungsmöglichkeiten jedoch empfindlich durch den gezielten Ausbau der Betriebsverfassung beschnitten. So sprächen sich Gesetzgeber und Gerichte einerseits immer wieder für eine Garantie der Tarifautonomie aus, schränkten jedoch andererseits ebenso zielstrebig wie kontinuierlich die Liste der tarifvertraglich regelbaren Gegenstände ein. So bestehe schließlich auf den ersten Blick kein Zweifel am Streikrecht der Gewerkschaften, doch bei näherem Hinsehen zeige sich schnell, wie mit Hilfe sorgfältig formulierter Anforderungen an die Rechtmäßigkeit der Arbeitskämpfe, von den Abstimmungsprozeduren über das Verbot der »wilden« Streiks bis hin zur strikten Verknüpfung von Tarif- und Streikzielen, der Streik seine Bedeutung als Mittel der Durchsetzung gewerkschaftlicher Forderungen mehr und mehr eingebüßt habe.

Diese mehr beschreibenden Bemerkungen werden zumeist durch die Überlegung ergänzt, die Verrechtlichung der gewerkschaftlichen Aktivität lasse sich nur auf dem Hintergrund einer »kooperativen« Gewerkschaftspolitik erklären und verstehen.[140] Gemeint ist eine Politik, die bewußt auf »konfliktorische« Strategien verzichtet, weil sie, unter dem Eindruck einer prosperierenden und deshalb auch konzessionsfähigen Wirtschaft, in einem von gesetzlichen Regelungen flankierten, kontinuierlichen Verhandlungsprozeß den einzig richtigen Weg sieht, um die gegensätzlichen Interessen von Kapital und Arbeit auszugleichen. Unter diesen Umständen erscheint es nicht weiter verwunderlich, wenn dem Streik im Rahmen der gewerkschaftlichen Politik nur mehr die Funktion einer Drohung zukommt,[141] die Tarifverträge sich zunehmend auf Lohn- und Gehaltsvereinbarungen beschränken und die Einrichtung bestimmter, für eine strukturelle Veränderung der ökonomischen und gesellschaftlichen Ordnung zentraler Regelungsmechanismen, wie beispielsweise der Mitbestimmung, vollends dem Gesetzgeber überlassen wird. Ebensowenig überrascht es dann, wenn die das Streikrecht beschränkenden richterlichen Entscheidungen genauso wie die von der Rechtsprechung formulierten Anforderungen an die gewerkschaftliche Organisation keinem Wi-

---

140 Dazu insb. *Müller/Jentsch*, Leviathan 2 (1973), 223 ff.; *Bergmann/Jacobi/Müller-Jentsch*, 143 ff.; Billerbeck/Erd/*Jacobi*/Schudlich, Korporatismus, 101 ff.

141 Vgl. dazu auch *Boulding*, Conflict and defense (1962), 15 ff.; *Külp*, Theorie der Drohung (1965), 37 ff.

derstand begegnen, zumal beides dazu verhilft, innergewerkschaftliche Widerstände gegen eine »kooperative« Einstellung auszuschalten.[142]

Nicht von ungefähr werden Verrechtlichung und »kooperative« Gewerkschaftspolitik einem festen historischen Zeitpunkt zugeordnet. Wo die Prosperität bröckelt, ist, so scheint es, auch die bisherige Gewerkschaftspolitik am Ende. So wie die Hochkonjunktur die ihr adäquaten gewerkschaftlichen Aktionsformen erzwang, müsse die sich vertiefende Rezession zu anderen, ihr angemessenen Vorstellungen führen. Die Konzessionsfähigkeit stoße, unter den sich rapide verschlechternden ökonomischen Bedingungen, sehr bald an ihre Grenze, der verdrängte Konflikt komme damit unweigerlich wieder zum Vorschein, den Gewerkschaften bleibe aber nichts anderes übrig, als ihr kooperative, durch eine zunehmend »konfliktorische« Politik abzulösen.[143] Die seit dem Ende der sechziger Jahre sehr viel häufigeren nichtgewerkschaftlichen Arbeitskämpfe, die von den Gewerkschaften in den Tarifverhandlungen durchgesetzten »Maßregelungsklauseln« sowie die zunehmende Bereitschaft, Humanisierungsfragen zum Gegenstand von Tarifverträgen zu machen, werden als untrügliche Indizien einer Umkehr gewertet. Damit stellten, so meint man, die Gewerkschaften die einst unwidersprochen hingenommene Verrechtlichung in Frage. Statt sich den außerhalb ihres Einflußbereiches formulierten Bedingungen zu fügen, griffen die Gewerkschaften mehr und mehr auf ihre ureigensten Regelungsmechanismen zurück, den Streik und die Kollektivvereinbarung. Je konsequenter sie aber davon Gebrauch machten, desto besser seien die Chancen, den Verrechtlichungsprozeß aufzuhalten und zugleich zu einer genuinen Interessenvertretung der Arbeitnehmer zurückzufinden.[144] Kurzum, die Kritik der Verrechtlichung gerät zur Auseinandersetzung mit dem gewerkschaftlichen Selbstverständnis. In dem Maße, in dem sich dieses korrigieren läßt, erscheint auch die Verrechtlichung revidierbar.[145]

Hinter solchen Überlegungen steckt nicht zuletzt die Enttäuschung über eine Interventionspolitik, die Ende der sechziger/Anfang der siebziger Jahre mit ihren breit gefächerten gesellschaftspolitischen Zielen hohe Er-

142 *Bergmann*, Leviathan 2 (1973), 242 ff.; *Erd*, Verrechtlichung, 212 ff., 238 ff., in *Billerbeck/Erd/Jacobi/Schudlich*, Korporatismus, 39 ff.

143 *Erd*, Verrechtlichung, 26 ff.; *Jacobi/Müller-Jentsch/Schmidt*, Gewerkschaftspolitik in der Krise, Kritisches Jahrbuch 1977/78 (1978).

144 *Erd*, Verrechtlichung, 252 ff.; *Erd/Kalbitz*, GMBH 1976, 143 ff.; und demgegenüber Billerbeck/*Erd/Jacobi*/Schudlich, Korporatismus 41, 103.

145 Vgl. auch *Kittner/Breinlinger*, ZRSoz 2 (1981), 59 f.

wartungen weckte, ohne freilich die Implementationswege und -risiken konsequent geprüft zu haben.[146] Das Übermaß an Angebot schlägt in eine ebenso fehldimensionierte Kritik um, die auch und gerade in der Suche nach alternativen Anknüpfungspunkten kulminiert. Aus der »Legitimationskrise« des Staates folgt so die Legitimation, ja Verpflichtung außerstaatlicher Institutionen die mißlungene Politik zu korrigieren. Konsequenterweise wird dann die Gewerkschaft zu einem der wichtigsten alternativen Hoffnungsträger, die es ermöglichen sollen, den verlorengegangenen gesellschaftspolitischen Handlungsspielraum wiederzugewinnen. Genauso folgerichtig ist es unter diesen Umständen, die nur noch als Mahnmal verfehlter Interventionspolitik wahrgenommene Verrechtlichung durch eine gezielte Entrechtlichung ablösen zu wollen.[147]

Eben dieser Ausgangspunkt verengt freilich den Blick und versperrt damit den Weg zu einer korrekten Analyse des Verrechtlichungsprozesses. Schon deshalb, weil sich alle Aufmerksamkeit auf die Eingriffe in die kollektive Betätigung richtet, das Individualarbeitsrecht also außer Acht bleibt.[148] Die Gewerkschaften haben nun einmal keine ausschließliche Regelungskompetenz. Mit jeder zwingenden Vorschrift zum Inhalt des Arbeitsverhältnisses verändert aber der Gesetzgeber auch die Tragweite von Tarifverträgen und Betriebsvereinbarungen. Solange daher das Zusammenspiel materialer gesetzlicher Regelungen des Einzelarbeitsverhältnisses und prozeduraler Mechanismen nicht berücksichtigt wird, lassen sich weder die Arbeitsbedingungen noch der Handlungsspielraum der Gewerkschaften richtig beurteilen.

Zudem: Ohne Zweifel erstreckt sich der Verrechtlichungsprozeß auf die gewerkschaftliche Aktivität. Die Entscheidung darüber, wie er verläuft, welche Konsequenzen er also im einzelnen nach sich zieht, liegt jedoch keineswegs bei den Gewerkschaften allein. Ganz gleich, ob es um materiale, die Arbeitsbeziehungen unmittelbar gestaltende Verhaltensvorschriften oder um prozedurale die Arbeitnehmervertretungen gezielt einbeziehende Regelungsmechanismen geht, beides zählt von Anfang an zum Instrumentarium staatlicher Intervention.[149] Konkret und auf die

---

146 Dazu auch *Zacher*, oben 67 ff.; *Reich*, Crisis 8, 35; *Voigt*, in Gegentendenzen, 24 ff.
147 Vgl. auch *Lehmann*, Politische Theorie im Wohlfahrtsstaat (1982), 94 ff.; *Galanter*, Jahrbuch für Rechtssoziologie und Rechtstheorie 6 (1980), 11 ff.; *Voigt*, in Gegentendenzen, 36 f.
148 Vgl. auch *Blankenburg/Schönholz*, Soziologie, 22 ff.
149 Oben 1.4.

Gewerkschaften bezogen heißt dies: Ihre Legalisierung beinhaltet stets auch ihre Disziplinierung. Wo immer sich der Gesetzgeber für die Anerkennung der Arbeitnehmervertretungen sowie die Integration ihrer spezifischen Aktivitätsform, der Kollektivvereinbarung, in das System staatlicher Wirtschafts- und Arbeitsmarktpolitik entscheidet, legt er zugleich die Bedingungen für die Organisation und die Betätigung der Gewerkschaften fest.[150]

Die »golden formula« des britischen Trade Disputes Act von 1906[151] ist dafür ebenso bezeichnend wie die umständlichen Vorschriften des National Labor Relations Act zur Zulassung von Gewerkschaften in den einzelnen Unternehmen,[152] die genaue Umschreibung der Voraussetzungen gewerkschaftlicher Vertretung im Statuto dei diritti dei lavoratori[153] oder die vom BAG geforderte »soziale Mächtigkeit«.[154] Überall wiederholt sich der gleiche Prozeß: Sanktioniert wird nicht die Aktivität einer beliebigen Organisation, sondern lediglich die Tätigkeit jener Arbeitnehmervertretungen, welche sich in das gesetzlich oder richterlich definierte Konstitutions- und Aktionsschema einfügen.[155] Gewiß, der Weg von der »negative statutory protection«,[156] den »immunities« des Trade Disputes Act von 1906, bis zum, in den detaillierten Bestimmungen des griechischen Gewerkschaftsgesetzes[157] genauso wie im Kriterienkata-

---

150 Insofern kann man durchaus von der »Funktionalisierung« einer rechtlichen Garantie sprechen, *Preuß*, Die Internalisierung des Subjekts (1979), 97 f., die zu einer »Inkorporierung« der Gewerkschaften führt, Billerbeck/*Erd*/Jacobi/Schudlich, Korporatismus 18; aber auch *von Beyme*, Gewerkschaften, 198 ff.

151 Keine Haftung für alle Arbeitskampfmaßnahmen, die »in contemplation or furtherance of a tradte dispute« durchgeführt werden; dazu insb. *Kahn-Freund*, Arbeit und Recht, 240 ff.; *Wedderburn*, Worker and the law, 316 ff., in *Wedderburn/Lewis/Clark*, Labour law and industrial relations, 37 f., in Arbetsrättsliga uppsatser 1, 12 f.; *Lewis*, in *Bain* (Hrsg.), Industrial relations, 362 ff.

152 Sec. 9 b, 9 c; dazu insb. *Getman/Goldberg/Herman*, 27 Stanford L.Rev., 1465 ff. (1975); *Getman/Blackburn*, Labor relations, 55 ff.; *Getman/Pogrebin*, Labor law, 26 ff.

153 Statt aller *Giugni*, Diritto sindacale (4. Aufl. 1979), 32 ff., 59 ff.

154 BAG AP Nr. 26 zu § 2 TVG, Nr. 2 zu § 97 ArbGG; *Dütz*, AuR 1976, 65 ff.; *Löwisch*, ZfA 1 (1970), 295 ff.

155 Eben deshalb kommt der rechtlichen Regelung auch und gerade im Rahmen des National Labor Relations Act die Funktion zu, stattliche Stabilitätserwartungen zu vermitteln und abzusichern, das übersieht *Erd*, in *Voigt* (Hrsg.), Abschied, 208 ff.

156 *Wedderburn*, in *Wedderburn/Lewis/Clark*, Labour law and industrial relations 37, in Arbetsrättsliga uppsatser, 1, 12.

157 Gesetz Nr. 1264 vom 30. 6. 1982, Efimeris tis kiverniseos tis ellinikis dimokratias I, 631; dazu *Karakatsanis*, Dikaio kai politiki 1 (1982), 97 ff.; *Karalis*, ebda, 357 ff.; *Katras*, Sindikalistikes organosis (1983), insb. 38 ff.

log des BVerfG[158] verankerten, positiven Schutz ist weit. Auch eine Regelung, die sich, wie der Trade Disputes Act von 1906, bewußt darauf beschränkt, Schadenersatzansprüche bei Arbeitskämpfen auszuschließen, garantiert die Koalitionsfreiheit und erkennt zugleich die Kollektivverhandlungen sowie die Kollektivverträge als rechtlich einwandfreie Mittel zur Gestaltung von Arbeitsbedingungen an.[159]

Die Arbeitnehmervertretungen sehen sich deshalb durchweg mit dem gleichen Dilemma konfrontiert: Just die Bedingungen, die ihren Vereinbarungen ein Höchstmaß an Wirksamkeit und damit den einzelnen Arbeitnehmern die Chance verschaffen, das Arbeitsverhältnis auf eine von ihnen wirklich mitbestimmte Grundlage zu stellen, zwingen sie, sich in das vom Gesetzgeber und von der Rechtsprechung festgelegte Organisations- und Verhandlungssystem einzufügen.[160] Eben deshalb geht es nicht an, zu suggerieren, die Gewerkschaften seien jederzeit in der Lage, dieses System in Frage zu stellen, den Verrechtlichungsprozeß also mehr oder weniger beliebig umzukehren und ihren Vorstellungen anzupassen.[161]

Letztlich bewegen sich solche Annahmen auf der gleichen Ebene wie die zunächst von Otto von Gierke[162] sowie Hugo Sinzheimer[163] vertretene, mit einem tendenziell ausschließlichen Regelungsanspruch versehene korporative Autonomie, die später von Otto Kahn-Freund[164] genauso

---

158 Vgl. insb. BVerfGE 4, 96 (107); 18, 18 (28); 50, 290 (368).

159 *Wedderburn*, in Arbetsrättsliga uppsatser, 1, 12, in *Wedderburn/Lewis/Clark*, Labour law and industrial relations, 40 ff.

160 Damit ist zugleich eine der wichtigsten Ursachen für die von *Billerbeck/Erd/Jacobi/* Schudlich, Korporatismus 103, konstatierte und kritisierte »pragmatische Politik« der Gewerkschaften umschrieben.

161 Vgl. dazu auch die kritischen Bemerkungen von *Streeck*, GMH 1981, 354 ff.; *Kittner/ Breinlinger*, ZRSoz 2 (1981), 56 ff.

162 Vgl. insb. Handbuch des Deutschen Privatrechts I (1895), §§ 58–78; Das Wesen der menschlichen Verbände (1902).

163 Der korporative Arbeitsnormenvertrag I (1970), 61 ff., Ein Arbeitstarifgesetz (1916), 181 ff., Grundzüge des Arbeitsrechts (2. Aufl. 1927), 79 ff.; vgl. auch *Kahn-Freund*, in *Sinzheimer*, Gesammelte Aufsätze und Reden I (1976), 7 ff.

164 6 Mod.L.Rev. (1943), in *Flanders/Clegg* (Hrsg.), System, 43 f., 57, in *Ginsberg* (Hrsg.), Law and opinion in England in the 20th century (1959), 224; vgl. auch Ford Motor Company Limited v. AEF (1969) 2 Q.B. 303; Royal Commission on Trade Unions and Employers' Associations. Report. Cmnd 3623 (1968), 190; sowie *Wedderburn*, in *Wedderburn/Lewis/Clark*, Labour law and industrial relations, 40 ff., in Arbetsrättsliga uppsatser 1, 13 f.; *Lewis*, 42 Mod.L.Rev. (1959), 613 ff., 8 Ind.L.J. (1959), 202 ff., in *Bain* (Hrsg.), Industrial Relations, 366 ff.

nachdrücklich wie im Vorfeld der New Deal-Gesetzgebung[165] propagiert und durch die Formel vom »collective laissez-faire« illustriert wurde. Die Autonomie ist das Mittel, um einerseits die gewerkschaftliche Aktivität in die Rechtsordnung zu integrieren, andererseits aber der Arbeitnehmervertretung ein für die Verwirklichung ihrer Ziele hinreichendes Maß an Selbständigkeit sicherzustellen. Ähnlich wie zuvor die Privatautonomie[166] wird deshalb auch die korporative Autonomie als eine von der staatlichen Autorität klar getrennte, ja ihr vorgegebene Regelungsmacht gesehen und behandelt. Und ebenso konsequent ist es, wenn die einst für die Eigentums- und Vertragsfreiheit getroffene Feststellung, »what the State has not given, the State cannot take away«, unverändert auf die korporative Autonomie übertragen wird.[167] Sie ist und bleibt freilich reine Fiktion, die nur den Sinn hat, die Priorität und Exklusivität einer bestimmten, allein für richtig gehaltenen Regelung der Arbeitsbeziehungen zu begründen.[168]

Kurzum, die Garantie der Regelungskompetenz zieht stets eine Verstaatlichung nach sich. Formeln wie »Gemeinwohl« und »public interest« deuten die gleichsam klassischen Einfallstore staatlicher Kontrolle an. Den Gewerkschaften wird zwar das Recht zugestanden, die Arbeitsbedin-

---

165 Dazu *Smith*, 39 Mich.L.Rev., 1065 ff. (1941); *Bernstein*, The New Deal Collective bargaining policy, 100 ff.; *Cox*, 71 Harv. L.Rev., 1408 ff. (1958).

166 Dazu insb. *Fritz von Hippel*, Das Problem der rechtsgeschäftlichen Privatautonomie (1936), 23 ff.; *Fischer*, Der Begriff der Vertragsfreiheit (1952), 109; *Flume*, in Festschrift für den DJT I (1960), 136; *Wieacker*, ebda. II (1960), 11 f.

167 *Kahn-Freund*, in *Ginsberg* (Hrsg.), Law and opinion, 244. Genaugenommen kehrt hier jene schon von den *Webbs* vorgenommene Unterscheidung zwischen der »method of collective bargaining« einerseits und der »method of legal enactment« andererseits wieder, Industrial democracy (1902). Zum kollektiven »laissezfaire« und der damit zusammenhängenden Vorstellung eines »kollektiven Liberalismus« vgl. auch *Ramm*, Kampfmaßnahme und Friedenspflicht im deutschen Recht (1962) 105 ff., Der Arbeitskampf und die Gesellschaftsordnung des Grundgesetzes (1965) 26 ff.

168 Auch wenn es also durchaus zutrifft, »daß es außer dem Staat noch andere gesellschaftliche (Sub-)Systeme gibt, die auch Normen produzieren und für die Herstellung von deren Bindungswirkung ebenfalls Mittel zur Verfügung haben«, *Ronge* in *Voigt* (Hrsg.), Abschied, 283 f., ist die »Rechtsetzung« durch Tarifverträge nur aus der Integration der Kollektivvereinbarung in die Rechtsordnung erklärbar und begründbar, das übersieht *Ronge*, a.a.O., 278 ff. Daran ändert sich auch dann nichts, wenn vor allem auf die »auxiliary legislation« hingewiesen wird, um die Autonomie zu begründen, vgl. insb. *Kahn-Freund*, Arbeit und Recht 25 ff., 49 ff.; *Hepple*, in *Bain* (Hrsg.), Industrial relations 404 ff. Mit der Entscheidung für tarifdispositives Recht gibt der Gesetzgeber keineswegs die Entscheidung für eine Integration der Kollektivverhandlungen in das von ihm gestaltete Regelungssystem preis. Er modifiziert lediglich die Form seiner Intervention, indem er eine Alternative für den Fall bietet, daß es zu keiner tarifvertraglichen Lösung kommen sollte.

gungen selbständig zu regeln, immer aber unter dem Vorbehalt eines nicht näher definierten und nicht näher definierbaren »ordre public écono-mique et social«,[169] der den Weg zu einem »socially responsible collective bargaining« ebnet.[170] Die Kompetenzkonzession gilt also jeweils so lange, wie die Konformität mit den ordnungspolitischen Zielen staatlicher Wirtschafts- und Gesellschaftspolitik gewahrt ist, diese Ziele mithin auch und gerade über die von Arbeitgebern und Arbeitnehmern gemeinsam verantwortete Regelung der Arbeitsbeziehungen realisiert werden.[171] Der Vorbehalt ist freilich flexibel genug, um Veränderungen der staatlichen Politik aufzunehmen und in handlungsleitende Anforderungen an die Gewerkschaften umzusetzen. »Gemeinwohl« und »public interest« sind, so gesehen, Instrumente der Anpassung und damit zugleich Gradmesser der Verstaatlichung.[172] Je mehr sie an Gewicht gewinnen, desto ausgeprägter ist die Tendenz, den Handlungsspielraum der Gewerkschaften einzuschränken.

Das griechische Gesetz über die »Sozialisierung« staatlich beherrschter, im öffentlichen Interesse tätiger Unternehmen ist bezeichnend dafür.[173] Zweck des Gesetzes ist es unter anderem die Unternehmenspolitik mit den staatlichen Entwicklungsprogrammen sowie den Anforderungen der »natürlichen, gesellschaftlichen und kulturellen Umwelt« zu »harmonisieren« (Art. 1 Nr. 2). Gewiß, betroffen ist nur eine Reihe ausgewählter Unternehmen, darunter auch die staatlich kontrollierten Banken und Versicherungsgesellschaften. Gerade die Verknüpfung mit dem »öffentlichen Interesse« zeigt jedoch die besondere Bedeutung, die ihnen im Hinblick auf die staatliche Wirtschaftspolitik beigemessen wird. Im Rahmen ihrer Tätigkeit kann es deshalb am ehesten zu Konflikten kommen, um so näher liegt es infolgedessen, vor allem bei ihnen möglichst frühzeitig für eine Anpassung zu sorgen. Der Gesetzgeber räumt daher den Arbeitnehmern

---

169 Conseil d'Etat, Droit Social 1973, 514; *Lyon-Caen*, Droit Social 1973, 89 ff.; *Javillier*, in Gedächtnisschrift für Kahn-Freund, 510. In eine ähnliche Richtung deuten auch die Überlegungen zu einer besonderen »Arbeitsverfassung«, dazu vor allem *Ramm*, JZ 1977, 1 ff., ZfA 9 (1978), 361 ff., 374 ff.; *Scholz*, in Festschrift für das BAG, 511 ff.

170 OECD, Socially responsible wage policies and inflation (1975); *Cooper*, The search for consensus (1982), 72.

171 Vgl. auch *Reuter*, in Festschrift für Hilger/Stumpf, 578 f., 591, Ordo 33 (1982), 194 ff.; *Scholz*, in Festschrift für das BAG, 514 ff.

172 Die »public interests« sind insoweit in der Tat Mittel der »rationalization für administrative action«, *Mitnick*, Political economy, 279.

173 Gesetz Nr. 1365 vom 22. 6. 1983, Efimeris tis kiverniseos tis ellinikis dimokratias, I, 995.

zunächst das Recht ein, sich an der Unternehmensleitung und damit an den Entscheidungen über die Unternehmenspolitik zu beteiligen (Art. 1 Nr. 1). Doch auf das Mitbestimmungsrecht folgt eine konsequente, von den ansonsten geltenden Regeln deutlich abweichende Verrechtlichung des Arbeitskampfes (Art. 4). Der Streik wird weitgehend formalisiert. So darf ein Streik erst ausgerufen werden, wenn sich mehr als die Hälfte der eingeschriebenen Gewerkschaftsmitglieder dafür ausspricht. Dem Streikbeschluß muß zudem eine genaue Unterrichtung aller organisierten Arbeitnehmer über den Hintergrund, die Ziele sowie die wahrscheinliche Dauer des geplanten Arbeitskampfes vorausgehen. Nur dann kann nach der Vorstellung des Gesetzgebers das Arbeitskampfrisiko verläßlich eingeschätzt und von jedem einzelnen Gewerkschaftsmitglied auch erwartet werden, Position in Kenntnis der Tragweite seiner Entscheidung zu beziehen. Das Gesetz schreibt schließlich eine Abstimmungsprozedur vor, die von der Identitätsfeststellung über die Anwesenheit eines Justizvertreters bis hin zur geheimen Stimmabgabe Manipulationsversuche verhindern soll. Der Arbeitskampf wird mithin beträchtlich erschwert. Wo er sich aber nicht verhindern läßt, sucht das Gesetz ihn so kalkulierbar wie nur möglich zu gestalten. Der staatlichen Wirtschaftspolitik sollen, soweit es geht, Belastungen erspart bleiben, die unvorhersehbare und in ihren Wirkungen nicht abzuschätzende Arbeitskämpfe mit sich bringen.

Nicht minder signifikant ist die Auseinandersetzung über die Zulässigkeit einstweiliger Verfügungen im Rahmen von Arbeitskämpfen. Vor allem die britischen Gerichte scheinen dann nicht mehr den geringsten Zweifel zu haben, wenn »public interests« auf dem Spiel stehen.[174] Ein Eingriff in den Arbeitskampf ist unter diesen Umständen, nach Meinung der Rechtsprechung, selbst dann gerechtfertigt, wenn sich die Gewerkschaften formal durchaus an die für »trade disputes« geltenden rechtlichen Regeln halten. Den Ausschlag kann und darf, folgt man den Gerichten, letztlich allein die gesellschafts- und wirtschaftspolitische Tragweite des jeweiligen Arbeitskampfes geben. Gleichgültig, ob sich die Auseinandersetzung an der Streikdauer, der langfristigen ökonomischen Bedeutung der vom Arbeitgeber beabsichtigten Maßnahme sowie in den Rationalisierungsfällen), der gesamtwirtschaftlichen Relevanz der Produktion (wie bei Kohle

---

174 Vgl. etwa NWL Ltd. v. Woods (1979) I.C.R., 867; Duport Steels Ltd. v. Sirs (1980) I.C.R., 161; *Clark/Wedderburn*, in *Wedderburn/Lewis/Clark*, Labour law and industrial relations, 136 ff.; *Lewis*, in *Bain* (Hrsg.), Industrial relations, 386 f.

und Stahl) oder der besonderen sozialen Qualität des Unternehmens (wie bei Presse- und Verkehrsbetrieben) entzündet, die »injunction« reformuliert die Voraussetzungen rechtmäßiger gewerkschaftlicher Betätigung. Jede der einstweiligen Verfügungen thematisiert und problematisiert zentrale Aktivitätsaspekte und markiert so zugleich die Grenzen der Selbstregulierung. Die Gewerkschaft mag nach wie vor selbstständig agieren, der prozedurale Regelungsmechanismus insoweit intakt bleiben, die über die einstweiligen Verfügungen aktualisierten »public interests« »verstaatlichen« einen Teil ihres Aktionsspielraumes und entziehen ihn damit ihrer Verfügungsmöglichkeit.[175]

Die »public interests« kehren auch in mancher Sonderregelung für Arbeitnehmer des öffentlichen Dienstes wieder. So werden in den Vereinigten Staaten Koalitionsfreiheit, Kollektivvereinbarungen und Streikrecht in diesem Bereich auch und gerade am öffentlichen Interesse an einem ungestörten Ablauf des politischen Prozesses gemessen.[176] Konkret: Arbeitnehmer des öffentlichen Dienstes dürfen sich grundsätzlich nur soweit an der Regelung ihrer Arbeitsbedingungen beteiligen, wie die Autorität der Exekutive sowie die Souveränität des Parlaments nicht in Frage gestellt werden. Kurzum, das öffentliche Interesse filtert und reduziert die Delegation von Regelungskompetenzen. Der Civil Services Reform Act von 1978 sieht deshalb zwar Tarifverhandlungen ebenso wie eine Verhandlungspflicht des Arbeitgebers vor, erkennt aber gleichzeitig das Recht der öffentlichen Verwaltung an, Verhandlungen immer dann abzulehnen, wenn ein »compelling need« für besondere, allein von ihr festzulegende Verwaltungsvorschriften besteht.[177] Die öffentlichen Stellen haben es mit anderen Worten jederzeit in der Hand, den Gegenstand und die Tragweite von Kollektivverhandlungen zu bestimmen. Dies um so mehr, als das Gesetz Arbeitskampfhandlungen verbietet. Rechtmäßig ist, genaugenommen, lediglich ein »informational picketing«, das Aufstellen also von »Streikposten« zu Informationszwecken, und auch das nur, wenn da-

175 Vgl. auch *Clark/Wedderburn*, in *Wedderburn/Lewis/Clark*, Labour law and industrial relations, 140 ff.
176 Statt aller Justice *Powell*, in Abbod v. Detroit Board of Education, 431 U.S., 209; *Wellington/Winter*, The unions and the cities (1971), 12 ff., 24 ff., 59 ff.; *Shaw/Clark*, 19 UCLA L.Rev., 867 ff. (1972). Vgl. aber auch *Summers*, 83 Yale L.J. 1156 ff. (1974), 44 Univ. Cinc.L.Rev., 660 ff.
177 Sec. 7117, vgl. auch *Grodin u. a.*, Collective bargaining in public employment (3. Aufl. 1979), 235 ff.; *Aaron/Grodin/Stern*, Public sector bargaining (1979).

durch die Aufgaben der öffentlichen Stellen nicht gestört werden (sec. 7116). Gewerkschaften, die dagegen verstoßen, laufen, wie sich nicht zuletzt am Streik der Fluglotsen gezeigt hat, Gefahr, von der Federal Labor Relations Authority aufgelöst zu werden.[178]

Allzu nahe liegt freilich der Schluß, der öffentliche Dienst sei eben ein Sonderfall, der sich ohnehin nur schlecht in das »normale« Arbeitsrecht einfüge und daher letztlich auch nicht ins Gewicht falle, wenn es um Aussage zur Verrechtlichung der Arbeitsbeziehungen gehe. Jede in diese Richtung zielende Bemerkung läßt jedoch außer Acht, wie sehr der Staat mittlerweile in die Rolle des Arbeitgebers hineingewachsen ist. Der leistende, lenkende und planende Staat manifestiert sich nicht nur in verhaltenssteuernden Vorschriften, sondern genauso in der konstanten Zunahme seines Personals. Die Expansion der staatlichen Aktivitäten und die Ausweitung des öffentlichen Dienstes sind untrennbar miteinander verbunden. Mit der staatlichen Intervention beginnt daher eine Entwicklung, die den Staat graduell in den größten Arbeitgeber verwandelt. Seine Entscheidungen über die Gestaltung der Arbeitsbeziehungen im öffentlichen Dienst beeinflussen deshalb weit mehr als nur die Position einiger weniger Arbeitnehmer. Sie bestimmen unmittelbar die Situation der zahlenmäßig wichtigsten Arbeitnehmergruppe und prägen mittelbar Verhaltensmuster, die auf den gesamten Arbeitsmarkt zurückwirken.

Die »public interests« werden schließlich herangezogen, um Verstaatlichungstendenzen zu rechtfertigen, die sich auf ganz bestimmte Einzelaspekte der Kollektivverhandlungen beziehen. Mit am bezeichnendsten sind die immer wieder auftauchenden Bestrebungen, die Tarifvertragsparteien zwar nicht offen daran zu hindern, Löhne und Gehälter festzulegen, sie aber zu veranlassen, sich nach verbindlichen Vorgaben zu richten.[179] So soll ein »national wage-fixing system« im öffentlichen Interesse Grenzen angeben, die in keinem Fall überschritten werden dürfen. Hinzu kommt die Forderung nach einem staatlichen Schlichtungssystem, das vor allem eine Koordination zwischen den von der Regierung zur Inflations-

178 Vgl. *Grodin*, Collective bargaining, 237 ff.; aber auch Postal Clerks v. Blount, 325 F.Supp., 879 (1971) (District of Columbia Circuit); *Armbrust*, 8 The Urban Lawyer, 449 ff. (1976).
179 Vgl. etwa *Jones*, The new inflation: The politics of prices and incomes (1973); OECD, Wage determination (1974), Socially responsible wage policies and inflation (1975); Collective Bargaining and government policies in ten OECD countries (1979).

bekämpfung getroffenen Maßnahmen und der gewerkschaftlichen Tarifpolitik sicherstellen soll.[180]

In die gleiche Richtung zielen letztlich die in Italien getroffenen gesetzlichen Regelungen zur Verminderung der durch das Arbeitsverhältnis verursachten Kosten.[181] Nur: Der Gesetzgeber hütet sich davor, in die Lohn- und Gehaltsabsprachen einzugreifen. Er versucht vielmehr zunächst, alle anderen Begleitkosten des Arbeitsverhältnisses zu dämpfen. So schreibt er zwar einerseits eine Abfindung für Kündigungen vor, läßt aber andererseits keinerlei Verhandlungen über die Abfindungshöhe zu. Sie wird gesetzlich festgelegt und bindet zugleich die Tarifvertragsparteien. Selbst dann, wenn es also für sie selbstverständlich ist, sich mit der Auflösung des Arbeitsverhältnisses auseinanderzusetzen, haben sie keinen Einfluß auf den finanziellen Ausgleich. Die Kollektivvereinbarung wird mithin mit einer wachsenden Zahl zwingender Normen umgeben, die den Verhandlungsspielraum empfindlich einschränken.[182] Der Gesetzgeber antizipiert mögliche kostensteigernde Wirkungen des Tarifvertrages und versucht, sie auszuschließen, indem er den finanziellen Rahmen der Kollektivvereinbarung festschreibt. Genaugenommen wird die Regelungsbefugnis der Tarifvertragsparteien in Frage gestellt. Sie verliert weitgehend ihren Sinn dort, wo die Gewerkschaften keinerlei Entscheidungsbefugnis über die wichtigste Kündigungsfolge mehr haben.

Leicht verschieden, im Ergebnis jedoch gleich, ist die ebenfalls vom italienischen Gesetzgeber bei Unternehmenskrisen angewandte Anpassungstechnik.[183] Wiederum geht es um eine Verminderung der durch Rationalisierungen ausgelösten Kosten. Einmal mehr legt das Gesetz deshalb die Abfindungsverpflichtung sowie die Abfindungshöhe fest. Den Tarifvertragsparteien wird allerdings nicht jede Entscheidungsmöglichkeit genommen. Es steht ihnen vielmehr frei, die gesetzliche Regelung zu unterschreiten, um etwa die Belastung des Unternehmens besser auszugleichen. Der Tarifvertrag dient also nicht mehr dazu, die gesetzlich vorgeschriebenen Mindeststandards zu verbessern. Die Tarifautonomie

---

180 Statt aller *Meade*, Stagflation I, Wage Fixing, (1982), 55 ff.; *Blackaby* (Hrsg.), The future of pay bargaining (1980); aber auch Royal Commission on Trade Unions and Employer's Associations, 85 ff.

181 D.l.n. 12/1977; dazu *Giugni*, Prospettive del diritto del lavoro per gli anni '80, Relazione per il VII congresso nazionale dell' Associazione Italiana de Diritto del Lavoro e dell Sicurezza Sociale (1982), 19 ff.

182 Vgl. *Giugni*, Prospettive, 19 f.

183 D.l.n. 80/1978 Art. 1; n. 795/1978 Art. 4-bis.

bietet vielmehr nur die Chance, hinter das Gesetz zurückzugehen, um die vom Gesetzgeber angestrebten Ziele noch konsequenter zu verfolgen.[184] Deutlicher kann die Verstaatlichung kaum ausgedrückt werden. Vordergründig ändert sich am Regelungsmechanismus nichts. Nach wie vor sind es die Beteiligten, die über die Arbeitsbedingungen bestimmen. In Wirklichkeit sind sie längst instrumentalisiert. Ihre Entscheidung mag ausfallen wie sie will, sie bekräftigt immer die gesetzlich abgesicherte staatliche Wirtschaftspolitik.

Kurzum, die verschiedenen Versuche, die Regelungskompetenz der Tarifvertragsparteien von vornherein inhaltlich einzuschränken, aktualisieren und verstärken die Verstaatlichungstendenzen ebenso wie die Formalisierung sowohl der Tarifverhandlungen als auch der Arbeitskämpfe, ohne Rücksicht im übrigen darauf, ob sie, wie im britischen Employment Regulation Act von 1982 (sec. 12, 18), über gesetzliche Regelungen, mit Hilfe einer »autoregolamentazione« wichtiger Dienstleistungsbereiche[185] oder, wie im Falle der Rechtsprechung des Bundesarbeitsgerichts,[186] über eine richterliche Intervention erfolgt.

Kaum verwunderlich, wenn es unter diesen Umständen zu einer Interpretationskontroverse über Sinn und Grenzen der, zumal verfassungsrechtlich garantierten, Tarifautonomie kommt. Gewiß, die verfassungsrechtliche Anerkennung ist, wie sich an Art. 9 Abs. 3 GG ebenso wie an Art. 39 der italienischen Verfassung zeigt, an den Gesetzesvorbehalt geknüpft.[187] Die Zulässigkeit einer gesetzlichen Regelung der Arbeitsbeziehungen besagt aber noch nichts über die Interventionsschranken. Die Kernbereichsformel des BVerfG[188] verdeutlicht das Dilemma ohne es jedoch zu lösen. Mehr, als daß es einen »unantastbaren« Kernbereich autonomer Regelung gibt, erfährt man nicht.[189] Offen bleibt also vor allem, was genau an Kompetenzen zu diesem, dem staatlichen Eingriff entzoge-

---

184 Vgl. auch *Giugni*, Prospettive, 20.
185 Dazu *Giugni*, Prospettive, 20 f.
186 Vgl. etwa BAG AP Nrn. 1, 32, 37, 51 zu Art. 9 GG Arbeitskampf; Nr. 2 zu § 1 TVG Friedenspflicht.
187 »Der Gesetzgeber darf seine Normsetzungsbefugnis nicht in beliebigem Umfang außerstaatlichen Stellen überlassen, soll der Bürger nicht schrankenlos einer normsetzenden Gewalt nichtstaatlicher Einrichtungen ausgeliefert werden«, BVerfG, BB 1983, 2180; vgl. auch BVerfGE 44, 322 (348).
188 Vgl. etwa BVerfGE 19, 303 (321 ff.); 28, 295 (304); 38, 281 (305); 38, 386 (393); 50, 290 (368); 57, 220 (245 f.).
189 Vgl. auch Kritik von *Herschel*, AuR 1981, 265 ff., und *Hanau*, AuR 1983, 257 ff.

nen Bereich zählt.[190] Immerhin: Die Kernbereichsformel legt an der politischen Struktur von Staat und Gesellschaft orientierte Prioritäten fest. Präziser: In einer demokratisch strukturierten Gesellschaft fällt, auch unter sozialstaatlichen Bedingungen, primär den Tarifvertragsparteien die Aufgabe zu, die Arbeitsbeziehungen zu regeln.[191] Die Auswahl des jeweiligen Vertragsziels ist davon ebenso betroffen wie die Entscheidung über den für seine Verwirklichung richtigen Weg. Verfassungsbestimmungen, wie die Art. 9 Abs. 3 GG und 39 der italienischen Verfassung verweisen also nicht die Gewerkschaften auf einen vom Staat mehr oder weniger beliebig definierbaren Restregelungsbereich, sie verpflichten ihn vielmehr, soweit es um die Arbeitsbeziehungen geht, seine Intervention zurückzustellen.[192] Begründungsbedürftig ist, so gesehen, nicht die Regelungskompetenz der Tarifvertragsparteien, sondern der staatliche Eingriff. Der Vorrang tariflicher Regelung ist freilich keineswegs nur dort tangiert, wo gesetzliche Vorschriften den Kreis der regelbaren Gegenstände gezielt einengen. Er wird letztlich durch Verhaltensvorschriften, die es den Gewerkschaften schwer, wenn nicht unmöglich machen, eine autonome Tarifpolitik zu formulieren, genauso in Frage gestellt.

Noch einmal: Die Auseinandersetzung um die Interpretation der Art. 9 GG und 39 der italienischen Verfassung zeigt nur zu gut, wie wenig sich Kontroversen um die Regelungskompetenz selbst dann vermeiden

---

190 Nicht von ungefähr heißt es in den Aussperrungsentscheidungen des BAG, AP Nr. 64–66 zu Art. 9 GG Arbeitskampf, daß die Tarifautonomie zwar in ihrem Kernbereich gewährleistet sei, das Grundrecht des Art. 9 Abs. 3 GG aber keine Garantie für den Fortbestand des gegenwärtigen Tarifvertrags- und Arbeitskampfsystems biete; vgl. auch *Dieterich*, in Festschrift für Herschel, 41 f. Mit Bemerkungen, wie etwa dem Hinweis auf »gewichtige Belange anderer auch des Sozialpartners«, die eine legislative Intervention rechtfertigen könnten, BVerfGE 57, 245, verschärft das BVerfG nur die Ambivalenz der eigenen Aussagen.
191 Überall dort, wo, sei es »Ordnungs- und Gerechtigkeitsvorstellungen«, vgl. insb. *Reuter*, ZfA 9 (1978), 194 f., in Festschrift für Hilger/Stumpf, 578 f., Ordo 33 (1982), 194 f., sei es die »tragenden Grundsätze des Arbeitsrechts«, *Wiedemann/Stumpf*, TVG (5. Aufl. 1977) Einl. Rdr. 127, dazu dienen, den Handlungsspielraum der Tarifvertragsparteien von vornherein einzuschränken, wird deshalb nicht nur der verfassungsrechtlich vorgeschriebene Weg der Regelung von Arbeitsbedingungen desavouiert, sondern zugleich eine Art Überverfassung konstituiert, die es jederzeit erlaubt, die Tarifautonomie entgegen Art. 9 Abs. 3 GG zu instrumentalisieren.
192 Vgl. dazu auch *Simitis*, in Verhandlungsberichte des DJT II M, 20 ff.; *Giugni*, Diritto sindacale, 43 ff.; *Veneto*, in *Cataldi u. a.*, Il lavoro nella giurisprudenza costituzionale (1978), 323 ff.; *Runggaldier*, Kollektivvertragliche Mitbestimmung bei Arbeitsorganisation und Rationalisierung (1983), 86 ff.

lassen, wenn an der Garantie der Tarifautonomie kein Zweifel besteht. Eines läßt sich der Diskussion aber in jedem Fall entnehmen: Die Verstaatlichungstendenzen verändern nicht nur die Regelungsbefugnis der Tarifvertragsparteien, sie modifizieren zugleich die politische Struktur von Staat und Gesellschaft. In dem Maße, in dem die Arbeitsbeziehungen verstaatlicht werden, verwandelt sich der demokratische Sozialstaat zunehmend in einen autoritären Wohlfahrtsstaat. Anders ausgedrückt: Die Devolution der Regelungskompetenz und damit die »Vergesellschaftung« der Arbeitsbeziehungen sind Funktionsvoraussetzungen eines demokratischen Sozialstaates.

Die Kritik an der Verstaatlichung verleitet freilich oft dazu »Vergesellschaftungsmodelle« kritiklos anzupreisen.[193] Zu den wohl wichtigsten Vergesellschaftungsbeispielen zählt das am 22. Januar 1983 in Rom von der Regierung, den Gewerkschaften und den Arbeitgeberverbänden unterzeichnete Protokoll.[194] Ziel dieser Vereinbarung ist es, die Einkommens- und Beschäftigungsbedingungen der Arbeitnehmer zu verbessern, zugleich aber auch die Voraussetzungen für eine gesteigerte Produktivität zu schaffen. Das Protokoll enthält deshalb nicht nur einen arbeitsplatzbezogenen Maßnahmekatalog, von einer flexibleren Arbeitszeit, über schärfere Gesundheitskontrollen und spezielle Konfliktmechanismen für kleinere, unternehmensinterne Arbeitsstreitigkeiten bis hin zu Korrekturen der Lohn- und Gehaltsindexierung. Eine ähnlich zentrale Stellung nehmen vielmehr Vorkehrungen ein, die, wie etwa eine Steuerreform, die Erhöhung des Kindergeldes und die Verminderung der Energie- und Fahrtkosten, einen unmittelbaren Beitrag der Regierung zur Verbesserung des Realeinkommens der Arbeitnehmer darstellen.

Nach wie vor dürfte jedoch der zwischen der Labour Party und dem Trade Union Congress (TUC) vereinbarte »Social Contract« das gleich-

---

193 Allzu leicht verführt zudem die Euphorie der »Vergesellschaftung« dazu, die »Archaisierung« der Arbeitsbedingungen bewußt oder unbewußt in Kauf zu nehmen, vgl. auch *Ziegler*, in *Voigt* (Hrsg.), Gegentendenzen, 287. Eben deshalb geht es nicht an, Erscheinungen wie die Schwarzarbeit oder die Expansion der Leiharbeit als Zeichen der »Entformalisierung« in die Verrechtlichungsdiskussion einzubeziehen, so aber *Heinze/ Olk*, in *Voigt* (Hrsg.), Abschied, 226 ff., vgl. freilich 242. Zur Debatte steht in Wirklichkeit einzig und allein eine auf Kosten der Arbeitnehmer angestrebte Umgehung gesetzlicher Schutzvorschriften und damit in der Tat die Zurücksetzung des Arbeitsverhältnisses in einen »archaischen« Zustand.
194 Zur Vorgeschichte vgl. *Treu*, GiornDirLavRelInd 5 (1983), 70 ff., 76 ff.

sam klassische Vergesellschaftungsmodell sein.[195] Es ist auf dem Hintergrund der Auseinandersetzungen, über den Industrial Relations Act von 1971 entstanden.[196] Der Versuch der konservativen Regierung, die Arbeitsbeziehungen nicht zuletzt durch eine Reihe von Vorkehrungen über die Organisation sowie die Aktivität der Gewerkschaften zu verrechtlichen, sollte durch eine auf die Eigenständigkeit der Gewerkschaften und damit die Begrenzung der staatlichen Intervention bedachte Regelung abgelöst werden. Ihre Grundsätze wurden in einer besonderen, für die Verbindung zwischen der Labour Party und dem TUC zuständigen Kommission ausgearbeitet und in das sozial- und in das sozial- und wirtschaftspolitische Programm der Labour-Regierung 1974 aufgenommen. Zwischen 1974 und 1979 wurden dann die kritisierten Bestimmungen des Industrial Relations Act aufgehoben, die Position der Gewerkschaften gestärkt, der »außerrechtliche Charakter« der Kollektivvereinbarungen bestätigt sowie die freiwilligen Schlichtungsmechanismen ausgebaut. Der TUC erklärte sich zugleich mit den von der Regierung befürworteten Lohnrichtlinien einverstanden und legte sie der eigenen Tarifpolitik zugrunde. Der Social Contract sollte sich mit jeder dieser Maßnahmen als Intrument einer »coherent economic and social strategy« bewähren, »designed both to overcome the nation's grave economic problems, and to provide the basis for cooperation between the trade unions and the Government«.[197]

Manches erinnert an die Stiftung der Arbeit sowie den Sozial- und Wirtschaftsrat in den Niederlanden,[198] aber auch an den belgischen Nationalen Arbeitsrat.[199] Genauso wie beim Social Contract wird in beiden

195 Vgl. insb. *Clark/Hartmann/Lau/Winchester*, Trade Unions, National Politics and Economic Management (1980), 20 ff., 62 ff.; *Clark/Wedderburn*, in *Wedderburn/Lewis/Clark*, Labour law and industrial relations, 184 ff.
196 Dazu TUC Report 1973, 106 ff.; *Clark/Hartmann/Lau/Winchester*, Trade Unions, 20 ff.
197 TUC Report 1974, 284; vgl. auch The Economy, the Government, and Trade Unions Responsibilities, Joint Statement by the TUC and the Government (1979).
198 Dazu insb. Social-Economische Raad, Industrial organisation under public law in the Netherlands (1976); *Pels*, Rev.Int.Tr. 1966, 321 ff.; *Windmuller*, Labor relations in the Netherlands (1969), 436 ff.; *Cooper*, Search, 24 ff.
199 Vgl. insb. *Blanpain*, in International Encyclopaedia for Labour law and Industrial relations, Belgium, 34 ff.; *Francois*, Théorie des relations collectives du travail en droit belge (1980), 307; sowie Kommission der Europäischen Gemeinschaften, Bericht über die soziale Entwicklung, 1982, 76 f.; aber auch Mitbestimmung der Arbeitnehmer und Struktur der Gemeinschaften, Bulletin der Europäischen Gemeinschaften, Beilage 8/75, 53, 96.

Gremien versucht, sich auf gemeinsame Grundsätze für eine nationale Wirtschafts- und Sozialpolitik zu einigen. Durchweg geht es also, um die im Zusammenhang mit der Aktivität des belgischen Nationalen Arbeitsrats verwendete Formulierung aufzugreifen, um eine von den Gewerkschaften mitbeschlossene und mitverantwortete »soziale Programmierung«. Ähnlich wie beim Social Contract steht mithin der Wunsch im Vordergrund, die mit Rücksicht auf die soziale und ökonomische Entwicklung notwendigen staatlichen Maßnahmen durch Absprachen abzusichern, an denen sich auch und gerade die Gewerkschaften beteiligen.[200] Das gilt keineswegs nur für die im Hinblick auf inflationäre Tendenzen als erforderlich angesehenen Vereinbarungen über die Lohnpolitik, sondern ebenso für Maßnahmen zur besseren Information der Arbeitnehmer über die Unternehmenspolitik bis hin zu ihrer Beteiligung an den unternehmensinternen Entscheidungsprozessen. Trotzdem sind die Unterschiede beträchtlich. Zunächst: Die Gewerkschaften sind sowohl beim niederländischen Sozial- und Wirtschaftsrat als auch beim belgischen Nationalen Arbeitsrat nur einer von mehreren partizipierenden Verbänden.[201] Zudem: Beide Gremien haben, genaugenommen, soweit es um das unmittelbare Umfeld staatlicher Politik geht, letztlich nur konsultative Funktionen.[202] Gewiß, die Stiftung der Arbeit und der belgische Nationale Arbeitsrat beeinflussen durchaus die Arbeitsbedingungen. Sie bedienen sich jedoch dabei des traditionellen Instrumentariums. Ihre Vorstellungen werden über zentrale, zwischen den Arbeitgeberverbänden und den Gewerkschaften geschlossene Tarifverträge verwirklicht. Der Tarifvertrag bleibt also das genuine Regelungsmittel, wenngleich sich die ohnehin vorhandenen Zentralisierungstendenzen voll durchsetzen. Anders beim Social Contract. Verhandlungspartner waren hier ausschließlich die regierende politische Partei und die Gewerkschaften. Abgesehen davon stand zu keinem Zeitpunkt nur eine gegenseitige Konsultation zur Debatte. Von Anfang an ging es vielmehr darum, entscheidende Teile des

---

200 Insofern vollzieht sich der staatliche Eingriff in der Tat in der Form eines »Überredungsdirigismus«, *von Beyme*, Gewerkschaften, 252 ff., in *Habermas*, (Hrsg.), Stichworte zur »Geistigen Situation der Zeit« I (1979), 235 ff., 247 ff.

201 Beide Institutionen sind, so gesehen, exemplarisch für ein Regelungsmodell, das sich auf einen »Tripartismus« gründet, dazu *Cooper*, Search, 13 ff.; aber auch *Schmidt*, Scandinavian Studies in Law 1977, 255; *Kahn-Freund*, Arbeitsbeziehungen (1981), 86 ff.

202 Statt aller Sociaal-Economische Raad, Industrial organisation, 8 f.; *Blanpain*, a.a.O.

Regierungsprogrammes gemeinsam zu formulieren und sowohl in die Regierungs- als auch in die Gewerkschaftspolitik aufzunehmen.[203]

Der Social Contract ist, gemessen am eigenen Ziel, die »Entstaatlichung« der Arbeitsbeziehungen sicherzustellen, gescheitert. Die Verrechtlichung hat nicht ab-, sondern signifikant zugenommen.[204] Selten, wenn überhaupt, hat der Gesetzgeber so massiv in die Arbeitsbeziehungen eingegriffen. Vom Kündigungs- über den Mutter- und den Gesundheitsschutz bis hin zu spezifischen Antidiskriminierungsvorschriften, überall wiederholt sich die Tendenz, das Arbeitsverhältnis in einen festen rechtlichen Rahmen einzuordnen. Sicher, nicht alle diese Bestimmungen sind zwingend. Den Gewerkschaften verbleibt so in manchem Fall die Möglichkeit, die Kollektivvereinbarungen zu nutzen, um das gesetzliche Modell im Interesse der Arbeitnehmer zu verbessern. Zudem fehlt es nicht an prozedualen Regelungen, wie sich vor allem an zwei der wichtigsten, 1974 verabschiedeten Gesetze zeigt, dem Health and Safety at Work Act sowie dem Arbitration and Conciliation Service Act. In beiden Fällen werden die Gewerkschaften in die jeweils geschaffenen Konfliktlösungsmechanismen einbezogen. Betroffen sind jedoch durchweg Einzelheiten der Verrechtlichung, die Intervention selbst wird dagegen zu keinem Zeitpunkt in Frage gestellt. Der Gesetzgeber macht mit anderen Worten von den verschiedenen, ihm zur Verfügung stehenden Regelungsoptionen Gebrauch, ohne einen einzigen Augenblick auf den Eingriff zu verzichten. Dabei bleibt es selbst dort, wo das Gesetz, wie bei der Korrektur des Industrial Relations Act von 1971, scheinbar keine andere Aufgabe hat, als den Verrechtlichungsprozeß umzukehren. In Wirklichkeit entscheidet sich der Gesetzgeber für ein rechtlich genauso abgesichertes Regelungsmodell, das auch und gerade die Stellung der Gewerkschaften definiert und sie damit bewußt in ein gesetzlich geordnetes System der Arbeitsbeziehungen einbindet.

Die Kritik darf sich freilich nicht in Bemerkungen zur Vereinbarkeit des Social Contract mit den eigenen Zielen erschöpfen. Sie muß vielmehr vor allem auf die Implikation derartiger Vereinbarungen eingehen. Mit dem

---

203 Der Social Contract ist deshalb beispielhaft für Vereinbarungen, die als »Paket« konzipiert und durch eine Reihe von »trade-offs« gekennzeichnet werden, *Peper*, in OECD, Collective bargaining and goverment policies, 139 ff.; *Cooper*, Search 13.

204 Dazu insb. *Clark/Wedderburn*, in *Wedderburn/Lewis/Clark*, Labour law and industrial relations, 185 ff.; *Wedderburn*, in The new structure of labour law in Britain (1978), 435; *Lewis*, 14 Br.J.Ind.Rel. (1976), 1 ff., in *Bain* (Hrsg.), Industrial relations, 373 ff.

Social Contract setzen sich korporatistische Tendenzen offen durch.[205]
Gewiß, ähnliche Bestrebungen gab und gibt es anderswo auch.[206] Sie lassen sich bei der »konzentrierten Aktion« ebenso ausmachen[207] wie bei der
Institutionalisierung von »Wirtschafts-« und »Sozialräten«[208] oder den
immer wieder unternommenen Versuchen, zu einem »Beschäftigungspakt« zwischen dem Staat und den Tarifvertragsparteien zu gelangen.[209]
Der Korporatismus wird jedoch nirgends so klar wie im Social Contract
als politisches Strukturprinzip festgeschrieben. Regierung und Gewerkschaften sind die für den politischen Entscheidungsprozeß letztlich allein
relevanten Bezugsgrößen. In den zwischen ihnen geführten Verhandlungen werden die Schwerpunkte staatlicher Aktivität näher umschrieben und
damit der Aktionsrahmen staatlicher Politik bestimmt. Der Konsens mit
den Gewerkschaften ist insofern Legitimationsgrundlage und Legitima-
tionsgrenze zugleich.[210]

Die Folge: Gesellschaftliche und politische Erwartungen haben nur
noch insoweit eine Chance berücksichtigt zu werden, als die Gewerkschaften und die jeweils regierende Partei bereit sind, sie zur Kenntnis
zu nehmen.[211] Vereinbarungen wie der Social Contract filtern insofern
die politische Reflexion und steuern so gezielt den Reflexions- und Dis-

---

205 Vgl. *Middlemaas*, The politics of industrial society (1979) insb. 19 ff.; *Crouch*, The
politics of industrial relations (1979), 186 ff.; *White*, in *Wedderburn/Murphy*, Labour
law and the community (1982), 149 f.
206 Vgl. insb. *von Beyme*, Gewerkschaften, 312 ff., in *Habermas* (Hrsg.), Stichworte I,
235 ff.; *Panitch*, Br.J.Soc. 1980, 159 ff.; *Offe*, in *Alemann/Heinze* (Hrsg.), Verbände
und Staat. Vom Pluralismus zum Korporatismus (1979), 72 ff.; *Alemann*, Neokorpora-
tismus (1981); Billerbeck/*Erd/Jacobi*/Schudlich, Korporatismus, 13 ff.; 89 ff.; *Cooper*,
Search, 68 ff.; *Himmelmann*, in Öffentliche Bindung von Unternehmen (1983), 55 ff.;
Treu, Giorn.Dir.Lav.Rel.Ind. 5 (1983) 84.
207 Vgl. etwa *Schlecht*, Konzertierte Aktion als Instrument der Wirtschaftspolitik (1968);
Biedenkopf, BB 1968, 1008 ff.; *Hoppmann* (Hrsg.), Konzertierte Aktion (1971); *Hardes*,
Einkommenspolitik in der BRD. Stabilität und Gruppeninteressen. Der Fall Konzen-
trierte Aktion (1974); *von Beyme*, Gewerkschaften, 252 ff., in *Habermas* (Hrsg.), Stichwort I, 250; *Streeck* in *Matthes* (Hrsg.), Sozialer Wandel in Westeuropa (1979), 206 ff.;
Billerbeck/Erd/*Jacobi*/Schudlich, Korporatismus, 117 ff.
208 Vgl. die Übersicht bei *Cooper*, Search 16 ff.; von Beyme, Gewerkschaften, 302 ff.
209 So bezeichnet die Bundesregierung das Gesetz zur Erleichterung des Übergangs vom
Arbeitsleben in den Ruhestand mit Rücksicht auf dessen arbeitsmarktpolitische Zielsetzung ausdrücklich als »ein Angebot zu einem Beschäftigungspakt«, BR-Drucks. 552/
83.
210 Vgl. auch *Cooper*, Search, 42 ff., 46 ff.
211 Dazu insb. TUC Report 1974, 284 ff., 1975, 460 ff.; Labour Party Manifesto (1974), 12.

kussionsablauf.[212] Die parlamentarischen Verhandlungen werden nicht anders als die Konkretisierung der gewerkschaftlichen Forderungen in den einzelnen tarifpolitischen Auseinandersetzungen auf die Ratifizierung der im Social Contract vorgezeichneten Verhaltensmaximen reduziert.[213] Zudem: Je mehr der Entscheidungsprozeß in die Verhandlungen zwischen Regierung und Gewerkschaft verlagert wird, desto intensiver gestalten sich die Arkanisierungstendenzen. Die Meinungsbildung vollzieht sich nahezu ausschließlich in den Verhandlungsgremien, die Öffentlichkeit wird damit zunehmend ausgeschaltet. Zugleich verschieben sich die Gewichte innerhalb der Gewerkschaftsorganisation. Die Gewerkschaftsführung nimmt, nicht zuletzt unter Hinweis auf die gesamtgesellschaftliche und gesamtwirtschaftliche Bedeutung der Verhandlungen, das Vorrecht für sich in Anspruch, gerade dann allein zu entscheiden, wenn langfristige Entwicklungen mit weitreichenden Konsequenzen eingeleitet werden sollen und drängt so die Mitglieder mehr und mehr an den Rand der Organisation.[214] Vereinbarungen wie der Social Contract begünstigen daher, so viel läßt sich den Erfahrungen in Großbritannien unschwer entnehmen, strikt hierarchische, die Einflußmöglichkeit der Mitglieder potenzierende Organisationsstrukturen.[215]

Der Social Contract ist ohne Zweifel ein Sonderfall. Die Auswirkungen auf die innergewerkschaftliche Organisation sind dennoch alles andere als singulär. Sie entsprechen vielmehr einer Entwicklung, die sich überall dort feststellen läßt, wo der Repräsentationsanspruch der Gewerkschaften und damit eine für ihre Autonomie entscheidende Voraussetzung rechtlich anerkannt und abgesichert wurde. Das sich in der Kollektivvereinbarung aktualisierende Verhandlungsmonopol festigt die Position der Gewerkschaftsführung. Sie ist die einzig legale Arbeitnehmervertretung und kann deshalb für sich in Anspruch nehmen, die Arbeitnehmerinteressen verbindlich zu formulieren. Der Anspruch erscheint

---

212 Vgl. auch *Treu*, Giorn.Dir.Lav.Rel.Ind. 5 (1983), 84; *Himmelreich*, in Öffentliche Bindung, 71.

213 So gesehen, kann man in der Tat von einer »Entpolitisierung« sozialer Konflikte im Rahmen korporatistischer Strukturen sprechen, *Offe*, in *Alemann/Heinze* (Hrsg.), Verbände, 72 ff.

214 Vgl. dazu auch *Cooper*, Search 70 ff.; *Streeck*, in *Matthes* (Hrsg.), Sozialer Wandel, 207 ff.; *Scharpf*, Autonome Gewerkschaften, 24 ff.

215 Um so mehr als sich die Gewerkschaften im Kontext derartiger Vereinbarungen ständig mit der Erwartung konfrontiert sehen, »to educate their members to the current economic realities«, *Cooper*, Search 72.

um so selbstverständlicher, je zentralisierter die Tarifverhandlungen sind.[216] Wenn sich, wie etwa im belgischen Nationalen Arbeitsrat, nur noch Dachverbände gegenüberstehen, gibt es in der Tat keine andere Möglichkeit mehr, die Erwartungen der Arbeitnehmer auszumachen, als über die jeweils von der Gewerkschaftsführung erhobenen Forderungen. Kurzum, die Ambivalenz der Autonomie wird erneut sichtbar: Sie drängt die staatliche Intervention zwar insoweit zurück, als sie der Arbeitnehmervertretung die Chance einräumt, die Arbeitsbeziehungen mitzubestimmen, leitet aber zugleich eine sich immer stärker akzentuierende Verselbständigung der Organisation gegenüber ihren Mitgliedern ein.[217]

So gesehen, ist es durchaus folgerichtig, wenn nicht sogar unausweichlich, die »duty to bargain« durch die »duty of fair representation« zu ergänzen.[218] Wohlgemerkt, der National Labor Relations Act enthält nicht mehr als die Verhandlungspflicht des Arbeitgebers. Für den Supreme Court folgt aber daraus keineswegs nur die Verpflichtung, Kollektivvereinbarungen abzuschließen. Das Gesetz verbindet, so meint das Gericht, das Recht der Gewerkschaften, die Arbeitnehmer in diesen Verhandlungen zu vertreten, mit der Pflicht, sich für die Interessen aller ihrer Mitglieder einzusetzen.[219] Die seit der Entscheidung Steel v. Louisville & Nashville R. R.[220] nicht mehr bestrittene duty of fair representation ist das interne Gegengewicht zum gesetzlich sanktionierten Repräsentations- und Verhandlungsmonopol. Der National Labor Relations Board (NLRB) hat der Rechtsprechung Rechnung getragen, ja sie in mancher Beziehung verschärft. So ist die duty of fair representation zum eigentlichen und entscheidenden Ansatzpunkt geworden, um Diskriminierungspraktiken innerhalb der Gewerkschaft zu ahnden.[221] Sie bietet die Möglichkeit, die Gewerkschaft zu zwingen, die vernachlässigten Interessen

---

216 Vgl. auch *Streeck*, in *Matthes* (Hrsg.), Sozialer Wandel, 208 ff.; *Scharpf*, Autonome Gewerkschaften, 20 ff.; *Cooper*, Search, 63 ff.; Billerbeck/Erd/*Jacobi*/Schudlich, Korporatismus, 99 f.

217 Vgl. auch *Cooper*, Search, 41; *Teubner*, Zeitschrift für Parlamentsfragen 10 (1979), 487 ff.

218 Dazu insb. Hines v. Anchor Motor Freight, Inc. 424 U.S. 554 (1976); *Summers*, 126 Univ.Penn.L.Rev., 251 ff. (1977); *Getman/Pogrebin*, Labor law, 135 ff.

219 Humphrey v. Moore, 375 U.S. 335 (1964); Vaca v. Sipes, 386 U.S. 1717 (1967).

220 323 U.S. 192 (1944); *Aaron* 34 J. of Air Law and Commerce 167 ff. (1968).

221 Vgl. etwa Local No. 12, United Rubber Workers v. NLRB, 368 F. 2 d 12 (1966) (5th) Cir., cert. denied, 389 U.S. 837 (1967); United Packinghouse, Food and Allied Workers Int'l Union v. NLRB, 416 F. 2 d 1126 (District of Columbia Circuit), cert. denied, 396 U.S. 903 (1969).

aufzugreifen sowie für deren adäquate Berücksichtigung zu sorgen, ohne Rücksicht im übrigen darauf, ob nur einzelne Arbeitnehmer oder bestimmte Gruppen benachteiligt werden. Konsequenterweise wird daher eine umfassende und unmißverständliche Information über die Auswirkungen der Tarifverbände ebenso verlangt, wie eine ernsthafte Auseinandersetzung mit der individuellen Situation der Arbeitnehmer sowie der strikte Verzicht auf jegliche Diskriminierung aus persönlichen, aber auch und erst recht aus innerorganisatorischen Gründen. Weder der Supreme Court noch der NLRB verlassen sich also auf die Gewerkschaften. Sie verknüpfen vielmehr das Repräsentationsrecht mit innerorganisatorischen Anforderungen, die allesamt darauf abzielen, die Stellung des einzelnen Arbeitnehmers zu stärken. Die Gewerkschaft mag unstreitig ein Alleinverhandlungsrecht haben, wie sie jedoch verhandelt sowie den einmal ausgehandelten Tarifvertrag mitverwirklicht, ist gerade im Hinblick auf die Interessen der betroffenen Arbeitnehmer überprüfbar und korrigierbar.

An der duty of fair representation etwa ist sich nur zu deutlich, daß die Verrechtlichung keineswegs dort endet, wo die Vergesellschaftung beginnt. Die Bereitschaft, die Autonomie der Gewerkschaften zu respektieren, es ihnen also zu überlassen, den aus ihrer Perspektive richtigen Weg für die Regelung der Arbeitsbeziehungen einzuschlagen, unterbricht nicht den Verrechtlichungsprozeß, sondern lenkt ihn lediglich um. Die Intervention konzentriert sich mehr und mehr auf die Repräsentation der Arbeitnehmerinteressen.[222] Gewiß, auch hier bieten sich sehr unterschiedliche Verfahren an.[223] Doch ganz gleich, ob man sich eher für interne Partizipationsmechanismen ausspricht, oder die Rechte des einzelnen Arbeitnehmers unmittelbar verstärkt, das Ergebnis ändert sich nicht: Der zuvor für autonom erklärte Entscheidungsprozeß wird in ein rechtlich verbindliches Schema eingefügt.

Die Vergesellschaftung führt insofern zu einer zweiten Generation von Arbeitnehmerschutzvorschriften. Ihr Adressat ist diesmal nicht der Arbeitgeber, sondern die Arbeitnehmervertretung. Im einen wie im anderen

---

222 Vgl. dazu auch *Kahn-Freund*, Arbeitsbeziehungen 15 ff.; *von Beyme*, Gewerkschaften 107 ff.
223 Vgl. insb. *Teubner*, Organisationsdemokratie und Verbandsverfassung (1978) 251 ff., in *Dettling* (Hrsg.), Die Zähmung des Leviathan (1980) 227 ff.; *Teubner/Wilke*, in *Voigt* (Hrsg.), Verrechtlichung 46 ff.; *Treu*, in OECD, Collective Bargaining and Government Policies 155; *Streeck*, in *Matthes* (Hrsg.), Sozialer Wandel 212 ff.

Fall geht es jedoch darum, dem einzelnen Arbeitnehmer bestimmte Mindestrechte zu garantieren, seine Interessen also genauso dann zu schützen, wenn er sich unmittelbar mit dem Arbeitgeber konfrontiert sieht, wie überall dort, wo es die Gewerkschaft übernimmt, auch und gerade seine Belange zu vertreten.[224] Die gleichsam klassischen Arbeitnehmerschutzrechte sind symptomatisch für den Beginn der Verrechtlichung, rechtliche Vorkehrungen wie die duty of fair representation dagegen für eine Periode, in der Koalitionsfreiheit und Kollektivvereinbarungen zum dominierenden Element der Regelung von Arbeitsbeziehungen geworden sind. Je stärker die Autonomie der Arbeitnehmervertretungen mit einer exklusiven Regelungskompetenz verknüpft wird, desto mehr nehmen die Tendenzen zu, individuelle, der Gewerkschaft gegenüber durchsetzbare Arbeitnehmerrechte zu entwickeln.[225] Solange man mithin in der Vergesellschaftung einen Weg sieht, der eine bessere, weil selbständigere Vertretung der Arbeitnehmerinteressen ermöglicht, bleiben rechtliche Regelungen unausweichlich, die eine konstante Verarbeitung der konkreten Situation, in der sich die jeweils betroffenen Arbeitnehmer befinden und deshalb die Berücksichtigung divergierender Erwartungen sicherstellen.[226]

---

224 Eben dieser Ansatzpunkt unterscheidet alle um eine »fair representation« bemühte Bestrebungen von der Forderung nach einem Verbändegesetz, dazu insbe. *Teubner*, ZGR 1975, 459 ff.; *Bidenkopf/von Voss*, Staatsführung, Verbandsmacht und innere Souveränität (1977); *Scharpf*, Autonome Gewerkschaften 7 ff.; *von Beyme*, in *Habermas* (Hrsg.) Stichworte I, 251 ff.; Die Verbände in der Demokratie und ihre Regelungsprobleme, Verhandlungen des 52. DJT Wiesbaden II (1978) P 6 ff. Zur Debatte steht mithin einzig und allein die Chance des einzelnen Arbeitnehmers, die eigenen Vorstellungen formulieren und sich für sie einsetzen zu können, ungeachtet der konstitutiven Bedeutung gewerkschaftlicher Tätigkeit für eine die Arbeitnehmerinteressen respektierende Regelung der Arbeitsbedingungen, und nicht eine mit Hilfe der »Binnenkonstitutionalisierung« vorgenommene Anpassung an wie auch immer näher definierte staatliche »Ordnungsgrundsätze«.

225 Zentralisierungstendenzen machen deshalb, anders als *Erd*, in *Billerbeck/Erd/Jacobi/Schudlich*, Korporatismus 30, meint, eine Verrechtlichung der gewerkschaftlichen Binnenstruktur nicht überflüssig, sondern versehen im Gegenteil den Verrechtlichungsprozeß mit einem neuen, für alle weitere Entwicklung besonders wichtigen Akzent.

226 Bezeichnend dafür ist auch die zunehmend differenzierte Reaktion auf den Ausschluß von Gewerkschaftsmitgliedern, die bei Betriebsratswahlen auf nicht-gewerkschaftlichen Listen kandidieren, dazu insb. BGHZ 71, 126; *Popp*, ZfA 8 (1977) 401 ff.; *Dietz/Richardi*, BetrVG (6. Aufl. 1981) § 20 Rdnr. 16.

3. Tendenzen

3.1 Restrukturierung des Arbeitsmarktes

Die Kritik an der Verrechtlichung gründet sich, bei aller Unterschiedlichkeit der Ansatzpunkte und Ziele, auf der, allerdings oft unausgesprochenen Annahme, der Verrechtlichungsprozeß habe seinen Höhepunkt erreicht, wenn nicht überschritten. Wo immer deshalb neue Eingriffe erfolgten, würden sie nach einem ohnehin feststehenden Schema verlaufen sowie im übrigen längst bekannte Anlässe aufgreifen und bestenfalls leicht variieren. Kaum verwunderlich, wenn unter diesen Umständen Tragweite und Bedeutung wichtiger struktureller Modifikationen des Arbeitsmarktes weitgehend übersehen oder falsch eingeschätzt werden. Gemeint sind nicht die wiederholt und intensiv diskutierten, durch den Technologiewandel ausgelösten Rationalisierungseffekte, sondern die Auswirkungen der sich verändernden gesellschaftlichen Stellung weiblicher sowie älterer Arbeitnehmer auf die personelle Struktur des Arbeitsmarktes.

Schutzvorschriften für beide Gruppen gehören zu den mittlerweile klassischen Verrechtlichungserscheinungen.[227] Vordergründig werden damit nur gruppenspezifische Risiken aufgefangen. In Wirklichkeit dokumentiert jede dieser Regelungen eine ganz bestimmte Einschätzung beider Gruppen. Sie zählen eben, allem äußeren Anschein zuwider, nicht zu den »normalen« Arbeitnehmern. Ihre Zugehörigkeit zum Arbeitsmarkt wird vielmehr mit »genetisch« für die einen und »kalendarisch« für die anderen begründeten Vorbehalten versehen, die klare Beschäftigungsprioritäten festlegen. Sie drängen weibliche und ältere Arbeitnehmer an den Rand des Arbeitsmarktes und verwehren ihnen den Zutritt, sobald sich das Angebot an Arbeitsplätzen verknappt.[228] Mit Arbeit können beide Gruppen, so gesehen, nur unter Vollbeschäftigungsbedingungen wirklich

---

227 Dazu insb. *Francois*, Introduction 70 ff.
228 Vgl. etwa Bundesanstalt für Arbeit, Überlegungen zu einer vorausschauenden Arbeitsmarktpolitik I (1974) II (1978) 221, 227; *Lehr*, Psychologie des Alterns (5. Aufl. 1984) 248 ff., 300 ff.; *Offe/Hinrichs*, in *Offe* (Hrsg.), Opfer des Arbeitsmarktes (1977) 3 ff.; *Peikert*, ebda., 63 ff.; *Steffen/Niestrath*, ebda., 93 ff.; *Heinze/Hinrichs/Offe/Olk*, Soziale Welt 32 (1981) 19 ff. 1; *Pohl*, Ältere Arbeitnehmer (1978) 9 ff.; *Simitis*, in Verhandlungsberichte des 52. DJT II M 18 ff.; *Reichert/Wenzel*, WSI-Mitteilungen 37 (1984) 6 ff.; sowie den Bericht der Hessischen Landesregierung über die Arbeit der Zentralstelle für Frauenfragen, LT-Drucks. 10/542.

rechnen. Wo dagegen die Hochkonjunktur nachläßt, wird auch die Beschäftigungsbereitschaft zurückgestuft. Als Rechtfertigung dient der Hinweis auf die in beiden Fällen vorhandenen »natürlichen« Alternativen, die Familie für die Frauen, die Pensionierung für die älteren Arbeitnehmer. Anders ausgedrückt: Das »eigentliche« Lebensmuster wird zwar unter besonders beschäftigungsintensiven Arbeitsmarktvoraussetzungen verdrängt, läßt sich aber jederzeit reaktivieren. Kurzum, die Beschäftigungschancen sind bei beiden Arbeitnehmergruppen mit einem, gemessen an allen anderen Arbeitnehmern, zusätzlichen, mit Hilfe der alternativen Lebensmuster rationalisierten Risiko belastet.

Die gezielten, teilweise gesetzlich abgesicherten Bestrebungen, möglichst viele Arbeitnehmer zu veranlassen, sich für eine vorzeitige »Verrentung« zu entscheiden, ist eines von vielen Beispielen dafür.[229] Gewiß, der vorfristige Übergang in den Ruhestand ist »freiwillig«. Die jeweils betroffenen Arbeitnehmer sehen sich allerdings massivem politischen und sozialen Druck ausgesetzt. Die Chance arbeitsloser Jugendlicher doch noch beschäftigt zu werden, hänge, so heißt es immer wieder, ganz besonders von der Bereitschaft ab, die eigenen Arbeitsplätze »freizumachen«.[230]

Sie bestimmen insofern mit ihrer Entscheidung die Zukunftsmöglichkeiten jugendlicher, bislang umsonst um Arbeit bemühter Erwerbstätiger. Nur: Über die ständig wiederholte Aufforderung, den Ruhestand zu wählen, wird die Frage schnell und kommentarlos übergangen, wie die Situation der Betroffenen genau aussieht, welches ihre Perspektiven sind, was also Arbeit konkret für ihren Lebensrhythmus bedeutet.

Arbeitsmarktpolitische Maßnahmen, die mehr oder weniger offen auf die »Doppelrolle« setzen, um den Zugang zu Arbeitsmarkt je nach Bedarf zu steuern, geraten jedoch zunehmend in Konflikt mit einer Rechtsordnung, die etwa das Verbot, Frauen zu diskriminieren, zu ihren ebenso fundamentalen, wie selbstverständlichen Prämissen zählt. Der Konflikt ließ sich solange verdrängen, wie sich alle Aufmerksamkeit darauf richtete, die lange Liste legalisierter Diskriminierungen, vom staatsbürgerlichen bis hin zum familiären Bereich, fortschreitend abzubauen. Mit

---

229 Vgl. etwa das Gesetz zur Erleichterung des Übergangs vom Arbeitsleben in den Ruhestand, BR-Drucks. 552/83, aber auch *Dohse/Jürgen/Russig*, Ältere Arbeitnehmer zwischen Unternehmensinteressen und Sozialpolitik (1982).

230 So die Begründung der Bundesregierung für das von ihr vorgelegte Gesetz zur Erleichterung des Übergangs vom Arbeitsleben in den Ruhestand a.a.O.

344

jedem Schritt in diese Richtung mußten allerdings auch Zweifel und Kritik an einer von Benachteiligungen ebenso beherrschten Arbeitsmarktstruktur wachsen. Wo die politische Emanzipation institutionalisiert und praktiziert wird, die Zugangsbarrieren zu einzelnen Berufen entfallen, die Ausbildungschancen steigen und die Familie aufhört, Domäne rechtlich abgesicherter männlicher Vorherrschaft zu sein, bereitet es immer größere Schwierigkeiten, die Doppelrolle der Frau beliebig zu aktivieren. Die Verdrängung aus dem Arbeitsmarkt läßt sich eben nicht mehr problemlos realisieren, wenn eine intensivere Partizipation sowie eine höhere Qualifikation den Widerstand der Betroffenen stärken und Widerspruch mobilisieren.

Zugleich aber zeigte sich, wie wenig die traditionellen Konfliktregelungsmechanismen weiterzuhelfen vermochten. Nichts hätte in der Tat näher gelegen, als die Selbstregulierungsmöglichkeiten auszuschöpfen, um Diskriminierungen auszuschließen.[231] Weder die »duty to bargain« noch das Mitbestimmungsrecht des Betriebsrats bei Auswahlrichtlinien (§ 95 BetrVG) sind jedoch von den Arbeitnehmervertretungen wirklich genutzt worden, um eine konsequente, gleiche Beschäftigungschancen garantierende Personalpolitik sicherzustellen. Die Kollektivvereinbarungen haben die Benachteiligung der weiblichen Arbeitnehmer bestenfalls ignoriert, oft sogar sanktioniert.[232] Just die Vorstellungen und Vorurteile, die lange Zeit auch die Gesetzgebungspolitik bestimmt haben, kehren in den Kollektivvereinbarungen wieder. Noch so nachdrücklich formulierte programmatische Erklärungen ändern daran nichts. In der Realität der Verhandlungen dominieren die eine Diskriminierung begünstigenden und verfestigenden Gesichtspunkte. Die Benachteiligungen werden als »soziale« Rücksichtnahme, also als unweigerliche Folge von, auf das »Wohl« aller übrigen Arbeitnehmer bedachten, Überlegungen ausgegeben und

---

231 Von genau dieser Überlegung geht beispielsweise die Stellungnahme des DGB und seiner Vertreterin Frau *Blättel* in der Sachverständigenanhörung zu einem Antidiskriminierungsgesetz aus, Sachverständigenanhörung am 21./22. Januar 1982 in Bonn zum Thema: »Kann die Situation der Frauen durch ein Antidiskriminierungsgesetz verbessert werden?«, hrsg. vom Bundesminister für Jugend, Familie und Gesundheit sowie vom Bundesminister des Innern, 36, 143.

232 Vgl. etwa *Heinze/Hinrichs/Offe/Olk*, Soziale Welt 32 (1981) 19 ff.; *Frug*, 59 B.U.L.Rev. 55 ff. (1979); *Powers*, 55 Wis.L.Rev. 106 ff. (1979). Symptomatisch dafür sind auch die Auseinandersetzungen über die Bewertung von »Doppelverdienern« im Rahmen der vom KSchG (§ 1 Abs. 3) vorgesehenen sozialen Auswahl. Bezeichnenderweise richtet sich dabei die Aufmerksamkeit nicht auf beide Ehegatten, sondern immer nur auf die verheirateten Frauen; vgl. etwa LAG Hamm, BSa 1327/83.

rationalisiert. Eindeutig diskriminierende »seniority« Richtlinien lassen sich dann ebenso rechtfertigen, wie die geschlechtsspezifische Orientierung der »sozialen« Auswahl bei Einstellungen und Kündigungen.[233]

Unter diesen Umständen kann nur eine auf die Sicherung gleicher Teilhabe bedachte Intervention des Gesetzgebers Abhilfe bringen. Generalklauseln, wie sie das BetrVG (§ 75 Abs. 1) enthält, reichen daher nicht aus. Sie sind allzu offenkundig auf ein im übrigen recht restriktiv gehandhabtes Willkürverbot fixiert und begnügen sich ansonsten mit einem Apell an den Arbeitgeber und die Arbeitnehmervertretungen.[234] Konsequenterweise hat sich deshalb der Gesetzgeber in den Vereinigten Staaten keineswegs mit einer solchen Regelung zufriedengegeben. Der Civil Rights Act von 1964 verbietet ausdrücklich diskriminierende Beschäftigungspraktiken und sieht zugleich die Errichtung einer besonderen staatlichen Kommission, der Equal Employment Opportunity Commission (EEOC), vor, die für eine Verwirklichung der Chancengleichheit sorgen soll. Der Gesetzgeber beschränkt sich also keineswegs darauf, eine, wie immer umfangreiche, Liste möglicher Verletzungen des Diskriminierungsverbots aufzustellen. Ebensowenig erscheinen ihm Verhaltensvorschriften ausreichend, die das Gleichbehandlungsgebot positiv implementieren, von einer strikt tätigkeitsbezogenen Lohnzahlung bis zu einer geschlechtsneutralen Ausschreibung offener Stellen. Er sieht vielmehr in der Gleichbehandlung eine langfristige Aufgabe, die letztlich nur mit Hilfe einer kontinuierlichen Einwirkung auf die Unternehmenspolitik realisiert werden kann. Genau darin liegt der Sinn der Entscheidung für eine besondere administrative Instanz. Sie aktualisiert durch ihre Tätigkeit die staatliche Intervention und verwandelt die abstrakten gesetzlichen Erwartungen in konkrete, unternehmensbezogene Verhaltensregeln.

Die EEOC ist deshalb weit mehr als nur eine von vielen staatlichen Kontrollinstanzen. Gewiß, das Gesetz räumt ihr ausdrücklich die Befug-

---

233 Dazu *Cooper/Solol*, 82 Harv.L.Rev. 1598 ff. (1969); *Craft*, 26 Lab.L.J. 750 ff. (1975); *Poplin*, 23 UCLA L.Rev. 177 ff.; 194 ff. (1975); *Youngdahl*, 28 New York University Conference on Labor 299 ff. (1975); *Heinze/Heinrichs/Offe/Polk*, Soziale Welt 32 (1981) 19 ff.; Dohse/Jürgens/*Russig*, Ältere Arbeitnehmer 260 ff.; *Engelen-Kefer*, WSI-Mitteilungen 27 (1974) 254 ff.; *Steffen/Niestrath*, in *Offe* (Hrsg.), Opfer des Arbeitsmarktes 105 ff.

234 Vgl. *Dietz/Richardi*, BetrVG § 75 Rdnrn. 18 ff.; 43 ff.; *Fitting/Auffahrt/Kaiser*, BetrVG (14. Aufl. 1984) § 75 Rdnrn. 3 ff.; *Thiele*, in Gemeinschaftskommentar zum BetrVG § 75 Rdnrn. 19 ff.; kritisch *Weiss*, BetrVG (2. Aufl. 1980) § 75 Rdnr. 5.

nis ein, einzelne Diskriminierungsfälle aufzugreifen und sie auch vor Gericht zu bringen. Der Schwerpunkt der gesetzlichen Regelung liegt jedoch eindeutig bei jenen Maßnahmen, die auf eine fallunabhängige, auf Dauer angelegte Veränderung der Unternehmenspolitik abzielen. Die »affirmative action« gerät so zum entscheidenden Regelungsinstrument.[235] Sie ist, genaugenommen, ein Programm zur Verwirklichung einer an der Gleichbehandlung orientierten Personalpolitik. Dem Arbeitgeber wird durch administrative oder richterliche Intervention vorgeschrieben, eine Personalplanung vorzulegen, die eindeutig erkennen läßt, wie im Laufe einer bestimmten zeitlichen Periode Benachteiligungen kontinuierlich abgebaut werden können. Die Unternehmen können freilich, indem sie selbst die Initiative ergreifen, einer externen Anordnung durchaus zuvorkommen. Am Ergebnis ändert sich jedoch nichts. Im einen wie im anderen Fall ist die Konsequenz ein verbindlicher Handlungsrahmen, der mit einer exakten Analyse der betrieblichen Situation beginnt und mit einer ebenso präzisen Maßnahmenskala endet. Dazu zählt beispielsweise eine Einstellungspolitik, die eine graduelle Veränderung der bisherigen Zusammensetzung der Belegschaft bewirken muß. Nicht minder wichtig sind Vorkehrungen, die gleiche Beschäftigungschancen in den Unternehmenssektoren ermöglichen, in denen bislang Frauen unterrepräsentiert waren. Mit eine der wichtigsten Voraussetzungen dafür ist eine strikt stellenbezogene Auswahl und damit der Verzicht auf alle Auswahlinstrumente, die, wie etwa Tests, eine unterschiedliche Behandlung mehr oder weniger vorprogrammieren. Ganz in diesem Sinn hat die EEOC eigene Testrichtlinien vorgelegt. Die affirmative action beinhaltet schließlich in aller Regel interne Berufsberatungsprogramme sowie gezielte Fortbildungslehrgänge für weibliche Arbeitnehmer. Die Mobilität im Unternehmen soll damit bewußt gefördert, der Zugang zu höher qualifizierten Stellen erleichtert werden. Die Zielvorgaben der affirmative action sind zugleich der für die EEOC entscheidende Kontrollansatz. Sie vermag die Veränderungen in der Personalpolitik anhand des Programms genau zu verfolgen und kann sich deshalb auch rechtzeitig einschalten, um notwendige Modifikationen durchzusetzen.

Ein Jahr nach dem Civil Rights Act von 1974 griff der Gesetzgeber

---

235 Dazu insb. EEOC Guidelines on Discrimination because of Sex, 29 C.F.R. 1604, 2; *Nash*, 46 N.Y.U.L.Rev. 225 ff. (1971); *Cohen*, 28 Lab.L.J. 218 ff. (1977); *Erickson*, 28 Cl.St.L.Rev. 591 ff. (1979); *Smith-Abrams*, 55 Ill.L.Rev. 33 ff. (1981); *Seeland*, ZVglRWiss 81 (1982) 298 ff.; *Thomas*, 34 Lab.L.J. 208 ff. (1983); *Mockenhaupt*, ZfA 15 (1984) 35 ff.

erneut ein, diesmal zugunsten der älteren Arbeitnehmer. Der Age Discrimination in Employment Act und der etwas später verabschiedete Age Discrimination Act schufen die Voraussetzungen für eine staatliche Intervention zugunsten aller Arbeitnehmer, die das vierzigste Lebensjahr überschritten haben.[236] Beide Gesetze verfolgen das Ziel, die Verknüpfung der Pensionierung mit einem bestimmten Alter aufzuheben und die Beschäftigung letztlich allein von der Qualifikation des betroffenen Arbeitnehmers abhängig zu machen. Keineswegs geht es also nur darum, die Beschäftigungschancen älterer Arbeitnehmer zu verbessern oder die in den Kollektivvereinbarungen bereits enthaltenen Absicherungen gegen eine Kündigung weiter auszubauen. Der Gesetzgeber bricht vielmehr ausdrücklich mit der bis dahin unwidersprochenen akzeptierten Annahme, die Alter mit der Unfähigkeit zur Arbeit gleichsetzt und deshalb die Aufgabe des Gesetzgebers auf die finanzielle Absicherung des Ruhestandes reduziert.[237] Nicht anders als bei den weiblichen Arbeitnehmern wird der offene oder versteckte Rückgriff auf die Doppelrolle untersagt. Ältere Arbeitnehmer sind nicht mehr potentielle Pensionäre, die sich ohne weiteres in den Ruhestand schicken lassen. Hier wie sonst müssen sich infolgedessen alle Anstrengungen darauf konzentrieren, die Beschäftigung sicherzustellen, sämtliche Versuche also auszuschließen, die Arbeitnehmer unter Hinweis auf ihr Alter zu disqualifizieren. Die EEOC ist deshalb verpflichtet, die Personalpolitik durchzusetzen, die Benachteiligungen nach dem für weibliche Arbeitnehmer geltenden Muster verhindert. Ebenso konsequent ist es, wenn der Gesetzgeber in beiden Fällen die Vergabe öffentlicher Mittel als Ansatzpunkt sieht, um die jeweils begünstigten Unternehmen zu zwingen, Beschäftigungsprogramme vorzulegen, die konkrete Maßnahmen zugunsten einer Gleichbehandlung vorsehen.[238]

Gesetze, wie der Age Discrimination in Employment Act signalisieren die zunehmende Einsicht in die veränderte gesellschaftliche Wirklichkeit. Sie ist nicht zuletzt durch die steigende Lebenserwartung und, damit verbunden, durch den wachsenden Anteil älterer Menschen an der Gesamtzahl der Bevölkerung gekennzeichnet. In einer Gesellschaft aber, in der

---

236 Dazu *Kendig*, Age discrimination in employment (1978) 10 ff.; The Cost of growing old: Business necessity and the Age Discrimination Employment Act, 88 Yale L.J. 578 ff. (1978); *Shuck*, 89 Yale L.J. 27 ff.; *Rosenblum/Biles*, 8 Empl.Rel.L.J. 22 ff. (1982).
237 Statt aller Note, 51 Chi.-Kent.L.Rev. 118 ff. (1975); *Shuck*, 89 Yale L.J. 39 ff. (1979); Age discrimination in retirement: In Search of an alternative, 8 Am.J.L.Med. 433 ff. (1983).
238 Dazu insb. *Shuck*, 89 Yale L.J. 59 ff. (1979).

ältere Arbeitnehmer schon zahlenmäßig mehr und mehr an Bedeutung gewinnen, wird es immer schwieriger, ihre »Ausgliederung« als »normal« auszugeben und im Ruhestand eine äquivalente Alternative zur Arbeit zu sehen.[239] Die bislang für selbstverständlich gehaltene Marginalisierung vermag kaum noch die Erkenntnis zu verdrängen, wie sehr der Verlauf des Alterungsprozesses auch und gerade von der Möglichkeit abhängt, weiter arbeiten zu können. So gesehen, verbietet es sich, ältere Arbeitnehmer unter arbeitsmarktpolitischen Gesichtspunkten als frei verfügbare Manövriermasse zu behandeln. Sie haben vielmehr den gleichen Anspruch auf Respekt vor ihren Interessen wie jeder andere Erwerbstätige. Der Rechtsordnung fällt deshalb nicht die Aufgabe zu, die »Ausgliederung« zu beschleunigen, sondern im Gegenteil alles zu tun, um die Beteiligung am Arbeitsprozeß sicherzustellen. Nur solange die Gleichbehandlung garantiert ist, lassen sich soziale Deklassierung und psychische Verelendung vermeiden.[240]

Kurzum, je sichtbarer die Diskriminierung älterer und weiblicher Arbeitnehmer wird, desto unerläßlicher erweist sich die Intervention des Gesetzgebers. Gewiß, die Benachteiligung beider Gruppen spiegelt historisch gewachsene, sozial gefestigte Vorurteile wider. So evident sie aber auch sein mögen, sie sind kein Grund der es rechtfertigen könnte, von einem Eingriff des Gesetzgebers abzusehen. Die gesetzliche Regelung ist, bei aller Anerkennung ihrer Grenzen, eine der wichtigsten Voraussetzungen, um den sich abzeichnenden sozialen Wandel zu unterstützen und abzusichern.[241] Ohne Zweifel schlagen nun die verschiedenen, bislang vorliegenden Regelungen, vom Civil Rights Act und dem Discrimination

---

239 Vgl. The older american worker. Age discrimination in employment. Report of the Secretary of Labor to the Congresse under section 715 of the Civil Rights Act of 1964, Research materials (1965); *Wolfgang* (Hrsg.), Planning for the elderly, 438 Annals of the American Academy of Political and Social Science (1978); aber auch *Lehr*, Psychologie 313 ff.

240 »Ältere Arbeitnehmer sind nicht weniger, sondern anders leistungsfähig als jüngere«, *Steffen/Niestrath*, in *Offe* (Hrsg.), Opfer des Arbeitsmarktes 98; *Engelen-Kefer*, WSI-Mitteilungen 25 (1972) 305 ff.; *Lehr*, Psychologie 240 ff., 313 ff.

241 Mit welchen Hindernissen, ja Rückschlägen zu rechnen ist, zeigen gerade die Erfahrungen in den Vereinigten Staaten, statt aller *Bryner*, 96 Pol.Sc.Q. 411 ff. (1981/82). Wie verbreitet freilich der Versuch ist, jede legislative Korrektur mit Hilfe des Hinweises auf die gesellschaftlichen Vorurteile wenn nicht völlig abzulehnen, so doch möglichst zu verschieben, zeigt sich nicht zuletzt an mancher der im Rahmen der Sachverständigenanhörung zum Antidiskriminierungsgesetz abgegebenen Stellungnahme, a.a.O., vgl. etwa 12, 28 ff., 54 ff., 134, 142; und demgegenüber *Coester-Waltjen*, ZRP 1982, 228 f. Zu den Vorurteilen gegenüber älteren Arbeitnehmern vgl. *Lehr*, Psychologie 300 ff.

in Employment Act über den britischen Sex Discrimation Act, den nicht minder bedeutsamen Equal Pay Act sowie die mit beiden Gesetzen verbundene Errichtung der Equal Opportunity Commission, die entsprechenden skandinavischen Vorschriften bis hin zur EG-Richtlinie zur Verwirklichung des Grundsatzes der Gleichberechtigung von Mann und Frau vom 9. 2. 1976, Wege ein, die sich keineswegs immer decken, sondern im Gegenteil, oft beträchtlich voneinander abweichen.[242] Selbst dort aber, wo sich der Gesetzgeber, wie in § 611a BGB, mit mehr oder weniger folgenlosen Beteuerungen begnügt,[243] zeichnet sich eine weitere Verrechtlichung der Arbeitsbeziehungen ab.[244] Präziser: Die gezielt auf die Gleichbehandlung gerichteten Vorschriften dokumentieren bei aller Verschiedenheit mehr als nur eine quantitative Zunahme der Verrechtlichung. Mit ihnen erschließt vielmehr der Gesetzgeber eine zusätzliche Ebene rechtlicher Regelung und verleiht so dem Verrechtlichungsprozeß eine neue Dimension. Sie sind deshalb Zeichen einer qualitativen Veränderung.

3.2 Riskante Technologien

Die Geschichte der Verrechtlichung ist, ohne Rücksicht im übrigen darauf, ob man die frühen Industrialisierungsstadien, die Anerkennung und den Ausbau der Tarifautonomie oder die Korrektur spezieller Beschäftigungsrisiken nimmt, durch die Reaktion auf die Situation der Arbeitnehmer geprägt. Die sozialen und ökonomischen Implikationen ihrer Lage lösten den staatlichen Eingriff aus, sie bestimmten deshalb auch die Struktur und den Verlauf der Intervention. Was aber bisher als selbstverständlich erscheinen konnte, die Verknüpfung von Arbeitnehmersituation und Verrechtlichung, erweist sich zunehmend als fragwürdig.

---

242 Dazu insb. *Hohmann/Dennhardt*, Ungleichheit und Gleichberechtigung (1982) 25 ff.; 53 ff.; 71 ff.; *Martiny*, Informationen für die Frau, Sonderheft 3 1979, insb. 18 ff.; *Seeland*, ZVglRWiss 81 (1982) 298 ff.; *Steiner*, 32 Int.Comp.L.Q. (1938) 399 ff.
243 Zur Kritik vgl. etwa die Sachverständigenanhörung a.a.O. 11, 52 f.; 58, 111; 169 f.; 197; *Hanau*, in Festschrift für Herschel, (1982) 211 ff.; *Hohmann-Dennhardt*, Ungleichheit und Gleichberechtigung 25 ff.; *Bertelmann*, BB 1983, 1805 ff.
244 Vgl. auch *Hohmann-Dennhardt*, Ungleichheit und Gleichberechtigung 53 ff. Auch die noch so berechtigte Kritik an einzelnen gesetzlichen Regelungen, wie etwa § 611 a BGB, oder an der mangelnden Bereitschaft des Gesetzgebers, sich für klare Antidiskriminierungsvorschriften zu entscheiden, spricht nicht dagegen. »Non-decision-making-Strategien« sind, jedenfalls in diesem Bereich, anders als *Slupik* in *Voigt* (Hrsg.), Gegentendenzen 56, meint, keineswegs Begleiterscheinungen einer Entrechtlichung, sondern im Gegenteil untrügliche Anzeichen für die Notwendigkeit einer Verrechtlichung.

Wohl am instruktivsten sind die Erfahrungen in der Nuklear- sowie in der chemischen Industrie. In beiden Fällen potenziert die mit der Produktion verbundene Verwendung neuer Substanzen und Energien die Gefahren für unbeteiligte Dritte. Jeder Versuch, die Umweltgefährdung zu reduzieren, führt daher zwangsläufig zu Maßnahmen, die sich auf den Produktionsprozeß beziehen. Er generiert die Verfahren, ihm gelten deshalb auch jene Vorkehrungen, die das Gefahrenpotential verringern könnten. Die Arbeitsbedingungen sind davon ebenso betroffen, wie jeder andere Teil des Produktionsprozesses. Gleichgültig also, ob es um die apparative Ausstattung, die jeweils verwendeten bzw. abfallenden Substanzen oder die von den einzelnen Arbeitnehmern zu erbringenden Leistungen geht, das Umweltrisiko diktiert mehr und mehr die Toleranzgrenze. Wo immer es sich zu einer konkreten Gefährdung verdichtet, bildet sich daher ein Regelungsschema heraus, das die Anforderungen an die Arbeitsbedingungen immer deutlicher an der Risikobeschränkung orientiert.

Wie weit die Konsequenzen reichen, läßt sich am ehesten am Beispiel der Nuklearindustrie demonstrieren.[245] Auswahl und Überwachung der Arbeitnehmer richten sich nach minutiös festgelegten Verfahren. Ohne Zweifel spielt der Schutz vor Strahlenschäden dabei eine wichtige Rolle. Doch die eigentlich entscheidenden Gesichtspunkte werden spätestens an der psychologischen Prüfung sichtbar.[246] Sie soll Aufschluß über die Reaktions- und Konzentrationsfähigkeit, das motorische Geschick, die allgemeine Intelligenz sowie das praktische Verständnis vermitteln, alles Eigenschaften, auf die es ganz besonders dann ankommt, sobald es darum geht, festzustellen, ob der Arbeitnehmer, die von ihm erwartete, risikoreiche Leistung erbringen kann, ohne die mit der Nuklearproduktion unweigerlich verbundenen Gefahren zu aktualisieren. Kaum verwunderlich, wenn es deshalb nicht bei allgemeinen Hinweisen auf die Notwendigkeit regelmäßiger Überprüfungen der körperlichen und psychischen Verfassung bleibt. Die Untersuchungen müssen vielmehr durch eigens dafür zuständige, behördlich ermächtigte sowie durch besondere Fachkunde ausgewiesene Ärzte durchgeführt werden (§ 70 Abs. 2 StrSchVO). Um keinen

---

245 Dazu *Simitis/Rydzy,* Von der Mitbestimmung zur staatlichen Administration: Arbeitsbedingungen bei riskanten Technologien (1984); *Lewis,* 8 Ind.L.J. (1978) 1 ff.

246 Berufsgenossenschaftliche Grundsätze für arbeitsmedizinische Voruntersuchungen G 25; Bundesministerium des Innern, Konzept zur Beurteilung der Zuverlässigkeit des verantwortlichen Schichtpersonals in physischer und psychischer Hinsicht vom 14. 5. 1979; *Fechner,* Atomwirtschaft 1978, 74 ff., 1980 299 ff.; *Simitis/Rydzy,* Mitbestimmung 28 ff.

Zweifel an den wirklich wichtigen Anhaltspunkten und den für ihre Beurteilung erforderlichen Kenntnissen aufkommen zu lassen, wird beides in einer Reihe von Richtlinien sorgfältig präzisiert.[247] Welche Bedeutung die Untersuchung hat, zeigt sich nicht zuletzt an der Berechtigung der jeweils zuständigen Behörde, die Weiterbeschäftigung von einer ärztlichen Unbedenklichkeitsbescheinigung abhängig zu machen (§ 67 StrSchVO).

Die Untersuchung wird durch eine kontinuierliche Beobachtung und Beurteilung ergänzt. Diese Aufgabe ist besonders geschulten Vorgesetzten zu übertragen. Sie müssen sich dabei an ein genau vorgeschriebenes Bewertungsschema halten, das ihnen dazu verhelfen soll, jede Abweichung vom »normalen« Verhaltensmuster sofort zu registrieren.[248]

Gerade weil es aber in so hohem Maße auf die »Zuverlässigkeit« des jeweiligen Arbeitnehmers ankommt, überrascht es nicht, wenn sich die Aufmerksamkeit mehr und mehr auch auf die fachliche Qualifikation richtet. So legen spezielle Richtlinien[249] die Anforderungen an die Fachkunde einzelner, exakt definierter Personenkreise fest, vom Leiter der Anlage, über die Strahlenschutzbeauftragten, das verantwortliche Schichtpersonal bis hin zu den Reaktorfahrern. Neben einer bestimmten Schul- und Berufsausbildung sowie näher umschriebenen Fachkenntnissen werden besondere berufliche Erfahrungen in dem jeweils in Betracht kommenden Bereich verlangt. Die Fachkunde ist keineswegs nur bei der Einstellung, teilweise mit Hilfe einer in allen Einzelheiten vorgeschriebenen Prüfung, nachzuweisen. Die Richtlinien sehen vielmehr eine fortlaufende, an die Fortbildung des Betroffenen gekoppelte Überprüfung vor.[250] Das Fortbildungsprogramm muß der zuständigen Behörde jährlich vorgelegt werden. Hinzu kommt eine betriebsinterne, auf einer »systematischen Beobachtung« beruhende Kontrolle der Kenntnisse und Fähigkeiten. Die Ergebnisse sind zu dokumentieren und der Genehmigungs- und Aufsichtsbehörde auf Anforderung vorzulegen.

Die staatlichen Richtlinien greifen schließlich in die Arbeitsorganisation ein. So ist jeder Betreiber verpflichtet, einen Organisationsplan auf-

---

247 Bundesminister des Innern, Grundsätze für die ärztliche Überwachung von beruflich strahlenexponierten Personen, (Schriftenreihe des BMI Bd. 9, 1978); *Simitis/Rydzy, Mitbestimmung* 25 ff.

248 Vgl. *Simitis/Rydzy, Mitbestimmung* 30; aber auch *Lewis,* 8 Ind.L.J. (1978) 11 f.

249 Vgl. die Übersicht bei *Simitis/Rydzy, Mitbestimmung* 19 ff.

250 Vgl. etwa die Ziffern 2.2.1 bis 2.2.4, 2.3., 2.4 der Richtlinie für Programme für Erhaltung der Fachkunde des verantwortlichen Schichtpersonals in Kernkraftwerken vom 17. 5. 1979, sowie *Simitis/Rydzy, Mitbestimmung* 22 ff.

zustellen (§ 34 Ziff. 1 StrSchVO). Er wird damit gezwungen, die Kompetenzen der Arbeitnehmer zu präzisieren und schriftlich festzuhalten. Dadurch erhält aber zugleich die jeweils zuständige Behörde Informationen, die für ihre Kontrollaufgabe überaus wichtig sind. Detaillierte Bestimmungen schreiben darüber hinaus dem Betreiber eine Mindestbesetzung für einzelne Schichten ebenso vor wie die für ein »sicherheitstechnisch optimales Verhalten« der Beschäftigten erforderliche ergonomische Gestaltung der Arbeitsplätze, eine gezielte Beschränkung des für die Instandhaltung zuständigen Personals sowie eine, unter anderem die jederzeitige Überwachung des Zutritts ermöglichende, Aufteilung des Kernkraftwerks in einzelne, genau voneinander abgegrenzte Bereiche.[251]

Mit jeder dieser Anforderungen wird das ansonsten akzeptierte und gesetzlich garantierte Regelungsmodell der Arbeitsbeziehungen preisgegeben. Gleichgültig, ob es um die betriebliche Ordnung, die Festlegung von Arbeits- und Gesundheitsschutzrichtlinien, die Verwendung technischer Einrichtungen zur Überwachung der Arbeitnehmer oder die Aufstellung der für die Personalpolitik maßgeblichen Entscheidungskriterien geht, das Mitbestimmungsrecht des Betriebsrats weicht, nicht anders als die Regelungsbefugnis der Tarifvertragsparteien, präzisen, für Arbeitnehmer und Arbeitgeber gleichermaßen verbindlichen Verhaltensvorschriften. Gewiß, die Mitbestimmungsrechte sind, genaugenommen, nur unter Vorbehalt gewahrt. Der Betriebsrat kann sich nur solange auf sie berufen, wie der Gesetzgeber von einer Regelung absieht (§ 87 Abs. 1 BetrVG). Dabei bleibt es auch dort, wo, wie etwa in § 95 BetrVG, ein ausdrücklicher Hinweis auf die Priorität der gesetzlichen Regelung fehlt.[252] Nur: Was seiner ganzen Geschichte und Funktion nach als Ausnahme gedacht war,[253] gerät hier zur Regel. Die Produktionsaufnahme begründet einen Sonderstatus der Arbeitnehmer. Wer überhaupt beschäftigt werden darf, und wie er sich dabei verhalten muß, bestimmt sich ausschließlich nach den Erwartungen der staatlichen Administration. Eine Alternative gibt es gar nicht erst. Die Bereitschaft, sich strikt danach zu richten, ist vielmehr eine ebenso selbstverständliche Voraussetzung für die Erteilung der unerläßlichen staatlichen Produktionsgenehmigung wie die Erfüllung der nicht minder detail-

---

251 Vgl. die Übersicht bei *Simitis/Rydzy*, Mitbestimmung 32 ff.
252 *Simitis/Rydzy*, Mitbestimmung 45 ff.
253 Vgl. insb. *Wiese*, in Festschrift für das BAG (1979) 660 ff., in GK zum BetrVG § 87 Rdnr. 19; *Simitis/Rydzy*, Mitbestimmung 41 ff.; aber auch *Dietz/Richardi*, BetrVG § 87 Rdnrn. 148 ff.

lierten Auflagen an die maschinelle und bauliche Ausstattung. Kurzum, weder der einzelne Arbeitnehmer noch die Arbeitnehmervertretung haben unter diesen Umständen auch nur die geringste Einwirkungschance: Die Arbeitsbedingungen sind in ein festgeprägtes, allein vom Staat bestimmtes und deshalb nur von ihm änderbares System von Qualifikations- und Kontrollmechanismen eingebettet.

Ähnliche Tendenzen lassen sich in der chemischen Industrie aber auch bei der Verarbeitung personenbezogener Daten ausmachen.[254] Jeder Schritt in Richtung auf eine wirksame Abwehr der mit einer Nutzung riskanter Technologien verbundenen gesamtgesellschaftlichen Gefahren verringert den Aktionsspielraum von Arbeitnehmern und Arbeitgebern bei der Gestaltung der Arbeitsbeziehungen. Der Regelungsprozeß wird nicht mehr von ihren Erwartungen, sondern von durch die Gefahrenprävention bestimmten Anforderungen beherrscht. Dann ist es aber auch nicht weiter verwunderlich, wenn die Arbeitnehmer zuvörderst als Kontrollobjekt gesehen und behandelt werden. Ihr Tagesablauf muß unter diesen Umständen ebenso jederzeit rekonstruierbar sein, wie sich ihre Qualifikation und Belastbarkeit an der bestmöglichen Gefahrenabwehr auszurichten hat.[255]

Das Kontrollziel läßt sich zwar oft auf sehr verschiedenen Wegen erreichen. Keiner von ihnen verhilft allerdings den Arbeitnehmern dazu, ihren verlorengegangenen Einfluß auf die Arbeitsbedingungen zurückzugewinnen, jeder ist vielmehr, zugespitzt formuliert, nur Prüfstein der Verhältnismäßigkeit. Ein Vergleich hat, anders ausgedrückt, lediglich den Sinn, die, unter voller Berücksichtigung der Kontrollziele, aus der Perspektive der Arbeitnehmer am wenigsten belastende Maßnahme auszuwählen und nicht etwa ihre Mitsprache wiederherzustellen. Die Implikationen riskanter Technologien sprengen mithin den hergebrachten Regelungsrahmen und entziehen damit die Arbeitsbedingungen den Regelungsmöglichkeiten, die ein von der Lage der Arbeitnehmer und ihren Auswirkungen her konzipiertes und formuliertes Instrumentarium bietet.

Regelungsmechanismen, wie etwa der Tarifvertrag, beziehen freilich ihre Legitimation gerade aus der Überzeugung, der mit ihrer Hilfe gefundene und gesicherte Kompromiß stelle die auch im gesamtgesellschaft-

---

254 Dazu *Simitis*, AuR 1977, 97 ff. Schutz von Arbeitnehmerdaten 35 f.; *Fitting/Auffarth/Kaiser*, BetrVG § 87 Rdnr. 67 ff.; *Dietz/Richardi*, BetrVG § 87 Rdnr. 332; *Wohlgemuth*, Datenschutz für Arbeitnehmer (1983) 211 ff.
255 *Simitis*, AuR 1977, 108.

lichen Interesse jeweils optimalste Lösung dar.[256] Insofern scheint in der Tat viel dafür zu sprechen, bei riskanten Technologien nicht anders wie sonst zu verfahren, also die Entscheidung über die Arbeitsbedingungen den Kollektivvereinbarungen zu überlassen.[257] So skeptisch man jede Verkürzung der Regelungskompetenz der Tarifvertragsparteien und des Betriebsrates aber betrachten mag, eines ist nicht zu bestreiten: Bei Kollektivvereinbarungen bestimmen partikuläre Interessen sowohl den Verhandlungsverlauf als auch das Verhandlungsergebnis. Konkret: Als Arbeitnehmervertretung ist die Gewerkschaft Trägerin einer besonderen, aus dem tagtäglichen Umgang mit den Arbeitsbedingungen erwachsenen Verantwortung, die sich in der Aufgabe materialisiert, die aus der Arbeitnehmerperspektive jeweils notwendigen Korrekturen vorzunehmen.[258] Die von der Gewerkschaft eingebrachten Forderungen spiegeln deshalb die je spezifischen Erfahrungen und Erwartungen der Arbeitnehmer wider. Dabei bleibt es selbst dann, wenn einzelne, sich gleichsam unmittelbar aufdrängende Regelungserwartungen um einer langfristig angelegten Strategie willen relativiert werden. Die Effizienz der Arbeitnehmervertretung hängt nicht zuletzt von der Fähigkeit ab, die mögliche Entwicklung der Arbeitssituation zu antizipieren, sich also bei der Tarifpolitik keineswegs allein von noch so vordringlich erscheinenden Reaktionen auf die momentane Lage leiten zu lassen.[259]

---

256 Gerade deshalb ist beispielsweise immer wieder gesagt worden, die Tarifvertragsparteien bestimmen mit ihrer Abrede den »maßgeblichen Gehalt des konkret betroffenen ›Gemeinwohls‹, *Scholz*, in Festschrift für das BAG 535, Koalitionsfreiheit als Verfassungsproblem (1971) 220 ff.; *Lerche*, Verfassungsrechtliche Zentralfragen des Arbeitskampfes (1968) 29 ff.

257 Vgl. etwa *Heinze/Hinrichs/Offe/Olk*, GMH 1981, 345 ff.; aber auch den Tagungsbericht in Mitbestimmung 1983, 192 ff.

258 »It must be realized that collective bargaining, under a system where the Government does not attempt to control the results of negotiations, cannot be equated with an academic collective search for truth – or even with what might be thought to be the ideal of one. The parties – even granting the modification as that may come from a realization of economic interdependence – still proced from contrary and to an extent antagonistic viewpoints and concepts of self-interest«, NLRB v. Insurance Agents' Int'l Union, 361 U.S. 477, 488 (1960); *Streeck*, GMH 1981, 359 ff.; *Simitis*, in Verhandlungsberichte des 52. DJT II M 22 ff.

259 Nur unter dieser Voraussetzung läßt sich eine Politik formulieren, die für sich beanspruchen kann, »das Resultat der Aggregation unterschiedlicher Teilinteressen und ihrer Transformation in ein einheitliches Gesamtinteresse« zu sein, »das gegenüber den in es eingegangenen Partikularinteressen auf spezifische Weise abgehoben ist«, *Streeck*, in *Matthes* (Hrsg.), Sozialer Wandel 208; vgl. auch Billerbeck/Erd/*Jacobi*/Schudlich, Korporatismus 98 ff.

Die Implikationen riskanter Technologien werden deshalb verständlicherweise auf dem Umweg über ihre für die jeweils betroffenen Arbeitnehmer fühlbaren Auswirkungen wahrgenommen.[260] Die konstanten Kontrollen erscheinen mithin in erster Linie als unzumutbare Überwachung des Arbeitsprozesses und die steigenden Qualifikationsanforderungen als unzulässige Verkürzung innerbetrieblicher Aufstiegsmöglichkeiten. Dementsprechend orientieren sich Kritik und Forderungen an unmittelbar arbeitsbezogenen Interessen und nicht etwa an diese Interessen transzendierenden, ja ihnen zuwiderlaufenden, ausschließlich von den Technologierisiken her entwickelten Kriterien.

Weder die gewerkschaftliche Aktivität noch die Kollektivvereinbarung kann unter diesen Umständen den Anspruch erheben, das einzig legitime Vehikel gesamtgesellschaftlicher Interessen zu sein.[261] Die Gewerkschaften lassen sich eben nicht, solange sie sich jedenfalls als Arbeitnehmervertretung verstehen und danach handeln, in eine Rolle zwängen, die, genaugenommen, dazu führt, den politischen Entscheidungsprozeß in die gewerkschaftliche Organisation hineinzuverlegen und zugleich auf sie zu beschränken. Die innergewerkschaftliche Diskussion ist kein Ersatz der politisch-parlamentarischen Auseinandersetzung und die Gewerkschaft keine Alternative zur staatlichen Administration. Kurzum, die Gewerkschaft kann, soll sie nicht denaturiert werden, den Ausgleich nicht leisten.[262] Nichts anderes gilt für die Tarifverträge. Sie haben ihre eigenen, von den Vorstellungen der Beteiligten geprägten Prioritäten[263] und scheiden deshalb von vornherein dort aus, wo, wie bei den riskanten Technologien, Lösungen zu tun, die zwar in Kenntnis dieser Vorstellungen aber doch auch auf deren Kosten gefunden werden müssen.

Mit der Einsicht in die Implikationen riskanter Technologien beginnt daher ein neuer Abschnitt in der Verrechtlichung der Arbeitsbeziehungen. In dem Maße, in dem sich der Regelungsansatz auf die mit diesen Technologien verbundenen Gefahren verschiebt, wird das Arbeitsverhältnis

---

260 Besonders bezeichnend dafür ist der in Mitbestimmung 1983, 192 ff. veröffentlichte Tagungsbericht.

261 Hier liegt auch der Ansatzpunkt für *Folke Schmidts*, Scandinavian Studies in Law 1977, 243 ff., und *Otto Kahn-Freunds*, Arbeitsbeziehungen insb. 77 ff., Überlegungen zu den Grenzen gewerkschaftlicher Aktivität; vgl. dazu auch *Wedderburns* kritische Bemerkungen in Arbetsrättsliga uppsatser 1, 7 ff.

262 Dazu *Streeck*, GMH 1981, 362 f.; aber auch *von Beyme*, Gewerkschaften 317 f.

263 Vgl. dazu auch *Ulman*, The rise of the national trade union (1953); *Atherton*, Theory of union bargaining goals (1973); *Flanagan*, 22 I.R. 230 ff. (1983).

einer nahezu lückenlosen, jede Alternative von Anfang an ausschließenden Regelung unterworfen. Der Gesetzgeber beschränkt sich dabei zumeist auf einige wenige Vorschriften, die nicht mehr als den rechtlich notwendigen Rahmen für die den Arbeitsprozeß Schritt für Schritt begleitende administrative Verfahren liefern. Nichts signalisiert die Intensität der Verrechtlichung wahrscheinlich besser als eben diese Schwerpunktverschiebung von den gesetzlichen auf die administrativen Vorschriften. Kein einziger Aspekt der Arbeitsbeziehungen vermag sich fortan, solange sich das Arbeitnehmerverhalten als Risikofaktor darstellt, den zwingenden staatlichen Anweisungen zu entziehen.

Wohlgemerkt, betroffen sind nur Arbeitsbeziehungen, die im Zusammenhang mit der Nutzung riskanter Technologien stehen. Verallgemeinerungen verbieten sich deshalb. Dennoch läßt sich nicht übersehen, daß sich die Verrechtlichungsbedingungen gerade in den für eine hochtechnisierte Gesellschaft besonders markanten Bereichen von Grund auf ändern. Die Regelungsakzente wurden nicht mehr durch die sozialen Implikationen der Arbeitnehmerlage gesetzt, bestimmend ist vielmehr allein die gleichsam physische Bedrohung der Gesellschaft. Sie beherrscht den Verrechtlichungsprozeß und verwandelt die Administration der Arbeitsbedingungen zunehmend in einen Teil der staatlichen Administration.

3.3. Relokalisierung der Arbeit

Wie verschieden die Gründe für eine allen gängigen Reflexionen widersprechende Intensivierung der Verrechtlichung sind, zeigt sich schließlich an der sich allerdings erst abzeichnenden Relokalisierung der Arbeitsplätze. Sie ist die langfristig wohl wichtigste Folge der Einführung von Telearbeit.[264] Mit dem Übergang zu neuen Informations- und Kommunikationstechniken wird die Integration des Arbeitnehmers in ein eigens

---

264 Vgl. insb. den im März 1981 dem französischen Ministerpräsidenten vorgelegten Bericht des Abgeordneten *Braun*, Droit Social 1981, 569 ff.; sowie *Alter/Monod*, Informatique et gestion 1980, 205 ff.; *Olson*, New information technology and organisational culture (1981), Remote office work (1982); *Langlois*, in Emergence du droit de l'informatique (1983) 207 ff.; *Grewlich*, in *Grewlich/Pedersen* (Hrsg.), Power and participation in an information society (1983) 20 f., 26 ff. *Huws*, Employment Gazette 1984, 13 ff.; aber auch die in Baden-Württemberg ausgearbeitete Konzeption für einen »Modellversuch zur Schaffung dezentraler Arbeitsplätze unter Einsatz von Teletex«, Stand 1. 7. 1982, Ministerium für Wirtschaft, Mittelstand und Verkehr II 3000/427.

für die spezifischen Unternehmensziele eingerichtete technisch-organisatorische Einheit, den Betrieb, jedenfalls bei Dienstleistungen weitgehend überflüssig. Teletexgeräte ermöglichen es dem Arbeitnehmer, seine Aufgabe genauso von zu Hause aus zu erfüllen. Sobald deshalb das Unternehmen über die notwendige elektronische Grundausstattung verfügt, bereitet es grundsätzlich keine Schwierigkeit, den für einen Telearbeitsplatz in der Wohnung des Arbeitnehmers notwendigen informationstechnischen Anschluß herzustellen. Einfache, bei allen Unternehmen wiederkehrende Büroarbeiten lassen sich dann ebenso wie die weitaus komplexeren Aufgaben einzelner Sachbearbeiter, direkt von der Wohnung des Arbeitnehmers aus durchführen.[265] Kurzum, weder die Niederschrift schwieriger Texte noch die unumgängliche Bearbeitung aller etwa mit einem Versicherungsfall zusammenhängenden Details zwingen zur Anwesenheit im Unternehmen. Das aus der Unternehmensperspektive letztlich allein interessierende Arbeitsprodukt kann mit der gleichen Zuverlässigkeit hergestellt werden, ohne daß der jeweils verantwortliche Arbeitnehmer auch nur einen Augenblick lang seine Wohnung verlassen muß.

Die Vorteile sind für das Unternehmen beträchtlich. Schon deshalb, weil die Telearbeit die Verwaltungskosten empfindlich reduziert. So ist beispielsweise nur noch ein Bruchteil des ursprünglich für die Arbeitsplätze benötigten Raumes erforderlich. Abgesehen davon entfallen sämtliche, mit der Einrichtung innerbetrieblicher Arbeitsplätze zwangsläufig verbundene Neben- und Folgekosten, ganz zu schweigen von den diversen mit der Beschäftigung außerhalb der eigenen Wohnung einhergehenden Zulagen.[266] Ferner: Das Unternehmen kann, wohl zum ersten Mal, den Arbeitsmarkt optimal für seine Zwecke nutzen. Regionale Beschränkungen spielen keine Rolle mehr. Wo der Arbeitnehmer wohnt, ist solange nicht wichtig, wie die informationstechnische Kommunikation realisiert werden kann. Das Unternehmen braucht also örtliche Engpässe beim Angebot an Arbeitskräften nicht zu befürchten, ja noch mehr, es vermag sich bei der Auswahl der Beschäftigten an den jeweils niedrigsten Kosten

---

265 Vgl. etwa *Braun*, Droit Social 1981, 573 ff.; *Huws*, Employment Gazette 1984, 14 ff.; sowie Business Week vom 26. 1. 1981 und 15. 3. 1982; L'informatique ajourd'hui, Le Monde, Dossiers et documents (1982) 64 f.; *Heilmann*, Blick in die Wirtschaft vom 20. 5. 1983, 3; *Schütt*, Mitbestimmung 1983, 38 ff.

266 Dazu auch *Olson*, Remote office work a.a.O.; *Huws*, Employment Gazette 1984, 15; *Bjørn-Andersen*, in *Grewlich/Pedersen* (Hrsg.), Power 198 f. und den Bericht in Business Week vom 26. 1. 1981 über die Erfahrungen der in Kalifornien ansässigen Gesellschaft Freight Data Systems.

zu orientieren.[267] Dank der Telearbeit läßt sich darüber hinaus die Leistung der im Betrieb verbliebenen Arbeitnehmer auf qualifizierte Tätigkeiten konzentrieren und zugleich eine bessere Auslastung erreichen. Die innerbetriebliche Büroarbeit kann auf wenige, nicht routinisierbare sowie an ein Höchstmaß an persönlicher Initiative gekoppelte Vorgänge beschränkt werden. Rein personenbezogene Störfaktoren, wie die Abwesenheit aus Krankheits- oder sonstigen Gründen stellen schließlich ebenso wie dringende Termine keine, oft nur unter erheblichem Aufwand zu überwindende Hindernisse des Arbeitsprozesses mehr dar. Mit Hilfe der Telearbeit bereitet es letztlich keine Schwierigkeiten, die verschiedenen Aufgaben besser zu verteilen. Auch die Arbeitskapazität kann relativ problemlos angepaßt werden.

Gewiß, so evident diese Vorteile sein mögen, sie stehen durchweg unter dem Vorbehalt der gegenwärtig noch beträchtlichen Kommunikationskosten. Kein Unternehmen wird sich für die Telearbeit wirklich interessieren, solange die Übermittlung der für die jeweiligen Aufgaben erforderlichen Informationen Kosten verursacht, die nicht eindeutig niedriger als die Auslagen für einen herkömmlichen Arbeitsplatz sind.[268] Auf die technische Apparatur kommt es mit anderen Worten keineswegs allein an. Den Ausschlag geben erst die Betriebskosten. Eben deshalb spielt die Verkabelung eine zentrale Rolle. Je deutlicher sie fortschreitet, desto realer gerät der Übergang zur Telearbeit.[269]

Kein Wunder, wenn sich deshalb gerade in den Ländern, die mit der Verwirklichung der neuen Informations- und Kommunikationstechniken bereits begonnen haben, vor allem also in den Vereinigten Staaten, Frankreich und Großbritannien, immer mehr Unternehmen, besonders im Versicherungs- und Kreditbereich, für die Telearbeit entscheiden.[270] Damit

---

267 Ein besonders bezeichnendes Beispiel dafür sind die Versuche nordamerikanischer Unternehmen, wie etwa der American Airlines oder der Satellite Data Corporation jedenfalls eine ganze Reihe routinisierter Arbeiten in Billiglohnländern ausführen und das Ergebnis dann über Satellit in die Vereinigten Staaten übertragen zu lassen, vgl. die Berichte in Business Week vom 15. 3. 1982 sowie in Datamation, Mai 1983.

268 Vgl. auch *Huws*, Employment Gazette 1984, 14.

269 Dazu *Huws*, Employment Gazette 1984, 14 f.; aber auch *Nora*, in Informatique, télématique et vie quotidienne, Actes du colloque international, Informatique et société II (1980) 81 ff.

270 *Braun*, Droit Social 1981, 570 ff.; *Clavaud*, Le Monde Dimanche vom 9. 8. 1981, XII; L'informatique aujurd'hui, Le Monde, Dossiers et documents (1982) 63 ff.; *Olson*, Remote office work a.a.O.; *Webb*, Employment Gazette 1983, 335 ff.; *Huws*, Employment Gazette 1984, 14 ff.

gerät die Einheit von Wohnung und Arbeitsplatz zum organisationspolitischen Postulat. Die industrielle Gesellschaft kehrt aber so, just in dem Augenblick, in dem sie unter technologischen Aspekten einen neuen Höhepunkt ihrer Entwicklung erreicht, zu einer längst vergessenen Frühphase zurück. Bildschirm und Personalcomputer nehmen den Platz ein, an dem einst die Nähmaschine und der Webstuhl gestanden haben. Zwangen die industriellen Produktionsmethoden die Arbeitnehmer aus dem Haus und in die Fabrik, so leiten die neuen Informations- und Kommunikationstechniken die Rückwanderung in die Wohnung ein. Die bislang nur noch dahinvegetierende Heimarbeit hört plötzlich auf, kaum beachtete Randerscheinung zu sein und rückt erneut in den Vordergrund.[271]

Allzu leicht verführen freilich die ersten Nutzanwendungen der neuen Informations- und Kommunikationstechniken, die Verlagerung also stereotyper, relativ einfacher Büroarbeiten dazu, die Tragweite der mit Hilfe dieser Techniken eingeleiteten Entwicklung zu unterschätzen. Entscheidend ist in Wirklichkeit allein der Anteil der im Dienstleistungsbereich Beschäftigten an der Gesamtzahl der Arbeitnehmer. Der Vergleich läßt Zweifel darüber, wo die Mehrheit liegt, gar nicht erst aufkommen. Längst sind die im Dienstleistungsbereich tätigen Arbeitnehmer in der Überzahl. Ihre stetige Zunahme gehört zu den gemeinsamen Merkmalen der Beschäftigungsentwicklung in allen hochindustrialisierten Ländern.[272] So gesehen, wirken sich die neuen Informations- und Kommunikationstechniken auf die Arbeitsbedingungen der eindeutig größten Arbeitnehmergruppe aus.[273] Gerade das Beispiel der Versicherungsgesellschaften beweist zudem, wie wenig sich ernsthaft behaupten läßt, die Telearbeit sei von vornherein auf gleichsam niedere Büro- und Schreibarbeiten beschränkt. Die Verlagerung dieser Tätigkeiten ist, genaugenommen, nur ein erster, mit Rücksicht auf die organisatorischen Notwendigkeiten der meisten in Betracht kommenden Unternehmen und die verständlicherweise vorsichtige Annäherung an die langsam sichtbar werdenden Vor-

---

271 Vgl. auch *Huws*, Employment Gazette 1984, 13.
272 Vgl. die im Statistischen Jahrbuch für die Bundesrepublik Deutschland 1982, Internationaler Teil 647 ff., angegebenen Zahlen, die beispielsweise für Schweden, Kanada und die Vereinigten Staaten den Anteil der im Dienstleistungsbereich Beschäftigten mit bereits über 60% beziffern.
273 Vgl. dazu auch *Baran/Lipinski*, The future of the telephone industry (1971); *Imara*, Information Network for high-density society (1973); *Glover*, Long range social forecasts: Working from home, Long Intelligence Bulletin, 2. Telecommunications System Strategy Department, British Telecom 1974.

teile der Informations- und Kommunikationstechnologie durchaus naheliegender Schritt. Er signalisiert mithin den Beginn einer Veränderung der
Arbeitsbedingungen, die sich nicht zuletzt wegen der Kostenvorteile auf
die Tätigkeit der meisten im Dienstleistungssektor Beschäftigten ausweiten kann.[274]

Hinzu kommt eine weitere Überlegung: Die Attraktivität der Telearbeit beruht auch und gerade darauf, daß sie jenen Arbeitnehmern
Beschäftigungschancen bietet, die wegen ihrer zusätzlichen Belastung bislang schwer sowie oft nur vorläufig Arbeit finden konnten. Nicht von
ungefähr zählen Frauen, Behinderte und Arbeitnehmer, die an eher ab-
gelegenen Orten wohnen, zu denjenigen, die sich ganz besonders für die
Telearbeit interessieren, und wie die ersten Erfahrungen zeigen, zugleich
bereit sind, sich nachdrücklich dafür einzusetzen.[275] Verständlicherweise
hat deshalb in Großbritannien die Equal Opportunities Commission in
der Telearbeit einen der wahrscheinlich wichtigsten Ansatzpunkte gesehen, um die Diskriminierung der Frauen auf dem Arbeitsmarkt wirksam
zu bekämpfen.[276] Je deutlicher aber diese Linie verfolgt wird, desto mehr
dürfte auch der soziale Druck zugunsten der Telearbeit zunehmen.

So beschränkt nun das Erfahrungsspektrum noch ist, einige Folgen
lassen sich jetzt schon deutlich ausmachen: Die Verlagerung des Arbeitsplatzes wirkt sich zunächst unmittelbar auf die Entgeltform aus. War für
die im Betrieb geleistete Arbeit der Zeitlohn längst weitgehend selbstverständlich, so dominiert bei der Telearbeit, jedenfalls soweit sie routini-
sierte Tätigkeit zum Gegenstand hat, der Akkord. Relevant ist einzig und
allein die Zahl der jeweils bearbeiteten Vorgänge. Faktoren, wie der
Schwierigkeitsgrad oder eine qualitative Bewertung einzelner Leistungen
spielen sicherlich auch eine wichtige Rolle. Ihre Berücksichtigung ändert
jedoch nichts an der eindeutigen Abkehr vom Zeitlohn, sie variiert nur
die Berechnung des Akkords. Überraschend ist diese Entwicklung allerdings nicht. Sie ist vielmehr die zwangsläufige Folge der veränderten
Arbeitsbedingungen. Die Telearbeit soll ja gerade, indem sie die Anwesenheit im Betrieb überflüssig macht, die Bindung an bestimmte, generell
geltende Arbeitszeiten aufheben. Dem Arbeitnehmer bleibt es überlassen,
seinen Tagesablauf entsprechend seinen Erwartungen einzuteilen, zumal

---

274 Vgl. auch *Huws*, Employment Gazette 1984, 16 ff.
275 Dazu insb. *Webb*, Employment Gazette 1983, 335 ff.; *Huws*, Employment Gazette 1984,
   15.
276 Vgl. den Bericht von *Huws*, Employment Gazette 1984, 13, 15 f.

die Informations- und Kommunikationstechniken es ihm durchaus ermöglichen, grundsätzlich selbst darüber zu bestimmen, wann und für wie lange er auf zentral gespeicherte Angaben zurückgreift. Der Arbeitgeber interessiert sich unter diesen Umständen nur noch für das Arbeitsergebnis. Die nicht mehr im Betrieb erbrachte und organisatorisch dem Arbeitnehmer überantwortete Leistung wird deshalb im Prinzip von der Stückzahl her gemessen. Der Akkord ist, so gesehen, in weiten Bereichen die mehr oder weniger selbstverständliche Kehrseite der Telearbeit.

Der Arbeitnehmer mag nun durchaus die Möglichkeit haben, über den Ablauf der Arbeit selbst zu entscheiden, die Kontrolle durch den Arbeitgeber bleibt dennoch ungeschmälert. Gerade dort, wo, wie bei der Bearbeitung bestimmter Sachkomplexe, fortlaufend mit Hilfe einer Reihe, nur im Rechenzentrum des Unternehmens vorhandener Grundinformationen operiert werden muß, lassen sich die einzelnen Arbeitsschritte mühelos rekonstruieren, kann also der Arbeitgeber die Aktivität des Arbeitnehmers präzise analysieren und von den eigenen Erwartungen her exakt bewerten. Die Telearbeit maximiert mithin die Transparenz des Arbeitsprozesses und damit die Kontrollierbarkeit des Arbeitnehmers.[277]

Die Überwachung bereitet zwar sehr viel größere Schwierigkeiten, sobald die routinisierten Tätigkeitsaspekte ab- und die Managementfunktionen zunehmen.[278] Die ansonsten üblichen Kontrollmethoden lassen sich bestenfalls teilweise anwenden. Die Erfahrung zeigt freilich, daß wirksame Überwachungssysteme sehr wohl entwickelt werden können.[279] Mit der wichtigste Ansatzpunkt ist dabei eine genaue, auf die Einteilung in einzelne, getrennt meßbare Vorgänge abzielende Analyse des Arbeitsprozesses. Hinzu kommen exakte Vorgaben ebenso wie kontinuierliche Vergleiche sowohl mit den bisherigen Leistungen des jeweils betroffenen Arbeitnehmers als auch mit denen seiner Arbeitskollegen.

Je genauer man allerdings den Einzelheiten der Telearbeit nachgeht, desto deutlicher erweist sich: Die Telearbeiter fügen sich kaum in das traditionelle, die arbeitsrechtlichen Regelungsmechanismen beherrschende Bild des Arbeitnehmers. Die Diskrepanz läßt sich spätestens dann nicht mehr übersehen, wenn die Unternehmen, wie in den Vereinigten

---

277 Vgl. auch *Huws*, Employment Gazette 1984, 16.
278 Dazu insb. *Shirley*, The remote control of projects, International Federation of Information Processors, EURO-IFIP Conference 1979.
279 Statt aller *Shirley*, a.a.O.

Staaten, dazu übergehen, Telearbeit nur an Interessenten zu vergeben, die bereit sind, selbst die erforderliche Ausstattung anzuschaffen.[280] Die Anwendbarkeit arbeitsrechtlicher Vorschriften gerät damit mehr und mehr zum Problem. Das Arbeitsrecht läßt sich eben nicht ohne weiteres von einem durch die Modalitäten der industriellen Produktion geprägten Arbeitsprozeß lösen. Seine Regelungsmechanismen sind untrennbar mit der Industrialisierung verbunden und deshalb ihrer ganzen Struktur nach auf die für sie typischen Produktionszusammenhänge zugeschnitten. Unter den für die Fabrik typischen Arbeitsbedingungen entstehen jene Gefahrensituationen, die den Gesetzgeber veranlassen, dem Arbeitgeber verbindliche Schutzvorkehrungen aufzuerlegen; die Arbeit im Betrieb schafft erst die Voraussetzungen für den organisatorischen Zusammenschluß der Arbeitnehmer und damit für autonome Konfliktregelungen. Wo daher, wie bei der Telearbeit, die Integration in den Betrieb gezielt rückgängig gemacht und die Arbeit durch die Verlagerung in den Wohnbereich atomisiert wird, entfällt das Regelungssubstrat des Arbeitsrechts, greifen seine Regelungsmechanismen ins Leere.

Gewiß, zum Arbeitsrecht zählen auch Sondervorschriften zur Heimarbeit. Die langen und weitverbreiteten Auseinandersetzungen um den Status der »arbeitnehmerähnlichen Personen« zeigen zudem, wie sehr der Gesetzgeber und die Gerichte bemüht sind, ein Mindestmaß an spezifisch arbeitsrechtlichem Schutz selbst dort sicherzustellen, wo Arbeit gerade nicht unter den von der industriellen Produktion initiierten Bedingungen geleistet wird.[281] Freilich: Solche Vorschriften sind durchweg Ausnahmeerscheinungen. Sie behandeln mehr oder weniger außergewöhnliche Formen der Arbeitsbeziehungen und versuchen, sie, soweit es irgendwie geht, in den Anwendungsbereich der für die »normalen« Arbeitsverhältnisse geltenden Grundsätze einzubeziehen. Was aber für die Restbestände der Heimarbeit in der industriellen Gesellschaft[282] durchaus gerechtfertigt erscheint, läßt sich nicht einfach auf die Telearbeit übertragen. Sie fügt eben nicht eine weitere Sondergruppe von »Arbeit-

---

280 Dazu auch *Huws*, Employment Gazette 1984, 15.

281 Dazu insb. BAG AP Nrn. 21, 26, 34, 35, 36 (mit Anmerkung *Wank*) zu § 611 BGB Abhängigkeit; *Zeuner*, RdA 1975, 84 ff.; *Heither*, in *Kittner* (Hrsg.) Arbeitsmarkt – ökonomische, soziale und rechtliche Grundlagen (1982) 367 ff.

282 Zu den Erscheinungsformen und der gegenwärtigen Bedeutung der Heimarbeit vgl. auch *Brown*, Sweated labour: A study of homework, Low Pay Unit 1974; *Cragg/Dawson*, Qualitative research among homeworkers (1981); *Hakim*, Employment Gazette 1984, 7 ff.

nehmern« zu den bereits vorhandenen hinzu, sondern stellt die bislang für das Arbeitsrecht allein maßgebliche Vorstellung Arbeitsprozeß in Frage. Mit ihr beginnt sich, anders ausgedrückt, das Regel-Ausnahme-Verhältnis umzukehren. Keiner der hergebrachten, im »Regelfall« unstreitig anwendbaren Konfliktlösungsmechanismen kann deshalb weiterhin ungeprüft hingenommen werden.

Betroffen sind mithin die auf direkten staatlichen Eingriffen beruhenden Schutzvorkehrungen genauso wie die prozeduralen, sich auf die Regelungsautonomie der am Arbeitsprozeß Beteiligten gründenden Konfliktmechanismen. Kollektivvereinbarungen erhalten ihren Sinn und ihre Berechtigung aus der Fälligkeit und der Bereitschaft der betroffenen Arbeitnehmer, die gemeinsam am Arbeitsplatz gewonnenen Erfahrungen in einen gemeinsamen Willensbildungsprozeß einzubringen sowie in gemeinsam getragene Forderungen umzusetzen. Genau daran fehlt es bei der Telearbeit. Mit einem Klagerecht für die Gewerkschaften, wie es etwa der Code du travail (Art. L. 721-19) bei Verstößen gegen die gesetzlichen Vorschriften über die Heimarbeitsbedingungen vorsieht, läßt sich die autonome Vereinbarung ebensowenig adäquat substituieren wie durch die Gleichstellung gezielter, von den Gewerkschaften abgeschlossener schriftlicher Vereinbarungen mit Tarifverträgen (§ 17 HAG). In beiden Fällen tritt an die Stelle einer genuinen Selbstregulierung die mittelbare, allein durch die präsumierte Interessennähe der Gewerkschaft gerechtfertigte Wahrnehmung der Belange der Betroffenen. Wie schwierig die Position der Gewerkschaft ist, zeigt sich ebenfalls an der gesetzlichen Regelung. Nicht von ungefähr entscheidet sich das HAG für besondere administrative Instanzen (§ 4) und sucht so eine bessere Partizipation der Betroffenen sicherzustellen. Weil es von Anfang an an den elementaren Kooperationsvoraussetzungen fehlt, bleibt kein anderer Weg, als die staatlich initiierte und administrierte Beteiligung. Die Telearbeit verschärft das Dilemma um ein Vielfaches. Gewerkschaftliche Organisation und Repräsentation stoßen auf kaum überwindbare Grenzen. Schon deshalb, weil eine, wie auch immer konstruierte, Einschaltung der Gewerkschaften allzu leicht dazu führen kann, sie in bürokratische, von jeder realen Verbindung zu den Betroffenen gelöste Instanzen zu verwandeln.

Die Alternative scheint auf der Hand zu liegen: ein detailliertes, staatlich diktiertes System von Schutzvorkehrungen. Wiederum gilt es freilich an die Erfahrungen mit der Heimarbeit zu erinnern. Gesetzliche Anforderungen zu formulieren, fällt nicht besonders schwer, das eigentliche und entscheidende Hindernis ist die Kontrolle. Noch so exakt festgelegte Erwartungen nutzen wenig, solange ihre Erfüllung nicht überwacht werden kann. Sowohl die mangelnde Konzentration der Arbeitsplätze als auch die fehlende Präsenz von Arbeitnehmervertretungen zwingen jedoch zur Revision der üblichen Kontrollmechanismen. Die Folge deutet sich bereits in den Vorschriften zur Heimarbeit an: ein unvergleichlich höheres Maß an Bürokratisierung der Überwachung, das sich in Anzeigepflichten und Spezialregistern ebenso dokumentiert wie in der Einführung besonderer Inspektoren.[283] Selbst wenn aber ein so aufgebautes Kontrollsystem anfänglich funktionieren sollte, dürfte es sich mit zunehmendem Umfang der Telearbeit als fragwürdig erweisen, nicht zuletzt deshalb, weil sich weder Registrierungen noch Inspektorenstäbe beliebig ausweiten lassen, ohne die politischen Strukturen der Gesellschaft nachhaltig zu verändern.

Kurzum, auch dort, wo, wie bei der Telearbeit, die für die industrielle Gesellschaft typischen Rahmenbedingungen des Arbeitsprozesses von Grund auf modifiziert werden, ändert sich nichts an der Notwendigkeit der Verrechtlichung. Der Weg führt jedoch nicht mehr über die bisherigen Verrechtlichungsformen. Die veränderten Arbeitsbedingungen fordern andere Regelungsmechanismen. Mit der Relokalisierung der Arbeit sinken allerdings die Chancen einer effizienten Partizipation der Betroffenen und verschärft sich der Druck zugunsten einer direkten, materiale Regelungen postulierenden staatlichen Intervention. Ganz gleich aber, für welche Regelungsmechanismen man immer optiert, die Telearbeit bestätigt ebenso wie die Restrukturierung des Arbeitsmarktes und die Implikationen riskanter Technologien: Die Verrechtlichung ist ein offener, längst nicht abgeschlossener Prozeß.

---

283 Vgl. etwa die §§ 6 ff. HAG; *Wlotzke*, DB 1974, 2252 ff.; *Drygala*, BlStSozArbR 1978, 356 ff.; sowie Art. L. 721-1 ff. Code du travail; *Javillier*, Droit du travail 74 ff.

Hat das Arbeitsrecht noch eine Zukunft?

I. Rückblick

1. Selbstbewußt und optimistisch klangen Hugo Sinzheimers Worte an jenem Septembertag des Jahres 1926. »Das Arbeitsrecht ist«, so meinte er in seinen einleitenden Bemerkungen zu einem von der Volkshochschule Leipzig in Düsseldorf organisierten »Informationskursus« über »Grundfragen des Arbeitsrechts«, »ein eigenes, selbständiges Recht geworden, das seine eigenen Prinzipien und seine selbständigen Formen hat«, um schließlich, fast apodiktisch, festzustellen: das Arbeitsrecht »ist das werdende Recht der Gegenwart.«

Die Zeichen standen in der Tat günstig. Etwas über ein Jahrhundert nach dem Beginn der industriellen Revolution war, so schien es, auch der letzte Zweifel an der Berechtigung verflogen, die Arbeitsverhältnisse nach besonderen, eigens für sie entwickelten Regeln zu beurteilen. Entstanden aus einer singulären Mischung von Schutz- und Emanzipationsanspruch, oder, um Sinzheimer noch einmal zu zitieren, von »Arbeiterschutz« und »Arbeitsfreiheit«, symbolisierten sie den Zerfall jener Regelungskonstrukte, die es lange Zeit ermöglicht hatten, nahezu jegliche Eigenart der Arbeitsbeziehungen souverän hinwegzusubsumieren, sei es über die locatio conductio operarum, wie in den beiden exemplarisch kargen, dem »contrat de louage de services« gewidmeten Bestimmungen des Code civil oder den etwas umständlicheren, aber immer noch recht konsequenten Vorschriften des Bürgerlichen Gesetzbuches zum »Dienstvertrag«, sei es über eine Projektion des Personenrechts auf das Verhältnis des masters zum servant, ganz im Sinne der Tradition von Blackstones Commentaries on the Laws of England.

Das Arbeitsverhältnis geriet so zum Grund- und Eckstein einer neuen, unübersehbar expandierenden rechtlichen Disziplin, die ihrer ganzen Geschichte und Struktur nach gleich in zweifacher Hinsicht gegen die kardinalen Prinzipien einer Rechtsordnung verstieß, die sich zunächst und vor allem als normative Absicherung eines von der Autonomie der Kontrahenten dominierten Marktes verstand:

Das Arbeitsrecht ist, erstens, manifester Beweis unverhohlen dirigistischer Eingriffe in die Regelungskompetenz der einzelnen Marktteilnehmer und nicht Produkt, aber auch Bestätigung einer sorgsam kalkulierten legislativen Abstinenz. Jene in der Rechtsprechung der Cour de Cassation oder in Sir George Jessels Bemerkungen in Printing and Numerical Registering v. Sampson ebenso lapidar wie eindrucksvoll formulierten Erwartungen wurden durch das Arbeitsrecht gleichsam auf den Kopf gestellt. Die Vertragsparteien exekutierten keineswegs nur das Gesetz, das sie sich selbst auferlegt hatten. Wie sich ihr Verhalten gestaltete, bestimmte sich vielmehr über weite und entscheidende Strecken allein nach legislativen Akten, denen ihre Vorstellungen weichen mußten. Weder die frühen Einschränkungen der Kinderarbeit noch und erst recht die späteren regulativen Interventionen in die Arbeitszeit erwiesen sich genausowenig wie die immer zahlreicheren Normen zum Arbeits- und Gesundheitsschutz, zur Restriktion der Kündigungsmöglichkeiten oder zur Einführung von Mindestlöhnen als okkasionelle, bestenfalls temporär tolerierbare Verirrungen. Mit jeder dieser Vorschriften konsolidierte sich im Gegenteil ein Regelkomplex, der anders als die vertraglichen Absprachen die Konsequenzen der Vermarktung der Arbeitskraft nicht akzeptierte und sanktionierte, sondern ihnen durch gezielte Marktkorrektive gegenzusteuern suchte.

Zweitens: Das Grundelement des klassischen Vertragsmodells, die Individualisierung der Regelungskompetenz, wurde durch eine kollektive Artikulation und Wahrnehmung der Arbeitnehmerinteressen substituiert. Formal waren Tarifverträge immer noch Kontrakte. Materiell verkörperten sie die dezidierte Absage an ein Regelungskonzept, das auf dem Arbeitsmarkt nicht den Interessenausgleich garantiert, vielmehr den kompromißlosen Vorrang der Arbeitgebervorstellungen ermöglicht und zementiert hatte. Die kollektive Vertretung der Arbeitnehmerinteressen war, so gesehen, zwar der Versuch, die verlorengegangene Balance doch noch herzustellen, führte aber keineswegs nur zu einer weiteren Variante der traditionellen Vertragstypen wie es die verzweifelten Bemühungen vorspiegelten, den Tarifvertrag doch noch mit den altbekannten Mitteln zivilistischer Dogmatik zu domestizieren. Gleichviel ob man die in Großbritannien hartnäckig verteidigte Weigerung, kollektive Abmachungen in das rechtliche Regelungsinstrumentarium einzuordnen, oder die wohl in Deutschland am deutlichsten anerkannten normativen Wirkungen des Tarifvertrages nimmt, beides läßt unschwer erkennen, daß Kollektivvereinbarungen Fundament einer Regelung sind, die das herkömmliche Vertragsrecht ablösen und nicht fortsetzen soll. Sie materialisieren jenes »collective laissez-faire«, das im New Deal offen zur ordnungspolitischen Alternative einer im Rahmen der Arbeitsbeziehungen zur Fiktion geratenen individuellen Autonomie avanciert. Und ähnlich wie sich das klassische Vertragsrecht zum universellen Regulativ individueller Rechtsverhältnisse entwickelte, gerieten die um feste gesetzliche Regelungen ergänzten kollektiven Abmachungen zum Kernstück einer genauso universell propagierten Regelung der Arbeitsbeziehungen, die zudem mit demselben »Ewigkeitsanspruch« ausgestattet wurde, der einst die Kodifikationen des bürgerlichen Zeitalters auszeichnete.

2. Ein halbes Jahrhundert später war Hugo Sinzheimers fast überschäumender Optimismus einer merklichen Skepsis gewichen. Wohl stellte noch niemand die Notwendigkeit eigener arbeitsrechtlicher Regeln, zumindest offen, in Frage. Die Zweifel an der Fähigkeit so mancher spezifisch arbeitsrechtlicher Mechanismen und nicht zuletzt der kollektiven Vereinbarungen, eine ebenso effiziente wie überzeugende Regelung der Arbeitsbeziehungen zu ermöglichen, waren freilich schon sehr ausgeprägt als Hugo Sinzheimers prominentester Schüler, Otto Kahn-Freund, im Dezember 1978 die dritte und letzte seiner Vorlesungen über »Erbe und Anpassung« der Arbeitsbeziehungen vor der British Academy hielt. Vorsichtig skizzierte er die veränderte Zusammensetzung der Arbeitnehmerschaft, hob die wachsende Bedeutung der staatlichen Sozialleistungen hervor, wies auf die Folgen einer zunehmenden Professionalisierung der Gewerkschaften hin und wandte sich schließlich dem sich immer deutlicher anbahnenden Konflikt zwischen Arbeitnehmer- und Konsumenteninteressen zu. Anders als Hugo Sinzheimer und im Unterschied zu mancher seiner früheren Äußerungen war Otto Kahn-Freund nicht mehr bereit, Arbeitnehmerforderungen und gesamtgesellschaftliche Interessen tendenziell ohne weiteres gleichzusetzen. Nicht zuletzt eine dezidiert wohlfahrtsstaatliche Sozialpolitik und die wachsende Einsicht in die besondere Situation der Verbraucher machten es mehr denn je nötig, sich mit den Perspektiven des Arbeitsrechts und der Wirkung seiner Instrumente zu beschäftigen. So sehr es deshalb darauf ankomme, sich stets der Geschichte und damit der Tradition des Arbeitsrechts bewußt zu sein, so wenig gelte es darüber zu vergessen, daß nichts gefährlicher sei als der Kult der Tradition.

1980 ging Gérard Lyon-Caen noch einen Schritt weiter. Statt es wie Otto Kahn-Freund bei deutlich skeptischen, aber eher punktuellen Bemerkungen zu belassen, sprach er ganz allgemein von einer »Krise« des Arbeitsrechts. Ihre Ursachen lokalisierte er, insoweit durchaus im Einklang mit Kahn-Freund, in der engen Verknüpfung aller Versuche, normative Anforderungen an die Arbeitsbeziehungen zu stellen, mit den strukturellen Bedingungen des Arbeitsprozesses und ihren ökonomischen und sozialen Folgen. Genauso wie die Industrialisierung, Entstehung und Konsolidierung des Arbeitsrechtes geprägt hätte, werde sich deshalb seine Zukunft an jener in den siebziger Jahren eingeleiteten und seither konsequent weiterverfolgten tiefgreifenden Reorganisation der Unternehmen entscheiden. Mit die beste Bestätigung dafür sei wohl die unverkennbare Destabilisierung der Arbeitsverhältnisse. Während früher Beständigkeit und Kontinuität für ebenso selbstverständliche wie unverzichtbare Merkmale des Arbeitsverhältnisses gehalten und in einer Vielzahl gesetzlicher Normen und tarifvertraglicher Absprachen abgesichert wurden, dominierten inzwischen Bestrebungen, die Beschäftigungsverhältnisse so disponibel wie möglich zu gestalten. Die Krise der Arbeit schlage, so gesehen, mehr und mehr in eine von der »Umwertung aller Werte« gekennzeichneten Krise des Arbeitsrechts um.

3. Wie sehr sich diese zuletzt im November 1993 von Gérard Lyon-Caen und Max Rood in einer Veranstaltung des Amsterdamer Sinzheimer Instituts angesprochene Krise seither verschärft hat, zeigt sich vor allem an der Radikalisierung der Reaktionen. Während Otto Kahn-Freund noch eine Anpassung der spezifisch arbeitsrechtlichen Regelungsmechanismen für möglich, aber auch für ausreichend hielt, wird mittlerweile ihre Existenzberechtigung offen angezweifelt. Richard Posners und Richard Epsteins im Zeichen einer »ökonomischen Analyse des Rechts« formulierten Angriffe auf die Denaturierung des Arbeitsmarktes durch das Arbeitsrecht, ihre Forderungen, das Kartellrecht ebenso anzuwenden wie »gelbe« Gewerkschaften zuzulassen, um die monopolistische Vormacht der Arbeitnehmervereinigungen zu korrigieren und den Weg zurück zu echten, ungestört funktionierenden vertraglichen Abmachungen zu bahnen, sind nicht Illustration einer Detail-, vielmehr manifester Ausdruck einer Fundamentalkritik. Fast zweihundert Jahre nach dem Code civil steht so die Rückkehr zur locatio conductio operarum zur Debatte. Nicht mehr und nicht weniger. Modellspiele wie etwa die von John Donohue oder Robert Ellickson bestätigen den Wandel. Der »smarte« Ar-

beitnehmer schlüpft wieder in die Rolle des »homo oeconomicus«, der nicht nur am besten die eigenen Interessen erkennen, sondern sie auch als Gegenspieler und Kontrahent des Arbeitgebers am wirksamsten verteidigen kann. Die Delegitimierung des Arbeitsrechts und sein gezielter Abbau über eine konsequente Deregulierung der Arbeitsbeziehungen sind, so betrachtet, das unvermeidliche Opfer auf dem Altar des revitalisierten Arbeitsvertrages.

Kurzum, die Zeichen haben sich gewandelt. Der Gegensatz könnte kaum größer sein. Nicht Selbstgewißheit und Zuversicht beherrschen, wie in den zwanziger Jahren, das Feld. Den Ton geben vielmehr offensichtliches Unbehagen und quälende Ungewißheit an. Noch einmal freilich: Aussagen über das Arbeitsrecht bleiben solange sinnlose Spekulation wie nicht Struktur und Entwicklung des Arbeitsprozesses bedacht werden. Nur dann kann es gelingen, festzustellen, welche Rolle jene Faktoren weiterhin spielen, die das Arbeitsrecht geformt und gefestigt haben. Nur dann dürfte es zudem möglich sein, die Frage, sei es auch nur ansatzweise, zu beantworten, ob das Arbeitsrecht, um mit Gérard Lyon-Caen zu sprechen, bereits zum Dinosaurier geworden ist und sich deshalb auf dem besten Weg in die Rechtsgeschichte befindet, oder nach wie vor eine substantielle Rolle bei der rechtlichen Auseinandersetzung mit der gesellschaftlichen Wirklichkeit spielen kann, ja spielen muß.

II. Dekonstruktion

Der Wandel läßt sich am besten an sieben Beispielen demonstrieren, die allesamt konstitutive Elemente des Arbeitsrechts betreffen und deshalb unschwer Ausmaß und Folgen seiner Dekonstruktion erkennen lassen:

1. Die Rekomposition der Arbeitskräfte

Sie ist oft und durchaus zutreffend mit dem Stichwort der »Tertiarisierung« beschrieben worden. Gemeint ist die immer schnellere Verlagerung der Arbeit in den Dienstleistungssektor verbunden mit einer mindestens ebenso auffälligen Zunahme der Tätigkeit in sich fortschreitend differenzierenden »Sozialdiensten«. Für sich genommen besagt diese, statistisch eindrucksvoll belegbare Entwicklung nicht viel. Auch der weit verbreitete Hinweis auf die damit einhergehende, zumindest potentielle

Zunahme an Arbeitsplätzen gibt wenig her. Welche Bedeutung die »Tertiarisierung« wirklich hat, läßt sich erst richtig ermessen, wenn sich der Blick auf den Kontext der Arbeit richtet. Anders und konkreter ausgedrückt: Die »Tertiarisierung« kommt einer »Deindustrialisierung« gleich. Sie exemplifiziert insofern keineswegs nur eine rein numerische, letztlich mehr oder weniger formale Verschiebung der Arbeitskräfte, sondern markiert eine Wende in der Geschichte des Arbeitsrechts. Seine Regeln sind unter dem Eindruck des Industrialisierungsprozesses entstanden. Sie spiegeln den Versuch wider, seine Folgen aufzufangen und sind daher von den für seinen Verlauf typischen Arbeitsbedingungen geprägt.

Gleichviel, ob man die graduelle Verkürzung der Arbeitszeit, das Verbot einzelner Arbeiten für bestimmte Arbeitnehmergruppen, die Bemühungen spezifische Arbeitsrisiken einzudämmen oder die Entwicklung einer präventiv ausgerichteten Arbeitsmedizin nimmt, überall manifestieren sich die Erfahrungen mit einem von der Industrialisierung geformten Arbeitsmodell. Mehr noch, Organisation und Rhythmus der Arbeit in den klassischen Industrialisierungszentren wurden zum Leitprinzip nahezu jeder abhängigen Beschäftigung. Rationalisierungsstrategien wie sie beispielsweise Ford oder Taylor konzipierten, mögen in erster Linie der Produktivitätssteigerung im industriellen Bereich gedient haben und daher primär an einer maschinengerechten De- und Rekomposition menschlicher Arbeit ausgerichtet gewesen sein. Sie legten jedoch Grundsätze fest, die alsbald die Tätigkeit der Arbeitnehmer weit über die Industrie hinaus bestimmten, eine Tendenz, die sich wieder und wieder bestätigte. So folgte etwa auf die »lean production« das »lean banking«. Einmal mehr schlugen damit die Veränderungen in den Fabrikhallen in Modifikationen der Büroarbeit um.

Nichts anderes gilt übrigens für die Arbeitsfähigkeit. Sie wird genauso durch das Filter des industriellen Produktionsprozesses wahrgenommen. Ob also jemand noch in der Lage ist, seiner Tätigkeit weiter nachzugehen oder gar eine neue aufzunehmen, richtet sich nach Vorstellungen, die deutlich an den Konsequenzen einer industrialisierten Arbeit orientiert sind. Jene ständig wiederkehrenden negativen Stereotype, die in der scheinbar unwiderleglichen Annahme eines unaufhaltsamen physischen und psychischen Zerfalls gipfeln, der es von einem angeblich präzise definierbaren Alter an unmöglich macht, beruflichen Anforderungen zu genügen und deshalb keine Alternative zu einer normativ abgesicherten »arbeitsfreien« Zeit zuläßt, sind nur vor dem Hintergrund der Industrialisierung und ihrer Auswirkungen auf die Konstitution der Beschäftigten verständlich.

Eine Deindustrialisierung kann, so gesehen, nicht ohne Folgen für die bisherigen normativen Grundlagen des Arbeitsrechts bleiben. Die »Tertiarisierung« situiert den Arbeitsprozeß in einen neuen, ganz durch die für sie typischen Beschäftigungsbedingungen gestalteten Kontext, dem sich deshalb normative Anforderungen nicht ohne weiteres überstülpen lassen, die im Zusammenhang mit der Industrialisierung entwickelt worden sind. Ganz gleich also, ob man die Organisation der Arbeit, die Chancen der Beschäftigten ihre Interessen wahrzunehmen, die Arbeitszeitmodelle, die Prävention und Reduktion der je spezifischen Beschäftigungsrisiken oder das Maß der Belastungen und deren Auswirkungen etwa auf die Arbeitsfähigkeit nimmt, keiner der bisherigen Regelungsmechanismen läßt sich schlicht fortschreiben, jeder ist vielmehr, zunächst jedenfalls, in Frage gestellt.

2. Die Desintegration der Arbeitsplätze

Geschichte und Struktur des Arbeitsrechts weisen es als einen Regelkomplex aus, der sich an Arbeitsplätzen orientiert, die vom Arbeitgeber zur Verfügung gestellt werden, sich an einem festen Standort befinden und ebenso fest in einen genauso vom Arbeitgeber initiierten und in allen seinen Einzelheiten definierten Arbeitsprozeß eingefügt sind. Nicht von ungefähr zählen die »Fabrikgesetze« zu den konstitutiven Elementen des Arbeitsrechts. Die Fabrik ist der Ort, an dem die organisatorischen Prärogativen des Arbeitgebers konkrete Formen angenommen und sich tagtäglich über sein Weisungsrecht realisiert haben. In der Fabrik wurden jene Arbeitsordnungen entwickelt, die nicht nur die Arbeitszeit homogenisierten, sondern nach und nach eine Arbeitsdisziplin durchsetzten, die erst einen arbeitsteiligen, streng an den Produktionsanforderungen ausgerichteten Arbeitsprozeß ermöglichten. Mit jedem Schritt auf eine noch konsequenter rationalisierte Produktion wurden auch die Verhaltensmaximen der Arbeitnehmer weiter verschärft und präzisiert. So war es nur folgerichtig, wenn der Arbeitsvertrag zunehmend zu einem rein formalen Akt degradiert wurde und statt dessen die »Eingliederung« in den Betrieb in den Mittelpunkt aller Überlegungen über das Arbeitsverhältnis rückte. Die Aufgaben der Arbeitnehmer und ihre Stellung überhaupt wurden damit offen aus der Zugehörigkeit zu einer sich im Betrieb materialisierenden Organisation abgeleitet, deren primäres Ziel es ist, die Produktionsmittel optimal aufeinander abzustimmen, um dem Unternehmen ein Höchstmaß an Effizienz zu garantieren.

Die Fabrik ist allerdings auch der Ort, an dem die kollektiv tätigen Arbeitnehmer ihrer kollektiven Interessen bewußt wurden und zugleich die kollektive Aktion als Korrektiv wirtschaftlicher Abhängigkeit sowie mangelnder individueller Verhandlungsfähigkeit entwickelten. In den Fabriken wurde deshalb der Einfluß kollektiv ausgehandelter, in den Tarifverträgen festgehaltener Arbeitsbedingungen täglich exemplifiziert und damit die Grundlage für eine direkt auf den jeweiligen Verhandlungskomplex bezogene Partizipation der Arbeitnehmer an den Entscheidungen des Unternehmers gelegt.

Die Dominanz des Betriebes hat sich freilich allen gegenteiligen Aussagen zum Trotz nicht bestätigt, vielmehr verflüchtigt. Der Wandel vollzog sich fast unmerklich über ein »reengineering« der Unternehmen, das ihre einst so konsequent angestrebte Autarkie in steigendem Maße in Frage stellte. Konkret: Die lange kultivierte Tendenz, jede vom Unternehmen im Rahmen der eigenen Aufgaben benötigte Leistung bis hin zu peripheren Diensten möglichst selbst zu erbringen, wird ins Gegenteil verkehrt. Die Unternehmensorganisation und damit verbunden der Arbeitsprozeß werden systematisch fraktalisiert, also in einzelne, in sich geschlossene Bestandteile zerlegt, die fortschreitend aus dem Unternehmen ausgegliedert und Dritten anvertraut werden. Wohlgemerkt, nach wie vor geht es darum, bestimmte Produkte herzustellen oder einzelne Dienste zu erbringen. Der Weg dahin führt jedoch nicht über die Abstimmung eigener, sondern über die Integration und Koordination zunehmend fremder Leistungen.

Die Folge liegt auf der Hand: Dreh- und Angelpunkt eines sich als »lean machine« verstehenden und deshalb auf ein konsequentes »outsourcing« bedachten Unternehmens ist nicht ein noch so minutiöses Regelwerk innengerichteter Anordnungen, vielmehr ein sorgfältig ausbalanciertes Netzwerk außengerichteter Verträge. Mit das wichtigste Ziel dieser Vereinbarungen ist es, die Zahl der eigenen Arbeitnehmer möglichst zu minimieren. Selbst dort daher, wo nach wie vor Teile des Arbeitsprozesses im Unternehmen stattfinden, treffen mehr und mehr Arbeitnehmer der unterschiedlichsten Arbeitgeber aufeinander. Formal mögen zwar alle Beschäftigten für ein und dasselbe Unternehmen tätig sein. In Wirklichkeit sind sie diesem aber zu einem beträchtlichen Teil lediglich okkasionell, gleichsam auf Abruf zugeordnet. Daran ändern weder die ständigen Hinweise auf das unvermindert wirksame Weisungsrecht des Leistungsadressaten noch die komplizierten, oft kaum nachvollziehbaren Verschachtelungen der einzelnen Arbeitgeber und ihrer Befugnisse auch nur das Geringste.

Mit dem »outsourcing« zerbricht unweigerlich jene gemeinsame Zugehörigkeit zum Unternehmen, die erst das Bewußtsein für gemeinsame aus der je spezifischen Unternehmenssituation entstehende Belange schafft, die nicht zuletzt den Anspruch legitimieren, Entscheidungen über die Organisation und Entwicklung des Betriebes weit über die elementaren Fragen der Arbeitsordnung und Arbeitssicherheit hinaus mitzubestimmen. Die Interessen der einzelnen Arbeitnehmer orientieren sich zwangsläufig primär am eigenen Arbeitgeber, der letztlich allein über ihre Arbeitschancen bestimmt und nur sekundär an dem für den grundsätzlich jederzeit auswechselbaren Arbeitsort zuständigen Arbeitgeber. In dem Maße jedoch, in dem die mangelnde Verknüpfung eines dauerhaften Arbeitsplatzes mit einem von einem gemeinsamen Arbeitgeber gestalteten gemeinsamen Arbeitsprozeß eine prinzipielle Homogenität der Interessen untergräbt, gerät eine gezielt soziale und ökonomische Aspekte einbeziehende Partizipation immer offener zum Problem.

Die Tendenz, das Unternehmen mit Hilfe einer Restrukturierung zu »verschlanken«, die Personal- und Verwaltungskosten nachhaltig reduziert, macht sich erst recht in dem Augenblick bemerkbar, in dem die traditionelle Verbindung der jeweils eigenen Arbeitnehmer mit einem besonderen, ihnen zur Verfügung gestellten und insoweit grundsätzlich vorbehaltenen Arbeitsplatz aufgelöst wird. Symptomatisch dafür ist das etwa im Versicherungsbereich oder bei Unternehmensberatungs- und Wirtschaftsprüfungsgesellschaften praktizierte »hoteling«. Die Mitarbeiter kommunizieren mit dem Unternehmen in der Regel nur noch über ihre computer, die sowohl den Zugang zu den konkret benötigten Unterlagen als auch die Übermittlung der jeweiligen Arbeitsergebnisse sichern. Sofern sie dennoch, etwa zu Besprechungen in den Betrieb kommen müssen, wird ihnen jeweils für eine bestimmte Zeit ein Raum im ohnehin weitgehend lediglich aus gleich ausgestatteten Konferenzzimmern bestehenden Bürogebäude zugewiesen.

Die Desintegration der Arbeitsplätze könnte kaum deutlicher von statten gehen. Im Betrieb verbleiben einige wenige Arbeitsstellen, die sich aus verwaltungstechnischen Gründen nicht verlagern lassen. Die räumliche

Beziehung wird ansonsten auf das nicht vermeidbare Minimum beschränkt. Der Arbeitnehmer ist nur noch Gast, der Betrieb temporäre Aufenthaltsstätte. Der betriebliche Arbeitsplatz hört damit endgültig auf, tagtäglich erlebtes Sinnbild der Zugehörigkeit zum Unternehmen zu sein. Arbeitsrechtliche Normen, die auf den Arbeitsplatz zugeschnitten sind, werden ebenso gegenstandslos wie Regelungen, die etwa die Anwesenheit der Arbeitnehmer sicherzustellen suchen.

Mit einem Wort, die Reorganisation der Arbeit kommt einer Desorganisation des Arbeitsrechts gleich. Wo der Arbeitsprozeß nicht mehr in den Betrieb hinein-, sondern aus ihm herausführt, ändern sich mit den Arbeitsbedingungen auch die Geltungsvoraussetzungen des Arbeitsrechts. Systemkonforme Auswege lassen sich vordergründig immer finden. So drängen sich etwa beim »hoteling« die Parallelen förmlich auf, angefangen bei den Vertretern und freien Mitarbeitern bis hin zur Heimarbeit. Doch die Vergleiche hinken. In jedem dieser Fälle wurden exzeptionelle Beschäftigungskonstellationen mit den für »normale« Arbeitsverhältnisse geltenden Regelungsmechanismen domestiziert. Längst geht es aber nicht mehr darum, einige wenige Ausnahmesituationen aufzufangen. Vielmehr ist jene vermeintlich unabänderliche »Normalität« unmittelbar betroffen. Sie wird mehr und mehr durch einen strukturellen Wandel des Arbeitsprozesses verdrängt, der zugleich eine neue »Normalität« aufscheinen läßt.

3. Die Transformation der Arbeitnehmer in Unternehmer

Im »outsourcing« und erst recht im »hoteling« ist freilich eine Entwicklung angelegt, die weit über die bloße Ausgliederung einzelner Teile der Unternehmenstätigkeit und die Verlagerung der Arbeitsplätze hinausgeht. Sie läuft in letzter Konsequenz auf eine Verselbständigung der Arbeitnehmer hinaus, noch genauer auf ihre fortschreitende Umwandlung in Unternehmer. Die Anzeichen dafür sind kaum zu übersehen. So hat das amerikanische Beschäftigungsmodell, dem mittlerweile jene bislang dem japanischen Modell vorbehaltene Vorbildfunktion zugeschrieben wird, zwar durchaus die Folgen einer strukturellen Arbeitslosigkeit durch die Bereitstellung einer Vielzahl neuer, keineswegs nur qualitativ minderwertiger Arbeitsplätze substantiell abgemildert. Schaut man jedoch genauer hin, dann zeigt sich sehr schnell, daß es sich in aller Regel nicht um Arbeitsplätze im traditionellen Sinn handelt. Die Arbeitslosen kehren nicht in die Betriebe zurück. Sie arbeiten vielmehr zumeist als Selbständige und haben in genau dieser Eigenschaft oft zwei bis drei »Jobs«, die ihnen allerdings erfahrungsgemäß zu einem Einkommen verhelfen, das etwa die Hälfte dessen ausmacht, was sie früher verdienten. Ähnlich signifikant ist das Beispiel der Bauindustrie in Deutschland. Eine immer größere Anzahl von Unternehmen trennt sich von ihren auf dem Bau beschäftigten Arbeitnehmern, die sich, auf Vorschlag der jeweiligen Unternehmen, in Gesellschaften des bürgerlichen Rechts zusammentun, deren administrative Aufgaben zumeist, jedenfalls zeitweilig, von den früheren Arbeitgebern übernommen werden. Die Gesellschaften stellen auf Anforderung die konkret benötigten Arbeitskräfte zur Verfügung, die im übrigen genau den zuvor schon ausgeübten Tätigkeiten nachgehen, mit dem einen, allerdings entscheidenden Unterschied, daß sie nicht mehr Arbeitnehmer, sondern sich selbständig verpflichtende Unternehmer sind. »Just-in-case« und nicht mehr »just-in-time« ist die Maxime der Unternehmenspolitik.

Beide Beispiele geben deutlich zu erkennen: Die Arbeitnehmer sind, so unwahrscheinlich es zunächst klingen mag, auf dem besten Wege in die Vorzeit des Arbeitsrechts zurückzukehren. Von jenem noch zu Beginn der siebziger Jahre wie selbstverständlich pro- und reklamierten »job-ownership« ist keine Rede mehr. Die Vorstellung, die Arbeitnehmer könnten ihren Arbeitsplatz ganz nach dem Vorbild des Eigentums nicht nur konservieren, vielmehr für sich monopolisieren, mutet nur noch kurios an. Statt jener »job-owner«, die dem Arbeitsrecht endgültig eine neue, seine Schwächen und Mängel korrigierende Form verleihen sollten, stehen dem Arbeitgeber »Job-Suchende« gegenüber, die als Selbständige individuell oder gemeinsam Leistungen anbieten, die je nach Bedarf für einen klar begrenzten Zeitraum in Anspruch genommen werden. In dem Maße jedoch, in dem der Arbeitnehmerstatus aufgegeben wird, büßt auch das Beschäftigungsverhältnis all jene Attribute ein, die das Arbeitsverhältnis auszeichnen, von der prinzipiell unbeschränkten Dauer, über den Kündigungsschutz bis hin zu den Mitbestimmungsrechten. Anders und schärfer ausgedrückt: Der Arbeitsvertrag verwandelt sich in die locatio conductio operarum zurück.

4. Das Ende der Vollzeitbeschäftigung

So verbreitet manche dieser Entwicklungen sein mag, so wenig läßt sich ernsthaft behaupten, sie spiegelten die mittlerweile eindeutig vorherrschenden Beschäftigungsbedingungen wider. Sie sind, genaugenommen, nur untrügliche Signale einer sich immer deutlicher abzeichnenden Veränderung. Eines steht aber jetzt schon fest: die einst so selbstverständliche Gleichsetzung von Arbeitsverhältnis und Vollzeitbeschäftigung ist nicht mehr aufrechtzuerhalten. Mindestens zwei Faktoren haben dazu maßgeblich beigetragen. Einer davon ist die strukturelle Arbeitslosigkeit. Was lange Zeit kaum glaublich erschien, hat sich wieder und wieder betätigt: Wachstum und Beschäftigung sind mitnichten untrennbar miteinander verbunden. Im Gegenteil, eine keineswegs nur konjunkturell bedingte, sondern auf Dauer angelegte systematische Reduktion des Personals gilt inzwischen als eine der wichtigsten Wachstumsvoraussetzungen. »Downsizing« und nicht eine lediglich temporäre Kontraktion ist das Ziel der Unternehmenspolitik. Selbst im Dienstleistungssektor, der bislang wegen seiner steten Ausweitung als immun galt, wiederholen sich inzwischen, die anderswo gemachten Erfahrungen. Banken und Versicherungen sind die besten Beispiele dafür. Während die Zahl der Beschäftigten zwischen 1982 und 1992 um über zwanzig Prozent zugenommen hatte, fällt sie seither Jahr für Jahr um mindestens drei Prozent, ein Anteil, der sich allen Aussagen zufolge, noch dramatisch steigern dürfte. Hinter den intensiven Bemühungen, möglichst viele Kunden für das Telebanking zu gewinnen oder 24-Stunden-Banken einzuführen, verbergen sich nicht zuletzt Bestrebungen, Personal einzusparen und den verbliebenen Beschäftigten mehr sowie entschieden arbeitsintensivere Aufgaben zuzuweisen.

Ähnlich weitreichende strukturelle Konsequenzen hat der demographische Wandel. Die Prognosen stimmen völlig überein, selbst wenn die Zahlen von Land zu Land variieren. Schon um das Jahr 2000 dürfte jeder zweite Arbeitnehmer, zumindest in den Mitgliedsstaaten der Europäischen Union, über vierzig sein. Und noch über einen weiteren Punkt besteht Konsens: Keine drei Jahrzehnte später wird sich die klassische Zahlenrelation zwischen jungen und älteren Menschen zum ersten Mal umkehren, die Älteren also in der Überzahl sein. Die Konsequenzen zeichnen sich freilich bereits ab. Eines der wohl wichtigsten Steuerungsinstrumente der Arbeitsmarktpolitik versagt immer offener. Der Arbeitsmarkt läßt sich, anders als bisher, nicht durch eine Herabsetzung des Rentenalters entlasten. In dem Maße, in dem die Zahl der jüngeren Arbeitnehmer abnimmt, können auch die Renten nicht mehr über den Generationenvertrag garantiert werden. Eine Alternative zu einer schrittweisen Verlängerung der Lebensarbeitszeit gibt es deshalb nicht. Der Entlastungseffekt einer frühzeitigen Verrentung weicht zugleich einer mindestens ebenso spürbaren Belastung des Arbeitsmarktes.

Der Zwang zur längeren Lebensarbeitszeit erhöht mithin die Zugangsbarrieren zu den ohnehin verminderten Arbeitsplätzen und potenziert so die Folgen der strukturellen Arbeitslosigkeit. Der Arbeitsmarkt vermag weniger denn je als Korrektiv zu fungieren. Einen Ausweg bietet daher letztlich nur eine Reallokation der Arbeitsplätze. Die Teilzeitarbeit ist der Schlüssel dazu. Wahrlich kein neuer Anknüpfungspunkt. Ihre Einführung stand allerdings früher unter einem ganz anderen Vorzeichen. Sie wurde vornehmlich als Mittel gesehen, die im Interesse der Arbeitnehmer ohnehin angestrebte Verkürzung der Arbeitszeit um eine freilich stets als Ausnahme betrachtete Variante anzureichern. Konsequenterweise wurde nicht nur die absolute Priorität der Vollzeitarbeit betont, vielmehr genauso nachdrücklich hervorgehoben, daß die Teilzeitarbeit möglichst keine negativen Folgen für das Einkommen der Arbeitnehmer haben dürfte, eine Forderung, die nicht zuletzt allen Bestrebungen der Arbeitgeber entgegenwirken sollte, die modifizierte Arbeitszeit als Kostensenkungsinstrument zu nutzen. Die Entwicklung ist genau umgekehrt verlaufen. Kollektivvereinbarungen und gesetzliche Regelungen haben die Teilzeitarbeit zunehmend als vollwertige Alternative zur Vollzeitbeschäftigung akzeptiert. Zuerst ging es vor allem darum, vorhandene Arbeitsplätze, wenn auch unter veränderten Bedingungen sicherzustellen und jedenfalls die Chance für neue Beschäftigungsmöglichkeiten offenzuhalten. Sehr bald entwickelte sich die Teilzeitarbeit aber auch zum wohl einzig erfolgversprechenden Mittel, die Lebensarbeitszeit zu verlängern ohne zugleich Neueinstellungen auszuschließen. Die alten Forderungen, Einkommensminderungen zu verhindern, wurden im übrigen aufgegeben, Löhne und Gehälter also der reduzierten Arbeitszeit weitgehend angepaßt.

Kurzum, die Teilzeitarbeit hat das Odium des Atypischen abgestreift. Die Zahlen sprechen für sich. Über ein Drittel der Arbeitnehmer in den Niederlanden und mehr als ein Fünftel in Norwegen sind teilzeitbeschäftigt. In Großbritannien machen die Teilzeitarbeitsplätze fast 40% aller angebotenen Arbeitsstellen aus. Nicht von ungefähr konzentrieren sich daher legislative und richterliche Interventionen darauf, Diskriminierungen der Teilzeitbeschäftigten zu unterbinden und damit Zweifel an der Gleichstellung von Voll- und Teilzeitarbeit gar nicht erst aufkommen zu lassen. Wie sehr sich die Perspektive verändert hat, zeigt sich auch daran, daß Vollbeschäftigung nicht mehr ohne weiteres als Vollzeitbeschäftigung verstanden wird. Der Akzent liegt vielmehr ganz auf der Beschäftigung. Die Vollbeschäftigung schließt, so betrachtet, die Teilzeitarbeit durchaus ein, ja ist, wenn überhaupt, nur über sie erreichbar.

5. Die Inversion der Tarifpolitik

Die Normen des Arbeitsrechts sind Elemente eines seiner Intention und Geschichte nach zwar offenen, aber nur unilateral ausbaufähigen Regelungssystems. Weil es aus der Notwendigkeit entstanden ist, den Arbeitnehmern ein Mindestmaß an Schutz zu garantieren, wurde es auch von Anfang an als ein Normenkomplex wahrgenommen, der seine Aufgabe lediglich solange erfüllt, wie dieser Schutz wenigstens erhalten, nach Möglichkeit jedoch kontinuierlich verbessert wird. Tarifverträge schreiben, mit anderen Worten, nicht nur das einmal Erreichte fest, sie legen zugleich das Fundament für zukünftige Regelungen. Ganz in diesem Sinne grenzt etwa das Tarifvertragsgesetz in der Bundesrepublik den Handlungsspielraum der einzelnen Arbeitnehmer ein: Sie können ausschließlich günstigere Abmachungen treffen, also niemals auf tarifliche Rechte verzichten.

Die einst so selbstverständlichen Prämissen sind mittlerweile Vorstellungen gewichen, die in die genau entgegengesetzte Richtung deuten. Kollektivvereinbarungen müssen, mit anderen Worten, nicht die Lage der Arbeitnehmer verbessern, sie können sie genausogut verschlechtern. Den Anfang machte der italienische Gesetzgeber. In einer 1978 in Kraft getretenen Regelung wurde den Tarifvertragsparteien das Recht eingeräumt, die gesetzlich festgelegte Abfindungshöhe bei rationalisierungsbedingten Entlassungen zu unterschreiten, um die Belastung wirtschaftlich gefährdeter Unternehmen zu verringern. Die Vertragspartner müssen also keinesfalls Lösungen anstreben, die für die betroffenen Arbeitnehmer vorteilhafter sind. Sie können, im Gegenteil, Wege beschreiten, die ihnen zum Nachteil gereichen. Der Gesetzgeber wollte mit diesen Vorschriften sicherlich keinen allgemeingültigen Grundsatz postulieren, sondern den Tarifvertragsparteien lediglich eine streng auf bestimmte, genau definierte Fälle begrenzte Befugnis zugestehen. Der Bann war freilich gebrochen. Deshalb überrascht es nicht, daß die italienischen Vorschriften zum Vorreiter einer immer längeren Reihe ähnlicher Regelungen wurden.

So sprach sich der französische Gesetzgeber 1982 ebenfalls für das Recht der Tarifvertragsparteien aus, die Arbeitsbedingungen zu verschlechtern, eine Entscheidung die fünf Jahre später noch einmal ausdrücklich bestätigt wurde. Wiederum blieb es jedoch bei einem dezidiert punktuellen Ansatz. Trotzdem reichen die Befugnisse der Tarifvertragsparteien erheblich weiter als in Italien. Sie können sowohl bei der Arbeitszeit als auch bei den Löhnen, also in zwei der wohl wichtigsten Regelungsbereiche des Arbeitsrechts, die Anforderungen der jeweils einschlägigen gesetzlichen Vorschriften und allgemeinverbindlichen tariflichen Normen unterschreiten. Zeitlich fast parallel hat die Rechtsprechung in der Bundesrepublik reagiert. Was früher undenkbar war, ist mittlerweile zulässig. Betriebs- und Tarifvertragsparteien sind durchaus berechtigt, »verbösernde« Vereinbarungen einzugehen. Anders freilich als in Italien und Frankreich steht es den Beteiligten grundsätzlich frei, den Gegenstand ihrer Abmachung zu bestimmen. Sie dürfen allerdings die bereits begründeten Rechte der Betroffenen nicht »schrankenlos schmälern«, sondern müssen vor allem bei Versorgungsregelungen die »Bestandsschutzinteressen« der Betroffenen gegen die Gründe abwägen, die für eine Verschlechterung sprechen. Die Revision der Arbeitsbedingungen scheitert also allenfalls ausnahmsweise und auch nur soweit es an einer überzeugenden Begründung fehlt, »wohlerworbene«, die soziale Absicherung der Betroffenen maßgeblich bestimmende Rechte in Frage zu stellen. Die Begründungspflicht der Kollektivvertragsparteien ist mithin die letztlich einzig relevante Regelungsgrenze.

Der Widerspruch zwischen der reformulierten, teilweise gesetzlich abgesicherten Regelungskompetenz der Kollektivvertragsparteien und den traditionellen Vorstellungen über die Funktion kollektiver Vereinbarungen mag auf der Hand liegen. Trotzdem fällt es nicht schwer, ihn mit gleichsam systemimmanenten Argumenten zu rechtfertigen, solange man es jedenfalls bei einer rein formalen Betrachtung beläßt. So viel kann in der Tat nicht bestritten werden: Den Parteien wird nirgends vorgeschrieben, welchen Weg sie gehen müssen, ohne Rücksicht im übrigen darauf, ob ihre Regelungsautonomie verfassungsrechtlich garantiert ist oder nicht. Im Gegenteil, mit der Bestätigung ihrer Autonomie verbindet sich die Bereitschaft, ihnen die Entscheidung zu überlassen. Nur gilt es darüber nicht zu vergessen: Die Anerkennung der Autonomie und ihre rechtliche Absicherung sind nicht das Ergebnis abstrakter Überlegungen. Beides hat vielmehr einen durchaus realen Hintergrund. Die Autonomie der Kollektivvertrags-

parteien wurde als Korrektiv des fehlgelaufenen Individualvertrages konzipiert und implementiert. Genau darauf gründet sich auch die Überzeugung, daß sich die Regelungsaufgabe der Kollektivvereinbarungen in der
Verbesserung der Arbeitsbedingungen materialisiert, sich aber zugleich in
ihr erschöpft. Die Verschlechterung ist deshalb keine »natürliche«, vielmehr eine zutiefst systemfremde Autonomiefolge. Mit der Verschlechterung überschreiten die Kollektivvereinbarungen ihre bislang unwidersprochen hingenommenen Grenzen und verabschieden sich von einem
Regelungskonzept, das, sollte es überhaupt nicht anders gehen, Stillstand,
nicht jedoch einen kollektiv konsentierten Rückschritt akzeptiert.

6. Von der Gewerkschaft zur Korporation

Reflexionen über Bedeutung und Tragweite der kollektiven Autonomie
sind immer auch Überlegungen über das Selbstverständnis und die Rolle
der Gewerkschaften. Mit ihrer Anerkennung hat sich die kollektive Autonomie erst richtig entfalten können und an ihrer Aktivität lassen sich
Schwierigkeiten und Grenzen einer kollektiven Vertretung ablesen. An
der Geschichte der Gewerkschaften kann man freilich genauso erkennen,
daß die kollektive Betätigung niemals ausschließlich unter dem Gesichtspunkt einer gemeinsamen Abwehr unternehmerischer Überlegenheit gesehen worden ist. Für die Gewerkschaften war vielmehr die Repräsentation
der Arbeitnehmerinteressen zugleich Materialisierung gesamtgesellschaftlicher Belange. Die gewerkschaftliche Aktivität erschien deshalb als Motor
und Garant einer Entwicklung, die in einem bessere Arbeitsbedingungen
und gesellschaftlichen Fortschritt sichern sollte.

Von einer Koinzidenz partikulärer, arbeitnehmerspezifischer Erwartungen und gesamtgesellschaftlicher Interessen kann allerdings weniger
denn je die Rede sein. Um nur ein Beispiel zu nehmen: Gleichviel ob es
um die Auswirkungen einer tendenziell unbeschränkten Arbeitszeit oder
den Mangel an jeder Vorsorge gegen Berufskrankheiten sowie typische
Arbeitsplatzgefahren ging, alles sprach lange Zeit dafür, daß sich die
Gewerkschaften mit ihren Forderungen für Ziele einsetzten, die offenkundig auch und gerade im gesamtgesellschaftlichen Interesse lagen. Je
deutlicher freilich Produktions- und Produktrisiken, etwa im Rahmen der
chemischen und pharmazeutischen Industrie, zutage traten, desto klarer
begannen sich Arbeitnehmer- und gesamtgesellschaftliche Belange aus-
einanderzuentwickeln. Der Arbeitsprozeß hörte auf, die vermeintlich ein-

zig wirklich regelungsrelevante Risikoquelle zu sein. Die Konsumenten reklamierten genau den Schutz, den zuvor die Arbeitnehmer für sich beansprucht hatten. Die realen oder potentiellen Schäden der Umwelt zwangen schließlich dazu, die scheinbar bereits festgelegte gesamtgesellschaftliche Perspektive neu zu definieren.

In dem Maße jedoch, in dem Verbraucher- und Umweltinteressen in den Vordergrund rückten, formulierten auch die Gewerkschaften ihre Ziele neu. Der Akzent verlagerte sich mehr und mehr auf die Sicherung der Arbeitsplätze. Ökologische Forderungen wurden deshalb ebenso wie Konsumentenbelange ausgegrenzt. Die Gewerkschaftspolitik setzte ihnen die eigene, strikt an der Erhaltung der Arbeitsplätze ausgerichtete Sicht entgegen. Energieunternehmen, Chemiefirmen und die Nuklearindustrie sind die klassischen Konfliktfelder, keineswegs aber die einzigen. So hat sich etwa in der Bundesrepublik die Gewerkschaft Nahrung unter Hinweis auf die ansonsten gefährdeten 15 000 Arbeitsplätze in der Zigarettenindustrie gegen jede gesetzliche Regelung zum Schutze der Nichtraucher ausgesprochen. Erklärungen wie diese wiederholen und bestätigen die inzwischen weit verbreitete Tendenz der Gewerkschaften und erst recht der unternehmensspezifischen Arbeitnehmervertretungen, gemeinsam mit den Unternehmen gegen legislative oder administrative Interventionen vorzugehen, die korrigierend in die Produktionsziele oder den Produktionsverlauf einzugreifen suchen, ebenso wie gegen alle Bestrebungen, etwa längst problematische Subventionen abzubauen.

Die Gewerkschaften agieren mithin immer offener aus dem Blickwinkel eindeutig partikulärer, weitgehend branchenorientierter Interessen. Sie schlagen genaugenommen jenen Weg ein, den die Arbeitnehmervertretungen in den Vereinigten Staaten vorgezeichnet haben, verwandeln sich also zunehmend in berufsständische Organisationen. Nicht von ungefähr kehren deshalb in den innergewerkschaftlichen Debatten über eine Neudefinition der Aufgaben der Arbeitnehmervertretungen die Forderungen beharrlich wieder, verlorengegangene Dimensionen gewerkschaftlicher Politik aufzugreifen und neue Problemfelder, wie etwa den Umweltschutz, positiv zu besetzen.

Die korporatistischen Tendenzen sind nicht zuletzt durch das Aufkommen des Sozialstaates begünstigt und beschleunigt worden. Ein Staat, der die Risiken sozialisiert sowie jede Neutralität gegenüber der wirtschaftlichen und sozialen Entwicklung abstreift, schränkt zwangsläufig den Aktionsradius gewerkschaftlicher Betätigung ein und verlagert ihren

Schwerpunkt auf berufsständische Aufgaben. So überrascht es nicht, daß, beispielsweise, das in der Bundesrepublik verfassungsrechtlich garantierte Recht der Koalitionen, die »Arbeits- und Wirtschaftsbedingungen« zu wahren und zu fördern, in eine strikt auf die Regelung von Arbeitsbedingungen begrenzte Befugnis der Tarifvertragsparteien umgedeutet worden ist. Der Sozialstaat reduziert freilich nicht nur den Handlungsspielraum der Gewerkschaften, er bezieht sie zugleich in korporatistische Regelungsmechanismen ein. Die Arbeitnehmervertretungen beteiligen sich genauso wie die Arbeitgeberverbände als korporative Akteure an institutionalisierten Konsultationsverfahren, deren Ziel es ist, das Verhalten der jeweiligen Organisationen mit der staatlichen Politik abzustimmen und so die Legitimation staatlicher Entscheidungen zu stärken. »Social contracts« in ihren verschiedensten Formen sind ebenso bezeichnend dafür wie »Bündnisse für Arbeit«. Gesamtwirtschaftliche Aspekte mögen in jeder dieser Vereinbarungen eine weitaus wichtigere Rolle spielen als in den einzelnen branchen- oder unternehmensbezogenen Aktivitäten. In jeder von ihnen spiegelt sich dennoch ein Entscheidungsprozeß wider, der Interessen bewußt partikularisiert, um sie dann in einem staatlich gesteuerten Kompromiß zu bündeln.

7. Die Globalisierung des Arbeitsprozesses

Die Unternehmer haben, wie sich etwa an der Textilindustrie zeigt, schon immer versucht, ihre Kosten durch eine Auslagerung des Produktionsprozesses in andere Länder zu senken. Niedrigere Löhne spielen sicherlich eine wichtige Rolle dabei. Sie sind aber keineswegs der einzige Grund. Mittlerweile fallen Kosten, die durch eine erschwerte Auflösung der Arbeitsverhältnisse, die Altersversorgung oder die gesetzlichen Anforderungen an die Sicherheit der Arbeitsplätze entstehen, mindestens ebenso ins Gewicht. Wie sehr reine Lohnkalkulationen an Bedeutung verloren haben, wird im übrigen sofort deutlich, sobald man sich die in den »Billiglohnländern« eingerichteten Unternehmen näher ansieht. Ihr Automatisierungsgrad und überhaupt ihr technischer Standard sind zunehmend höher als in den hochindustrialisierten Ländern, nicht zuletzt, weil Widerstände der Arbeitnehmer genauso entfallen wie restriktive, auf den Schutz der Beschäftigten oder der Umwelt bedachte gesetzliche Vorschriften. Kein Wunder, wenn es deshalb heißt, Fabriken, die den japanischen Anforderungen an den Produktionsprozeß entsprechen, seien am ehesten in Brasilien zu finden. Die Auslagerung bringt trotzdem bestenfalls mittelfristig Vorteile. Genaugenommen ist es nur eine Frage der Zeit, bis sich ähnliche Probleme wie im Ursprungsland stellen, zumal dann, wenn die Auslagerung tatsächlich zu einer allmählichen Verbesserung der Arbeits- und Lebensbedingungen am Produktionsort beitragen sollte. Die lange Wanderung der Textilindustrie über Korea nach Guatemala ist nicht minder lehrreich als der immer häufigere Standortwechsel innerhalb des indischen Subkontinents.

Weitaus größere Aufmerksamkeit verdient daher die noch kaum zur Kenntnis genommene Globalisierung des Produktionsprozesses. Anders als früher wird nicht die Herstellung verlegt, sondern ein global angelegter Produktionsprozeß angestrebt. Der Wandel der Informations- und Kommunikationstechnologien ermöglicht es, räumliche und zeitliche Barrieren jederzeit zu überwinden. Die Produktion kann also ohne weiteres delokalisiert, ja letztlich über beliebig viele Orte verteilt und trotzdem in ein gemeinsames Verfahren integriert werden. Wo mithin, welcher ihrer Abschnitte angesiedelt ist, macht im Prinzip nichts aus. Mitarbeiter und Arbeitsergebnisse lassen sich immer über die Datenautobahnen heranholen. Kurzum, der Arbeitsprozeß ist global strukturiert, gearbeitet wird rund um die Welt und rund um die Uhr. Die Entwicklung von Software ist eines der bekanntesten Beispiele dafür. Ähnlich verläuft die Produktion mancher Zeitschrift. Die endgültige Gestalt der einzelnen Hefte wird in Redaktionskonferenzen festgelegt, an denen sich die in mehreren Ländern ansässigen Wort- und Bildredakteure, Layouter und Illustratoren beteiligen und ihre Vorschläge jeweils einbringen.

Das Ergebnis ist einmal mehr die Dekonstruktion des Arbeitsrechts. Indem sich der segmentierte, weltweit verteilte und aufeinander abgestimmte Arbeitsprozeß gezielt von einem genau lokalisierbaren nationalen Standort löst, transzendiert er zugleich die Grenzen eines genauso national angelegten Arbeitsrechts. Elementare arbeitsrechtliche Regelungen wie etwa die Kündigungsschutzbestimmungen oder die Mitspracherechte der Arbeitnehmer lassen sich, wenn überhaupt, nur noch schwer und allenfalls partiell anwenden, zumal die Beschäftigten, wie sich vor allem an der Zeitschriftenproduktion zeigt, einen sehr unterschiedlichen Status haben. Die Arbeitsbedingungen passen sich zudem ganz dem globalisierten Verfahren an. Längst für überwunden gehaltene oder auf wenige Ausnahmefälle reduzierte Arbeitsformen wie etwa eine reguläre Nachtarbeit oder 24-Stunden-Schichten kehren zurück.

III. Perspektiven

1. Die Nutzlosigkeit von Prognosen

Diagnosen pflegen schnell in Prognosen umgemünzt zu werden. Auch wer nicht, wie Hugo Sinzheimer, im Arbeitsrecht »das werdende Recht« sah, verzichtete keineswegs auf klare Zukunftsbilder. So unterschiedlich mithin die Ausgangspunkte gewesen sein mögen, Fort- und Rückschritte wurden gleichermaßen kategorisch prognostiziert. Dazu hat sicherlich ein im Arbeitsrecht besonders verbreiteter Reduktionismus beigetragen, der, sei es aus dem holzschnittartigen, scheinbar alles erklärenden Gegensatz von Arbeit und Kapital, sei es aus nicht minder simplistischen Hinweisen auf die Kosten-Nutzen Analyse und Effizienzmaximen, vermeintlich zwingende Schlüsse für den Fortgang des Arbeitsrechts ableitet.

Die Dekonstruktion seiner zentralen Kategorien mahnt freilich zur Vorsicht. Von den angeblich so sicheren Voraussagen ist wenig übrig geblieben. Die früher so üblichen Reflexionen über universelle Prinzipien einer ebenso universellen Entwicklung haben zudem längst ihre Glaubwürdigkeit verloren. Gerade die jüngsten strukturellen Modifikationen der Beschäftigungsverhältnisse zeigen, wie tiefgreifend die Unterschiede zwischen den hochindustrialisierten Staaten einerseits und den meisten übrigen Ländern andererseits sind. Die vielen internationalen Übereinkommen und Empfehlungen sowie die immer längeren Beitrittslisten ändern daran nichts. Sie verhüllen nur die Gegensätze und verleiten im übrigen leicht dazu, jene »Schaufensterrechtsvergleichung« zu kultivieren, die Normenkataloge zusammenstellt, sich aber wohlweislich hütet, nach der Relevanz der jeweiligen Vorschriften zu fragen. Wie eklatant die Unterschiede sind, zeigt sich auch daran, daß in manchem durch ein hohes Maß an Wohlstand ausgezeichneten Land im gleichen Augenblick, in dem Resolutionen verabschiedet werden, die eine international wirksame Bekämpfung der Kinderarbeit verlangen, eine Revision der eigenen Verbotsvorschriften mit Rücksicht auf die wachsende Selbstbestimmung der Kinder gefordert wird. Pointierter formuliert: *Das* Arbeitsrecht gibt es nicht. Schon deshalb ist die Frage nach dem Arbeitsrecht im 21. Jahrhundert irreführend und müßig.

Mehr denn je gilt es daher festzuhalten: Prognosen sind und bleiben Spekulationen. Wissenschaftler haben allerdings, um mit Otto Kahn-Freund zu sprechen, nicht nur das Privileg, sondern geradezu die Pflicht, darüber zu spekulieren, wie die bestehenden Probleme gelöst werden könnten. Das und nur das, um Kahn-Freund noch einmal zu zitieren, ist auch die einzige Entschuldigung, die ich für die nachfolgenden Überlegungen anzubieten habe.

Vorweg noch so viel: Die bereits beschriebenen Tendenzen signalisieren, allen gegenteiligen Behauptungen zum Trotz, keineswegs das Ende der Arbeit. Weder sind sie, mit anderen Worten, die späte Bestätigung der Visionen Lafargues, noch zwingen sie dazu, sich von nun an ganz auf eine Gesellschaft zu konzentrieren, die den Warencharakter der Arbeit endgültig aufhebt und soziale Solidarität neu begründet. Die »Entzauberung« des Arbeitsverhältnisses läuft nicht auf seine »Dematerialisierung« hinaus. Dreierlei ist vielmehr festzustellen:

Erstens, »Downsizing« ist, so konsequent es angegangen werden mag, immer nur begrenzt möglich. Aus der Tatsache, daß in den letzten zwei bis drei Jahren Siemens 16 000, Union Carbide nahezu 14 000 und NTT fast 30 000 Beschäftigte entlassen haben, folgt noch lange nicht, daß irgend eines dieser Unternehmen vollständig auf Arbeitnehmer verzichten kann. Zudem: Eine ständig weiter verfeinerte Software, verringert zwar substantiell die Zahl der Beschäftigten im Banken- oder Versandhandelsbereich, macht aber dennoch die Einstellung von Arbeitnehmern nicht überflüssig. Ganz gleich also welches dieser Beispiele man nimmt, die Anzahl der Beschäftigten bleibt trotz aller Automatisierungs- und Reengineeringserfolge beträchtlich.

Zweitens, eine beschäftigungsbedingte Abhängigkeit entsteht keineswegs nur bei Arbeitsverträgen. Der veränderte Status der Beschäftigten behebt ihre Abhängigkeit genausowenig wie die Qualifikation des Arbeitsverhältnisses als Vertrag sie beendet hat. Solange daher nur das juristische Etikett ausgetauscht wird, wird die Anwendung der arbeitsrechtlichen Schutzmechanismen durchaus in Frage gestellt, nicht jedoch ausgeschlossen. Vielmehr gilt es, sich zunächst und vor allem damit auseinanderzusetzen, ob und unter welchen Voraussetzungen sie ihren Aufgaben auch unter den modifizierten Beschäftigungsbedingungen nachkommen können.

Drittens, eine konsequente Reduktion der Arbeitsplätze entlastet zwar die Unternehmen, belastet jedoch dafür, von allen anderen sozialpolitischen Konsequenzen einmal abgesehen, den Staat, sei es über die Arbeitslosengelder, sei es über die Sozialhilfe. So verwundert es nicht, wenn plötzlich nicht mehr von »welfare«, sondern von »workfare« die Rede ist. Den Betroffenen wird ein neues Grundrecht zugesprochen, das Recht, »sich nützlich zu machen«. In Wirklichkeit wird freilich eine Arbeitspflicht begründet und damit einer »nouvelle domesticité« der Weg geebnet. Einmal mehr zeigt sich allerdings, wie wichtig nach wie vor das Arbeitsrecht ist und wie sehr es darauf ankommt, sich über seine Anwendungsvoraussetzungen klarzuwerden.

Dazu vier Anknüpfungspunkte.

2. Die Individualisierung der Arbeitnehmer

Arbeitsrechtliche Normen steuern eine kollektive Entwicklung an. Sie legen deshalb Erwartungen fest, die gezielt auch und gerade den Handlungsspielraum der einzelnen Arbeitnehmer einschränken. Ihr Verhalten soll den kollektiven Anforderungen angepaßt und daher an Bedingungen geknüpft werden, die den Erfolg einer kollektiven Regelung sichern. Die kollektive Perspektive bestimmt, mit anderen Worten, Ausmaß und Richtung der individuellen Entfaltungschancen. Je konsequenter freilich die kollektiven Ziele verwirklicht werden, desto schwerer fällt es, den kollektiven Ansatz beizubehalten. Das Arbeitsrecht ist keine »Photographie« allzu offenkundiger ökonomischer Interessen, die sich wie ein Diapositiv beliebig im Projektor austauschen läßt. Seine Normen haben vielmehr, gleichviel welche Belange sich in ihnen widerspiegeln, die Stellung der Arbeitnehmer graduell verändert und ihnen damit die Möglichkeit gegeben, sich der eigenen, individuellen Interessen bewußt zu werden. Die zunehmende Verkürzung der Arbeitszeit, die Verringerung der Gesundheits- und Sicherheitsrisiken, der Ausbau des Kündigungsschutzes, die Absicherung gegen die Krankheitsfolgen und die verbesserte Ausbildung sind allesamt Stationen auf dem Weg der, um mit Max Rood zu sprechen, »persona miserabilis« zum eigenständigen Individuum. So paradox es daher klingen mag: Gerade die Regelungen, die Arbeit zur Ware machten und so die Abhängigkeit der Arbeitnehmer begründeten und verfestigten, lösten eine Entwicklung aus, die erst die Voraussetzungen einer Rekonstitution ihrer Autonomie schuf.

Je mehr sich allerdings diese Entwicklung stabilisierte, desto schärfer zeichnete sich eine Individualisierung der Arbeitnehmer ab. Wohlgemerkt, gemeint ist nicht eine Atomisierung, also die Auflösung der Arbeitnehmer in selbständige, durch keinerlei gemeinsame Interessen mehr verbundene und daher nicht nur für sich, sondern genauso gegeneinander agierende Einzelne. In der Individualisierung drückt sich vielmehr der immer stärkere Wunsch der Arbeitnehmer aus, sich als Person abzugrenzen und deshalb auch die Rechte zu reklamieren, ohne die Individualität weder entstehen noch garantiert werden kann. Genau diese Erwartung kehrt in jener Konstitutionalisierung des Arbeitsverhältnisses wieder, die schon im Statuto dei Lavoratori angesprochen und erst recht durch die im Rapport Auroux sowie den nachfolgenden Gesetzen postulierte »citoyenneté dans l'entreprise« bekräftigt wurde. Der »travailleur-citoyen« ist der Arbeitnehmer dessen Grundrechte nicht erst jenseits des Betriebes aktualisiert und respektiert werden, sondern sich bereits innerhalb des Arbeitsprozesses entfalten.

Symptomatisch dafür ist etwa die Revision der einst selbstverständlichen Einschränkung der Meinungsfreiheit. Wenn das Recht, sich selbst über die eigene Lebenswelt eine Meinung zu bilden und sie auch zu äußern, wirklich zu den Grundvoraussetzungen gehört, sich als Person zu konstituieren, dann müssen die Arbeitnehmer dieses Recht gerade dort wahrnehmen können, wo sich ihre Probleme tagtäglich konkretisieren und ihre Fähigkeit, sich damit auseinanderzusetzen, kontinuierlich gefordert wird. Soll also die Prädominanz der Arbeitgeberinteressen nicht in eine unbedingte Anpassungspflicht der Arbeitnehmer umschlagen, dann darf das Recht, unternehmensinterne Zustände genauso wie etwa die Umweltgefährdung durch einzelne Unternehmenserzeugnisse offen zu kritisieren und auch die Öffentlichkeit einzubeziehen, ohne den eigenen Arbeitsplatz aufs Spiel zu setzen, nicht im Dickicht dunkler »Treuepflichten« verschwinden.

Ebenso bezeichnend ist der lange und mühsame Weg von der Gleichberechtigung zur Gleichstellung von Frauen und Männern. Wohl nirgendwo haben sich die Grenzen einer rein formal verstandenen Gleichberechtigung so schnell gezeigt wie beim Arbeitsverhältnis. Legislative Interventionen, die sich letztlich auf eine sprachliche Korrektur beschränken, reichen nicht aus. Die Gleichberechtigung scheitert an einer nach wie vor weitgehend für »natürlich« gehaltenen Rollenverteilung, die sei es mit Hilfe scheinbar zwingender Kostenrechnungen, sei es über die hartnäckig verteidigte Annahme, daß die Gleichstellung nur Beiprodukt einer generellen Verbesserung der Arbeitsbedingungen sein könne, rationalisiert wird. Korrekturen lassen sich deshalb nur über jene vom Gesetzgeber in den Vereinigten Staaten initiierten und etwa vom Bundesverfassungsgericht in der Bundesrepublik ausdrücklich geforderten positive Maßnahmen erreichen, die konsequenterweise eine Benachteiligung männlicher Arbeitnehmer bewußt in Kauf nehmen. Vordergründig mag es durchaus plausibel erscheinen, sie rechtlich als »umgekehrte Diskriminierung« zu disqualifizieren. Wer freilich so argumentiert, hält den status quo für selbstverständlich und nimmt folglich den Abbau der damit verbundenen Privilegien nur noch als Diskriminierung wahr.

Mehr denn je kommt es zudem darauf an, Beschäftigungsmodelle nicht vor dem Hintergrund von Vorstellungen zu konzipieren, die nahezu jede mit familialen Aufgaben zusammenhängende Belastung einseitig zuordnen und so die traditionelle Rollenzuteilung perpetuieren. Der Erziehungsurlaub ist ein Musterbeispiel dafür. So vorteilhaft die Entlastung auf den ersten Blick ist, so wenig darf darüber übersehen werden, daß ein ständig weiter ausgebauter Erziehungsurlaub die Reintegration in die berufliche Tätigkeit immer offener in Frage stellt, die Arbeitnehmerinnen also letztlich um jede Chance bringt, wieder arbeiten zu können. Tolerierbar sind daher nur Regelungen, die Kindererziehung als Aufgabe beider Elternteile ansehen und deshalb die Inanspruchnahme der Freistellung ebenso wie aller anderen vergleichbaren Unterstützungsmaßnahmen von einer gleichmäßigen Aufteilung der Belastungen abhängig machen.

Eine ähnliche Entwicklung bahnt sich übrigens beim Umgang mit älteren Arbeitnehmern an. Wiederum gilt es, längst verfestigte Vorurteile zu überwinden und Regelungen zu finden, die Arbeitnehmer nicht in abstrakte Brauchbarkeits- und Verfallsschemata einordnen, sondern sie dazu berechtigen, selbst ihre Lebensarbeitszeit zu bestimmen. Einmal mehr rückt dabei die enge Verbindung zwischen der Individualisierung der Arbeitnehmer und der Konstitutionalisierung des Arbeitsverhältnisses in den Vordergrund. Der Respekt vor den Grundrechten der Arbeitnehmer erweist sich so zum wiederholten Mal als notwendige Konsequenz ihrer Individualisierung und nicht als manifester Ausdruck einer ebenso wirklichkeitsfremden wie penetranten »Viktimologie«, die, mit Richard Epstein zu sprechen, den Arbeitsmarkt stranguliert und schlimmer noch, »the political liberty and intellectual freedom of us all« bedroht.

Individualisierung und Konstitutionalisierung zwingen schließlich dazu, die lange Zeit wie selbstverständlich hingenommene Vorstellung preiszugeben, daß die unternehmerische Freiheit das Recht einschließt, jederzeit beliebig viele Angaben zur Person der Arbeitnehmer zu verarbeiten. Konsequent ausgebaute, automatisierte Personalinformationssysteme, immer umfangreichere Fragebögen, ständig weiter verfeinerte Tests bis hin zur gezielten Erhebung genetischer Daten, die Entwicklung einer eigens auf die Arbeitsverhältnisse zugeschnittenen Kontrollsoftware sowie »voice« und »electronic mail search« zeugen von einer tendenziell uneingeschränkten Verarbeitung, die eine »optimale« Auswahl der Arbeitnehmer genauso ermöglichen soll wie eine kontinuierliche, jede Abweichung von den jeweiligen Leistungsvorgaben sorgfältig registrierende Überwachung des Arbeitsprozesses. Das »Humankapital« mag sich damit weitaus effizienter verwerten lassen, allerdings um den Preis einer schier grenzenlosen, mit einem wachsenden Anpassungsdruck verbundenen Instrumentalisierung der Beschäftigten. Wenn deshalb ihre Handlungs- und Partizipationsfähigkeit aufrechterhalten und gewährleistet werden sollen, dann muß es ihnen vorbehalten bleiben, selbst zu entscheiden, was mit ihren Daten geschehen darf. Erste, freilich noch sehr allgemein gehaltene Ansätze, die informationelle Selbstbestimmung zu garantieren, finden sich in den nationalen Datenschutzgesetzen ebenso wie in der Datenschutzrichtlinie der Europäischen Union. Sie reichen von der Verpflichtung, personenbezogene Daten nur für einzelne, im voraus festgelegte sowie den Betroffenen bekannte und von ihnen gebilligte Zwecke zu verwenden, über ein Höchstmaß an Transparenz des Verarbeitungsprozesses, bis hin zu einer Reihe von Vorkehrungen, die nicht zuletzt mit Hilfe besonderer, den Betroffenen zugestandener Rechte eine fortlaufende Kontrolle sichern sollen. Der Weg für eigens auf die Verarbeitung der Arbeitnehmerdaten bezogene Regelungen ist damit gebahnt. Punktuelle Vorschriften, etwa im Rahmen der Datenschutzgesetze in der Bundesrepublik oder im französischen Gesetz von 1992, die Empfehlungen des Europarates und die ersten Vorschläge der ILO geben die Richtung an. Wie dringlich im übrigen solche Regelungen sind, zeigen die vor allem in den Vereinigten Staaten und den Niederlanden durchgeführten Untersuchungen.

Kurzum, die Individualisierung lenkt den Blick zurück auf die Anfänge des Arbeitsrechts. Sie zwingt, mit anderen Worten, sich auf Ursprung und Zweck der arbeitsrechtlichen Regelungsmechanismen zu besinnen. Gesetzlichen Vorschriften und kollektiven Vereinbarungen fiel die Aufgabe zu, die mangelnde Handlungsfähigkeit der einzelnen Arbeitnehmer auszugleichen. Im einen wie im anderen Fall geht es also um kompensatorische Regelungen, die letztlich die einzelnen Arbeitnehmer in die Lage versetzen sollen, selbst ihre Interessen wahrzunehmen. Die individuelle

Handlungsfähigkeit muß daher unverändert Orientierungspunkt, aber auch Legitimationsmaßstab legislativer ebenso wie kollektiver Aktivitäten bleiben. Ihr Regelungsanspruch wird mithin in dem Maße konsumiert, in dem sich diese Fähigkeit stabilisiert. Interventionen, die darauf keine Rücksicht nehmen, überschreiten die Grenze zur Kolonialisierung. Sie legen nicht Emanzipationsvoraussetzungen, sondern Anpassungsbedingungen fest.

3. Vom Arbeits- zum Beschäftigungsvertrag

Kein Zweifel, die Beschäftigungsbedingungen haben sich radikal geändert, das traditionelle Arbeitsverhältnis neigt sich seinem Ende zu. »Downsizing«, »outsourcing« und »reengineering« umschreiben organisatorische Prozesse, die, um eine in Frankreich geprägte, leicht antiquiert anmutende, aber durchaus zutreffende Formulierung aufzugreifen, den Übergang vom Arbeits- ins Handelsrecht signalisieren. Die Arbeitskraft wird mehr und mehr über die »entreprise de soi« verwertet, dem einstigen Arbeitgeber steht die »Moi S.A.« gegenüber. Das Arbeitsrecht büßt damit, zumindest formal seinen Geltungsanspruch ein. Seine Regeln haben dort nichts mehr zu suchen, wo ihre elementaren Anwendungsvoraussetzungen entfallen.

Wenn trotzdem Zweifel angebracht sind, so weil sich in einer Beziehung doch nichts verändert hat: Die Verselbständigung der Arbeitnehmer tangiert nicht ihre Abhängigkeit. Die »Ich-AG« ist in genau der Lage, in der sich die zum Unternehmer mutierten Arbeitnehmer schon vorher befanden. Sie agiert ebenso fremdbestimmt wie ihr »Alleinaktionär« zuvor. Hinter der »neuen Verantwortung« verbirgt sich die »alte Abhängigkeit«. Nur die Risiken sind anders verteilt. Auch hier gilt es allerdings, sich vor Trugschlüssen zu hüten. Vordergründig treffen sie fast ausschließlich die »Moi S.A.«, in Wirklichkeit werden sie letztlich, jedenfalls zu einem großen Teil, dem Staat aufgebürdet. Die Personalkosten mögen also mit dem »reengineering« weitgehend externalisiert werden, immer aber vor dem Hintergrund eines sich spätestens in der Sozialhilfe konkretisierenden staatlichen Auffangnetzes. Seine Existenz befördert, auch wenn es noch so seltsam klingt, die Umstrukturierung der Unternehmen. Die Korrektur der Personalpolitik spekuliert, so gesehen, auf die Leistungen just jenes Staates, dessen »Regulierungssucht« kritisiert wird.

Beides, die nur formal kaschierte Abhängigkeit sowie die latente Einbeziehung staatlicher Hilfe, ist Anlaß genug, sich zu fragen, ob der Wandel der rechtlichen Anknüpfungspunkte hinzunehmen ist, oder ob rechtliche Strukturen anzustreben sind, die sich durchaus in Kenntnis der veränderten Bedingungen, unter denen Arbeit angeboten und erbracht wird, an der realen Beziehung zwischen dem einstigen Arbeitgeber und dem verselbständigten Arbeitnehmer orientieren müssen. Der Akzent würde sich dann, wie im Bericht der Boissonat-Kommission in Frankreich angedeutet, ganz auf die Beschäftigung verschieben, mit der Folge, daß ihre bisherige Grundlage, der Arbeitsvertrag, durch ein neues Konstrukt, den Beschäftigungsvertrag, ersetzt werden müßte. Was auf den ersten Blick wie ein Wortspiel aussieht, umschreibt in Wirklichkeit ein doppeltes Ziel. Zum einen kommt es darauf an, eine Rechtsform zu finden, die ohne den synallagmatischen Charakter der Verwertung der Arbeitskraft in Frage zu stellen, ein Höchstmaß an Flexibilität garantiert, auch und vor allem in Anbetracht der ständig weiterentwickelten Informations- und Kommunikationstechnologien. Zum anderen geht es darum, einer einseitigen Allokation der Beschäftigungsrisiken entgegenzuwirken.

Sollen diese Erwartungen erfüllt werden, dann gilt es, mit Hilfe des Beschäftigungsvertrages die bisherigen Beschäftigungsformen zu verklammern. Der Beschäftigungsvertrag muß deshalb als Rahmen konzipiert werden, in den nicht nur die traditionellen Arbeitsverträge mit ihren vielfältigen Abwandlungen einzufügen wären, sondern auch die immer zahlreicheren »arbeitsrechtsfreien« Abmachungen, nicht zuletzt um die einzelnen Beschäftigungsformen ebenso variieren wie miteinander verbinden zu können. Maximale Flexibilität darf freilich, wenn die Konsequenzen der Abhängigkeit wirklich bedacht werden sollen, nicht eine einseitig steuerbare, letztlich beliebigen Auflösung zur Folge haben. Die unbestimmte Dauer des Beschäftigungsverhältnisses mag weit mehr an die Vergangenheit erinnern als die gegenwärtige Lage kennzeichnen. Die Alternative ist trotzdem keineswegs eine gerade durch den Formenwechsel begünstigte und abgesicherte, prinzipiell freie Verkürzung des Beschäftigungsverhältnisses. Vielmehr ist eine Mindestdauer vorzusehen, die, von bestimmten exzeptionellen Situationen abgesehen, ohne Rücksicht auf die konkret gewählte Beschäftigungsform eingehalten werden muß. Ähnlich argumentiert die Boissonat-Kommission. Auch der Sozial-Ökonomische Rat in den Niederlanden hält, nicht zuletzt unter Qualifikationsgesichtspunkten, eine Mindestdauer für unerläßlich.

Parallel dazu müßten die Sicherungssysteme neu angeknüpft, also ebenfalls an der Beschäftigung ausgerichtet werden. Ihre Funktions- und Anwendungsbedingungen lassen sich sicherlich nicht unverändert übernehmen. Genausowenig aber wie sich etwas am Verfügungsrecht der einseitigen Arbeitgeber über die wie immer modifizierten Arbeitsplätze ändert, geht es an, ihre Verpflichtung in Frage zu stellen, zur Kompensation der Beschäftigungsrisiken beizutragen. Manches spricht dafür, daß es in einem Bereich, der an Komplikationen nie arm war, noch schwieriger werden dürfte, ebenso überzeugende wie wirksame Lösungen zu finden, zumal bei hybriden Beschäftigungsformen. Die Pluralität der am Beschäftigungsprozeß beteiligten »Arbeitgeber« schließt jedoch den Ausgleich der Beschäftigungsrisiken nicht aus. Sie zwingt lediglich dazu, Wege aufzuzeigen, die den »Beschäftigungsverbund« in eine gemeinsame Kompensationsverpflichtung umwandeln.

4. Rehabilitierung des Gesetzes und Dezentralisierung der kollektiven Vereinbarungen

Ganz gleich, ob man die Individualisierung der Arbeitnehmer oder die mögliche Ablösung der Arbeits- durch Beschäftigungsverträge nimmt, beides zieht eine verstärkte legislative Aktivität nach sich. Die Gleichstellung von Frauen und Männern, die Korrektur der Diskriminierung älterer Arbeitnehmer, die Einschränkung der Verarbeitung von Arbeitnehmerdaten oder die Entwicklung gemeinsamer Regelungsgrundsätze für alle Beschäftigungsformen sind Aufgaben, die sich lediglich mit Hilfe legislativer Eingriffe erfüllen lassen. In einer Zeit, in der Gesetze fast nur noch aus der Perspektive einer Deregulierung wahrgenommen werden, vollzieht sich so nahezu unbemerkt eine Rehabilitierung des Gesetzgebers.

So wenig freilich auf seine Intervention in jedem der hier zur Debatte stehenden Fälle verzichtet werden kann, so klar zeichnet sich das Dilemma der gesetzlichen Regelung ab. Die gesetzlichen Schutz- und Korrekturvorrichtungen sind, zumal dort, wo der Gesetzgeber präventive Ziele verfolgt, tendenziell immer auch Einfallstore einer regulatorischen Tätigkeit, die in der Anpassung an ein gesetzlich definiertes Verhalten nicht nur die denkbar beste, sondern die allein mögliche Lösung der jeweiligen Konflikte sieht. Etatistische Regelungskonzepte sind allerdings gerade dann besonders verfehlt, ja kontraproduktiv, wenn die gesetzliche Regelung Autonomie ermöglichen und abstützen soll. Konsequenterweise kann der Gesetzgeber nur solange eine Personalpolitik verlangen, die positive Diskriminierungen gezielt einbezieht, wie die Benachteiligung weiblicher Arbeitnehmer anhält. Der legislative Eingriff ist mithin nur für von einen von Anfang strikt begrenzten Zeitraum zulässig. Aber auch sonst sind die Interventionsgrenzen klar. Der Gesetzgeber kann grundsätzlich lediglich Funktionsbedingungen der Autonomie festlegen, nicht jedoch Entscheidungsinhalte vorwegnehmen, so dezidiert im übrigen seine Vorstellungen einer richtigen Regelung sein mögen. Die Rehabilitierung des Gesetzes ist mithin keineswegs vorbehaltlos. Legislative Aktivitäten mögen noch so notwendig sein. Sie dürfen trotzdem nicht zur Vorstufe kolonialisierender Bevormundung werden.

Eine ähnlich bemerkenswerte Entwicklung vollzieht sich bei den kollektiven Vereinbarungen. Die Handlungsebene verlagert sich zusehends, genauer, der Entscheidungsprozeß dezentralisiert sich immer mehr. Der Wandel wird dort besonders deutlich, wo, wie in der Bundesrepublik, die betrieblichen Arbeitnehmervertretungen ohnehin mit weitreichenden, gesetzlich garantierten Befugnissen ausgestattet sind. Eine ständig wachsende Zahl von Betriebsräten agiert in Bereichen, die ihnen eigentlich unzugänglich sein müßten. Vereinbarungen über die Samstags- und Sonntagsarbeit, erst recht aber Abmachungen über Entgelte widersprechen offen der im Betriebsverfassungsgesetz verankerten Priorität der Tarifverträge. Die Bemühungen der Gewerkschaften, die Erosion der bislang unstreitig dominierenden Flächentarifverträge durch Öffnungsklauseln aufzufangen, bestätigen nur die Akzentverschiebung. In Wirklichkeit werden freilich damit lediglich bestimmte, auf der betrieblichen Ebene bereits festgeschriebene Positionen sanktioniert, die rechtlich möglicherweise unhaltbar sind, faktisch jedoch gar nicht zur Disposition stehen. Die Mikroperspektive verdrängt so mehr und mehr die Makroperspektive. Betriebsvereinbarungen und Firmentarifverträge drängen sich immer deutlicher in den Vordergrund. Die Arbeitnehmer verlegen den Entscheidungsprozeß dahin, wo sie sich am kompetentesten und einflußreichsten fühlen.

5. Vom nationalen zum supranationalen Recht

Doch nicht nur die Beschäftigungsbedingungen haben sich gewandelt. Auch das normative Umfeld hat sich zwar weniger spektakulär, aber fast ebenso radikal verändert. Supranationale Anforderungen verdrängen zunehmend die traditionell nationalen Regelungsansätze. Spätestens seit dem Maastrichter Vertrag ist die Europäische Gemeinschaft aus einer reinen Wirtschaftsgemeinschaft zu einer politischen und sozialen Union geworden. Spätestens seit Maastricht läßt sich deshalb nicht mehr bestreiten, daß die Auseinandersetzung mit Struktur und Verlauf des Arbeitsprozesses für die Union keine nebensächliche, allenfalls beiläufig aufzugreifende Frage ist, sondern mit im Vordergrund ihrer regulatorischen Aufgaben steht. Die im Maastrichter Vertrag ausdrücklich verankerte Bindung an die Grundrechte sowie die im Abkommen über die Sozialpolitik angegebenen sozialpolitischen Ziele legen die Orientierungspunkte ebenso wie die Handlungsmaßstäbe fest.

Maastricht ist allerdings lediglich der kalendarisch letzte Höhepunkt einer langen, von erbitterten Kontroversen gezeichneten Entwicklung. Die interpretatorische Korrektur des Art. 119 EG-Vertrag, also die Umdeutung einer Vorschrift, deren Ziel ursprünglich nur darin bestand, ein potentielles Markthindernis auszuräumen, in eine Bestimmung, die es der Union ermöglichte, sich immer offener für eine Gleichstellung von Frauen und Männern im Arbeitsprozeß einzusetzen, war Vorbote und Wahrzeichen einer Politik, die immer häufiger und immer tiefer in die Arbeitsbedingungen intervenierte. Die Liste der Eingriffe ist lang und eindrucksvoll. Eher grundsätzliche Stellungnahmen wechseln sich mit minutiösen Detailregelungen ab. Die Massenentlassung wird genauso angesprochen wie etwa die spezifischen Gefährdungen schwangerer Arbeitnehmerinnen, die manuelle Handhabung von Lasten, die Gleichbehandlung von Frauen und Männern, die Gestaltung der Arbeitszeit oder die Folgen der Insolvenz. Wer noch Zweifel an der Entschiedenheit und der Intensität der regulatorischen Intervention hatte, sah sich alsbald durch die Rechtsprechung des Europäischen Gerichtshofes eines Besseren belehrt. Schritt für Schritt hat der Gerichtshof die nationalen Gesetzgeber gezwungen, ihre Widerstände aufzugeben und das eigene Recht gemeinschaftskonform zu gestalten. Nachtarbeit, Gleichstellung und Betriebsübernahme sind Stichworte, die einige der wichtigsten Stationen auf diesem Wege markieren. Der Gerichtshof hat es im übrigen keineswegs dabei belassen. Ein zwar vorsichtig formuliertes, aber durchaus klares Sanktionssystem baut einer Obstruktion der Mitgliedstaaten vor.

Je deutlicher allerdings die Union ihren Regelungsanspruch anmeldete, desto prinzipieller fielen die Einwände aus. Die »Subsidiarität« geriet zum Leitmotiv aller Versuche, der Union die Regelungskompetenz zu entziehen. Dem nationalen Arbeitsrecht wurde eine nicht zuletzt kulturell bedingte Autonomie zugesprochen, die scheinbar ausschließlich den nationalen Gesetzgeber zu Korrekturen befähigt. Die so dezidiert postulierte Autonomie hat ihre Verteidiger freilich kaum je davon abgehalten, eine Harmonisierung des Arbeitsrechts mindestens ebenso emphatisch zu bejahen, solange sie sich nur auf eine Rezeption der jeweils eigenen Vorstellungen und Vorschriften beschränkt. Nichts anderes verbirgt sich hinter jener alternativ zur Subsidiarität verwendeten Formel vom »Wettbewerb der Systeme«. Einmal mehr geht es in erster Linie darum, den Regelungsanspruch der Union zurückzuweisen. Und wiederum wird die Beibehaltung der eigenen Grundsätze und Normen mit der Ambition verbunden, sie zu guter Letzt auf die gesamte Union auszudehnen.

Die Folgen sind nicht ausgeblieben. Das Protokoll zum Abkommen über die Sozialpolitik läßt ebenso wie etwa die Kontroverse über eine Regelung der Auswirkungen einer flexibilisierten Arbeitszeit erkennen, wie schwer es der Union fällt, sich auf eine einheitliche Sozialpolitik und konsequenterweise auch auf ein einheitliches Arbeitsrecht zu einigen und wie sehr die Kommission mittlerweile in die Defensive geraten ist. Wo sich jedoch die Konflikte maximieren, die angestrebten Regelungen weitgehend aus einer Vielzahl, oft kaum verständlicher Kompromisse bestehen und die Verhandlungen mehr und mehr zu einem »racing to the bottom« werden, bestätigt sich eine alte, nahezu allen internationalen Organisationen gemeinsame Erfahrung: »Hard law« wird zunehmend zurückgestellt, »soft law« beherrscht die Szene. Die Gemeinschaftscharta der sozialen Grundrechte war ein erstes Anzeichen dafür. Mittlerweile weichen die ursprünglich noch für unbedingt erforderlich gehaltenen Regelungen immer deutlicher möglichst allgemein gehaltenen Aktionsprogrammen, liegt der Akzent nicht mehr auf der »Regulierung«, sondern auf der »Konsolidierung« und werden statt der angekündigten Richtlinienvorschläge neue, umfangreichere Untersuchungen in Auftrag gegeben, die bezeichnenderweise vor allem Argumentations- und Reflexionsmaterial für eine Weiterentwicklung der nationalen Rechte liefern sollen.

Der Rückzug in einen regulatorischen Minimalismus wird durch den inzwischen institutionalisierten »sozialen Dialog« begünstigt. Die Union ist weit über die auch ansonsten verbreiteten Bemühungen hinausgegangen, die Sozialpartner in die Sozialpolitik einzubinden. Vereinbarungen zwischen den Sozialpartnern können durch einen Beschluß des Rates in Gemeinschaftsrecht umgesetzt werden. Die Union übernimmt, mit anderen Worten, die Exekution eines eindeutig korporatistisch angelegten, letztlich aber von ihr gestalteten Entscheidungsprozesses. Kein Wunder, wenn sich die Hoffnungen all derer, die enttäuscht zur Kenntnis nehmen mußten, daß ihre vermeintlich so unfehlbare Prognose einer korporatistischen Entwicklung auf der nationalen Ebene nicht eingetroffen ist, nun ganz auf die lange nur abschätzig betrachtete Union richten. Wirklich verständlich wird der korporatistische Ansatz allerdings erst, wenn man die wachsende Zurückhaltung der Union gegenüber einer direkten Intervention bedenkt. Der korporatistisch gestaltete Entscheidungsprozeß mediatisiert den Eingriff und erlaubt es der Union, ihre Sozialpolitik als ein gemeinsam mit den Sozialpartnern erstelltes Produkt zu präsentieren.

Ein regulatorischer Minimalismus verhilft freilich der Union allenfalls dazu, sich vorübergehend besser gegen Kritik abzuschirmen. Die Probleme verschärfen sich derweilen. Fast durchweg geht es dabei um Fragen, die, wie sich allein schon an der Rechtsprechung des Europäischen Gerichtshofes zeigt, keineswegs national begrenzt sind, sondern sich gemeinschaftsweit stellen. Weder kann davon die Rede sein, daß Nachtarbeitsverbote eine typisch deutsche oder französische Regelung sind, noch läßt sich ernsthaft behaupten, mittelbare Diskriminierungen kämen lediglich in Großbritannien vor. Ebensowenig sind schließlich Reflexionen über die Arbeitssicherheit überflüssig, sobald eine bestimmte nationale Grenze überschritten wird. An der Gemeinsamkeit der Probleme muß daher auch jeder im Namen der Subsidiarität oder eines »Wettbewerbs der Systeme« vorgenommene Versuch scheitern, das Arbeitsrecht zu renationalisieren. Zur Debatte kann bestenfalls die Intensität einer Intervention der Union stehen. Ganz in diesem Sinne haben sowohl die Einheitliche Europäische Akte als auch das Abkommen über die Sozialpolitik Mindeststandards gefordert. Gemeint sind also Regelungen, die zwar von der Union initiiert und formuliert werden, sich aber in jederzeit verbesserungsfähigen Vorgaben erschöpfen. Die Aktivität der nationalen Gesetzgeber wird mithin keineswegs ausgeschlossen. Die Union legt lediglich den Ausgangspunkt sowie die Richtung fest.

Eine Restriktion der direkten Eingriffe schränkt zudem, allem Anschein zuwider, letztlich keineswegs die regulatorischen Aktivitäten der Union substantiell ein. Sie verschiebt genaugenommen nur die Gewichte. Je weniger Kommission und Ministerrat handeln, desto mehr wächst der Druck auf den Europäischen Gerichtshof, einzugreifen. Eine intensivierte Aktivität des Gerichtshofes, würde aber nicht nur die bereits ausgeprägten, gerade durch die arbeitsrechtlichen Entscheidungen ausgelösten Tendenzen verstärken, seine Befugnisse zu begrenzen, vielmehr auch seine Legitimation zunehmend in Frage stellen. Diskreditiert wäre am Ende nicht nur das Gericht, sondern genauso die Union.

Kurzum, der Rückzug in einen regulatorischen Minimalismus ist der Union versperrt. Solange sich die Gemeinschaft als politische und soziale Union versteht, mithin nicht bereit ist, in eine lose Verbindung stets auf ihre Souveränität bedachter Staaten zu regredieren, gibt es keine Alternative zu einer konsequent regulativen Intervention, die freilich nicht bei einer Kumulation von Mindeststandards verharren kann, vielmehr sich genauso der Frage nach den Grundrechten der Arbeitnehmer sowie den Problemen einer kollektiven Aktivität stellen muß. Nur: Eine noch so unmißverständlich bejahte Regelungskompetenz der Union läßt keine Schlüsse auf die Zukunft des Arbeitsrechts zu. Sie versetzt die Union lediglich in exakt die Lage, in der sich ihre Mitgliedsstaaten bereits befinden, konfrontiert sie also mit just den Konflikten und Aporien, denen auch diese gegenüberstehen.

Zurück zu Hugo Sinzheimer. Arbeitsrecht hat, so meinte er in seinem eingangs erwähnten Vortrag, eine ganz besondere Aufgabe, die menschliche Würde zu erhalten und so das Fundament einer »realen Humanität« zu legen. Solange deshalb Beschäftigung und Abhängigkeit miteinander verknüpft sind, bleibt das Arbeitsrecht constituens jeder Rechtsordnung, die für sich in Anspruch nimmt, den Respekt vor der Person des einzelnen zu garantieren und die zugleich in seiner Selbstbestimmung die Legitimation ihrer Existenz sieht. Wenn aber die Erwartung, »reale Humanität« zu verwirklichen, auch nur annähernd erfüllt werden soll, dann nur soweit die konstante, immer wieder unter Beweis gestellte Bereitschaft besteht, Erreichtes zu überdenken, ja radikal in Frage zu stellen und Neues nicht als Aufsatz auf Vorhandenes zu begreifen. Kurzum, das Ziel mag klar sein, der Weg ist trotzdem offen. Denn, um mit dem großen spanischen Dichter Antonio Machado zu sprechen:

> Caminante, no hay camino,
> se hace camino al andar.
> (Wanderer, einen Weg gibt es nicht,
> Der Weg entsteht beim Wandern.)

Quellennachweis

Worker's Participation in the Enterprise – Transcending Company Law?, in: Modern Law Review, Jg. 38 (1975) S. 1–22.

Von der institutionalisierten zur problembezogenen Mitbestimmung, in: Arbeit und Recht, Jg. 23 (1975) S. 321–332.

Sind im Interesse einer gerechteren Verteilung der Arbeitsplätze Begründung und Beendigung der Arbeitsverhältnisse neu zu regeln?, in: Verhandlungen des zweiundfünfzigsten Deutschen Juristentages, Wiesbaden 1978, Bd. 2, Sitzungsberichte (München 1978), S. M 8–M 54.

Datenschutz und Arbeitsrecht, in: Arbeit und Recht, Jg. 25 (1977) S. 97–108.

Die verordnete Sprachlosigkeit: Das Arbeitsverhältnis als Kommunikationsbarriere, in: Ein Richter, ein Bürger, ein Christ, Festschrift für Helmut Simon (Baden-Baden 1987), S. 329–358.

Wiederentdeckung des Individuums und arbeitsrechtliche Normen, in: Gekantelde Arbeidsverhoudingen, Sinzheimer Cahiers 2 (1991) S. 7–42.

Die Altersgrenzen – ein spät entdecktes Problem, in: Recht der Arbeit, Jg. 47 (1994) S. 257-263.

Zur Verrechtlichung der Arbeitsbeziehungen, in: H. Zacher/S. Simitis/F. Kübler/Kl. Hopt/G. Teubner, Verrechtlichung von Wirtschaft, Arbeit und sozialer Solidarität (Baden-Baden 1984), S. 73–165.

Hat das Arbeitsrecht noch eine Zukunft? Vortrag gehalten in Leyden im September 1996 auf dem Kongress der Europäischen Vereinigung für Arbeitsrecht und Soziale Sicherheit. Veröffentlicht wurde lediglich die französische Fassung: Le droit du travail a-t-il encore un avenir?, in: Droit Social 1997, S. 655–668.